民商法学

IN SHANG FAXUE

主　编　张晓远

副主编　赵小平　徐　蓉

撰稿人（以姓氏笔画为序）

刘　畅　刘海蓉　李　旭　张晓远

徐　蓉　赵小平　韩玉斌

 四川大学出版社

责任编辑:李勇军
责任校对:张力军
封面设计:吴　强
责任印制:李　平

图书在版编目(CIP)数据

民商法学 / 张晓远主编. —成都:四川大学出版社,
2007.7
　ISBN 978-7-5614-3732-2

　Ⅰ.民… Ⅱ.张… Ⅲ.①民法-法的理论-中国②商法-
法的理论-中国　Ⅳ.D923.01

中国版本图书馆 CIP 数据核字(2007)第 095220 号

书名　**民商法学**

主　　编　张晓远
出　　版　四川大学出版社
地　　址　成都市一环路南一段24号 (610065)
发　　行　四川大学出版社
书　　号　ISBN 978-7-5614-3732-2
印　　刷　郫县犀浦印刷厂
成品尺寸　185 mm×260 mm
印　　张　28.75
字　　数　679 千字
版　　次　2007 年 7 月第 1 版
印　　次　2012 年 2 月第 3 次印刷
印　　数　5 001～8 000 册
定　　价　56.00 元

◆读者邮购本书,请与本社发行科
　联系。电话:85408408/85401670/
　85408023　邮政编码:610065

◆本社图书如有印装质量问题,请
　寄回出版社调换。

◆网址:http://www.scup.cn

目　　录

第一章　民法概述 …………………………………………………… （1）

　第一节　民法的概念 ………………………………………………… （1）

　第二节　民法的调整对象 …………………………………………… （2）

　第三节　民法的性质 ………………………………………………… （3）

　第四节　民法的历史沿革 …………………………………………… （5）

　第五节　民法与邻近法律部门的区别 ……………………………… （7）

　第六节　民法的渊源 ………………………………………………… （8）

　第七节　民法的基本原则 …………………………………………… （9）

第二章　民事法律关系 …………………………………………… （12）

　第一节　民事法律关系的界定 ……………………………………… （12）

　第二节　民事法律关系的要素 ……………………………………… （13）

　第三节　民事法律关系的变动 ……………………………………… （14）

　第四节　民事法律事实 ……………………………………………… （15）

　第五节　民事权利 …………………………………………………… （16）

第三章　民事主体 ………………………………………………… （21）

　第一节　自然人 ……………………………………………………… （21）

　第二节　法人 ………………………………………………………… （31）

　第三节　合伙 ………………………………………………………… （37）

第四章　民事法律行为 …………………………………………… （43）

　第一节　民事法律行为概述 ………………………………………… （43）

　第二节　民事法律行为的形式 ……………………………………… （45）

　第三节　民事法律行为的要件 ……………………………………… （46）

　第四节　欠缺民事法律行为有效要件的后果 ……………………… （47）

　第五节　附条件、附期限的民事法律行为 ………………………… （51）

　第六节　代理 ………………………………………………………… （53）

第五章　物权法 …………………………………………………… （60）

　第一节　物权概述 …………………………………………………… （60）

　第二节　所有权 ……………………………………………………… （64）

　第三节　业主的建筑物区分所有权 ………………………………… （70）

　第四节　相邻关系 …………………………………………………… （71）

　第五节　共有 ………………………………………………………… （74）

　第六节　用益物权 …………………………………………………… （76）

　第七节　担保物权 …………………………………………………… （80）

　第八节　占有 ………………………………………………………… （86）

第六章 合同法 ……………………………………………………………………… (88)

第一节 合同概述 ……………………………………………………………… (88)

第三节 合同订立 ……………………………………………………………… (91)

第三节 合同效力 ……………………………………………………………… (98)

第四节 合同的内容与形式 …………………………………………………… (104)

第五节 合同的履行 …………………………………………………………… (112)

第六节 合同保全 ……………………………………………………………… (118)

第七节 合同的变更与转让 …………………………………………………… (122)

第八节 合同解除 ……………………………………………………………… (127)

第九节 合同的终止 …………………………………………………………… (134)

第十节 违约责任 ……………………………………………………………… (140)

第七章 公司法 ……………………………………………………………………… (144)

第一节 公司与公司法概述 …………………………………………………… (144)

第二节 公司的种类 …………………………………………………………… (149)

第三节 公司设立 ……………………………………………………………… (155)

第四节 公司资本 ……………………………………………………………… (161)

第五节 公司章程 ……………………………………………………………… (165)

第六节 公司的能力 …………………………………………………………… (167)

第七节 公司合并、分立与组织变更 ………………………………………… (169)

第八节 公司的组织机构 ……………………………………………………… (171)

第九节 公司债 ………………………………………………………………… (175)

第十节 公司财务、会计制度 ………………………………………………… (178)

第十一节 公司解散与清算 …………………………………………………… (181)

第八章 票据法 ……………………………………………………………………… (184)

第一节 票据和票据法概述 …………………………………………………… (184)

第二节 票据行为 ……………………………………………………………… (188)

第三节 票据关系和非票据关系 ……………………………………………… (195)

第四节 票据瑕疵 ……………………………………………………………… (199)

第五节 票据抗辩 ……………………………………………………………… (201)

第九章 证券法 ……………………………………………………………………… (204)

第一节 证券法概述 …………………………………………………………… (204)

第二节 证券发行 ……………………………………………………………… (207)

第三节 证券交易 ……………………………………………………………… (212)

第四节 上市公司收购 ………………………………………………………… (222)

第五节 证券交易所 …………………………………………………………… (226)

第六节 证券公司 ……………………………………………………………… (227)

第十章 保险法 ……………………………………………………………………… (232)

第一节 保险与保险法概述 …………………………………………………… (232)

第二节 保险法的基本原则 …………………………………………………… (235)

第三节 保险合同通则 ………………………………………………………… (240)

第四节　保险合同分则 …………………………………………（251）

第四节　保险业法 ………………………………………………（258）

第十一章　破产法 …………………………………………………（265）

第一节　破产与破产法 …………………………………………（265）

第二节　破产程序的开始 ………………………………………（269）

第三节　破产债权 ………………………………………………（275）

第四节　破产财产 ………………………………………………（280）

第五节　破产程序中的其他财产权 ……………………………（284）

第六节　破产程序的终结 ………………………………………（291）

第七节　和解与重整制度 ………………………………………（294）

第十二章　消费者权益保护法 ……………………………………（302）

第一节　消费者权益保护法概述 ………………………………（302）

第二节　消费者的权利和经营者的义务 ………………………（307）

第三节　消费者权益的国家保护和社会保护 …………………（313）

第四节　消费者权益争议解决和法律责任 ……………………（316）

第十三章　知识产权法 ……………………………………………（321）

第一节　知识产权法概论 ………………………………………（321）

第二节　著作权法 ………………………………………………（326）

第三节　专利法 …………………………………………………（335）

第四节　商标法 …………………………………………………（343）

第十四章　婚姻家庭法 ……………………………………………（351）

第一节　婚姻家庭法的基本原则 ………………………………（351）

第二节　婚姻成立及效力 ………………………………………（356）

第三节　家庭关系 ………………………………………………（365）

第四节　婚姻终止 ………………………………………………（372）

第十五章　继承法 …………………………………………………（383）

第一节　遗产与继承权 …………………………………………（383）

第二节　法定继承 ………………………………………………（386）

第三节　遗嘱继承 ………………………………………………（392）

第四节　遗赠与遗赠扶养协议 …………………………………（402）

第五节　遗产的处理 ……………………………………………（405）

第十六章　民事诉讼与仲裁 ………………………………………（410）

第一节　民事纠纷与民事纠纷的解决机制 ……………………（410）

第二节　民事诉讼与民事诉讼法概述 …………………………（411）

第三节　民事诉讼法的基本理论和基本制度 …………………（414）

第四节　审判程序 ………………………………………………（433）

第五节　仲裁 ……………………………………………………（445）

参考书目 ……………………………………………………………（451）

后记 …………………………………………………………………（454）

第一章　民法概述

第一节　民法的概念

一、民法的语源

民法一词，英语为 civil law，法语为 droit civil，荷兰语为 Burgerlyk Regt，均来源于罗马法的市民法（Jus civile）。在古罗马早期，已有市民法（jus civile）与万民法（jus gentium）之分，市民法是调整罗马市民相互之间关系的法律，万民法是调整罗马市民与外国人、外国人与外国人之间关系的法律。公元 3 世纪，罗马帝国境内的居民均被赋予市民权，万民法被市民法所吸收。其立法标志为查士丁尼编纂的《罗马法大全》，已无市民法与万民法的区别。万民法成为国际私法的语源，市民法则成为民法的语源。但近代民法的主要内容则来源于调整财产和贸易关系的万民法。

汉语"民法"一词，虽然在我国古代文献中早已出现[①]，但作为私法意义的民法则来自日本。日本在明治维新后研究西方民法理论和制订民法典时，将荷兰语 Burgerlyk Regt 省略翻译为民法。20 世纪初，中国清末变法时，曾聘请日本学者松冈正义等人协助起草大清民律草案，遂从日本引入民法一词。

二、民法的定义

现代民法与罗马私法一脉相承，大陆法系国家的立法和学说大多从"私法"的角度定义民法。如 1811 年《奥地利民法典》第 1 条规定："民法为规定人民私的权利义务之法典。"1917 年《巴西民法典》第 1 条规定："本法典为规范私的权利义务，即人、物及其关系之法典。"大多数国家的民法典都没有对民法下统一的定义，民法理论一般将民法定义为"规定私人间一般社会关系之私法规范。"

根据我国《民法通则》第 2 条的规定，我国民法学说将民法定义为：民法是调整平等主体的自然人、法人、其他组织之间的财产关系和人身关系的法律规范的总称。

[①] 见《尚书·孔传》："咎单，臣名，主土地之官，作《明居民法》一篇，亡。"

三、形式民法与实质民法

形式民法，是指编纂成文的民法典。民法典是按照一定的立法体例和技术将各项民事法律制度加以系统编纂而形成的规范性文件。民法的法典化是追求民法体系化和严密逻辑性的结果，是大陆法系国家的普遍实践。我国目前尚无民法典，因此不存在形式意义上的民法。

实质民法，是指所有调整民事关系的法律规范的总称，包括民法典及一切具有民法性质的法律法规及判例法、习惯等。在我国，《民法通则》、《合同法》、《担保法》、《著作权法》、《专利法》、《商标法》、《继承法》等民事法律法规以及《宪法》及其他部门法或者法规中涉及调整民事关系的法律规定，都属实质民法。

四、广义民法与狭义民法

广义民法是指所有调整民事关系的成文法与不成文法，其范围相当于传统私法的范围，包括债权法、物权法、知识产权法、人身权法、婚姻家庭法、继承法以及公司法、票据法、海商法、保险法、破产法等。

狭义的民法是指商法典及商事特别法之外的私法，公司法、票据法等商事法律不属于狭义民法。

我国采用民商合一主义，适用广义民法的概念，即凡是调整平等主体之间的财产关系和人身关系的法律法规，均属于民法的组成部分。

第二节　民法的调整对象

民法的调整对象，是指民法规范所调整的社会关系。每一个法律部门都有自己特定的调整对象，这是一个独立的法律部门得以存在和发展的客观依据。

我国《民法通则》第 2 条规定："中华人民共和国民法调整平等主体的公民之间、法人之间、公民和法人之间的财产关系和人身关系。"《合同法》第 2 条规定："本法所称合同是平等主体的自然人、法人、其他组织之间设立、变更、终止民事权利义务关系的协议。"因此，我国民法的调整对象是平等民事主体之间的财产关系和人身关系。

一、平等主体之间的财产关系

所谓财产关系是指人们在商品生产、分配、交换和消费过程中形成的具有经济内容的社会关系。民法上的"财产"，通常指的是金钱、财物以及当事人享有的财产权利，随着社会的发展，财产的范围也在不断的变化。在社会生活中，财产关系的范围十分广泛，民法只调整平等民事主体之间的财产关系，即平等的民事主体在从事民事活动的过程中所发生的以财产所有和财产流转为主要内容的权利和义务关系，如物权关系、债权关系、财产继承关系以及因知识产权而发生的财产关系等。这种财产关系具有以下特点：

（一）主体法律地位平等

在民事交往中，当事人之间不存在任何身份的差别，不论是对财产的支配还是财产的交易，当事人都处于平等的法律地位，在财产利益受到损害时，都平等受到法律的保护。

（二）主体的意志自由

民事主体都具有独立的法律人格，在财产关系的发生、变更或消灭的过程中，民事主体有充分的意志自由，任何人不能将意志强加给他人，国家公权力也不得非法干预。

（三）等价有偿

平等的民事主体之间存在着不同的财产利益，在进行商品交易时应遵循商品的价值规律，获得利益或权利的同时应该支付相应的对价，这样才能实现双方财产利益的满足。当然，基于当事人自愿而形成的赠与、借用、继承等非交易性的财产关系同样也受到法律的保护。

平等主体之间的财产关系包括财产所有关系和财产流转关系。财产所有关系又称为静态的财产关系，是指民事主体因对财产的占有、使用、收益和处分而发生的社会关系，主要由物权法调整；财产流转关系又称为动态的财产关系，是指民事主体因对财产进行交换而发生的社会关系，主要由债权法调整。财产所有关系是财产流转关系的发生前提和基础，而财产流转关系则是实现财产所有关系的基本方法。

二、平等主体之间的人身关系

所谓人身关系，是指平等的民事主体之间发生的以人格和身份等人身利益为内容的社会关系，包括人格关系和身份关系两种。人格关系指因民事主体的人格利益而发生的社会关系。人格利益是民事主体的生命、健康、姓名、隐私、肖像、名誉等利益，在法律上体现为相应的权利，如生命权、健康权、姓名权、隐私权、肖像权、名誉权等。身份关系是指民事主体基于特定的身份而发生的社会关系，在法律上体现为配偶权、亲权、监护权、荣誉权等。人身关系具有以下几个特征：

（一）主体法律地位平等

民法调整的人身关系，其主体地位一律平等，相互之间没有依附和隶属关系。任何一个民事主体都具有独立的人格利益，其人格权和身份权不受非法侵害。

（二）专属性

人身关系是以人身利益为内容的社会关系，与民事主体的人身不可分离。人身权利一般不能转让和继承，也不能抛弃或被剥夺。

（二）非财产性

人身关系体现的是人们精神和道德上的利益，不直接体现财产利益。虽然某些人身关系是特定财产发生的前提条件，如亲属之间的身份权是亲属之间取得财产继承权的法定条件，而且对人身权的侵害可以采用财产赔偿来补救，但人身关系并不以财产为内容，而是以人格、身份等人身利益为内容。

第三节　民法的性质

一、民法是市民社会的法

从词源上考察，民法是市民法的简称，是市民社会的法。市民社会是与政治社会相对应的，随着社会利益分化为私人利益和公共利益两大相对独立的体系，整个社会就分裂为市民社会和政治社会两个领域。市民社会是纯私人活动的领域，是由个人作为主体参与的社会，是特殊的私人利益关系的总和；政治社会是由国家参与的社会，是普遍的公共利益关系的总和。任何人都具有双重身份，一方面作为市民社会的市民参与市民社会的私人关系，另一方面又作为政治社会的公民参与政治国家的关系。规范市民社会私人交往的法律就是民法，赋予市民以权利，保护市民私人利益的实现。市民社会是民法得以产生、发展的基础，保障市民的民事权利是民法的最高使命。规范政治社会公共事务的法律是公法，以保障国家权力的行使为目的。在市民社会与政治社会的关系上，市民社会是目的，政治社会是手段。

二、民法是私法

公法与私法是西方法律传统尤其是大陆法系国家对法律体系的最基本的分类，最初由罗马法学家乌尔比安提出，被《学说汇纂》所采纳。

关于公法与私法的区分标准有多种学说：（1）目的说：保护公共利益为目的的是公法；保护私人利益为目的的是私法。（2）关系说：调整权力服从关系的是公法；调整平等主体之间关系的是私法。（3）主体说：以国家或公共团体为双方或一方法律关系主体的是公法；双方法律关系主体均为私人者为私法。（4）生活说：调整国家生活关系的是公法；调整个人生活关系的是私法。主体说是现代公法私法划分的通说。到了19世纪末20世纪初，随着国家干预经济的加强，出现了私法公法化的倾向，传统私法渗入了公法的因素。但公法私法的相互渗透与交叉，并不意味着相互取代，公法与私法的划分仍是法律的基本分类。

民法调整平等主体之间的财产关系和人身关系，以保护私人利益为目的，性质上应属私法。在我国，区分公法与私法，对于强调民法的私法性质，在私法领域内提倡私法自治、权利本位，减少国家公权力的干预具有重大的意义。

三、民法是权利法

民法是一部权利的宣言书，以权利为出发点和归宿。民法的基本职能就是对民事权利进行确认和保护，私权神圣是民法的基本原则之一。民法的权利本位是由民法的私法性质决定的，作为私法，民法调整市民社会中平等主体之间的私人交往关系，市民参与财产关系和人身关系的目的是为了获得自身经济利益和人身利益的满足。正所谓"天下熙熙，皆为利来，天下攘攘，皆为利往"。民法通过赋予并保护市民以人之为人的基本权利，来实现市民的生活利益，保障市民社会的有序与稳定。

民法始终贯穿民事权利这条主线，民事义务只是实现民事权利的手段。整个民法就是以民事权利为中心而构建的规范体系：民法总则规定了民事权利的主体，民事权利的客体，民事权利发生、变更、消灭的原因（民事法律行为、代理），以及民事权利的保护（民事责任、时效）等；民法分则规定了具体的民事权利：物权、债权、知识产权、亲属继承权、人身权等。

四、民法是商品经济的基本法

民法是调整交易关系的基本规则，本质上是商品经济的法律形式。民法伴随商品经济的产生而产生，伴随商品经济的发展而发展。在古罗马，由于出现了较为发达的简单商品经济，才孕育了罗马法；欧洲中世纪后期，资本主义商品经济的萌芽，才导致了罗马法的复兴；资本主义社会商品经济的极大发展，才产生了完善的近现代民法；我国改革开放以后，发展社会主义市场经济，同样需要民法作为调整商品经济的基本法。现代民法作为现代市民社会的法律准则,其调整的民事关系虽然不限于市场商品经济关系,但是市场商品经济关系作为现代市民社会的经济基础,始终是现代民法调整的主要对象和核心部分。现代民法的民事主体制度、物权制度、知识产权制度、债权制度等,都是直接针对现代市场经济的法律调整而设置的民法制度。成熟、完善的民法为市场经济的健康发展提供充分的法律保障。

第四节 民法的历史沿革

一、古代民法

从民法的发展沿革上讲,是先有习惯民法,后有成文民法。习惯民法的历史无从考查,成文民法的历史可以追溯到距今 4000 多年前的汉穆拉比法典,而对后世民法影响最大的是罗马法。

罗马法的内容十分庞杂,既有调整政治社会的法律,也有调整市民社会的法律。但最为完备、对后世影响最大的是罗马私法,以至于后来提到罗马法时,往往仅指罗马私法。早期罗马法的代表是十二铜表法,十二铜表法的大部分内容属于调整民事关系的法律规范。集罗马法之大成的是查士丁尼时期的法典编纂活动,公元 6 世纪,罗马皇帝查士丁尼即位之初便着手编纂罗马历代的法律,先后编纂了《查士丁尼法典》、《查士丁尼法学总论》(又称《法学阶梯》)、《查士丁尼学说汇纂》和《查士丁尼新律》,合称《查士丁尼民法大全》或《罗马法大全》。罗马法内容丰富,包括人法、物法、诉讼法三编,而且立法技术高超,对罗马奴隶制时期已较为发展的商品经济关系作了详细规定,被恩格斯称之为"商品生产者社会的第一个世界性法律"。

西欧封建社会中期以后,许多国家都掀起罗马法复兴运动,罗马法几乎被整个欧洲所接受。

二、近代民法

(一)《法国民法典》

1804 年颁布施行的《法国民法典》,是世界上最早的一部资产阶级民法典,由于它是拿破仑主持编写,又称为《拿破仑法典》。《法国民法典》以《法学阶梯》为蓝本制定,包括序言和人、财产和所有权、取得财产的各种方法 3 编,共 2281 条。《法国民法典》贯彻自由、平等、博爱的思想,确立了私有财产神圣不可侵犯、契约自由和过失责任三大原则,建立了比较完善的民法体系,结构严谨,语言流畅,通俗易懂,立法技巧高超。它对商品生产者的利益作了极为详尽的规定,适应了资本主义自由竞争时期商品经济的需要,极大地促进了资本主义的发展,被恩格斯称之为"典型的资产阶级社会的法典"。

(二)《德国民法典》

1896 年通过并于 1900 年 1 月 1 日施行的《德国民法典》是垄断资本主义时期民法典的杰出代表。《德国民法典》全面吸收了罗马法,以《学说汇纂》为模型,设总则、债权法、物权法、亲属法、继承法 5 编,计 2385 条。《德国民法典》在内容上首创了法律行为制度和法人制度,并规定了诚实信用和善良风俗的条款,在体系上创造性地设

"总则"一编，对整部法典的基本制度和原则作出概括性规定，后面各编则是对总则的扩充和具体化。《德国民法典》立法技术高超、体系合理、逻辑严密，对 20 世纪以后的许多国家的民事立法都产生了重大的影响，被法制史学者称为"德国法律科学的集成"。

三、现代民法

（一）《瑞士民法典》

1907 年通过并于 1912 年 1 月 1 日起生效的《瑞士民法典》，是 20 世纪初具有时代意义的民法典。该法典设人法、亲属法、继承法、物权法四编，共 977 条，内容、体例、结构都具有特色，在各条的边页加有小标题，是条文主旨的概括，与条文同生效力。1911 年的瑞士债务法后来将公司法、票据法、合伙法并入，被认为构成《瑞士民法典》的第五编，开创民商合一的先河。《瑞士民法典》是民法从近代转向现代的标志，对 20 世纪的各国民法的编纂产生了重大影响，被称为全球最好的民法典之一。

（二）《苏俄民法典》

1922 年的《苏俄民法典》是世界上第一部社会主义性质的民法典，是在列宁的亲自指导下制定的。该法典分总则、物权、债、继承四编，从其主要内容来看，主要是调整流通领域中的商品经济关系的。《苏俄民法典》颁布后，各加盟共和国相继以该法典为蓝本制定了本国的民法典，有的则直接援用《苏俄民法典》。《苏俄民法典》对第二次世界大战后的东欧各社会主义国家的民事立法产生了巨大的影响。

（三）《意大利民法典》

1942 年的《意大利民法典》是罗马法法典化的历史中一个重要的里程碑。该法典由六编构成，分别为：人与家庭、继承、所有权、债、劳动、权利的保护，共计 2969条。《意大利民法典》是典型的民商合一的民法典，对其他罗马法系国家的民法典产生了一定的影响。

四、我国民法的历史沿革

中国古代，自给自足的自然经济始终占据主导地位，统治者长期推行重农抑商的经济政策，政治上实行封建专制主义统治，强调社会本位和集体本位，缺乏个人的独立人格，自由、平等等观念均无由发生，不具备民法产生和发展的基本条件。古代的法律均是刑民不分、诸法合一，大量的民事关系主要靠"礼"的规范调整。中国古代社会并不存在近现代意义的民法。

近现代意义上的民法编纂始于清朝末年的法制改革，光绪皇帝任命沈家本等为修律大臣，并聘请日本法学家志田钾太郎、松岗正义等起草民法草案。1911 年完成大清民律草案。该草案仿照《德国民法典》的体例，分总则、债权、物权、亲属、继承五编，共 1569 条。因发生辛亥革命，该法典草案尚未来得及颁布，清朝就灭亡了。但通过该法典的起草，大陆法系民法尤其是德国民法的编纂体例及法律概念、原则、制度和理论被引入中国，对现代中国的民事立法和民法理论产生了深远的影响。

中华民国成立后，继续进行民法典编纂。1925 年，北洋军阀政府在大清民律草案的基础上编纂完中华民国民律草案，但北洋政府内部矛盾重重，国会解散，该草案未能通过实施。

南京国民政府成立后，1928 年 12 月设立法院，负责民法典的编纂工作。于 1929年至 1930 年先后颁布总则、债、物权、亲属、继承五编，共 1225 条，称为《中华民国民法》。1949 年中国共产党中央委员会宣布废除国民党六法全书，该法典现仅在中国台湾地区施行。

中华人民共和国成立后，民事立法在几十年的发展中经历了一个曲折复杂的过程。于 1954 年开始起草民法典，1956 年 12 月完成新中国第一部"民法典草案"，分为总则、所有权、债、继承四编，共 525 条，主要参考 1922 年的《苏俄民法典》。由于 1957 年的反右派斗争和 1958 年的大跃进等政治运动，民法典起草工作被迫中断。1962 年开始第二次民法起草，1964 年 7 月完成民法典草案，仅包括总则、财产的所有、财产的流转三编，共 262 条。但因 1964 年开始的政治运动而再次中断。改革开放以后，1979 年 11 月开始第三次民法典的起草工作，至 1982 年 5 月先后起草了四个民法草案，第四个草案共分八编，计 465 条。该草案最终也未获得通过。此后，立法机关决定先分别制定民事单行法，待条件具备时再制定民法典。迄今已经形成一个以《民法通则》为民事基本法，由《合同法》、《婚姻法》、《继承法》、《收养法》、《公司法》、《保险法》、《票据法》、《证券法》、《海商法》、《专利法》、《商标法》、《著作权法》等民事单行法构成的民事立法体系，这为我国将来制定民法典奠定了坚实的法律基础。

第五节 民法与邻近法律部门的区别

一、民法与经济法

经济法这个概念在我国学术界存在着很多争议，目前尚未取得一致的看法。比较有影响力的观点有综合经济法说、纵横统一说、纵向关系说、经济行政法说、学科经济说等。我们认为，作为独立法律部门的经济法，实际上就是经济行政法，属于公法，是国家行政机关对国民经济实行组织、管理、监督、调节的法律规范的总称。属于经济法的法律主要包括：反垄断法、反不正当竞争法、税法、预算法、农业法、银行法、价格法等。民法和经济法都调整一定的经济关系，但民法调整平等主体之间的横向财产关系和人身关系，采用平等、意思自治、等价有偿等原则来确定当事人之间的民事权利和义务；而经济法则调整国民经济管理过程中产生的国家机关与企业、事业单位和公民之间的纵向经济关系，采用命令与服从、管理与被管理的方式来实现政府对经济的宏观调控。

二、民法与商法

商法，又称商事法，是指以商事组织和商事活动为调整对象的基本法。形式上的商法，指民法典以外的商法典以及公司法、保险法、破产法、票据法及海商法等单行法规；实质上的商法，则指一切有关商事的法律规范。商法产生于欧洲中世纪，原是维护商人利益，规范商人活动的习惯法。法国于 1804 年制定民法典，1807 年又制定商法典，开创民商分立的先河。随着商品经济的发展，以及商人特殊利益的逐渐消失，需要用统一的法律规则来调整商品经济关系，同时也是为了立法技术上的科学性，20 世纪初，许多国家和地区开始推行民商合一的立法体例。民商合一适应了商品经济发展的需要，成为当代法律发展的一种趋势。民商合一是我国的立法传统，多数学者一般都主张民商合一，在制定我国民法典时，不再制定单独的商法典。商法是民法的特别法，商法必须遵循民法的基本原则，同时，商法的一些规则反映商事活动领域的某些特殊性。我国近几年已经颁布的公司法、保险法、票据法及海商法等商事法规，是民事法规的组成部分。

三、民法与劳动法

劳动法是调整劳动者和用人单位之间的劳动关系以及由此产生的其他社会关系的法律规范的总称。它所要解决的是劳动关系中的劳动纪律、劳动保护、劳动程序、假期、劳动报酬、劳动争议的解决等方面的法律问题。19世纪之前，西方民法大都把劳动关系纳入民法的债编之中，但劳动关系具有特殊性，工业革命之后，劳动法逐渐从民法中分离，成为一个独立的法律部门，民法对劳动关系的调整，仅限于雇佣合同关系。劳动法与民法存在显著的区别：劳动法的主体劳动者与用人单位之间的法律地位平等，但在劳动关系上仍存在隶属关系，平等的民法主体之间不存在隶属关系；为对处于弱者地位的劳动者给予特殊的保护，劳动法法规多为强制性规范，民法规范多为任意性规范。

四、民法与婚姻法

婚姻法，又称为亲属法，是调整婚姻家庭关系的法律规范的总和，是民法的组成部分。婚姻家庭关系，主要是平等主体之间的身份关系，如因婚姻、血缘形成的夫妻关系、亲子关系、亲属关系等，同时也涉及一部分平等主体之间的财产关系，如因共同生活所产生的夫妻共有财产关系、家庭共有财产关系以及家庭成员之间的抚养、扶养、赡养等财产关系等。这些人身关系和财产关系本质上仍属于市民社会成员间的平等关系，是民法的调整对象。传统大陆法系民法典均包含亲属编，英美法系各国的亲属法，一般是由多个单行法规构成的，如婚姻法、家庭法、已婚妇女财产法、离婚法等，都是民法的组成部分。我国婚姻法也是作为民事特别法而存在的。

第六节　民法的渊源

民法的渊源是指民法的表现形式，主要表现在不同的国家机关制定的具有不同法律效力的各种类别的规范性法律文件。我国民法的渊源主要有以下几种：

一、宪法

宪法是国家的根本大法，由国家的最高权力机关全国人民代表大会制定，具有最高的法律效力，它的法律地位高于一切其他法律、法规。宪法规定国家和社会的基本制度，公民的基本权利与义务，国家机关的组织等社会生活和国家生活中最重要最根本的问题，是民事法律的立法根据。

二、民事法律

民事法律是由全国人民代表大会及其常务委员会所制定的规范性法律文件，其法律效力仅次于宪法，而在行政法规、地方性法规之上，是我国民法的主要表现形式。其中，《民法通则》是我国的民事基本法，在我国尚未制定民法典的情况下，《民法通则》起着指导民事活动、统帅民事特别法的作用。另外，我国还颁布了一系列民事特别法，如《合同法》、《担保法》、《商标法》、《公司法》、《证券法》、《婚姻法》等。

三、国务院制定的行政法规、决议和命令

国务院是最高行政机关，有权根据宪法和法律制定行政法规，发布决定和命令。其中有关民事部分的内容，也是民法的重要表现形式，其效力次于宪法和民事法律。

四、地方性法规和行政规章

地方省级人民代表大会及其常务委员会在不同宪法、法律、行政法规相抵触的情况下制定的地方性法规及民族自治地方的人民代表大会依照当地民族政治、经济、文化特点制定的自治条例和单行条例，也是法律的渊源。有关民事部分的内容，属于民法的表现形式。

国务院各部、各委员会及地方各级人民政府在其职权范围内依照法律和行政法规所发布的命令、指示和规章等规范性文件中涉及民事的内容，是民法的渊源。

地方性民事法律规范只在本行政区域内具有法律效力。

五、最高人民法院的指导性文件

最高人民法院是我国的最高审判机关，在总结民事审判经验的基础上，就审判工作具体运用民事法律的问题作出具有法律效力的解释，通常以"意见"、"批复"的形式发布。如最高人民法院发布的《关于贯彻执行〈中华人民共和国民法通则〉若干问题的意见（试行）》、《关于适用〈中华人民共和国合同法〉若干问题的解释》、《关于适用〈中华人民共和国婚姻法〉若干问题的解释》等，这些司法文件为我国民法的重要渊源。

六、国际条约与国际惯例

国际条约是指国家与国家之间就政治、经济、文化、法律、军事等问题缔结的确定其相互权利义务关系的规范性文件。我国《民法通则》第142条规定，在涉外民事关系中，我国缔结或者参加的国际条约同我国民事法律有不同规定的，适用国际条约的规定，国际条约没有规定的，可适用国际惯例。由此确立了国际条约和国际惯例在涉外民事关系中的法律渊源地位。

七、国家认可的民事习惯

习惯不是由国家立法机关制定，而是在社会全体或某一社会领域内以约定俗成的方式形成的行为规范，有民族习惯、地方习惯、行业习惯等。习惯只要不与宪法、法律和社会公共利益相抵触，经国家认可，即可成为民法的渊源。

第七节　民法的基本原则

民法的基本原则是体现市民社会和商品经济的根本要求，效力贯穿整个民法，对民事立法、民事司法和民事活动具有普遍指导意义的基本行为准则。民法的基本原则体现了民法的基本价值，集中反映了民事立法的目的和方针，对各项民法制度和民法规范起统师和指导作用，是高度抽象的、最一般的民事行为规范和价值判断准则，是民法精神之所在。

一、民事权利神圣原则

民事权利神圣是指民事权利是民事主体当然的、自主的权利，受到法律的充分保障，任何人不得侵犯，并且非依公正的法律程序，不得限制和剥夺。民法是以权利为本

位的法，其核心就是私权的自由和充分行使。

民事权利神圣原则主要包括以下内容：（1）民事权利的内容无限广泛，公权都受到严格的限制，而"公权之外皆私权"；（2）民事主体自由行使其民事权利，奉行"法无限制皆合法"的规则；（3）民事权利神圣不可侵犯，民法充分保障民事权利的实现，对受到侵害的民事权利予以充分的救济；（4）民事权利神圣的重点是人格权神圣和所有权神圣。

二、身份平等原则

身份平等是指民事主体享有独立的法律人格，在民事活动中法律地位平等，任何一方都不得把自己的意志强加给另一方。我国《民法通则》第3条规定："当事人在民事活动中的地位平等。"平等原则集中反映了民事法律关系的本质特征，是民事法律关系区别于其他法律关系的主要标志。

身份平等原则是商品经济的内在要求在民法上的体现。民法是调整商品经济关系的基本法律，商品经济关系的一个很重要的特征就是平等性，"商品是天生的平等派"，当事人地位平等是商品交换的前提和基础，也是商品交换得以实现的保障。平等原则自然成为民法最基础、最根本的一项原则。现代社会，为追求实质正义，在生活、生产领域中给予作为弱者的消费者和劳动者以更多的特殊保护，平等原则的内涵正经历从单纯谋求民事主体抽象的法律人格的平等，到兼顾在特定类型的民事活动中，谋求当事人具体法律地位平等的转变。

身份平等原则主要包括以下内容：（1）民事主体资格平等。我国《民法通则》第10条规定："公民的民事权利能力一律平等。"任何民事主体都平等地享有民事权利能力，不得被限制或被剥夺；（2）民事主体的法律地位平等。在具体的民事法律关系中，民事主体的法律地位平等，任何一方不得将其意志强加给另一方；（3）民事主体的权利受到平等的法律保护。无论具体的民事主体存在何种事实上的差异，其权利受到损害时，法律都给予一体保护。

三、意思自治原则

意思自治，即私法自治，是指民事主体进行民事活动时自由决定其行为，而不受任何非法的干预。我国《民法通则》第4条规定，民事活动应当遵循自愿原则。意思自治是私法的特有理念，贯穿于整个民法之中，体现了民法最基本的精神。它具体体现为：合同自由、婚姻自由、结社自由、遗嘱自由等。意思自治是构造整个私法体系的灵魂。

意思自治原则同样也是商品经济对法律所提出的要求。民法假定每一个市场准入的当事人都是具有理性的经济人，能够对自身利益进行最佳判断，每一个当事人都会基于自己的理性判断来设计自己的生活，管理自己的事务，并为自身利益的最大化而努力计算。因此，民事主体的自由选择，应当受到法律的保障，并排除公权力和他人的非法干预。意思自治的基本理念是保障和鼓励人们依照自己的意志参与市场交易，让当事人按照自己的意愿形成合理的预期。

四、诚实信用原则

诚实信用，是市场经济活动中形成的道德原则，它要求民事主体在从事民事活动时应该讲究信用、恪守诺言、诚实不欺，在不损害他人利益和社会利益的前提下追求自己的利益。我国《民法通则》第4条规定，民事活动应当遵循诚实信用原则；《合同法》

第 6 条规定："当事人行使权利、履行义务应当遵循诚实信用原则。"

在商品经济社会，为追求利润的最大化，必然出现种种商业上的欺诈、投机等不道德的行为。为保护公平竞争，维护交易主体的合法利益，有必要将市场活动中的道德准则法律化。诚实信用原则产生于罗马法，《法国民法典》、《德国民法典》都将诚实信用作为契约法的基本原则。进入 20 世纪以后，社会经济条件发生变化，立法思潮开始注意社会本位，诚实信用的地位开始提高，至 1907 年《瑞士民法典》，诚实信用原则被确立为整个民法的基本原则，适用于全部民法领域，被称为民法的"帝王条款"。

诚实信用原则确立了民事主体善意行使权利、履行义务的行为规则，通过当事人在民事活动中对基本交易道德的遵循，不仅平衡民事主体之间利益，而且平衡民事主体利益与社会公共利益之间的冲突与矛盾。同时诚实信用原则还具有填补法律漏洞的功能，成为人民法院解释法律和合同的基本准则。

五、公序良俗原则

公序良俗是公共秩序和善良风俗的简称，公序良俗原则是指一切民事活动应当遵守公共秩序和善良风俗。我国《民法通则》第 7 条规定，民事活动应当尊重社会公德；《合同法》第 7 条规定："当事人订立、履行合同，应当遵守法律、行政法规，尊重社会公德，不得扰乱社会经济秩序，损害社会公共利益。"

公序良俗原则最早起源于罗马法，并为大陆法系国家的立法所借鉴。《法国民法典》第 6 条规定："个人不得以特别约定违反有关公共秩序和善良风俗的法律。"《德国民法典》第 138 条规定："违反善良风俗的法律行为无效。"我国台湾地区民法第 72 条规定："法律行为，有悖于公共秩序或善良风俗者，无效。"公序良俗作为现代民法的一项重要原则，有维护社会一般利益及一般道德观念的重要功能。有损害社会公共利益和道德秩序的行为，而又缺乏相应的禁止性法律规定时，法院可直接适用公序良俗原则判决该行为无效。

第二章　民事法律关系

第一节　民事法律关系的界定

一、民事法律关系的概念

民事法律关系，是指基于民事法律事实，由民事法律规范调整而在平等民事主体之间形成的，以民事权利义务为内容的社会关系。它是民法调整平等主体之间的财产关系和人身关系的结果。

在社会生活中，人与人之间不可避免要发生各种各样的社会关系，如同学关系、同事关系、恋爱关系、婚姻关系、各种交易关系等。其中一部分社会关系经法律规范调整后，便成为法律关系，法律关系的参加者从而享有法律规定的权利、承担法律规定的义务。由于调整各种社会关系的法律规范不同，所形成的法律关系也不同。刑事法律规范调整的社会关系成为刑事法律关系，民事法律规范调整的社会关系成为民事法律关系。

民事法律关系是构成民法的一条主线，是现代社会中最重要的一类社会关系。一个自然人从出生到死亡，一个法人从成立到终止，无时无刻不处于各种各样的民事法律关系当中。

二、民事法律关系的特征

（一）民事法律关系是一种人与人之间的社会关系

民事法律关系实际上只是一种法律形式，它的实际内容是纷繁复杂的社会生活关系。民法对这些社会生活关系进行调整，赋予社会生活关系的参加者以一定的民事权利和民事义务，并运用国家强制力保障民事权利和民事义务的实现。现实生活中的各种社会关系只有采取民事法律关系的形式，才能得到法律的保护。随着法律制度的逐步完善，也会有越来越多的适合民法规范调整的社会关系成为民事法律关系。

（二）民事法律关系是民法所规范的社会关系

社会生活关系千头万绪，并不是所有的社会关系都能受到民事法律的调整。法律不是万能的，在很多领域，法律都是无能为力的，如同乡关系、同学关系、恋爱关系、宗教关系、一般的人际交往关系等都不是法律关系，只能受到道德、习惯、宗教等规范的调整。只有受到民事法律规范的社会关系，才是民事法律关系。物权关系、债权关系、知识产权关系、人身权关系等均是受到民法调整的人与人之间的社会关系。

（三）民事法律关系以一定的民事权利义务为内容

民事法律关系是一种权利义务关系，每个民事法律关系都至少以一个权利为其要素。正是由于民事法律规范的调整，参加民事法律关系的主体才取得了法律赋予的民事权利和民事义务，通过享有民事权利或承担民事义务实现民事主体所追求的私人生活利益。

（四）民事法律关系具有平等性

民事法律关系是平等主体之间的财产关系和人身关系，参加民事法律关系的主体法律地位平等，平等地享有民事权利、承担民事义务。无论是自然人，还是法人或其他组织，只要其参与民事法律关系，它们之间的一切差异就失去意义，成为身份完全平等的民事主体。彼此之间互不隶属，根据自己的意愿缔结民事法律关系，任何一方不得将其意志强加给另一方。

第二节　民事法律关系的要素

民事法律关系的要素是指构成民事法律关系的必要因素。所有的民事法律关系都由主体、客体和内容三要素构成。

一、主体

民事法律关系的主体，又称民事主体，是权利义务之所属，即参加民事法律关系，享受民事权利，承担民事义务的人。民事主体的资格是由法律赋予的，根据我国法律的规定，民事主体主要包括自然人、法人、其他社会组织以及以民事主体身份参加民事法律关系的国家。

在参加民事法律关系的当事人中，享有权利的一方是权利主体，承担义务的一方是义务主体。在某些民事法律关系中，一方只享有权利，另一方只承担义务，如赠与；而在大多数民事法律关系中，双方当事人都既享有权利，又承担义务，如买卖、租赁等。有些民事法律关系的权利主体与义务主体都只有一人，如单一之债；而另一些民事法律关系的权利主体和义务主体的一方或双方为两人以上，如多数人之债。一些民事法律关系的权利主体特定，义务主体不特定，如物权关系、人身权关系等；另一些民事法律关系的权利义务主体都是特定的，如债权关系等。

二、客体

民事法律关系的客体是指民事主体的民事权利和民事义务所共同指向的对象。如果没有客体，民事权利和民事义务就无所依附。民事法律关系的客体包括物、行为、智力成果和人身利益。

（一）物

物是指存在于人体之外，能为人力所支配，并能满足人类社会生活利益需要的物质实体。物权法律关系的客体是物。

（二）行为

行为是指民事主体有意识、有目的的活动。作为民事法律关系的客体，指的是在民事法律关系当中，权利人行使民事权利的活动和义务人履行民事义务的活动。债权法律关系的客体是给付行为。

（三）智力成果

智力成果是指人们脑力劳动所创造的精神财富。它具有创造性、非物质性、客观表现性的特征，包括著作、专利、商标等，分别是著作权法律关系、专利权法律关系、商标权法律关系等知识产权法律关系的客体。

（四）人身利益

人身利益具体表现为人格和身份，包括生命、健康、姓名、肖像、名誉、隐私、身份等，分别是人格权法律关系和身份权法律关系的客体。人身利益与民事主体的人身不可分离，但人身利益并非主体的人身，主体的人身不能成为人身权法律关系的客体。

三、内容

民事法律关系的内容，是指民事主体所享有的民事权利和所承担的民事义务。

（一）民事权利

民事权利，是指民事主体为实现某种利益为或不为一定行为的可能性。具体包括：（1）权利主体享有的自己为或不为一定行为的可能性；（2）权利主体要求他人为或不为一定行为的可能性；（3）权利主体的权利受到侵害时，有权要求国家机关予以法律保护。

（二）民事义务

民事义务，是指民事义务人为满足权利人的利益而为一定行为或不为一定行为的必要性。具体包括：（1）义务人必须依法律规定或者合同的约定，为一定的行为或不为一定的行为，以便满足权利人的利益；（2）义务人只承担法定或约定的范围内的义务，而不承担超出这些范围以外的义务；（3）义务人必须履行其义务，否则将依法承担法律责任。

在民事法律关系中，民事权利与民事义务是相互对立、相互联系在一起的，民事权利的内容由民事义务来表现，民事义务的内容由民事权利来决定，当事人一方享有的权利，也是另一方当事人承担的义务，民事权利和民事义务是从不同的角度来表现民事法律关系的内容的。

第三节　民事法律关系的变动

任何法律关系都处于不断的变化之中。民事法律关系的发生、变更和消灭，称为民事法律关系的变动。民事法律关系变动的同时，民事权利、民事义务也随之变动，因此，民事法律关系的变动又被称为民事权利的变动。

一、民事法律关系的发生

民事法律关系的发生，是指基于一定的民事法律事实，民事主体之间形成民事权利义务关系。民事主体因此而享有一定的民事权利，承担一定的民事义务。如一男一女结为夫妻，基于双方当事人的结婚行为，在双方之间发生夫妻关系，从而相互享有配偶权；某人撰写一篇论文的事实，导致著作权法律关系的发生，作者因此对该论文享有著作权。

二、民事法律关系的变更

民事法律关系的变更，是指基于一定的民事法律事实，民事法律关系的要素发生变化，包括民事法律关系主体的变更、客体的变更、内容的变更。

民事法律关系主体的变更，是指民事权利主体或民事义务主体发生了变动，由新的民事主体全部或部分代替原有的民事主体享有民事权利或承担民事义务。如债权让与、债务承担以及法人的合并与分立都会引起民事法律关系主体的变更。

民事法律关系客体的变更，是指在民事法律关系的主体不变的情况下，民事权利与民事义务所指向的对象发生了性质或范围的变化。如所有物因消费而减少，从而使所有权的客体范围变更；在债务履行过程中，因代物清偿而导致债权客体性质的变更。

民事法律关系内容的变更，是指民事法律关系中的民事权利或民事义务发生变化。民事法律关系客体的变更同时导致民事法律关系内容的变更，如债务因部分免除而变更；无息之债变为有息之债等。

三、民事法律关系的消灭

民事法律关系的消灭，是指因一定民事法律事实的发生，导致民事主体之间既存的民事权利义务关系终止。如因所有物灭失，导致民事主体的所有权关系消灭；因离婚而导致男女之间的夫妻关系消灭；债务因完全履行而导致债权债务关系消灭等。

第四节　民事法律事实

一、民事法律事实的概念

任何民事法律关系的变动都是有原因的，而引起民事法律关系变动的原因，称为民事法律事实。民事法律事实是一种符合民法规定的客观现象，能够引起民事法律关系的发生、变更和消灭。但并非一切客观情况都可成为民事法律事实，日出、日落、聊天、约会等不能产生任何民法效果，因而不是民事法律事实；而人的出生、死亡、买卖、租赁等客观情况，能够引起一定民法效果，是民事法律事实。

二、民事法律事实的分类

根据民事法律事实的发生是否与当事人的意志有关，可将民事法律事实分为事件和行为两大类。

事件是指与当事人的意志无关，能够引起民事法律后果的客观现象，如人的出生和死亡、不可抗力、时间的经过等。

行为是指当事人的有意识的活动，包括民事行为和事实行为。民事行为，是指民事主体作出意思表示，旨在确立、变更、终止民事权利义务关系的行为。民事行为符合法律的规定，能够产生民事主体预期的法律效果的，称为民事法律行为；民事行为不符合法律的规定，不能够产生民事主体预期的法律效果的，称为无效民事行为。民事行为是最主要的民事法律事实。事实行为，是指民事主体主观上并无产生、变更或消灭民事法律关系的意识，但其所实施的行为因为符合法律的规定而引起一定的民事法律后果的行为。如拾得遗失物、发现埋藏物、从事智力创造活动等。

三、民事法律事实的构成

在通常情况下，只需要一个民事法律事实，就能引起民事法律关系的产生、变更和消灭，但在特殊情况下，法律规定需要有两个或两个以上的民事法律事实的相互结合。这种引起民事法律关系的产生、变更或消灭的两个以上的事实的总和，叫做民事法律关系的事实构成。例如，遗嘱继承法律关系，就需要立遗嘱的行为和遗嘱人死亡这两个民事法律事实才能够发生。

第五节　民事权利

一、民事权利的概念

"权利"是私法的中心概念，起源于古罗马法，拉丁文为"jus"，既指权利，也指法律，权利为主观化的法律，法律为客观化的权利，有公平、正义的含义。我国法律上的"权利"一词系清末变法时由日本转译而来。我国传统的法律思想，以义务为本位，无权利概念。

关于权利的本质，历来众说纷纭，有不同的认识。有代表性的学说主要有以下三种：

一为意思说。该说由德国法学家温特夏德提出，此说认为权利的本质是意思自由，即人的意思能够任意支配的范围，没有意思就没有权利。其不足之处在于，无法解释无意思能力之未成年人及精神病人，何以能作为权利主体。

二为利益说。该说由德国法学家耶林提出，此说认为权利的本质就是法律保护的利益，不受法律承认和保障的利益，就不是权利。将权利本质确认为法律所保护的利益，有一定的合理性，但是法律上的权利不一定使主体受到利益，如监护权；而受到利益者，也不一定都享有权利，如交通安全给每一个人带来的利益。

三为法力说。该说由德国学者梅克尔提出，此说认为权利的本质为满足人类利益的法律上之力。权利的内容是法律所保护的特定利益，权利的形式是法律所赋予的力量，权利主体凭借这法律上之力来实现其特定的利益。该学说为当今之通说。

二、民事权利的分类

（一）人身权与财产权

按照权利是否具有财产内容，民事权利可以分为财产权和人身权。

财产权，是指以财产利益为内容，直接体现财产利益的民事权利，如物权、债权、继承权等；人身权，指以人身利益为内容，不直接体现财产利益的民事权利，如生命权、健康权、姓名权、肖像权、名誉权、荣誉权等。

财产权可以在民事主体之间转让，也可以继承，而人身权一般是不能转让和继承的。

（二）支配权、请求权、形成权、抗辩权

根据权利的作用不同，民事权利可以分为支配权、请求权、抗辩权、形成权。

支配权，是指权利人可以直接支配权利客体，并排除他人干涉的权利，权利人无需他人介入，单凭自己的意思就能实现权利的内容，如物权、人身权、知识产权等；请求权，是指请求他人为或者不为一定行为的权利，权利人依赖他人行为的介入才能实现自己的权利，如债权上的请求权和物权上的请求权；抗辩权是指对抗他人请求权的权利，即对于他人的请求权予以拒绝的权利，分为一时性的抗辩权和永久性的抗辩权，前者如不安抗辩权和同时履行抗辩权等，后者如因时效届满而拒绝履行义务的抗辩权；形成权，是指依权利人单方的意思表示，使民事法律关系发生变动的权利，如追认权、撤销权、抵消权、解除权、终止权等。

（三）绝对权和相对权

根据权利的效力范围不同，民事权利可以分为绝对权和相对权。

绝对权，又称对世权，是指可以对抗一切人的权利，如物权、人身权、知识产权等；相对权，又称对人权，是指只能对抗特定人的权利，即必须通过义务人实施一定行为才能实现权利。债权就是典型的相对权。

（四）主权利和从权利

根据权利相互之间的关系，民事权利可以分为主权利和从权利。

主权利，是指在两个相互关联的民事权利当中，能够独立存在的权利；而从权利指的是不能独立存在，以主权利的存在为其存在前提的权利。如被担保的债权为主权利，抵押权为从权利。如无特别约定，从权利与主权利同一命运，即主权利转移、消灭，从权利也随之转移、消灭。

（五）专属权与非专属权

根据权利与民事主体结合程度的不同，民事权利可以分为专属权与非专属权。

专属权，是指专属于权利人本身，不得转让和继承的权利，如人身权；而非专属权，则是指非专属于权利人本身，可以转让和继承的权利，如一般的财产权。

（六）既得权与期待权

根据权利的成立要件是否全部实现，民事权利可以分为既得权与期待权。

既得权是指成立要件已全部实现，权利人实际享有的权利，一般的权利都属于既得权；期待权是指成立要件尚未全部实现，将来有可能实现的权利，如附延缓条件的民事法律行为和附始期的民事法律行为，在延缓条件成就前或期限到来前，债权人享有的债权，即属于期待权。

三、民事权利的行使

民事权利的行使，是指民事主体实现权利内容的正当行为的过程。民事主体从取得权利到最终实现其利益，权利的行使起到了无法取代的重要作用。

（一）民事权利行使的特征

1. 民事权利的行使既可由权利主体行使也可由他人行使

权利主体自己行使是民事权利行使的最普遍的一种方式，民事主体取得民事权利的目的就是为了实现其内容，满足其利益需要，也只有民事主体本人才能最了解其目的，最有实现民事权利内容的积极性。但随着商品经济的进一步发展，商品交换的规模也逐步扩大，事必躬亲已不可能，代理制度应运而生。民事主体可借助于委托代理制度，假借他人的民事活动来扩张自己的民事行为能力，广泛参与民事生活。

2. 民事权利行使的目的是为了实现民事权利的内容

民事主体因各种各样的利益需要凭借一定的民事客体取得一定的民事权利。民事权利的取得仅仅为利益的满足提供了前提条件，要达到真正的利益满足还必须依赖民事权利的行使。通过民事权利的行使，才能使义务人必要的行为得以切实履行，权利人为或不为一定行为的可能性才能成为现实。因此，民事权利的行使作为一种手段或途径，其最终目的是完全实现权利的内容，满足权利人的生存利益。

3. 民事权利的行使行为必须是正当的行为

行使权利的行为包括民事法律行为、准民事法律行为和民事事实行为。民事权利可以行使也可以放弃，民事主体有行使与不行使的自由，但民事主体对利益的追求必须采取合法的方式，即民事权利的行使行为都必须符合法律的规定，不得违背社会公共利益。

（二）民事权利行使的限制

在个人本位的近代法律思想时代，盛行权利本位和契约自由的传统思想。其权利理论以"个人"为出发点，认为权利本身具有不可侵犯性，权利的行使也具有绝对的自由，法律不加以任何限制。正如罗马法的法谚所言："行使自己权利者，对任何人均非侵害。"但20世纪以来，民法思想发生了很大的变化，团体主义兴起，权利出现了社会化和相对化的趋势，开始强调权利的社会性及公益性。权利固然以保护个人利益为目的，但所谓的个人乃是生活于社会之中的个人，社会公益性与个人利益息息相关，因此，权利的行使还必须兼顾社会的公共利益，以促进社会整体的和谐发展。权利的行使开始受到越来越多的限制，以损害他人为目的或损害社会公益的权利行使行为，则为法律所禁止。民事权利的行使必须受到一定的限制，已经成为现代民法的立法精神。公共利益原则、禁止权利滥用原则和诚实信用原则成为民事权利行使的三项指导原则。

1. 公共利益原则

所谓公共利益原则，是指民事权利的行使，应注重个人利益与社会公共利益的调和，尤其以社会公共利益为重。首先将这一原则规定于成文法的是德国魏玛宪法，其第153条第3项规定："所有权负有义务，其行使应同时有益于公共利益。"其后法、日等国也都规定了此原则。我国《民法通则》第7条规定："民事活动应尊重社会公德，不得损害公共利益。"权利的行使违反公共利益的，不发生权利人所期望发生的效力，给国家、集体或他人的利益造成损害的，还应承担相应的民事责任。

2. 禁止权利滥用原则

所谓禁止权利滥用是指权利的行使不得违背法律赋予民事权利的本质，不得超越社会观念所允许的权利的界限，否则将否定或限制权利行使的效力。随着法律观念社会本位的逐步强化，权利自由行使的理论日益式微，权利的绝对性得到否定。法国在19世纪末首先以判决禁止权利滥用。《德国民法典》第226条规定："权利的行使只能具有给他人造成损害的目的的，禁止行使权利。"构成权利滥用的，法律否定其权利行使的效力。

3. 诚实信用原则

诚实信用原则是近代民法的最高指导原则，被西方学者奉为"帝王条款"，被认为是道德观念法制化的具体体现。其基本含义为：依正常人的合理判断和诚意来行使权利、履行义务，追求个人利益应以不损害社会和他人利益为前提。我国《民法通则》第4条、《合同法》第6条分别规定了诚实信用原则。诚实信用原则作为民法的最高指导原则，属于强行性规范，当事人不得排除适用。

四、民事权利的保护

民事权利受法律保护，当民事权利受到侵害时，应予以法律救济。民事权利的保护方法包括公力救济和私力救济。

（一）公力救济

公力救济是指国家机关根据权利人的请求，运用国家公权力对被侵害的民事权利所实施的救济。公力救济是保护民事权利的主要手段，其中最直接最重要的救济形式是民事诉讼，一般来说，当事人提起的民事诉讼请求有以下三种类型：

1．确认之诉

确认之诉是指请求人民法院确认某种权利是否存在的诉讼，是民事诉讼中最基本、最重要的一种诉讼。如请求人民法院确认其所有权，请求确认知识产权的归属，请求确认合同的效力等等，都属于确认之诉。

2．给付之诉

给付之诉是指请求人民法院责令义务人履行给付义务，以实现自己的权利。给付之诉主要针对的是请求权，如请求交付财产、支付违约金和赔偿金、实际履行等。

3．形成之诉

形成之诉是指请求人民法院变更现有的某种民事权利义务，形成某种新的民事权利义务的诉讼。如请求人民法院判决离婚、解除合同关系、申请死亡宣告等而提起的诉讼。

（二）私力救济

私力救济是指民事主体在法律许可的范围内自己采取各种合法措施对被侵害的民事权利进行救济。随着国家公权力的加强，公力救济日益代替私立救济，私力救济受到法律的严格限制，权利主体只能以法律许可的方式和在法律允许的限度内保护自己的权利。现代各国法律一般允许的私力救济行为包括正当防卫、紧急避险和自助行为。

1．正当防卫

所谓正当防卫，是指为了使公共利益、本人或他人的财产或人身免遭正在进行的不法侵害，对侵权行为人采取的必要防卫行为。正当防卫是一种合法的受法律鼓励的私力救济行为。我国《民法通则》第128条规定："因正当防卫造成损害的，不承担民事责任。正当防卫超过必要的限度，造成不应有的损害的，应当承担适当的民事责任。"

2．紧急避险

所谓紧急避险，是指为了使公共利益、本人或他人的人身或财产免受现实和紧急的损害危险，不得已而采取的损害他人权益的行为。紧急避险是以较小的损害保全较大的权益，不得超过必要的限度。我国《民法通则》第129条规定："因紧急避险造成损害的，由引起险情发生的人承担民事责任。如果危险是由自然原因引起的，紧急避险人不承担民事责任或者承担适当的民事责任。因紧急避险采取措施不当或者超过必要的限度，造成不应有的损害的，紧急避险人应当承担适当的民事责任。"

3. 自助行为

所谓自助行为，指的是民事主体在自己的民事权利受到侵害时，因事情紧急，来不及请求国家机关救助的情况下，对加害人的人身或者财产进行扣押或者毁损，并为法律所许可的行为。如客人就餐后不付餐费的，饭店有权扣留客人所携带的财产。我国立法目前尚未规定自助行为。

第三章 民事主体

第一节 自 然 人

自然人是基于自然规律出生而取得民事主体资格的人。自然人不同于公民，公民是具有一国国籍，并根据该国宪法和法律规定享有权利和承担义务的人。公民是个公法概念，自然人是私法概念。自然人的外延大于公民的外延，我国民法上的自然人，包括中国公民、外国公民和无国籍人。

自然人的民事法律地位集中体现在法律对其民事能力的规定上，自然人的民事能力包括民事权利能力和民事行为能力。

一、自然人的民事权利能力

自然人的民事权利能力是指法律赋予自然人得享有民事权利，承担民事义务的资格。自然人只有具备民事权利能力，才具有法律上的主体资格，才能参加民事活动，享有民事权利，承担民事义务。民事权利能力是人类法律文明的伟大成就，肯定了人的价值、尊严和主体性。

（一）自然人民事权利能力的特征

1. 平等性

民事权利能力是自然人具有主体价值的基础，现代文明社会，任何人均因其出生而当然取得民事行为能力，一切自然人的民事权利能力一律平等。《瑞士民法典》第 11 条规定："人都有权利能力。在法律范围内，人人都有平等的权利能力及义务能力。"《俄罗斯民法典》第 1 条规定："所有公民均被承认平等地具有享有民事权利和承担民事义务的能力。"我国《民法通则》第 10 条规定："公民的民事权利能力一律平等。"根据这一规定，自然人不分民族、种族、性别、年龄、职业、职务、家庭出身、宗教信仰、教育程度、财产状况，都平等地拥有民事主体资格，平等地享有法律上所规定的民事权利能力。除非法律有特别规定，任何自然人的民事权利能力不受限制和剥夺。

2. 不得抛弃和转让

民事权利能力是人的尊严的体现，是自然人生存和发展的必要条件，因此自然人不能抛弃也不能转让自己的民事权利能力，自然人自愿抛弃、转让的，不发生法律效力。《瑞士民法典》第 27 条规定："（1）任何人不得全部或部分地放弃权利能力及行为能力。（2）任何人不得让与其自由，或在限制行使自由时损害法律及道德。"《俄罗斯民法典》第 22 条第 3 款规定："公民全部或部分放弃权利能力或行为能力，以及旨在限制权利能力和行为能力的其他法律行为，自始无效，但法律允许这种法律行为的情形除外。"

民事权利能力与民事权利既紧密联系，又相互区别。民事权利能力是民事主体取得民事权利的前提，民事权利则是民事主体的民事权利能力得以实现的结果。民事权利能力只是民事主体取得民事权利的一种可能，而民事权利是民事主体已经实际享有的现实权利；民事权利能力既包括取得民事权利的能力，也包括承担民事义务的能力，而民事权利本身不包括民事义务；民事权利能力不得抛弃和转让，而自然人的民事权利大多都可以依法抛弃和转让。

（二）自然人民事权利能力的开始

大多数国家都认为自然人的民事权利能力从出生时开始，如《德国民法典》第 1 条规定："人的权利能力自出生完成之时开始。"《日本民法典》第 1 条规定："私权之享有，始自出生。"我国《民法通则》第 9 条规定："公民从出生时起到死亡时止，具有民事权利能力，依法享有民事权利能力，承担民事义务。"基于出生这一事实，自然人当然取得民事主体资格。

1. 出生时间的确定

出生是一种法律事实，按照学界的通说，出生须具备"出"和"生"两项条件：所谓"出"是指须全部与母体分离。分离之前为胎儿，分离之后才能称为法律上的人。所谓"生"是指与母体分离之际保有生命，而不论其出生后时间之长短。

如何确定自然人的出生时间，民法学界主要有以下几种学说：（1）阵痛说，认为孕妇开始阵痛时，即为胎儿出生。（2）露出说，又可分为一部露出说和全部露出说。一部露出说认为，以胎儿的一部分露出母体之时为出生时间；全部露出说认为，以胎儿身体全部脱离母体时为出生时间。（3）初声说，以婴儿第一声啼哭之时为出生时间。（4）断带说，以脐带剪断之时为胎儿出生的时间。（5）独立呼吸说，以胎儿能独立呼吸之际，为完成出生。以上诸学说中，阵痛说为时过早；出声说和断带说又为时过晚；应该以胎儿全部露出母体，并能独立呼吸的时间为出生时间。

关于出生时间的证明，最高人民法院《关于贯彻执行〈中华人民共和国民法通则〉若干问题的意见》第 1 条规定：自然人"出生时间以户籍证明为准；没有户籍证明的，以医院出具的出生证明为准；没有医院证明的，参照其他有关证明认定"。但自然人的出生为事实问题，并与私权的享有有重大的关系，因此，如果有确凿的证据证明真实的出生时间的，可以推翻户籍证明记载的时间。

2. 胎儿利益的保护

自然人的民事权利能力始于出生，因此胎儿不具有民事权利能力。但胎儿原则上早晚要出生，直接保护胎儿，即间接保护将来之人类，顺乎人情又合乎公平。各国民法为了保护胎儿的利益，主要采用以下三种立法例：一是总括保护主义，胎儿以将来非死产者为限，享有民事权利能力。此为罗马法上所确立的一项原则，瑞士、匈牙利和我国台湾地区采用该种立法，如《瑞士民法典》第 31 条第 2 款规定："子女，只要其出生时尚生存，出生前即具有权力能力。"二是有限保护主义，原则上胎儿无民事行为能力，但是为保护胎儿的特定利益，在若干例外情况下视胎儿具有民事权利能力。法国、德国、日本采用该种立法，如《日本民法典》第 721 条、第 886 条、第 965 条分别赋予胎儿基于不法行为的损害赔偿请求权、继承权和受遗赠权等。三是绝对主义，绝对不承认胎儿享有民事权利能力，但考虑到胎儿将会出生这一事实，对其个别利益予以特殊保护。我国采此立法例，我国《继承法》第 28 条规定："遗产分割时，应当保留胎儿的继承份额。胎儿出生时是死体的，保留的份额按照法定继承办理。"我国民法不承认胎儿具有民事权利能力，不能有效保护胎儿的合法利益，建议修改立法，采用总括保护主义，加强对胎儿的保护。

（三）自然人民事权利能力的终止

自然人的民事权利能力终于死亡。死亡是自然人民事权利能力消灭的唯一原因，包括自然死亡和宣告死亡两种。

1．自然死亡

自然死亡也称生理死亡，是指自然人的生命的终结。

关于生理死亡时间的确定，主要有脉搏停止说、心脏跳动停止说、呼吸停止说以及脑死亡说等。心脏跳动停止说曾是各国普遍采用的死亡认定标准，但随着现代医学的发展，器官移植手术的成功和完善，各国又普遍提出脑死亡的学说。可见，死亡的时间的确决定于医学技术水平，应当以医学上确定的死亡时间为准。在我国的临床实践中，一般是以呼吸和心跳均告停止为自然人生理死亡的时间。

关于死亡时间的证明，也是一事实问题。如果自然人是在医院死亡的，应以死亡证上记载的死亡时间为准；没有死亡证明的，以户籍簿上登记的死亡时间为准。如果有确凿的证据证明真实的死亡时间的，可以推翻户籍证明记载的时间。

二人以上同时遇难死亡，又无法证明各人死亡时间时，设死亡推定制度。如果互有继承权的几个人在同一事件中死亡，又不能确定死亡先后时间的，应推定没有继承人的人先死亡；死亡人各自都有继承人的，如几个死亡人辈分不同，推定长辈先死亡；几个死亡人辈分相同，推定同时死亡，彼此不发生继承，由他们各自的继承人分别继承。

2．宣告死亡

宣告死亡是指自然人离开自己的住所，下落不明达到法定期限，经利害关系人申请，由人民法院宣告其死亡，以便结束以其生前住所地为中心的民事法律关系的制度。宣告死亡是经过法定程序在法律上推定自然人死亡的一项制度，其目的主要是结束因失踪人下落不明而引起的法律关系的不确定状态，重在保护被宣告死亡人的利害关系人的利益。

（1）宣告死亡的条件

第一，自然人下落不明须达到法定期限。所谓下落不明是指自然人离开原来的住所，而生死不明的状态。一般情况下，自然人下落不明满 4 年；因意外事故下落不明的，从事故发生之日起满 2 年；战争期间下落不明的，从战争结束之日起满 4 年，利害关系人可以申请宣告死亡。

第二，必须由利害关系人提出申请。在我国的司法实践中，利害关系人一般包括：配偶；父母、子女；兄弟姐妹、祖父母、外祖父母、孙子女、外孙子女；其他有民事权利义务关系的人。利害关系人申请宣告死亡按上面列举的顺序进行，如果前一顺序的利害关系人不申请宣告死亡，则后面顺序的利害关系人不得申请宣告死亡。

第三，须由人民法院进行宣告。宣告死亡只能由人民法院作出判决，其他任何单位和个人无权作出宣告死亡的决定。利害关系人到失踪人住所地或最后居住地的基层人民法院提出死亡宣告申请。人民法院受理宣告死亡的申请后，应对下落不明的失踪人发出公告，公告期为1年。因意外事故下落不明，经有关机关证明该公民不可能生存的，公告期间为3个月。公告期满，人民法院根据失踪的事实是否得到确认，作出宣告死亡的判决或驳回申请的判决。人民法院作出宣告死亡判决的，应确定被宣告死亡人的死亡日期，判决中未确定死亡日期的，以判决宣告之日为被宣告死亡人的死亡日期。

（2）宣告死亡的法律后果

宣告死亡发生与自然死亡同样的法律后果。被宣告死亡人的民事权利能力丧失，与他人之间的以原住所地为中心的一切民事法律关系终止。被宣告死亡人的个人合法财产成为遗产，继承人开始继承遗产或受遗赠人可以取得遗赠；被宣告死亡人的婚姻关系、亲子关系等人身关系消灭。

但宣告死亡毕竟只是一种推定的死亡，如果被宣告死亡人没有死亡的，有民事行为能力的人在被宣告死亡期间实施的民事法律行为有效。被宣告死亡时间和自然死亡时间不一致的，被宣告死亡所引起的法律后果仍然有效，但自然死亡前实施的民事法律行为与被宣告死亡引起的法律后果相抵触的，以其实施的民事法律行为为准。

（3）死亡宣告的撤销

被宣告死亡人重新出现，或者确知其没有死亡的，为保护该自然人的权益，应当撤销对其作出的死亡宣告。死亡宣告的撤销应由本人或者利害关系人提出申请，人民法院应当依法作出新判决，撤销死亡宣告。宣告死亡被撤销后发生以下法律后果：

第一，财产关系恢复原状。死亡宣告被撤销后，本人有权请求返还财产。依照继承法而取得财产的自然人或者组织，应当返还原物；原物不存在的，给予适当补偿。其原物已经由第三人合法取得的，第三人可不予返还。但利害关系人隐瞒真实情况使他人被宣告死亡而取得其财产的，除应返还原物及孳息外，还应对造成的损失予以赔偿。

第二，婚姻关系的恢复。被宣告死亡人的配偶尚未再婚的，夫妻关系自撤销死亡宣告之日起自行恢复；如果其配偶再婚后又离婚或者再婚后配偶又死亡的，夫妻关系不能自行恢复。

第三，收养关系有效。被宣告死亡人在被宣告死亡期间，其子女为他人依法收养的，在撤销死亡宣告后，不得仅以未经本人同意而主张收养无效或主张解除收养关系，但收养人和被收养人同意的除外。

二、自然人的民事行为能力

（一）自然人民事行为能力的概念

自然人的民事行为能力，是指自然人能够以自己的行为独立参加民事法律关系，行使民事权利，承担民事义务的资格。

自然人因出生而当然取得民事权利能力，但自然人具有民事权利能力只是使其取得民事权利和承担民事义务有了可能性，要实际享有民事权利、承担民事义务，还需有一定的民事法律事实。若民事权利的取得基于法律的规定而发生，则符合法律规定的条件时，自然人取得民事权利，如因自然人的出生而取得生命权等人格权；若基于法律行为而取得民事权利，自然人还需具有民事行为能力。自然人具备了相应的民事行为能力，才能通过自己独立的行为实际取得民事权利和承担民事义务。法律设立民事行为能力制度的目的，是为了保护未获成熟理智者的利益及相对人的交易安全。

（二）自然人民事行为能力的划分

自然人的民事行为能力以人的意思能力为基础。意思能力是自然人对自己的行为及其后果的认识判断能力。一个人的意思能力与其年龄和理智程度有关。我国《民法通则》根据自然人的年龄和理智程度将自然人的民事行为能力划分为：完全民事行为能力、限制民事行为能力和无民事行为能力三种。

1. 完全民事行为能力

完全民事行为能力，是指能够通过自己的独立行为取得民事权利、承担民事义务的资格。

一般情况下，成年人能够理智地判断和理解法律规范，能够合理预期实施某种行为可能发生的后果及对自己的影响。因此，世界各国法律均以成年人为完全民事行为能力人。但各个国家和地区关于成年的年龄规定不一：丹麦的成年年龄是 25 岁；奥地利的成年年龄是 24 岁；荷兰的成年年龄是 23 岁；法国、德国的成年年龄是 21 岁；瑞士、日本及我国台湾地区的成年年龄是 20 岁；英国和一些东欧国家的成年年龄是 18 岁。

我国《民法通则》第 11 条第 1 款规定："十八周岁以上的公民是成年人，具有完全民事行为能力，可以独立进行民事活动，是完全民事行为能力人。十六周岁以上不满十八周岁的公民，以自己的劳动收入为主要生活来源的，视为完全民事行为能力人。"在我国，完全民事行为能力人包括两类：（1）一般的完全民事行为能力人，即年满 18 周岁的非精神病人；（2）视为完全民事行为能力人，即 16 周岁以上不满 18 周岁以自己的劳动收入为主要生活来源的人。

2. 限制民事行为能力

限制民事行为能力是指只能独立实施法律限定的民事法律行为的资格。限制民事行为能力人具有部分民事行为能力。他们对事物有一定的识别和判断能力，因此可以从事一些民事法律行为。但是对于较为复杂或重大的行为他们又缺乏独立的判断能力，因此法律对他们的行为能力给予必要和适当的限制。限制民事行为能力人包括两类：分别是 10 周岁以上的未成年人和不能完全辨认自己行为后果的精神病人。

我国《民法通则》第 12 条第 1 款规定："十周岁以上的未成年人是限制民事行为能力人，可以进行与他的年龄、智力相适应的民事活动；其他民事活动由他的法定代理人代理，或者征得他的法定代理人的同意。"第 13 条第 2 款规定："不能完全辨认自己行为的精神病人是限制民事行为能力人，可以进行与他精神健康状况相适应的民事活动；其他民事活动由他的法定代理人代理，或者征得他的法定代理人的同意。"《合同法》第 47 条规定："限制民事行为能力人订立的合同，经法定代理人代理后，该合同有效，但纯获利益的合同或者与其年龄、智力、精神健康状况相适应而订立的合同，不必经法定代理人追认。"由此可见，限制民事行为能力人可以独立从事与其年龄、智力、精神健康状况相适应的民事法律行为或纯获利益的民事法律行为；其他民事法律行为必须由其法定代理人代理或者征得法定代理人的同意后进行，或者民事行为进行完毕后经其法定代理人追认而有效。

3. 无民事行为能力

无民事行为能力是指法律完全没有赋予自然人以自己的独立行为从事民事活动，取得民事权利和承担民事义务的资格。

根据我国《民法通则》第12条及第13条的规定，无民事行为能力人包括不满10周岁的未成年人和不能辨认自己行为的精神病人。不满10周岁的未成年人，处于生长发育的最初阶段，难于理性从事民事活动；不能辨认自己行为的精神病人，因心智丧失，不具有识别能力和判断能力，法律将他们规定为无民事行为能力人，是为了保护他们利益的需要。

无民事行为能力人也并非不能从事任何民事行为，一般认为，无民事行为能力人可以独立实施基于日常生活必需的细小行为或纯获利益的行为。其他民事行为则只能由其法定代理人代理进行。

(三) 自然人民事行为能力的宣告

精神病人的民事行为能力受其精神健康状况的影响，具有可变性并难以判断，为保护精神病人的利益和社会公共利益，我国立法规定了精神病人的民事行为能力宣告制度。《民法通则》第19条规定："精神病人的利害关系人，可以向人民法院申请宣告精神病人为无民事行为能力人或者限制民事行为能力人。"这里的利害关系人，主要是指精神病人的配偶、父母、成年子女以及其他亲属等。被人民法院宣告为无民事行为能力人或者限制民事行为能力人的，可以根据其健康恢复的状况，经本人或者利害关系人申请，由人民法院宣告其为限制民事行为能力人或完全民事行为能力人。

三、监护

(一) 监护的概念和目的

监护是指对无民事行为能力人和限制行为能力人的人身、财产及其他合法权益进行监督和保护的一种民事法律制度。履行监督和保护职责的人，称为监护人；被监督、保护的人，称为被监护人。

监护制度起源于罗马法，有监护和保佐制度。监护和保佐到了共和国末年，已经成为一种公职。监护人和保佐人无正当理由也不能随意辞职，并设立专门官署对监护人和保佐人进行监督管理。最初，监护的主要作用在于补充受监护人的能力，保佐则是代理被保佐人管理财产。这种区别到帝政后期便逐渐消失。现代大多数国家的立法中，都规定有监护制度。我国《民法通则》对无民事行为能力人和限制民事行为能力人设立统一的监护制度，并依据监护对象的不同，把监护分为未成年人监护及成年精神病人监护。

监护制度的本质是对民事行为能力欠缺者的行为能力进行弥补，由监护人代理或协助民事行为能力欠缺者进行民事活动，并对其人身和财产等合法利益进行保护，充分保障民事行为能力欠缺者能合法取得并享有民事权利，体现法律对弱势群体的关怀。同时，通过监护制度，对被监护人进行监督和管束，防止其行为对他人或社会造成损害，对交易安全和社会的稳定与和谐都具有重要的意义。

(二) 监护与亲权

监护与亲权不同。亲权是指父母对未成年子女人身方面的照顾、教育、管束、保护和财产方面的保护、管理的权利、义务。大陆法系国家明确设立亲权制度，亲权与监护分立；英美法系国家则未明确设立亲权制度，亲权与监护不分。我国《民法通则》仅规定了监护制度，并明确父母是未成年子女的当然监护人。可见，我国立法采用亲权与监护合一，未确立亲权制度。

但我们认为，亲权与监护毕竟是两个不同的概念，二者在产生依据、适用范围、性质及内容等诸多方面存在着明显的差异。在学理上，监护往往被作为亲权的补充和延长，只有在父母已死亡或均已丧失亲权或没有亲权能力时，才适用监护，由父母之外的第三人对未成年人的人身和财产进行监管和保护。如果采用亲权与监护合一的制度，就会混淆亲权与监护制度价值的差异，不能有效区分父母对未成年子女的权利义务与第三人对未成年人监护的差别，不能突出强调父母对未成年子女教育抚养的重要责任。设立专门的亲权制度，能够很好地将法定义务的履行与亲情有机融合起来，这易于未成年人接受理解，对其心理健康成长十分有利。我们认为，应结合我国法律文化的传统和亲子关系的现实状况，设立完善的亲权制度，强调父母对未成年子女的抚养教育责任，使亲权制度与监护制度相辅相成，充分保护未成年人的合法权益。

（三）监护的设立

根据监护的设立依据不同，可将监护分为法定监护、指定监护、遗嘱监护和委托监护。不论那一种监护方式，都必须要求监护人具有监护能力。我国《民法通则》根据被监护人的不同将监护划分为未成年人的监护和成年精神病人的监护。

1. 未成年人的监护

未成年人监护人的设定包括法定监护和指定监护。

（1）法定监护。

所谓法定监护是指监护人是由法律直接规定而设置的监护。根据我国《民法通则》第16条的规定，未成年人的父母是未成年人的监护人。这种监护资格因子女出生的法律事实而当然发生，亲子血缘关系和子女未成年状态是这一监护关系设立和存在的自然基础。父母除因死亡或依法被中止或剥夺监护资格以外，是未成年子女的当然法定监护人。

父母因为正当理由，不能亲自履行监护职责的，法律允许父母委托他人代为履行部分或者全部监护职责，但父母仍为未成年子女的法定监护人。被监护人造成他人损害，仍由父母承担损害赔偿责任，委托监护人确有过错的，应承担连带责任。夫妻离婚后，夫妻双方仍都是子女的监护人，与子女共同生活的一方无权取消对方对该子女的监护权，但未与该子女共同生活的一方对该子女有犯罪、虐待行为或者对该子女明显不利的，人民法院认为可以取消监护权的除外。

未成年人的父母已经死亡或者没有监护能力或被取消监护资格的，应按顺序由下列有监护能力的人担任监护人：祖父母、外祖父母；兄、姐；与未成年人关系密切的其他亲属和朋友，愿意承担监护责任，又经未成年人父、母的所在单位或者未成年人住所地的居民委员会、村民委员会同意的。没有以上监护人的，由未成年人父、母的所在单位或者未成年人住所地的居民委员会、村民委员会或者民政部门担任监护人。

（2）指定监护。

所谓指定监护指没有法定监护人，或者对担任监护人有争议的，监护人由有关部门或人民法院指定而设置的监护。根据我国《民法通则》第16条的规定，对担任未成年人的监护人有争议的，由未成年人父、母的所在单位或者未成年人住所地的居民委员会、村民委员会在近亲属中指定。此处的近亲属即是指：祖父母、外祖父母；兄、姐。对指定不服的可以提起诉讼，由人民法院裁决。

2. 成年精神病人的监护

成年精神病人监护人的设定也包括法定监护和指定监护。

（1）法定监护。

根据我国《民法通则》第17条的规定，无民事行为能力或者限制民事行为能力的成年精神病人，应按下列顺序确定监护人：配偶；父母；成年子女；其他近亲属。如果没有前述符合条件的监护人时，与成年精神病人关系密切、愿意承担监护责任，又经成年精神病人的所在单位或者住所地的居民委员会、村民委员会同意的其他亲属和朋友，也可以担任成年精神病人的监护人。没有以上监护人的，应由成年精神病人的所在单位或者住所地的居民委员会、村民委员会或者民政部门担任监护人。

（2）指定监护。

根据我国《民法通则》第17条的规定，对担任成年精神病人的监护人有争议的，由成年精神病人的所在单位或者住所地的居民委员会、村民委员会在近亲属中指定，对指定不服的，可向人民法院提起诉讼，由人民法院依法裁决。

（四）监护人的职责

监护在性质上并不是权利，而是一种职责，是为了保护被监护人的合法权益而存在的。我国民法规定的监护人的职责主要有：

1. 保护被监护人的人身、财产及其他合法权益

监护人应当保护被监护人人身、财产等合法权益，使未成年人、成年精神病人的身心、财产处于安全稳定的状态。当被监护人的合法权益受到他人的非法侵害时，监护人作为法定代理人，有权代理被监护人请求法院予以保护，代为参加民事诉讼。

2. 管理被监护人的财产

由于未成年人、成年精神病人缺乏管理、使用和处分财产的能力，其独立财产应当由监护人代为管理。在管理财产的过程中，监护人只承担管理职责，不享有收益权。监护人不得随意处分被监护人的财产，如将被监护人财产赠与他人等。除非是为了被监护人的利益，才可以合理利用或处分被监护人的财产。

3. 关心、照顾和教育被监护人

无论未成年人还是成年精神病人，一般生活上都难于完全自理，监护人应当对他们进行悉心的照料，使他们健康成长或维持正常生活，不得虐待和遗弃。未成年人年龄尚小，缺乏判断事务的能力，监护人应当教育被监护的未成年人，使他们在品德、智力、体质等方面全面发展。成年精神病人存在精神缺陷，也缺乏认识和判断事务的能力，易造成他人和社会的损害，监护人应当对他们的行为进行约束和管教。

4. 代理被监护人进行民事活动

我国《民法通则》第14条规定："无民事行为能力人、限制民事行为能力人的监护人是他的法定代理人。"被监护人可以进行与他的年龄、智力、精神健康状况相适应的民事活动，其他民事活动由他的法定代理人代理，或者征得他的法定代理人的同意后进行。

监护人不履行监护职责,侵害被监护人的合法权益的,应当承担赔偿责任;给被监护人造成财产损失的,应当赔偿损失。人民法院可以根据有关人员或者有关单位的申请,撤销监护人的资格。如果因监护人管教不严,致使被监护人实施不法行为造成他人损失的,由监护人承担民事责任。监护人尽了监护职责的,可以适当减轻其民事责任。监护人在承担赔偿责任时,应首先从被监护人的财产中支付赔偿费用,不足部分由监护人以自己的财产适当承担。

（五）监护的终止

监护的终止是指监护的消灭,监护终止的法定事由主要有以下几种:

1. 被监护人获得完全民事行为能力。未成年人达到成年年龄,监护即自动终止;精神病人恢复精神健康时,经本人或其利害关系人的申请,由人民法院撤销对其作出的监护宣告,也导致监护的终止。

2. 监护人丧失行为能力。监护人一旦丧失行为能力,即丧失监护人的资格,监护终止。须另行为被监护人指定新的监护人。

3. 监护人或被监护人死亡。自然人的死亡,导致其民事权利能力和民事行为能力的终止,其参与的一切民事法律关系消灭。监护关系随之终止。

4. 监护人辞去监护。监护人一般不能辞去监护,但如果有正当理由,如年事已高、长期重病等,而不能履行监护职责的,可以向指定机关提出申请,请求辞去监护资格。但一般认为,辞去监护只适用于指定监护,而不适用于法定监护。

5. 监护人被剥夺监护资格。监护人不履行监护职责或者侵害被监护人的合法权益的,人民法院可根据有关人员或有关单位的申请,撤销监护人的资格,从而导致监护的终止。

四、宣告失踪

（一）宣告失踪的概念和条件

自然人离开自己的住所,下落不明达到法定期限,经利害关系人申请,由人民法院宣告其为失踪人的法律制度。通过设立宣告失踪制度,由人民法院对自然人失踪的事实予以确认,从而结束失踪人财产无人管理的不确定状态,保护失踪人的利益和利害关系人的利益。

根据我国《民法通则》第20条的规定,宣告失踪须具备以下几个条件:

1. 须有自然人下落不明满2年的事实

所谓下落不明,是指自然人离开最后住所或居所无任何音讯的状况。自然人只有持续下落不明满2年的,有关利害关系人才能向人民法院申请宣告他为失踪人。下落不明的时间应从最后获得该自然人消息之日起计算。战争期间下落不明的时间应从战争结束之日起计算。

2. 须由利害关系人向人民法院提出申请

这里的利害关系人,包括被申请宣告失踪人的配偶、父母、子女、兄弟姐妹、祖父母、外祖父母、孙子女、外孙子女以及其他与被申请人有民事权利义务关系的人,如自然人的债权人和债务人。宣告失踪须由利害关系人向人民法院提出申请,利害关系人没有顺序的限制。

3. 须由人民法院依照法定程序宣告

宣告失踪只能由人民法院依照《民事诉讼法》规定的特别程序作出判决，其他任何机关和个人无权作出宣告失踪的决定。人民法院接到宣告失踪的申请后，应对下落不明的自然人发出公告，公告期为 3 个月。公告期届满，仍无该自然人的音讯时，应作出宣告失踪的判决。

（二）宣告失踪的法律后果

自然人被宣告失踪的法律后果主要是为失踪人设立财产代管人。根据我国《民法通则》第 21 条的规定，失踪人的财产由其配偶、父母、成年子女或者关系密切的其他亲属、朋友代管。对代管有争议的，没有以上规定的人或者以上规定的人无能力代管的，人民法院应从有利于保护失踪人及其利害关系人的合法权益、有利于财产的管理出发，为失踪人指定财产代管人。无民事行为能力人、限制民事行为能力人失踪的，监护人即为财产代管人。

失踪人的财产代管人，有权从失踪人的财产中支付失踪人所欠税款、债务及应付的其他费用，包括支付失踪人应付的赡养费、抚养费、扶养费，以及履行失踪人被宣告失踪前签订的合同及其他义务等。代管人追索失踪人的债权所取得财产，应为失踪人所有，由代管人管理。代管人为失踪人清偿债务应以失踪人的全部财产为限，代管人管理失踪人财产所支出的费用，可以从失踪人的财产中支付。代管人不能代理失踪人从事清偿债务和追索债权以外的其他民事活动。代管人管理失踪人的财产，应尽善良管理人的注意义务，不得滥用代管权，否则侵害失踪人的合法权益的，应当承担赔偿责任。失踪人的其他利害关系人还可以同时申请变更财产代管人。

失踪人的财产代管人拒绝支付失踪人所欠税款、债务和其他费用，债权人提起诉讼的，人民法院应当将代管人列为被告。失踪人的财产代管人向失踪人的债务人要求偿还债务的，可以作为原告提起诉讼。

（三）失踪宣告的撤销

被宣告失踪的人重新出现或者确知他的下落，经本人或者利害关系人申请，人民法院应当撤销对他的失踪宣告。失踪宣告一经撤销，代管人的代管权随之终止，他就应当将其代管的财产及其收益交还给被宣告失踪的人，并向其报告代管理期间对其财产管理和处置的详细情况。

五、自然人的住所

（一）住所的概念

自然人的住所，指自然人生活和进行民事活动的主要场所，是自然人参与的各种法律关系集中发生的中心区域。住所不同于居所。居所指自然人暂时生活和进行民事活动的场所。一个自然人可以有多个居所，但是在法律上一个自然人只能有一个住所。

住所对于决定国籍、案件管辖、司法文书送达地点、婚姻登记的管辖地点、债务履行地、国际私法上准据法的适用以及宣告失踪和宣告死亡地等，都有重要的法律意义。

（二）住所的确定

自然人以他的户籍所在地的居住地为住所，经常居住地与住所不一致的，经常居住地视为住所。自然人离开住所地最后连续居住一年以上的地方，为经常居住地，但住医院治病的除外。自然人由其户籍所在地迁出后至迁入另一地之前，无经常居住地的，仍以其原户籍所在地为住所。

第二节　法　人

一、法人的概念和特征

（一）法人的概念

法人是相对于自然人的另一类民事主体，是具有民事权利能力和民事行为能力，依法独立享有民事权利和承担民事义务的组织。在现代社会，从事民事活动的主体除自然人外，还有以团体名义进行活动的组织，民法上的法人制度，是对参加民事活动的社会组织的法律地位的确认。

法人制度的确立，是近代资本主义商品经济发展的产物。在社会生产力不发达的情况下，交易的规模较小，民事主体主要是自然人。后来随着商品经济的发展，产生了运用较大数量的资本进行分工和协作的要求，于是出现了合伙，合伙靠契约维系，具有团体性，目的在经营共同事业，成立方式简便灵活。合伙的大量出现，极大地促进了商品经济的发展。但合伙存在的基础在于合伙人个人的信用，仍未脱离个人色彩。并且对于合伙的债务，合伙人相互之间还必须承担无限连带责任，个人风险较大，不利于鼓励投资，不适合大规模事业的经营。随着资本主义的进一步发展，生产规模日益扩大，需要资本的高度集中，需要减少投资风险。于是，法人制度便应运而生。1900 年施行的《德国民法典》第一次对法人制度作了系统规定，随后，各国民法均对法人制度作了明确规定。

（二）法人的特征

1. 法人是依法成立的一种社会组织

这是法人区别于自然人的本质特征。法人是作为组织体而存在的，虽然法人可能是由自然人组成，但自然人必须按一定的方式结合成一定的组织体才能成为法人。同时，法人独立于自然人，法人成员的退出、死亡，均不影响法人的存续。现实生活中，有各种各样的社会组织，只有按照法律规定的条件和程序设立的组织体才能成为法人。法人作为一种社会组织，必须有稳定、健全的组织机构，法人通过自己的组织机构形成和实现法人的团体意志。

2. 法人具有独立的人格

法律规定法人的目的在于使其作为独立的民事主体参加民事活动，法人具有民事权利能力和民事行为能力。法人有自己的名称，能够以自己的名义独立参加民事法律关系，取得民事权利、承担民事义务。法人的独立人格是以其具有独立财产为基础的，法人拥有独立于其投资人和法人成员的财产所有权，投资人向法人投资后，投资人即失去投资资产的所有权，该资产所有权归法人所有。

3. 法人能够独立承担民事责任

法人的独立财产是法人能够独立承担民事责任的基础。法人在违反民事义务而对外承担民事责任时，法人以其拥有的全部财产为限对外承担独立责任，法人的投资者对于法人的债务，仅以其投资额为限承担清偿责任。当法人因其全部财产不足以清偿到期债务而破产时，法人的投资者对法人不能清偿的债务不承担清偿责任。独立责任使法人和其成员在人格上得以彻底分离，是法人区别于其他社会组织的重要特征。

二、法人的分类

(一) 公法人与私法人

大陆法系国家以法人设立的法律根据为标准，将法人分为公法人与私法人。凡依公法设立的法人，为公法人，如各级政府机关等；依私法设立的法人，为私法人，如公司等。区分公法人与私法人的意义在于确定管辖法院及诉讼程序。

(二) 社团法人与财团法人

以法人成立的基础为标准，又可将私法人分为社团法人与财团法人。社团法人是以人的集合为基础的法人，既可为营利目的，也可为公益目的。公司即为典型的社团法人；财团法人是以一定的捐助财产作为成立基础的法人，财团法人的设立只能为了公益。如各种基金会、私立学校、寺庙，以及孤儿院等慈善机构都是财团法人。

(三) 公益法人与营利法人

以法人的目的事业为标准，可将私法人分为公益法人和营利法人。法人的目的事业为公益者，为公益法人；法人的目的事业为营利者，为营利法人。社团法人多数为营利法人，有的属于公益法人。但财团法人必定为公益法人。

(四) 企业法人与非企业法人

我国《民法通则》将法人分为企业法人与非企业法人。企业法人是指以营利为目的，从事商品生产经营活动的经济组织，属于传统民法分类中的营利法人。企业法人依所有制不同，可分为国有企业法人、集体企业法人和私营企业法人；依是否有外资参与，可分为中资企业法人、中外合资经营企业法人、中外合作经营企业法人和外资企业法人；依是否采取公司形式，企业法人又可分为公司法人与非公司法人，公司又分为有限责任公司和股份有限公司。

非企业法人是指依法设立，从事生产经营活动之外的其他社会活动的法人，包括机关法人、事业单位法人和社会团体法人。机关法人是指依照法律或行政命令组建的，以国家预算为活动经费，享有公权力从事国家管理活动的各级国家机关；事业单位法人是指为了社会公益事业目的，由国家机关或者其他组织利用国有资产举办的，从事文化、教育、卫生、体育、新闻等公益事业的各类法人；社会团体法人是由其成员自愿组织的从事社会公益、文学艺术、学术研究、宗教等活动的各类法人。

三、法人的能力

法人作为独立的民事主体，具有民事权利能力和民事行为能力。

(一) 法人的民事权利能力

法人的民事权利能力，是指法人作为民事主体所具有的能够参与民事法律关系取得民事权利和承担民事义务的资格。法人的民事权利能力是法人从事民事活动的前提和基础。

与自然人的民事权利能力相比较，法人的民事权利能力具有以下几个特点：

(1) 民事权利能力的开始和终止的情形不同。自然人的民事权利能力始于自然人出生，终于自然人死亡。而法人的民事权利能力从法人成立时开始，至法人消灭时终止。

(2) 民事权利能力的内容范围不同。法人是一个社会组织体，因此，自然人基于其人格或者身份而享有的某些特定的民事权利，如生命健康权、肖像权、财产继承权等，法人不能享有；某些专属法人享有的民事权利，如对国有财产的经营管理权等，自然人个人也不能享有。

（3）法律对民事权利能力的限制不同。自然人的民事权利能力具有普遍性和平等性，在民事权利能力的内容上，自然人相互之间不因年龄、性别、种族、财产多寡等原因而导致民事权利能力的差异。但法人的民事权利能力是一种特殊的权利能力，要受到法律和行政法规的限制和其目的范围的限制。不同性质的法人，目的范围不同，其民事权利能力的内容也不同。

（二）法人的民事行为能力

法人的民事行为能力，是法人通过自己的独立行为取得民事权利，承担民事义务的资格。

法人的民事行为能力具有以下几个特点：

（1）法人的民事行为能力享有的时间与其民事权利能力享有的时间一致。法人的民事行为能力始于法人成立，终于法人消灭，与其民事权利能力的时间相一致。而自然人的民事行为能力的取得受其年龄、智力和精神健康状况的影响，具有民事权利能力的自然人不一定具有民事行为能力。

（2）法人的民事行为能力由法人机关或代表人实现。法人是组织体，不同于自然人，自身不可能实施民事行为，法人的意思由法人机关或代表人作出，其民事行为能力由法人机关或者法人机关委托的代理人来实现。法人机关或者法人机关委托的代理人的行为后果由法人承担。

（三）法人目的范围的限制

法人是为了实现一定的目而成立的社会组织，均存在目的范围。法人的目的范围是指法律或章程规定的为实现其目的的业务范围。关于目的范围对法人的行为效力的影响，学界存在以下几种观点：

（1）权利能力限制说。该说认为，法人的目的范围对于法人活动的限制，是对于法人民事权利能力的限制。采权利能力限制说，则法人目的范围外的行为当然无效。

（2）行为能力限制说。该说认为，法人的权利能力仅受其性质及法律、法规的限制。法人的目的范围，限制的是法人的行为能力。采用该说，有利于保护交易的安全，法人目的范围外的行为并非当然无效，可通过追认使之有效。

（3）代表权限制说。该说认为，法人的目的范围不过是对法人机关对外代表权的限制而已。法人的目的外行为属于超越代表权的行为，应为无效，但存在依代理的法理予以追认的可能性。

（4）内部责任说。该说认为，法人目的范围只是决定法人机关在法人内部的责任。所以，法人目的外行为，当然有效。

关于目的范围限制的不同学说，将直接影响到法人目的外行为的效力。就机关法人、事业单位法人和社会团体法人而言，其法人资格的赋予，仅在其作为民事主体的背景下具有意义，并无所谓目的范围限制问题。就企业法人而言，目的范围的限制即企业法人的经营范围对企业经营行为的影响问题。从世界各国的发展趋势来看，对企业经营范围的限制越来越少。在市场经济条件下，为鼓励企业的投资和交易，保护交易的安全，应采用内部责任说为宜。企业法人超越经营范围所从事的民事活动，除违反国家限制经营、特许经营以及法律、行政法规禁止经营的规定外，应为有效。

四、法人机关

（一）法人机关的概念

法人机关，是根据法律或法人章程的规定，对内管理法人事务，对外代表法人从事民事活动的个人或集体。

法人作为独立的民事主体，有自己独立的意思能力。法人的意思是通过其机关形成、表示和实现的。法人机关与法人之间不是两个主体之间的关系，法人机关是法人的组成部分，二者是部分与整体的关系。法人机关在其职权范围内以法人名义从事的行为，属于法人的行为。法人机关成员在合法职责范围内的行为所产生的权利义务，当然应由法人承担。

（二）法人机关的种类

（1）意思机关，又称为权力机关或决策机关，是形成法人意思的机关。它有权决定法人的重大事务，如股份有限公司的股东大会等。

（2）执行机关，是具体执行法人的意思机关所形成的意思的机关。法人的执行机关对内执行法人事务，对外代表法人意思，如公司的董事会等。

（3）代表机关，是法人的意思表示机关，代表法人对外进行民事活动，又称为法人的法定代表人，如公司董事长、执行董事或经理等。

（4）监察机关，是监督法人执行机关的活动的机关，如股份有限公司的监事会等。

（三）法定代表人

法定代表人，是指依照法律或者法人章程的规定，代表法人行使职权的负责人。法定代表人是法人机关的组成之一。

法定代表人通常由法人的负责人担任。法定代表人代表法人行使职权，可直接根据法律或章程的规定以法人的名义代表法人进行民事活动，无须法人机关的另行授权。法定代表人的职务行为就是法人的行为，法定代表人执行职务的行为所产生的一切后果均由法人承担。

法定代表人在代表法人行使职权时，应该履行勤勉、忠实的义务，遵守法律法规。否则，也应追究法定代表人的法律责任。我国《民法通则》第49条规定："企业法人有下列情形之一的，除法人承担责任外，对法定代表人可以给予行政处分、罚款，构成犯罪的，依法追究刑事责任：（1）超出登记机关核准登记的经营范围从事非法经营的；（2）向登记机关、税务机关隐瞒真实情况、弄虚作假的；（3）抽逃资金、隐匿财产逃避债务的；（4）解散、被撤销、被宣告破产后，擅自处理财产的；（5）变更、终止时不及时申请办理登记和公告，使利害关系人遭受重大损失的；（6）从事法律禁止的其他活动，损害国家利益或者社会公共利益的。"我国《公司法》第150条规定："董事、监事、高级管理人员执行公司职务时违反法律、行政法规或者公司章程的规定，给公司造成损失的，应当承担赔偿责任。"

五、法人成立

法人的成立，是指符合法定条件的社会组织，依照法定程序取得民事权利能力和民事行为能力。法人的成立不同于法人的设立，法人的设立是创设法人的过程或行为，法人的成立是社会组织已取得法律人格的事实或状态。设立是成立的前提，成立是设立的结果。法人的设立并不是当然导致法人的成立，当设立无效时，法人就没有成立。

（一）法人成立的实质要件

我国《民法通则》第 37 条规定："法人应当具备以下条件：（一）依法成立；（二）有必要的财产或者经费；（三）有自己的名称、组织机构和场所；（四）能够独立承担民事责任。"其中，能够独立承担民事责任是法人的特征而非条件。由此可见，法人成立的实质要件包括：

（1）依法成立。法人的设立目的和宗旨要符合国家和社会公共利益的要求，其组织机构、设立方式、经营范围、经营方式等要符合国家法律和政策的规定。

（2）有必要的财产或者经费。必要的财产或者经费，是法人享有民事权利和承担民事义务的物质基础，也是其能够独立承担民事责任的财产保障。机关法人、事业单位法人、社会团体法人须具有必要的活动经费；企业法人须具有法定的最低资本额。根据我国《公司法》第 26 条、第 81 条的规定，有限责任公司注册资本的最低限额为人民币 3 万元；股份有限公司注册资本的最低限额为人民币 500 万元。

（3）有自己的名称、组织机构和场所。有自己的名称，是法人独立人格的要求，是法人能够以自己的名义参加民事活动的前提；组织机构是法人团体意志能够形成的基本保障，没有组织机构，社会组织就不能作为有意志的民事主体参加民事活动；法人场所是法人从事业务活动的处所，是法人开展民事活动所必须的条件。

（二）法人成立的形式要件

1. 法人设立的原则

法人设立的原则，是指法人设立的基本依据及基本方式。法人设立的原则并非一成不变，因法人类型不同及时代的演变而有所差异，大致包括以下原则：

（1）自由设立主义，又称为放任主义。即法人的设立完全决定于当事人的自由，国家不加任何干涉和限制。曾在欧洲中世纪时，为各国所采用，近代以来已不多见。

（2）特许设立主义。即法人的设立需有专门的法令或国家的特别许可。因对法人的设立限制过严，各国立法已很少采用。

（3）许可设立主义，又称核准设立主义。即法人设立时除了应符合法律规定的条件外，还要经过行政机关的许可。

（4）准则设立主义，又称登记主义。只要社会组织符合法律预先规定的法人成立条件，无须经过行政机关批准，直接到登记机关办理登记，即可成立法人。

（5）强制设立主义。它指国家以法律规定某种行业或在某种条件下必须设立一定的法人组织。这是 20 世纪以来，资本主义国家实行经济干预常常采取的一种办法。证券业、保险业等特殊行业的设立采用此原则。

2. 我国法人设立的原则

我国对不同类型的法人采取不同的设立原则。

（1）企业法人的设立原则。企业法人分为公司企业法人与非公司企业法人。我国《公司登记管理条例》第 3 条规定："公司经公司登记机关依法核准登记，领取《企业法人营业执照》，方取得企业法人资格。"可见，公司的设立采准则设立主义，即符合法律关于有限责任公司和股份有限公司的成立条件的，仅须向公司登记机关申请设立登记，公司即可成立。我国《企业法人登记管理条例》第14条规定："企业法人办理开业登记，应当在主管部门或者审批机关批准后30日内，向登记主管机关提出申请；没有主管部门、审批机关的企业申请开业登记，由登记主管机关进行审查。登记主管机关应当在受理申请后30日内，做出核准登记或者不予核准登记的决定。"可见，非公司企业法人的设立，属许可设立主义。首先须经主管部门或有关审批机关批准，然后才向登记机关申请登记。

（2）机关法人的设立原则。机关法人的设立采特许设立主义，通过国家法律或行政命令而设立，无需登记即可取得法人资格。

（3）事业单位法人的设立原则。事业单位法人的设立，需依照国家法律和行政命令的规定，在设立原则上采特许设立主义。

（4）社会团体法人的设立原则。社会团体法人的设立，有的采特许设立主义，如妇女联合会、工会、团组织等；有的采许可设立主义，即法人的设立需要经行政机关审查同意，然后向登记机关申请登记才可成立，如各种协会、学会等。

六、法人的终止

法人的终止，又称法人的消灭，是指法人丧失民事主体资格，其民事权利能力和民事行为能力终止。法人终止的原因主要有以下几种：

（一）依法被撤销

法律或行政命令直接规定撤销其法人资格或者因违法经营而被行政主管机关依法撤销。

（二）解散

法人因以下原因而解散：（1）因法人目的事业已经完成或确定无法完成；（2）法人章程规定的存续期间届满，或者法人章程规定的其他解散事由出现；（3）法人权力机关决定解散。

（三）依法被宣告破产

企业法人在其全部资产不足以清偿到期债务时，经该法人的法定代表人、主管机关或其债权人等的申请，人民法院受理后依法宣告该企业法人破产。

（四）法人的分立、合并

法人的合并是指两个或两个以上的法人根据法律的规定或约定并为一个法人。法人合并包括吸收合并和新设合并。吸收合并是指一个或多个法人归入到一个现实的法人之中，被合并的法人人格消灭，现存的法人人格依然存在；新设合并是指两个或两个以上的法人合并为一个新法人，原法人人格全部消灭。

法人的分立是指一个法人分成两个以上的法人。法人分立包括创设式分立和存续式分立。创设式分立是指一个法人分成两个或两个以上的法人，原法人人格消灭；存续式分立是指原法人存续，从中分出新的法人。

吸收合并、新设合并以及创设式分立都导致了法人人格的消灭。

七、法人的清算

法人的清算，是指法人终止时由清算组织依职权清理法人的财产，了结债权债务关系的行为。我国《民法通则》第40条规定："法人的终止，应当依法进行清算，停止清算范围外的活动。"法人的清算是法人消灭的必经程序。

企业法人解散，应当成立清算组织，进行清算。企业法人被撤销、被宣告破产的，应当由主管机关或者人民法院组织有关机关和有关人员成立清算组织，进行清算。

清算组织，是依法成立的对终止的法人进行清算的组织或个人。清算组织的主要任务是了结现存业务、收取债权、清偿债务、移交剩余财产。清算终结，应由清算人向登记机关办理注销登记并公告。完成注销登记和公告，法人即告消灭。

第三节　合　伙

一、合伙的概念和特征

（一）合伙的概念

合伙，是指两个或两个以上的民事主体为共同的经济目的，根据合伙合同而共同出资、共同经营、共负损益，并对外承担无限连带责任的组织。

合伙是一个古老而又有生命力的生产组织形式。合伙是商品经济发展的产物，起源于人类需要合作的事实。早在法人制度形成以前，合伙就是商品经济中重要的一种经济组织形式。在商品经济充分发展，法人制度日益完善的今天，合伙仍具有其他经济组织形式无法取代的重要地位。

（二）合伙的法律特征

1. 合伙协议是合伙成立的基础

合伙的成立须经全体合伙人协商一致，并以书面的形式订立合伙协议。合伙协议作为明确合伙人间的权利义务关系、处理合伙内外事务的合同，是合伙组织内部最重要的法律文件，是合伙得以成立的基础。

2. 合伙是两个以上的人组成的组织

一个人无法形成合伙，合伙是两个以上的人在彼此信任的基础上，基于共同的经济目的，依据合伙协议而组成的组织。合伙具有团体性，合伙组织经工商登记，取得民事能力，在其营业执照所核准的经营范围内，就能以合伙组织的名义从事经营活动。

3. 合伙人应当共同出资、共同经营、共负损益

合伙的本质属性决定了合伙是融投资、收益和风险为一体的共同体。为了共同的目的事业，各合伙人共同出资，共同经营合伙事务，合伙经营所产生的收益归全体合伙人享有，所产生的经营风险或亏损，由全体合伙人共同承担。

4. 合伙人对合伙债务承担无限连带责任

与法人不同，合伙人出资后，并没有丧失出资财产的所有权，合伙财产没有与合伙人的个人财产完全分离，各合伙人的个人财产仍然是合伙债务的担保。在合伙财产不足以清偿债务时，各合伙人应以自己的个人财产承担无限连带责任。

二、合伙的法律地位

关于合伙能否成为独立的民事主体，学界一直有不同的学说。一种观点认为，合伙不具有民事主体的资格，民事主体只有自然人和法人两种；另一种观点认为，合伙是自然人和法人之外的第三种民事主体。一般来说，早期法学理论大多不承认合伙为民事主体，仅承认合伙是一种契约；如今合伙作为一种组织体，已广泛参与民事交往。承认合伙为独立民事主体，已经成为各国立法的共同发展趋势。

合伙具备了成为独立民事主体的条件。首先，合伙具有团体性，合伙的经营活动由合伙人共同决定，个别合伙人的退伙、死亡并不必然导致合伙的解散；其次，合伙的财产具有相对独立性，合伙财产为合伙人共同共有，由合伙人共同经营管理，与合伙人的个人财产仍然是有区别的；再次，合伙的责任也具有相对独立性，合伙对其债务，首先是以合伙财产进行清偿，合伙财产不足以清到期债务的，再由各合伙人承担补充连带责任。合伙人个人债务的债权人不得以该债权抵消其对合伙的债务，也不得代位行使合伙债务人在合伙中的权利。由此可见，合伙可以成为独立的民事主体，拥有民事权利能力和民事行为能力，能够以自己的名义参加民事活动，取得民事权利，承担民事义务。但是，能成为民事主体的合伙是合伙企业，合同型合伙是一种松散的、临时的合伙契约，缺乏组织性、团体性，不能成为独立民事主体。本节所称的合伙，主要是指合伙企业。

三、合伙的分类

（一）企业型合伙与合同型合伙

根据合伙的组织形态，合伙可分为企业型合伙与合同型合伙。企业性合伙依法在工商行政机关办理了登记注册手续，并形成一个组织体的合伙；合同型合伙是指根据合伙合同创立，不需办理工商登记手续，没有形成一个组织体的合伙。企业型合伙的设立必须经依法登记注册，有自己的商号，应当建立商业账簿，有一定的稳定性和持续性。企业型合伙的团体性、组织性、持续性较强，可以成为独立的民事主体。而合同型合伙仅仅是合伙人之间的一种合同关系，不能成为独立的民事主体。

（二）普通合伙与有限合伙

根据合伙人承担的责任形式，合伙可分为普通合伙与有限合伙。普通合伙，是指所有的合伙人对外都要承担无限连带责任的合伙；有限合伙，是指至少有一名普通合伙人和一名有限合伙人组成的合伙。普通合伙人是参与合伙的经营，对合伙债务承担无限连带责任的人；有限合伙人则是指向合伙出资并分享利润，但不参与合伙的经营，仅以出资为限对合伙债务承担有限责任的人。

（三）显名合伙与隐名合伙

根据合伙人是否应公开自己的身份和姓名，合伙可分为显名合伙与隐名合伙。显名合伙，是指所有的合伙人都要公开合伙人的身份和姓名，并参与合伙经营的合伙；隐名合伙，是指由显名合伙人与隐名合伙人组成的合伙。隐名合伙人按照其与显名合伙人的合伙合同出资并分享利润，不对外公开自己的身份和姓名，不参与合伙事业的经营，对合伙债务仅承担有限责任。

四、合伙的成立

（一）合伙成立的实质条件

根据我国《合伙企业法》第8条的规定，设立合伙企业应当具备以下几个条件：

（1）有两个以上的合伙人，且全体合伙人都承担无限连带责任。两个人为合伙人人数的下限，一个人不能成为合伙。但合伙人人数也不能太多，过多则难于在全体合伙人之间实现彼此的信任。我国《民法通则》和《合伙企业法》都未对合伙人人数的上限作出限制。另外，目前我国立法不允许有限合伙，要求所有的合伙人都必须对合伙债务承担无限连带责任。

（2）有书面合伙协议。合伙协议是规范合伙内部关系的重要法律文件，由全体合伙人在成立合伙时以书面形式作出。合伙协议应载明的事项包括：①合伙企业的名称和主要经营场所的地点；②合伙目的和合伙企业的经营范围；③合伙人的姓名及其住所；④合伙人的出资方式、数额和交付出资的期限；⑤利润的分配和亏损分担的方法；⑥合伙企业事务的执行；⑦入伙与退伙；⑧合伙企业的解散与清算；⑨违约责任。合伙企业还可以载明合伙企业的经营期限和合伙人争议的解决方式。

（3）有合伙人实际缴付的出资。合伙人的出资是合伙进行经营的物质基础。但由于全体合伙人对合伙债务要承担无限连带责任，以合伙人个人的全部财产作为合伙债务履行的担保，各国法律对合伙的出资都没有作太严格的要求。合伙人可以用货币、实物、土地使用权、知识产权和其他财产出资。既可以在合伙设立时出资，也可以在合伙期间出资。

（4）有合伙企业的名称。合伙企业的名称是合伙企业区别于其他民事主体的标志，而且还可以昭示合伙人对合伙债务承担责任的形式。因此，在成立合伙企业时，企业名称必不可少。

（5）有经营场所和从事合伙经营的必要条件。合伙企业要开展正常的生产经营活动，必须要有经营场所和其他相应的必要条件。

（二）合伙成立的形式条件

设立合伙企业应当向工商行政管理机关申请登记，申请时应当向登记机关提交登记申请书、合伙协议书、合伙人身份证明等文件，如果法律、行政法规规定合伙企业的设立必须报有关部门审批，还应当在申请设立登记时提交批准文件。符合《合伙企业法》规定的条件的，工商行政管理机关应当核准登记，颁发营业执照，合伙企业的营业执照颁发之日，为合伙企业的成立日期。

五、合伙的财产

合伙财产，是指合伙人为经营合伙事业所构成的一切财产，包括合伙人的出资和合伙期间经营积累的财产。

（一）合伙财产的特征

（1）合伙财产具有统一性。合伙人投入的财产以及合伙期间积累的财产，要由全体合伙人统一管理和使用。

（2）合伙财产具有完整性。在合伙存续期间，合伙人不得请求分割合伙财产，其中包括不得请求返还出资，也不得请求分配合伙财产中的应有份额；合伙人向合伙人以外的人转让其在合伙企业中的全部或者部分财产份额时，须经其他合伙人一致同意；合伙人以其在合伙企业中的财产份额出质的，须经其他合伙人一致同意。未经其他合伙人一致同意，合伙人以其在合伙企业中的财产份额出质的，其行为无效，或者作为退伙处理。

（3）合伙财产具有一定的独立性。为维持合伙组织的稳定性，合伙财产与合伙人的个人财产是适当分离的，合伙财产是用于合伙经营的相对独立的财产。合伙人出资后，不得随意抽回出资；合伙企业中某一合伙人的债权人，不得以该债权抵消其对合伙企业的债务；合伙人个人负有债务，其债权人不得代位行使该合伙人在合伙企业中的权利。

（二）合伙财产的性质

合伙的财产应属于共有财产，自不待言，但对于合伙财产的共有性质学界却有不同的看法：

（1）按份共有说。该说认为，各合伙人按一定的份额对合伙财产享有相应的权利和义务，合伙的份额通常由合伙合同确定，如果合伙合同没有明确约定的，则按照出资比例确定。

（2）共同共有说。该说认为，合伙人对所有合伙财产不分份额地共同所有，每一个合伙人不论出资多寡，对合伙财产都享有平等的权利。

（3）区分说。该说认为，应当区分合伙人的出资和合伙积累的财产。合伙的出资属于按份共有，而合伙积累的财产，是合伙人共同经营积累的结果，应属于全体合伙人共同共有。

我国《民法通则》第 32 条规定："合伙人投入的财产，由合伙人统一管理和使用。合伙经营积累的财产，归合伙人共有。"《合伙企业法》第 19 条第 2 款规定："合伙企业的财产由全体合伙人依照本法共同管理和使用。"可见我国法律并没有明确"合伙人投入的财产"的法律性质，合伙经营积累的财产，归合伙人按份共有还是共同共有？也不明确。我们认为，基于维护合伙的组织性和稳定性的需要，应将合伙财产的性质理解为共同共有。

五、合伙事务的执行

合伙事务，是指一切有关合伙经营管理的事务，包括对外的经营活动和对内的日常管理活动。各个国家的立法均确认，除合伙合同另有约定外，每一个合伙人均有执行合伙事务的权利和义务。

根据我国《合伙企业法》第 25 条的规定，各合伙人对执行合伙企业事务享有同等的权利，可以由全体合伙人共同执行合伙企业事务，也可以由合伙协议约定或者全体合伙人决定，委托一名或者数名合伙人执行合伙企业事务。执行合伙企业事务的合伙人，对外代表合伙企业。

由一名或者数名合伙人执行合伙企业事务的，应当依照约定向其他不参加执行事务的合伙人报告事务执行情况以及合伙的经营状况和财务状况，其执行合伙事务所产生的收益归全体合伙人，所产生的亏损或者民事责任，由全体合伙人承担。被委托执行合伙事务的合伙人不按照合伙协议或者全体合伙人的决定执行事务的，其他合伙人可以决定撤销该委托。不参加执行事务的合伙人有权监督执行事务的合伙人，检查其执行合伙事务的情况。合伙人为了了解合伙的经营状况和财务状况，有权查阅账簿。

下列事务必须经全体合伙人同意：（1）处分合伙企业的不动产；（2）改变合伙企业名称；（3）转让或者处分合伙企业的知识产权和其他财产权利；（4）向企业登记机关申请办理变更登记手续；（5）以合伙企业名义为他人提供担保；（6）聘任合伙人以外的人担任合伙企业的经营管理人员；（7）依照合伙协议约定的有关事项。合伙人对必须经全体合伙人同意始得执行的事务，擅自处理，给合伙组织或者其他合伙人造成损失的，依法承担赔偿责任。

合伙事务执行人因执行合伙事务而支出的各种必要费用有权要求合伙企业偿还。如果对执行事务事先约定有报酬的，合伙事务执行人有权向合伙企业请求报酬。同时，合伙事务执行人在执行合伙事务中应尽忠实义务、勤勉义务，不得从事损害本合伙利益的活动。否则，给本合伙或者其他合伙人造成损失的，应依法承担赔偿责任。

六、合伙的债务承担

（一）合伙债务的界定

所谓合伙债务，是指在合伙存续期间，以合伙的名义对外承担的债务。尽管合伙的债务最终有可能由合伙人个人来承担，但合伙债务与合伙人个人的债务仍然是分开的。合伙债务通常是合伙人在执行合伙事务的过程中，以合伙组织的名义所产生的债务。

（二）合伙债务的承担

承担合伙债务的主体是合伙组织，履行债务的担保是合伙的共有财产和各合伙人的个人财产。

我国《合伙企业法》第39条规定："合伙企业对其债务，应先以其全部财产进行清偿。合伙企业财产不足清偿到期债务的，各合伙人应当承担无限连带责任。"由此可见，合伙人对于合伙债务的清偿责任属于补充性连带责任，只有当合伙财产不足以清偿合伙债务时方存在，各合伙人就自己应承担的合伙债务对于合伙的债权人享有先诉抗辩权。

所谓无限连带清偿责任，是指每一个合伙人都应当以其个人的全部财产而不以出资额为限对合伙债务负全部清偿责任。债权人可以选择请求任何一个合伙人对全部合伙债务进行清偿。每一个合伙人对合伙债务的清偿，均对其他合伙人发生清偿的效力。清偿合伙债务超过其应担份额的合伙人，有权就其多清偿部分向其他合伙人追偿。

当合伙债务与合伙人个人债务同时存在，其承担债务的顺序应遵循双重优先原则。双重优先权原则公平合理地平衡了合伙债权人与合伙人个人的债权人之间的利益，使两者都能有均等的机会分别从合伙财产和合伙人个人财产中受偿。双重优先权是指个人财产与合伙共同财产分别供各自的债权人优先受偿，即合伙人个人的债权人优先于合伙的债权人从合伙人个人财产中得到满足，合伙债权人优先于合伙人个人的债权人从合伙财产中得到满足。

七、入伙与退伙

（一）入伙

入伙，是指在合伙存续期间，非合伙人加入合伙成为合伙人。新合伙人入伙应当经全体合伙人同意，并依法订立书面入伙协议。订立入伙协议时，原合伙人应当向新合伙人告知原合伙企业的经营状况和财务状况。入伙后的新合伙人与原合伙人享有同等的权利，承担同等责任。新合伙人对入伙前合伙企业的债务承担连带责任。

（二）退伙

退伙，是指合伙人在合伙存续期间退出合伙组织，从而丧失其合伙人资格的行为。退伙分为自愿退伙、法定退伙和除名退伙。

（1）自愿退伙，又称声明退伙，是指出于合伙人的自愿而退伙。根据我国《合伙企业法》第46条的规定，合伙协议约定有合伙经营期限的，有下列情形之一时，合伙人可以退伙：①合伙协议约定的退伙事由出现；②经全体合伙人同意退伙；③发生合伙人难于继续参加合伙企业的事由；④其他合伙人严重违反合伙协议约定的义务。而合伙协议未约定合伙经营期限的，合伙人在不给合伙事务的执行造成不利影响的情况下，可以退伙，但应当提前30日通知其他合伙人。

（1）法定退伙。法定退伙是指因出现法律规定的事由而当然退伙。根据我国《合伙企业法》第49条的规定，合伙人有下列情形之一的，当然退伙：①死亡或者被依法宣告死亡；②被依法宣告为无民事行为能力人；③个人丧失偿债能力；④被人民法院强制执行在合伙企业中的全部财产份额。

（3）除名退伙。除名退伙是指出现某些情形时合伙人因被其他合伙人一致同意除名而被迫退伙。根据我国《合伙企业法》第50条的规定，合伙人有下列情形之一的，经其他合伙人一致同意，可以决议将其除名：①未履行出资义务；②因故意或者重大过失给合伙企业造成损失；③执行合伙企业事务时有不正当行为；④合伙协议约定的其他事由。对合伙人的除名决议应当书面通知被除名人。被除名人自接到除名通知之日起除名生效，被除名人退伙。被除名人对除名决议有异议的，可以在接到除名通知之日起30日内，向人民法院起诉。

退伙人一旦退伙，即丧失合伙人的资格。退伙人有权要求对合伙进行清算，分割合伙财产。退伙时，未按约定分担合伙债务的，退伙人对原合伙的债务，应当承担清偿责任；退伙人已分担合伙债务的，对其参加合伙期间的全部债务仍负有连带清偿责任。

八、合伙的终止

合伙的终止，又称为合伙的解散，是指由于法定的或约定的原因而使合伙关系归于消灭。合伙终止，其民事主体资格消灭。

（一）合伙的解散

根据我国《合伙企业法》第57条的规定，引起合伙解散的原因主要有以下几种：（1）合伙协议约定的经营期限届满，合伙人不愿继续经营的；（2）合伙协议约定的解散事由出现；（3）全体合伙人决议解散；（4）合伙人已不具备法定人数；（5）合伙协议约定的合伙目的已经实现或者无法实现；（6）被依法吊销营业执照；（7）出现法律、行政法规规定的合伙解散的其他原因。

（二）合伙的清算

合伙解散后应当进行清算，并通知和公告债权人。清算人一般由全体合伙人担任；未能由全体合伙人担任清算人的，经全体合伙人过半数同意，可以自合伙解散后15日内指定一名或者数名合伙人，或者委托第三人，担任清算人。15日内未确定清算人的，合伙人或者其他利害关系人可以申请人民法院指定清算人。

根据我国《合伙企业法》第60条的规定，清算人在清算期间执行下列事务：（1）清理合伙企业财产，分别编制资产负债表和财产清单；（2）处理与清算有关的合伙企业未了结的事务；（3）清缴所欠税款；（4）清理债权、债务；（5）处理合伙企业清偿债务后的剩余财产；（6）代表合伙企业参与民事诉讼活动。

合伙清算结束后，清算人应当编制清算报告，经全体合伙人签名、盖章后，在15日内向工商登记机关报送清算报告，办理合伙企业注销登记，合伙终止。

合伙企业解散后，原合伙人对合伙企业存续期间的债务仍应承担无限连带责任，但债权人在5年内未向合伙人提出偿债请求的，该责任消灭。

第四章 民事法律行为

第一节 民事法律行为概述

一、民事法律行为的概念

民事法律行为，是指以意思表示为核心，因意思表示而发生私法效果的合法行为。民事法律行为是一种重要的民事法律事实，能够引起民事法律关系的发生、变更、终止。

德国注释法学派通过对罗马法的分析与整理提炼出了一套完整的法律行为理论。1794 年的普鲁士邦法接受了注释法学派的研究成果，最早采纳了"法律行为"这一概念。1900 年的《德国民法典》第一次系统、完善地规定了法律行为制度，现今大陆法系各国已普遍确定了法律行为制度。民事法律行为，是实现私法自治的工具，该制度的采用，表现了法律的抽象化趋势，是立法技术进步的结果。

二、民事法律行为的特征

（一）民事法律行为是以发生一定私法效果为目的的行为

民事法律行为是一种重要的民事法律事实，能够引起民事法律关系的发生、变更和消灭。而民事法律关系变动的私法效果是民事主体在进行民事法律行为前所意欲追求的目的，民事法律行为充分体现了私法自治原则。能否发生行为人预期的法律效果，是判断是否为民事法律行为的一个重要标志。在现实生活中，人们的有些行为不能产生私法效果，如散步、读书、约会等，有些行为能产生私法效果，但并不是行为人预期的法律效果，如侵权行为等，这些行为均不是民事法律行为。

（二）民事法律行为以意思表示为要素

意思表示，是指行为人将意欲发生某种私法效果的内心意思以一定方式表现于外部的行为，由行为人主观上追求民事法律后果的内心意思和表示行为两部分组成。民事法律行为是民事主体有目的、有意识的行为，民事主体只有通过一定的方式才能使自己的内心意思为他人所知晓，才能使自己追求私法效果的目的得以实现。意思表示是民事法律行为最基本的要素，也是区分民事法律行为与事实行为的重要标志。意思表示虽然是民事法律行为不可或缺的构成要素，但意思表示仅仅是民事法律行为的构成要素之一，本身不是法律行为。民事法律行为的成立和有效，除意思表示以外，还必须具备其他条件。

（三）民事法律行为是合法行为

我国《民法通则》除使用民事法律行为概念以外，还创设了民事行为的概念。民事行为是以意思表示为要素发生一定民事法律后果的行为。民事行为是与事实行为相对应的概念。事实行为是指不具有意思表示内容，但按照法律规定，在客观上引起了民事法律后果的行为。如拾得遗失物、发现埋藏物等。民事行为是民事法律行为的上位概念，包括民事法律行为、效力待定的民事行为、无效民事行为和可变更、可撤销的民事行为。其中民事法律行为是合法的民事行为，得到了国家法律的认可，因此能够产生行为人预期的法律后果。

三、民事法律行为的分类

（一）单方民事法律行为、双方民事法律行为和多方民事法律行为

根据进行民事法律行为的人数，可以将民事法律行为区分为单方民事法律行为、双方民事法律行为和多方民事法律行为。单方民事法律行为是根据一方当事人的意思表示就可成立的法律行为，如订立遗嘱、免除债务、抛弃所有权、委托授权等；双方民事法律行为是指当事人双方相对应的意思表示一致才可成立的法律行为，如合同行为；多方民事法律行为，是指两个以上当事人并行的意思表示一致才可成立的法律行为，如合伙人订立合伙合同的行为。

（二）有偿民事法律行为和无偿民事法律行为

根据当事人取得利益是否须支付相应的对价，可以将民事法律行为区分为有偿民事法律行为和无偿民事法律行为。有偿民事法律行为是当事人一方取得利益，需向对方当事人支付相应代价的法律行为，如买卖、租赁等；无偿民事法律行为是指一方当事人承担给付义务，对方当事人不承担对待给付义务的法律行为，如赠与、借用等。

（三）诺成民事法律行为和实践民事法律行为

根据民事法律行为的成立要件的不同，可以将民事法律行为区分为诺成民事法律行为和实践民事法律行为。诺成民事法律行为指仅以意思表示为成立要件的法律行为，绝大多数民事法律行为都是诺成民事法律行为；实践民事法律行为指除意思表示之外，还须有一方当事人履行合同义务或交付标的物才可成立的法律行为，如保管、借用、质押等。

（四）要式民事法律行为和不要式民事法律行为

根据民事法律行为是否必须具备一定的形式，可以将民事法律行为区分为要式民事法律行为和不要式民事法律行为。要式民事法律行为是依法律规定或当事人的约定，必须采取一定形式或履行一定程序的法律行为。如中外合资经营企业合同，属于应当由国家批准才能成立或生效的合同；不要式民事法律行为是指法律不要求采用特定形式，当事人可以自由选择一种形式的法律行为。

（五）主民事法律行为和从民事法律行为

根据民事法律行为之间的依从关系，可以将民事法律行为区分为主民事法律行为和从民事法律行为。主民事法律行为指不需要有其他法律行为的存在就可独立成立的法律行为；从民事法律行为指从属于其他法律行为的存在而存在的法律行为。如抵押合同为

从民事法律行为，被担保的债权合同为主民事法律行为。

（六）物权行为和债权行为

以民事法律行为的内容不同为标准，可以把民事法律行为区分为物权行为和债权行为。物权行为，是引起物权关系发生、变更和终止的行为。如抵押权、地上权的设定，所有权的抛弃等；债权行为，指引起债权关系发生、变更、终止的法律行为。如买卖、赠与、租赁等。

（七）有因行为和无因行为

以民事法律行为与其原因的关系为标准，可以把民事法律行为区分为有因行为和无因行为。有因行为，是指以原因的存在为有效要件的行为。绝大多数民事法律行为都是有因行为。无因行为，是指行为与其原因可以分离的法律行为，即原因的被撤销或无效不影响行为的效力。如票据行为即为无因行为，为清偿债务而签发支票，即使该债务不存在，发票人的票据行为仍为有效。

第二节　民事法律行为的形式

一、民事法律行为形式的概念

民事法律行为的形式，是指民事法律行为借以表现的方式，实际上是作为法律行为核心要素的意思表示的外在表现形式。

民法对民事法律行为形式上的要求经历了一个由严格到逐渐放任的发展过程。罗马法时代，实行严格的形式主义，法律行为以要式为原则，欠缺法定形式要求的法律行为，往往不能发生法律效力。后来，随着近代民法上契约自由原则的确立，承认当事人在法律行为的形式上有自由选择的权利，从而使交易的迅捷成为可能。但是为了保护社会公共利益和交易安全，对一些涉及特殊或重要交易的民事法律行为，各国法律仍然规定为要式。

二、民事法律行为的形式

（一）口头形式

口头形式，是指通过对话的方式进行意思表示，包括电话交谈、托人带口信、当众宣布自己的意思等。口头形式是社会大众在社会生活中广泛采用的民事法律行为形式，多适用于即时清结或标的数额小的交易。口头形式的优点是简便迅速；缺点是缺乏客观记载，一旦发生纠纷，日后难以取证。因此，口头形式不适用于标的数额较大、内容复杂、履行期限较长的法律行为。

（二）书面形式

书面形式，是指用书面文字进行的意思表示。我国《合同法》第 11 条规定："书面形式是指合同书、信件以及数据电文（包括电报、电传、传真、电子数据交换和电子邮件）等可以有形地表现所载内容的形式。"书面形式主要适用于履行期限较长、交易规则复杂、标的数额较大的交易行为。可以使权利义务关系明确、保存证据，并有助于预防和处理争议。

书面形式包括一般书面形式与特殊书面形式。一般书面形式是指仅以文字表达意思表示，民事法律行为即可成立或生效；民事法律行为除具备一般书面形式之外，还需要履行某种特定程序的，为特殊书面形式，其主要包括以下几种：

1. 公证形式

公证形式，是指由公证机关对民事法律行为的真实性、合法性，予以审查、确认和证明的形式。经过公证的民事法律行为具有较强的证明力，在无相反证据的情况下，对于采用公证形式的民事法律行为，当事人可以直接向人民法院请求确认或申请强制执行。在我国，除一些依法必须进行公证的行为（如某些涉及自然人身份的行为）之外，民事法律行为是否采用公证形式，一般由当事人自行选择。

2. 鉴证形式

鉴证形式，是指除公证机关以外的合同管理机关根据双方当事人的申请，依法证明合同的真实性和合法性的形式。合同是否经过鉴证，一般由当事人自行选择。

3. 审核及登记形式

审核及登记形式，是指某些民事法律行为须由行政主管机关审核批准或者登记的形式。审核及登记由法律、法规直接加以规定，具有强制性。

（三）推定形式

推定形式，是指当事人并不直接用口头形式或书面形式进行意思表示，而是通过实施某种有目的的积极的行为，将其意思表示表现于外部，使得他人可以推知其意思表示的形式。如租赁期满，承租人继续交纳房租，出租人接受的，可推知当事人双方作出了延长租期的法律行为。又如在超市购物，向售货员交付货币的行为就可推定为行为人购买物品的意思。

（四）沉默形式

沉默形式，是指行为人既无语言表示又无行为表示，以消极的不作为进行意思表示的形式。根据我国《合同法》第47条的规定，限制民事行为能力人订立的合同，相对人可以催告法定代理人在一个月内予以追认。法定代理人未作表示的，视为拒绝追认。但法律对民事法律行为的沉默形式有严格的限制，只有法律有明文规定或当事人双方有约定时，才可以将行为人的沉默作为意思表示的一种形式，并产生相应的法律后果。

第三节　民事法律行为的要件

一、民事法律行为的成立

民事法律行为的成立是指民事法律行为具备其构成要素而存在或产生。民事法律行为的成立决定着民事法律行为的存在，属于事实判断。

（一）民事法律行为的一般成立要件

民事法律行为的一般成立要件，是指一般民事法律行为共同的成立标准。民事法律行为的一般成立要件一般包括：（1）当事人，即进行民事法律行为的民事主体；（2）标的，即民事法律行为的内容；（3）意思表示，民事法律行为以意思表示为核心要素。意思表示，是指表意人将其期望发生某种法律效果的内心意思以一定的方式表示于外部的行为。

（二）民事法律行为的特别成立要件

民事法律行为的特别成立要件，是指某些特殊类型的民事法律行为的成立，应具备的条件。如实践性民事法律行为的成立除须具备民事法律行为的一般成立要件外，还须有一方当事人履行合同义务或交付标的物的行为。

成立的民事法律行为能否发生预期的法律效果，还要看其是否符合民事法律行为的有效要件，只有有效的民事法律行为才能在法律上确定地发生预期的法律效果。

二、民事法律行为的有效

民事法律行为的有效是指民事法律行为因符合法律规定而获得能引起民事法律关系设立、变更和终止的法律效力。民事法律行为有效意味着法律行为因符合法律规定而获得了法律的肯定评价，因而能够产生当事人预期的法律效力。民事法律行为有效与否属于法律价值判断问题。

民事法律行为的有效要件包括：

（一）行为人具有相应的民事行为能力

意思表示是民事法律行为的基本要素，因此，行为人只有具备民事行为能力，才能认识其行为的性质，预见其行为的后果，并作出维护自己利益的合理判断和选择。同时，也避免相对人因与行为能力欠缺者进行民事交往而造成不必要的损失。就自然人而言，完全民事行为能力人可以独立从事民事活动，取得民事权利、承担民事义务；限制民事行为能力人只能从事与其年龄、智力和精神健康状况相适应的民事活动；无民事行为能力人原则上不能独立实施民事行为，应由其法定代理人代理进行民事活动。但限制民事行为能力人、无民事行为能力人可独立实施单纯获得利益不承担义务的民事行为。就法人而言，除国家限制经营、特许经营及禁止经营的以外，法人可以从事其他任何经营活动，而不论是否超越其经营范围。

（二）当事人意思表示真实

当事人的意思表示真实，是指表意人通过表示行为表达出来的意思应当与其内心的效果意思相一致。民事法律行为充分体现了私法自治原则，本质上乃当事人的意志。只有意思表示符合行为人内心的真实意思，才能依法产生法律拘束力。意思表示真实，包括两个方面的含义：一是指行为人的内心意思与外部的表示行为相一致；二是指当事人意志自由。

（三）不违反法律和社会公共利益

不违反法律和社会公共利益，指意思表示的内容不得与法律的强制性或禁止性规范相抵触，也不得违反公序良俗。民事法律行为的法律效力，实际上是行为人通过民事法律行为表现的个人意志与法律所体现的国家意志相一致而导致的结果。因此，民事法律行为的内容不得违反法律的禁止性规定，不得违背社会公共利益。

第四节　欠缺民事法律行为有效要件的后果

民事法律行为须同时具备主体合格、意思真实、内容合法三个有效要件，才能产生预期的法律效力。如果一个民事行为不具备或不完全具备上述的三个有效要件，就会产生民事行为的无效、民事行为的可撤销和民事行为的效力待定。

一、无效民事行为

（一）无效民事行为的概念

所谓无效民事行为，是指虽然已成立，但欠缺民事法律行为的有效要件而不发生法律效力的民事行为。无效的民事行为不发生当事人意思表示所预期的法律效力，并非不发生任何效力，如无效合同仍发生返还财产或赔偿损失的法律后果。

（二）无效民事行为的特征

1．无效民事行为具有违法性

无效民事行为违反了民事法律行为的根本性有效要件，即合法性要件，受到国家法律的否定性评价，因此，不再具有治愈的可能，不能产生法律效力。

2．无效民事行为当然无效

当然无效是指无效民事行为本身肯定不产生法律效力，不论当事人是否知道民事行为无效，也不论当事人是否主张该行为无效。法院和仲裁机构无待当事人在诉讼上请求，可主动审查民事行为是否无效。

3．无效民事行为自始无效

无效民事行为于民事行为成立时即无效。民事行为被确认无效时，产生溯及既往的效力，民事行为自行为开始时即无法律约束力，对已经履行的，应恢复到民事行为成立前的状态。

4．无效民事行为确定无效

确定无效是指民事行为的无效，具有不可逆转性，不能因时间的经过而补正。即使无效民事行为所违反的法律已修改或废止，仍不能使该民事行为有效。

（三）无效民事行为的情形

1．一方欺诈、胁迫并损害国家利益的民事行为

我国《民法通则》第58条规定的无效民事行为的范围非常宽泛，将欺诈、胁迫等意思表示不真实的民事行为也规定为无效行为，干涉了意思自治，也不利于保护受害人的利益和交易安全。我国《合同法》第52条改变了这一做法，仅将一方欺诈、胁迫并损害国家利益的民事行为规定为无效民事行为。

2．恶意串通，损害国家、集体或者第三人利益的民事行为

该无效情形的构成有主观因素和客观因素。主观因素为当事人恶意串通，希望通过该民事行为损害国家、集体或者第三人的利益。客观因素为该民事行为了损害国家、集体或者第三人利益。

3．以合法形式掩盖非法目的的民事行为

该行为是当事人规避法律实现其违法目的而实施的民事行为。当事人采取的形式是合法的，意欲达到的目的是非法的。例如，以赠与的合法形式掩盖非法转移财产的目的，损害债权人利益的行为。

4．损害社会公共利益的民事行为

社会公共利益是指公共秩序和善良风俗。当事人所实施的民事行为的结果只要客观上损害了社会公共利益，民事行为即归于无效。

5. 违反法律或行政法规的强制性规定的民事行为

法律是指由全国人民代表大会及其常务委员会所通过的立法文件；行政法规指国务院颁发的立法文件。强制性规范可进一步区分为效力性规范和取缔性规范。所谓效力性规范是指不仅要取缔违法的行为，对违法者予以制裁，而且对其行为在私法上的效力也加以否定；所谓取缔性规范，是指取缔违法行为，对违法者加以制裁，但并不否认该行为在私法上的效力。因此，只有违反法律和行政法规中的强制性规定中的效力性规范，才能导致民事行为无效。

二、可撤销民事行为

（一）可撤销民事行为的概念

所谓可撤销民事行为，是因该民事行为在成立时欠缺民事法律行为的意思真实要件，而允许行为人行使撤销权，使民事行为自始归于无效的民事行为。可撤销民事行为，又称为可变更、可撤销民事行为，撤销权人可以请求撤销该民事行为，使之归于无效，也可以不否定该行为的效力，仅仅要求变更该行为的内容。可撤销民事行为制度的设立，既体现了法律对公平交易的要求，又体现了意思自治。

（二）可撤销民事行为的特征

1. 可撤销民事行为主要是意思表示不真实的民事行为

民事法律行为要求当事人的意思表示必须真实，但意思表示是否真实，往往只有表意人自己清楚，他人无从知晓。表意人不愿有违其真实意思的民事行为有效的，可以行使撤销权。但表意人不愿撤销该行为的，根据意思自治原则，法律也不应当过多干涉。

2. 可撤销民事行为由撤销权人主动行使撤销权

撤销权性质上属于形成权，权利人凭单方面的意思表示就能使民事行为的效力归于消灭。撤销请求权一般应归因可变更、撤销的民事行为而遭受损害的当事人享有。撤销权人自知道或者应当知道撤销事由之日起1年内没有行使撤销权，或者具有撤销权的当事人知道撤销事由后明确表示或者以自己的行为表明放弃撤销权的，撤销权消灭。撤销权人行使权利的意思表示，须向法院或仲裁机关作出，而非向相对人作出。若法院或仲裁机关承认撤销权人的撤销权，则民事行为的效力原则上溯及于其成立之时消灭。

3. 可撤销民事行为在撤销前有效

撤销权人有选择权，可选择使该民事行为有效，也可选择使之无效。如果撤销权人不行使撤销权，可撤销的民事行为在被撤销前，仍然有效。如果撤销权人选择行使撤销权，可撤销的民事行为一经撤销，原则上溯及其成立之时，效力归于消灭。

（三）可撤销民事行为的情形

1. 受欺诈而为的民事行为

欺诈，是指当事人一方故意编造虚假情况或隐瞒真实情况，使对方陷于错误判断，并基于此错误判断而为意思表示。欺诈须具备以下几个构成要件：（1）须有欺诈的故意，包括两个方面：使相对人陷于错误的故意；使相对人基于错误而为意思表示的故意。（2）须有欺诈行为，即为使被欺诈人陷于错误判断，而虚构事实、隐瞒真相的行为。沉默也可以构成欺诈，前提是沉默者有告知义务。（3）须被欺诈人因受欺诈而陷于错误判断。如果欺诈方有欺诈行为，但是相对人并没有因此而陷入错误认识，则不构成欺诈。（4）须被欺诈人基于错误判断而为意思表示。即错误判断与意思表示之间有因果关系。

2．受胁迫而为的民事行为

胁迫，是指行为人以现实的危害行为或者以将要实施的危害行为相威胁，使相对人陷于恐惧，而作出违背其真实意愿的意思表示。胁迫须具备以下几个构成要件：（1）须有胁迫的故意，即使相对人陷于恐惧的故意和使相对人基于这种恐惧而作出意思表示的故意。（2）须有胁迫行为，即以给自然人及其亲友的生命、健康、荣誉、名誉、财产等造成损害，或者以给法人、其他组织的荣誉、名誉、财产等造成损害为要挟，迫使相对人作出违背真意的意思表示。（3）胁迫行为须为非法，如果一方有合法的根据对另一方施加压力，如以提起诉讼等合法手段向另一方施压，促使其履行义务，则不构成胁迫。（4）受胁迫一方因胁迫而进行了违背其真实意愿的民事行为。受胁迫方因胁迫而陷于恐惧，因恐惧而作出违背其真意的意思表示。

3．因乘人之危而为的民事行为

乘人之危，是指行为人利用相对人的急迫需要或危难境地，为牟取不正当利益，迫使对方作出违背真实意思的意思表示。乘人之危的构成要件有：（1）一方当事人处于危难境地或存在迫切需求。（2）另一方以牟取不当利益为目的，利用对方的危难情况，提出苛刻的条件。（3）乘人之危一方主观上是故意。（4）乘人之危行为与危难一方的民事行为之间有因果关系。

4．因重大误解而为的民事行为

重大误解，是指行为人基于对行为的性质，对方当事人，标的物的品种、质量、规格和数量等重要事项的错误认识，而进行与自己的意思相悖的意思表示。重大误解的构成要件有：（1）行为人因误解而为意思表示。（2）行为人的误解为重大的误解。

5．因显失公平而为的民事行为

显失公平，是指一方当事人利用其优势或者利用对方没有经验，致使双方的权利义务明显违反公平、等价有偿原则。显失公平的构成要件包括两方面：（1）客观方面，当事人之间利益的严重失衡；（2）主观方面，利用其优势或利用对方轻率、无经验。

三、效力待定的民事行为

（一）效力待定民事行为的概念

所谓效力待定民事行为，是指民事行为成立后，效力是否发生，尚未确定，有待于其他行为或事实使之确定的民事行为。

（二）效力待定民事行为的特征

1．效力待定民事行为因主体缺乏行为能力或处分能力而发生

因行为人缺乏相应的行为能力或处分能力，使该民事行为不完全符合民事法律行为的有效要件，从而产生效力瑕疵。

2．效力待定的民事行为效力不确定

效力待定的民事行为处于效力不确定的状态，既非有效，也非无效；待其他行为或事实使其效力确定后，则或者有效，或者无效。这一点与可撤销的民事行为不同。可撤销民事行为在撤销前有效，在撤销后无效。

3．效力待定民事行为效力的确定取决于当事人或第三人权利的行使

效力待定民事行为成立后，效力处于不确定状态，尚待一定的行为使之确定。一方

面是真正权利人的追认或拒绝。真正的权利人是指限制民事行为能力人的法定代理人、被代理人或处分权人。真正的权利人行使追认权的，效力待定的民事行为自始有效，真正权利人拒绝追认或者在催告期内不作追认的明确表示的，效力待定民事行为自始无效。另一方面是民事行为相对人的催告权或撤销权。为平衡当事人之间的利益关系，法律在赋予真正权利人以追认权或拒绝权的同时，也赋予民事行为相对人以催告权和撤销权。相对人在知道效力待定的原因后，可以催告真正的权利人予以追认或拒绝，也可以在真正权利人追认前，主动行使撤销权，使效力待定民事行为自始无效。

（三）效力待定民事行为的情形

1. 限制民事行为能力人超越行为能力实施的民事行为

限制民事行为能力人只能进行与其年龄、智力或者精神健康状况相适应的民事行为或者纯获利益的民事行为。其他民事行为由法定代理人代理或者征得法定代理人的同意后进行。限制民事行为能力人超越行为能力实施的民事行为为效力待定的民事行为，法定代理人追认的，民事行为有效；法定代理人不追认的，民事行为无效。

2. 无权代理

无权代理，是指行为人没有代理权、超越代理权或者在代理权终止后，以代理人的身份进行民事行为。无权代理在经过被代理人追认后有效，被代理人拒绝追认的，代理行为无效，但表见代理除外。

3. 无权处分

无权处分，是指没有处分权而处分他人财产。无权处分行为，只有在行为人事后获得处分权或者处分权人予以追认的，方能有效。但无权处分行为符合善意取得条件的，即使事后未取得处分权或未取得处分权人的追认，仍能有效。

第五节　附条件、附期限的民事法律行为

民事法律行为原则上自行为成立时生效，但法律另有规定或当事人另有约定的，民事法律行为自法律规定或约定的条件成就时生效或失效。其中，当事人对于民事法律行为效力的发生或消灭所加的限制，称为法律行为的附款。传统民法上，法律行为的附款包括条件和期限，效力受到限制的法律行为有附条件的民事法律行为和附期限的民事法律行为。

一、附条件的民事法律行为

附条件的民事法律行为是指在民事法律行为中规定一定条件，以该条件的成就与否作为民事法律行为效力发生或者消灭根据的民事法律行为。

（一）条件的意义

民事法律行为所附条件，是指决定民事法律行为的效力产生和消灭的未来不确定的事实。条件须具备以下几个要求：

1. 必须是将来发生的事实

作为条件的事实，必须是当事人在进行法律行为时尚未发生的。已经发生的事实，不得作为条件。当事人将已经发生的事实作为条件的，如果该条件决定民事法律行为效

力的产生，则视为该民事法律行为未附加任何条件；如果该条件决定民事法律行为效力的消灭，则视为当事人本来就不希望该民事法律行为发生效力。

2. 必须是将来不确定的事实

条件的本质特征在于其不确定性，是将来不确定是否发生的事实。如果在民事法律行为成立时，该事实已确定将来必然发生，则该事实只能作为民事法律行为所附的期限而非条件。

3. 条件必须是双方当事人约定的

条件作为民事法律行为的附款，是当事人的意思对民事法律行为效力的限制。因此，条件必须是双方当事人的约定，并以意思表示的形式表现出来。如果条件是法律规定的，则为法定条件，不能成为民事法律行为的附款。

4. 条件必须合法

条件不得违反法律的规定和公序良俗。如果以违法或违背公序良俗的事实作为民事法律行为的条件，则为不法条件，不法条件不具有法律效力。

（二）条件的种类

1. 延缓条件和解除条件

根据条件决定民事法律行为效力的发生或消灭为标准，可分为延缓条件和解除条件。决定民事法律行为效力发生的，为延缓条件，又称为停止条件。附延缓条件的法律行为虽然已经成立，但未生效，其效力处于停止状态。只有等条件成就时，才开始发生效力。决定民事法律行为效力消灭的，为解除条件，又称为消灭条件。附解除条件的法律行为成立时就已生效，因条件的成就而效力消灭。

2. 积极条件和消极条件

根据条件的成就是事实的发生或不发生为标准，可将条件分为积极条件和消极条件。以某事实的发生作为条件成就的，属于积极条件；反之，以某事实的不发生作为条件成就的，属于消极条件。如今年考上硕士研究生，则赠送笔记本一台，该条件为肯定条件；如果明年不出国，则购买房屋，该条件为消极条件。

肯定条件、消极条件可以与延缓条件、解除条件结合，分别产生肯定的延缓条件、肯定的解除条件、消极的延缓条件、消极的解除条件。

（三）附条件民事法律行为的效力

附条件的民事法律行为不论所附条件为延缓条件或解除条件，在成立后即产生法律效力，任何一方不得随意变更或废止。当事人对将来条件成就时因民事法律行为生效或失效而可能得到的利益享有期待权，该期待权受到法律保护，任何一方不得损害。

条件是否成就，应当听任作为条件事实的自然发生。在条件成就前，当事人不得为了自己的利益，以不正当的行为促成或阻止条件的成就。我国《合同法》第45条第2款规定："当事人为自己的利益不正当地阻止条件成就的，视为条件已成就；不正当地促成条件成就的，视为条件不成就。"

二、附期限的民事法律行为

附期限的民事法律行为是指在民事法律行为中设定一定的期限，以期限的到来作为民事法律行为效力发生或者消灭根据的民事法律行为。

（一）期限的意义

期限，是指当事人以将来客观确定到来的事实，作为决定法律行为效力的附款。期限具有以下几个特征：（1）期限是限制民事法律行为效力的附款。民事法律行为以期限的到来决定法律行为效力之发生或消灭。附生效期限的法律行为，自期限届至时生效。附终止期限的法律行为，自期限届满失效。（2）期限是以将来确定到来的事实为内容的付款。期限与条件不同，期限为将来确定要到来的事实，是一定会发生的，因此，附期限的民事法律行为是必定要生效或失效的。

（二）期限的分类

1．始期与终期

根据期限决定民事法律行为效力的发生或消灭为标准，可分为始期与终期。始期，又称为延缓期限，是决定民事法律行为效力发生的期限。附始期的民事法律行为已经成立，但效力处于停止状态，在始期到来时，才开始生效。终期，又称为解除期限，是决定民事法律行为效力消灭的期限。附终期的民事法律行为已经成立，并已生效，在终期到来时，效力消灭。

2．确定期限与不确定期限

根据作为期限内容的事实发生的时间是否完全确定为标准，可将期限分为确定期限与不确定期限。发生的时间完全确定的，属于确定期限。如某月某日。发生的时间不完全确定的，属于不确定期限。如某人死亡之日。

（三）期限的效力

附始期的民事法律行为，当期限届至时，开始发生效力；附终期的民事法律行为，当期限届满时，丧失效力。附期限的民事法律行为，在期限到来之前，当事人对将来取得权利或回复权利享有期待权，该期待权受到法律保护，受到侵害时，有权要求损害赔偿。

第六节　代　理

一、代理的概念和特征

（一）代理的概念

代理，是指代理人在代理权范围内，以被代理人的名义或自己的名义独立与第三人为民事法律行为，由此产生的法律效果直接或间接归属于被代理人的法律制度。在代理关系中，以他人名义或自己名义为他人实施民事法律行为的人，为代理人，由他人代为实施民事法律行为的人，为被代理人，又称为本人，与代理人实施民事行为的人，为第三人。

代理包括三方面的关系：一是本人与代理人之间的关系。该关系为代理的基础关系，如委托合同关系、父母子女关系等。二是本人与相对人之间的关系。此为代理人进行代理活动的结果所产生的民事法律关系，如买卖合同关系。三是代理人与相对人之间的关系。由代理人对相对人进行代理行为，但代理人与相对人之间并不发生任何法律关系，只有在无权代理时，被代理人不予追认的，由代理人自己作为合同当事人对相对人承担责任。

代理制度是商品经济高度发展的产物，其制度价值在于充分实现民事主体的意思自治，弥补和扩充民事主体的民事行为能力。从而有效降低交易成本，为民事主体更好地实现自己的权利、参与社会经济活动提供极大的便利。

（二）代理的特征

1. 代理行为是民事法律行为

代理行为以意思表示为核心，能够在被代理人与第三人之间设立、变更和终止民事权利和民事义务，因此代理行为本身是民事法律行为。代理人代理被代理人所进行的行为主要包括：民事法律行为；民事诉讼的行为和某些财政、行政行为，如代理专利申请、商标注册等。但某些具有人身性质的民事法律行为，如结婚等，以及双方当事人约定必须由本人亲自实施的民事法律行为，如演出等，不得由他人代理。

2. 代理人以被代理人的名义行为

代理的法律效果并非归属于行为人自身，而是由被代理人承受。因此法律要求代理人在对外进行民事活动时必须以被代理人名义实施。这一特征是代理区别于一般民事法律行为的标志，一般民事法律行为是行为人以自己的名义实施。这一特征也将代理与行纪区别开来，行纪人是以自己的名义从事行纪业务活动。

3. 代理人是在代理权限内独立为意思表示

代理行为是独立的民事法律行为，代理人在实施代理行为时有独立的意志，可以在授权范围内独立进行或接受意思表示。

4. 代理的法律效果归属于被代理人

我国《民法通则》第63条第2款规定："被代理人对代理人的代理行为，承担民事责任。"代理行为的目的是实现被代理人追求的民事法律后果，因此，代理人在代理权限内，以本人名义与第三人进行民事活动，所产生的法律效果完全由被代理人承担。

二、代理的分类

（一）委托代理、法定代理和指定代理

根据代理权产生的根据，可以将代理区分为委托代理、法定代理和指定代理。

（1）委托代理。委托代理，又称为意定代理或授权代理，是指基于被代理人的委托授权而发生的代理，是最普遍的一种代理。委托合同是产生委托代理权的基础关系。但委托合同的成立，并不当然地产生代理权，只有在委托人作出授予代理权的单方行为后，代理权才发生。委托授权行为是被代理人将代理权授予代理人的行为，是委托代理产生的直接根据。委托代理人取得代理权，通常要以委托合同和委托授权行为两个法律行为同时有效存在为前提。

（2）法定代理。法定代理是指基于法律的直接规定而发生的代理。法定代理主要适用于被代理人为无民事行为能力人或限制民事行为能力人的情况，夫妻之间的日常家事代理权也属于法定代理。法律直接规定法定代理，是为了保护特定民事主体的利益和交易的安全。

（3）指定代理。指定代理是基于法院或有关机关的指定行为而发生的代理。其中"有关机关"是指依法对被代理人的合法权益负有保护义务的组织，如精神病人所在地的居民委员会、村民委员会等。在指定代理中，代理人与代理权限都是由人民法院或者有关机关确定的。

（二）直接代理与间接代理

根据代理人进行代理活动的方式，可以把代理分为直接代理和间接代理。

（1）直接代理。直接代理是指代理人在进行代理活动时以被代理人的名义，进行代理活动的法律效果直接由被代理人承受的代理制度。大陆法系的代理均要求显名，并且代理行为的后果由被代理人承担。因此，一般的代理均是指直接代理。

（2）间接代理。间接代理是指代理人在进行代理活动时以自己的名义，进行代理活动的法律效果并不当然由被代理人承受的代理制度。大陆法系将间接代理称为行纪，代理人对外以自己的名义进行代理行为，代理行为的法律效果，只有在本人行使介入权和第三人行使选择权时，才可能由被代理人承受。

（三）本代理与复代理

根据代理人的选任和产生的不同，可以把代理区分为本代理和复代理。

1．本代理

本代理是指由本人选任代理人或由法律直接规定产生代理人的代理。一般的代理都是本代理。

2．复代理

复代理，又称为再代理，是指代理人为了实施代理权限内的全部或部分行为，以自己的名义选定他人担任被代理人的代理人的代理。

复代理具有以下几个特征：（1）复代理人是代理人以自己的名义为被代理人选任，而不是由被代理人选任；（2）复代理人是被代理人的代理人，而不是代理人的代理人；（3）复代理人是代理人基于复任权而选任的。代理人选择他人担任复代理人的权利，称为复任权，是代理权的一项内容。在委托代理中，代理的内部关系具有较强的人身信赖性质，代理人原则上应亲自执行代理事务，不得转委托他人。但在事先得到被代理人同意或事后得到其认可的情况下，以及在发生紧急情况使代理人不能亲自处理代理事务，任这种状况持续将进一步损害被代理人之利益时，法律也允许代理人行使复任权，以更好地保护被代理人的利益。在法定代理中，由于法定代理权发生的基础不是特定当事人之间的信赖关系，而是法律的直接规定，同时法定代理人的权限范围又比较广泛，且不得任意辞任，被代理人往往也缺乏为同意表示的意思能力。因此，法定代理人应无条件地享有复任权。

三、代理权

（一）代理权的概念

代理权是指代理人得以被代理人的名义与第三人为意思表示或接受意思表示，而法律后果直接归属于被代理人的法律上的权能。

代理权是代理关系的核心内容，代理权是代理关系存续的前提，也是民事主体取得代理权资格的法律依据。代理权本质上是一种资格和地位，而不是一种权利，因为代理人行使代理权不是为了代理人的利益，而是为了被代理人的利益。代理权也不是一种能力，因为代理权并不是在于使代理人取得某种权利或义务，而在于扩张、弥补被代理人的民事行为能力。代理人取得代理权，即取得了从事代理行为的资格，应当为了被代理人的利益而进行代理行为，代理权不得擅自转让、继承。

（二）代理权的产生

不同类型的代理，代理权的产生也各不相同。我国《民法通则》第 64 条第 2 款规定："委托代理人按照被代理人的委托行使代理权，法定代理人依照法律的规定行使代理权，指定代理人按照人民法院或者指定单位的指定行使代理权。"可见，委托代理的代理权是基于本人的委托授权行为而产生。法定代理的代理权是基于国家法律的直接规定而产生。指定代理的代理权基于人民法院或指定单位的指定行为而产生。

在委托代理中，代理权的授予是通过本人向代理人或第三人为授权行为而实现的。授权行为性质上属于单方民事法律行为，仅依照本人的单方意思就可成立。授权行为应区别于委托合同，委托合同是双方民事法律行为，基于委托人和受托人的合意而成立，其内容是约定由受托人处理委托人的事务。委托合同仅对委托人和受托人有法律约束力。委托合同是代理权产生的基础关系，仅有委托合同不能产生代理权，还要通过授权行为，让相对人知晓本人的授权，产生公示的效力，代理权方能产生。

代理证书是证明代理人拥有代理权的法律文书，是委托授权行为的书面形式。代理证书应当载明代理人的姓名或名称、代理事项、代理的权限范围、代理权的有效期限，并应由委托人签名或盖章。因授权行为具有独立性，委托合同已经消灭而代理证书未收回的，代理行为仍然有效，以保护善意相对人的利益和交易的安全。

（三）代理权行使的要求

1. 代理人应在代理权限内从事代理行为

代理权限范围关涉本人的合法利益，代理人只有在代理权限范围内行使代理权，才符合代理制度的宗旨。代理人未经本人同意，不得擅自扩大和变更代理权限，否则，构成无权代理。

2. 亲自行使代理权

代理是基于高度信任关系而产生的，代理人须亲自处理代理事务，才合乎被代理人的愿望和利益。代理人在代理活动中，不得擅自将代理事务转委托他人，委托代理人为被代理人的利益需要转委托他人代理的，应当事先取得被代理人的同意。事先没有取得被代理人同意的，应当在事后及时告诉被代理人，如果被代理人不同意，由代理人对自己所转托的人的行为负民事责任；但在紧急情况下，为了保护被代理人的利益而转托他人代理的除外。

3. 代理人应当忠实行使代理权

代理制度的目的，是为了利用代理人的知识和技能为被代理人服务，实现被代理人的利益。因此，代理人在从事代理活动时，应当忠实于被代理人的利益，在代理权限内，谨慎、勤勉地行使代理权。代理人不履行代理职责而给被代理人造成损害的，应当承担民事责任。代理人和第三人串通，损害被代理人的利益的，由代理人和第三人负连带责任。

（四）代理权滥用的禁止

滥用代理权是指代理人违背诚实信用原则，违背代理权的设定宗旨和基本准则，损害被代理人利益的代理行为。滥用代理权的行为包括以下几种类型：

1. 自己代理

所谓自己代理，是指代理人以被代理人的名义与自己进行民事活动的行为。代理人同时以自己的名义和被代理人的名义在自己和被代理人之间进行民事活动，以一人的意志代替双方意思表示的一致，可能损害被代理人的合法利益。因此自己代理应予以禁止。但自己代理没有损害本人的利益，相反有利于增进本人利益的，应为有效。如父母与未成年子女订立财产赠与合同等。另外，自己代理经过本人同意的，也可以有效。

2．双方代理

所谓双方代理，是指同一代理人代理双方当事人进行同一法律行为。在双方代理中，一方同时代理双方从事民事行为，名为协议，实质上只有一方的意志。而交易双方的利益难免冲突，一人操办，不免顾此失彼，容易损害本人的合法利益。双方代理应属于滥用代理权的行为。

3．代理人和第三人恶意串通

代理人和第三人恶意串通，损害被代理人利益的，代理人应当承担民事责任，第三人和代理人负连带责任。

（五）代理权的消灭

1．委托代理关系消灭的原因

根据我国《民法通则》第69条的规定，委托代理因下列原因而终止：（1）代理期限届满或代理事务完成；（2）被代理人取消委托或代理人辞去委托；（3）代理人死亡；（4）代理人丧失民事行为能力；（5）作为被代理人或代理人的法人终止。

被代理人死亡后有下列情况之一的，委托代理人实施的代理行为有效：（1）代理人不知道被代理人死亡的；（2）被代理人的继承人均予以承认的；（3）被代理人与代理人约定到代理事项完成时代理权终止的；（4）在被代理人死亡前已经进行而在被代理人死亡后为了被代理人的继承人的利益继续完成的。

2．法定代理和指定代理关系的消灭原因

根据我国《民法通则》第70条的规定，法定代理和指定代理因下列原因而终止：（1）被代理人取得或恢复行为能力；（2）被代理人或代理人死亡；（3）代理人丧失民事行为能力；（4）指定代理的人民法院或者指定单位取消指定；（5）由其他原因引起的被代理人和代理人之间的监护关系消灭。

四、无权代理

（一）无权代理的概念

无权代理，是指行为人无代理权而以他人名义为民事法律行为。无权代理具有代理的表征，却欠缺代理权，而往往不能产生代理的效力。无代理权是指行为人根本没有代理权或超越代理权或代理权已终止。

无权代理具有广义和狭义两种含义，广义上的无权代理包括表见代理和狭义无权代理。

（二）狭义无权代理

1．狭义无权代理的概念

狭义无权代理，是表见代理以外的无权代理，是指行为人既没有本人的实际授权，也没有足以使第三人善意误信其有代理权外观的代理。

2．狭义无权代理的后果

狭义无权代理不同于无效代理，狭义无权代理属于效力待定的行为。如要确定其效力，则需本人予以追认或拒绝或者相对人行使催告权或撤销权。

（1）本人的追认权和拒绝权

我国《民法通则》第 66 条规定："没有代理权、超越代理权或者代理权终止后的行为，只有经过被代理人的追认，被代理人才承担民事责任。"追认权是本人对行为人的无权代理行为在事后予以承认的一种单方意思表示。追认权在性质上属于形成权，仅凭本人的单方意思表示就可使无权代理成为有权代理，行为人以本人名义从事的行为后果由本人承担。

我国《合同法》第 48 条规定："行为人没有代理权、超越代理权或者代理权终止后以被代理人的名义订立的合同，未经被代理人追认，对被代理人不生效力，由行为人负责。"如果无权代理行为本人不予追认或明确表示拒绝追认的，该代理行为对本人不产生效力。但该无权代理行为，如果具备一般民事法律行为的有效要件，虽不发生代理行为的效力，仍将发生一般民事法律行为的效力，并由该无权代理人自己作为当事人而承担其法律效果。

（2）相对人的催告权和撤销权

为了结束无权代理效力悬而未决的状态，并平衡本人和相对人的利益，法律在赋予本人以追认权和拒绝权的同时，也赋予相对人以催告权和撤销权。

我国《合同法》第 48 条第 2 款规定："相对人可以催告被代理人在一个月内予以追认。被代理人未作表示的，视为拒绝追认。合同被追认之前，善意相对人有撤销的权利。撤销应当以通知的方式作出。"催告权和撤销权均为形成权，凭相对人单方的意思表示即可成立。

撤销权的行使有两个条件：一是只有善意相对人才可以行使撤销权。如果相对人知道或者应当知道无权代理人无代理权，则不能行使撤销权；二是撤销权的行使必须是本人行使追认权之前。如果被代理人已经行使了追认权，则代理行为确定有效，此时善意相对人无撤销权的行使。

（三）表见代理

1．表见代理的概念

表见代理，是指行为人无代理权而以被代理人名义从事代理行为，客观上存在足以使善意相对人相信其有代理权的情况，则代理行为的法律后果由被代理人承担的代理。我国《合同法》第 49 条规定："行为人没有代理权、超越代理权或者代理权终止后以被代理人名义订立合同，相对人有理由相信行为人有代理权的，该代理行为有效。"表见代理制度确立的意义在于保护善意相对人的合法利益，保障交易的安全，以实现代理制度鼓励交易的价值取向。

2．表见代理的构成要件

（1）代理人无代理权。表见代理是无权代理，如果代理人实际拥有代理权，则为有权代理，不发生表见代理。

（2）有代理权存在的权利外观。即无权代理人有被授予代理权的表象，能够足以使善意第三人有合理的理由相信无权代理人具有代理权。如行为人曾经被授予代理权，或者当时拥有实施其他法律行为的代理权，或者被代理人曾有授予代理权的表示，而实际并未授权等，均构成代理权存在的权利外观。

（3）相对人主观上善意而无过失。这是表见代理成立的主观要件。所谓善意是指相对人不知道或不应当知道无权代理人无代理权；所谓无过失是指相对人不知道行为人没有代理权并非是因自己疏忽大意或懈怠而造成的。如果相对人明知行为人无代理权，或应当知道行为人无代理权，却因过失而不知，法律则无保护相对人的必要。

3. 表见代理的效力

无权代理符合表见代理条件的，产生与有权代理一样的效果。即在相对人与被代理人之间发生法律关系，表见代理人从事的代理行为应直接归属于被代理人。被代理人不得以无权代理为抗辩，主张代理行为无效。

在构成表见代理的情况下，相对人可以主张表见代理，直接在被代理人和相对人之间产生法律关系，也可以主张其为狭义无权代理，可通过行使撤销权，使代理行为归于无效。

第五章　物权法

　　我国早在 1993 年就启动了《物权法》的立法工作，先后历经立法机关的八次审议，于 2007 年 3 月 16 日，第十届全国人民代表大会第五次会议以高票通过，并于 2007 年 10 月 1 日施行。《物权法》第一次以民事基本法的形式对物权法律制度作出了安排，全面确认了民事主体的各项基本财产权利，使有恒产者有恒心，彻底激发起人们投资的信心、置产的愿望和创业的动力。《物权法》作为基本的财产法，是社会主义市场经济法律体系的重要组成部分。《物权法》的制定与颁行在我国法治进程中具有里程碑的意义，必将对我国经济、社会的发展和社会主义和谐社会的构建产生深远影响。

第一节　物权概述

一、物权的概念

　　物权一词最早起源于罗马法，但是直到 1900 年，才由《德国民法典》第一次在法律上予以正式确认。此后，许多国家的民法典都规定了物权制度，物权法遂成为民法的重要组成部分。

　　物权，是指权利人依法对特定的物享有直接支配和排他的权利，包括所有权、用益物权和担保物权。在理解物权这一概念时，不能把物权仅仅视为对物的权利，在社会生活中，人对物的关系，实质上反映的是人与人之间的关系。因为个人不是孤立的个人，而是社会的人，单个的主体对物享有的权利，只有在人与人之间的社会关系中才得以体现和形成。物权是特定社会的所有制关系和阶级关系在法律上的表现。

二、物权的法律特征

　　物权是和债权相对应的一种民事权利，它们共同组成民法中最基本的权利形式。在商品经济条件下，人和财产的结合表现为物权，当财产进入流通领域之后，在不同主体之间的交换则体现为债权。主体享有物权是交换的前提，交换过程则表现为债权，交换的结果往往导致物权的让渡和移转。物权与债权的联系十分密切，但物权作为一项独立的民事权利，和债权比较具有自身的特点，具体表现在以下几个方面。

（一）物权的客体是特定的独立的物

物权最基本的权能是人对物的占有、支配，因此物权的客体必须能够为民事主体所占有和支配。现实中物权的客体在范围上虽然十分广泛，但它们都有一个共同的特点，即必须是特定物。如果物没有特定化，权利人对其就无从支配，而且在物权转移时，也无法登记和交付。此外，作为物权客体的物必须是独立物和有体物，否则，物权便很难确定。债权直接指向的是行为，债权人一般不直接占有债务人的财产，只有在债务人交付财产以后，债权人才能直接支配物，但交付以后往往导致债权的消灭和物权的产生。

（二）物权是支配权

物权的权利人享有对物直接支配，并排斥他人干涉的权利。所谓直接支配，是指权利人无须借助于他人的行为，就能够行使自己的权利。一方面，物权的权利人可以依据自己的意志直接依法占有、使用其物，或采取其他的支配方式。任何人非经权利人的同意，不得侵害其权利或加以干涉。另一方面，物权人无须征得他人的同意，可以径自以自己的意志独立实现其物上权利，如所有人使用其财产，并在其财产之上获取收益，不需要借助于任何人的行为便可以实现。债权的内容与物权相反，债权人一般不是直接支配一定的物，而是请求债务人依照债的规定为一定行为或不为一定行为。

（三）物权是绝对权

物权是指特定的主体所享有的、排除一切不特定人的侵害的财产权利。作为绝对权和"对世权"，物权的权利主体是特定的，其他任何人都负有不得非法干涉和侵害权利人所享有的物权的义务。这就是说，一切不特定的人都是义务主体。而债权只是发生在债权人和债务人之间的关系，债权的主体是特定的，债权人的请求权只对特定的债务人发生效力。

（四）物权具有排他性

物权的排他性是由物权的支配性所决定的，表现在排除他人侵害、干涉、妨碍物权人行使权利，并且同一物上不能同时成立两个内容不相容的物权。债权是请求权，无排他效力。

（五）物权的变动必须公示

物权是对物的支配权，具有排他性，对第三人的利益影响甚大，因而物权的设立与变动，应具有相应的外在表现形式，以便能够为一般人所辨认识别。物权设定时必须公示，动产物权以对动产的占有为权利象征，而不动产物权则以登记为标志。而债权只是在特定的当事人之间存在的，它并不具有公示性，设立债权亦不需要公示。因此当事人之间订立合同设立某项物权，如未公示，可能仅产生债权而不产生物权。

（六）物权是无期限的

在期限上，债权都是有期限限制的权利。在法律上不存在无期限限制的债权，即使在一些合同之债中没有规定合同的存续期限，债权人享有的债权与债务人所应承担的债务，也应受到时效的限制。但对于物权尤其是所有权来说，法律上并无期限限制，只要所有人存在，则所有权将必然存在，如果所有物发生转让，尽管原所有人丧失了所有权，但新所有人取得了所有权，在这个意义上，我们通常认为所有权具有永恒性。

三、物权的分类

（一）所有权与他物权

根据物权的权利主体是否是财产的所有人，我们可以把物权区分为所有权与他物权。所有权是指所有人依法可以对物进行占有、使用、收益和处分的权利。它是物权中最完整、最充分的权利。他物权是指在他人之物上所产生的物权，是在所有权权能与所有权人发生分离的基础上产生的，由他物权人对物享有一定程度的直接支配权。所有权是"完全物权"，而他物权只在一定程度上具有所有权的权能，没有法律的依据和所有人的授权，他物权人不能行使处分权，所以，他物权又称为"限制物权"。

（二）动产物权和不动产物权

按物权的客体是动产或不动产为标准，物权可以分为动产物权和不动产物权。在我国，不动产物权包括国家或集体对土地的所有权、业主的建筑物区分所有权、建设用地使用权、宅基地使用权、地役权、土地使用权或者房屋所有权的抵押权等。动产物权包括动产所有权、留置权、动产的抵押权等。现阶段我国也存在以权利作为客体的物权形式，如在股权上设置质权，但是并不发达，该种物权形式可以视为动产物权。

（三）用益物权和担保物权

根据设立目的不同，可以将他物权分为用益物权和担保物权。用益物权是指以物的使用收益为目的的物权，包括承包经营权、建设用地使用权、宅基地使用权、地役权等。用益物权以追求物的使用价值为内容，标的物必须有使用价值。担保物权是指以担保债权为目的，即以确保债务的履行为目的的物权，包括抵押权、质权、留置权等。担保物权以标的物的价值和优先受偿为内容，故标的物必须具有交换价值。

四、物权法的基本原则

物权法的基本原则，是贯穿于物权法始终，反映物权的本质、规律和立法指导思想的根本准则，也是制定、解释、适用、研究物权法的基本准则。根据物权法的相关规定，物权法的基本原则主要有物权法定原则、一物一权原则、公示公信原则和区分原则。明确物权法的基本原则，对于物权法具体内容与制度的设计及其解释、适用和学习与把握，均具有重要意义。

（一）物权法定原则

《物权法》第5条规定：物权的种类和内容，由法律规定。该条确立了物权法定原则。物权法定原则是指物权的种类，不同种类物权的内容，物权的取得、消灭的方式、原因等，均由法律直接规定，禁止以当事人的意思创设法律没有规定的物权和超越法律的限制行使物权。具体包括以下几个方面的含义：第一，物权的种类必须由法律设定，当事人不得以自己的意志创设法律没有规定的物权；第二，物权的内容由法律规定，当事人不得以自己的意思创设与法律规定的内容不同的物权；第三，物权的行使方法由法律规定，不按法律规定的方式实施的变动物权的行为，不能发生当事人预期的法律效果。

（二）一物一权原则

一物一权原则应具有以下几项内容：

1. 物权的客体仅为独立的特定的物

只有在作为物权的客体的物具有独立性和特定性的情况下才能明确物权的支配范

围，使物权人能够在其客体之上形成物权并排斥他人的干涉。

2. 一个所有权的客体仅为一个独立物

所有权是一种最终的支配权，决定了所有权的规则只能是一物一权，即一物之上只能存在一个所有权，而不能是多重所有。所有人在其物之上设定他物权，只是对所有权的限制，他物权亦只是对物享有部分的利益，当他物权消灭以后，所有权的限制也予以解除，这样所有权就恢复其圆满状态，这就是所有权的弹力性规则。所有权的弹力性规则既是由所有权的支配权表现出来的，也是一物一权原则的具体引申。在按份共有的情形下，各共有人虽然对其份额享有独立的所有权并依据其份额对财产享有独立的权利，但是份额本身并不是单独的所有权。因为按照一物一权原则，共有权只是一项所有权，而不是多个所有权。

3. 一物的某一部分不能成立单个的所有权

这就是说，按照一物一权原则，物只能在整体上成立一个所有权，而一物的某一部分在与该物完全分离之前，不能单独成为所有权的客体，尤其是对于那些附属于主物的从物而言，只能是主物的一部分，如房屋的墙壁和门窗等只能是房屋的一部分，不能与主物分离。

根据一物一权原则，同一物之上可以并存数个物权，但各个物权之间不得相互矛盾。一般认为，可以同时并存的物权主要表现在如下几种情形：第一，所有权与他物权可以同时并存。所有人虽享有占有、使用、收益和处分的权能，但这些权能可以根据法律的规定和所有人的意志移转给非所有人享有，从而在权能分离的基础上使非所有人享有他物权，如在土地所有权之上设定建设用地使用权、地上权等。第二，在同一物上设定数个担保物权，如将一栋大楼先后抵押给数个银行。第三，用益物权与担保物权同时并存，例如国家可将其土地出让给他人使用从而产生建设用地使用权，建设用地使用权人也可在其使用权之上设置抵押权。

（三）公示、公信原则

《物权法》第 6 条规定：不动产物权的设立、变更、转让和消灭，应当依照法律规定登记。动产物权的设立和转让，应当依照法律规定交付。该条确立了物权法的公示、公信原则。

公示原则，是指物权的存在和变动必须具有法定的公示方式，从而使第三人知道物权变动的情况，以避免第三人遭受损害并保护交易安全。就物权的存在而言，动产物权的存在以占有为公示方式，不动产物权的存在以在不动产登记簿上所作的登记为公示方式。在物权的变动上，动产物权以交付为公示方式，不动产物权以登记为公示形式。

公信原则，是指经法定方式公示的物权具有社会公信力，即使公示有错误，因为信赖公示的内容而与公示物权名义人进行交易的善意第三人，其利益受法律保护。例如甲将乙的房屋登记在自己的名义下，并将该房屋转让给丙，丙因信赖产权证书等文件，而与甲订立了房屋买卖合同，则尽管甲不是真正的权利人，但法律上仍承认该项交易所导致的所有权移转的效果，以保护当事人的利益并维护交易安全。假如在此情况下确认该项交易无效，则登记不具有公信力，任何人与他人进行交易时，很难相信通过登记所表现出来的权利，这就不利于正常交易的进行。

（四）区分原则

《物权法》第 15 条规定：当事人之间订立有关设立、变更、转让和消灭不动产物权的合同，除法律另有规定或者合同另有约定外，自合同成立时生效；未办理物权登记的，不影响合同效力。该条确立了物权与债权的区分原则。所谓区分原则是指通过法律行为发生物权变动，必须有债权行为和物权行为构成。当事人订立合同的行为是债权行为，履行合同行为是以物权变动合意为内容，以交付或登记为成立条件的物权行为。债权行为属于负担行为，物权行为属于处分行为，物权行为没有完成，并不影响债权行为的效力。例如在房屋买卖过程中，出卖人担负交付房屋并转移所有权的义务，买受人负担接受房屋并支付价款的义务。但是，房屋买卖合同不产生房屋和价金所有权转移的法律效力，房屋所有权转移必须双方去办理产权过户登记，价金所有权的转移需要买受人交付购房款。未办理房屋产权过户登记手续，买受人不能取得房屋所有权，但是并不影响房屋买卖合同的效力，买受人可以依照合同约定追究出卖人的违约责任。

第二节　所有权

一、所有权的概念

所有权，是指所有人对自己的动产或者不动产，依法享有的占有、使用、收益和处分的权利。所有权是最完整的物权，又称为自物权、完全物权。同他物权相比，所有权具有以下法律特征：

（一）所有权是自物权

所有权是所有人对自己的物享有的权利，在自己所有的财产上行使权利、收取利益。这种自物权发挥着定分止争、确定财产归属的作用。他物权是在他人之物上的权利，他物权并不表明物的归属，只是表明对物的利用关系。

（二）所有权是最完整的物权

所有权是最完整的物权，它包括了物权的全部内容。所有权不仅具有物权的占有、使用、收益、处分的全部权能，而且其权能在内容上也是最全面、最充分的，除了接受法律的限制外，不受其他限制。而他物权大多仅仅具有一项或者几项权能，即便某些他物权具有上述四项权能，其对物的支配也是不完全不充分的，还要受到所有权的限制。

（三）所有权是无期限物权

所有权没有期限的限制，只要物存在，所有权就存在。所有权的转让，只会导致所有权主体的变更，该物之上的所有权并不消灭。他物权具有一定的存续期限，无期限地在他人之物上享有他物权的情况不存在。如我国建设用地使用权期限最长为 70 年。

（四）所有权具有回归力

所有权的各项权能可以和所有权相分离而让渡给他人享有、行使，从而产生种类繁多的他物权。但是所有权在本质上是归属权，这种归属权使得所有人可以及时将所有权的各项权能全部分离、让渡，只要不实施买卖、赠与等足以使所有权易主的法律行为，所有人就不会丧失其所有权。

二、所有权与财产及产权的区别

财产是英美法系所经常采用的概念，但大陆法系学者也经常使用财产概念，财产和所有权在很多情况下是可以通用的，但严格地说，财产与所有权的概念是有区别的。表现在：第一，财产可以是有形物也可以为无形物，它是有体物与无体物的总称，然而所有权必须以有体物为客体。第二，财产并不限于绝对权，可以包括各种权利与利益，也就是说，财产既可以指所有权、其他物权，知识产权，也可能是指债权，从这个意义上说，所有权只是财产的一种形态。

所有权与产权也是不同的。产权又称为财产权，它是指以财产利益为内容，直接体现某种物质利益的权利。财产权包含的内容较为广泛，凡是具有经济价值的权利都可以纳入财产权的范畴。可见，产权是一个上位概念，所有权是一个下位概念，所有权不过是产权的一种。财产权并非是一种单一权利，它是多项民事权利的集合，所以财产法是民法中多项制度如物权法、债权法、知识产权法等的集合。

三、所有权的权能

所有权包括四项权能，即占有、使用、收益和处分。

（一）占有

占有是所有人对于自己所有的物进行实际管领或控制的权能。占有是对物的一种事实上的控制。对物的控制也称为对物的管领，它需要借助身体与物发生一种外部的接触。当然，占有权能可以与所有权分离由他人行使，如将物交由他人保管，将房屋出租给他人居住等。

（二）使用

使用，是指民事主体按照财产的性能对其加以利用，以满足生产或生活的某种需要。在任何社会经济形态中，人们占有生产资料和劳动产品都不是目的，占有的目的是为了获取物的使用价值或增值价值。所以，不论是所有人还是非所有人，他们占有财产，最终是为了对财产有效地利用或从中获得经济上的利益。这种利用财产的权利，就是使用权。在法律上享有所有权的人有当然的使用权，但享有使用权的人，并不一定有所有权。

（三）收益

收益，是指民事主体通过合法途径获取基于动产或不动产而产生的物质利益。收益权是指从物上获取一定的经济利益的权利。民法上的收益主要是指孳息。

所谓孳息是指财产上产生的收益。孳息分为两种：（1）天然孳息，是指原物因自然规律而产生的，或者按物的用法而收获的物，如母鸡生蛋、树上结果。天然孳息可以是自然的，也可以是人工的，如从羊身上剪下的羊毛。但是人工产生的物必须不是对出产物进行改造加工，例如将牛乳制成乳酪就不是天然孳息。（2）法定孳息，是指根据法律的规定，由法律关系所产生的收益，如出租房屋的租金、借贷的利息。法定孳息是由他人使用原物而产生的。自己利用财产得到的收益以及劳务报酬等，不是法定孳息。在孳息产生以后，如果法律或合同没有特别规定，则由原物所有人所有。如果原物已移转占有，依照法律或合同的规定也可以由产生孳息时的合法占有人所有。

（四）处分

处分权能是物的所有人在法律允许的范围内对物进行消费和转让等处置的权能。处分可以分为事实上的处分和法律上的处分两种形态，对财产的消费属于事实上的处分，对财产的转让属于法律上的处分，两者都会导致所有权的绝对消灭或相对消灭。

占有、使用、收益和处分，构成了完整的财产所有权的四项权能。所有人可以将这四项权能集于一身统一行使，也有权将这四项权能中的若干权能交由他人行使，即所有权的四项权能与所有人相分离。在社会生活中，所有人正是通过这四项权能与自己的不断分离和回复的方式，来实现其生活和生产的特定目的。因此，所有人将其所有权中的四项权能暂时与自己相分离，并不产生丧失其所有权的后果，而是所有人行使其权利的有效形式。例如，国家将国有土地使用权出让给公民或者企业，并不丧失国有土地所有权，而是借助于出让关系，最大限度地发挥国有土地的使用价值。

四、所有权的取得

所有权的取得，是指民事主体获得所有权的合法方式和根据。所有权的合法取得方式可分为原始取得与继受取得两种。

（一）原始取得

原始取得是指不是基于他人的权利和意志，而是根据法律规定直接取得物的所有权。原始取得所有权的方式主要有：

1．生产

民事主体通过自己的生产劳动，生产出新产品，即依法取得新产品的所有权。

2．收益

民事主体通过收取生息物所产生的孳息，取得天然孳息和法定孳息的所有权。

3．没收

国家根据法律、法规采取措施或强制手段，剥夺违法犯罪分子的财产归国家所有。

4．无主财产归国家所有

无主财产包括无人继承的遗产，无人认领的遗失物、漂流物和所有人不明的埋藏物、隐藏物。对于无主财产，国家依法取得所有权。

5．添附

添附是不同所有人的财产被结合、混合在一起，从而形成另一种新形态的财产，或者利用他人财产加工成新物的事实状态。对于添附，如果恢复原状在事实上不可能或者在经济上不合理，则需要确认该新财产的归属问题。添附主要有混合、附合和加工三种方式。

混合是指不同所有人的财产互相渗合，难以分开并形成新财产。如，不同类别的酒混合在一起，不同的饮料混合在一起，不同所有人的金属熔铸成合金等。混合物的归属由当事人协商，协商不成的由各物主共有，或者归原物价值较大一方所有。

附合是指不同所有人的财产密切结合在一起不能分离，形成新财产，虽未达到混合程度，但非经拆毁不能达到原来的状态。附合可以是动产与动产的附合，如甲的钻石镶嵌在乙的手镯上，也可以是动产对不动产的附合，如在承租的房屋上加盖屋顶花园。动产与动产附合而成的新物的归属，由原动产所有人协商决定，协商不成的由原物中价值较大一方所有，不能区分原物价值大小的，由各动产所有人共有。动产对不动产的附合而成的新物，归不动产所有人拥有所有权。

加工是指一方使用他人财产加工改造为具有更高价值的新的财产。加工物的归属由双方事先协议确定，如果没有协议或者协议不成，一般由原物的所有人取得所有权，但是因加工增加的价值远大于原材料价值时，加工物归加工人所有。如果加工人出于恶意，即明知是他人的财产而进行加工，或有其他故意或过失行为，则原物所有人除取得加工物所有权外，还有权要求加工人赔偿损失。

（二）继受取得

所有权的继受取得，是指通过某种法律行为从原所有人那里取得对某项财产的所有权。这种方式是以原所有人对该项财产的所有权作为取得的前提条件的。继受取得的根据主要包括买卖、赠与、互易、继承遗产、接受遗赠以及其他方式。

五、善意取得制度

善意取得，是指无权处分他人动产的占有人，在不法将动产转让给第三人以后，如果受让人在取得该动产时出于善意，就可依法取得对该动产的所有权，受让人在取得动产的所有权以后，原所有人不得要求受让人返还财产，而只能请求转让人赔偿损失。

善意取得是适应商品交换的需要而产生的一项法律制度。在广泛的商品交换中，从事交换的当事人往往并不知道对方是否有权处分财产，也很难对市场出售的商品逐一调查。如果受让人善意取得财产以后，根据转让人的无权处分行为而使交易无效，并让受让人返还财产，则不仅要推翻已经形成的财产关系，而且使当事人在从事交易活动时，随时担心买到的商品有可能要退还，这样就会造成当事人在交易时的不安全感，也不利于交易秩序的稳定。可见，善意取得制度虽然限制了所有权之上的追及权的效力，从而在一定程度上牺牲了所有人的利益，但是它对于维护商品交换的安全和良好秩序具有重要的作用。

（一）善意取得的要件

《物权法》第106条肯定了善意取得制度。根据该条规定，善意取得应当具备以下几项要件：

1. 让与人不具有处分权

无处分权人是指没有处分财产的权利而处分财产的人。若让与人拥有处分权，则其转让为有权行为，不欠缺法律依据，自然无法适用善意取得制度。善意取得与无权处分是一对关系密切的制度，两者完全不可分割。无权处分是善意取得的前提，而善意取得则主要适用于无权处分行为。当真正的权利人拒绝追认时，如果有偿交易行为中的受让人是善意的，无权处分的合同仍然有效，受让人可以基于善意取得制度取得标的物的所有权。

2. 受让人是善意的

善意取得的首要条件就是要求受让人取得财产时必须是出于善意。所谓受让人善意，是指受让人在受让时不知道或者不应当知道转让人无处分权。受让人在让与人交付财产时必须是善意的，至于以后是否为善意，并不影响其取得所有权。由于善意只是受让人取得财产时的一种心理状况，这种状况很难为局外人得知，因此，确定受让人是否具有善意，应考虑当事人从事交易时的客观情况。如果根据受让财产的性质、有偿或无偿、价格的高低、让与人的状况以及受让人的经验等可以知道转让人无权转让，则不能认为受让人具有善意。

3. 财产是以合理的价格有偿转让

善意取得制度是为保护交易安全而设定的，只有在让与人和受让人之间存在交易行为时，法律才有保护的必要，如果是通过继承、遗赠等无偿取得财产，不能产生善意取得的效力。受让人取得财产必须是通过买卖、互易、债务清偿、出资等具有交换性质的行为实现的，并且交易价格合理、正常。如果交易价格过高或者过低，表明该不动产或者动产极有可能来源不正当，或者此项交易存在其他目的，受让人的内心状态都不可能是善意的。

4. 物权变动已经公示

善意取得制度是对善意交易结果的法律确认，因而适用善意取得还要求交易已成既成事实，也就是与之相关的物权变动已经公示，转让的不动产或者动产依照法律规定应当登记的已经登记，不需要登记的已经交付给受让人。如果交易尚未完成，标的物的物权没有发生变动，则受让人不享有任何物权，其利益自然不能获得物权法上的保护。

(二) 盗赃物的善意取得问题

对被盗、被抢的财物或者遗失物，所有权人等权利人有权追回。该动产通过转让被他人占有的，所有权人、遗失人等权利人有权向无处分权人请求损害赔偿，或者自知道或者应当知道该动产丧失占有之日起两年内向受让人请求返还原物，但受让人通过拍卖或者向具有经营资格的经营者购得该动产的，所有权人等权利人请求返还原物时应当支付受让人所付的费用。

(三) 善意取得的法律后果

适用善意取得制度的后果是所有权的移转。让与人向受让人交付了财产，从受让人实际占有该财产时起，受让人就成为财产的合法所有人，而原所有人的权利归于消灭。

善意取得制度在保护善意的受让人的同时，也应保护原所有人的利益。由于让与人处分他人的财产是非法的，因而其转让财产获得的非法所得，应作为不当得利返还给原所有人。如果返还不当得利仍不足以补偿原所有人的损失，则原所有人有权基于侵权行为，请求让与人赔偿损失。如果不法让与人以高于市场的价格让与财产，其超出财产价值部分的所得，也应返还给原所有人。

六、所有权的移转

所有权的移转，是指所有权从原所有人手中转移到新的所有人手中。所有权移转的完成，通常意味着一个商品交换过程的结束。所有权从何时移转，即从何时开始原所有人丧失其动产或不动产所有权，同时另一方当事人成为该财产的新的所有人，这是直接关系到交易双方当事人的合法权益和商品交换秩序的重要问题。

(一) 动产所有权因交付而移转

《物权法》第23条规定，动产物权的设立和转让，自交付时发生效力，但法律另有规定的除外。交付是指将物或所有权凭证移转给他人占有的行为。动产所有权的移转以交付为标准，就是说，当事人虽然就动产所有权移转的问题达成了协议，但在尚未实际交付标的物以前，所有权并不移转，出让人只有将待转让的动产实际交付给受让人，受让人才能取得该动产的所有权。但是，如果动产物权设立和转让前，权利人已经依法占有该动产的，物权自法律行为生效时发生效力。此外，动产物权转让时，双方又约定由出让人继续占有该动产的，物权自该约定生效时发生效力。

（二）不动产所有权因登记而移转

《物权法》第9条规定，不动产物权的设立、变更、转让和消灭，经依法登记，发生效力；未经登记，不发生效力，但法律另有规定的除外。依法属于国家所有的自然资源，所有权可以不登记。

不动产登记，由不动产所在地的登记机构办理。不动产物权的设立、变更、转让和消灭，依照法律规定应当登记的，自记载于不动产登记簿时发生效力。不动产登记簿是物权归属和内容的根据。不动产登记簿由登记机构管理。不动产权属证书是权利人享有该不动产物权的证明。不动产权属证书记载的事项，应当与不动产登记簿一致；记载不一致的，除有证据证明不动产登记簿确有错误外，以不动产登记簿为准。当事人提供虚假材料申请登记，给他人造成损害的，应当承担赔偿责任。因登记错误，给他人造成损害的，登记机构应当承担赔偿责任。登记机构赔偿后，可以向造成登记错误的人追偿

七、所有权的种类

所有权的种类就是指所有权的不同类型，所有权的种类是对所有制形式的反映。根据《物权法》的规定，我国所有权的形式主要有国家所有权、集体所有权和私人所有权，这是我国现阶段财产所有权的三种基本形式，它们又反映了不同所有制的性质和要求，在物权法上也具有不同的特点。这些特点不仅表现在权利主体的区别上，而且也表现在客体的范围和权利的行使方式上，这些区别也是划分不同所有权形式的依据。

（一）国家所有权

在我国，社会主义国家不仅是国家政权的承担者，而且是国有财产的所有者。国家所有权作为社会主义条件下的一种所有权形式，是国家对国有财产的占有、使用、收益和处分的权利，国家所有权本质上是社会主义全民所有制在法律上的表现。根据《物权法》的相关规定，属于国家所有的财产包括矿藏、水流、海域、城市土地、森林、山岭、草原、荒地、滩涂等自然资源，农村和城市郊区的土地、野生动植物资源，道路、电力、通讯、天然气等公共设施，国家机关对其直接支配的不动产或者动产，国家举办的事业单位对其直接支配的不动产或者动产，国家投资设立的企业等。由于国家是一个抽象的民事主体，因而其所有权的行使需要依赖于国家授权的具体的法人和单位。《物权法》第55条规定，国家出资的企业，由国务院、地方人民政府依照法律、行政法规规定分别代表国家履行出资人职责，享有出资人权益。

（二）集体所有权

根据《物权法》的相关规定，集体所有的不动产和动产包括：法律规定属于集体所有的土地和森林、山岭、草原、荒地、滩涂，集体所有的建筑物、生产设施、农田水利设施，集体所有的教育、科学、文化、卫生、体育等设施，集体所有的其他不动产和动产。

农民集体所有的不动产和动产，属于本集体成员集体所有。对于土地承包方案以及将土地发包给本集体以外的单位或者个人承包、个别土地承包经营权人之间承包地的调整、土地补偿费等费用的使用、分配办法、集体出资的企业的所有权变动等事项，应当依照法定程序经本集体成员决定。对于集体所有的土地和森林、山岭、草原、荒地、滩涂等，依照下列规定行使所有权：（1）属于村农民集体所有的，由村集体经济组织或者村民委员会代表集体行使所有权；（2）分别属于村内两个以上农民集体所有的，由村内

各该集体经济组织或者村民小组代表集体行使所有权；（3）属于乡镇农民集体所有的，由乡镇集体经济组织代表集体行使所有权。集体经济组织、村民委员会或者其负责人作出的决定侵害集体成员合法权益的，受侵害的集体成员可以请求人民法院予以撤销。

（三）私人所有权

私人所有权是公民依法享有的占有、使用、收益和处分其生产资料和生活资料的权利。在我国，私人所有权分为私人生活资料所有权和私人生产资料所有权两类。私人生活资料主要包括公民依法取得的房屋、收入、储蓄、生活用品等，私人生产资料包括私人依法取得的生产工具、原材料等。随着生产的发展，人们生活水平的提高，私人所有权的客体范围也将不断扩大。

第三节　业主的建筑物区分所有权

一、业主的建筑物区分所有权的概念

《物权法》第 70 条规定，业主对建筑物内的住宅、经营性用房等专有部分享有所有权，对专有部分以外的共有部分享有共有和共同管理的权利。由此，所谓业主的建筑物区分所有权，是指当一栋建筑物分别归多个业主所有时，根据使用功能，将该建筑物在结构上区分为由各业主独自使用的专用部分和由多个业主共同使用的共用部分，每一业主享有的对其专有部分的专有权、对共用部分的共有权以及各业主之间基于共同关系而产生的成员权的结合。

在法律上建立区分所有制度，可以明确在区分所有情况下的产权和利益关系，解决各种产权纠纷，维护住户生活的安定，从经济上也可以通过促进房地产交易的繁荣而带动整个经济的发展。

二、业主的建筑物区分所有权的内容

业主的建筑物区分所有权由专有权、共有权和成员权组成。

（一）专有权

专有权又称专有部分所有权，指业主对专有部分享有的占有、使用、收益、处分的权利。专有权实际上是空间所有权，即对建筑材料隔离的空间享有的支配利用的权利。专有部分是各个业主所单独享有的所有权的客体，此项单独所有权与一般的单独所有权并无本质区分。

（二）共有权

共有权，是指整个建筑物的全部业主对建筑物的共同部分享有的占有、使用、收益、处分的权利。《物权法》第 73 条规定："建筑区划内的道路，属于业主共有，但属于城镇公共道路的除外。建筑区划内的绿地，属于业主共有，但属于城镇公共绿地或者明示属于个人的除外。建筑区划内的其他公共场所、公用设施和物业服务用房，属于业主共有。"共有部分的范围主要包括建筑物的基本构造部分（如支柱、屋顶、外墙或地下室等）、建筑物的共用部分及附属物（如楼梯、消防设备、走廊、水塔、自来水管等）。各业主对共有部分享有的共有权利既可以是按份共有也可以是共同共有，比如出租大厅、屋顶或者外墙体所获得的收益可以根据房屋面积按份共有并可请求分割，但是某些为全体业主在生活中必须使用的共有财产，如公共楼梯、公共走廊、大门等，须由全体业主共同使用。

（三）成员权

成员权是业主为管理共同事务而享有的权利，包括制定和修改业主会议议事规则，制定和修改建筑物及其附属设施的管理规约，选举和更换业主委员会，选聘和解聘物业管理机构或者其他管理人，筹集和使用建筑物及其附属设施的维修基金，修缮、改建、重建建筑物及其附属设施以及有关共有和共同管理权利的其他重大事项。业主成员权的行使一般是通过业主大会进行的，表决时应当经专有部分占建筑物总面积过半数的业主且占总人数过半数的业主同意，对于筹集、使用维修基金和建筑物的修缮、改建、重建等重要事项，应当经专有部分占建筑物总面积三分之二以上的业主且占总人数三分之二以上的业主同意。

业主可以自行管理建筑物及其附属设施，也可以委托物业服务企业或者其他管理人管理。对建设单位聘请的物业服务企业或者其他管理人，业主有权依法更换。物业服务企业或者其他管理人根据业主的委托管理建筑区划内的建筑物及其附属设施，并接受业主的监督。业主应当遵守法律、法规以及管理规约。业主大会和业主委员会，对任意弃置垃圾、排放污染物或者噪声、违反规定饲养动物、违章搭建、侵占通道、拒付物业费等损害他人合法权益的行为，有权依照法律、法规以及管理规约，要求行为人停止侵害、消除危险、排除妨害、赔偿损失。业主对侵害自己合法权益的行为，可以依法向人民法院提起诉讼。

第四节　相邻关系

一、相邻关系的概念和特征

相邻关系，是两个或两个以上相互毗邻的不动产的所有人或使用人，在行使不动产的所有权或使用权时，因相邻各方应当给予便利和接受限制而发生的权利义务关系。简单地讲，相邻关系就是不动产的相邻各方因行使所有权或使用权而发生的权利义务关系。例如，甲有一块承包地处于乙的地块中间，甲要行使自己的土地使用权，必须经过乙使用的土地，这样甲乙之间就产生了相邻关系。

相邻关系，从权利角度来讲又称为相邻权，它是为调节在行使不动产所有权中的权益冲突而产生的一种权利。根据法律的规定，不动产所有人和使用人行使权利，应给予相邻的不动产所有人和使用人以行使权利的必要的便利。这样，对于一方来说，因提供给对方必要的便利，就使自己的权利受到了限制；对于另一方来说，因为依法取得了必要的便利，则使自己的权利得到了延伸。在法律上，相邻关系具有以下特点：

第一，相邻关系的主体必须是两个或两个以上的人。因为一人不可能构成相邻。相邻关系可以在公民之间，也可以在法人之间，或在公民与法人之间发生。

第二，相邻关系是因为主体所有或使用的不动产相邻而发生的，例如因为房屋相邻产生了通风采光的相邻关系。在许多情况下，相邻关系的发生也与自然环境有关。例如，甲、乙两个村处于一条河流的上下两个相连的地段，就自然构成了甲、乙两个村互相利用水流灌溉和水力资源的相邻关系问题。

第三，在内容上，相邻关系因种类不同而具有不同的内容。但基本上是相邻一方有权要求他方提供必要的便利，他方应给予必要的方便。所谓必要的便利，是指非从相邻方得到便利，就不能正常行使其所有权或使用权。当事人在行使相邻权时，应尽量避免和减少给对方造成损失，不得滥用其权利。

第四，相邻关系的客体主要是行使不动产权利所体现的利益。相邻各方在行使权利时，既要实现自己的合法利益，又要为邻人提供方便，尊重他人的合法权益。

二、相邻关系的种类

相邻关系产生的原因很多，种类复杂。主要的相邻关系有以下几方面：

（一）因土地、山岭、森林、草原等自然资源的使用或所有而产生的相邻关系

相邻各方对其享有使用权或所有权的土地、山岭、森林、草原、荒地、滩涂、水面等自然资源，都必须合理利用，认真保护和管理，不得滥用其所有权或使用权，损害相邻他方的利益。因土地、山岭、森林、草原、荒地、滩涂、水面等自然资源的所有权或使用权发生权属争议的，应当由有关行政部门处理，对行政处理不服的，当事人可以根据有关法律和行政法规的规定，向人民法院提起诉讼；因侵权纠纷起诉的，人民法院可以直接受理。相邻土地的疆界线上的竹木、分界墙、分界沟、分界篱以及其他设施，如因所有权或使用权不明发生争执并无法查证的，应推定为相邻各方的共有财产，有关权利义务关系依据按份共有的原则确定。

（二）因宅基地的使用而产生的相邻关系

相邻各方对于宅基地的地界发生争议时，四至明确的，应以四至为准。四至不清，或土地证上所载的面积与实际丈量的面积不符的，应当首先查明在四至上的院墙、墙桩、界石、树木等历史遗留下来的标记，以此作为确定宅基地的根据。无法查实的，应参照历史形成的使用情况，本着有利于生产和生活的原则，合理地确定界线。

相邻一方因生产和生活上的需要，必须临时或长期通过对方使用的土地的，对方应当允许；因此而给对方造成损失的，应当给予对方适当的补偿。在一方所有或者使用的建筑物范围内，有历史形成的必经通道的，所有权人或者使用权人不得堵塞。因堵塞通道而影响他人生产、生活的，他人有权要求排除妨碍或者恢复原状。但是如果有条件另开通道，也可以另开通道。对于相邻双方共同使用的空地、道路、院墙以及其他宅基地上的附属物，相邻一方不得擅自独占或擅自处理。

（三）因用水、排水产生的相邻关系

多方共临一水源时，各方均可以自由使用水源，但不得因此影响邻地的用水。土地使用人不得滥钻井眼、挖掘地下水，使邻人的生活水源减少，甚至使近邻的井泉干涸。

对相邻各方都有权利用的自然流水，应当尊重自然形成的流向。任何土地使用人都不得为自身利益而改变水路、截阻水流；在水流有余时，低地段的相邻人不得擅自筑坝堵截，使水倒流，影响高地的排水；水源不足时，高地段的相邻人不得独自控制水源，断绝低地段的用水。放水一般应按照"由近到远、由高至低"的原则依次灌溉、使用。一方擅自堵截或独占自然流水影响他方正常生产、生活的，他方有权请求排除妨碍；造成他方损失的，应负赔偿责任。

相邻一方必须利用另一方的土地排水时，他方应当允许；但使用的一方应采取必要

的保护措施，造成损失的，应由受益人合理补偿。对于共同使用和受益的渡口、桥梁、堤坝等，相邻各方应共同承担养护、维修的义务。

（四）因修建施工、防险发生的相邻关系

相邻一方因修建施工、架设电线、埋设管道等，需要临时占用他人土地的，他人应当允许。但是施工应选择对他人损失最小的方案，并按照双方约定的范围、用途和期限使用，施工完毕后应及时清理现场，恢复原状。因此而给他人造成损失的，施工一方应当给予适当补偿。

相邻一方在自己的土地上挖水沟、水池、地窖、水井和地基等时，应注意对方房屋、地基以及其他建筑物的安全。一方的建筑物有倒塌的危险，严重威胁对方的人身、财产安全时，对方有权请求采取措施排除危险来源，消除危险。放置或使用易燃、易爆、剧毒物品，必须严格按有关法规办理，并应当与邻人的建筑物保持适当的距离，或采取必要的防范措施，使邻人免遭人身和财产损失。相邻一方种植的竹木根枝延伸，危及另一方建筑物的安全和正常使用的，应当分别情况责令竹木种植人修剪整理甚至赔偿损失。

（五）因排污产生的相邻关系

相邻一方在修建厕所、粪池、污水池或堆放腐朽物、有毒物、恶臭物、垃圾等的时候，应当与邻人生活居住的建筑物保持一定的距离，或采取相应的防范措施，防止空气污染。相邻各方不得制造噪音、喧嚣、震动等妨碍邻人的生产和生活。如果放散的音响和震动已损害邻人的，应及时处理，消除损害。对一些轻微的、正常的音响和震动，相邻他方则应给予谅解。对噪音、污染严重的单位，应按环境保护法和有关规定，采取措施加以治理。

（六）因通风、采光而产生的相邻关系

相邻各方修建房屋和其他建筑物，必须与邻居保持适当距离，不得妨碍邻居的通风和采光。相邻一方违反有关规定修建建筑物，影响他人通风采光的，受害人有权要求停止侵害、恢复原状或赔偿损失。

三、处理相邻关系的原则

相邻关系是实践中普遍存在的民事关系，如不能正确处理好此种关系，则必然会影响人们的生产和生活，严重的甚至会造成人身伤亡和财产重大损害，影响社会生产和生活秩序的稳定。所以，正确处理好相邻关系，对于保护相邻人的合法权益，合理使用社会财富，稳定社会正常秩序，具有十分重大的意义。根据《物权法》第84条规定，在处理相邻关系时，应遵循如下原则：

（一）兼顾各方的利益，互谅互让、互助团结

相邻各方对土地、山林、草原等自然资源的使用权和所有权发生争议，或因环境污染发生争议以后，必须本着互谅互让、有利团结的精神协商解决；协商不成的，由有关国家机关和人民法院解决。在争议解决以前，争议各方不得荒废土地、山林等自然资源，不得破坏有关设施，更不得聚众闹事，强占或毁坏财产。对故意闹事造成财产损害和人身伤害的，除追究当事人的民事责任外，还应追究其行政责任，甚至刑事责任。

相邻各方在行使所有权或使用权时，要互相协作，兼顾相邻人的利益。以邻为壑，损人利己，妨害社会公共利益的行为，是与相邻关系所应遵循的原则相悖的。人民法院

处理相邻关系纠纷，也要兼顾各方的利益，使纠纷得以妥善解决。

（二）有利生产、方便生活

处理因相邻关系发生的纠纷时，应从有利于有效合理地使用财产，有利于生产和生活出发。例如在处理地界纠纷时，如果原来未划定地界，就应当根据如何便于经营管理和有利于生产发展的原则，来确定新的地界线。

（三）公平合理

相邻关系的种类很多，法律很难对各种相邻关系都作出具体规定，这就需要人民法院在处理相邻关系纠纷时，应该从实际出发，进行深入的调查研究，兼顾各方面的利益，适当考虑历史情况和习惯，公平合理地处理纠纷。

第五节　共有

一、共有的概念和特征

所有权可以进行质的分割和量的分割。所有权质的分割就是所有权权能分离，由此创设了他物权。所有权量的分割就是同一项财产的所有权由数人分享，由此形成了财产共有。财产共有简称共有，是指两个或两个以上的民事主体对同一项动产或不动产共同享有所有权。共有包括按份共有和共同共有。共有的主体称为共有人，客体称为共有财产，各共有人之间因财产共有形成的权利义务关系称为共有关系。

共有具有以下法律特征：

第一，共有的权利主体是两个或两个以上的公民或法人。多数人共同所有一物，并不是说共有是多个所有权，在法律上，共有财产只有一个所有权，而由多人享有。

第二，共有的客体是同一项财产。在共有关系中，各共有人权利义务所指向的对象只能是同一项财产，否则不能形成共有。共有不是分别所有，共有物在共有关系存续期间不能分割，不能由各个共有人分别对某一部分共有物享有所有权，每个共有人的权利及于整个共有财产。

第三，共有具有内部和外部双重权利义务关系。共有的内部关系是指各共有人之间的权利义务关系，表现为各共有人对共有物按照各自的份额享有权利并承担义务，或者平等地享有权利、承担义务。每个共有人对共有物享有的占有、使用、收益和处分的权利，不受其他共有人的侵犯。共有的外部关系是共有人与其他人之间的权利义务关系，在外部关系中，各共有人作为一个权利整体与其他人发生民事关系，因共有财产所产生的债权债务，共有人享有连带债权，承担连带债务。

二、按份共有

按份共有，又称分别共有，是指两个或两个以上的共有人按照各自的份额分别对共有财产享有权利和承担义务的一种共有关系。按份共有具有以下法律特征：

第一，各共有人对于共有财产按照预先确定的份额分享权利，分担义务。

第二，各共有人的权利义务及于共有物的全部。在按份共有中，各共有人虽然按照确定的份额分享权利、分担义务，但其权利义务并不局限于自己的份额之内，而是及于共有财产的全部。偿还债务超过自己应当承担份额的按份共有人，有权向其他共有人追偿。

第三，按份共有人可以自由处分其份额。在法律无限制或不违背共有协议的情况下，共有人对于自己的份额享有自由处分权，如可以自由转让、赠与、抛弃、抵押自己的财产份额。当按份共有人转让其财产份额时，在同等条件下，其他共有人有优先购买权。

共有人对共有的不动产或者动产没有约定为按份共有或者共同共有，或者约定不明确的，除共有人具有家庭关系等外，视为按份共有。按份共有人对共有的不动产或者动产享有的份额，没有约定或者约定不明确的，按照出资额确定；不能确定出资额的，视为等额享有。

按份共有人有权处分自己在共有财产中的份额，但无权擅自处分共有财产。按份共有财产的处分应当遵循如下原则：处分共有的不动产或者动产以及对共有的不动产或者动产作重大修缮的，应当按协议办理，如果没有协议，应当经占份额三分之二以上的按份共有人同意。按份共有人擅自处分共有财产，则构成无权处分，如果其他共有人拒绝追认，该无权处分行为自始无效。

三、共同共有

共同共有是指两个或两个以上的公民或法人，根据某种共同关系而对某项财产不分份额地共同享有权利并承担义务。在我国，共同共有的形式主要有夫妻共有财产、家庭共有财产、共同继承的财产和某些合伙经营所得。

共同共有的特征是：

第一，共同共有根据共同关系而产生，以共同关系的存在为前提。例如因夫妻关系、家庭共同劳动而形成的夫妻财产共有关系和家庭财产共有关系。

第二，在共同共有中，共有财产不分份额，只有在共同共有关系终止以后，才能确定各共有人的份额。

第三，在共同共有中，各共有人平等地享受权利和承担义务。处分共有的不动产或者动产以及对共有的不动产或者动产作重大修缮的，应当经全体共同共有人同意，否则便构成无权处分。对共有物的管理费用以及其他负担，共同共有人共同负担。因共有的不动产或者动产产生的债权债务，在对外关系上，共有人享有连带债权，承担连带债务；在共有人内部关系上，共同共有人共同享有债权，承担债务。

四、共有财产的分割

在财产共有和个体独有的关系上，财产共有实属偶然，民事主体独享所有权才属常态。因此，按份共有人有权请求从共有财产中分割出属于他的份额，共同共有人因离婚、分家等在共有关系解体以后，也要对共有财产进行分割。共有财产的分割，有协议遵循协议，没有协议由各共有人协商决定，协商不成则由法院判决。一般而言，对共有财产的分割可以采取三种方式，即实物分割、变价分割和作价补偿。共有财产分割以后，共有关系归于消灭。不管是就原物进行分割还是变价分割，各共有人就分得的份额取得单独的所有权。

第六节　用益物权

用益物权是指用益物权人对他人所有的不动产或者动产，依法享有占有、使用和收益的权利。根据《物权法》第三编的相关规定，用益物权主要包括建设用地使用权、土地承包经营权、宅基地使用权和地役权。用益物权制度可以使所有人在不丧失所有权的前提下，将物交由他人使用，自己获取一定的收益，而使用人也可以通过使用收益从中获利。用益物权的经济功能在于以法律的形式解决了财产所有与利用之间的矛盾，使有限的财产能够发挥最大的经济效益。

一、土地承包经营权

土地承包经营权是指土地承包经营权人依法对其承包经营的耕地、林地、草地等享有占有、使用和收益的权利，有权从事种植业、林业、畜牧业等农业生产。土地承包经营权是我国农村集体经济组织实行承包责任制的产物，它在保留农、林、牧业集体经济的基础上，有效地实行两权分离——自然资源所有权与使用收益权的分离，从而把农牧民由单纯的劳动者转化为土地的生产经营者，极大地促进了农村经济的发展。鉴于承包责任制所带来的巨大成效，这种形式也被逐渐推广应用到国有农、林、牧业土地的利用上。

（一）土地承包经营权的取得

土地承包经营权必须通过签订土地承包经营合同方可获得。《物权法》第127条规定，土地承包经营权自土地承包经营权合同生效时设立。县级以上地方人民政府应当向土地承包经营权人发放土地承包经营权证、林权证、草原使用权证，并登记造册，确认土地承包经营权。

农村土地承包经营权证是农村土地承包合同生效后，国家依法确认承包方享有土地承包经营权的法律凭证。农村土地承包经营权证只限承包方使用。承包耕地、园地、荒山、荒沟、荒丘、荒滩等农村土地从事种植业生产活动，承包方依法取得农村土地承包经营权后，应颁发农村土地承包经营权证予以确认。农村土地承包经营权证所载明的权利有效期限，应与依法签订的土地承包合同约定的承包期一致。承包草原、水面、滩涂从事养殖业生产活动的，依照《草原法》、《渔业法》等有关规定确权发证。实行家庭承包经营的承包方，由县级以上地方人民政府颁发农村土地承包经营权证；实行其他方式承包经营的承包方，经依法登记，由县级以上地方人民政府颁发农村土地承包经营权证。县级以上地方人民政府农业行政主管部门负责农村土地承包经营权证的备案、登记、发放等具体工作。

（二）土地承包经营权的内容

土地承包经营权的内容主要是由发包方和承包方在土地承包经营合同中具体约定，具体包括权利和义务两个方面。

土地承包经营权人的权利主要有：

1. 自主经营权

土地承包人有权根据土地的性质和特点在合法的范围内自主地决定如何对土地进行

开发、利用和经营。

2．收益权

土地承包人有权通过对承包土地的耕作获得收益。

3．转让、转包权

《物权法》第 128 条规定：土地承包经营权人依照农村土地承包法的规定，有权将土地承包经营权采取转包、互换、转让等方式流转。流转的期限不得超过承包期的剩余期限。未经依法批准，不得将承包地用于非农建设。土地承包经营权人将土地承包经营权互换、转让，当事人要求登记的，应当向县级以上地方人民政府申请土地承包经营权变更登记；未经登记，不得对抗善意第三人。

4．保有权

随着我国城镇化步伐的加快，建设用地供应亦趋紧张，损害承包经营权的事件屡有发生，为了保护土地承包经营者的合法权益，《物权法》特别强化了土地承包经营权人的合法权益。首先，对承包期内的承包地，发包人不得收回，承包期内的土地承包经营权人交回承包地或者发包人依法收回承包地，土地承包经营权人对其在承包地上投入而提高土地生产能力的，有权获得合理补偿。其次，对承包期内的承包地，发包人不得调整。因自然灾害严重毁损承包地等特殊情形，对个别农户之间承包的耕地和草地需要适当调整的，必须经本集体的村民会议三分之二以上成员或者三分之二以上村民代表的同意，并报乡（镇）人民政府和县级人民政府农牧业等行政主管部门批准。

土地承包经营权人的义务主要有：无论是自己经营还是转包、出租，都不得改变承包土地的农业用途；必须按合同规定上缴国家税收和集体提留，履行承包义务；必须保证土地的保值和增值和可持续发展，不得进行掠夺式的开发和经营，也不得破坏自然资源和生态环境；必须接受发包方的监督，并接受其必要的指导和管理。

二、建设用地使用权

建设用地使用权是指建设用地使用权人依法对国家所有的土地享有占有、使用和收益的权利，有权利用该土地建造建筑物、构筑物及其附属设施。

（一）建设用地使用权的取得

设立建设用地使用权，可以采取出让或者划拨等方式。工业、商业、旅游、娱乐和商品住宅等经营性用地以及同一土地有两个以上意向用地者的，应当采取招标、拍卖等公开竞价的方式出让。严格限制以划拨方式设立建设用地使用权。采取划拨方式的，应当遵守法律、行政法规关于土地用途的规定。设立建设用地使用权的，应当向登记机构申请建设用地使用权登记。建设用地使用权自登记时设立。登记机构应当向建设用地使用权人发放建设用地使用权证书。

1．协议出让

协议出让是指国家以协议方式将国有土地使用权在一定年限内出让给土地使用者，由土地使用者向国家支付土地使用权出让金的行为。出让国有土地使用权，除依照法律、法规和规章的规定应当采用招标、拍卖或者挂牌方式外，方可采取协议方式。协议出让国有土地使用权，应当遵循公开、公平、公正和诚实信用的原则。以协议方式出让国有土地使用权的出让金不得低于按国家规定所确定的最低价。

2. 招标

招标出让国有土地使用权，是指市、县人民政府土地行政主管部门发布招标公告，邀请特定或者不特定的公民、法人和其他组织参加国有土地使用权投标，根据投标结果确定土地使用者的行为。

3. 拍卖

拍卖出让国有土地使用权，是指市、县人民政府土地行政主管部门发布拍卖公告，由竞买人在指定时间、地点进行公开竞价，根据出价结果确定土地使用者的行为。

4. 挂牌

挂牌出让国有土地使用权，是指市、县人民政府土地行政主管部门发布挂牌公告，按公告规定的期限将拟出让土地的交易条件在指定的土地交易场所挂牌公布，接受竞买人的报价申请并更新挂牌价格，根据挂牌期限截止时的出价结果确定土地使用者的行为。这是指已取得建设用地使用权的主体以合同方式将土地使用权再移转给其他合法的建设用地使用权主体的行为。

5. 行政划拨

国家根据有关法律法规的规定，通过无偿的行政划拨的方式将土地使用权划拨给一定的土地使用权人，由取得使用权的主体在使用过程中向国家交纳土地使用税的行为。可以以划拨方式取得土地使用权的主要有国家机关用地和军事用地；城市基础设施用地和公益事业用地；国家重点扶持的能源、交通、水利等基础设施用地。通过无偿的行政划拨方式取得的土地使用权不得转让、出租、抵押和继承，国家可以随时根据需要收回其土地使用权。

6. 其他方式

土地使用权人还可通过转让、出租、继承、互易、赠与、受遗赠等方式取得建设用地使用权。

国有土地使用权的出让方为市、县人民政府土地管理部门。开发区管理委员会作为出让方与受让方订立的土地使用权出让合同，应当认定无效。2005年8月1日起《最高人民法院关于审理涉及国有土地使用权合同纠纷案件适用法律问题的解释》实施前，开发区管理委员会作为出让方与受让方订立的土地使用权出让合同，起诉前经市、县人民政府土地管理部门追认的，可以认定合同有效。

（二）建设用地使用权的内容

根据我国有关法律法规的规定，建设用地使用权的内容主要包括权利和义务两个方面。

建设用地使用权人的权利主要有：

1. 占有权

这是指土地使用权人享有对依法取得的土地的直接支配和控制权。

2. 使用权

这是指土地使用权人可以依照土地的用途和性质对建设用地进行开发、利用和经营，也可以在符合法定的条件的前提下将建设用地使用权转让、出租或抵押，但必须得到县、市以上人民政府的批准。

3．收益权

这是指土地使用权人可以通过对土地的直接利用或将土地使用权转让、出租或抵押获得一定的利益。

4．处分权

建设用地使用权人有权采取书面形式将建设用地使用权转让、互换、出资、赠与或者抵押，合同的期限由当事人约定，但不得超过原建设用地使用权出让合同剩余的期限。建设用地使用权人将建设用地使用权转让、互换、出资或者赠与的，应当向登记机构申请变更登记。

5．续展权

住宅建设用地使用权期间届满的，自动续期。非住宅建设用地使用权期间届满后的续期，依照法律规定办理。该土地上的房屋及其他不动产的归属，有约定的，按照约定；没有约定或者约定不明确的，依照法律、行政法规的规定办理。

建设用地使用权人的义务主要有：建设用地使用权人应当合理利用土地，不得改变土地用途；需要改变土地用途的，应当依法经有关行政主管部门批准。建设用地使用权人应当依照法律规定以及合同约定支付出让金等费用。

三、宅基地使用权

宅基地使用权人依法享有对集体所有的土地占有和使用的权利，有权自主利用该土地建造住房及其附属设施。农户占有的宅基地面积应当符合规定的标准。一户只能拥有一处宅基地。宅基地使用权人未经依法批准，不得改变宅基地用途。

宅基地使用权人经本集体同意，可以将建造的住房转让给本集体内符合宅基地使用权分配条件的农户；住房转让时，宅基地使用权一并转让。禁止城镇居民在农村购置宅基地。农户依照前款规定转让宅基地使用权的，不得再申请宅基地。

因乡村公共设施和公益事业建设的需要，经县级人民政府批准，本集体收回宅基地的，应当对宅基地被占用的农户重新分配宅基地；造成宅基地使用权人损失的，应当给予补偿。宅基地因自然灾害等原因灭失的，宅基地使用权消灭。对没有宅基地的农户，应当重新分配宅基地。

四、地役权

（一）地役权概述

地役权是指地役权人有权按照合同约定，利用他人的不动产，以提高自己的不动产的效益。所称他人的不动产为供役地，自己的不动产为需役地。地役权的本质在于限制供役地的使用权范围，增加需役地的利用价值，具有以下法律特征：

（1）地役权是为了提高自己不动产效益而利用他人土地的物权。地役权的客体是他人土地，通过使用他人土地来实现充分利用自己土地的目的，尽可能地发挥其经济效益。

（2）地役权依当事人的约定而产生。地役权虽然为物权，其基本内容也实现了物权法定，但是该权利不能依法取得，而只能依约取得。

（3）地役权具有从属性。地役权从属于需役地的所有权或者使用权，如果没有需役地，便不会产生地役权。

（4）地役权具有不可分性。地役权不得单独转让。土地承包经营权、建设用地使用权、宅基地使用权等依法转让的，地役权一并转让。

（二）地役权的取得和消灭

《物权法》第157条规定，设立地役权，当事人应当采取书面形式订立地役权合同。地役权合同一般包括下列条款：当事人的姓名或者名称和住所；供役地和需役地的位置；利用目的和方法；利用期限；费用及其支付方式；解决争议的方法。地役权自地役权合同生效时设立。当事人要求登记的，可以向登记机构申请地役权登记，未经登记，不得对抗善意第三人。

地役权人如果违反法律规定或者合同约定滥用地役权，或者有偿利用供役地，约定的付款期间届满后在合理期限内经两次催告未支付费用的，供役地的权利人有权解除地役权合同，地役权消灭。

（三）地役权的内容

地役权的内容包括地役权人的权利义务和供役地人的权利义务。

1. 地役权人的权利义务

（1）使用供役地的权利。供役地的权利人应当按照合同约定，容许地役权人利用其土地，不得妨害地役权人行使权利。

（2）保持地役权不可分性的权利。土地所有权人享有地役权或者负担地役权的，设立土地承包经营权、宅基地使用权时，该土地承包经营权人、宅基地使用权人继续享有或者负担已设立的地役权。

（3）依约行使地役权的义务。地役权人应当按照合同约定的利用目的和方法利用供役地，尽可能减少对供役地的权利人物权的限制。

2. 供役地人的权利义务

（1）容忍与不作为的义务。供役地人负有容忍地役权人在约定的范围内，利用自己的土地。

（2）价金请求权。地役权一般是有偿的，供役地人有权请求地役权人给付价金。

（3）设施使用权。在不妨碍地役权行使的前提下，供役地人有权使用地役权人在其土地上设置的设施。

第七节　担保物权

一、担保物权概述

担保物权是指为确保债权实现，债权人在债务人或者第三人的财产或权利上设定物的担保，当债务人不履行到期债务时，依法享有就其担保的财产或者权利变价并优先受偿的权利。

担保物权具有以下特征：

第一，担保物权是债务履行和债权实现的保障。债权人在借贷、买卖等民事活动中，为保障实现其债权，需要担保的，可以依照《物权法》和《担保法》等法律的规定设立担保物权。

第二，担保物权具有从属性和不可分性。担保物权的有效成立以被担保的债权有效成立为前提，担保合同是主债权债务合同的从合同，主债权债务合同无效，担保合同无效。担保合同被确认无效后，债务人、担保人、债权人有过错的，应当根据其过错各自承担相应的民事责任。

第三，担保物权具有物上代位性。担保期间，担保财产毁损、灭失或者被征收等，担保物权人可以就获得的保险金、赔偿金或者补偿金等优先受偿。被担保债权的履行期未届满的，也可以提存该保险金、赔偿金或者补偿金等。

第四，担保物权的行使具有条件性。虽然担保物权人自担保设立之时就对担保财产享有物权，但是尚不能行使，只有债务人不履行到期债务时，担保物权才可以实现。

二、抵押权

抵押权，是指为担保债务的履行，债务人或者第三人不转移财产的占有，将该财产抵押给债权人，债务人不履行到期债务或者发生当事人约定的实现抵押权的情形，债权人有权就该财产优先受偿。债务人或者第三人为抵押人，债权人为抵押权人，提供担保的财产为抵押财产。

（一）抵押权的主体和客体

抵押权的主体是在抵押关系中享有权利承担义务的人，包括抵押权人和抵押人。债权人是抵押权人，提供抵押财产的债务人或者第三人为抵押人。

抵押权的客体也称抵押物，是抵押人提供的用于保证债权实现的财产。抵押物必须具备可流通性、可抵押性和不消耗性等特征。根据《物权法》第180条规定，可以抵押的财产有：（1）建筑物和其他土地附着物；（2）建设用地使用权；（3）以招标、拍卖、公开协商等方式取得的荒地等土地承包经营权；（4）生产设备、原材料、半成品、产品；（5）正在建造的建筑物、船舶、航空器；（6）交通运输工具；（7）法律、行政法规未禁止抵押的其他财产。此外，经当事人书面协议，企业、个体工商户、农业生产经营者可以将现有的以及将有的生产设备、原材料、半成品、产品抵押。

并非所有财产都可以抵押，《物权法》第184条规定下列财产不得抵押：（1）土地所有权；（2）耕地、宅基地、自留地、自留山等集体所有的土地使用权，但法律规定可以抵押的除外；（3）学校、幼儿园、医院等以公益为目的的事业单位、社会团体的教育设施、医疗卫生设施和其他社会公益设施；（4）所有权、使用权不明或者有争议的财产；（5）依法被查封、扣押、监管的财产；（6）法律、行政法规规定不得抵押的其他财产。

（二）抵押权的设立

抵押权的设立一般需经过订立抵押合同和进行抵押登记两个程序。

据《物权法》第185条规定，设立抵押权，当事人应当采取书面形式订立抵押合同。抵押合同一般包括下列条款：（1）被担保债权的种类和数额；（2）债务人履行债务的期限；（3）抵押财产的名称、数量、质量、状况、所在地、所有权归属或者使用权归属；（4）担保的范围。

以建筑物和其他土地附着物、建设用地使用权、土地承包经营权、正在建造的建筑物抵押的，应当办理抵押登记，抵押权自登记时设立。以生产设备、原材料、半成品、产品、交通运输工具、正在建造的船舶、航空器抵押的，抵押权自抵押合同生效时设立，未经登记，不得对抗善意第三人。企业、个体工商户、农业生产经营者将现有的以及将有的生产设备、原材料、半成品、产品抵押的，应当向抵押人住所地的工商行政管理部门办理登记，抵押权自抵押合同生效时设立，未经登记，不得对抗善意第三人。

（三）抵押权的内容

1. 抵押权人的权利

（1）变价处分请求权。由于抵押物是实物形态，而抵押权在实现时则是对抵押物价金的优先受偿权，所以存在一个把抵押物转换为价金的问题。抵押权人的变价处分请求权则能满足这一需要。

（2）优先受偿权。如果债务履行期届满抵押权人未受清偿，抵押权人可以从出卖抵押物的价金中优先受偿，这是抵押权的价值所在。

（3）抵押权保全权。抵押期间，抵押人未经抵押权人同意转让抵押财产的行为无效。抵押人的行为足以使抵押物价值减少的，抵押权人有权要求抵押人停止其行为。抵押物价值减少时，抵押权人有权要求抵押人恢复抵押物的价值，或者提供与减少的价值相当的担保。

2. 抵押人的权利义务

（1）继续使用抵押物的权利。因为抵押并不转移抵押物的占有，所以抵押人仍然可以一如既往地使用抵押物。

（2）抵押物的处分权。抵押人将自己的财产提供抵押，并没有丧失对抵押物的处分权。根据《物权法》第 191 条规定，抵押期间，抵押人经抵押权人同意转让抵押财产的，应当将转让所得的价款向抵押权人提前清偿债务或者提存。转让的价款超过债权数额的部分归抵押人所有，不足部分由债务人清偿。抵押期间，抵押人未经抵押权人同意，不得转让抵押财产，但受让人代为清偿债务消灭抵押权的除外。

（3）保全抵押物的义务。《物权法》第 193 条规定，抵押人的行为足以使抵押财产价值减少的，抵押权人有权要求抵押人停止其行为。抵押财产价值减少的，抵押权人有权要求恢复抵押财产的价值，或者提供与减少的价值相应的担保。抵押人不恢复抵押财产的价值也不提供担保的，抵押权人有权要求债务人提前清偿债务。

（4）告知的义务。当抵押物被人民法院依法扣押时，或者抵押人转让已办理登记的抵押物，或者订立抵押合同前抵押财产已出租的，抵押人都应当将相关情况通知抵押权人。

（四）抵押权的实现和顺位

债务人不履行到期债务或者发生当事人约定的实现抵押权的情形，抵押权人可以与抵押人协议以抵押财产折价或者以拍卖、变卖该抵押财产所得的价款优先受偿。协议损害其他债权人利益的，其他债权人可以在知道或者应当知道撤销事由之日起一年内请求人民法院撤销该协议。抵押权人与抵押人未就抵押权实现方式达成协议的，抵押权人可以请求人民法院拍卖、变卖抵押财产。抵押财产折价或者变卖的，应当参照市场价格。抵押财产折价或者拍卖、变卖后，其价款超过债权数额的部分归抵押人所有，不足部分由债务人清偿。

同一财产向两个以上债权人抵押的，拍卖、变卖抵押财产所得的价款依照下列规定清偿：（1）抵押权已登记的，按照登记的先后顺序清偿，顺序相同的，按照债权比例清偿；（2）抵押权已登记的先于未登记的受偿；（3）抵押权未登记的，按照债权比例清偿。抵押权人可以放弃抵押权或者抵押权的顺位。抵押权人与抵押人可以协议变更抵押权顺位以及被担保的债权数额等内容，但抵押权的变更，未经其他抵押权人书面同意，不得对其他抵押权人产生不利影响。债务人以自己的财产设定抵押，抵押权人放弃该抵押权、抵押权顺位或者变更抵押权的，其他担保人在抵押权人丧失优先受偿权益的范围内免除担保责任，但其他担保人承诺仍然提供担保的除外。

（五）最高额抵押权

最高额抵押权，是指为担保债务的履行，债务人或者第三人对一定期间内将要连续发生的债权提供担保财产的，债务人不履行到期债务或者发生当事人约定的实现抵押权的情形，抵押权人有权在最高债权额限度内就该担保财产优先受偿。借款合同、债权人与债务人就某项商品在一定期间内连续发生交易而签订的合同，可以附最高额抵押合同。

最高额抵押的法律特征主要表现为以下几个方面：

第一，最高额抵押权所担保的对象是将来发生的债权。最高额抵押担保的债权确定前，抵押权人与抵押人可以通过协议变更确定债权的期间、债权范围以及最高债权额，但变更的内容不得对其他抵押权人产生不利影响。

第二，最高额抵押权担保的对象具有不特定性。最高额抵押权所担保的不特定债权，在特定后，债权已届清偿期的，最高额抵押权人可以根据普通抵押权的规定行使其抵押权。

第三，最高额抵押权所担保的债权依赖于确定的基础法律关系。抵押权人实现最高额抵押权时，如果实际发生的债权余额高于最高限额的，以最高限额为限，超过部分不具有优先受偿的效力；如果实际发生的债权余额低于最高限额的，以实际发生的债权余额为限对抵押物优先受偿。

第四，最高额抵押权必须在抵押合同中明确约定，法律要求办理登记的还应当办理登记手续。

第五，最高额抵押权具有担保的最高限额。当事人对最高额抵押合同的最高限额、最高额抵押期间进行变更，以其变更对抗顺序在后的抵押权人的，人民法院不予支持。

第六，最高额抵押权是对一定期限内连续发生的债作担保。最高额抵押权所担保的债权范围，不包括抵押物因财产保全或者执行程序被查封后或债务人、抵押人破产后发生的债权。

根据《物权法》第206条规定，最高额抵押中抵押权人的债权根据以下情形确定：（1）约定的债权确定期间届满；（2）没有约定债权确定期间或者约定不明确，抵押权人或者抵押人自最高额抵押权设立之日起满二年后请求确定债权；（3）新的债权不可能发生；（4）抵押财产被查封、扣押；（5）债务人、抵押人被宣告破产或者被撤销；（6）法律规定债权确定的其他情形。

三、质权

（一）质权概述

质权，是指为担保债务的履行，债务人或者第三人将其动产或权利出质给债权人占有的，债务人不履行到期债务或者发生当事人约定的实现质权的情形，债权人有权就该动产或权利优先受偿。债务人或者第三人为出质人，债权人为质权人，交付的动产或权利为质押财产。质权分为动产质权和权利质权。

质权具有以下法律特征：

第一，质权的设定必须移转占有，以某些特定财产作质物时，还必须依法办理登记手续。

第二，质权的标的主要为动产或权利，不包括不动产。

第三，设定质权的公示方式因标的物的不同而不同。以股票和知识产权中的财产权出质，需要到有关部门办理登记手续；以动产和其他权利出质，则需要转移财产或者权利证书的占有。

第四，禁止流质。出质人和质权人在合同中不得约定在债务履行期届满质权人未受清偿时，质物的所有权转移为质权人所有。

（二）动产质权

动产质权是动产为质押财产的质权，动产质权是质权最典型的形式。

1. 动产质权的取得

设立质权，当事人应当以书面形式订立质权合同。质权合同一般包括下列条款：（1）被担保债权的种类和数额；（2）债务人履行债务的期限；（3）质押财产的名称、数量、质量、状况；（4）担保的范围；（5）质押财产交付的时间。质权自出质人交付质押财产时设立。

2. 质权人的权利义务

（1）质押财产占有权。质权人占有出质动产，是质权存在的必要条件，质权人在全部债权受清偿前，有留置质押财产的权利。

（2）孳息收取权。质权人有权收取质押财产的孳息，但合同另有约定的除外。孳息应当先充抵收取孳息的费用

（3）质押财产的变价权和保全权。因不能归责于质权人的事由可能使质押财产毁损或者价值明显减少，足以危害质权人权利的，质权人有权要求出质人提供相应的担保；出质人不提供的，质权人可以拍卖、变卖质押财产，并与出质人通过协议将拍卖、变卖所得的价款提前清偿债务或者提存。

（4）转质权。质权人在质权存续期间，经出质人同意，可以转质。因转质权人的过错，造成质押财产毁损、灭失的，质权人应当向出质人承担民事责任。

（5）妥善保管质押财产的义务。质权人负有妥善保管质押财产的义务；因保管不善致使质押财产毁损、灭失的，应当承担赔偿责任。质权人的行为可能使质押财产毁损、灭失的，出质人可以要求质权人将质押财产提存，或者要求提前清偿债务并返还质押财产。

3. 出质人的权利义务

（1）质物返还请求权。债务人履行债务或者出质人提前清偿所担保的债权的，质权人应当返还质押财产。此外，质权人不能妥善保管质物可能致使其灭失或者毁损的，出质人可以要求质权人将质物提存，或者要求提前清偿债权而返还质物。

（2）损害赔偿请求权。质权人在质权存续期间，未经出质人同意，擅自使用、处分质押财产，给出质人造成损害的，应当承担赔偿责任。

（3）瑕疵担保的义务。质物有损坏或者价值明显减少的可能，足以危害质权人权利

的，质权人可以要求出质人提供相应的担保。

（三）权利质权

权利质权，是指以可让与的财产权利作为质押财产的质权。根据《物权法》第223条规定，债务人或者第三人有权处分的下列权利可以出质：（1）汇票、支票、本票；（2）债券、存款单；（3）仓单、提单；（4）可以转让的基金份额、股权；（5）可以转让的注册商标专用权、专利权、著作权等知识产权中的财产权；（6）应收账款；（7）法律、行政法规规定可以出质的其他财产权利。

根据可以出质的权利的不同性质，《物权法》将权利质权分为不同的类型，分别规定了不同的成立要件。

（1）以汇票、支票、本票、债券、存款单、仓单、提单出质的，当事人应当订立书面合同。质权自权利凭证交付质权人时设立；没有权利凭证的，质权自有关部门办理出质登记时设立。汇票、支票、本票、债券、存款单、仓单、提单的兑现日期或者提货日期先于主债权到期的，质权人可以兑现或者提货，并与出质人协议将兑现的价款或者提取的货物提前清偿债务或者提存。

（2）以基金份额、股权出质的，当事人应当订立书面合同。以基金份额、证券登记结算机构登记的股权出质的，质权自证券登记结算机构办理出质登记时设立；以其他股权出质的，质权自工商行政管理部门办理出质登记时设立。基金份额、股权出质后，不得转让，但经出质人与质权人协商同意的除外。出质人转让基金份额、股权所得的价款，应当向质权人提前清偿债务或者提存。

（3）以注册商标专用权、专利权、著作权等知识产权中的财产权出质的，当事人应当订立书面合同，质权自有关主管部门办理出质登记时设立。知识产权中的财产权出质后，出质人不得转让或者许可他人使用，但经出质人与质权人协商同意的除外。出质人转让或者许可他人使用出质的知识产权中的财产权所得的价款，应当向质权人提前清偿债务或者提存。

（4）以应收账款出质的，当事人应当订立书面合同，质权自信贷征信机构办理出质登记时设立。出质后，不得转让，但经出质人与质权人协商同意的除外。出质人转让应收账款所得的价款，应当向质权人提前清偿债务或者提存。

四、留置权

留置权，是指债务人不履行到期债务，债权人可以留置已经合法占有的债务人的动产，并有权就该动产优先受偿。其中，债权人为留置权人，占有的动产为留置财产。

留置权的法律特征主要有：

第一，留置权是法定担保物权。留置权的设立不需要当事人的约定，只要符合法定的构成要件，债权人直接根据法律规定取得留置权。

第二，留置权的客体仅仅限于动产，在不动产和权利之上，皆不能产生留置权。

第三，在留置权法律关系中，债权人先合法占有动产，而后依法留置该项动产。

第四，债权人留置的动产，应当与债权属于同一法律关系，但企业之间留置的除外。一般而言，因保管合同、运输合同、加工承揽合同发生的债权，债务人不履行到期债务的，债权人享有留置权。

留置权人与债务人应当约定留置财产后的债务履行期间；没有约定或者约定不明确

的，留置权人应当给债务人两个月以上履行债务的期间，但鲜活易腐等不易保管的动产除外。债务人逾期未履行的，留置权人可以与债务人协议以留置财产折价，也可以就拍卖、变卖留置财产所得的价款优先受偿。留置财产折价或者变卖的，应当参照市场价格。债务人可以请求留置权人在债务履行期届满后行使留置权；留置权人不行使的，债务人可以请求人民法院拍卖、变卖留置财产。留置财产折价或者拍卖、变卖后，其价款超过债权数额的部分归债务人所有，不足部分由债务人清偿。同一动产上已设立抵押权或者质权，该动产又被留置的，留置权人优先受偿。留置权人对留置财产丧失占有或者留置权人接受债务人另行提供担保的，留置权消灭。

第八节 占 有

一、占有概述

《物权法》第五编对占有制度作了专门规定。占有是人对物进行管领和控制的事实。对物进行管领的人为占有人，被管领之物为占有物。占有是一种受法律保护的事实，自然人、法人皆可以成为占有的主体。占有人对占有物的管领力，是一种事实判断而非价值判断，大凡能够控制财产的，都可成为占有人，无行为能力人和限制行为能力人也不例外。至于作为被管领的占有物，《物权法》并没有加以限制，无论是动产还是不动产，都可成为占有的客体。

占有根据其状态不同，可以分为不同类别。

（一）有权占有与无权占有

依照占有人有无占有权为标准，可以把占有区分为有权占有和无权占有。有权占有是指基于一定的物权或者债权等法律上的原因而享有占有的权利。没有本权的占有为无权占有。在无权占有情况下，占有人负有返还占有物的义务。

（二）善意占有和恶意占有

在无权占有中，根据占有人是否误信享有占有的权源为标准，占有可分为善意占有和恶意占有。善意占有，是指误信为有占有的权利的占有。恶意占有，则是明知无占有的权利，或者对有无占有的权源持怀疑态度，仍然进行的占有。如果占有物受到损害，善意占有人不承担损害赔偿责任，恶意占有人应当承担损害赔偿责任。

（三）直接占有与间接占有

以占有人是否直接占有标的物为标准，占有可分为直接占有和间接占有。直接对物有事实上的管领力的，为直接占有。自己不对物直接管领，而是对于直接占有该物的人有返还请求权，因而间接地对该物有实际的管领支配力的，为间接占有。

二、占有的法律效力

占有制度对占有事实予以确认并且给予法律保护，从而使占有具有一定的法律效力。

（一）权利推定

占有权利推定是根据占有事实推定占有人为合法有权占有，至于占有人是否真正享有占有权源，则在所不问。不动产或者动产的占有，除有相反证据证明外，推定有权占有。

（二）事实推定

占有保护的是占有事实，而占有样态多种多样，如要证明则十分艰难。因此，无权占有，除有相反证据证明外，推定善意占有。

（三）善意占有人的使用收益权

根据权利推定和事实推定规则，善意占有人有权对占有物进行使用收益，并且对于由此造成的损害不承担赔偿责任。

（四）占有保护请求权

占有的不动产或者动产被侵占的，占有人有权请求返还原物；对妨害占有的行为，占有人有权请求排除妨害或者消除危险；因侵占或者妨害造成损害的，占有人有权请求损害赔偿。占有人返还原物的请求权，自侵占发生之日起一年内未行使的，该请求权消灭。

第六章 合同法

第一节 合同概述

一、合同的概念

合同在英文中称为"contract"，在法文中称为"contract"或"pacte"，在德文中称为"vertrag"或"kontrakt"。这些用语都来源于罗马法的合同概念"contractus"，"contractus"一词由"con"和"tractus"组成，"con"由"com"转化而来，有"共"字的意义，"Tractus"有"交易"的意义，合而为"共相交易"。[①]合同在汉语中称为契约，"契"者，契合也；"约"者，约束也。合起来则包含有"合意基础上的约束"之意。但在中国古代，"合同仅是契约形式之一种，严格地说，它是验证契约的一种标记，犹如今天的押缝标志，它本身不是当事人之间的协议。"[②]现今，人们在法律上已不再区分这两个概念，我国台湾地区民法典称之为契约，大陆民事立法和司法实践则主要采用合同的概念。

关于合同的概念，大陆法系和英美法系长期以来一直存在不同的理解。大陆法系认为，合同是一种合意或协议。在罗马法中，合同被定义为"得到法律承认的债的协议"。《法国民法典》承继了这一定义，该法典第1101条规定："契约为一人或数人对另一人或数人承担给付某物、作为或不作某事的义务的合意。"英美法系传统理论认为，合同是一种允诺。所谓允诺，乃由一个以上当事人所为一组具有法律拘束力之允诺。将合同归结为当事人承担债务的单方意思表示。20世纪以来，英美法系学者也越来越重视大陆法系合同概念中的合意要素，并力图将其移植到英美法系合同法中。如美国《统一商法典》第1—201条规定："合同是指当事人依本法及其他法律规则达成的合意所产生的全部合法债务。"可见，两大法系对合同概念的理解正日趋一致。

我国民法理论关于合同的概念，采用了大陆法系的"合意说"，认为合同本质上是一种合意或协议，强调合同当事人双方

---

① 王家福：《中国民法学·民法债权》，法律出版社1991年版，第255～256页。
② 贺卫方：《"契约"与"合同"的辨析》，载《法学研究》1992年第2期。

的意思自治。我国《合同法》第 2 条第 1 款规定："本法所称合同是平等主体的自然人、法人、其他组织之间设立、变更、终止民事权利义务关系的协议。"据此，合同的概念可概括为：合同是民事主体之间设立、变更、终止民事权利义务关系意思表示一致的协议。

二、合同的法律特征

（一）合同是一种民事行为

合同作为一种重要的民事法律事实，能够引起民事权利义务关系的发生、变更或终止。但合同分为有效合同和无效合同，有效合同当属民事法律行为无疑。当事人通过意思表示一致所建立的民事权利义务关系具有合法性，能够产生当事人预期的法律后果，符合民事法律行为合法性的特征。无效合同因违反法律和社会公共利益而受到法律的否定性评价，不能产生当事人预期的法律后果，但产生因无效行为而引起的民事责任承担的民事法律关系。无效合同也是当事人在平等基础上的合意，与有效合同一样能引起民事权利义务关系的发生、变更或终止，仍然属于合同。因此，合同是一种民事行为，并不必然是民事法律行为。

（二）合同是平等主体之间的合意

合同是反映商品交换的法律形式，而商品是天生的平等派。因此，合同当事人的地位平等是商品经济关系的属性，是合同的内在要求。合同本身就是对任何否定权利、义务平等的强权或特权的否定。合同当事人，不论是自然人、法人或其他社会组织，法律地位一律平等，任何一方不得将自己的意志强加给另一方。

合同是当事人意思表示一致的协议。即两个或两个以上的当事人各自作出设立、变更或终止民事权利义务关系的意思表示，通过平等协商，各方意思表示达成一致，则合同成立。因此，合同是双方或多方民事行为，是当事人在自由平等基础上达成的合意。

（三）合同是当事人进行利益交换的法律手段

合同当事人订立合同的目的，就是希望通过合同的履行，使合同所设定双方当事人的利益互换，顺利实现各方当事人的预期利益。当事人利益的实现是通过各自履行合同义务，享有合同权利来实现的。

三、合同的分类

（一）单务合同和双务合同

根据当事人双方是否互负对待给付义务，可以将合同分为双务合同和单务合同。双务合同是指当事人双方互负对待给付义务的合同，即一方当事人所享有的权利则为另一方当事人所负担的义务。如买卖、租赁、承揽等合同均属于双务合同。双务合同是反映商品交换的典型形态。所谓单务合同，是指仅有一方合同当事人负担给付义务的合同，即当事人一方负担给付义务，另一方不负有相对义务的合同。如赠与、借用等合同属单务合同。

区分双务合同与单务合同的意义在于：第一，在双务合同中，除非当事人另有约定或法律另有规定，双方当事人应同时履行义务，否则，任何一方均可行使同时履行抗辩权。而在单务合同中，因不存在当事人间义务的对待给付问题，不能适用同时履行抗辩权。第二，因不可归责于双方当事人的原因而不能履行合同时，双务合同的任何一方当事人不得请求对方履行合同，债务人的债务被免除。如果一方当事人已履行，另一方应将所得予以返还。而在单务合同中，不发生双务合同的风险负担问题。第三，因可归责于一方当事人的原因而不能履行合同时，双务合同的非违约方有权要求违约方继续履行或承担其他违约责任，非违约方要求解除合同的，则可以要求未履行给付义务的一方返还非违约方已履行的部分。单务合同的双方当事人因不存在对待给付义务，因此，在一方违约时，不存在要求对方继续履行和返还财产的问题。

（二）有偿合同和无偿合同

根据当事人取得权利是否须支付代价，可以将合同分为有偿合同和无偿合同。有偿合同是指当事人一方要取得合同权利，必须向对方支付相应代价的合同。如买卖、租赁、保险等合同，都是有偿合同。无偿合同是指当事人一方要取得合同权利，无需支付相应代价的合同。赠与、借用的合同是典型的无偿合同。

区分有偿合同与无偿合同的意义在于：第一，债务人的责任不同。有偿合同因存在对价关系，债务人应尽到较重的注意义务，负抽象的轻过失责任。而无偿合同的债务人应尽到的注意义务较轻，仅负故意和重大过失责任。第二，主体要求不同。有偿合同的当事人须具有完全民事行为能力，限制民事行为能力人未经法定代理人事先同意或事后追认，所订立的有偿合同无效。但对于单纯获得利益的无偿合同，限制民事行为能力人和无民事行为能力人均可订立。第三，债权人行使撤销权的条件不同。在债务人无偿转让财产给第三人，从而有害于债权人的债权实现的，债权人就可行使撤销权，撤销债务人的无偿转让行为。但对于债务人有偿的明显低价的转让行为，只有受让的第三人在实施交易时存在损害债权的恶意的，债权人才能行使撤销权。第四，构成善意取得的条件不同。无权处分人将他人财产转让给第三人时，如果第三人是善意有偿取得，则构成善意取得。如果第三人是无偿取得，则不论第三人是否为善意，均不构成善意取得。

（三）诺成合同和实践合同

根据合同的成立是否须交付标的物或完成其他给付为标准，可将合同分为诺成合同和实践合同。当事人各方的意思表示一致即成立的合同，为诺成合同。如买卖、赠与等合同。除各方当事人的意思表示一致以外，尚须交付标的物或完成其他给付才能成立的合同，为实践合同。如保管合同、自然人之间的借款合同等。

区分诺成合同与实践合同的意义在于，二者的成立要件不同。诺成合同以当事人的合意为成立要件；实践合同除各方当事人意思表示一致以外，尚须交付标的物或完成其他给付才能成立。

（四）要式合同和不要式合同

根据合同的成立或生效是否必须以特定的形式为要件，将合同分为要式合同和不要式合同。要式合同，是指法律要求必须采用特定形式或履行特定程序才能成立或生效的合同。不要式合同，是指法律没有规定必须采用特定形式或履行特定程序的合同。在古代，合同法的发展初期，对合同成立的形式有较严格的要求，以要式合同为原则。近现代合同法适应市场经济交易便捷和安全的双重需求，合同以不要式为原则，以要式为例外。

区分要式合同与不要式合同的意义主要在于，特定的形式对不同类型合同的成立或生效分别具有不同的意义。

（五）有名合同和无名合同

根据法律是否为合同规定特定的名称，而将合同区分为有名合同与无名合同。有名合同，又称典型合同，是指法律已确定了特定名称和相应规则的合同。如合同法规定的买卖等十五种合同及其他法律规定的保险合同、广告合同、抵押合同等，均属有名合同。无名合同，又称非典型合同，是指法律尚未确定其名称及相应规则的合同。根据合同自由原则，当事人可自由约定合同内容，只要不违反法律的强制性规定和社会公共利益，即承认其效力。生活的复杂化，使法律不可能将实际生活中可能发生的一切合同都予以规定，无名合同的大量存在也就成为必然。但随着社会的不断发展，不断会有一些无名合同逐渐形成自己的规则，经法律确认后，即成为有名合同。

区分有名合同与无名合同的意义主要在于，两者适用的法律规则不同。有名合同应直接适用法律的相关规定。对于无名合同，应适用合同法的一般规则，《合同法》第124条规定："本法分则或者其他法律没有明文规定的合同，适用本法总则的规定，并可以参照本法分则或者其他法律最相类似的规定。"

（六）主合同和从合同

根据合同间的主从关系，可将合同分为主合同与从合同。主合同是指不依赖于其他合同而能独立存在的合同。从合同是指以其他合同的存在为存在前提的合同。从合同不能独立存在，须以主合同的有效存在为前提，并随主合同的终止而终止。如担保合同即为被担保的债权合同的从合同，被担保的债权合同即为主合同。

区分主合同与从合同的意义在于，主合同决定从合同的法律命运。主合同的存在决定从合同的存在，主合同变更和消灭，从合同原则上也变更和消灭。

第三节　合同订立

一、合同订立概述

（一）合同是合意

合同，在本质上是一种合意，即合同当事人就一定的权利义务达成意思表示的一致。双方当事人设定合同利益目标，达成意思一致，即为合同的订立。

合同是反映双方利益交易的法律形式。交易双方的最基本目标和追求，就是以最小的代价，获得自己所需的商品与服务。当主体从各自的利益和目的出发进行交易时，双方的目标和追求就会发生直接的冲突。这就迫使双方相互协商、讨价还价，甚至相互妥协，这种讨价还价很可能反复进行，最后才能形成合意。

（二）合意是一个过程

"契约是一个漫长过程中的最后一步"[①]。合同订立是缔约各方接触、洽商，直至达成合意的过程，是动态行为与静态协议的统一体。该动态行为包括缔约各方的接触、洽商，达成协议前的整个讨价还价过程，均属动态行为阶段。此阶段由要约邀请、要约、反要约诸制度规范和约束，产生先合同义务及缔约过失责任。静态协议是缔约达成合

[①] ［德］罗伯特·霍恩等：《德国民商法导论》，中国大百科全书出版社1996年版，第81页。

意，各方的权利义务确定，合同成立。其中，承诺、合同成立要件和合同条款等制度发挥作用。[1]

由此可见，合同的订立，与合同的成立不是同一法律概念。合同的成立意味着当事人合意的达成，标志着合同的产生和存在，是合同订立的静态结果。而合同订立既包括合同成立，也包括缔约各方相互协商的动态过程。

（三）通过要约与承诺进行合意

缔约各方从相互协商到达成合意的过程，就是一个要约、反要约及承诺的复杂过程。我国《合同法》第13条规定："当事人订立合同，采用要约、承诺方式。"要约和承诺是合同订立的基本规则，也是合同成立必须经过的两个阶段。

二、要约

（一）要约的定义

要约，是指当事人以订立合同为目的，而向他人所为的意思表示。要约又称为发盘、出盘、报价、出价等。发出要约的人称为要约人，接受要约的人称为受要约人、相对人。

关于要约的法律性质，大陆法系的传统观点认为，要约是一种意思表示而不是法律行为；英美法系则认为："要约实际上是要约人做什么事或不作什么事的一种允诺"[2]，而非意思表示。我国学者大多采用大陆法系的观点，认为要约的目的在于订立合同，从而与不以发生民事权利义务为目的的民事事实行为相区别。同时，要约虽具有法律约束力，但要设立、变更、终止民事权利义务关系，尚需相对人的承诺方能发生，仅有要约不能产生预期的法律效果。因此，要约不是民事法律行为，而是具有法律约束力的意思表示。

（二）要约的有效要件

1. 要约是特定人作出的意思表示

要约的提出，旨在等待受要约人的承诺而成立合同。因此，要约可以是未来合同当事人的任何一方提出，但提出人必须是特定的，即要约人必须是客观上能够确定的，受要约人才能对之作出承诺。要约人可以亲自为意思表示，也可委托代理人进行，还可以利用机械为之，如自动售货机的设置。

2. 要约应向要约人希望与之签订合同的相对人发出

要约人希望与谁订立合同就应向谁发出要约，这样才能唤起受要约人的承诺而订立合同。一般而言，受要约人应该是特定的人。如果受要约人不特定，要约人就无法明确订立合同的相对人，同时，也要面临因多人的承诺而成立数个同一内容合同的风险。但是，在某些特殊情况下，受要约人也可以是不特定的人。英美法将向不特定的人所发出的要约，称为"广泛的要约"[3]；法国法称之为"共同性要约"[4]。

与向特定的人所发出的要约一样，向不特定的人所发出的要约，也可因特定人的承

---

[1] 崔建远：《合同法》，法律出版社2003年版，第34页。
[2] ［英］P·S·阿蒂亚：《合同法概论》，法律出版社1980年版，第41页。
[3] ［英］A·G·盖斯特：《英国合同法与案例》，中国大百科全书出版社1998年版，第31页。
[4] 尹田：《法国现代合同法》，法律出版社1995年版，第44页。

诺而导致合同的成立。如自动售货机的设置、自选市场商品的标价陈列、亮着空车灯的出租汽车的行驶等，均属向不特定的人发出的要约。

3. 要约必须具有订立合同的目的

要约人发出要约的目的在于订立合同，从而，赋予受要约人以承诺权。不以订立合同为目的的意思表示，不构成要约。判断要约是否具有订立合同的目的，应当综合要约所实际使用的语言、文字及其他情况，确定要约人是否已经决定订立合同。[①] 即要约"足以使受要约人合理地相信自己已经被授予创设合同的权利"。[②] 如要约人在要约中明确要约一经受要约人承诺，要约人即受该意思表示约束，就表明要约人具有订立合同的目的。是否具有订约的目的，是要约与要约邀请的主要区别。

要约邀请是希望他人向自己发出要约的意思表示。其目的不是订约，而是邀请他人向自己发出订立合同的要约，希望自己处于承诺人的地位。根据我国《合同法》第 15 条的规定，寄送的价目表、拍卖公告、招标公告、招股说明书、商业广告等为要约邀请。符合要约有效要件的商业广告，为要约。

4. 要约的内容必须具体确定

要约的内容具体，是指要约必须具备能够决定合同成立的主要条款，经受要约人同意后才能导致合同的成立。至于哪些是合同的主要条款，应当根据合同的性质和合同的目的来确定。不同的合同所要求的主要条款也不同。要约的内容确定，是指要约的内容必须明确，而不能含糊不清。受要约人若不能了解要约的真实含义，就难以作出承诺。

（二）要约的法律效力

要约的法律效力，又称要约的拘束力，是指要约的生效及要约对要约人和受要约人的拘束力。

1. 要约的生效

要约的生效，是指要约从什么时间开始发生法律效力。要约的生效时间，因采用形式不同而不同：采用对话方式发出的要约，其法律效力从相对人了解要约时开始生效；采用非对话方式发出的要约，对于其生效时间，学理上有两种不同的见解，发信主义与到达主义。

发信主义认为，要约人发出要约后，只要要约已处于要约人控制范围之外，要约即发生效力。英美法系多采用此说。到达主义认为，要约只有到达受要约人时才能发生法律效力。大陆法系多采用到达主义。联合国《国际货物销售合同公约》、《国际商事合同通则》和我国《合同法》等，均未区分对话方式与非对话方式，对要约生效时间一律采用到达主义。

所谓到达是指要约送达受要约人能够控制的地方，如信箱等，并不要求要约一定送达受要约人手中。如果采用数据电文形式订立合同，收件人指定特定系统接收数据电文的，该数据电文进入该特定系统的时间，视为到达时间；未指定特定系统的，该数据电文进入收件人的任何系统的首次时间，视为到达时间。

[①] 王利明、崔建远：《合同法新论·总则》，中国政法大学出版社 2000 年版，第 142 页。

[②] ［英］A·L·科宾：《科宾论合同》（上），中国大百科全书出版社 1998 年版，第 24 页。

2. 要约的形式拘束力

要约对要约人的拘束力，称为要约的形式拘束力，是指要约一经生效，要约人即受到要约的拘束，不得随意撤销和变更。其目的在于保护受要约人的合法利益，维护交易安全。

关于要约是否具有形式拘束力，各国的法律制度不同。英美法系原则上否定，认为要约原则上对要约人没有拘束力，只有受要约人作出承诺时，要约才对要约人产生拘束力。[①]

而大陆法系则持肯定态度，各国民法大都规定了要约对要约人具有拘束力。我国《合同法》对此没有作出明确规定，但《合同法》第 19 条规定两种情形下，要约不得撤销，从而承认了要约的形式拘束力。

3. 要约的实质拘束力

要约对受要约人的法律效力，称为要约的实质拘束力，又称为承诺适格，是指要约生效后，受要约人取得承诺的资格。要约的本质，是赋予受要约人以承诺权，把成立合同的最终权利交给了受要约人，[②] 受要约人有承诺和不承诺的自由，受要约人承诺的，合同成立；受要约人不承诺的，合同不成立，并不负有通知要约人的义务，即使要约人在要约中明确受要约人不为通知即为承诺的，也不能约束受要约人。但在强制缔约的情况下，承诺是一项法定义务，受要约人无拒绝承诺的自由。

4. 要约的有效期间

要约的有效期间，是指要约发生法律效力的期间，同时，也是受要约人作出有效承诺的期限，故又称承诺期间。确定要约有效期间，是保障正常交易秩序的需要。一方面，可防止要约人无期限地等待受要约人的承诺而丧失其他交易机会，以致影响商品的正常流转；另一方面，它既保障了受要约人缔约权的安全性，又敦促受要约人及时行使权利，使相对不确定的法律关系，尽早臻于明确。[③]

根据我国《合同法》第 23 条的规定，要约的有效期间可分为两种情况：以对话方式发出的要约，若定有承诺期限的，该期限为要约的有效期间，若未定有承诺期限的，如果受要约人未及时承诺的，要约即失去效力；以非对话方式发出的要约，若要约中定有期限的，该期限为要约的有效期间，若未定有期限，应以合理的期间为要约的有效期间。

合理期间的确定，应综合考虑以下几个因素：即要约到达受要约人的必要时间、为承诺所必需的时间和承诺到达要约人的必要时间。

（三）要约的撤回

要约的撤回，是指要约人在发出要约后，要约生效之前，取消要约，阻止其生效的法律行为。撤回要约是在要约生效前作出的，并不会影响到受要约人的利益，而且体现了对要约人意志和利益的尊重。

任何一项要约，即使是不可撤销的要约，都是可以撤回的。只要要约撤回的通知先

---

① 王家福：《中国民法学·民法债权》，法律出版社 1991 年版，第 290 页。

② 隋彭生：《合同法要义》，中国人民大学出版社 2003 年版，第 40 页。

③ 翟云岭：《合同法总论》，中国人民公安大学出版社 2003 年版，第 43～44 页。

于或同时与要约到达受要约人，都可产生撤回的效力。

（四）要约的撤销

要约的撤销，是指要约人在要约生效后，将该项要约取消，从而使要约的法律效力归于消灭。关于要约能否撤销，两大法系存在严重分歧。英美法系将要约看作是一项允诺，只要没有采取签字盖章的形式，或者要约没有对价的支持，该要约就无拘束力，可以被撤销。大陆法系强调要约的形式拘束力，要约一旦生效，要约人就不能随意撤销。

为保护受要约人的信赖利益，要约生效后，要约人不应随意撤销要约。但是要约人的缔约目的，也可能会基于不可抗力、对要约内容的表述错误和疏漏或者市场行情发生变化等原因，而不能实现或变更。若一律不允许撤销要约，也不利于保护要约人的合法利益。

基于此，我国《合同法》第 18 条规定："要约可以撤销，撤销要约的通知应当在受要约人发出承诺通知之前到达受要约人。"我国《合同法》第 19 条又规定："有下列情形之一的，要约不得撤销：（1）要约人确定了承诺期限或者以其他形式明示要约不可撤销；（2）受要约人有理由认为要约是不可撤销的，并且已经为履行合同作了准备工作。"

（五）要约的消灭

要约的消灭，是指要约失去法律拘束力，要约人与受要约人都不再受其拘束。根据我国《合同法》第 20 条的规定，要约消灭的原因，主要有以下几种：

（1）拒绝要约的通知到达要约人。

受要约人不接受要约规定的条件，要约人的缔约目的不能实现，要约就无存在的价值，自拒绝要约的通知到达要约人时失效。

（2）要约人依法撤销要约。

（3）承诺期限届满，受要约人未作出承诺。

承诺期限是受要约人可以承诺的期限，即要约的有效期间。凡是在要约中明确规定了承诺期限的，则承诺必须在该期限内作出，超过了该期限，要约自动失效。

（4）受要约人对要约的内容作出实质性变更。

如果受要约人对要约中的标的、数量、价款、质量或履行期限、地点等实质性要素，进行变更、扩张，实质上是对要约的拒绝，并向原要约人提出了一个新要约。原要约因此而失去效力。

三、承诺

（一）承诺的定义与要件

所谓承诺，是指受要约人对要约人作出的同意要约的意思表示，又称收盘或接盘。从性质上看，承诺与要约一样，属意思表示，而非法律行为。

一项有效的承诺，必须具备以下几个要件：

1. 承诺须由受要约人向要约人作出

受要约人是要约人意欲订立合同的对方当事人，其承诺的资格是要约人赋予的。因此，只有受要约人才有承诺的资格，无论受要约人是特定的人，还是不特定的人。

承诺即可由受要约人本人作出，也可由受要约人的代理人作出。除此之外的任何第三人向要约人作出的同意要约的意思表示，均不构成承诺，只构成第三人向要约人发出的一项新要约。

承诺必须向要约人作出。因为承诺是对要约的同意，承诺的目的是为了同要约人订立合同，因此，承诺只能向要约人发出才能导致合同成立。向第三人发出的承诺，不发生承诺效力。

2. 承诺的内容须与要约的内容一致

受要约人作出承诺的目的，是要追求合同成立的法律效果，而合同成立须双方当事人意思表示一致。因此，承诺的内容须与要约的内容相一致，英美法系称为"镜像规则"。但是，要求承诺与要约的内容绝对一致，不易导致合同成立，不利于鼓励交易。

《联合国国际货物销售合同公约》和《国际商事合同通则》开始采用相对灵活的态度：承诺对要约的内容进行非实质性的添加、限制或其他更改的，除要约人及时表示反对，或要约明确规定承诺不得对要约内容进行任何添加、限制或修改外，该承诺仍为有效，合同内容以承诺内容为准。我国立法也借鉴了这一思想。

我国《合同法》第 30 条、第 31 条规定："承诺的内容应当与要约的内容一致。受要约人对要约的内容作出实质性变更的，为新要约。有关合同标的、数量、质量、价款或者报酬、履行期限、履行地点和方式、违约责任和解决争议方法等的变更，是对要约内容的实质性变更。""承诺对要约的内容作出非实质性变更的，除要约人及时表示反对或者要约表明承诺不得对要约内容作出任何变更的以外，该承诺有效，合同的内容以承诺的内容为准。"

3. 承诺应当在承诺期间内到达要约人

承诺期间即要约效力的存续期间。超过了承诺期间，要约即失去法律效力。因此，承诺必须在承诺期间内到达要约人，否则，不成立承诺，而只构成一个新的要约。如果要约规定了承诺的期限，则承诺必须在规定的期限内到达要约人；如果要约没有规定承诺的期限，以对话方式发出要约的，应当立即承诺，以非对话方式发出要约的，承诺应当在合理期限内到达。合理期限的确定，应综合考虑习惯、交易的性质以及要约所使用的通讯方法的迅速程度等因素。

关于承诺期限的具体起算点，我国《合同法》第 24 条规定："要约以信件或电报作出的，承诺期限自信件载明的日期或者电报交发之日开始计算。信件未载明日期的，自投寄该信件的邮戳日期开始计算。要约以电话、传真等快速通讯方式作出的，承诺期限自要约到达受要约人时开始计算。"

（二）承诺的方式

承诺的方式，是指受要约人将承诺送达要约人的具体形式。

如果要约对承诺的方式有明确规定，则按要求的方式进行承诺成为承诺的有效要件。如果要约中，规定了一种承诺方式而没有排除其他方式的，则承诺人采取规定的承诺方式或者采取比要约更迅捷的方式作出的承诺为有效，反之，如承诺采用比要约规定方式为迟缓的方式，则承诺无效。[①] 如果要约中没有对承诺方式提出特定要求的，承诺应当以通知方式作出，通知包括口头通知和书面通知。但根据交易习惯或者要约表明，可以通过行为承诺的除外，除非法律另有规定或者当事人另有约定，沉默或不作为不构成承诺。

---

① 王家福：《中国民法学·民法债权》，法律出版社 1991 年版，第 300 页。

（三）承诺的法律效力

1．承诺的生效时间

对承诺的生效时间，各国也存在着两种截然不同的立法。英美法系采取发信主义，即承诺自受要约人将信件投入邮筒和电报交付电信部门时开始生效，承诺遗失或延误的风险悉由要约人承担。而以德国、意大利为代表的大陆法系国家，则采用到达主义，即承诺于到达要约人控制的范围时生效，由受要约人承担承诺遗失或延误的风险。

发信主义有利于交易便捷，但过于偏重保护承诺人；到达主义兼顾了要约人与承诺人双方的利益，且符合交易安全的要求。我国《合同法》借鉴《联合国国际货物销售合同公约》的规定，采用到达主义的立法原则，承诺通知到达要约人时生效。但根据交易习惯或者要约的要求而以行为方式承诺的，作出承诺行为时生效。

2．承诺的效力内容

我国《合同法》第25条规定："承诺生效时合同成立。"除非法律有特别规定或当事人有特别约定，要约一经承诺，合同即成立。

（四）承诺的迟到与承诺的撤回

1．承诺的迟到

承诺在承诺期限届满后到达要约人，称为承诺的迟到。根据承诺迟到的原因不同，而将迟到的承诺分为迟发而迟到的承诺和未迟发而迟到的承诺。

（1）迟发而迟到的承诺，是指受要约人在承诺期限届满后发出的承诺。因已超过承诺期限，不发生承诺的法律效力；应视为一种新的要约。但如果要约人及时通知受要约人该迟到的承诺有效的，则迟到的承诺仍为有效承诺。

我国《合同法》第28条规定："受要约人超过承诺期限发出承诺的，除要约人及时通知受要约人该承诺有效外，为新要约。"如果受要约人在承诺期限内发出但按通常情形必然迟到的承诺，也应属于迟发而迟到的承诺。

（2）未迟发而迟到的承诺，是指受要约人在承诺期限内作出，按常理能够及时到达要约人，因传达原因而迟延到达要约人的承诺。受要约人对承诺的迟到并无过错，让其完全承担承诺无效的风险是不公平的。要约人如果不承认该迟到的承诺，应当立即将承诺迟到的情况通知受要约人，否则，视为承诺未迟到。

我国《合同法》第29条规定："受要约人在承诺期限内发出承诺，按照通常情形能够及时到达要约人，但因其他原因承诺到达要约人时超过承诺期限的，除要约人及时通知受要约人因承诺超过期限不接受该承诺的以外，该承诺有效。"

2．承诺的撤回

承诺的撤回，是指承诺人阻止承诺发生法律效力的行为。承诺在生效前，可以被撤回，但撤回承诺的通知应当在承诺通知到达要约人之前或者与承诺通知同时到达要约人。如果承诺已经到达要约人，合同已成立，承诺人就不能再撤回承诺。

与要约的撤回相比，承诺的撤回的限制，显然要多一些，也就是说：承诺一旦到达，合同即成立。因此，承诺的撤回必须注意时间界限。同时，对于承诺而言，不存在撤销的概念。这是因为，承诺一旦到达，合同成立，承诺成为合同的一种意思表示，当然不能撤销。

四、合同成立

合同成立，是指合同当事人双方意思表示达成一致。合意是合同成立的必要前提条件。确定合同是否成立，关键在于判断：合同当事人双方是否有缔结合同的目的，以及缔结合同的意思表示是否达成一致。

当事人双方通过自由的协商，经过要约和承诺阶段，合同即告成立。甚至通过当事人能充分表明其合意的行为，合同也能成立。如我国《合同法》第 36 条、第 37 条的规定表明，当事人一方已经履行主要义务，对方接受的，合同成立。

一般情况下，合同成立的要件：承诺的生效。我国《合同法》第 25 条规定的"承诺生效时合同成立"，既是合同成立时间的确定，也是合同成立条件的规定。

但是，某些特殊合同的成立，除须具备合同的一般成立要件之外，还须具备其他条件。如要式合同必须依一定的方式才能成立，如我国《合同法》第 32 条规定"当事人采用合同书形式订立合同的，自双方当事人签字或盖章时合同成立"。

合同成立后，能否产生当事人预期的法律后果，则非合同当事人的意志所能决定。合同能否产生法律约束力，则依合同本身有效或无效而定。如果合同违反法律的规定导致无效，则双方当事人之间虽已形成合同关系，但双方所希望实现的合同内容得不到法律上的承认和保护，不能产生法律约束力。如果合同有效成立，则成立后的合同具有法律约束力。

我国《合同法》第 8 条规定："依法成立的合同，对当事人具有法律约束力。"其中"依法成立的合同"，实质上是指有效合同。已成立的合同，除依法成立的合同之外，还存在非依法成立的合同，即无效合同。因此，已成立的合同不一定产生法律约束力，只有有效成立的合同才具有法律约束力。

合同成立的对应概念，是合同不成立，即当事人双方意思表示不一致，虽有要约但缺乏生效的承诺。合同不成立，则在当事人之间没有产生合同关系，也就不存在合同有效及生效问题。但这并不等于当事人之间没有任何权利义务关系。

根据我国《合同法》第 42 条、第 43 条的规定，当事人在订立合同过程中违反诚实信用原则或保密义务，而给对方造成损失的，应当承担损害赔偿责任，即缔约过失责任。

第三节　合同效力

一、合同有效

合同有效，是指一个已成立的合同符合法律的规定，获得了法律的肯定评价，能够产生合同双方当事人预期的法律效果。

合同有效与否，是代表国家意志的法律对体现个人意志的合同的审查与干预。符合法律要求的合同，被确定为有效，反之则被认定为无效。一般来说，合同双方当事人订立合同所追求的合同目的的实现依赖于合同的有效，只有合同有效，双方当事人通过实际的履行，才能实现其经济利益的满足。依法成立的合同具有法律约束力，有效合同是合同的常态。

（一）合同有效的要件

合同有效的要件，是指合同能够按行为人意思表示的内容产生法律效果所应具备的条件。我国《合同法》未直接规定合同有效的要件，只规定了合同无效的原因。我国《民法通则》第55条明确规定了民事法律行为应该具备的条件，即民事行为的有效要件。依据一般法与特别法的关系，我国《民法通则》关于民事行为的规定，对于合同这种双方民事行为自然也应适用。依照我国《民法通则》第55条的规定，合同有效应具备以下三个要件：

1. 合同主体须具有相应的民事行为能力

合同主体具有相应的民事行为能力的要件，又称为合同主体适格。有效合同作为一种民事法律行为，以合同主体的意思表示为基本要素，以产生一定的法律效果为合同目的。这就要求合同主体必须具有健全的理智，能够正确理解自己的行为性质和后果，独立地表达自己的意思。即具有订立具体合同相应的民事行为能力。

就自然人而言，18周岁以上的成年人和16周岁以上的被视为成年人的未成年人，只要不属于不能辨认自己行为的精神病人，都具有完全民事行为能力，具备订立合同的资格。10周岁以上的未成年人和不能完全辨认自己行为的精神病人，是限制民事行为能力人。根据我国《合同法》第47条的规定，限制民事行为能力人可以订立纯获利益的合同，或者与其年龄、智力、精神健康状态相适应的合同。订立其他合同须由其法定代理人代为实施，或者征得其法定代理人同意后才能实施。不满10周岁的未成年人和不能辨认自己行为的精神病人是无民事行为能力人，只能成为纯获法律上的利益而不承担法律义务的合同主体，订立其他合同只能由其法定代理人代理进行。

法人的民事行为能力是一个值得研究的问题。我国《民法通则》第42条规定："企业法人应当在其核准登记的经营范围内从事经营。"在我国的司法实践中，法人超越其经营范围订立的合同往往被认定为无效合同。但随着市场经济的发展，对法人的民事行为能力进行目的事业的限制，已经出现越来越多的弊端，常常牺牲交易安全和相对人的利益，并导致产生大量的无效合同，不利于市场交易的自由和效率。

我国《合同法》对法人超越经营范围订立合同的效力，未做明确规定，但最高人民法院《关于适用〈中华人民共和国合同法〉若干问题的解释（一）》第10条规定："当事人超越经营范围订立合同，人民法院不因此认定合同无效，但违反国家限制经营、特许经营以及法律行政法规禁止经营规定的除外。"这一规定，有利于维护市场交易秩序，能够实现合同当事人的意思自治。

2. 意思表示真实

合同是双方民事行为，本质上是一种合意，即合同双方当事人意思表示一致，合同即成立。但成立的合同若成为有效合同，还须要求合同主体的意思表示真实。

所谓意思表示真实，是指合同主体内心的效果意思与外部表达相一致。在判断意思表示是否真实表达内心的效果意思时，现代各国一般采用以表示主义为主，兼顾意思主义的折衷主义，即根据具体情况既要考虑当事人的外部表达，也要考虑当事人的内心真意。

在当事人受到欺诈、胁迫、乘人之危或重大误解等法律规定的情况下，尊重当事人的内心真意，可以由人民法院或仲裁机关依法撤销该行为。除此之外，一般以当事人的外部表达为准，来认定其真实意思。

3. 不违反法律和社会公共利益

不违反法律和社会公共利益，是指合同目的和合同内容诸事项，不得违反法律和社会公共利益。这一条件又称为合法性要件，是合同有效的根本性要件。民事行为要取得法律效力必须符合法律的规定，否则，只能成为无效民事行为。

合同不违反法律，是指不得违反全国人大及其常委会制定的法律，以及国务院制定的行政法规的强制性规定。至于任意性规定，合同当事人可以通过实施合法的行为，改变这些规范的内容。而合同不违反社会公共利益，是指不得违反不特定多数人的利益，包括国家、社会和个人利益在内，及促进国家社会生存发展不可欠缺的合理秩序。

（二）合同有效的效力

具备有效要件的合同，自成立时起便具有法律约束力，这种法律约束力主要表现为两个方面：

其一，合同任一当事人片面废约的禁止。"所谓契约之拘束力，系指除当事人同意外或有解除原因外，不容一造任意反悔请求解约，无故撤销。易言之，即当事人一方不能片面废止契约。"[①]

其二，已成立的有效合同在具备生效要件而生效之后，在合同双方当事人之间产生履行合同的效力，即合同所确定的权利义务开始发生。当事人取得请求对方当事人履行合同义务的请求权，或者应对方当事人请求履行合同的义务。合同当事人对有效合同的第二项法律约束力的违反，固然要承担违约责任，对第一项法律约束力的违反，同样也应该承担违约责任。

二、欠缺合同有效要件的法律后果

欠缺有效要件的合同，是指不完全具备合同有效要件的合同。因所欠缺的具体要件的不同，而表现为不同的效力层次。

我国《合同法》根据合同的效力状态，将欠缺有效要件的合同划分为三类：无效合同、可撤销合同和效力待定合同。

（一）无效合同

无效合同，是指欠缺合同根本性有效要件，自始、确定、当然不发生法律效力的合同。在合同的三个有效要件中，哪些属于根本性有效要件，取决于立法者的主观认识和判断。合法性是有效合同的本质特征，因此，各国合同立法都把不违反法律强制性规定或社会公共利益作为合同的根本性有效要件，规定违反法律强制性规定和社会公共利益的合同无效。[②]

我国《民法通则》将"行为人具有相应行为能力"和"意思表示真实"等，也作为民事行为（合同）有效的根本性要件，规定违反这两个要件的民事行为无效。其结果导致无效合同范围的无限扩大，违反了当事人的意思自治，不利于鼓励交易。

我国《合同法》大胆吸收国外的先进立法经验，将一部分原属无效的合同从无效合同中分离出去，分别确定为可撤销合同和效力待定合同，减少了导致无效的因素，缩小

---

① 王泽鉴：《债法原理》（一），中国政法大学出版社 2001 年版，第 193 页。

② 李开国：《民法基本问题研究》，法律出版社 1997 年版，第 182 页。

了无效合同的范围。我国《合同法》第 52 条规定："有下列情形之一的，合同无效：（一）一方以欺诈、胁迫的手段订立合同，损害国家利益；（二）恶意串通，损害国家、集体或者第三人利益；（三）以合法形式掩盖非法目的；（四）损害社会公共利益；（五）违反法律、行政法规的强制性规定。"

无效合同不发生合同当事人所追求的效果，但并非不发生任何其他意义上的法律效果。在当事人对无效合同有过错时，仍须承担相应的民事责任。

2．可撤销合同

可撤销合同，是指在合同当事人的意思表示存在瑕疵时，赋予当事人以变更撤销权，合同的效力取决于撤销权人的意志。可撤销合同又称为相对无效的合同。国外立法大都规定意思表示真实，是可撤销合同所欠缺的有效要件。

我国《合同法》第 54 条规定的可撤销合同，包括以欺诈、胁迫、乘人之危而订立的合同，以及因重大误解和显失公平而订立的合同。除显失公平以外，其他几种情形均属合同双方当事人的意思表示不真实。

可撤销合同虽欠缺合同的有效要件，但欠缺的不是根本性有效要件，法律并不使之当然无效。可撤销合同本身是有效合同，只有在撤销权人行使撤销权后，可撤销合同才溯及成立之时无效，产生无效的法律后果。

3．效力待定的合同

效力待定的合同，是指合同有效与否处于不确定状态，尚待第三人或相对人的意思表示予以确定的合同。我国《合同法》规定了效力待定合同的三种情形：限制民事行为能力人订立的合同，无权代理人订立的合同以及无权处分行为。这三种情形均缺乏"行为人具有相应民事行为能力"的有效要件。

效力待定合同可因有权人的同意而有效，从而有利于促进交易和维护相对人的利益。效力待定合同在效力上显示出以下几个特征：（1）效力待定合同的效力是不确定的，它既非有效也非无效，而是处于悬而未决的不确定状态。（2）效力待定合同在有权人追认后，便确定为有效。（3）效力待定合同经有权人拒绝追认或者在善意相对人行使撤销权后，溯及成立时无效。

三、合同生效

合同生效，是指已成立的合同具备一定条件后，开始在双方当事人之间产生履行合同的法律效力。合同成立是合同生效的逻辑前提，不成立的合同就不存在生效的问题，但成立的合同也不一定存在生效问题。

合同有效，是合同生效的又一逻辑前提，因为无效合同是自始、确定、当然的无效，根本不可能生效。由此可见，生效侧重于对合同发生法律效力的时间的确定，它本身是一个事实判断。

理论界有代表性的观点认为："合同生效是解决合同效力的问题，它体现了国家对合同关系的肯定或否定的评价。"[①] 这种观点，实质上混淆了合同生效与合同有效。

（一）合同生效的条件

合同生效的条件，也因一般情况和特殊情况而不同。一般情况下，合同成立即生

---

① 江平：《中华人民共和国合同法精解》，中国政法大学出版社 1999 年版，第 35 页。

效，这里的"合同成立"，是指合同的依法成立或有效成立，成立与生效同时发生。但在特殊情况下，如因当事人约定、合同的性质等原因，使合同的生效与成立时间并不一致。依据我国《合同法》的规定，这样的特殊情况主要有三种情形：

1．附生效条件的合同

附生效条件的合同，是指合同生效以某种事实的发生作为条件的合同，即如果这种事实发生了，合同就生效，否则就不生效。这里所说的条件，是指将来可能发生也可能不发生的某种客观情况。当事人一旦订立附生效条件的合同，合同的权利义务就已经确定，但合同的效力，处于停止状态或者说合同的效力要延缓发生，待条件成就时，该合同才发生法律效力。在附生效条件的合同中，使合同生效的条件称为停止条件、延缓条件或生效条件。① 因此，对附生效条件的合同而言，其生效的条件就是所附条件的成就。

2．附始期的合同

附始期的合同，是指所附期限到来才发生效力的合同。这里所说的期限，是指合同当事人选定的将来确定要发生的事实。附始期的合同虽已成立，但在期限到来之前暂不发生法律效力，在期限到来之后才发生法律效力。对附始期的合同而言，生效的条件是所附的始期的到来。

3．法律、行政法规规定，应当办理批准、登记等手续生效的合同

我国《合同法》第 44 条规定："依法成立的合同，自成立时生效。法律、行政法规规定应当办理批准、登记等手续生效的，依照其规定。"合同的成立完全遵循意思自治，双方意思表示一致，合同就成立，有关机关或国家的公权力不能介入合同的成立，只能在有法律规定的特殊情况下，才可以决定合同的生效。

此类合同在成立之后，并不能立即生效，须待办理批准或登记手续后，才正式生效。办理批准或登记手续，是合同生效的条件。

（二）合同生效的效力

合同生效后，合同双方当事人之间产生履行的效力，即合同当事人须按合同的约定履行合同，开始享有合同约定的权利并承担约定的义务。合同的履行是合同的目的，是合同效力消灭的一种方式，同时也是合同效力的一种体现。合同当事人应依合同的约定，及时、适当、全面地履行合同。

合同生效后，合同便具有一个有效合同所具有的全部拘束力，即片面废约的禁止和履行的效力。而对于已有效成立但未生效的合同，仅具有片面废约禁止的效力。

（三）未生效合同

合同生效的对应概念，是合同的不生效或未生效。不生效的合同可分为两种情况：一种是无效合同，此类合同永远也不能生效。另一种则是有效成立的合同尚未生效，这一类合同的效力，是值得深入研究的一个问题。

笔者认为，合同有效成立后，即具有法律约束力，因为成立的合同是双方意思表示的一致，因此其约束力就表现在，任何一方当事人都不得随意撤销合同。此时的合同因未生效，尚不具有双方履行合同内容的效力。对于依法成立而未生效的合同的违反，当

---

① 江平：《中华人民共和国合同法精解》，中国政法大学出版社 1999 年版，第 35 页。

事人究竟该承担什么样的法律责任，理论上尚无统一的认识。

有观点认为："缔约上的过失责任与违约责任的基本区别在于，此种责任发生在缔约过程中而不是发生在合同成立以后，若合同已经成立，则因一方当事人的过失而致他方损害，就不应适用缔约过失责任。"[①] 笔者同意这种观点。违反成立后的合同不应承担缔约过失责任，而应该承担违约责任。

有人认为："违约责任作为保障债权的实现和债务的履行的重要措施，是指当事人不履行合同债务时，所应承担的赔偿损害、支付违约金等责任。"[②] 笔者认为这一观点缩小了违约责任的范围。"违约"既包括对合同履行义务的违反，也包括对意思表示一致后的合同的随意撤销。换句话讲，对有效合同的违反均构成违约，都应承担违约责任。因此，对已经有效成立而未生效的合同的违反，即当事人随意撤销合同，当事人应该承担违约责任。

（四）合同成立与合同生效

合同成立与合同生效是两个各自独立又相互联系的概念，它们各自有独特、内在的规定性。合同成立是合同订立的结果，它决定了合同的存在。而合同的生效，是已经成立的有效合同开始在当事人之间产生履行的效力，它解决的是合同内容发生履行效力的时间。二者之间存在着本质的不同。

（1）含义不同。合同的成立，是指在双方当事人之间产生了合同关系。至于这一合同关系是否有效，能否产生预期的法律后果则在所不问。它解决的是合同的有无问题。合同生效，则指已经成立的合同在当事人之间开始发生履行的效力。生效的合同都是已成立的合同，但成立的合同不一定都生效。

（2）时间不同。合同的成立是合同生效的前提。只有成立的合同才涉及生效问题。虽然，大多数合同在成立时即生效，但仍有部分合同成立后并不立即生效，而是在条件具备时才生效（或者永远不生效）。

（3）条件不同。合同成立的条件是承诺的生效，即当事人双方意思表示达成一致。而合同生效的前提，首先必须是已成立的合同，其次已成立的合同必须是有效合同，最后，在法律有规定或当事人有约定的情况下，合同还必须具备生效的具体条件，如经批准或登记、停止条件的成就、始期的到来等。若无特殊规定或约定，合同自有效成立时生效。

（4）效力不同。成立的合同若为无效合同，则不具有法律约束力；若为有效合同，则对双方当事人产生法律约束力，这种约束力具体表现为，任何一方当事人不得随意撤销合同。而生效合同的效力，则表现为当事人双方均须按合同的约定，履行自己的义务或享受约定的权利。

我国《合同法》第8条规定了依法成立的合同的法律约束力，主要体现在两个方面，其一，当事人应当按照约定履行自己的义务；其二，当事人不得擅自变更或者解除合同。笔者认为："当事人按照约定履行自己的义务"，是生效合同的效力，并非所有依法成立的合同都具有这一效力。

---

① 王利明：《违约责任论》，中国政法大学出版社2000年版，第707页。
② 王利明：《违约责任论》，中国政法大学出版社2000年版，第23页。

（五）合同生效与合同有效

合同生效与合同有效，是一对极易混淆的概念，理论界常将二者混同使用。将我国《民法通则》第 55 条规定的民事法律行为应当具备的条件，理解为民事法律行为的生效要件，进而又推导出是合同的生效要件。[①] 认为合同的生效，主要指合同的合法性，只有合法的合同才受到法律的约束。有人甚至将无效作为生效的对应概念，认为合同生效反映的是国家通过法律对合同的肯定或否定的评价，是法律认可或不认可当事人的意思的结果。

实质上，合同生效与合同有效，是两个完全不同的概念。其内涵、构成要件及法律后果均不相同。

（1）含义不同。合同的生效与合同的成立一样是一事实判断，合同是否生效，是指一个有效的合同是否在当事人之间产生，包括按合同约定实际履行在内的当事人预期的法律效果。合同有效成立后，当事人应当按合同履行，称之为合同生效。它决定着合同的履行效力自何时开始发生，解决的是效力发生的时间点问题。

合同的有效，则是一法律价值判断，是对合同进行法律评价后得到的肯定性的结果，它决定着合同效力的有无，解决的是法律对合同的肯定或否定的评价。

（2）对应的概念不同。合同生效的对应概念，是合同不生效，合同有效的对应概念，则是合同无效。只有在合同有效的前提下，才能涉及合同生效与不生效的问题，以及何时生效的问题。若合同无效，则根本不存在生效问题。

（3）构成要件不同。如上文所述，合同有效的构成要件有三个：合同主体须具有相应的民事行为能力；意思表示真实；内容不违反法律和社会公共利益。而只能在合同有效的前提下，才谈得上生效问题。

因此，合同生效除要求合同成立并有效之外，在特殊情况下还需要具备一些特殊条件。如附生效条件的合同所附条件的成就；附始期的合同所附的始期的到来；法律、行政法规规定应当办理批准、登记等手续生效的合同批准或登记手续的办理等。

（4）效力的内容不同。具备有效要件的合同，自成立时起便具有法律约束力，这种法律约束力主要表现为当事人片面废约的禁止。已成立的有效合同在具备生效要件而生效之后，在合同双方当事人之间产生履行合同的效力。

（5）发生效力的时间不同。一般情况下，合同有效与合同生效的效力发生时间相同，都自合同成立时发生效力。但有些合同并不立即履行，而需一定的事实出现后当事人方开始履行，这种情况称之为合同有效但不生效或未生效。

第四节　合同的内容与形式

一、合同条款

（一）合同条款概述

合同条款，是合同当事人达成合意的具体内容，它固定了当事人各方的合同权利和

---

① 王家福：《中国民法学·民法债权》，法律出版社 1991 年版，第 315 页。

合同义务，成为合同内容的表现形式。

为保障合同目的的实现，保证合同的正确履行，避免或减少发生争议，合同的条款应当明确、肯定、完整，而且条款之间不能相互矛盾。[①] 如果合同条款含糊不清，或者欠缺某些条款，合同当事人可通过协商予以明确或补充，或者由法官或仲裁人员对合同予以解释或适用补缺性规定，从而填补合同的空白点。

为鼓励交易，保障合同的安全，除非欠缺合同的必备条款，合同不成立，仅普通条款的缺失，不影响合同的成立。

（二）合同条款的种类

1. 主要条款和普通条款

根据合同条款在合同中所起的作用不同，可将合同条款分为主要条款和普通条款。

主要条款，是指合同成立必须具备的条款。根据我国《合同法》第 61 条、第 62 条的规定，当事人条款、标的条款和数量条款等，是合同的主要条款。有时，合同的主要条款可以由法律直接规定，如我国《合同法》第 197 条第 2 款规定：借款合同应有借款币种的条款，则币种条款，成为借款合同的主要条款。同时，合同的性质和类型决定合同的主要条款，如价款条款，是买卖合同的主要条款。另外，合同的主要条款，也可以由当事人约定而产生。普通条款是主要条款之外，不影响合同成立的条款。

普通条款，对于明确合同当事人权利、义务具有重要的作用，一旦缺失，可由当事人通过协商予以补正，不能达成补充协议的，按照合同有关条款或者交易习惯确定。通过以上方式仍不能确定的，法律也规定了补救措施。如我国《合同法》第 62 条规定，当合同的质量、价款或报酬、履行地点、履行期限、履行方式、履行费用六个方面的条款约定不明时，可以由当事人按照法律的规定，达成补充性约定加以补救。

2. 实体条款和解决争议条款

实体条款，是指规定合同当事人实体权利、义务的条款，实质上是表现当事人交易条件的条款。如标的条款、数量条款、质量条款、价款条款等。

解决争议条款，是指规定解决争议方法内容的合同条款，如仲裁条款、选择管辖法院的条款、选择法律适用的条款、选择检验及鉴定机构的条款等。合同无效、被撤销或者终止的，合同的实体条款也无效、被撤销或者终止，但解决争议条款的效力具有相对独立性，不受合同无效、被撤销或者终止的影响。

3. 明示条款和默示条款

根据合同条款的表现形式，可将合同条款分为明示条款和默示条款。

明示条款，是指当事人以口头、文字等方式明确表示的条款。明示条款是合同存在的基础，合同的主要条款通常都是明示条款。

默示条款，是当事人未在合同中明确约定，但根据法律规定、交易习惯、当事人行为的推定，合同应当存在的条款。默示条款一般是明示条款的补充。

（三）合同的提示性条款

合同的具体条款，由当事人根据合同的类型、性质及需要等因素自由确定。但我国《合同法》第 12 条为了向当事人示范完备的合同条款，列举了合同的一般条款，以提示

---

① 董安生等编译：《英国商法》，法律出版社 1991 年版，第 46 页。

缔约人。这些合同条款，是合同一般所包括的条款，既不必完全具备这些条款，也不限于这些条款。

1. 当事人的名称或者姓名和住所

当事人是合同关系的主体，没有当事人，合同的权利义务就失去存在的意义。当事人条款成为合同的必备条款。合同当事人包括自然人、法人和其他组织。

自然人的姓名是指身份证或户口簿上载明的正式用名，住所为自然人的户籍所在地或经常居住地。法人、其他组织的名称是指经登记机关核准登记的名称，住所为其主要办事机构所在地。

2. 标的

标的，是指合同当事人权利义务共同指向的对象，是合同法律关系的客体。没有标的，权利义务就会失去目标，合同不能成立。

因此，标的是一切合同的必备条款。合同关系的标的为给付行为，而我国《合同法》第12条规定的标的，主要指标的物。标的必须明确、具体、合法。

3. 数量

数量是指以数字和计量单位表示的合同标的多少的尺度，直接决定合同权利义务的大小。没有数量约定或者约定不明确的，合同将无法履行。

数量条款也是决定合同成立的必备条款。标的的数量必须确切，计量单位和计量方法须由双方当事人共同选择或认可，同时应允许规定合理的磅差和尾差。

4. 质量

质量，是指标的内在素质与外观形态的综合体现，是确定合同标的的具体条件。如产品的技术指标、规格、型号、性能、成分等。质量条款是全面、正确履行合同的保障，当事人关于质量条款的约定应详细、具体。

质量要求约定不明确的，按国家标准、行业标准履行；没有国家标准、行业标准的，按照通常标准或者符合合同目的的特定标准履行。

5. 价款或者报酬

价款或者报酬，是指取得合同标的所应支付的货币对价，是衡量标的价值的尺度。价款一般针对取得物而言，如买卖合同的价金、租赁合同的租金等；报酬一般针对服务或成果而言，如运送合同的运费、承揽合同的加工费等。

价款或者报酬条款一般包括价款或者报酬的总金额、计价单位、计算标准、结算方式、支付条件及支付日期等。合同中未约定该条款或约定不明的，不影响合同成立，当事人可通过协商予以补救或依照法律规定予以明确。

6. 履行期限、地点和方式

履行期限，是指当事人履行合同义务的时间界限。当事人可以约定即时履行或定时履行，也可约定一次性履行或分期履行。履行期限约定不明的，债务人可以随时履行，债权人也可以随时要求履行，但应当给对方必要的准备时间。

履行地点，是指合同当事人履行合同义务的场所。履行地点是确定验收地点、运输费用的承担及风险承担的依据，有时，也是确定标的物所有权是否转移及何时转移的依据。同时，它对于确定处理合同纠纷案件的诉讼管辖地，以及涉外合同中适用准据法具有重要意义。

履行方式，是指当事人履行合同义务的具体方法，包括交货方式、服务方式、验收方式、付款方式等。当事人可以根据合同的性质与内容，具体约定义务人亲自履行或第三人代为履行，现实交付或拟制交付等。履行方式约定不明确的，按照有利于实现合同目的的方式履行。

7. 违约责任

违约责任，是指合同当事人不履行合同义务或者履行合同义务不符合约定，而应承担的民事责任。违约责任是保护债权人利益的事后保障措施。当事人可在合同中事先约定违约金的数额、赔偿的范围及其计算方法、免责条款和其他补救措施等，在当事人违约时，依合同约定追究违约方的违约责任。

当然，违约责任是法律责任，当事人未在合同中约定的，违约方仍应依法律规定承担违约责任。

8. 解决争议的方法

解决争议的方法，是指当事人关于解决争议的程序、方法及适用法律等内容的约定。当事人在合同中约定的仲裁条款、选择诉讼法院的条款、选择检验或鉴定机构的条款、涉外合同中的法律适用条款，以及协商解决争议的条款等均属解决争议方法的条款。

合同中未约定解决争议方法的，当事人应依法通过诉讼解决合同纠纷。

二、格式条款

（一）格式条款的概念

所谓格式条款，是指当事人一方为与不特定多数人交易而预先拟定，且在订立合同时不与对方协商的条款。关于格式条款的名称，各国规定不一，但大都将其称为合同，如英国称为标准合同，而法国、美国称为附合合同，我国台湾地区称为定型化契约，德国则称为一般契约条款等。

格式条款的产生和发展，是 20 世纪合同法发展的重要标志之一，它的出现，不仅改变了传统的订约方式，而且，对合同自由原则形成了重大的挑战。[①] 据此，各国都纷纷通过修改或制定单行的法律，对格式条款加以规范。我国《合同法》第 39 条至第 41 条，对格式条款作出了明确规定。

格式条款，具有如下法律特征：

1. 当事人双方经济地位的不对等性

使用格式条款的双方，经济地位往往具有较大的差异。格式条款的要约人多为工商业组织，在经济上处于较强地位。在订立合同时，往往利用其事实上和法律上的垄断地位，剥夺了对方当事人自由表达意志的权利，导致缔约双方缔约能力事实上的不平等。

2. 合同条款的不可协商性

格式条款的最主要的特征，在于其条款的不可协商性，格式条款在订约以前就已经被要约人预先制订出来，在订立合同时，对方当事人只能对之表示全部接受或全部不接受，双方当事人无自由协商的余地，即"要么接受，要么走开"。

需要指出的是，我国《合同法》第 39 条将格式条款界定为"在订立合同时未与对

---

① 王利明：《对合同法格式条款规定的评析》，载《政法论坛》，1999 年第 6 期。

方协商的条款"不妥，因为未与对方协商的条款，并不意味着条款不能与对方协商，某些条款有可能是能够协商确定的，但条款的制定人并没有与对方协商，而相对人也没有要求就这些条款进行协商，但这并不意味着这些条款便属于格式条款。格式条款只是指不能协商的条款。

3. 格式条款内容的定型化

格式条款是要约人预先拟定，而向不特定的多数人发出的要约，它将普遍适用于一切要与要约人订合同的不特定的相对人，而且，往往包含成立合同所需的全部条款，并不允许相对人进行任何变更，其内容具有稳定性和标准化。

同时，格式条款的要约人和承诺人双方的地位也是固定的，而不像一般合同在订立过程中，要约方和承诺方的地位，可以随时改变。

(二) 格式条款的规制

格式条款是市场经济发展的产物。垄断的产生，使具有政治、经济优势的大公司使用事先拟定好的，含有对合同相对方不公平条款的格式条款，以获取巨额的利润。同时，交易的频繁发生，促使交易者对交易效率的追求，简化交易手续，降低交易成本。

垄断的形成和对交易效率的追求，导致了格式条款的产生。格式条款的优点在于效率，避免重复谈判，节约交易的时间和成本，"对大规模交易清算的理性化作出了巨大贡献"[①]。格式条款的弊端在于，格式条款的要约人，往往会利用其经济上的优势地位，将一些有利于自己而不利于对方当事人的不公平条款订入合同。

有鉴于此，有必要对格式条款进行规制，以平衡双方当事人的利益，维护社会正义。因此，各国合同法无不对格式条款中的"合同自由"进行必要的限制，从立法、司法、行政、社会等方面规制格式条款。我国《合同法》第39条至第41条在规定格式条款的同时，也确定了格式条款规制的一般规则。

1. 格式条款提供方的义务

(1) 根据公平原则，确定当事人之间的权利和义务。

公平原则是合同法的基本原则，格式条款的提供方应根据公平原则拟定合同条款，保证当事人双方的权利义务相当，防止不公平合同条款的出现。关于不公平合同条款的判断标准，德国《标准合同条款法》第3条规定："标准合同的条款依客观情形，尤其是由契约的外观衡量是异乎寻常，以致相对人必然不考虑接受者，不能成为契约的一部分。"

我国《合同法》第39条规定：采用格式条款订立合同的，提供格式条款的一方应当遵循公平原则，确定当事人之间的权利和义务。格式条款违背公平原则而对相对人不利益的，不生效力。

(2) 提请相对方注意的义务。

格式条款是提供方预先拟定而不与相对方协商的条款，并且"或印载于各式文件、或罗列于种种招牌、或字体细小、或字迹模糊"[②]，相对人大多对此不加注意，为保护相对人的合法利益，要求格式条款的提供方，对免除或限制其责任的条款以合理、适当

---

① [德] 茨威格特：《合同法中的自由与强制》，载梁慧星主编：《民商法论丛》第9卷，第364页。
② 韩世远：《免责条款研究》，载梁慧星主编：《民商法论丛》第2卷，第486页。

的方式，提请相对人注意，让相对人了解合同条款的内容。

这条规则，为大多数国家所确认。德国《标准合同条款法》第 2 条规定："于下列情形，标准合同条款始成为契约的一部分：（1）条款利用者于缔结契约时明示其条款，或由于缔约方式而使明示有困难时，将标准合同条款悬挂于缔约场所能清晰可见之处并指明之；（2）使相对人在可得期望的程度内能明了其内容，以及相对人对其效力同意者。"要求所有格式条款，均应提请相对人注意。

在认定一项提请注意是否合理时，英国普通法形成了一套较为完备的规则。需要从文件的性质、提请注意的方法、提请注意的时间、提请注意的程度等方面综合考察。格式条款的提供方应当在合同订立之前，以清晰、确切、醒目的合同文字明示提请相对人。

（3）说明的义务。

格式条款的提供方应相对人的要求，有义务对免除或者限制其责任的条款予以说明。介绍其基本含义，分析其风险和负担的大小。使相对人了解格式条款，尤其是免除或者限制提供者责任的条款的内容。

2．规定格式条款无效的情形

根据我国《合同法》第 40 条的规定，格式条款无效主要有以下几种情形：

（1）格式条款符合我国《合同法》第 52 条规定的无效合同的情形之一，则绝对无效。

（2）格式条款符合我国《合同法》第 53 条规定的情形，即规定造成对方人身伤害而免责的条款，或者规定因故意或重大过失造成对方财产损失而免责的条款，一律无效。

因为造成对方人身伤害或者因故意或重大过失，造成对方财产损失均属于侵权行为，如果该格式条款免除侵权责任的话，等于以合同方式剥夺相对人合同以外的权利。

（3）免除格式条款提供方主要义务、加重相对方责任、排除相对方主要权利的格式条款无效。"主要义务"与"主要权利"的范围，根据合同的性质确定。这样的条款，违背合同法的公平原则，导致当事人双方权利义务的严重失衡，应当无效。

3．规定格式条款解释的规则

在格式条款含义不明确或存在多种解释时，就需要确定一定的规则来解释格式条款。无论大陆法系还是英美法系，均采用对格式条款提供者不利的解释规则。因为格式条款提供方在经济地位上往往优于相对方，可能在其拟定的条款中已包含对自己有利的内容，作出不利于格式条款提供者的解释，有利于平衡当事人之间的利益。

德国《标准合同条款法》第 5 条规定："标准合同条款的内容有异议时，由条款利用者承受其不利益。"英国判例法也确认，只有在免责条款的用语绝对准确、肯定，并且不发生歧义的情况下，才裁定其有效。如果含糊不清时，将作对格式条款的适用者不利的解释，甚至否定其效力。[①]

我国《合同法》第 41 条规定："对格式条款的理解发生争议的，应当按照通常理解予以解释。对格式条款有两种以上解释的，应当作出不利于提供格式条款一方的解释。

---

① 董安生等编译：《英国商法》，法律出版社 1991 年版，第 69 页。

格式条款和非格式条款不一致的，应当采用非格式条款。"

三、合同的形式

合同的形式，是当事人合意的表现形式，是合同内容的外部表现，是合同内容的载体。

从合同法的历史发展看，在合同的形式上，明显表现出从重形式到重意思的变化规律。在早期简单商品交易中，物物交易和即时交易是其基本形式，人们主要关注交易的安全，强调合同的要式性。合同中的合意因素被物权转移行为和繁琐的形式所吸收，重形式轻意思成为罗马法中的一项原则。

随着商品经济的发展，这种要式交易行为中的合意因素与物权转移行为逐渐分离，导致诺成合同的产生。诺成合同的产生，在合同法的发展中具有极为重要的意义，它使合意具有独立的法律意义，"使契约逐渐和其形式的外壳脱离"[①]，并最终孕育了契约自由原则。

从重形式到重意思的真正转变，发生于商品经济极大发展的资本主义社会，是人们对交易便捷强烈追求的结果，也是合同自由原则在合同形式上的反映。

重意思并非完全否定形式，法律难以评价纯粹内心的意思，只有意思以一定形式表现出来，能被人们把握和认定时，法律才能准确地评价。[②] 合同形式对合同来讲是必不可少的，合同形式与合同内容的不可分割地结合，共同构成一个完整的合同。

我国《合同法》第10条规定："当事人订立合同，有书面形式、口头形式和其他形式。法律、行政法规规定采用书面形式的，应当采用书面形式。当事人约定采用书面形式的，应当采用书面形式。"

（一）口头形式

口头形式，是指合同当事人通过语言交谈为意思表示而订立合同。现实生活中的大多数合同都是口头合同，凡当事人无约定、法律未规定特定形式的合同，均可采用口头形式。

口头形式的优点在于简便、迅速、易行、节约交易费用，方便民众的日常生活。但口头形式缺乏文字依据，发生合同纠纷时难于取证，不易分清责任。

为保证交易安全，对于不能即时清结的合同和标的数额较大的合同，不宜采用这种形式。

（二）书面形式

书面形式，是指以书面文字表达合意而订立合同的形式。当事人有约定或法律有特别规定采用书面形式的，应当采用书面形式。对于标的数额较大、内容复杂、不能即时清结的合同，当事人一般也采用书面形式。

我国《合同法》第11条规定："书面形式是指合同书、信件和数据电文（包括电报、电传、传真、电子数据交换和电子邮件）等可以有形的表现所载内容的形式。"据此，书面形式有以下几种情形：

（1）合同书。合同书是指载有合同条款的文书，该文书上应有当事人或其代理人的

---

① ［英］梅因：《古代法》，商务印书馆1959年版，第177页。
② 王利明、崔建远：《合同法新论·总则》，中国政法大学出版社2000年版，第224页。

签字或盖章。

（2）信件。当事人为订立合同而来往的信件，如果载有合同的主要条款，并有当事人或其代理人的签字或盖章，也可成为合同。

（3）数据电文。数据电文是指经由电子手段、光学手段或者类似手段生成、储存或传递的信息，包含电报、电传、传真、电子数据交换和电子邮件等方式。通过电子脉冲而发送的电报、电传和传真，接收方能凭借从接收机中得到的一张通讯记录纸，来形成书面的证据，仍为书面形式。

电子邮件（E－mail），是以网络协议为基础，从终端机输入信件、便条、文件、图片或声音等通过邮件服务器传送到另一端终端机上的信息。而电子数据交换（EDI）则是通过计算机联网，按照商定的标准采用电子手段传送和处理具有一定结构的商业数据。两者均不再以纸张为原始凭证，而表现为一组电子信息。但记录于媒介载体上的信息可被认知，也可以纸张打印，故仍为一种书面形式。

只是数据电文主要以磁性介质等作为载体，因而不具有有形物的特点，易于改动，而且不留痕迹，这就带来诸如商业文件的书面形式、签字与认证和证据力等问题。数据电文通过信息系统而不是传统的邮政、电信系统等来传递，这将带来与之相应的通讯安全和网络责任等问题。①

我国《合同法》第32条、第33条规定，当事人采用合同书形式订立合同的，自双方当事人签字或者盖章时合同成立。而当事人采用信件、数据电文等形式订立合同的，可以在合同成立之前要求签订确认书。签订确认书时合同成立。

（三）推定形式

推定形式，又称为默示形式，是指当事人仅以某种行为间接表示合同内容的合同形式。承诺可以行为作出，已得到法律的认可。我国《合同法》第26条规定："承诺不需要通知的，根据交易习惯或者要约的要求作出承诺的行为时生效。"如通过自动售货机进行交易，合同形式即为推定形式。

（四）行为方式

所谓行为方式，是指合同当事人通过履行合同义务，对方接受合同义务履行的方式，依据法律法规的规定，使合同成立的合同方式。有人认为这种方式与推定形式属同一种形式。

我国《合同法》第36条、第37条规定，法律、行政法规规定或者当事人约定采用书面形式订立合同，当事人未采用书面形式但一方已经履行主要义务，对方接受的，该合同成立。而采用合同书形式订立合同，在签字或者盖章之前，当事人一方已经履行主要义务，对方接受的，该合同成立。

但是，必须注意，采用行为形式判断合同的成立，必须以法律法规有直接而明确的规定为条件。如果法律法规没有规定，或者规定不明确的，不能采用行为形式。

---

① 王利明、崔建远：《合同法新论·总则》，中国政法大学出版社2000年版，第230页。

第五节　合同的履行

一、合同履行的概念

合同履行，是指合同当事人按照合同约定完成合同义务的行为。如交付约定的标的物、支付约定的价款等。合同履行既可以是作为的方式，也可以是不作为的方式。

合同的履行，是合同的真正目的和合同法的全部意义。当事人订立合同的目的是为了履行合同，实现合同的内容；合同履行是合同的基本效力，是生效合同所必然发生的法律效果，是构成有效合同所具有的全部拘束力的主要内容；合同履行，也是合同消灭最主要的原因。合同当事人全面、正确地履行合同义务，合同目的得以实现，合同关系即归于消灭。无论从合同的目的、合同的效力或合同的消灭看，合同履行都是合同制度的核心，是其他一切合同法律制度的归宿与延伸。

二、合同履行的要素

（一）履行主体

合同履行主体，是指履行合同债务和受领合同履行的人。基于合同的相对性，合同通常由当事人亲自履行，即合同债权人和债务人是合同履行的主体。但是，随着交易的发展，经济关系日益复杂化，合同相对性原则被突破。在不违反法律规定和当事人的特别约定，并符合合同性质的前提下，第三人可以成为合同履行的主体。因此，合同履行主体不同于合同主体。合同主体仅限于合同当事人，即债权人和债务人。而合同履行主体，包括但不限于债权人和债务人。

第三人履行包括第三人接受履行和第三人代替债务人履行两种情况。

（1）第三人接受履行，是指根据当事人的约定，由债务人向第三人履行合同义务。第三人成为合同履行主体。但第三人只是代替债权人受领履行，并不享有合同的实体权利和义务。因此，债务人未向第三人履行债务或者履行债务不符合约定，应当向债权人承担违约责任。债务人向第三人履行债务后，债权人的债权消灭。因向第三人履行而增加履行费用的，应由债权人承担增加的费用。

（2）第三人代替债务人履行，是指当事人约定，由合同外的第三人代替债务人向债权人履行合同义务。但是，法律规定或当事人约定须由债务人亲自履行的义务，或者合同的性质决定须由债务人亲自履行的义务，不得由第三人履行。代替债务人履行的第三人，不是合同当事人，不享有合同的实体权利和义务。第三人不履行债务或者履行债务不符合约定，债务人应当向债权人承担违约责任。第三人代为履行后，合同关系消灭。第三人可基于与债务人之间的委托合同，或者基于无因管理、不当得利向债务人进行追偿。

（二）履行标的

履行标的，是指债务人应当履行的内容。不同性质的合同存在不同的履行标的，如交付财物、支付价款、提供劳务、完成工作等。标的是合同的必要条款，标的缺失，合同不成立。

对于履行标的，债务人原则上应严格按合同的约定履行，否则不生合同清偿效力。

但根据诚实信用原则，部分履行或不以原定给付为履行，对债权人并无不利或不便时，债权人不得拒绝受领。我国《合同法》第 72 条规定："债权人可以拒绝债务人部分履行债务，但部分履行不损害债权人利益的除外。债务人部分履行债务给债权人增加的费用，由债务人承担。"

（三）履行期限

履行期限是履行债务和受领债务的时间。履行期限可以由当事人明确约定，也可以根据法律规定或合同性质加以确定。履行期限不明确的，当事人可以协议补充；不能达成补充协议的，按照合同有关条款或者交易习惯确定。如果仍不能确定履行期限的，债务人可以随时履行，债权人也可以随时要求履行，但应当给对方必要的准备时间。履行期限确定的，应当按照确定的期限履行。任何一方当事人无权要求另一方放弃期限利益而提前履行或提前受领。但一方自愿放弃期限利益，对另一方并无不便时，应允许提前履行。我国《合同法》第 71 条规定："债权人可以拒绝债务人提前履行债务，但提前履行不损害债权人利益的除外。债务人提前履行债务给债权人增加的费用，由债务人承担。"

（四）履行地点

履行地点是指合同履行主体为履行行为的地方。履行地点可以由当事人明确约定，也可以根据法律规定或合同性质加以确定。履行地点不明确的，当事人可以协议补充；不能达成补充协议的，按照合同有关条款或者交易习惯确定。如果仍不能确定履行地点，给付货币的，在接受货币一方所在地履行；交付不动产的，在不动产所在地履行；其他标的，在履行义务一方所在地履行。

（五）履行方式

履行方式是完成合同义务的方法。履行方式对债权人的利益有密切关系。履行方式不符合合同要求，可造成标的物瑕疵、费用增加、履行迟延等后果。合同没有约定履行方式或约定不明确的，当事人可以协议补充；不能达成补充协议的，按照合同有关条款或者交易习惯确定。如果仍不能确定履行方式的，则按照有利于实现合同目的的方式履行。

（六）履行费用

履行费用是指履行合同所需支出的费用。对于履行费用的负担，当事人有约定的，从约定；没有约定或约定不明确的，当事人可以协议补充；不能达成补充协议的，按照合同有关条款或者交易习惯确定。如果仍不能确定履行费用的负担，则由履行义务一方负担。

三、合同履行的原则

（一）合同履行原则的界定

合同履行的原则，是指合同当事人在履行合同过程中，所应遵循的基本规则。合同履行原则，是指导合同履行的基本规则。根据我国《合同法》第 60 条的规定，合同履行原则主要有适当履行原则和协作履行原则。

（二）适当履行原则

适当履行原则，又称为正确履行原则或全面履行原则，是指合同当事人应当按照合同约定的全部条款，全面、适当地完成合同义务的原则。我国《合同法》第 60 条规定："当事人应当按照约定全面履行自己的义务。"根据适当履行原则，当事人应按照合同约定的标的及标的的数量和质量、履行期限、履行地点、履行方式等全面履行合同义务。全面履行原则，是判断当事人是否承担违约责任的依据。

至于双方当事人对于某些合同条款约定不明时，我国《合同法》第61条至第63条也规定了处理的基本规则，即当事人就有关合同内容约定不明确，可依照《合同法》第61条的规定。当事人可以就质量、价款或者报酬、履行地点等内容中没有约定或者约定不明确的部分，协议订立补充条款。如果不能达成补充协议的，按照合同有关条款或者交易习惯确定。如果仍不能确定的，对于不能确定具体内容的相关条款，适用下列履行规则：

（1）质量要求不明确的，按照国家标准、行业标准履行；没有国家标准、行业标准的，按照通常标准或者符合合同目的的特定标准履行。

（2）价款或者报酬不明确的，按照订立合同时履行地的市场价格履行；依法应当执行政府定价或者政府指导价的，按照规定履行。

（3）履行地点不明确，给付货币的，在接受货币一方所在地履行；交付不动产的，在不动产所在地履行；其他标的，在履行义务一方所在地履行。

（4）履行期限不明确的，债务人可以随时履行，债权人也可以随时要求履行，但应当给对方必要的准备时间。

（5）履行方式不明确的，按照有利于实现合同目的的方式履行。

（6）履行费用的负担不明确的，由履行义务一方负担。

（三）协作履行原则

协作履行原则，是指当事人在履行合同中，应当协助对方当事人履行合同义务的原则。合同的履行并非债务人单方的行为，如果没有债权人的积极配合以及债权人的受领给付，合同的内容就难以实现。我国《合同法》第60条规定，当事人在履行合同中，根据合同性质、目的和交易习惯履行通知、协助和保密等义务。协助履行原则主要包括以下内容：

（1）债务人履行合同债务，债权人应当及时受领。

（2）债权人应为债务人履行合同债务创造条件、提供方便。

（3）债务人不能履行或不完全履行时，债权人应积极采取措施，避免损失扩大。

四、合同履行抗辩权

合同履行抗辩权，是指在双务合同履行过程中，当事人一方依法享有的暂时拒绝对方当事人履约请求的权利。包括同时履行抗辩权、先履行抗辩权和不安抗辩权等。合同履行中的抗辩权，对于保护债权人的利益，维护交易安全具有重要意义。合同履行中的抗辩权是合同效力的体现。抗辩权的行使，使合同履行在一定期限内暂时中止，但并不消灭合同的履行效力。产生抗辩权的原因消失后，债务人仍应履行合同义务。合同履行中的抗辩权性质上属于一时的抗辩权、延缓的抗辩权，而非永久抗辩权。合同履行中的抗辩权，具体表现为对合同履行的拒绝，但并不构成违约，而是债务人行使合法权利，应受法律保护。

（一）同时履行抗辩权

同时履行抗辩权，是指在没有规定履行顺序的双务合同中，当事人一方在他方未为对待给付之前，有权拒绝自己的履行。我国《合同法》第 66 条规定："当事人互负债务，没有先后履行顺序的，应当同时履行。一方在对方履行之前有权拒绝其履行要求。一方在对方履行债务不符合约定时，有权拒绝其相应的履行要求。"

同时履行抗辩权的法理基础是诚实信用原则。在有同时履行义务的情况下，一方当事人不履行而要求另一方先履行，先履行一方就要承担对方不为对待履行的风险，就会破坏合同当事人的利益平衡状态，导致当事人之间的不公平。而同时履行抗辩权正是基于诚实信用原则设定的合同当事人积极地恢复其失衡利益的重要措施。其主要内容包括：当事人一方在对方未为对待给付之前或对方履行不符合约定时，可以暂时不履行自己承担的义务；如果自己尚未履行，不得要求对方先为履行；当事人一方行使同时履行抗辩权时，应及时通知对方，以免给对方造成损失；在对方已履行或提供适当担保的情况下，应及时履行自己的合同义务。同时履行抗辩权产生的直接前提，是双务合同权利义务的牵连性。在双务合同中，当事人的权利、义务之间具有相互依存、互为因果的关系，一方的权利即另一方的义务，一方的义务即为另一方的权利。如果一方的权利、义务不成立或无效，另一方的权利、义务也发生同样的效果。在合同生效后，当事人各方基于合同履行义务，任何一方负担义务均以另一方负担义务为前提。如果一方不履行义务，另一方的权利就不能得以实现，当然，就应当有权拒绝自己义务的履行。

1. 同时履行抗辩权的构成要件

（1）当事人因同一双务合同而互负债务。首先，同时履行抗辩权产生的根据，是双务合同权利义务的牵连性。因而，同时履行抗辩权只适用于双务合同。在单务合同中，只有一方享有权利，一方承担义务，不存在履行抗辩权的可能。

其次，当事人互负的债务应因同一合同关系而产生。非因同一合同关系而产生的给付，因不具有牵连性，而不产生同时履行抗辩权。

第三，当事人互负的债务应具有对价性。关于双务合同对价性的判断，理论上有不同认识，如同价说、比较高价说、要素说及主观的均整关系说等。通说认为，拒绝履行的义务与对方不履行或不完全履行的义务之间大体相当，具有互为条件、互为牵连的关系即可，并不要求考虑双方履行的义务经济上是否等价。

（2）当事人互负的债务没有先后履行顺序，并均已届清偿期。同时履行抗辩权的适用，是当事人双方对待给付的交换关系的反映，旨在使双方所负债务同时履行，双方享有的债权同时实现。因此，就要求当事人互负的债务没有先后履行顺序并均已届清偿期。所谓当事人互负的债务没有先后履行顺序，是指当事人明确约定双方应同时履行义务，或当事人对履行顺序没有约定或约定不明确，根据交易习惯亦不能确定履行先后顺序。此时，当事人应同时履行。如果当事人的履行有先后顺序，先履行义务一方应先履行合同义务，不能行使同时履行抗辩权。同时，只有在双方债务同时到期时，才能行使同时履行抗辩权。否则，等于要求未到期的债务人提前履行合同义务。

（3）对方未履行债务或者履行债务不符合约定。当事人一方向另一方提出履约请求，只有请求方未履行对待给付或者履行的给付不符合合同约定时，被请求方才有权提出同时履行抗辩。"未履行"是指没有履行债务，"履行不符合约定"是指瑕疵履行，包括全部瑕疵和部分瑕疵。一方所为的给付不符合约定即存在瑕疵时，与此相对应的对方的对待给付将因其前提给付有瑕疵而可以拒绝履行。如果一方已提出履行债务，但并未实际履行的, 另一方仍有权行使同时履行抗辩权。

（4）对方的对待给付是可能履行的。同时履行抗辩权制度的目的, 是为了促使双方当事人同时履行其债务。只有在双方的债务可以履行的情况下, 同时履行抗辩权才有意义。如果对方的履行已不可能, 无论是由于可归责或不可归责于对方的原因, 同时履行的目的已不能实现, 故不发生同时履行抗辩权问题。此时, 应通过合同解除制度等其他救济途径解决。

2. 同时履行抗辩权的效力

同时履行抗辩权性质上属延期抗辩, 其效力仅为使对方的请求权延期, 即在对方未履行对待给付前, 拒绝履行自己的债务, 而无权消灭对方请求权。在行使同时履行抗辩权时, 债务人仅表示行使抗辩的意思即可, 无须举证证明对方未履行或不适当履行。对方主张自己已履行的, 应负举证责任。债务人的同时履行抗辩权成立的, 不负迟延履行的违约责任。

（二）先履行抗辩权

先履行抗辩权, 也称为后履行抗辩权, 是指在双务合同中, 负有先履行义务的一方未依合同约定履行债务, 后履行一方可以拒绝履行自己的合同义务。我国《合同法》第 67 条规定:"当事人互负债务, 有先后履行顺序, 先履行一方未履行的, 后履行一方有权拒绝其履行要求。先履行一方履行债务不符合约定的, 后履行一方有权拒绝其相应的履行要求。"先履行抗辩权由后履行一方享有, 先履行一方不能行使先履行抗辩权。传统民法未严格区分同时履行抗辩权和先履行抗辩权, 先履行抗辩权被包含于同时履行抗辩权中。如《德国民法典》第 320 条第 1 款规定:"因双务合同而负有义务的人, 在对待给付履行前, 可以拒绝其负担的给付, 但其负有先为给付的义务的, 不在此限。"但是, 同时履行抗辩权与先履行抗辩权的规则并不一致。同时履行抗辩权不是对违约的抗辩, 而先履行抗辩权是对违约的抗辩。二者的规则、后果、行使权利的主体等均不相同, 区分这两种抗辩权, 既有理论意义, 又有实践意义。我国《合同法》首次明确规定了先履行抗辩权。

1. 先履行抗辩权的要件

（1）双方因同一双务合同互负债务。与同时履行抗辩权的条件相同, 当事人双方在同一双务合同中互负具有对价关系的债务。

（2）双方的债务有先后履行顺序。即双方当事人约定或根据法律规定或依交易习惯确定, 一方的义务应先履行, 另一方的义务后履行。

（3）先履行一方到期未履行或未适当履行债务。先履行抗辩权, 反映了后履行义务人的后履行利益, 包括期限利益和履行合同条件, 在先履行一方违约时, 后履行一方可暂时拒绝履行合同义务。因此, 先履行抗辩权又称为违约救济权。

（4）对方的先义务是可能履行的。如果先履行一方实际上不可能履行合同义务, 不论是否可归责于双方当事人, 均不产生先履行抗辩权。这时, 可通过解除合同或其他救济途径解决。

2. 先履行抗辩权的效力

先履行抗辩权属于延期的抗辩, 不具有消灭先履行一方请求权的效力。如果先履行一方完全履行了先义务, 则先履行抗辩权归于消灭, 后履行一方应恢复履行合同义务。

（三）不安抗辩权

不安抗辩权，是指双务合同中负有先履行义务一方当事人，在负有后履行义务一方当事人有难为给付之虞时，暂时中止履行；并且，在后履行义务一方于合理期限内，未能恢复履行能力或提供担保时有权解除合同。

通常情况下，负有先履行义务一方，应按合同约定先履行给付义务。但是，合同生效后，如果后履行义务一方的财产状况严重恶化，而负有先履行义务一方若按合同履行给付义务，则要承担债权无法实现的风险，导致当事人双方利益的失衡。为保护先给付义务一方的合法权利，特设立不安抗辩权予以救济。

不安抗辩权，是大陆法系的合同制度。《法国民法典》第 1613 条规定："如买卖成立时，买受人陷于破产或处于无清偿能力致使出卖人有丧失价金之虞时，即使出卖人曾同意延期给付，出卖人也不负交付标的物的义务。但买受人提出到期给付的保证者，不在此限。"《德国民法典》第 321 条规定："因双务合同而负有先为给付义务的人，在合同订立后另一方的财产发生明显减少，并由此危害对待给付的请求权时，可以在对待给付履行前或在为对待给付提供担保前，拒绝其负担的给付。"其他如《意大利民法典》第 1496 条、《奥地利民法典》第 105 条、《瑞士债法典》第 83 条等，均对不安抗辩权作出了明确规定。我国《合同法》亦借鉴大陆法系的法律规定，确立不安抗辩权制度。我国《合同法》第 68 条规定："应当先履行债务的当事人，有确切证据证明对方有下列情形之一的，可以中止履行：（1）经营状况严重恶化；（2）转移财产、抽逃资金，以逃避债务；（3）丧失商业信誉；（4）有丧失或者可能丧失履行债务能力的其他情形。当事人没有确切证据中止履行的，应当承担违约责任。"合同中止履行后，对方在合理期限内，未恢复履行能力并且未提供适当担保的，中止履行的一方可以解除合同。

1. 不安抗辩权的构成要件

（1）双方当事人因同一双务合同互负债务。双方当事人基于同一双务合同产生对待给付义务，一方的先履行，是为了换取另一方的对待履行。负有先履行义务的一方在履行前，必须要考虑作为对价的对方的履行能否实现。若对待给付存在不能实现的危险，当事人有权保留自己的给付。

（2）当事人一方有先履行义务并已届清偿期。不安抗辩权是负有先履行义务的当事人一方所享有的抗辩权。负有先履行义务的当事人一方在义务已届清偿期时，本应依合同约定履行合同义务，但将来的债权有不能实现之危险时，可通过行使不安抗辩权来保护自己的权益。而先履行抗辩权，则是后履行义务一方享有的抗辩权。

（3）后履行义务一方有不能为对待给付的现实危险。先履行合同义务一方应履行合同义务时，如果后履行义务一方财产状况严重恶化，有不能为对待给付的现实危险，则产生先履行义务一方的不安抗辩权。这是不安抗辩权的基础条件。

根据我国《合同法》第 68 条的规定，有不能为对待给付的现实危险主要包括：经营状况严重恶化；转移财产、抽逃资金，以逃避债务；有丧失或者可能丧失履行债务能力的其他情形。先履行义务一方有证据证明以上事实的，可以行使不安抗辩权。若后履行义务一方在接到通知后提供了充分担保的，先履行义务一方应恢复履行。没有充分的证据证明对方不能履行合同而中止自己的履行，或者后履行义务一方提供充分担保后先履行义务一方仍未恢复履行的，将承担违约责任。

2．不安抗辩权的效力

不安抗辩权的法律效力，主要体现为先履行义务一方中止履行合同，同时，基于诚实信用原则，应负及时通知对方的义务。在行使不安抗辩权时，先履行义务一方应负举证责任。对方恢复履行能力或提供担保的，不安抗辩权消灭，应当恢复履行。对方在合理期限内未恢复履行能力并且未提供适当担保的，中止履行的一方可以解除合同。

第六节 合同保全

一、合同保全的概念和特征

（一）合同保全的概念

合同的保全，是指为防止因债务人的财产不当减少而给债权人的债权带来损害，允许债权人对债务人或第三人的行为行使撤销权或代位权，以保护其债权的法律措施。

债务人是以其全部财产为清偿债务的保证的，因此，债权的实现主要取决于债务人是否有充足的财产。债务人的财产，又称为责任财产，构成债权的一般担保。债务人如果有充足的财产，原则上，债务人可以自由处分其财产，任何人不得干涉；但如果债务人的责任财产不充分，还允许债务人任意处分其财产，其责任财产的减少就会对债权人的债权造成损害。为防止债务人的责任财产不当减少，法律设立合同保全制度，赋予债权人防止债务人财产减少的法律手段，通过直接维持债务人的财产状况，间接确保自己债权的实现。

（二）合同保全的特征

1．合同保全是合同相对性效力的突破

根据合同的相对性规则，合同之债主要在合同当事人之间产生法律效力，债权人只能要求债务人履行合同，而无权干涉债务人与第三人之间的行为。而合同保全制度，对债务人之外的第三人产生了效力，突破了债的相对性，是债的效力扩张的表现。

2．合同保全的方式包括代位权和撤销权

合同保全的措施都旨在通过防止债务人的财产不当减少而保障债权的实现。其中，债权人的代位权针对于债务人消极减少财产的行为，当债务人怠于行使到期债权，以致影响到债权人债权的实现时，法律允许债权人代债务人之位，以自己的名义向第三人主张债务人怠于主张的权利；债权人的撤销权则针对债务人积极减少财产的行为，当债务人通过放弃到期债权、无偿转让财产等方式减少其责任财产从而损害债权人的债权时，法律允许债权人请求法院撤销债务人的行为。

3．合同保全须以诉讼的方式行使

无论债权人行使代位权或是撤销权，都必须通过诉讼的方式进行。合同保全毕竟是对债务人行为的干涉，而且涉及第三人的利益，所以一定要慎重。为防止债权人滥用代位权或撤销权，保障公平，要求债权人通过诉讼方式而采取保全措施是十分必要的。

二、代位权

（一）代位权的概念

代位权，是指债务人怠于行使其对第三人享有的到期债权，而有害于债权人的债权

时，债权人为保障自己的债权，而以自己的名义行使债务人对第三人的债权的权利。

代位权起源于法国习惯法，正式确立于《法国民法典》；《德国民法典》、《瑞士民法典》因其强制执行制度的完备，而没有规定代位权制度；《日本民法典》和我国《合同法》规定了代位权制度。我国《合同法》第 73 条规定："因债务人怠于行使其到期债权，对债权人造成损害的，债权人可以向人民法院请求以自己的名义代位行使债务人的债权，但该债权专属于债务人自身的除外。代位权的行使范围以债权人的债权为限。债权人行使代位权的必要费用，由债务人负担。"

（二）代位权成立的条件

1. 债权人与债务人之间必须有合法的债权债务存在

代位权是债的对外效力的一种体现，是债权人代行债务人的权利。因此，债权人与债务人之间应当有合法的债权债务存在。如果债权债务关系不存在、无效或被撤销，债权不存在，当然也不存在代位权。

2. 债务人对第三人享有债权

债务人对第三人享有的债权，是债权人代位权的标的。可以由债权人代位行使的权利应当是债务人实际享有的权利。但专属于债务人的权利除外，专属于债务人自身的债权，是指与债务人身份和特定生活需要紧密相连的债权，主要包括基于扶养关系、抚养关系、赡养关系、继承关系产生的给付请求权和劳动报酬、退休金、养老金、抚恤金、安置费、人寿保险、人身伤害赔偿请求权等权利。

3. 须债务人怠于行使其权利

所谓怠于行使权利，是指应当而且能够行使权利却不行使。债务人不履行其对债权人的到期债务，又不以诉讼方式或者仲裁方式向其债务人主张其享有的具有金钱给付内容的到期债权，应认定为怠于行使权利。次债务人（即债务人的债务人）不认为债务人有怠于行使其到期债权情况的，应当承担举证责任。

4. 须债务人怠于行使权利的行为有害于债权人的债权

债权人的代位权是对债务人自由的一种干涉，只有在债务人怠于行使权利的行为有害于债权人的债权，使债权有不能实现之虞时，方能行使代位权。即债务人对次债务人怠于行使债权，与债权人的债权不能实现之间有因果关系。在不特定债权及金钱债权的场合，应以债务人是否陷入无资力为判断标准；而在特定债权或其他与债务人资力无关的债权中，则以有必要保全债权为标准，而不论债务人是否陷于无资力。

5. 债务人已构成迟延履行

由于债权人必须在自己的债权到期以后，才能确定债务人的行为是否有害于其债权，债务人未构成迟延履行的，即使无资力，在履行前尚有充实其责任财产的可能。因此，债权人也必须在自己的债权到期以后才能行使代位权，以免妨害债务人的权利自由。

（三）代位权的行使

1. 代位权的行使主体是债权人

代位权是债权人所享有的一项权利，债务人的各个债权人在符合法律规定的条件下均可以行使代位权。当然，如果一个债权人已就某项债权行使了代位权，或者正在进行代位权诉讼，其他债权人就不得就该项权利再行使代位权，提起代位权诉讼。

2．债权人应以自己的名义行使代位权

代位权属于债权人固有的权利，不同于以他人名义行使的代理权。债权人应以自己的名义行使代位权，并须尽到善良管理人的注意。如违反该项义务给债务人造成损失，债权人应负赔偿责任。

3．债权人的代位权必须通过诉讼程序行使

通过诉讼程序行使代位权，才能有效防止债权人滥用代位权，避免债权人对债务人自由处分财产行为的过度干预，保证债权人之间的公平。在代位权诉讼中，次债务人为被告，债务人为第三人。

4．代位权的行使以保全债权为必要

债权人的代位权行使的界限，以保全债权人的债权的必要为限度。在必要范围内，可以同时或顺次代位行使债务人的数个权利。如果债权人行使债务人某一项权利，即可保全其债权，就不得再对债务人的其他权利行使代位权。

（四）代位权的效力

1．对债务人的效力

（1）债务人处分权的限制。债权人行使代位权后，债务人对于被代位的权利，即丧失处分权。债务人不得将被代位的权利让与、免除或为其他足以消灭其权利的行为。如果不限制债务人的处分权，必然导致债权人代位权目的的落空。

（2）时效的中断。债权人提起代位权诉讼，债权人对债务人的债权时效因此而中断，同时，债务人对次债务人的债权时效也发生中断。

（3）费用的承担。债权人行使代位权的必要费用，由债务人负担。

2．对债权人的效力

合同保全制度是保全债务人责任财产，从而对全体债权人共同担保的制度。因此，代位权行使的效果应当直接归属于债务人，债权人对次债务人的清偿无优先受偿权。行使代位权的债权人不能将代位受领的清偿，直接作为对自己债权的清偿，而应该将其归入债务人的责任财产之中，这项规则称为"入库规则"。

在债权人代位受领次债务人金钱债务的清偿时，债权人可借助于抵消制度，使代领的清偿归属于债权人，从而使债权人与债务人、债务人与次债务人之间的相应的债权债务关系予以消灭。

在不能抵消的场合，代位债权人应与其他债权人处于平等的地位，均可请求债务人清偿。债权人如果要以代为受领的清偿满足自己的债权，应经债务人同意，或者依强制执行程序来实现。

3．对次债务人的效力

债权人代位行使债务人的权利，不影响次债务人的权利和地位。在债权人行使代位权时，第三人对债务人所享有的一切抗辩权，如同时履行的抗辩权、诉讼时效届满的抗辩权等，均可以用来对抗债权人。

三、撤销权

（一）撤销权的概念

撤销权，是指债权人对于债务人减少财产而危害债权的行为，得请求法院予以撤销的权利。

债权人的撤销权，源自于古罗马法的废罢诉权，因由罗马法务官保罗所创，故又称为保罗诉权。《法国民法典》、《日本民法典》均规定了撤销权，德国法将撤销权分为破产上的撤销和非破产上的撤销，瑞士将撤销权规定在破产法中。我国《合同法》第74条规定："因债务人放弃其到期债权或者无偿转让财产，对债权人造成损害的，债权人可以请求人民法院撤销债务人的行为。债务人以明显不合理的低价转让财产，对债权人造成损害，并且受让人知道该情形的，债权人也可以请求人民法院撤销债务人的行为。撤销权的行使范围以债权人的债权为限。债权人行使撤销权的必要费用，由债务人负担。"

撤销权行使的目的在于保全债务人的责任财产，从而保障债权的实现。撤销权性质上属于形成权，基于法律的规定，债权人依自己单方的意思表示，就可以使债务人与第三人之间法律行为的效力溯及的消灭。

（二）撤销权成立的条件

1．客观要件

所谓客观要件，是指债务人实施了一定的有害于债权人债权的行为，称为诈害行为。

首先，债务人在债权成立后实施了以财产为标的的行为。债务人的行为，非以财产为标的的，与债务人的责任财产无关，自无撤销的必要。根据我国《合同法》第74条的规定，债务人处分财产的行为主要包括：第一，放弃到期债权；第二，无偿转让财产；第三，以明显不合理的低价转让财产。

其次，债务人处分财产的行为须有害于债权。所谓有害债权，是指债务人处分财产的行为，减少其责任财产从而使其已不具有足够的资产清偿对债权人的债务。有害债权的事实必须在债务人行为时存在，并且在债权人行使撤销权时仍存在。如果债务人行为时存在诈害行为，但在债权人行使撤销权时债务人已具有充分的清偿能力，则债权人不得再行使撤销权。

2．主观要件

对于撤销权的主观要件，因债务人的行为属于有偿行为或无偿行为而有所区别，若为无偿行为，只要具备上述客观要件即可成立；若为有偿行为，因涉及交易第三人的利益，撤销权的成立除具备上述客观要件之外，还须具备主观要件。所谓主观要件，是指债务人与第三人具有恶意。一方面，债务人必须具有恶意，即债务人知道或应当知道其处分财产的行为将导致其无资产清偿债务，从而有害于债权人的债权，而仍然实施该行为。另一方面，第三人与债务人实施一定的民事行为时具有恶意。即第三人已经知道债务人以明显的不合理的低价转让财产的行为对债权具有损害。

（三）撤销权的行使

1．撤销权的主体是债权人

撤销权的主体，是因债务人不当处分财产而受害的债权人。债权人为数人时，可以共同行使此权利，也可以由每一个债权人独立行使撤销权。

2．撤销权必须通过诉讼的方式行使

撤销权的行使对第三人有重大利害关系，债权人应以自己的名义向法院提起诉讼，由法院审查其要件，以确保公平。当债务人的行为属单独行为时，应当以该债务人为被告；当债务人与第三人通过合同转移财产时，应当以债务人和第三人为共同被告。

3. 撤销权的行使以保全债权为限

债权人的撤销权，以保全债权人的债权为目的，故撤销权的行使范围，应以行使撤销权的债权人的债权额为限，即使存在其他债权，也不得超过撤销权人的债权额。

4. 撤销权必须在一定的期限内行使

我国《合同法》第75条规定："撤销权自债权人知道或者应当知道撤销事由之日起一年内行使。自债务人的行为发生之日起五年内没有行使撤销权的，该撤销权消灭。"

（四）撤销权的效力

1. 对债务人的效力

债务人的行为一旦被撤销，则该行为自始无效。财产赠与的，视为未赠与；放弃债权的，视为未放弃；转让财产的，视为未转让。债权人行使撤销权所支付的必要费用，由债务人负担。

2. 对债权人的效力

行使撤销权的债权人，可以请求第三人将所得利益返还给债务人，或直接返还给自己。但债权人对受领的标的物无优先受偿权，在受领的标的物与行使撤销权的债权人的债权构成抵消时，债权人可主张抵消权，使自己的债权获得受偿；在不能抵消的场合，行使撤销权的债权人与其他债权人处于平等受偿的地位，行使撤销权的债权人可通过强制执行程序实现债权。

3. 对第三人的效力

债务人的行为被撤销以后，第三人所得利益构成不当得利，应当返还原物；如果原物不能返还，则应赔偿损失。

第七节　合同的变更与转让

一、合同变更

（一）合同变更的概念

合同变更，是指在合同成立之后，尚未履行或尚未完全履行以前，不改变合同主体而仅改变合同内容的情形。这里的合同变更是指狭义的合同变更，广义的合同变更尚包括合同主体的变化。合同主体的变更，又称为合同的转让，是指以新的合同主体取代原合同关系主体，分为债权让与、债务承担和合同权利义务的概括转让。

合同变更不同于合同更改，合同更改是债的要素变更，是指合同给付发生变更，导致合同关系失去同一性。合同更改实际上是旧债的消灭，新债的产生，旧债所附有的利益和瑕疵一并归于消灭；合同变更是债的非要素变更，未使合同关系失去同一性，合同债权所附有的利益和瑕疵仍继续存在。合同标的的变更结束了原合同关系，属合同更改，而合同标的物的数量、质量、价款的改变，履行期限的顺延，履行地点的变化等，均属合同变更。

（二）合同变更的原因

（1）基于法律的直接规定而变更。如债务人违约不履行合同，原合同给付变更为损害赔偿。

（2）基于当事人的合意而变更。在履行合同过程中，合同双方当事人达成新的协议而变更合同。我国《合同法》第77条第1款规定："当事人协商一致，可以变更合同。"

（3）基于当事人的单方行为而变更。一方以欺诈、胁迫手段或乘人之危使对方在违背真实意思的情况下订立的合同，受损害方有权请求人民法院或仲裁机构予以变更或撤销；因重大误解而订立的合同或显失公平的合同，当事人一方有权请求人民法院或仲裁机构变更或撤销；在履行合同过程中，发生情事变更的，当事人也可以请求法院或仲裁机构变更合同。

（三）合同变更的条件

1. 原已存在合法有效的合同关系

合同变更是对已存在的合法有效的合同关系的变更，因此，有效的合同是合同变更的前提条件。无效的合同，自成立时即不具有法律效力，不发生变更的问题。

2. 合同的内容发生变化

合同的变更，不包括合同主体的变更，仅指合同内容的变更，而且是指合同非要素的变更。合同非要素变更主要包括合同标的以外的有关合同标的物数量、质量、履行期限、地点、价款等各种条款的变更。

3. 须存在合同变更的原因

合同变更的原因包括法律的规定、当事人的合意、法院的裁决或形成权人的意思表示。基于法律规定而变更合同，合同变更的效果可直接发生；依当事人的合意而变更合同，须当事人双方协商一致，以一个新的合同变更原合同；依法院或仲裁机构的裁决而变更合同，必须向法院或向仲裁机构申请仲裁，由法院或仲裁机构裁决；基于形成权人的意思表示而变更合同，须有形成权人单方行使形成权的行为。

4. 合同变更须遵循法定的程序和方式

我国《合同法》第77条第2款规定："法律、行政法规规定变更合同应当办理批准、登记等手续的，依照其规定。"在法律有规定的情况下，合同变更须遵循法定的程序和方式，方能有效。

（三）合同变更的效力

合同变更生效后，变更后的合同就代替了原合同，合同当事人应当按照变更后的合同内容履行，而不能按原来的合同内容履行，否则将构成违约。

合同变更，原则上只向将来发生效力，对于已按原合同所作的履行无溯及力，已履行的债务不因合同的变更而失去法律依据。

原合同债权所附有的利益和瑕疵仍继续存在。但债权人与债务人协议变更主合同的，应当取得保证人书面同意。未经保证人书面同意，保证人不再承担保证责任。

根据我国《民法通则》第115条的规定，合同的变更不影响当事人要求损害赔偿的权利。因合同的变更而给对方当事人造成损失，或者合同变更的原因是基于一方的过错，从而给对方造成损失的，应当承担损害赔偿责任。

二、债权让与

（一）债权让与的概念

债权让与，又称为合同权利的转让，是指不改变原合同关系的内容，债权人通过让与合同将其债权转移给第三人的行为。

早期罗马法将债的关系视为联结债权人与债务人的法锁，变更其任何一端，都将使债的关系失去同一性，从而不承认债权让与制度。后来因交易的日益频繁，债权作为一种财产权，逐渐可以进行交易。债权的资本化、证券化又进一步促进了债权的流通。债权让与为社会生活所需，逐渐得到立法的承认。《法国民法典》、《德国民法典》及《瑞士民法典》都分别规定了债权让与。

债权让与性质上属于处分行为。债权让与将债权作为财产进行处分，直接发生债权转移的法律效果，它不是债的发生原因，而是处分行为。

（二）债权让与的条件

1．须存在有效的债权

根据我国《合同法》第 79 条的规定，债权人可以将合同的权利全部或部分地转让给第三人。转让人拥有合法有效的债权是债权让与成立或有效的前提。但合法有效的债权并不要求效力齐备，已罹诉讼时效的合同债权、可撤销合同所生的债权、享有选择权的合同债权等内容不确定的合同债权等，均可成为让与的标的。

2．所转让的债权具有可让与性

为鼓励交易，增进社会财富，债权一般都具有可让与性。但根据我国《合同法》第 79 条的规定，有下列情形之一的，合同权利不得转让：

（1）根据合同性质不得转让。主要是指债权人变更即失去合同的同一性，或无法实现债的目的，例如，基于当事人之间的特殊信任关系的合同，如委托合同、雇用合同、借用合同等。

（2）依照当事人的约定不得转让。根据合同自由原则，合同当事人在不违反法律和公序良俗的前提下，可自由约定合同内容。如果当事人有禁止转让合同权利的约定的，该约定有效，当事人不得转让债权。但该约定仅在当事人之间有约束力，不得对抗善意第三人。

（3）依照法律规定不得转让。法律规定禁止转让的债权，债权人不得让与给第三人，否则，债权让与无效。如我国《担保法》第 61 条规定，最高额抵押担保的主债权不得转让。

3．让与人与受让人须达成债权让与的合意

债权让与是债权人与受让人通过一个新独立的合同转让债权，因此，让与人与受让人须按照合同订立的要约、承诺规定，达成合意。

（三）债权让与的效力

1．债权让与的对内效力

债权让与的对内效力，是指让与人与受让人之间的法律后果。债权让与生效后，在债权全部让与时，受让人取代让与人的法律地位而成为新的债权人，让与人脱离原债关系，不再享有所转让的债权。在债权部分让与时，让与人与受让人共同享有债权。

所转让的债权附有从权利的，债权让与，从权利也随之转移，但该从权利专属于债权人自身的除外。如附有担保权的合同债权转让，担保权由受让人享有。

2．债权让与的对外效力

债权让与的对外效力，是指债权让与对合同债务人发生的法律效果。我国《合同法》第80条规定："债权人转让权利的，应当通知债务人。未经通知，该转让对债务人不发生效力。"通知的方式，可以是口头方式，也可以是书面形式。通知人为让与人或受让人均可。债权让与合同自让与人与受让人达成合意时成立并生效，但只有在通知债务人时，才能对债务人发生法律效力。这一效力包括：

第一，债务人应当向受让人履行债务。债权让与对债务人生效后，债务人不得再向原债权人履行债务，否则，不构成合同的履行。债务人向原债权人的履行构成不当得利，债务人可请求返还。

第二，债务人对原债权人享有的抗辩权可以向受让人主张。我国《合同法》第82条规定："债务人接到债权转让通知时，债务人对让与人的抗辩，可以向受让人主张。"债权让与并没有改变债的同一性，债权原有的瑕疵，一同转让给受让人。因此，债务人可以对抗原债权人的事由，同样可对抗新的债权人，如债权已罹诉讼时效的抗辩、同时履行的抗辩等。

第三，债务人抵消权的主张。我国《合同法》第83条规定："债务人接到债权转让通知时，债务人对让与人享有债权，并且债务人的债权先于转让的债权到期或者同时到期的，债务人可以向受让人主张抵消。"债务人抵消权的规定，主要是为了保护债务人的利益，使债务人不因债权让与而处于更不利的地位。

三、债务承担

（一）债务承担的概念

债务承担，又称为合同义务的转让，是指不改变合同内容的前提下，将合同债务转移于第三人承担的现象

债务承担为债务人的变更，包括免责的债务承担和并存的债务承担。如果债务承担生效后，原债务人脱离债的关系，由第三人承担其债务，则为免责的债务承担；如果债务承担生效后，原债务人不退出债权债务关系，由第三人加入成为新的债务人，与原债务人一同成为共同债务人，则为并存的债务承担。

债务承担不同于第三人履行。债务承担是合同义务的转移，受让人成为合同债务人，新债务人不按照合同履行债务时，债权人可直接要求其履行义务或承担违约责任；而由第三人履行合同债务时，第三人只是履行主体，而不是债务主体，在第三人不按照合同履行债务时，债权人只能向债务人而不是向第三人请求承担违约责任。

（二）债务承担的条件

1．须存在有效的债务

当事人转移的合同义务只能是合法有效的债务，若债务不存在或无效，则债务承担也无效。

2．债务须具有可转移性

对于性质上不可转移的债务，如与债务人的人身具有密切联系的债务以及当事人约定不得转移的债务，法律规定不得转移的债务，均不能成为债务承担的标的。

3．第三人须与债权人或债务人达成债务承担的合意

债务承担是一合同行为，可依第三人与债权人之间的债务承担合同、第三人与债务人之间的债务承担合同或第三人与债务人及债权人三方之间的债务承担合同而成立。第三人与债权人达成债务承担合同的，一般不需要征得债务人的同意，因为，在一般情况

下，第三人代债务人履行合同义务，对债务人并无不利。

4．须经债权人同意

我国《合同法》第84条规定："债务人将合同义务全部或部分转移给第三人的，应当经债权人同意。"因为债是一种可期待的信用，建立在债权人对债务人的支付能力的了解和信任的基础上。债务人的变化将影响到债权的实现。因此，应当以债权人的同意为债务承担合同的生效条件。但是，对于并存的债务承担，第三人的加入，增加了债权人债权实现的可能性，有利于保护债权人的利益，而并无不利的影响，则不必征得债权人的同意，通知债权人即可。

（三）债务承担的效力

1．债务承担人成为合同新的债务人。免责的债务承担生效后，原债务人脱离债的关系，债务承担人取代债务人的地位，向债权人履行债务。债务承担人不履行债务的，应当向债权人承担违约责任，原债务人不再承担责任。

2．债务承担人取得原债务人的抗辩权。我国《合同法》第85条规定："债务人转移义务的，新债务人可以主张原债务人对债权人的抗辩。"抗辩权作为对抗债权人请求权的权利是与债务同存的，而不因主体的变更而消灭。债务承担生效后，债务承担人有权以原债务人对债权人就此债务所有的抗辩对抗债权人，如合同债务不成立的抗辩、债权已消灭的抗辩以及同时履行抗辩等。

3．债务承担人承担与主债务有关的从债务。我国《合同法》第86条规定："债务人转移义务的，新债务人应当承担与主债务有关的从债务，但该从债务专属于原债务人自身的除外。"从债务附随于主债务，不能离开主债务而单独存在。因此主债务转移后，从债务也随之转移，由债务承担人承担。但原第三人向债权人所提供的担保在债务转移时，若担保人未明确表示继续承担担保责任，则担保责任将因债务转移而消灭。

四、合同权利义务的概括转移

合同权利义务的概括转让，是指合同当事人一方将其合同权利义务一并转让给第三人承受，由第三人取代转让方的合同主体地位，成为合同当事人。合同权利义务的概括转让，可以依据当事人之间的合意而发生，也可以因法律的直接规定而发生。

（一）合同承担

合同承担，是指合同当事人一方通过与第三人订立合同，将自己享有的合同权利和承担的合同义务概括地转移给第三人。我国《合同法》第88条规定："当事人一方经对方同意，可以将自己在合同中的权利义务一并转让给第三人。"

合同权利义务的概括转让，既包括了债权让与，又包括了债务承担，因此，应当征得另一方当事人的同意，才能生效。

合同承担，承受人所承受的，不仅限于让与人享有的债权及负担的债务，还及于合同所产生的法律上的地位，包括诉讼地位，即凡是由合同关系所产生的债权、债务及其他附随的权利义务关系一并转移给承担人。

（二）当事人合并、分立

因当事人合并、分立而引起的债权、债务的概括转移是由法律直接规定而产生的。我国《合同法》第90条规定："当事人订立合同后合并的，由合并后的法人或者其他组织行使合同权利、履行合同义务。当事人订立合同后分立的，除债权人和债务人另有约定的以外，由分立的法人或其他组织对合同的权利和义务享有连带债权，承担连带债务。"

合并，是指两个或两个以上的法人或其他组织结合在一起，形成一个新的法人或其他组织，包括吸收合并和新设合并。当事人一方与其他法人或其他组织合并的，该当事人的合同权利和义务一并由合并后的法人或其他组织承受；分立，是指一个法人或其他组织分解为两个或两个以上的法人或其他组织，包括新设分立和派生分立。在当事人一方分立时，该当事人的合同权利义务由分立后的法人或其他组织承受，如果债权人与债务人另有约定，则依其约定，如果没有特别约定，则分立后的法人或其他组织对承受的权利享有连带债权，对承担的义务承担连带债务。

第八节　合同解除

一、合同解除的定义和特征

合同有效成立后，对当事人双方具有法律拘束力。但是，由于主客观情况的变化，使合同的履行成为不必要或者不可能时，应当允许当事人通过解除合同的方式，提前消灭合同关系。

合同解除有广义和狭义之分。广义的合同解除，是指在合同有效成立后，而尚未全部履行前，当事人双方基于协商、法律规定，或者当事人约定，而使合同关系归于消灭的一种法律行为，包括协议解除、约定解除和法定解除等情形。

狭义的合同解除，仅指单方行使解除权的解除，不包括协议解除。大陆法系国家均采狭义，认为协议解除是合同自由原则的应有之义，无须再另设条款予以规定。英美法系的合同解除则有两种含义，在广义上与合同消灭或终止是同义语，就其狭义而言，相当于大陆法系的合同解除。[①] 我国《合同法》关于合同解除的含义以及立法体例与两大法系均有一些不同，采取了广义的合同解除概念。

合同解除具有以下特征：

1. 合同解除适用于有效成立的合同

合同解除的对象，是已经有效成立，而尚未履行或尚未履行完毕的合同。合同有效成立后，当事人双方应当依照合同约定履行合同，由于主客观情况的变化使合同的履行成为不必要或者不可能时，如继续让合同发生效力，不但对其中一方甚至双方有害无益，而且有时会妨碍市场经济的顺利发展。应当允许当事人通过解除合同的方式提前消灭合同关系，因此，能够解除的合同必须是合法有效的合同。

无效合同自始不发生履行效力，不存在解除的问题。可撤销合同，在被撤销之前为有效合同，可以解除。但一般情况下，当事人都会选择请求人民法院或仲裁机关予以撤销或变更。效力待定的合同在被追认之前，效力处于不确定状态，不能解除，在被追认之后，成为有效合同，则可以解除。

---

① 周彬彬：《比较合同法》，兰州大学出版社 1989 年版，第 323 页。

2. 合同解除必须具备解除条件

有效成立的合同，对当事人双方具有法律约束力，任何一方当事人都不得在没有法定、约定及协商根据的情况下，任意解除合同。如不具备解除条件而"解除"合同，则构成违约。为此，我国《合同法》第93条、第94条对合同解除的条件作了具体的规定。合同解除的条件，既可以是法律规定的，也可以是当事人约定的。既有单方行使解除权的条件，也有合意解除的条件。

3. 合同解除必须有当事人的解除行为

我国《合同法》没有采取当然解除主义。具备合同解除条件，合同不会自动解除，当事人还必须实施一定的解除行为，合同才能被解除。解除行为具体表现为，当事人双方协商一致或者一方依约定的条件或法定的条件，行使合同解除权而发出解除的通知。适用情事变更原则的解除，无须当事人的解除行为，由人民法院或仲裁机关裁判解除。

4. 合同解除使合同效力消灭

合同解除所寻求的结果，就是解除双方的合同关系，使当事人双方之间的权利义务归于消灭。至于合同解除将使合同关系自始消灭还是向将来消灭，在学说上历来存在争议，各国立法对此规定也不尽相同。在当事人有约定的情况下，则应尊重当事人的约定。当事人没有特别约定的，依照我国《合同法》第97条的规定，根据合同履行情况和合同性质决定。

二、合同解除与相关制度的区别

（一）合同解除与合同终止

大陆法系的传统理论区别合同终止与合同解除。合同终止指在继续性合同中，一方行使终止权而使合同的效力向将来消灭，从而结束合同关系。终止前的合同关系仍然有效，不发生恢复原状的法律后果。而合同解除，使有效合同关系溯及既往地消灭，发生恢复原状的效力。合同解除与合同终止是不同的概念。

我国《合同法》规定的合同终止，是指合同的消灭，而合同解除，是合同权利义务终止的原因之一。由此可见，合同终止是上位概念，合同解除则是下位概念。我国《合同法》在借鉴大陆法系的基础上，构建了独具特色的最广泛意义上的合同终止制度，而合同解除是该制度的组成部分。

（二）合同解除与合同撤销

合同解除和合同撤销都使合同关系归于消灭，但两者存在着如下区别：

第一，合同可撤销的原因是由法律直接规定的，如重大误解、显失公平、欺诈、胁迫、乘人之危等，意思表示不真实的行为，并且在合同成立时已经存在。合同解除的原因，则可以由法律规定，也可以由当事人约定或协商一致，且大都发生在合同成立以后。

第二，合同撤销必须由撤销权人提出请求，由人民法院或者仲裁机关裁决撤销；合同解除则可以通过当事人双方协商一致或一方行使解除权而实现。

第三，合同撤销具有溯及力，使合同自始没有法律约束力；而合同解除原则上无溯及力，仅在当事人有特别约定或法律有特别规定及违约解除非继续性合同时，才具有溯及力。

（三）合同解除与附解除条件的合同解除

合同解除与附解除条件的合同解除，有许多相似之处，均表现为合同关系的消灭，但两者存在较大差异。

第一，解除条件是附解除条件合同的附款，由双方当事人约定，目的是限制合同的效力；合同解除不是合同附款，主要由法律规定。

第二，附解除条件的合同，在所附条件成就时，合同自动失效；合同解除不但要具备解除的条件，还必须要有解除行为。

第三，附解除条件的合同解除之后，向将来失去效力；而合同解除既向将来失去效力，也可以在具备条件时溯及合同成立时消灭。

三、合同解除的方式

（一）协议解除

协议解除，又称为解除契约或反对契约[①]，是指双方当事人协商一致而解除合同。双方当事人均无单方解除权，应对解除合同达成合意，通过一个新的合同解除原来的合同。

我国《合同法》第93条规定："当事人协商一致，可以解除合同。"根据合同自由原则，当事人有权通过协商方式解除合同，他人无权干涉。

（二）约定解除

约定解除，是指在合同约定的解除条件成就时，由单方行使解除权而使合同的效力消灭。我国《合同法》第93条第2款规定："当事人可以约定一方解除合同的条件。解除合同的条件成就时，解除权人可以解除合同。"

当事人可以在订立合同时，约定解除权条款，也可以在合同成立后另行约定。约定解除与协议解除，虽都表现为双方当事人的合意，但两者存在较大差别：

首先，约定解除属单方解除。约定解除的条件虽由双方约定，但其内容是赋予一方解除合同的权利，在条件成就时，仅一方行使解除权就可解除合同。而协议解除为双方解除，双方对解除合同协商一致时，合同解除。

其次，约定解除为事前的约定，约定在一定的情况发生时，一方享有解除权。而协议解除为事后的约定，在一定的情况发生后，双方协商解除合同。

再次，约定解除常与违约的救济和责任联系在一起，在解除发生时，成为对违约的一种补救方式。而协议解除性质上是对双方当事人的权利义务关系重新安排、调整和分配，并不是针对违约而寻求补救措施。[②]

（三）法定解除

法定解除，是指在符合法律规定的条件时，由当事人一方行使解除权而使合同的效力消灭。根据我国《合同法》第94条的规定，法定解除的事由，主要是发生不可抗力或者一方违约致使合同目的不能实现。

法定解除与协议解除的主要区别是，法定解除属单方解除，而协议解除属双方法律行为。法定解除与约定解除的主要区别在于，法定解除权是依法律规定产生的，而约定

---

① 史尚宽：《债权总论》，中国政法大学出版社2000年版，第530页。

② 王利明、崔建远：《合同法新论·总则》，中国政法大学出版社2000年版，第446页。

解除权是依当事人的约定而产生。

（四）裁判解除

裁判解除，是指在合同履行过程中，因发生情事变更而致合同的基础丧失或动摇，若继续维持合同原有效力则显失公平时，由人民法院或仲裁机关裁判解除合同。虽然约定解除和法定解除也可以由当事人诉请人民法院或仲裁机关解除合同，但是，仍属于单方行使解除权的具体方式，不属于裁判解除。

与上述各解除方式不同的是，适用情事变更原则解除合同，当事人无合同解除行为，而是由人民法院或仲裁机关根据案件事实和法律规定予以裁决。

四、合同解除的条件

合同解除的条件，又称为合同解除的事由。协议解除是以一个新合同解除原合同，因此，解除协议符合有效合同的要件即可。对于约定解除，只要不违反法律的强制性规定，当事人可以对解除权的产生条件任意约定。裁判解除则须符合情事变更的构成要件。这里主要探讨法定解除的条件。

鉴于合同解除对合同"法锁力"，以及合同订立的目的、双方当事人的利益，还有社会整体利益等，均具有较大影响，各国无不对合同法定解除的事由在立法、判例及学说上作出严格、明确的限定。[①]

英国法历来将合同条款分为条件和担保两类，"条件"是合同中重要的、根本性的条款，担保是合同中次要的和附属性的条款。当事人违反条件将构成根本违约，受害人不仅可以诉请赔偿，而且有权要求解除合同。

德国法中没有根本违约的概念，但《德国民法典》将违约后"合同的履行对于对方无利益"作为决定合同是否解除的标准，与英国法中的根本违约概念相似。[②]《联合国国际货物销售合同公约》借鉴了两大法系的立法经验，规定了根本违约。该公约第25条规定："一方当事人违反合同的结果，如使另一方当事人蒙受损害，以至于实际上剥夺了他根据合同规定有权期待得到的东西，即为根本违反合同，除非违反合同一方并不预知而且一个同等资格、通情达理的人处于相同情况中也没有理由预知会发生这种结果。"

我国《合同法》第94条引进了根本违约的概念，只是去掉了判断根本违约的主观标准，仅以违约结果的严重性即"合同目的不能实现"作为认定根本违约的标准，从而更有利于债权人的保护。合同必须严守，只有在合同履行成为不必要或不可能时，才能解除合同。通过根本违约来限制合同的解除，避免轻易解除合同给当事人造成损害，达到鼓励交易和有效利用资源的目的。

根据我国《合同法》第94条的规定，合同法定解除的条件主要包括：

（一）因不可抗力，导致合同目的不能实现的解除

不可抗力是指不能预见、不可避免并不能克服的客观情况。不可抗力可能影响合同的履行，只是对合同履行的影响程度不一样而已。若不可抗力的发生影响合同履行，但对当事人仍有履行利益的，合同应继续履行；若不可抗力导致合同不能履行或虽能履行

---

① 曹诗权、朱广新：《合同法定解除的事由探讨》，载《中国法学》1998年第8期，第34页。

② 王利明、崔建远：《合同法新论·总则》，中国政法大学出版社2000年版，第450~451页。

但该履行对当事人失去意义的，则可认定为不能实现合同目的，即当事人订立合同所追求的目标和基本利益不能实现，当事人可以解除合同。这时，合同解除权原则上属于直接承受不可抗力的一方，但是，也不排除相对方行使解除权的可能。

（二）违约解除

违约解除是指当事人一方严重违约时，非违约方行使合同解除权而解除合同。我国《合同法》第94条规定："在履行期限届满之前，当事人一方明确表示或者以自己的行为表示不履行主要债务；当事人一方迟延履行主要债务，经催告后在合理期限内仍未履行；当事人一方迟延履行债务或者有其他违约行为致使不能实现合同目的，当事人可以解除合同。"

1. 预期违约

在合同有效成立至合同履行期限届满之前，当事人一方明确肯定地向另一方当事人表示或者以自己的行为表示不履行主要债务的，称为预期违约。当事人一方明确肯定地表示不履行主要债务的，为明示预期违约；当事人一方以自己的行为表示不履行主要债务的，为默示预期违约。

在预期违约的情况下，表明毁约当事人根本不愿意受合同约束，合同目的将不能实现。非违约方因此获得单方合同解除权，可通知违约方而解除合同。

2. 超过宽限期的迟延履行

迟延履行，指当事人在合同履行期届满时未履行合同。当事人一方迟延履行主要义务时，法律并不主张对方立即解除合同，从维护交易、平衡双方当事人的利益，以及减少其损失的角度考虑，允许相对人给予迟延方一定的宽限期，催告迟延方在宽限期内履行合同义务。

经催告在合理期限内仍未履行主要债务的，表明迟延方根本没有履行合同的诚意，或已根本不能履行合同，相对方的合同目的就不能得以实现。此时，相对方应有权解除合同。至于宽限期为多长才合理则是一个事实问题，应视不同合同的具体情况而定。

3. 其他根本违约

当事人迟延履行合同致使不能实现合同目的的，已构成根本违约，无须催告，非违约方可直接解除合同。

其他违约行为如拒绝履行、瑕疵履行、部分履行等，若导致合同目的不能实现的，非违约方也可以解除合同。

（三）法律规定的其他情形

法律规定的其他情形，属于兜底条款，是对其他的法定解除情形的概括。如我国《合同法》第69条规定，因行使不安抗辩权而中止履行合同的，对方在合理期限内未恢复履行能力并且未提供适当担保的，中止履行的一方可以解除合同。同时，也包括我国《合同法》分则中规定的一些具体合同的法定解除权。如我国《合同法》第268条规定："定作人可以随时解除合同，造成承揽人损失的，应当赔偿损失。"又如我国《合同法》第410条规定："委托人或者受托人可以随时解除委托合同，因解除合同给对方造成损失的，除不可归责于该当事人的事由外，应当赔偿损失。"另外，其他法律、行政法规中规定了合同法定解除权的，依其规定。

五、合同解除的程序

关于合同解除的程序，各国立法的规定不尽相同。主要有以下几种类型：

其一，通过法院裁决解除合同。《法国民法典》第1184条第2款规定："债权人解除契约应向法院提出，法院得根据情况给予被告一定期限。"

其二，解除权人以意思表示，通知对方而解除合同。《德国民法典》第349条规定："解除以向另一方作出意思表示的方式进行。"

其三，在一定条件下合同自动解除，即不以当事人的意思表示为必要，依法律规定合同当然而自动地消灭。英美法系对因合同落空而解除等，采取当然解除方法。

其四，协议解除与裁判解除两种。《俄罗斯民法典》第452条规定，一方面，解除合同的形式可按照合同签订的形式为之；另一方面，一方当事人请求法院解除合同的，只有在其收到对方对其提出的解除合同的建议拒绝，在合同和法律或建议中所规定的期限内，在没有期限时即30日内未收到答复时，方可为之。

我国《合同法》根据不同的合同解除方式，采取不同的程序。

（一）协议解除的程序

协议解除，是当事人双方协商一致解除合同，不是基于当事人一方的意思表示，不以解除权的存在为前提。因此，协议解除只需遵循合同的订立程序即可，即要经过要约和承诺过程，最终达成一个解除合同的协议。

协议解除发生解除效力的时间，则根据法律规定是否需经批准而定。合同解除需经批准的，有关部门批准解除的日期即为合同解除的日期。合同解除不需批准的，当事人协商一致之时或当事人商定的日期为合同解除的日期。

（二）行使解除权的程序

约定解除与法定解除均为单方解除，在符合当事人约定或法律规定的解除条件时，解除权人可单方行使解除权。解除权性质上属于形成权，仅需单方的意思表示，无需对方当事人的同意，即可发生合同解除的效果。但是，解除合同的通知必须到达对方当事人，合同解除自到达对方当事人时生效。

如果当事人对合同解除权有争议的，一方当事人可向人民法院或仲裁机关提出解除合同的请求，由人民法院或仲裁机关予以确认。法律、行政法规规定解除合同应当办理批准、登记手续的，依其规定。

合同解除权的行使必须及时，法律规定或者当事人约定解除权行使期限，期限届满当事人不行使的，该权利消灭。法律没有规定或者当事人没有约定解除权行使期限，经对方催告后在合理期限内不行使的，该权利消灭。

合同解除权人可以自主决定选择行使合同解除权，或要求继续履行合同，也可以采取与对方协商的方式解决。

（三）裁判解除的程序

裁判解除只有在符合情事变更构成要件的情况下，一方当事人向人民法院提起诉讼或向仲裁机关申请仲裁，由人民法院或仲裁机关审理后，认为符合情事变更要件的，通过裁判予以解除。

四、合同解除的效力

合同解除的效力，是指合同解除后所产生的法律后果。我国《合同法》第97条规定："合同解除后，尚未履行的，终止履行；已经履行的，根据履行情况和合同性质，当事人可以要求恢复原状、采取其他补救措施，并有权要求赔偿损失。"

可见，合同解除的效力主要体现在以下几个方面。

（一）终止履行

终止履行，是合同解除的一般法律效果。无论何种类型的合同解除，均导致合同关系的消灭，合同未履行的，不论全部未履行或部分未履行，当事人都不再履行。

（二）恢复原状

恢复原状，是指合同当事人恢复到订约前的状态。合同解除后，已履行部分是否应恢复原状，就涉及合同解除是否有溯及力的问题。

合同解除有溯及力的，合同溯及成立时失去效力，发生恢复原状的法律效果；合同解除无溯及力的，已履行部分仍有效存在，合同仅向将来失去效力，当事人无需恢复原状。

在大陆法系中，合同解除是违约救济制度，为了保护非违约方的利益，法律规定合同解除具有溯及力。如《德国民法典》第346条规定："在合同中，一方保留解除权的，在进行解除时，当事人有义务相互返还受领的给付"。《日本民法典》第545条第1项规定："当事人一方行使解除权时，各当事人负有使相对人恢复原状的义务，但不得侵害第三人的利益。"英美判例及学说亦承认合同解除的溯及力，如英国法在解除合同时，允许当事人提起按所交价值偿还之诉，以便收回他所提供的财物或服务的代价。

我国《合同法》对合同解除的溯及力，作了较为灵活的规定。

第一，对于协议解除和约定解除，当事人可以约定合同解除有无溯及力，无约定时由人民法院或仲裁机关根据具体情况确定。

第二，单方行使解除权的，合同解除有无溯及力常常取决于解除权人的意志，解除权人可以要求恢复原状，也可以不要求恢复原状。

第三，根据合同履行情况和合同性质，确定合同解除有无溯及力。一般来讲，继续性合同解除后无溯及效力。继续性合同是指债务不能一次履行完毕，必须在一定持续的时间内完成的合同。如租赁合同，加工承揽合同，供用水、电、气、热力合同等，以物的用益为目的和以提供劳务为目的的合同，大都无法恢复原状。而非继续性合同，原则上有溯及效力。

合同解除有溯及力的，当事人可以要求恢复原状。原物存在的，应当返还原物及其孳息，并补偿因返还原物所支出的费用。原物不存在的，如原物是种类物，可以用同一种类物返还，如原物是特定物，可按解除时该物的价款返还。

（三）采取其他补救措施

合同解除无溯及力时，解除前的合同关系仍然有效。对当事人一方已经履行部分不能要求恢复原状。如果双方当事人各自的履行在数量上不对等，则只能采取其他措施予以补救，如运用不当得利请求权，偿还劳务或者物品使用的折价金额、偿还因毁损灭失等原因而不能返还的原物的价额等。

（四）赔偿损失

对于合同解除后是否发生损害赔偿责任，各国立法存在不同的三种立法例。

一是合同解除与损害赔偿不能并存。该观点认为，合同解除使合同溯及合同成立时无效，合同自始不存在，而损害赔偿以合同存在为前提。因此，当事人选择解除合同，就不能要求损害赔偿。解除合同与赔偿损失不能并存。《德国民法典》采取这种观点。

二是合同解除与债务不履行的损害赔偿可以并存。其理由是，债务不履行所发生的损害赔偿在合同解除前就已存在，不因合同的解除而丧失。在一方不履行合同时，另一方除了能够解除合同之外，还可以请求因债务不履行产生的损害赔偿。法国、日本、意大利采取这种观点。《日本民法典》第545条第3款规定："解除权的行使，不妨害损害赔偿的请求。"

三是合同解除与信赖利益的损害赔偿并存。该观点认为，合同解除与债务不履行的损害赔偿不能并存，但是，非违约方因此而遭受的因相信合同继续存在，而实际不存在所致的损害，即信赖利益的损害，应该予以赔偿。这种损害赔偿，既不是根据合同的债务不履行，也不是基于侵权行为，而是直接根据法律的规定。① 瑞士民法采取这种观点。《瑞士债法典》第109条规定"解除合同的一方可以拒绝履行其债务并要求返还其已作出的给付。此外，它可以请求因解除合同所遭受的损害赔偿，但债务人能证明其无过错的除外。"

我国法律一直承认合同解除与损害赔偿可以并存。如我国《民法通则》第115条规定："合同的变更和解除，不影响当事人要求赔偿损失的权利"。又如我国《合同法》第97条规定，合同解除后，当事人有权要求赔偿损失等。

合同因违约而解除时，不论合同解除是否有溯及力，非违约人均有权要求违约人赔偿不履行债务所致的损失和恢复原状所致的损失；如果合同系因不可抗力原因而解除的，当事人双方都不承担合同不履行的赔偿责任。但是，因一方迟延履行发生不可抗力而致不能履行的，迟延方仍应承担赔偿责任。发生不可抗力后，一方未及时采取补救措施的，应对扩大的损失承担赔偿责任。

合同因裁判而解除的，因双方当事人都不存在违约行为，无违约责任产生，但是因一方以自己遭受不利益为由要求解除合同，从而使对方当事人蒙受不利益的，应当向对方作出适当补偿。此种赔偿责任从性质上看，"非基于信任损害之责任，乃直接根据于情事变更原则之基本观念，即诚信原则是也。故与其谓损害赔偿，不若谓之损害之均分或补偿"。②

第九节　合同的终止

一、合同终止概述

（一）合同终止的概念

合同的终止，又称为合同的消灭，是指合同当事人双方之间的权利义务客观上不复存在。合同是有期限的民事法律关系，不能永久存续，合同目的的实现、法律的规定或当事人的约定，会导致合同关系的消灭。

---

① 王利明、崔建远：《合同法新论·总则》，中国政法大学出版社2000年版，第466～467页。
② 史尚宽：《债法总论》，中国政法大学出版社2000年版，第460页。

合同的终止与合同效力的停止不同。合同效力的停止，是指债务人基于抗辩权的行使，拒绝债权人的履行请求，以暂时停止债权的行使，一旦抗辩权消灭，债权人仍能继续行使债权。而合同的终止是合同权利义务的永久消灭。

合同终止不同于合同的变更。合同变更是合同内容的变化，变更后的合同不失合同的同一性，合同关系继续存在。合同终止则是合同权利义务客观上不复存在。

合同终止也不同于合同的解除。合同解除仅仅是合同终止的一种方式。

（二）合同终止的原因

合同终止的原因，是指能够引起合同债权债务消灭的法律事实。我国《合同法》第91条规定"能够引起合同权利义务终止的原因有：（1）债务已按约定履行；（2）合同解除；（3）债务相互抵消；（4）债务人依法将标的物提存；（5）债权人免除债务；（6）债权债务归于同一法律主体；（7）法律规定或当事人约定终止的其他情形。"归纳起来，合同终止的原因主要有三类：一是基于当事人的意思，如免除、抵消、解除等；二是基于法律的直接规定，如当事人的死亡、法人的终止等；三是基于合同目的达到，如清偿、混同等。

（三）合同终止的效力

1. 合同权利义务消灭

债权人不再享有合同债权，债务人也不再承担合同债务。同时，合同的从权利和从义务也一同消灭，如合同的担保、违约金债权、利息债务等。

2. 负债字据的返还或涂销

负债字据，又称为债权证书，是合同权利义务的书面证明。合同权利义务消灭后，债权人应当将负债字据返还给债务人或予以涂销。若债权人无法返还负债字据的，债权人应当向债务人出具债务消灭的字据。

3. 后合同义务的产生

后合同义务是指合同权利义务终止后，当事人依诚实信用原则而负有的作为或不作为义务。我国《合同法》第92条规定："合同的权利义务终止后，当事人应当遵循诚实信用原则，根据交易习惯履行通知、协助、保密等义务。"

二、清偿

（一）清偿的概念

清偿，是指债务人按照合同的约定向债权人履行义务，实现债权目的的行为。清偿使合同的目的实现，导致合同权利义务关系的消灭。

清偿与给付、履行的意义相同，都是对当事人完成债务行为的概括，只是从不同的角度对同一事物的不同表述。给付是债务人履行债务应为的特定行为；履行是合同效力的体现过程；清偿则是合同目的实现的法律后果。

关于清偿的性质，理论上存在不同的学说，主要有法律行为说、事实行为说和折衷说。笔者认为，清偿须有清偿的意思，欠缺清偿的意思，不发生合同终止的效果，因此，清偿应为法律行为。当给付行为是单纯的事实行为时，如劳务、不作为等，则清偿为单独行为，仅依债务人单方的清偿意思和给付行为，即可产生清偿的法律效果；如果给付需要债权人受领的，则清偿为合同行为。

（二）清偿主体

1. 清偿人

清偿人是清偿合同债务的人，包括债务人、债务人的代理人和第三人。债务人负有清偿的法定义务，故清偿原则上应为债务人，连带债务人、不可分债务人、保证债务人均包括在内。债务人的代理人在法律没有限制或当事人没有特别约定的情况下，可以以债务人的名义为清偿行为，同样可以实现清偿的目的和效果。

第三人清偿，又称为代位清偿，除法律有规定、当事人有约定或依合同性质必须由债务人本人履行的债务之外，债的清偿可由第三人为之。清偿的目的在于实现债的内容，由第三人履行，无害于债权人的债权，又对债务人有利，自无禁止的必要。

2. 清偿受领人

清偿受领人，是指受领债务人给付的人。债权人作为合同关系的权利主体，是合同清偿的当然受领权人。但在下列情况下，债权人不得受领清偿：（1）债权人已受破产宣告的。债权人一旦受破产宣告，即丧失对其财产的管理及处分权，其债权应由破产清算人受领；（2）债权已出质的。债权人的债权，如果已出质给他人，未经质权人同意，债权人不得受领清偿；（3）债权人的债权已被强制执行的。债权人的债权如被法院强制执行，就丧失受领清偿的权利。

除债权人以外，债权人的代理人、破产管理人、质权人、合法收据的持有人、指示证券的领取人等，都有权受领清偿。

（三）代物清偿

代物清偿，是指债权人受领债务人提供的他种给付，以代替原定给付，从而使债的关系消灭的行为。

代物清偿需要具备以下几个条件：（1）当事人间须有债权债务关系存在；（2）须有当事人间的合意；（3）须以他种给付取代原定给付；（4）须债权人现实地受领他种给付。

（四）清偿抵充

清偿抵充，是指债务人对同一债权人负担数宗同种类债务，而债务人的履行不足以清偿全部债务时，决定该履行抵充某宗或某几宗债务的现象。

清偿抵充必须具备以下要件：（1）必须是债务人对同一债权人负担数宗债务。（2）数宗债务的种类相同。种类不同者，自可依给付的种类确定系清偿何宗债务。（3）必须是债务人的给付不足以清偿全部债务，但至少是足以清偿一宗债务，否则，债权人可以拒绝其为一部清偿，也不发生抵充问题。

清偿抵充的方法可分为三种：（1）合同上的抵充。当事人之间就债务人的给付系抵充何宗债务有约定时，从其约定。（2）清偿人指定的抵充。如果当事人之间没有约定，则清偿人有权单方面指定其给付系清偿何宗债务。一旦指定，清偿人不得撤回。（3）法定抵充。清偿人不为指定或未为指定时，一些国家或地区的民法规定有抵充次序：其一，有已届清偿期的债务，应尽先抵充。其二，均已届清偿期或均未届清偿期者，以债务无担保或担保最少者尽先抵充；担保相等者，以债务人因清偿获益最多者尽先抵充；获益相等者以先到期之债务尽先抵充。其三，债务人因清偿获益相等而清偿期均相同时，各按比例抵充一部。

三、抵消

抵消，是指双方互负债务时，各以其债权充抵债务之清偿，而使其债务与对方的债务在对等额内相互消灭。

抵消的功能主要表现在以下几个方面：一是便利功能。抵消可免除相互的给付，降低交易成本；二是担保的功能。双方当事人互负债务时，当事人一方履行自己的债务后，不一定能得到对方的给付，尤其是对方欠缺支付能力甚至破产时，抵消可以使双方的债权债务消灭，担保双方债权的实现。

依据抵消产生的根据，可将抵消分为法定抵消与合意抵消两种。法定抵消由法律规定其构成要件，当要件具备时，依当事人一方的意思表示即可发生抵消的效力。法定抵消是单方抵消权，属于形成权。合意抵消是指按照当事人双方的合意所为的抵消。我国《合同法》第100条规定："当事人互负债务，标的物种类、品质不相同的，经双方协商一致，也可以抵消。"合意抵消，实际上是当事人订立以抵消债务为内容的合同，它重视当事人的意思自由，可不受法律规定的构成要件的限制。

（一）法定抵消的要件

1. 双方互负债务、互享债权

抵消目的是使双方债权在对等额内归于消灭，故以双方存在对立的债权为必要前提。任何一方当事人对于另一方既负有债务，同时又享有债权，只有债务而无债权或者只有债权而无债务，均不发生抵消问题。供抵消的债权，必须是有效存在的债权，其中，主动债权须具有强制履行的效力，不完全债权不能作为主动债权而抵消，否则无异于强制债务人履行不完全债务，如已届诉讼时效的债权，不能作为主动债权而抵消，但可以作为被动债权而抵消，在此场合，可认为债务人抛弃了时效利益。

2. 双方债务的给付种类、品质相同

抵消债务的标的物种类、品质必须相同，因为只有给付的种类、品质相同，通过抵消消灭债务才符合当事人双方的合同目的，否则，依任何一方的主动意思都无法公平确定可供抵消的债务数额，同时也不能满足当事人的合同利益。因此，能够进行抵消的债务，只限于种类之债，其中主要是金钱之债。种类、品质不相同的债务，可以通过合意抵消而消灭。

3. 必须是主动债权已届清偿期

因债权人通常仅在清偿期届至时，才可以现实地请求清偿。因此，只有债务已届清偿期，才发生抵消的问题。若未届清偿期也允许抵消的话，就等于请求债务人提前清偿，损害其期限利益。被动债权即使未届清偿期，在债务人抛弃期限利益时，则允许抵消。对于未定清偿期的债权，只要给予合理的准备期限，都可以抵消。

4. 依债的性质可以抵消

依照法律规定或者按照合同性质不得抵消的债务，一方当事人不得通知对方抵消。如法院有权扣留、提取被执行人应当履行义务部分的收入，但应保留被执行人及其所供养的家属的生活必需费用；查封、扣押、冻结、拍卖、变卖被执行人的财产，应当保留被执行人本人及其所供养家属的生活必需品；为防止诱发侵权行为，因侵权行为而发生的损害赔偿债权不能抵消。

（二）法定抵消的方法

我国《合同法》第 99 条第 2 款规定："当事人主张抵消的，应当通知对方。抵消权人将其抵消的意思表示通知对方，即可发生效力。"可见，抵消不能自动发生，须由抵消权人将抵消的意思表示通知对方，抵消方可生效。抵消不得附条件或者附期限，附条件或者附期限，使抵消的效力处于不确定的状态，不能达到抵消的效果，并有害于他人利益。

（三）法定抵消的效力

抵消使双方债务在对等数额内消灭。双方债务数额相等时，双方的债权债务全部消灭；双方的债务不相等时，数额少的一方的债务全部消灭，数额多的一方对抵消后的余额仍负清偿责任。

抵消使双方债务溯及到得为抵消时消灭。利息债务从得为抵消时消灭；从得为抵消时起，债务人不再发生给付迟延责任。

三、提存

（一）提存的概念

提存，是指由于债权人的原因而无法向其履行债务时，债务人将标的物交给提存部门而消灭合同的制度。

设立提存制度的目的，主要在于保护债务人，同时也兼顾了债权人的利益。债务的履行往往需要债权人的协助，如果债权人无正当理由而拒绝受领或者不能受领，债权人虽然应负担受领迟延责任，但债务人的债务却并未消灭，这对债务人是不公平的。通过提存，债务人将标的物交提存部门保存，以代替向债权人的给付，从而消灭债权债务；债权人也可向提存部门请求交付标的物，以实现自己的债权。

提存涉及三方当事人：提存人、提存受领人和提存机关。就提存人与债权人之间的关系而言，为私法上的法律关系，且提存的目的也在于消灭既存于债务人与债权人之间的合同关系，因而提存具有私法关系的因素。但提存部门为国家所设机关，接受提存标的物并为保管以及将提存物发还债权人，系公法上的义务，故提存又具有公法上的法律关系的因素。

（二）提存的要件

1．提存的主体适格

提存的主体，又称提存的当事人，包括提存人、提存受领人和提存部门。提存受领人，是合同债权人。提存部门，我国目前的提存部门是公证机关。提存人，是指为履行给付义务或担保义务而向提存部门申请提存的人，是提存之债的债务人，第三人不能作为提存人。因为提存是一种民事法律行为，所以需要提存人在提存时具有民事行为能力，并且此时所为的提存意思表示须真实。

2．有合法的提存原因

我国《合同法》第 101 条第 1 款规定："有下列情形之一，难以履行债务的，债务人可以将标的物提存：（一）债权人无正当理由拒绝受领；（二）债权人下落不明；（三）债权人死亡未确定继承人或者丧失民事行为能力未确定监护人；（四）法律规定的其他情形。"

3．提存的标的物符合要求

提存标的必须与合同标的相符，否则，不发生提存的效力。提存的标的物，以适于提存者为限。标的物不适于提存或者提存费用过高的，债务人依法可以拍卖或者变卖标的物，提存所得的价款。提存的标的物可以是货币、有价证券、票据、提单、权利证书、货物等，动产和不动产都可以提存。

（三）提存的效力

1．债务人与债权人之间的效力

自提存之日起，债务人与债权人之间的合同权利义务终止，债权人不得再向债务人请求履行合同。标的物提存后，毁损、灭失的风险的承担由债务人转移到债权人。提存期间，标的物的孳息归债权人所有。

2．债务人与提存机关之间的效力

债务人与提存机关之间的合同，称为提存合同，性质上属于为第三人利益的保管合同。提存部门有保管提存标的物的权利和义务。提存部门应当采取适当的方法妥善保管提存标的物，以防毁损、变质或灭失。对不宜保存的，提存受领人到期不领取或超过保管期限的提存物品，提存部门可以拍卖，保存其价款。

提存后，提存人可以凭人民法院生效的判决、裁定或提存之债已经清偿的公证证明取回提存物。提存受领人以书面形式向公证处表示抛弃提存受领权的，提存人得取回提存物。提存人取回提存物的，因提存和取消提存产生的费用应由提存人负担。

3．提存机关与债权人之间的效力

债权人可以随时领取提存物，但债权人对债务人负有到期债务的，在债权人未履行债务或者提供担保之前，提存部门根据债务人的要求应当拒绝其领取提存物。债权人领取标的提存物的权利，自提存之日起 5 年之内不行使而消灭，提存物扣除费用后归国家所有。提存机关有妥善保管提存物的义务。因提存机关保管不善致使提存标的物毁损、灭失的，提存机关应当向债权人承担赔偿责任。除当事人另有约定的以外，提存费用由债权人负担。

四、免除

（一）免除的概念

免除，是指债权人以消灭债务人债务为目的的抛弃债权的意思表示。我国《合同法》第 105 条规定："债权人免除债务人部分或者全部债务的，合同的权利义务部分或者全部终止。"

（二）免除的性质

1．免除为单方法律行为

免除债权由债权人单方为意思表示即可生效，故免除是单方法律行为。免除虽可由一方为意思表示而生效，但也不排除债权人与债务人订立免除合同，从而免除债务人的债务。

2．免除是处分行为

免除是对债权的抛弃，决定着债权的命运，因此，免除为处分行为，以债权人有相应的行为能力为前提。无民事行为能力人免除他人债务须有法定代理人的同意，限制行为能力人免除他人债务是否须法定代理人的同意应当视具体情况而定。无处分权者不得免除他人债务。

3．免除为无偿行为

虽然免除的原因可以是有偿，也可以是无偿。如有的为赠与，有的为对等给付，也有的为和解，但免除本身则是无偿的。债务人无须为免除债务而支付对价。

4．免除为不要式行为

免除须有债权人抛弃债权的意思表示。免除的意思表示应当告知债务人或者告知其代理人。但免除的意思表示不需要特定的方式，无论以书面形式或口头形式，或者以明示或默示为之均可。

5．免除为无因行为

免除仅依债权人单方的免除债务的意思表示而生效。免除的原因各种各样，但原因的无效或消灭并不影响免除行为的效力。

（三）免除的效力

免除发生债务绝对消灭的效力。免除全部债务时，全部债务绝对消灭；免除部分债务时，部分债务消灭。主债务因免除而消灭的，从债务也同时归于消灭。免除不得损害第三人的合法权益。例如，已就债权设定质权的债权人不得免除债务人的债务，而以之对抗质权人。

五、混同

（一）混同的概念

混同，是指债权和债务同归一人，致使合同权利义务关系消灭的事实。我国《合同法》第106条规定："债权和债务同归于一人，合同权利义务终止，但涉及第三人利益的除外。"

混同性质上属于民事法律事实中的事件，本身并非行为。无须有任何意思表示即发生合同之债消灭的效果。

（二）混同的原因

债权债务的混同，包括概括承受与特定承受二种。

概括承受是发生混同的主要原因。例如企业合并，合并前的两个企业之间有债权债务时，企业合并后，债权债务因同归一个企业而消灭。

特定承受，系指债务人由债权人受让债权，债权人承受债务人的债务。从而发生混同，合同关系消灭。

（三）混同的效力

混同导致合同权利义务的绝对消灭，并且主债权消灭，从债也随之消灭。但混同涉及第三人利益时，对第三人的合法利益应给予保护。

第十节　违约责任

一、违约责任的概念和特征

（一）违约责任的概念

违约责任，是指合同当事人不履行合同义务或者履行合同义务不符合约定时所承担的法律后果。我国《合同法》第107条规定："当事人一方不履行合同义务或者履行合同义务不符合约定的，应当承担继续履行、采取补救措施或者赔偿损失等违约责任。"

（二）违约责任的特征

1. 违约责任是违反有效合同的责任

违约责任，是违反有效合同而承担的责任。违反无效合同、被撤销的合同以及效力未定的合同未被追认时均不产生违约责任。违约责任是合同当事人违反合同义务的法律责任。如果当事人违反的不是合同义务，而是法律规定的其他义务，则应负其他责任。如行为人违反了侵权法所规定的不得侵害他人财产和人身的义务，造成对他人的损害，则行为人应负侵权责任。如当事人在订约阶段，违反了依诚实信用原则产生的忠实、保密的义务，造成另一方信赖利益的损失，则将产生缔约上的过失责任。

2. 违约责任是单纯的财产责任，不包括人身责任

违约责任在历史上曾包括人身责任和财产责任。在古罗马，债务人不清偿债务的，债权人可以对债务人拘捕、拘禁，甚至处死；我国古代对债务不履行者，也实行"以身为奴、抵偿债务"和"责令以力折酬"的责任形式。到了现代社会，违约责任已不包括人身责任，而成为单纯的财产责任。因为，合同的目的往往仅具有经济内容，通过承担财产责任，即可使债权人受损害的权利得到补偿，从而实现违约责任的目的。

3. 违约责任可以由当事人约定，具有任意性

即当事人可以在法律规定的范围内，对一方的违约责任作出事先的安排。根据《合同法》第114条的规定，"当事人可以约定一方违约时应当根据违约情况向对方支付一定数额的违约金，也可以约定因违约产生的赔偿损失额的计算方法"。此外，当事人还可以设定免责条款以限制和免除其在将来可能发生的责任。

4. 违约责任具有相对性

合同的相对性决定了违约责任只能发生在特定的合同当事人之间。合同关系以外的第三人，不承担违约责任，合同当事人也不对其承担违约责任。

5. 违约责任具有补偿性

违反合同的当事人一方承担违约责任，主要目的在于消除由于其违约而给合同履行带来的不利影响，赔偿对方当事人因此所受到的经济损失。因此，违约责任主要应体现补偿性。当然，强调违约责任的补偿性不能完全否认违约责任所具有的制裁性。在债务人不履行合同时，强迫其承担不利的后果，本身就体现了对违约行为的制裁。

二、违约责任的构成要件

违约责任的构成要件，是指合同当事人承担违约责任须具备的条件。违约责任的构成要件可分为一般构成要件和特殊构成要件。所谓一般构成要件，是指违约当事人承担任何违约责任形式都必须具备的要件。所谓特殊构成要件，是指各种具体的违约责任形式所要求的责任构成要件。例如，赔偿损失责任构成要件包括损害事实、违约行为、违约行为与损害事实之间的因果关系等。

根据我国《合同法》第107条规定，违约责任采用严格责任原则，严格责任原则要求：当事人违约即构成违约责任，除非有免责的事由。据此，违约责任的一般构成要件有两个：其一，有违约行为；其二，无免责事由。当事人未按合同履行，但有免责事由，则不承担违约责任；未按合同履行，无免责事由则要承担违约责任。有无免责事

由，由违约人举证。违约责任采用严格责任原则，是基于合同严守原则和合同的相对性的要求，有利于促使合同当事人认真履行合同义务，保护非违约一方的合法权益。

我国《合同法》主要适用严格责任原则，但《合同法》中有具体规定时，适用过错责任原则。例如，《合同法》第189条规定："因赠与人故意或者重大过失致使赠与的财产毁损、灭失的，赠与人应当承担损害赔偿责任。"《合同法》第222条规定："承租人应当妥善保管租赁物，因保管不善造成租赁物毁损、灭失的，应当承租损害赔偿责任。"《合同法》第265条规定："承揽人应当妥善保管定作人提供的材料以及完成的工作成果，因保管不善造成毁损、灭失的，应当承担损害赔偿责任。"《合同法》第374条规定："保管期间，因保管人保管不善造成保管物毁损、灭失的，保管人应当承担损害赔偿责任，但保管合同是无偿的，保管人证明自己没有重大过失的，不承担损害赔偿责任。"等等。

三、违约行为的形态

（一）预期违约

预期违约是指在合同履行期限到来之前，合同一方当事人没有正当理由明示或默示表示将不履行合同，包括明示预期违约和默示预期违约。明示预期违约是指在合同履行期限到来之前，合同一方当事人没有正当理由而明确肯定地向另一方表示将不履行合同义务；默示预期违约是指在合同履行期限到来之前，合同一方当事人以自己的行为表明不履行合同义务。一方预期违约的，另一方可以在履行期限届满之前要求其承担违约责任。

（二）实际违约

实际违约，又称为届期违约，是指在合同履行期限到来之后，当事人不履行或不完全履行合同义务。实际违约包括不履行和不适当履行。

四、违约责任的免责事由

违约责任的免责事由，是指法律规定的或当事人约定的免除违约当事人承担违约责任的情况。我国《合同法》规定的免责事由包括如下几种情形：

1. 不可抗力

不可抗力是指不能预见、不能避免并不能克服的客观情况。因不可抗力不能履行合同的，根据不可抗力的影响，部分或全部免除责任，但法律另有规定的除外。当事人迟延履行后发生不可抗力的，不能免除责任。发生不可抗力后，不能履行合同的当事人一方应当及时通知对方，以减轻可能给对方造成的损失，并应当在合理期限内提供证明。

2. 免责条款

免责条款，是指当事人双方在合同中事先约定的，可以免除其违约责任的条款。免责条款应当由当事人在合同中明确约定，并且不能违反法律的规定。提供格式条款一方免除其责任、加重对方责任、排除对方主要权利的，该条款无效。免除造成对方人身伤害或者免除因故意或者重大过失造成对方财产损失的责任的免责条款无效。

3. 法律规定的其他免责事由

法律规定的其他免责事由，主要是对某类具体合同的违约责任所作出的特别规定。

五、违约责任的形式

（一）继续履行

继续履行，又称为实际履行，是指在合同当事人一方不履行合同义务或者履行合同义务不符合约定时，违约方承担的按合同约定履行合同的责任。合同当事人一方未履行金钱债务的，对方可以要求其继续履行，支付价款或报酬；合同当事人一方未履行非金钱债务或者履行非金钱债务不符合约定的，对方也可以要求继续履行，但有下列情形之一的除外：（1）法律上或事实上不能履行；（2）债务的标的不适于强制履行或者履行的费用过高；（3）债权人在合理的期限内未要求履行。

（二）赔偿损失

赔偿损失，是指违约方因违约行为而给对方当事人造成损失时，应承担赔偿对方当事人所受损失的责任。赔偿损失是一种最基本的违约责任形式，它以损害事实的存在为前提，没有损害，就没有赔偿。赔偿损失一般为金钱赔偿，特定情况下也可用其他物代替金钱作赔偿。损失赔偿额应当相当于因违约所造成的损失，包括合同履行后可以获得的利益，但不得超过违反合同一方订立合同时预见到或者应当预见到的因违反合同可能造成的损失。当事人一方违约后，对方应当采取适当措施防止损失的扩大，没有采取适当措施致使损失扩大的，不得就扩大的损失要求赔偿。当事人因防止损失扩大而支出的合理费用，由违约方承担。

（三）支付违约金

违约金是指当事人在合同中约定的一方违反合同时应向对方支付的一定数额的款项。违约金具有补偿性和惩罚性双重属性。违约金是由当事人协商确定的，当事人可以约定违约金的数额，也可以约定违约金的计算方法。当约定的违约金低于造成的损失时，当事人可以请求人民法院或者仲裁机构予以增加；当约定的违约金过分高于造成的损失时，当事人可以请求人民法院或者仲裁机构予以适当减少。

（四）定金罚则

所谓定金，是指合同当事人为了担保合同债权，依照法律的规定或合同的约定，由一方在合同履行前预先给付对方的金钱。定金既是一种担保方式，也是承担违约责任的一种形式。定金应当以书面形式约定，定金合同从实际交付定金之日起生效。定金的数额由当事人自由约定，但不得超过合同标的额的 20%。债务人履行债务后，定金应当抵作价款或者收回。给付定金的一方不履行约定的债务的，无权要求返还定金；收受定金的一方不履行约定的债务的，应当双倍返还定金。当事人既约定违约金，又约定定金的，一方违约时，对方可以选择适用违约金或者定金条款。

第七章 公司法

第一节 公司与公司法概述

一、公司的概念和特征

（一）公司的概念

公司是世界性的经济组织形式。由于各国法律文化及公司制度的差异，各国对公司概念的表述也不完全相同。

在英美法系国家，公司是指两个或两个以上的主体为了共同的目的而组建的一种组织，可以以营利为目的，也可不以营利为目的，但这种形式主要使用于合伙难以胜任的情况。[①]英美法系的国家在学理上强调公司是有别于合伙的一种经济组织。

在大陆法系国家，公司是指依法定程序设立的以营利为目的的社团法人。大陆法系公司的概念认为公司的本质是一种社团法人，而且是一种以营利为目的的社团法人。

尽管英美法系与大陆法系对于公司的定义有所不同，但共同点在于都确认了公司是由两个或两个以上的股东出资组成的以营利为目的的企业法人。虽然我国公司法中规定了国有独资公司和一人公司这些特殊的公司形式，但从总体上并未抛弃传统的公司概念。

总结各个国家的公司概念，我们可以把公司的概念从学理上概括为：公司是指依法设立的以股东投资为基础，以营利为目的的企业法人。

（二）公司的特点

1. 营利性

公司是以营利为目的的一种经济组织。所谓营利是指通过某些经营活动获得利润，以较少的投入获得较多的收益。营利性是属于公司的本质特征之一。公司营利性的含义有两层：第一，投资人设立公司的目的是为了获得利益，获得投资回报。事实上公司是股东借以谋求和实现自身利益的工具，因此股东必然要求公司要最大限度的追求利润。尽管有的公司以经营亏损乃至于最终

---

① 《牛津法律大词典》，光明日报出版社 1988 年版，第 188 页。

破产而告终，但并不因此而丧失投资人设立公司的目的性是为了获得利益。第二，公司应连续从事同一性质的经营性活动。公司作为以营利为目的的经济组织，必须有连续不断的经营性活动，并且其从事的经营活动必须有固定的内容，即有确定的经营范围。公司的营利性使其区别于以行政管理为目的的国家机关和不以营利为目的的公益性社团法人。

2. 法人性

各国的公司法都赋予公司特别是有限责任公司和股份有限公司以法人地位。民法中确立了法人制度，而公司是法人制度的最典型形态，法人性是公司的重要特征。

公司作为法人必须符合以下特点：第一，必须依法设立。要想取得公司法上的法人人格，必须按照公司法上的条件和程序进行公司的设立和登记，这是各国公司法共同规定取得公司人格的必要途径。第二，公司必须有自己独立的财产。公司的财产来自公司的股东，公司的股东一旦把自己的财产投资到公司，就丧失了对该财产的所有权，而把财产的所有权置换成了股权。而公司通过股东的投资则获得了公司的财产，我国公司法中将其称为公司的法人财产权[①]。第三，公司独立承担民事责任。公司应以其独立的法人财产对外独立承担相应的民事责任，这是公司独立性的集中表现。公司的全部法人财产不仅包括由股东投资形成的全部资本，而且还包括资本在运营过程中形成的新增价值部分。公司财产责任的独立性还表现在股东不对公司的任何债务直接承担责任，股东仅以其出资额为限对公司承担责任。各国公司法都确认了股东与公司两个不同的权利主体和责任主体。但世界一些国家并不排除在特定的情况下可以揭开公司面纱，由股东直接承担公司的债务。由于公司独立以其法人财产承担经营的责任，所以公司在资不抵债时，可以宣告破产。

3. 社团性

社团性是指公司作为社团法人应为人的结合，其股东应具有多元性，至少在两人以上。公司的社团性强调公司是以人的集合为基础而成立的一种组织，故公司又被称为联合体或共同体[②]。有些学者认为随着一人公司的地位逐渐被许多国家所承认，公司已逐渐丧失其社团性特点[③]。而有些学者认为无论从公司的本质还是从各国的公司法立法看，公司都应该是一种社团，否则就容易把公司与独资企业混同起来，从而也就失去了公司作为特殊组织形态存在的必要[④]。

无论从公司的本质看，还是从各国公司法的规定看，公司都应当是一个联合体。就联合的主体而言，可以是法人与法人之间的联合，也可以是法人与自然人之间的联合；就联合的对象而言，可以是货币资金与实物财产的联合，也可以是工业产权与货币资金等的联合。正是公司的社团性，才确定了公司作为企业特殊组织形态的存在及其丰富多彩的内容。

---

① 我国《公司法》第3条规定："公司是企业法人，有独立的法人财产，享有法人财产权。公司以其全部财产对公司的债务承担责任。"

② 赵旭东主编：《公司法学》，高等教育出版社2003年版，第6页。

③ 江平主编：《新编公司法教程》，法律出版社出版1994年出版，第24页。

④ 石少侠著：《公司法》，吉林出版社出版1996年版，第6页。

二、公司的沿革和作用

（一）公司的历史沿革

1. 公司组织的历史演进

公司是商品经济发展到一定阶段的产物，公司出现之前，从事商业活动的除单个的个人而外，主要的是独资企业和合伙组织。公司萌芽于欧洲中世纪，形成和发展于商品经济高度发达的资本主义。在欧洲的中世纪，以意大利的威尼斯、佛罗伦萨、米兰为代表的地中海沿岸曾是世界贸易的中心。发达的商业和贸易促进了许多新的经济组织的出现，同时也有了公司的雏形。公司的初始形态是家族性的企业和一种称为康孟达的组织。家族企业起源于个体商人，当个体商人死后，要发生继承关系，为了防止因继承分割财产而毁掉个体商人的基业，其继承人往往并不采取分家析产的办法，而是采取共同继承的办法对原有企业进行共同经营和共同管理。为此便出现了一种以血缘为纽带由数人共同经营的家族式企业。最早的家族企业是一种合伙型企业，以后随着血缘的疏远和人身关系的减弱以及资本因素的增加，一些家族企业逐渐演变为无限责任公司。而康孟达最初只是一种合伙经营制度。他起源于中世纪航海经济的需要，随着东西方贸易的加强和西方对东方货物需求的扩大，以贩卖东方香料、茶叶、瓷器等为主的航海贸易日趋发达。但这种获益颇丰的航海事业风险很大而且需要很多资金，航海人自己的实力很难实现。另一方面一些封建主和一些新兴的商人拥有大量的财富，而根据基督教的教义又不能放贷和收取利息，因此，以一种隐名为特征的康孟达组织便产生了。康孟达由出资者和经营者组成，对于单纯投资而不直接进行经营的人而言，他只以自己的出资对外承担责任，即是出资人承担有限责任。而经营者则全权负责对合伙事务的管理，并且需用自己的全部财产对合伙事务承担无限连带责任。这一制度以后逐步演变为隐名合伙和两合公司。

到了 17 世纪，欧洲海上强国兴起，为了贸易和殖民的需要，英国、荷兰等北欧各国相继成立了带有股份性质的企业组织形式。如 1600 年英国成立东印度公司，在创建之初就将 6.8 万英镑的资本总额平均分成数额相等的若干股份，每股金额相等，股东以自己的股份数对公司的债务承担责任，这就是股份公司的最早形态。到了 19 世纪，随着蒸汽机的发明和科学的进步，兴办一些企业需要大量的资金，特别是铁路、冶金、化工等大工业的出现，更使单个的资本无力单独承受。从而为股份公司的发展提供了适合的土壤。正如马克思所言，股份公司的成立使"生产规模惊人地扩大了，个别资本不可能建立的企业出现了"。"假如必须等到积累去使某些单个的资本增长到能够修建铁路的程度，那么，恐怕直到今天世界上还没有铁路。但是，集中通过股份公司转瞬之间就把这件事完成了"。到了 19 世纪末，德国为了经济发展的需要，吸取了无限公司和股份公司各自的优点首创了有限责任公司制度，并很快为世界各国所效仿。至此，较为完备的公司制度得以形成。

2. 国外公司法的发展

各国公司制度的演进和完善，有赖于各国的公司立法。最早的公司成文法首推 1673 年法国路易十四时期的陆上商事条例，该条例规定了有关无限公司和两合公司的制度。拿破仑上台后于 1807 年以商事条例为蓝本制定了法国商法典，该法典在原有商事条例的基础上还规定了股份公司制度。为了弥补商法典的不足，法国于 1867 年颁布了股份公司法，于 1925 年颁布了有限责任公司法。1940 年法国对上述公司法作了重要的修改。上世纪 60 年代，法国政府下决心摒弃对旧法修修补补的方法，而采取重新制定公司法的方法，在参考日本、德国、英国等国的公司立法的基础上，于 1966 年 7 月 24 日公布了新的公司法，即法国现行公司法。德国、日本有关公司的规定主要体现在商法中。德国最先创立有限责任公司形式，因而其在 1892 年制定了有限责任公司法，又于 1937 年制定了股份法。日本在明治维新后大力开展了近代法典的编撰工作，1890 年日本公布的商法中第六章为公司法，1899 年的新商法的第二章是规范公司的内容，1911 年又对商法中的公司篇的内容作了较大的修正，涉及条文达一百多条。1938 年日本又依照最新欧美公司法对其公司法作了大的修订，同年公布了有限责任公司法。除商法中的公司篇和有限责任公司法而外，日本还公布了商法特例法、商法登记法、附担保公司债信托法等单行法。

与大陆法系国家不同，英国、美国调整公司关系的法律主要是单行法。英国最早的公司法颁布于 1862 年，以后分别于 1908 年、1929 年、1948 年陆续颁布了新的公司法。英国现行的公司法是以 1948 年的公司法为骨干，以 1967 年、1976 年和 1980 年的修正条款为补充构成的。此外 1963 年的股份转让法、1958 年的防止欺诈投资法、1949 年的公司清理规则等法规也是公司法中的重要组成部分。而在美国，有关公司的立法权属于各州，为了协调各州的公司法，联邦法制委员会于 1928 年制定了统一商事公司法（示范法），并于 1950 年由全国律师协会制定了标准公司法，该法现为美国大多数州立法所采用。

3．我国公司的产生与发展

在我国最早出现的公司是在清末洋务运动时成立的如招商局一类的企业，虽然其名称为局，但其组织形式为现代公司。1903 年清廷颁布的公司律是我国最早的成文公司法。该法共 131 条。中华民国成立后，于 1914 年在清公司律的基础上颁布了公司条例。

新中国成立后，我国公司制度的发展大体上沿着苏联经济的模式发展。社会主义改造完成之后，在西方国家普遍存在的公司形式就不复存在了，存在的叫做"公司"的企业事实上不是以营利为目的。1979 年我国开始实行对外开放，相继出现了一些公司。1979 年我国制定了中外合资经营企业法，规定中外合资企业的组织形式是一种有限责任公司。1988 年我国颁布了私营企业条例。首次将企业按其组织形式的不同划分为独资企业、合伙企业和有限责任公司。1992 年 5 月 15 日国家体改委、国家计委、财政部等联合发布股份制企业试点办法，国家体改委颁布了股份公司规范意见和有限责任公司规范意见。1993 年 12 月 29 日我国颁布了具有历史意义的《中华人民共和国公司法》，该法于 2005 年 10 月 27 日进行了一次大幅度的修订。

（二）公司的作用

1．便于资本集中

公司是筹集资金最有效的企业形式。公司这方面的作用在股份公司表现最明显。公司筹集资金的方式多样，比如包括向银行贷款及发行债券以及发行股份等，但在这些方式中股份筹资有明显的优越性。首先，股份融资成本低。企业无论是发行债券还是向银行贷款都要到期还本付息。而公司通过股份筹资则无还本付息的压力，公司对资金的使用具有永久性，除非公司解散。其次，股份筹资手段灵活。公司筹资可根据不同的情况发行不同的股票，可以发行普通股和优先股，也可以发行可转换公司债。第三，股份筹资的规模大、速度快。公司发行股票首先要公开招股说明书，可将愿意进行投资的社会闲散资金迅速地集聚到一起。另外股份集资的基本单位小，出资的股东范围广，股东分散，承担的风险相对小，因此筹资相对容易。第四，股份融资转让方便。股份以有价证券的方式存在，股票可以在股票市场上流通和转让。当公司经营不好时，投资者可在股票市场上通过转让股票而收回投资，再根据情况另作投资，这对促进生产要素的流动很有好处。

2．有利于形成合理的产权结构

在市场经济条件下，企业必须要有明确的产权。公司制度中设立的两种主体和两种权利为我国国有企业改制提供了一种可供选择的方法。公司的法人财产来源于股东，但公司法人财产又与股东的个人财产相区别，股东不能直接管理公司的经营活动。而公司通过登记取得公司法律人格，公司将从事具体的经营活动来实现公司的营利目的。公司拥有股东投资所形成的独立法人财产，任何主体包括股东在内对于公司的法人财产都不能随意进行处理。在公司中股东的股权与公司的法人财产权相分离，股东再不能占用公司财产和处分公司的财产，公司成为真正意义上的企业法人。

3．有利于企业的科学管理

公司有其独特的内部组织管理机构，形成相互协调相互制约的内部管理机制。具体表现为：其一，所有权与管理权相分离。股东会作为公司的最高权力机构，选举产生董事会，由董事会行使公司的生产经营决策权。公司还要设立监事会，依法对董事会和公司经理以及财务负责人进行监督。其二，决策权与执行权相分离。董事会是公司的最高决策机构，负责对公司的生产规模、投资安排、资金筹划及重要职员的任免等重大事项做出决策，由行政管理职能的经理具体执行，使企业管理成为一项专门的科学从而有利于加强企业的科学管理。

三、公司法的概念与特点

（一）公司法的概念

公司法是调整公司在设立、组织、经营过程中和解散时所发生的社会关系法律规范的总称。事实上公司法是调整公司对内对外关系的法律。

公司法有形式意义上的公司法和实质意义上的公司法之分，形式意义上的公司法是指各个国家直接以公司法命名的法律，而实质意义上的公司法是指公司法律规范总称意义上的公司法，是商法中的重要法律部门。

（二）公司法的特点

（1）从公司法内容上看公司法是一部组织法与行为法相结合的法律。公司法以调整公司的组织关系为主要内容，同时也调整与公司组织关系密切相关的活动。公司法既要规定公司的组织机构如何设立和组织机构之间的职权划分，又要规定公司在存续期间如何开展经营活动。

（2）从公司法的体例上看公司法是一部实体法与程序法相结合的法律。公司法一方面规定股东及公司组织机构之间的权利义务关系，规定公司的经营活动，另一方面规定公司如何设立、公司变更、公司解散清算等程序问题。公司法把这两者有机地结合在一起，有利于法的实施和操作。

（3）从公司法的规范性质上看公司法是一种强制性规范与任意性规范相结合的法律。公司法作为组织法主要表现为强制性规范，以维护商事活动中交易的安全；公司法在突出强制性规范的同时也包含一些任意性规范，从一定程度上体现股东和公司的意愿。对于这一特点有人称之为商法的二元性，也有人称之公司法具有私法的公法化[①]。

（4）从公司法确认的规则看公司法是具有一定的国际性特征的国内法。尽管各国的政治制度和法律体制千差万别，但由于经济活动具有共性和规律性，加之国际经济一体化趋势的逐步形成，各国公司法在保留其个性的同时必须概括出公司的共同组织原则和活动规则。因而公司法尽管属于各国的国内法但具有国际趋同性。所以我国在公司法制定和修改过程中大量借鉴和吸收了西方发达国家公司法的立法经验。

第二节　公司的种类

一、公司的分类

（一）人合公司、资合公司及人资两合公司

依公司设立的信用基础为标准可以把公司分成人合公司、资合公司以及人资两合公司。凡是公司的经营活动侧重股东个人条件的是人合公司。这类公司设立的信用基础是股东个人的信用，而不在于公司资本的多少，在这类公司中股东要对公司债务承担无限连带责任。最典型的人合公司是无限责任公司。公司设立的信用基础侧重于公司的资本数额是资合公司。这类公司的信用基础是公司的资本而非股东的个人信用。在这类公司中股东之间无需要相互了解，具有大众化和社会化的趋势，这类公司最典型的形态是股份有限公司。凡公司的经营活动兼具人的信用和资本信用两个方面，即为人合兼资合的公司。通常认为这种公司的典型形态是有限责任公司。

（二）公司的组织形式和股东承担的责任不同为标准可以把公司分为五种公司

1．无限责任公司

无限责任公司是指由两个以上股东组成的，股东对公司债务承担无限连带责任的公司。无限责任公司具有浓厚的合伙性质。

2．两合公司

两合公司是指由一个以上的无限责任股东与一个以上的有限责任股东所组成的公司。

3．股份两合公司

股份两合公司是指以一部分承担无限责任的股东和另一部分承担有限责任的股东所组成的公司。

4．股份有限公司

股份有限公司是指公司注册资本由等额股份组成，股东以其所持股份为限对公司债务承担责任，公司以其全部资产对公司债务承担责任的企业法人。

---

① 　江平主编：《新编公司法教程》，法律出版社 1994 年版，第 3 页。

5. 有限责任公司

有限责任公司是指由两个或两个以上的股东组成的股东以其出资额为限对公司债务承担责任，公司以其全部财产对公司债务承担责任的企业法人。

（三）本国公司、外国公司及跨国公司

依公司的国籍为标准可以把公司分为本国公司、外国公司以及跨国公司。

本国公司是指按照某国公司法的国籍标准规定属于本国的公司。公司国籍确认的方法主要有四种：（1）准据法；（2）股东国籍法；（3）设立行为地法；（4）住所地国籍法。我国对公司国籍的确认标准主要是准据法与住所地法相结合。

外国公司是指依照外国法律设立的公司。各国对外国公司的成立和活动都有专门的规定，允许外国公司在其境内开展业务，享有与本国公司相同的权利能力和行为能力，但其业务范围要加以限制。

跨国公司是指以一国为基地，在世界不同的国家和地区设立分公司和子公司，从事国际性生产经营的经济组织。跨国公司在法律上不是一个独立的实体，其内部关系主要表现为母公司与子公司、总公司与分公司之间的关系，在各国公司法中均没有专门的法律规定。

（四）母公司和子公司

依公司的从属关系为标准可以把公司分为母公司和子公司

按照一个公司对另一个公司的控制关系可把公司分成母公司和子公司。母公司是一种控制性的公司，有时又称为控股公司，凡是积极拥有另一公司半数以上股份并且直接掌握其经营的公司就是母公司。母公司和控股公司的概念很相近，有时通用。但控股公司仅指控制另一公司半数以上股份的公司，并不一定直接参加子公司的业务活动，而母公司则直接掌握子公司的经营业务。

子公司是指半数以上股份受其他公司控制的公司。母公司对子公司的控制可以是实际控制，实际控制可以无须掌握半数以上的股份。

我国《公司法》第 14 条第 2 款规定，"公司可以设立子公司，子公司具有法人资格，依法独立承担民事责任"。因此，子公司必须是完全具备公司法规定的设立条件和组织机构的有限责任公司或股份有限公司，母公司是以其出资方式或所持股份为限对子公司承担责任，子公司作为独立的法人以其全部资产对债务承担责任。

母公司与子公司可以形成企业集团关系或关联企业关系。企业集团或关联企业的法律地位在公司法中没有规定，公司法通常只是规定单个公司的法律地位，而不规定多个公司相互间的法律地位。

（五）本公司和分公司

依公司之间的管辖关系为标准可以把公司分为本公司和分公司。

本公司也称总公司，是管辖其全部组织的总机构。关于公司业务的经营、资金的配制、财产的调度、人事安排，均由本公司统一指挥决定。分公司是指本公司所管辖的分支机构，分公司不具有独立的法人资格。我国《公司法》第 14 条第 1 款规定："公司可以设立分公司，分公司不具有法人资格，其民事责任由公司承担。"因此分公司不具有公司的组织形式，它无需按公司设立条件去设立，也没有自己的股东会、董事会、监事会，也没有自己的法定代表人。分公司虽然不具有法人资格，但他可以向公司登记机关进行登记，领取经营执照，仍然具有经营资格。

（六）子公司与分公司的比较

在上述分类中，子公司与分公司之间是有区别的，它们之间的区别主要体现在以下几个方面：

（1）主体资格不同。子公司具有独立的主体资格，享有法人的主体地位；而分公司不具有法人资格，不是独立的商事主体，仅仅是本公司的分支机构。

（2）财产关系不同。在财产结构上，子公司大部分财产受到母公司的控制，但子公司仍有属于子公司独立的法人财产；而分公司的财产则全部属于本公司，分公司的财产是本公司不可分割的组成部分。因此分公司不存在独立的法人财产，而子公司的财产则具有完全的独立性。

（3）意志关系不同。子公司是独立的法人，其意志是独立的，尽管母公司对子公司的经营活动有控制和制约，但母公司对子公司的经营活动不能进行直接的实际操作；而分公司作为本公司的分支机构，其业务的执行，资金的调度完全受制于本公司，本公司与分公司之间是一种管理与被管理的关系。

（4）财产责任不同。分公司作为独立的法律主体，自主经营，独立核算，其一切经营后果包括财产责任均完全由自己承担；而分公司作为非独立主体，没有自己独立的财产，也没有自己独立的意志，因此其经营后果应当归属于本公司，因此而产生的财产责任亦由本公司承担。

二、有限责任公司

（一）有限责任公司的概念

有限责任公司又称有限公司，是指由符合法定人数的股东依法组成的股东仅以出资额为限对公司的债务承担责任，公司以公司的全部财产对公司的债务承担责任的一种公司形式。

在所有公司中，有限责任公司的形式出现最晚，在立法上最早见于 1892 年德国颁布第一部有限责任公司法，接着世界上很多国家都纷纷效仿德国颁布各自的有限责任公司法，逐步使有限责任公司形式成为现代公司制度中的一种重要形式。

（二）有限责任公司的特征

有限责任公司除具备公司的一般特征而外，与其他公司相比较，它还具备一些独到的特征：

1. 有限责任公司是一种人合兼资合的公司

有限责任公司是在总结其他公司的优缺点的基础上产生的，它吸取了股份公司的资合性，保留了公司股东对公司债务仅就出资额为限承担有限责任的优点，同时又吸收无限责任公司的人合性特点以加强股东在合作经营方面的凝聚力。有限责任公司通过资本的联合和股东之间的相互信任为基础，既解决了公司的资本来源又有良好的信用，是一种既便于设立的公司又是一种适应商品经济的公司形式。

2. 有限责任公司是一种封闭性的公司

有限责任公司的封闭性表现在：第一，有限责任公司的股东往往有上限的限制，公司资本的来源只能从有限的股东中获得；第二，有限责任公司只能采取发起方式设立，且公司不能发行股票，而只向投资人发放出资证明书，出资证明书不能上市交易，其股东相对稳定。第三，有限责任公司由于不能发行股票，且股东出资不能自由转让，因而有限责任公司的财务会计报告也不用向社会公开。

3. 有限责任公司的规模可大可小，适应性强

有限责任公司的股东人数有不同的规定，有的有上限，如美国特拉华州公司法规定股东人数最高为 30 人，日本、英国、法国、比利时等国家规定股东人数最高为 50 人，我国也规定为 50 人；有的国家无上限规定，如德国、奥地利、意大利、瑞士、荷兰、丹麦等国家则未规定股东的上限。另外各国的最低资本规定也不相同。如法国规定有限责任公司的最低资本为 5 万法郎，德国规定为 5 万德国马克，我国公司法对有限责任公司的最低资本也作了明确的规定。上述两方面使有限责任公司的资本具有相当的确定性。由于公司股东人数有上限的限制使得公司的规模受到影响，但如果每个股东的出资额都很大则公司的规模也可能很大。由于有限责任公司的规模可大可小，因而这类公司具有很强的适应性，它成为现代国家采用最多的公司形式，其数量在公司总数中占第一。

4. 有限责任公司设立程序简单

在具有人合兼资合的公司中股东之间的权利义务主要可依赖股东之间的相互信赖和内部协议来调节，资金的筹集和转让对社会公共利益影响较小，政府的干预相对较少。因而在有限责任公司的设立上也反映为国家干预较少，有限责任公司的设立一般采用准则主义，除一些特殊行业的经营外，只要符合法律所规定的法定条件就可予以注册登记，从而成立有限责任公司进行生产经营。

5. 组织机构灵活

从国外的法律规定看来，因有限责任公司多属于中小型企业，股东会、董事会、监事会等机构的设置往往可根据需要而选择，而并非像股份公司那样属于法定的必须设置的机构。比如在日本、英国、法国等国家规定除非公司章程另有规定，股东会决定有限责任公司的所有事务，即有限责任公司可以根据公司的具体情况选择由董事会作为公司的决策机构，只有在公司章程未作规定的情况下，股东会才成为法定的决策机构。公司设置了股东会可不设置董事会而只设置一名执行董事。比如法国没有关于有限责任公司董事会的规定，执行经理由股东会任命和撤换。我国公司法也规定在公司规模较小时可以不设立董事会而只设立一名执行董事。监事会是一任意机构。有限责任公司是否设立监事会各国法律的规定各不相同。美国、英国、法国等一般不设监事会，而像奥地利、荷兰则规定有限责任公司达到一定的规模时必须设立监事会。我国则规定有限责任公司可根据规模的大小只设一名执行监事。

三、股份有限公司

(一) 股份有限公司的概念

股份有限公司又称为股份公司，是指公司的全部资本划分为若干等额股份，由一定数量的股东持有，股东以其所持股份为限对公司债务承担责任，公司以公司全部财产对公司债务承担责任的一种公司形式。

股份有限公司起源于 17 世纪的荷兰和英国。荷兰的东印度公司和英国的东印度公司就是世界上最早的股份有限公司。成立于 1602 年的荷兰东印度公司是殖民地商品经济的产物，当时其内部组织尚无股东大会，董事的选任和经营范围也不受投资人的限

制，董事由政府以特许状指定有经营能力的殖民者担任。尽管股份公司一产生就成了殖民者对外侵略和对外扩张的工具，但它作为集资经营、共担风险的经济组织形式，在社会生活中起的作用是其他公司形态无法取代的。许多西方的经济学家和法学家将股份公司视为新时代的伟大发现，认为它的重要性并不亚于蒸汽机与电力的发明[①]。马克思对于股份公司给予了很高的评价，他指出："假如必须等到积累去使某些单个资本增长到能够修建铁路的程度，那恐怕直到今天世界上还没有铁路。但是集中通过股份公司转瞬间就把这件事完成了。"这充分说明企业形态的变革对于生产力的发展有着十分重要的作用。四百年来，股份公司在西方国家得到了长足的发展，成为西方国家占统治地位的公司形式。

（二）股份有限公司的特征

股份公司是现代公司制度中最重要的一种形式，与其他公司相比较，它具有以下的特征：

1. 股东责任的有限性

股份公司的股东仅以其所持有的股份数为限对公司的债务承担责任，除此而外不对公司及公司债权人承担任何财产责任。公司的债权人只能要求用公司的财产进行清偿，不能直接要求股东承担责任。

2. 股份公司的资合性

股份有限公司是一种典型的资合性公司。在这类公司中股东的身份对公司没有实质意义，公司的信用在于公司的财产，公司的股东人数没有上限的限制，股东之间也不强调相互的信赖，由于股份的自由转让性使得股东人数和股东随时处于变动之中。因而该类公司的设立和经营完全是以公司的财产为基础，它是一类最典型的资合公司。

3. 股份公司的开放性

股份公司的资本来源除了由发起人投资而外，往往可通过公开募集的方式由社会公众来形成，即股份公司的股东既包括发起人，也包括许多不特定的社会公众。由此也就决定股份公司的财务必须公开，使广大的股东及潜在的投资者对于公司的经营情况进行了解和作出判断。由于股份公司的经营情况涉及千家万户的利益，因而对这类公司的监管也比有限责任公司要严格。

4. 股份公司资本的等额划分性

股份公司的资本划分为若干等额的股份，股份是公司资本的最小构成单位，由不同人数的股东分别持有。在股份公司中分别以股东所持有的股份数的多少表示股东权。公司总的资本就等于公司发行的股份数与每股票面的乘积。这样既便于公司资本和股东权益的计算，也便于公司筹集资本。

5. 股份公司股份的流通性

股份公司发行的股份以股票的形式存在，股票是证券市场上一种非常重要的有价证券，它可以进行交易。即股份公司的股东可以自由转让股份而不必经其他股东的同意，这与有限责任公司股东有限制地转让出资形成对比。自由转让的结果使股东频繁地变动，使得股东与公司的分离更加彻底。

---

① See L S. Sealy, *Company law and Commercial Reality*, Sweet & Maxwell, 1984, p3.

6．股份公司设立程序的复杂性

由于股份公司是一种开放性的公司，它涉及广大股东的利益，因此各国都对股份公司从其设立到经营过程进行严格的监管。表现在公司设立过程中，它是按照审批方式来设立，公司设立除了符合法定条件而外，必须经过相关国家机关的审批和批准才能进行相应的行为。

（三）股份公司与有限责任公司的区别

股份公司和有限责任公司是现代社会中两种重要的公司形式，但它们也存在着以下一些重要的区别。

1．规模大小不同

有限责任公司由于有最高股东人数的限制和只能通过发起方式设立，因而有限责任公司的规模往往比较小，而股份公司对股东人数没有上限的规定且在筹资方面既可以发起方式也可以募集方式，决定了股份公司的规模一般比较大。因而法律对它们的最低资本限额规定差别就很大。

2．公司设立的方式不同

有限责任公司采用准则主义方式设立而股份公司则采用核准主义方式设立。因此决定了有限责任公司的设立程序很简单而股份公司的设立程序很复杂，后者的设立除了符合法定条件而外，必须经过相关国家机关的审批和批准。

3．公司的公开程度不同

有限责任公司是一种相对封闭的公司，公司资本的来源和转让均有限制，有限责任公司往往被称为封闭性公司。而股份公司则是一种开放性的公司，表现在公司股份公开募集、公司的财务情况公开、股份的转让自由等。

4．公司的组织机构繁简不同

有限责任公司的组织机构根据公司的情况可以灵活设置，在公司规模不大的情况下可以只设立执行董事和监事。而股份公司的组织机构则很健全和规范，必须依法设立股东会、董事会、监事会。

四、国有独资公司

（一）国有独资公司的概念

国有独资公司是我国公司法确认的一种特殊的公司形态，它是指国家单独出资、由国务院或者地方政府授权本级政府国有资产监管机构履行出资人职责的有限责任公司。

（二）国有独资公司的特征

1．国有独资公司是有限责任公司的特殊形态

国有独资公司是一种特殊的有限责任公司，前面我们介绍公司的特征时说公司具有社团性的特点，即公司至少应由两个以上的股东组成。而国有独资公司却只有一个股东，投资主体具有单一性的特点。它是由国家授权投资的机构和授权投资的部门专门投资成立的一种有限责任公司。尽管在投资主体上具有特殊性，但它仍然是一种有限责任公司。

2．国有独资公司投资主体的特殊性

国有独资公司是由国有资产监管部门作为唯一的投资主体投资设立的公司。除此而外的其他主体不能投资成立这类公司。

3．国有独资公司的内部组织机构的特殊性

国有独资公司的组织机构既不像国有企业实行厂长负责制，其内部组织机构的设立也不像一般有限责任公司那样，它无须设立股东会，公司的生产经营主要由董事会负责。我国《公司法》第 67 条规定："国有独资公司不设股东会，由国有资产监管机构行使股东会职权。国有资产监管机构可以授权公司董事会行使股东会的部分职权，决定公司的重大事项，但公司的合并、分立、解散、增减资本和发行公司债券，必须由国有资产监管机构决定。"同时法律规定公司董事会成员中应当有职工代表。监事会成员不得少于 5 人，其中职工代表的比例不得低于三分之一，由职代会选举产生，其他监事会成员由国有资产监管机构委派。

五、一人公司

一人公司是指只有一个自然人股东或者一个法人股东的有限责任公司。这是我国公司法在 2005 年 10 月 27 日修订时新增加的一种公司类型。我国公司法规定一人公司的最低注册资本为人民币 10 万元，且股东应一次足额缴纳公司章程所规定的出资额。同时限制一个自然人只能投资设立一个一人有限责任公司。一人有限责任公司的股东承担有限责任的前提是必须能够证明公司财产独立于股东自己的财产，否则应当对公司债务承担连带责任。

各国公司法对于一人公司持有不同的态度：第一种是完全承认，即允许成立一人公司，也允许一人公司的存在；第二种是完全不承认一人公司，即不管在公司成立时还是公司成立后都不允许一人公司存在；第三种是有条件的承认一人公司，即公司成立时不允许一人公司，但是公司成立之后如果只剩一名股东的话，则有条件的予以承认。总体而言，在世界范围内采用第三种方法的国家较多。我国公司法原则上保持公司的社团性，但是允许有例外。即对于一般公司而言，必须要求股东在 2 人以上，但是对于一些特殊情况，法律允许设立一人公司。承认国有独资公司和一人公司的法律地位并非对公司社团性的否认，这种一人公司应当是公司的一种特例。

第三节　公司设立

一、公司设立概述

（一）公司设立的概念

公司设立是指发起人依照公司法的规定，在公司成立之前循序连续进行的以取得公司法人资格为目的一系列法律行为的总称。公司设立的本质在于使一个尚不存在的公司逐步具备条件并取得法律上的商事主体资格，是公司从无到有的创建过程。

公司设立的内容是指在公司成立之前为了取得公司法人资格而进行的一系列的活动。这一系列的活动包括有：订立发起人协议，制定公司章程，选举公司组织机构，缴纳出资，募集股份，取得公司的经营场所，召开公司创立大会，申请公司注册登记等活动。这些活动必须是围绕着取得公司法人资格的目的而开展。

（二）公司发起人

公司发起人是指向公司出资或者认购公司股份，并承担公司筹办事务的公司创设人[1]。公司发起人的作用主要在于向公司出资和承担公司筹办事务。

关于发起人的法律地位主要有四种观点[2]：

（1）无因管理说。此说认为，发起人与公司之间的关系是无因管理关系。公司成立后发起人因设立公司所产生的权利、义务，移归公司。

（2）为第三人利益合同说。此说认为，发起人因发起设立公司与他人所缔结的法律关系，是以将来成立的公司为受益第三人的合同。

（3）设立中的公司之机关说。该说认为发起人是发起设立中的公司的机关，其因设立行为所生权利、义务自然归属于将来成立的公司。

（4）当然承继说。此说认为，发起人的权利、义务，在公司成立的同时，当然由公司承受。

有学者分析认为发起人的法律地位应当从以下两个方面来确定[3]：

从发起人作为个人来说，其法律地位表现在发起人之间的关系中。各发起人以设立公司为目的而结合在一起，他们之间要签订发起协议，所以发起人之间是一种合伙关系。从发起人作为一个整体来说，其法律地位表现在发起人与设立中公司的关系中。设立中的公司是无权利能力的社团，发起人作为设立中公司的机关，对外代表设立中的公司，对内履行设立义务。因而由于发起人的行为使公司利益受到损害时，发起人应当承担法律责任。然而当公司成立后，发起人就变成了公司的股东，成立的公司事实上是设立中的公司的继续，因而发起人在设立中的有关权利义务应当归属于成立后的公司。本书支持这种观点。

（三）公司设立的原则

按照各国对公司设立所采取的态度不同，我们通常可把公司设立的立法原则分成以下四种：

1. 自由设立主义

自由设立主义又称为放任主义，是指国家对公司的设立从法律上不加干预，全凭当事人的自由意志为之。从罗马社会到中世纪，商业社团是依事实而存在，而不是依法创立。法律对商业社团既不承认是"法人"也不对其存在加以干预，故成立商业社团或公司既无法定条件的限制，亦无需进行注册登记。但是这种情况下极易导致滥设公司的后果，故其在近代已逐渐被淘汰。

2. 特许设立主义

特许主义是指凡要成立公司取得法人资格者，必须经过国家元首特别许可或者经过国家立法机关颁发特别法令予以许可，否则公司不能成立。通过这种方式设立的公司多为一些作用特殊或具有较强政治色彩的大公司。例如，1600 年成立的英国东印度公司就是由英国女王伊丽莎白一世特许成立的。此种方式主要盛行于 17 世纪至 19 世纪，至

---

① 姜一春、张学生编著：《公司法案例教程》，北京大学出版社 2004 年版，第 26 页。
② 郑玉波著：《公司法》，三民书局 1980 年版，第 86～87 页。
③ 王保树、崔勤之著：《中国公司法原理》，社会科学文献出版社 2000 年版，第 164～165 页。

今，英国仍保留了特许公司。

3．核准设立主义

核准设立主义是指公司的设立除必须具备法定条件外，还必须经国家主管机关审核批准才能成立。这种立法例始创于法国路易十四时代颁发的商事条例，后为许多国家采用，由于这种体例使公司的设立条件过于严格，故其在现代各国除关系国计民生的公司而外已逐步为准则主义所取代。

4．准则设立主义

准则设立主义是指法律预先规定公司设立及取得法人资格的要件作为基本准则，准备设立公司者以此为准则，符合已规定条件就予以登记注册并取得法人资格。1862年的美国公司法首先采用这些立法体例。但按照许多国家的规定，即使采取准则主义，亦应呈请国家主管机关登记，主管机关登记时只进行形式审查而不进行实质审查，由于这种方法也会造成公司设立过多过滥，故目前大多数国家采取的是严格准则主义。其严格性主要体现为一方面对公司成立要件日趋严格化，另一方面加重公司发起人的设立责任。

我国目前公司法对公司设立采取严格准则主义与核准主义相结合的立法模式。一般而言，对于有限责任公司采用严格准则主义，而对于股份有限公司则采用核准主义。

（四）公司设立的方式

1．发起设立

发起设立是指公司的资本由发起人全部认购，不向发起人之外的人进行募集的公司设立方式。

无限责任公司、两合公司和有限责任公司均不能向社会发行股份，因此它们只能采取发起方式设立公司。

发起设立具有程序简单，筹资成本低的优点，因而是一种较为通行的公司设立方式。但发起设立必须要求发起人筹足全部资本，使发起人的出资责任很重，对资金需求量很大的公司，发起设立难以胜任。因此发起设立通常被认为是中小型公司所常采用的一种设立方式。

2．募集设立

募集设立是指发起人仅认购公司资本中一定比例的股份，其余部分由发起人之外的人认购而设立公司的方式。募集设立与发起设立的主要不同在于公司在设立阶段就可以向外招募股份。只有股份有限公司可以采取募集设立的方式来创设公司。我国公司法规定发起人认购的股份应达到公司股份总额的35％以上。

募集设立与发起设立相比较，主要的优越性在于可以通过发行股份的方式一方面充分吸收社会的闲散资金，在短期内筹足公司所需要的巨额资本；另一方面，全部资本不需要发起人筹足，可缓解发起人出资压力，有利于公司成立。但募集设立公司的程序极为复杂，受到许多方面的制约，筹资过程较长，筹资成本较高，募集设立的方式主要是需要巨额资金的公司设立时选择的方式。

二、公司设立的条件和程序

（一）公司设立的条件概说

1．组织要件

公司设立的组织要件主要包括公司名称、类型、组织机构、经营场所等。公司名称是公司与其他商事主体相互区别的标志，是公司的法定登记事项；而公司团体意志的形成和实现必须借助于一定的组织机构；经营场所是公司从事生产经营的地方和空间。因此公司必须要有公司名称，有符合法律规定的组织机构，有固定的生产经营场所等。

2. 发起人要件

发起人即公司的创始人，是指申请设立公司并向公司投资且对公司设立承担责任的人。发起人除其具备民事权利能力和民事行为能力外，法律还对发起人的人数和资格作出了限制。

绝大多数国家都规定公司发起人必须在2人以上，对股份公司的发起人人数要求更高。我国除国有独资公司而外，有限责任公司必须要2～50人股东，股份有限公司的发起人为2人以上200人以下。

一般而言公司发起人可以是法人，也可以是自然人。但有些国家公司法对发起人的身份作了特殊要求。如瑞典公司法要求股份公司发起人必须是本国人，意大利公司法规定外国人拥有意大利公司30％以上股份时，需经意大利财政部的批准。我国公司法对发起人的规定没有从国籍上进行限制，但禁止党政机关及国家公务人员作为公司的发起人。

由于股份公司设立程序复杂，涉及社会公众，为了防止发起人利用设立股份公司来损害广大社会公众的利益，不少国家对股份公司发起人的住所作特殊要求。例如挪威公司法要求发起人中至少有一半人在挪威居住2年以上，我国也要求股份公司的发起人应半数以上在中国境内有住所。

3. 物的要件

物的要件是指公司应具备的必要物质条件，主要是资本条件。各国均要求公司必须拥有能与生产经营规模相适应的独立财产，并规定了最低资本限额。我国规定了有限责任公司和股份有限责任公司的最低资本限额，同时还对股东出资方式、出资构成、出资程序、出资转让等作了详尽的规定。

4. 行为要件

行为要件是指公司发起人必须完成规定的设立行为，且设立行为应符合法律规定。前文所指公司设立包括的内容均必须符合法定程序和要求。

公司设立的过程事实上就是发起人依法准备这些条件的过程，对于不同的公司具体条件会有所不同，但是归纳起来不外乎是这样几个方面的条件。对于有限责任公司和股份公司而言这些设立条件的具体化有所区别。

(二) 有限责任公司的设立条件

有限责任公司是一种法定的公司形式，而且有限责任公司的设立大多采用准则主义，因而公司设立的条件必须在法律中应有明确规定。我国《公司法》第23条对有限责任公司的法定条件作了明确的规定：

(1) 股东必须符合法定人数。我国公司法将有限责任公司的股东规定为50人以下，现行公司法承认了一人公司的合法地位。

(2) 股东出资达到法定最低资本限额以上。从事经营活动的公司，必须具备基本的责任能力，能够承担与经营活动相适应的财产义务。我国现行公司法规定有限责任公司的最低注册资本为人民币3万元。

（3）股东共同制定公司章程。有限责任公司的章程是公司必备的法律文件，是规范公司的组织机构和公司的经营活动以及股东权利义务的书面文件，是全体股东的共同意思表示，对全体股东、公司的组织机构和经营管理人员均有法律上的约束力。有限责任公司的公司章程应由全体股东共同制定并签字。

（4）有限责任公司应有符合法律规定的名称和组织机构。公司的名称是公司独立人格的标志，公司发起人可以自由拟定公司名称，但是公司名称必须要符合有关规定，而且名称中必须要包含"有限责任公司"，公司名称要经过名称预先核准登记程序才可正式采用。

（5）应有公司住所。这是确定公司登记机关和管辖方面的重要依据。

（三）股份公司的设立条件

股份公司是一种开放性的公司，其设立和经营会涉及社会公众的利益，因而各个国家的公司法都对股份公司的设立进行严格的监管，当然对其设立条件有明确而具体的规定。我国公司法对股份公司的设立规定了下列条件：

（1）发起人符合法定人数。设立股份公司其发起人必须是 2 人以上 200 人以下。

（2）发起人认购和募集的股本达到法定资本最低限额。我国现行公司法规定股份公司的注册资本的最低限额为人民币 500 万元。

（3）股份发行、筹办事项符合法律规定。

（4）发起人制定公司章程，并经创立大会通过。

（5）有公司名称，建立符合股份公司要求的组织机构。

（6）有公司住所。

（四）公司设立的程序

1. 有限责任公司设立的程序

有限责任公司设立的程序相对比较简单，主要包括如下环节：

（1）发起人发起。有限责任公司只能采用发起设立方式。发起人欲设立有限责任公司时，应订立发起人协议以明确公司在设立过程中发起人之间的权利义务关系及公司不能设立时的责任承担，另外发起人也应研究公司设立的可行性。

（2）制定公司章程。公司章程是公司设立及公司经营过程中的必备法律文件。发起人应当依法制定有限责任公司的公司章程。

（3）缴纳出资。有限责任公司在完成公司章程的制定之后，股东就应履行缴纳出资的义务。如果股东以货币出资，应将足额的现金存入准备设立的有限责任公司在银行开设的临时账户；以实物、工业产权、非专利技术、土地使用权出资的，应当办理财产的转移手续。股东在完成出资之后应经法定的验资机构出具证明。

（4）申请登记并领取营业执照。发起人在准备齐所有的法律文件之后，就可向公司登记机关申请登记，对于符合条件的登记机关予以登记并发给营业执照。营业执照的签发之日就是有限责任公司的成立之日。

2. 股份公司设立的程序

股份公司如以发起方式设立，其设立程序与有限责任公司类似，但必须由相关的国家机关对其进行审核和批准。而对于募集设立其程序则表现得很复杂和烦琐，在此对股份公司募集设立的程序进行介绍。

（1）确定公司的发起人并由发起人认购股份数。各国对发起人的人数规定各不相同，我国规定发起人为 2～200 人。发起人之间为了明确相互的权利义务、责任承担、认购的股份数等应当签订发起人协议。

（2）制定公司章程。公司章程是关于公司组织和活动的基本准则，也是社会公众了解公司情况的主要法律文件，对每个股东均有法律约束力。

（3）提交设立申请。股份公司的设立采用审批主义，因此公司在准备好设立条件之后应向国务院授权的部门或者省级人民政府提出申请。申请时应当提供的法律文件主要有：设立股份公司的申请书、公司的可行性报告、公司的经营估算书等，申请书中包括的内容主要有：发起人的名称、住所、法定代表人，公司的名称、目的及宗旨，公司的经营范围，公司的设立方式、股本总额、发起人认购的比例，股份的募集范围和途径，公司的股份总数和每股面值，发起人的基本情况及其资信证明等。

（4）提出募股申请。在取得允许设立股份公司的批准之后，因为采用募集设立的方式需向发起人而外的社会公众筹集资金，因此必须向国务院证券管理部门递交募股申请，在申请募股时需要提交的法律文件包括：批准设立公司的法律文件、公司章程、经营估算书、发起人姓名或者名称及发起人认购的股份数、招股说明书、代收股款银行的名称及地址、承销机构的名称及有关的协议。

（5）公告招股说明书。募股申请被批准后，发起人应当制作招股说明书并进行公告。招股说明书应当附发起人制定的公司章程，并载明下列事项：发起人认购的股份数、每股的票面金额及发行价格、无记名股票的发行总数、认购人的权利义务、本次募股的起止期限及逾期未募足时认购人可撤回所认购股份的说明。

（6）制作认股书，向社会公开募集股份。认股书上应载明招股书上记载的内容，由认股人填写所认购的股份数、金额、住所，并签名盖章。认股人按其认购数对公司承担出资责任。

（7）缴纳股款。在填写完认股书后发起人和其他认购人应当在规定的时间内向公司缴纳股款。发起人可以用货币、实物、工业产权、非专利技术、土地使用权等出资。如以实物、工业产权、土地使用权、非专利技术出资必须进行评估作价并折算为股份。非发起人只能用货币方式出资，认购人应当在规定的时间内把足额的货币交付到指定的代收股款的银行。发行的股份全部募足之后，必须经法定的机构出具验资证明。

（8）召开创立大会。发行股份的股款缴足之后，发起人应当在 30 日内召开公司创立大会。创立大会由认股人组成，应由代表股份总数 1/2 以上的认股人出席方可举行。创立大会的职权主要有：审议发起人关于公司筹办情况的报告，通过公司章程，选举董事会成员，选举监事会成员，对公司的设立费用进行审核，对发起人用于抵作股款的财产的作价进行审核，发生不可抗力或经营条件发生重大变化直接影响公司的设立时可作出不设立公司的决议。

（9）申请设立登记。董事会应当在创立大会结束后 30 日内向公司登记机关报送登记文件，包括：批准文件、创立大会的会议记录、公司章程、公司筹办过程的财务审计报告、验资报告、董事会及监事会成员的姓名和住所、法定代表人的姓名和住所等，登记机关在接到申请之日起 30 日内应作出是否登记的决定。对符合法律规定条件的颁发营业执照，营业执照的签发日期是公司成立的日期。

（10）公告。由于股份公司是开放性的公司，其成立会影响广大投资者和社会公众的利益，因此股份公司的成立应当进行公告。采用募集设立方式成立的股份公司还应当将募集股份的情况向国务院证券管理部门备案。

股份公司在登记成立之后应当依法向股东签发股票。

三、公司成立

（一）公司成立的概念

公司成立是指对已具备法定条件，完成申请程序的公司由主管机关发给经营执照从而取得公司法人资格的过程，公司成立日期就是营业执照的签发日期。公司成立之后，公司设立阶段中发起人为了公司所做的行为就由成立后的公司来承担法律责任。

（二）公司成立与公司设立的区别

（1）成立与设立行为的性质不同。设立主要是民事行为，而成立主要是行政行为，其内容是法定机关颁发营业执照。

（2）设立与成立的法律效力不同。公司设立是公司成立的前提条件，公司成立是公司设立所追求的结果。但公司设立未必会必然使公司成立，因此在公司的设立阶段不得以公司的名义从事与设立无关的活动。由于公司成立是公司设立所追求的结果，因此公司成立后，在设立阶段所发生的权利义务由成立的公司承担。但如果公司不能依法成立，在设立阶段发生的权利义务则由发起人承担连带责任。

（3）设立与成立的行为人不同。公司设立的行为人是发起人，发起人之间会订立发起人协议明确相互的权利义务和分工。而公司成立的行为人则是依法具有注册登记权的法定机构。

第四节　公司资本

一、公司资本的概念与意义

（一）公司资本及其相关的概念

1. 公司资本

公司资本又称股本，是指公司成立时由章程所确定的由股东出资构成的公司的财产总额。

通常认为公司资本是公司赖以生存的"血液"，是公司运营的物质基础，是公司债务的总担保。由于股东都承担有限责任，公司资本便成了公司债务的总担保。

2. 注册资本

注册资本是指公司成立时注册登记的资本总额。注册资本一语，在各国公司法中并不多见。我国对于注册资本有严格的界定，其他国家也规定资本是注册登记的重要事项，但是未明确使用注册资本的术语。

3. 授权资本

授权资本又称名义资本，是指公司根据公司章程授权可以发行的全部资本。英美公司法规定公司必须在章程中注明授权资本，否则不予登记。

4. 发行资本

发行资本是指公司发行股份时，已经发行的资本总额。对公司该资本称为已发行的资本，对股东则称为认购资本。

5. 实缴资本

实缴资本也称已缴资本、实收资本，是指股东已经向公司缴纳的资本。发行资本不等于实缴资本，实缴资本与待缴资本之和构成发行资本。

6. 待缴资本

待缴资本又称催缴资本，是指公司已发行且股东已经认购但是尚未缴纳的资本。对于待缴资本公司有权要求股东缴纳，这也是股东应当向公司履行的出资义务。

资本是个十分复杂的概念，不存在普遍适用于各国公司法的统一的资本概念。

（二）公司资产

公司资产是一个容易与公司资本混淆的概念。公司资产是指公司在成立之后所拥有的可支配全部财产。在财产形态上，资产分成流动资产、长期投资、固定资产、无形资产和递延资产等；在财产来源上，资产主要来源于股东出资、公司对外负债以及公司资产收益和经营收益，因此公司资产等于净资产与负债之和（即：公司资产＝净资产＋负债）。净资产是公司自有资产的价值，也是其实质的财产能力和资产信用的基础。公司刚成立，对外没有负债，净资产就等于资本，公司成立后，净资产则会随着公司的经营情况发生变化，可能高于资本也可能低于资本。

区别公司资本与公司资产，在公司设立阶段尤为重要，因为绝大多数国家的公司法都要求资合公司的成立必须具备的一定资本而不是一般意义上的资产，更不允许公司以贷款和公司债充作公司的资本，法律强调公司资本只能来源于股东而不能来源于债权人。

二、公司资本制度

（一）法定资本制

法定资本制又称确定资本制，是指公司设立时，必须在公司章程中载明公司的资本总额，并在公司成立时由发起人或者股东一次全部认足或者募足的公司资本制度。法定资本制度特别强调资本三原则，其立法的意图主要在于保证公司资本的真实可靠，使公司在成立时就有足够的资本可供使用。

法定资本制具有以下特点：第一，公司资本记载于公司章程之中；第二，公司资本在公司设立过程中必须全部认足；第三，认购人在认购股款后应负有缴纳股款的义务。资本确定、资本维持以及资本不变三原则是大陆法系国家公司资本制度的核心，其出发点是为了保护债权人的利益及交易的安全性。资本三原则对英美法系国家的公司资本制度也产生了重大的影响。但是这种法定资本制度作为一成不变的信条而僵硬的施行于一切场合之后，也就产生了另一方面的问题。因为首先公司成立之后对资金的需求取决于经济形势、市场需求等难以事先预见的因素。而每次增减资本都需要修改公司章程、召开股东会、变更注册登记，不仅增加了成本，而且董事经理也难以利用商业机会而及时作出有利于公司的决策。其次，股份公司能否募足首期发行的股份与证券市场行情、政府对证券发行量的控制、金融形势等因素有关。在资本确定原则的要求下，如果股份公司的股份在法定期限内不能募足，公司则不能成立。再者，公司的偿债能力并非取决账面净资产，而是取决于可以即时变现的净资产。

1. 资本确定原则

资本确定原则是指公司设立时，必须在章程中对公司的资本总额作出明确的规定，并必须由全体股东认购，否则公司就不能成立。该原则有两项基本要求：其一是要求公司资本总额必须明确记载于公司章程，使之成为一个具体的、确定的数额；其二是要求章程所确定的资本总额在公司设立时必须由全体股东认足。资本确定原则能够有效地保证公司的资本真实、可靠，防止公司设立中的欺诈和投机行为。

2. 资本维持原则

资本维持原则又称为资本充实原则，是指公司在其存续过程中，应经常保持与其资本额相当的财产。因此公司成立后股东不得抽回出资。公司资本不仅是公司赖以生存和经营的物质基础，也是公司对债权人的总担保。在公司经营过程中由于盈利或亏损的存在，使公司的实有财产的价值高于或低于公司的资本，公司的资本实际上不再是注册登记时的数额，而是一个变数，当公司财产价值高于公司注册资本时，其偿债能力会随之提高，当公司的实际财产价值低于公司注册资本时，则意味着公司的偿债能力随之下降。为了防止公司资本减少而危害债权人的利益，同时也为了防止股东对盈利分配过多而影响公司的经营，各国都确认了资本维持原则。在资本维持原则的要求下不允许抽逃出资，规定公司在税后利润中必须提取公积金，公司利润在对股东分配之前必须先弥补亏损等。资本维持原则是从价值上保障资本稳定。

3. 资本不变原则

资本不变原则是指公司的资本一经确定，未经公司章程的修改而不得变更。公司资本不变并非绝对不能改变，事实上，公司成立后，因各种原因都可能导致公司资本增加或减少。这里所指资本不变是指公司资本不能随意变更，如果符合法定程序公司资本可以变更。就立法目的而言，资本不变原则与资本维持原则基本一致，都是为了防止因公司资本总额的减少而导致公司责任能力的缩小，从而强化对债权人利益和交易安全的保护。资本不变原则是从形式上保障资本稳定。

（二）授权资本制

授权资本制是指公司设立时，资本总额记载于公司章程中，但并不要求发起人或股东全部认足，只认足并缴付资本总额中的一部分，公司即可成立，未认足部分，授权董事会根据公司发展的需要随时募集。授权资本制度克服了法定资本制度的缺点，它的优点主要表现在：第一，公司不必一次发行全部资本或股本，减轻了公司设立的难度；第二，授权董事会自行决定发行资本而不需经股东会决议变更公司章程，简化了公司增资程序；第三，董事会根据具体情况发行资本，既适应了公司经营活动的需要，又避免了大量资金在公司中的冻结和闲置，能充分发挥财产的效益。但是授权资本制度也有一些弊端：公司章程中的资本仅是一种名义上的，由于未对公司首次发行资本的最低限额以及发行期限作出规定，因而容易形成公司的实缴资本与实际经营规模和资产实力的严重脱节，发生欺诈性的商业行为，并对债权人的利益构成风险。但是授权资本制度总体上还是比较成功的，基本能满足市场经济的需要，因而许多大陆法系的国家纷纷采用授权资本制度或者修改原来的法定资本制向授权资本制靠拢①。

（三）折中资本制

折中资本制是在法定资本制和授权资本制基础上演变的资本制度。具体又分为许可资本制和折中授权资本制。

许可资本制是指在公司设立阶段，必须在章程中明确规定资本总额，并一次性发行，全部认足或者募足。同时公司章程可以授权董事会在公司成立后一定期限内在授权公司资本的一定比例内发行新股，而无须股东会的特别决议。许可资本制既坚持了法定资本制的基本原则，又吸收了授权资本制的灵活性，但是其核心仍然是法定资本制。

折中资本制是指在公司设立时，也要在公司章程中记载资本总额，并只需发行和认足部分资本公司就可成立，未发行部分授权董事会根据需要发行，但是授权发行的部分不得超过公司资本的一定比例。这种资本制度既坚持了授权资本制的基本精神，又体现了法定资本制的要求，但是其核心是授权资本制。

三、公司资本形式

公司资本在公司章程中表现为一定的货币资本金额，但就其实际出资而言，却不是单一的货币资本。根据我国公司法的规定，公司资本可以由现金、实物、知识产权、土地使用权等构成。

（一）现金

现金是资本的最基本构成形式，因为现金是商品交换中的一般等价物，公司以营利为目的就必然有商品交换活动，因而现金是必不可少的。以现金出资不仅价值准确，无须作价，且运用方便，不受任何限制。为了保证公司资本中有足够的现金，有许多国家公司法对现金资本做了明确的规定。比如法国规定股份公司中的现金出资应占公司总资本的25%以上，德国规定股份公司的资本必须至少有25%的现金，意大利规定现金出资为公司资本的30%，瑞士、卢森堡规定为20%。而我国现行公司法规定在有限责任公司中全体股东的货币出资金额不得低于公司注册资本的30%。②

（二）实物

实物，又叫有形资产，主要包括建筑物、厂房、机器设备、原材料、成品和半成品等。有些实物是公司经营中必不可少的，因此，当股东有条件为公司提供所需的实物时，各国公司都允许以实物作为投资。作为出资的实物应当具有可估价性和可转让性。

（三）其他非货币财产

其他非货币财产主要包括专利权、商标权、专有技术、土地使用权等。

专利权是专属于权利人的一项财产性权利，专利权人有权将自己所有或持有的专利作为向公司的出资。商标权是指权利人对经商标局核准的注册商标所享有的专有权。商标起着表示和保证商品质量的作用，有其自身的财产价值，商标权人不仅可以依法有偿转让商标权，而且还可以将自己所有或持有的商标权作价向公司出资。专有技术又称技术秘密，是指生产的所需，具有经济价值但不享有专利保护的技术诀窍。专有技术的法律特征是非专利性、秘密性、实用性、经济性。专有技术现在被作为可以向公司出资的

---

① 赵旭东主编：《公司法学》，高等教育出版社2003年版，第211页。
② 参见我国《公司法》第27条之规定。

一种方式。土地使用权是指非土地所有人依法对土地加以利用和取得利益的权利。在我国，土地归国家和集体所有，非土地所有人可通过出让、转让或划拨方式取得土地使用权。土地使用权可以作为向公司出资的方式。

公司法实行严格的出资形式法定主义。对于非货币出资的财产价值由于其自身无法客观体现，而依赖于人的主观评价，因此非货币出资通常要在确定的一个具体日期的基础上由中介机构进行评估。[①]

四、最低注册资本

在采用法定资本制的国家一般都对最低注册资本有所规定，而对于采用授权资本制的国家对最低注册资本要求不严，甚至法无明文规定。比如法国规定设立股份公司的最低股本是 25 万法郎[②]，募集设立的股本至少是 150 万法郎；德国要求股份公司的股本在 5 万欧元以上[③]。我国《公司法》第 26 条第 2 款规定，有限责任公司的注册资本的最低限额为人民币 3 万元；该法 81 条规定，股份公司注册资本的最低限额为人民币 500 万元。

五、股东与股权

股东是向公司出资并对公司享有权力和承担义务的人。公司的资本来源于投资人投资，当公司成立之后，在公司设立过程中的投资人就变成了公司股东。股东可以是自然人，也可以是法人或者其他单位。股东在公司登记后，不得抽回出资。

股东通过对公司的投资使公司获得了公司资本，而自己则丧失了对财产的所有权，股东对财产的所有权变成了股权。股权是股东与公司之间的法律关系和股东法律地位的集中表现。通常认为股权包括自益权和共益权，凡股东以自己的利益为目的而行使的权利是自益权，主要包括发给出资证明书或股票的请求权、股份转让过户的请求权、分配股息红利的请求权、分配公司剩余财产的请求权等。凡股东以自己的利益并兼顾公司的利益为目的而行使的权利是共益权，主要包括出席股东会的表决权、任免董事等公司管理人员的请求权、查阅公司章程的请求权、要求法院宣告股东会决议无效的请求权以及对公司董事、监事提起诉讼的权利等。就自益权而言主要是财产权，而共益权主要是股东对公司事务的参与权，两者相辅相成，共同构成了股东所享有的完整的股权。

第五节　公司章程

一、公司章程的概念和性质

公司章程是指公司必备的规定公司设立目的、公司组织机构以及公司活动基本准则的书面文件，是以书面形式固定下来的全体股东共同一致的意思表示。公司必须有自己的章程，公司章程既是规范公司行为的基本准则，也是公司成立的基本前提。经注册登记的公司章程对所有股东和公司以及公司的董事、经理、监事均有法律约束力。公司章

---

① 赵旭东主编：《新公司法条文释解》，人民法院出版社 2005 年版，第 61 页。
② 参见《法国商事公司法》第 71 条。
③ 参见《德国股份公司法》第 7 条。

程应采取书面形式，制定人应签名或盖章。

对于公司章程的法律性质，学术上素有分歧，有的认为章程是合同，是当事人需求相同的、并行的意思表示；有的则认为章程是社团法人的自治规则，其主要内容在于规定公司内部组成人员关于对内对外事宜的权利和义务，具有自治团体规约的属性。其中第二种观点是通说，其原因在于，公司章程一经订立，其效力并不仅局限于制定章程的当事人之间，对于后加入公司的人也有约束力。

二、公司章程的法律特征

（一）法定性

公司章程的制定、修改、章程的内容以及效力在公司法中均有明确的规定。各国公司法规定公司章程是公司必备的法律文件，因此在公司设立阶段必须制定公司章程。公司章程的修改属于公司的重大事项必须依照法定程序进行修改。法律对于公司章程必须具备的内容也作了明确规定。另外公司章程的效力也由公司法所赋予，公司章程对于公司、股东以及公司高级管理人员均有约束力。

（二）公开性

公司章程不是公司的秘密文件，章程的内容都允许被社会公众所知悉。我国法律规定，公司章程应当进行工商登记，股东也有权查阅章程，因此公司应当将章程置备于公司。不仅如此，对于发行股票或者公司债券，章程是公司必须披露的法律文件之一。

（三）自治性

公司章程是公司的自治性规则，是公司行为的指南。章程的自治性在于不同的公司，其章程的内容不同。

二、公司章程的内容

公司章程的内容，依据法律是否对其记载事项有明确的规定，可分为必要记载事项和任意记载事项。按照法定的必要记载事项对章程效力的影响，还可以将必要记载事项分为绝对必要记载事项和相对必要记载事项。

（一）绝对必要记载事项

绝对必要记载事项是指必须记载于章程中，章程如果缺少其中一项或某项记载不合法，整个章程即归于无效。由于章程是公司设立的必要条件，章程无效会导致设立中的公司不能成立。

依据我国公司法的规定，有限责任公司章程的绝对必要记载事项有公司名称、住所、经营范围、注册资本、股东名称或姓名及住所、股东权利义务、股东出资方式、出资额、出资缴纳期限、出资转让、利润分配、董事名额及产生、法定代表人、组织机构及职权、公司终止事由等。股份公司章程的绝对必要记载事项包括有：公司名称及住所、公司宗旨、经营范围、设立方式及股份发行范围、注册资本、股份总数、每股金额、股份类别、股份转让办法、股东权利和义务、组织机构及职权、法定代表人、公司利润分配、公司及会计、公司终止及清算、章程判定及修改等。

（二）相对必要记载事项

相对必要记载事项是指法律列举的由当事人根据所设立公司的需要选用的事项。这些事项是否记载于章程中由当事人自定，如果记载，则发生效力，如果不予记载，也不影响整个章程效力。如果记载的事项不合法，则只是该部分无效，并不导致整个章程无效。在有些国家的公司法中，相对必要记载事项主要有发起人所得的特别利益、分公司的设立、公司年限、董事和监事的报酬等。

（三）任意记载事项

任意记载事项是指除以上必要记载事项而外，在不违反法律和社会公序良俗的前提下，发起人或创办人认为有必要列入章程的事项。这些事项通常与公司的营业活动有关，可由发起人任意选择，但一经载入被核准的章程，该事项即发生效力，不能任意变更，如果需变更，需依法修改章程并办理变更登记。我国《公司法》第25条和第82条规定："股东会（或股东大会）认为需要规定的其他事项"，就属于任意记载事项。

三、公司章程的制定和修改

（一）制定

公司章程是公司股东共同意思的表示，因此，无限责任公司、有限责任公司以及两合公司的章程均应在公司设立阶段由公司最初的全体股东共同制订。股份公司的章程由全体发起人制订，如果股份公司采用募集设立，还须由公司创立大会以决议方式通过，即由出席公司创立大会的股东2/3以上的表决权通过。

（二）修改

公司章程制定之后经核准登记则产生效力，其内容应保持相对稳定，不得随意变更。但随着社会经济情况和公司内部情况的变化通常会导致公司不得不变更章程的内容。如因情况变化，确应变更章程，在无限责任公司及两合公司，应经全体股东同意。有限责任公司和股份有限公司修改公司章程的，应由特别决议通过，即由2/3以上有表决权的股东通过。凡变更章程的，均须依法向原登记机关办理变更登记。如未经登记，公司则不得以其变更事项对抗善意第三人。

第六节 公司的能力

一、公司的权利能力

（一）公司权利能力的概念

公司的权利能力是指公司所具有的以自己的名义参与民事活动、取得民事权利和承担民事义务的资格。由于公司法人与自然人在性质上的差异，以及公司法对公司的特殊要求，决定了公司的权利能力在性质上、法律上和目的上都受到限制，并由此而形成了公司权利能力区别于自然人权利能力的种种特性。公司的权利能力开始于公司营业执照签发之日，终止于公司注销登记之日。

（二）公司权利能力的限制

1. 性质上的限制

由于公司是依法拟制的法律主体，因此公司并不具有自然人具有的性质，因此公司也不享有自然人基于其自然属性所具有的权利，比如生命健康权、肖像权等。

2. 法律上的限制

（1）转投资的限制。公司作为商事主体应具有向其他公司或经济组织投资的权利能力，但为了保证公司的正常运转，维护公司债权人的合法权益，各国公司法对公司转投资均毫无例外地做了限制。各国公司法均禁止公司成为其他营利性经济组织中承担无限责任的成员，包括成为无限责任公司或其他两合公司中的无限责任股东以及承担无限责任的合伙人。我国《公司法》也不例外，我国公司法第 15 条规定："公司可以向其他企业投资，但是，除法律另有规定外，不得成为对所投资企业的债务承担连带责任的出资人。"该条的立法本意在于禁止公司向除有限责任公司和股份有限公司等公司制而外的其他主体投资，比如公司不得向合伙企业投资。

（2）担保的问题。除公司为自身债务设定抵押而外，公司资产原则上不作为他人债务的抵押物，否则必将危及公司股东与公司债权人的利益。同样，公司为其他债务人的保证人，其后果亦同。因此，禁止公司为他人债务提供担保或保证是保障公司经营安全的一项制度。例如，我国台湾公司法规定："公司除依其他法律或公司章程规定得为保证者外，不得为任何保证人。"尽管我国台湾地区公司法对物的担保未作明文限制，但在实践中因其"与为他人保证之情形，并无不同"而同样予以限制[①]。我国《公司法》对于公司对外担保的规定也比较谨慎，现行公司法第 16 条规定："公司向其他企业投资或者为他人提供担保，依照公司章程的规定，由董事会或者股东会、股东大会决议；公司章程对投资或者担保的总额及单项投资或者担保的数额有限额规定的，不得超过规定的限额。公司为公司股东或者实际控制人提供担保的，必须经股东会或者股东大会决议。"

3. 目的上的限制

公司章程应当记载公司的目的，规定公司的经营范围，公司应当在公司章程规定的经营范围内从事经营活动。我国《公司法》第 12 条规定："公司的经营范围由公司章程规定，并依法登记。公司可以修改公司章程，改变经营范围，但是应当办理变更登记。公司的经营范围中属于法律、行政法规规定须经批准的项目，应当依法经过批准。"

二、公司的行为能力

公司的行为能力是指公司以自己的意思或行为独立地取得权利、承担义务的资格。由于对法人的本质有不同的看法，因此在对待公司的行为能力的问题上，也有分歧。采用法人拟制说的认为，只有自然人才可以成为权利义务的主体，而法人乃是法律上的假设，并无实体存在。因而法人无行为能力，公司当然也无行为能力，公司只能通过其代理人来表达其意思；采取法人实在说的则认为法人并非法律拟制的结果，法人有其实体存在，因而法人有行为能力，公司通过其代表机关来实施意思表示。我国《民法通则》第 36 条规定，法人享有民事行为能力，因而公司也具有民事行为能力。

公司不同于自然人，其本身不能实施民事行为，是通过它的机关来实现其行为能力的。公司的机关是公司的组成部分，公司机关以公司的名义对外从事民事行为就是公司本身的行为。因为它体现着公司的团体意识，代表的是公司的整体利益，其产生的权利义务也应由公司享有和承担，因而公司的行为能力是通过公司的机关来实现的。

公司的行为能力通过法定代表人来实现。各国对于公司代表人制度有不同的安排，日本采用单独代表制，每一董事均可以对外代表公司；德国采用共同代表制，除公司章程有相反规定而外，董事会成员应共同代表公司。我国《公司法》第 13 条规定："公司法定代表人依照公司章程的规定，由董事长、执行董事或者经理担任，并依法登记。公

---

① 柯芳枝：《公司法论》，三民书局 1985 年版，第 28 页～29 页。

司法定代表人的变更，应当办理变更登记。"

公司在对外活动中，其意思表示不仅可以通过代表机关来实现，也可以通过代理来实现，但是代理必须在公司法定代表人的授权下，且必须在授权范围内。

三、公司的侵权行为能力

公司的侵权行为能力是指公司承担因侵权行为所致的损害赔偿的责任能力。公司有无侵权行为能力因采用法人拟制说和法人实在说不同而不同。按照实在说，公司机关在执行职务的过程中致人损害，公司不能推卸其赔偿责任，因此公司有侵权行为能力。我国公司法未对此作明确的规定，但《民法通则》中规定企业法人对他的法定代表人和其他工作人员的经营活动承担民事责任[①]。因而公司应当对其董事经理执行职务的行为承担责任，包括合法的和不合法的行为。

第七节　公司合并、分立与组织变更

一、公司合并

（一）公司合并的概念和特征

1. 公司合并的概念

公司合并是指两个或两个以上的公司依照公司法规定的条件和程序，通过订立合并协议，共同组成一个公司的过程。

2. 公司合并的特征

（1）公司合并是数个公司的共同行为，以公司之间订立合并协议为前提。

（2）公司合并是当事人之间的一种自由行为，其合并与否及合并的方式完全取决于当事人的意志。

（3）公司合并是一种无须通过解散清算即可消灭和变更公司的行为。公司合并可以在不进行清算的前提下改变公司的存在、财产结构和股权结构。

（二）公司合并的方式

按照我国公司法的规定，公司合并的方式有两种。

一种是吸收合并。吸收合并是指通过将一个或一个以上的公司并入另一个公司的方式而进行公司合并的一种法律行为。并入的公司解散，其法人资格消灭，而接受合并的公司继续存在，但应办理公司变更手续。

另一种是新设合并。新设合并是指两个或两个以上的公司以消灭各自的法人资格为前提而合并组成一个公司的法律行为。其合并的结果是原有公司法人资格的消灭，而新组建的公司通过办理设立登记手续而取得法人资格。

二、公司分立

（一）公司分立的概念和特征

1. 公司分立的概念

公司分立是指一个公司根据法律的规定依照一定的条件和程序分成两个或两个以上

---

① 参见我国《民法通则》第43条的规定。

公司的过程。

2. 公司分立的特征

（1）公司分立是一种自愿的法律行为，公司分立涉及公司的债权、债务和公司财产的分割，因此有关各方应达成一致协议。

（2）公司分立是一种变更公司的行为。公司分立后并不导致公司的完全解散，也不导致公司清算的发生，而只是使公司的存在形态发生了变化。

（3）公司分立是一种依法进行的法律行为。公司分立必须依照公司法和其他有关法律的规定来进行，必须履行要求的审批手续和相应的分立程序。

（二）公司分立的方式

公司分立的方式有两种：

（1）分解分立。分解分立是指将原来的一个具有法人资格的公司分解成两个或两个以上的具有法人资格的公司的法律行为。其条件是原有的公司法人资格消灭，而分立出来的公司符合法人条件的应当办理登记手续。

（2）派生分立。派生分立是指将原来一个公司的部分财产、人员和营业分离出去建立一个新的公司的法律行为。原公司的法人资格仍然存在，但应办理变更手续，分离出去的公司符合公司条件的应办理登记手续。

三、公司合并分立的程序

公司合并与分立应当履行以下的程序：

1. 召开股东会形成决议

公司的合并与分立属于公司的重大事项，应当召开股东会以特别决议的方式通过，即应由代表 2/3 以上表决权的股东通过才能生效。如为国有独资公司则必须由国家授权投资的机构或国家授权的部门决定才能进行。

2. 订立分立协议或合并协议

分立协议是指分立各方就分立的有关事项达成的一致意见。分立协议的内容一般有：分立各方的名称和地址、原有公司的财产在各新公司中的分割情况、分立各方债权债务的承担情况、分立后股东变动情况、分立后各方的营业范围等。

合并协议则是指合并各方就合并的有关事项所达成的一致意见。合并协议的内容主要应有：合并前后公司的名称和地址、存续公司或新设公司因合并而发行的股份总数及种类和数量、合并各方现有的资本及对现有资本的处理方法、合并各方现有债权债务的处理方法、存续公司的章程是否需要变化、公司章程的变更内容、新设公司的章程如何订立及主要内容、与合并有关的其他情况。

公司合并与分立协议必须是书面形式。

3. 编制合并或分立公司的资产负债表和财产清单

4. 通知和公告债权人

公司应当自作出合并或分立协议之日起 10 日内通知债权人，并于 30 日内在报纸上至少公告三次，债权人自接到通知之日起 30 日内，未接到通知的自第一次公告之日起 90 日内有权要求公司清偿债务或提供担保。不清偿或不提供担保的公司不得分立或合并。

5. 进行合并或分立的登记

合并登记分成解散登记和变更登记。公司合并后解散的公司应当办理注销登记，存续的公司应办理变更登记，新设立的公司应办理设立登记。公司分立后也应根据情况办理注销登记、变更登记和设立登记。

四、公司的组织变更

公司的组织变更是指在保持公司法人人格持续的条件下，将公司从一种形式变更为另外一种形式。我国现行公司法既允许有限责任公司变成股份公司，也允许股份公司变成有限责任公司。但是，有限责任公司变成股份公司，必须符合股份公司的条件；股份公司变成有限责任公司，必须符合有限责任公司的条件。法律同时还规定，公司变更前的债权、债务由变更后的公司承担。

第八节　公司的组织机构

一、公司组织机构设立的原则

公司的组织机构是由公司本身的组织机能所决定的，是公司组织机能的外在形式[①]。公司的组织机构通常包括公司的意思形成机构、业务执行机构和内部监督机构等。公司的组织机构是公司组织体赖以存在和运行的组织保障，是公司实现民事权利能力和民事行为能力的组织基础。

通常认为在公司组织机构设立的问题上要奉行这样一些原则：

（一）分权制衡原则

各国公司的组织机构普遍按照决策权、执行权、监督权三权相互配合、相互制约的思想来设置。其中由全体股东所组成的股东会或者股东大会是公司的权利机关，行使公司决策权；由董事会对公司行使经营管理权；公司监事会作为公司的内部管理机构，代表股东对董事及经理的活动进行监督。以"权力制约权力"和"分权制衡"的西方宪政思想对公司组织机构的设置产生不可低估的影响。按照分权制衡的要求，各国公司法都强调特定的机构只能行使特定的权力，任何机构都不能独揽大权。在分权的基础上为了保障各机构正常行使权力，就必须通过一定的组织形式使它们的权利受到一定的制约，使他们形成一个相互依赖、相互作用并相互制约的组织系统，通过权力制约权力，平衡公司内部不同利益主体之间的利益，以实现经济利益的最大化。

（二）注重效率并兼顾公平的原则

公司的营利性决定了公司对效率的追求是一项重要的原则。现代公司法强调董事会而弱化股东会的作用就是追求效率的一种表现。但是公司在追求效率的过程中也不能不顾公平，因此各国公司法在强化董事会职权的同时也在不断加强董事的责任。

（三）民主与集中相结合的原则

公司是由多数人所组成的社团法人。因此公司应当反映和代表全体股东的利益，因此凡是公司的重大事项均要求由公司股东会决策，体现了公司的民主性，但是在股权越

---

① 石少侠主编：《公司法教程》，中国政法大学出版社 1998 年版，第 176 页。

来越分散的情况下，由出资人决定公司的所有事项是不可能的，它无法适应高速、快捷的现代经济生活，因此为了保障公司的营利性，就必须赋予公司董事、经理等经营管理人员更多的自主经营权，在保证董事和董事会不滥用权利的前提下，达到科学、高效决策的目的。因此在公司组织机构的设立上应当体现民主与集中的原则。

二、股东（大）会

（一）股东（大）会的概念

股东会的概念有广义与狭义两种，从广义上说，股东会泛指各类公司中由全体股东组成的公司权力机构。狭义的股东会仅指有限责任公司中全体股东所组成的公司权力机构，而股份公司的权力机构称为股东大会。

（二）股东（大）会的地位

股东会是由全体股东所组成的代表全体股东团体意志的机构。它是公司的最高权力机构，拥有对公司重大事务的决策权。但股东会不是公司的常设性机构，因而它对外不代表公司，对内不执行公司事务。它是公司的意思形成机关，但不是公司的意思表示机关。

（三）股东（大）会的职权

股东会作为公司的最高权力机关，它享有对公司重大事务的决策权。

根据我国公司法的规定，有限责任公司股东会的主要职权有：（1）决定公司的经营方针和投资计划；（2）选举和更换非由职工代表担任的董事、监事，决定有关董事、监事的报酬；（3）审议批准董事会的报告；（4）审议批准监会或监事的报告；（5）审议批准公司的年度财务预算方案、决算方案；（6）审议批准公司的利润分配方案和弥补亏损方案；（7）对公司增加和减少注册资本作出决议；（8）对发行公司债券作出决议；（9）对公司合并、分立、变更公司形式、解散和清算等事项作出决议；（10）修改公司章程；（11）公司章程规定的其他职权。

股东大会是股份公司的权力机构，其与有限责任公司具有相同的职权范围。

（四）股东（大）会会议的召开

股东会的会议有首次会议、定期会议、临时会议。首次会议由出资最多的股东召集；定期会议是按照章程的规定按时召开的，通常每年举行一次或两次。代表十分之一以上表决权的股东，三分之一以上的董事，监事会或者不设监事会的公司的监事提议召开临时会议的，应当召开临时会议。

一般股东会由董事长召集和主持。董事长因特殊原因不能履行职务时，由董事长指定的副董事长或者其他董事主持。

股东会的召集应以书面形式于会议召开的一定期限之前通知或公告股东，通常对有限责任公司比较宽松，甚至可不经召集程序而直接开会，只要会议是经全体股东同意或由全体股东参加，我国公司法规定有限责任公司召开股东会应当在会前 15 天通知全体股东；股份公司召开股东大会应当将会议的时间、地点、审议事项于会议召开的 20 日前通知各股东，临时股东大会应当于会议召开 15 日前通知各股东，发行无记名股票的，应当于会议召开 30 日前公告会议召开的时间、地点和审议事项。无记名股票持有人出席股东大会会议的应当于会议召开 5 日前至闭会时将股票交存于公司。

（五）股东会的议事方式

股东会议事的方式是采取表决方式。对于股东的表决权国外立法有"均一主义"和"资额主义"。前者是指一个股东不论其出资多少均只有一项表决权，侧重于维护公司的人合性；后者是指按出资额或出资比例来分配股东的表决权，侧重于维护公司的资合性特点。我国《公司法》第43条规定："股东会会议由股东按照出资比例行使表决权。"因而在我国股东表决权采用的是"资额主义"。股东会对表决事项形成的决议有两种形式：一种是普通决议，另一种是特别决议。普通决议是指股东会对一般事项所作的决议，由代表1/2以上表决权的股东通过；特别决议是指对公司的重大事项所作的决议，按照法律规定应以特别决议方式通过的事项有：公司注册资本的增加或减少；公司章程的修改；公司的合并分立；公司解散。特别决议应经由2/3以上有表决权的股东通过。股东会应对所议事项的决定作成会议记录，由出席会议的股东签名并妥善保管，以备股东查阅。

三、董事会

（一）董事会的概念和地位

董事会是由股东会选举产生的，由全体董事组成的负责公司经营管理的执行机关。董事会由股东会选举产生因此对股东会负责，董事会是对内执行公司业务、对外代表公司的常设性机构。

董事会是公司的业务执行机关和法人机关。尽管股东会是权力机关，但是它不是一个常设性机关，它仅是一个意思形成机关，股东会做出的各项决议需要由董事会来负责主持实施和执行。董事会是公司的法定的常设机关，由董事会集体执行公司事务，它是公司的法人机关。董事长是公司的法定代表人。

有限责任公司的董事会成员为3~13人，设1名董事长。如果公司的规模较小，可不设董事会而只设一名执行董事。执行董事由股东会选举产生，对内行使经营管理权对外代表公司，是公司的法定代表人。股份公司的董事会由股东大会选举产生，并对股东大会负责，董事会的成员为5至19人。

（二）董事会的职权

根据我国公司法的规定，董事享有以下的职权：

（1）负责召开股东会并向股东会报告工作；

（2）执行股东会的决议；

（3）决定公司的经营计划和投资方案；

（4）制定公司的年度财务预算方案、决算方案；

（5）制定公司的利润分配方案和弥补亏损方案；

（6）制定公司的增加和减少注册资本的方案；

（7）拟订公司合并、分立、变更公司形式、解散的方案；

（8）决定公司的内部管理机构的设置；

（9）决定聘任或解聘公司经理及其报酬事项，并根据经理的提名决定聘任或解聘公司副经理、财务负责人及其报酬事项；

（10）制定公司的基本管理制度。

（三）董事会会议的召开

董事会会议由董事长召集和主持。董事长因其他原因不能履行职务时由董事长指定副董事长或其他董事召集和主持。董事会会议应对所决定的事项作出会议记录并由出席会议的董事在会议记录上签名。董事会作出决议，一般须半数以上的董事出席，并以出席董事的过半数同意通过。对于某些特别决议事项，法律或章程还规定了更高的要求。董事会决议的表决，实行一人一票。

（四）经理

经理是公司董事会做出决议聘任的主持日常经营工作的公司负责人。在国外经理一般由公司章程任意设立，设立之后就成为公司常设的辅助业务执行机关。经理从属于董事会，对董事会负责。经理的职权通常来源于董事会的授权，只能在董事会或者董事长的授权范围内对外代表公司。我国公司法中规定公司经理的职权主要有：（1）主持公司的生产经营管理工作；（2）组织实施公司年度经营计划和投资方案；（3）拟定公司内部管理机构方案；（4）拟定公司的基本管理制度；（5）制定公司的具体规章；（6）提请聘任或者解聘公司副经理、财务负责人；（7）聘任或者解除应由董事会聘任或者解聘以外的负责管理人员；（8）董事会授予的其他职权。

四、监事会

（一）监事会的地位和组成

监事会是由监事组成的对公司经营活动进行监督的专门机构。监事会主要是大陆法系的国家所采用的监督机构，英美法系的国家一般没有监事会的设置，因此就由独立董事来对公司实施监督。对于有限责任公司，我国《公司法》第52条规定："有限责任公司设立监事会，其成员不得少于3人。股东人数较少和规模较小的有限责任公司，可以设1~2名监事。"国有独资公司则不设监事会。股份公司必须设立监事会，其成员不得少于3人。监事会一般不参与公司的业务决策和管理，也不对外代表公司进行业务活动。监事会的成员由股东代表和适当比例的公司职工代表组成，董事、高级管理人员等不得担任公司监事，监事的任期每届3年，可以连选连任。

（二）监事会的职权

监事会或监事依法行使以下职权：

（1）检查公司财务；

（2）对董事、高级管理人员执行公司职务的行为进行监督，对违反法律、法规、公司章程或者股东会决议的董事、高级管理人员提出罢免的建议；

（3）当董事、高级管理人员的行为损害公司的利益时，要求董事、高级管理人员予以纠正；

（4）提议召开临时股东会，在董事会不履行职责召集和主持股东会会议时召集和主持股东会会议；

（5）向股东会会议提出提案；

（6）依照法律规定对董事、高管提起诉讼；

（7）公司章程规定的其他职权。

此外，为了更好对董事执行公务的行为进行监督，规定监事有列席董事会会议的权利。

五、董事、监事和高级管理人员的任职资格

公司董事及监事以及高级管理人员的人选直接关系到公司和股东的利益，因而法律上对公司董事监事均有所限制。一般而言担任公司董事的人选必须具有较强的经营管理能力，而公司监事不能由公司董事、高级管理人员担任。另外我国《公司法》第147条规定："有下列情形之一者，不得担任公司的董事、监事和高级管理人员：无民事行为能力或者限制民事行为能力；因犯有贪污、贿赂、侵占财产、挪用财产罪或者破坏社会主义经济秩序罪，被判处刑罚，执行期满未逾5年，或者因犯罪被剥夺政治权利，执行期满未逾5年；担任因经营不善破产清算的公司、企业的董事或者厂长、经理，并对公司、企业的破产负有个人责任的，自该公司、企业破产清算完结之日起未逾3年；担任因违法被吊销营业执照的公司、企业的法定代表人，并负有个人责任的，自该企业、公司被吊销营业执照之日起未逾3年；个人所负数额较大的债务到期未清偿。公司如违反上述规定选举董事、监事和高级管理人员的，该选举无效。"

六、董事、监事和高级管理人员的义务

关于董事、监事以及高级管理人员的义务的基本原则是应当遵守公司章程，忠实履行职务，维护公司的利益，不得利用在公司中的地位为自己谋私利，公司的这些人员对公司负有忠实义务、注意义务[①]。在美国忠实义务又叫做公平交易义务，违反公平交易义务的类型主要有：（1）公司与董事之间的交易；（2）共有一个或多个董事的公司之间的交易；（3）董事侵夺公司机会的情况；（4）董事竞业[②]。在我国《公司法》中的第148条至151条对董事、监事以及高级管理人员的义务作出了规定，这些义务概括为忠实义务和勤勉义务。

第一，不得收受贿赂或其他非法收入；

第二，不得侵占公司财产；

第三，不得擅自处分公司财产；

第四，不得擅自泄露公司秘密；

第五，不得使自身置身于与公司的利益冲突之中。这主要是指竞业禁止义务，即董事不得从事与本公司同类的营业，不得与公司竞争、争夺公司的商业机会。

第九节 公司债

一、公司债的概念及特点

（一）公司债的概念

公司债是指公司依法发行的约定在一定期限内还本付息的有价证券。

（二）公司债的法律特征

（1）公司债是一种以有价证券形式表现出来的债权债务关系。它具备有价证券的一切特征，其发行必须要符合法律法规的规定。

---

① ［美］罗伯特·C·克拉克著：《公司法则》，工商出版社1999年版，第90页。

② Robert W. Hamilton, *the law of corporations*, West Group, 1999, P378～379.

（2）公司债的债权人的收益具有稳定性。无论公司经营好坏，公司都必须按事先约定的利率向债券持有人支付利息。

（3）公司债是一种金钱之债。

（4）公司债需要还本付息。公司到了约定的期限必须向债券人偿还本金。

二、股票与公司债券的区别

股票和公司债券均是公司获得资金的两种重要方式。但它们也有区别：

（1）主体地位不同。就发行主体而言，股票的发行主体只有股份公司，其他任何形式的主体都不能发行股票，而债券的发行主体比较广泛，包括股份公司也包括有限责任公司；就购买主体而言，股票的购买者或持有者是公司的股东，可以对公司的重大事项作出决策。而公司债券表示的是一种债权债务关系，双方之间是一种合同关系，权利人不能直接参与公司的经营管理，完全是一种外部关系。

（2）获得收益的方式和顺序不同。股票获得收益的主要方式是股息或股票交易的价差，因而收益的好坏与公司的经营业绩密切相关；而公司债券收益的方式则是债券的利息，利息多少是事先约定的。就收益的顺序而言，债券利息的支付要优先于股息。

（3）风险不同。股票的风险要大于债券的风险。因为股票只能转让而不能退回公司，股票的收益与公司的经营情况密切相关，当公司经营不善发生亏损甚至破产时，股票持有人会损失本金。而公司债券具有到期还本付息的特点，不管公司经营情况如何必须按事先约定的利息对债权人进行支付。

（4）资本性质不同。股票是公司为了筹集自有资金而采用的方式，即使公司长期不派发股利股东也不能申请公司破产；而发行公司债券筹集的资本属于借入资本，当公司没有按约定的期限偿还本息时权利人可向法院申请债务人破产。

（5）期限不同。股票是一种永久性投资，没有法定的还款期，只有公司被宣告破产后股票权利人才能就清偿债务人后剩余的财产要求分配；而公司债券是一种有期限的借款凭证。

三、公司债券的分类

（1）按公司债券上是否记载姓名，可将公司债分成记名债券和无记名债券。

（2）按公司债券的发行有无担保，可将公司债券分成有担保的公司债券和无担保的公司债券。

（3）按公司债券的偿还期限，可将公司债券分成短期债券、中期债券、长期债券。

（4）按公司债券能否转换成股票，可将公司债券分成不能转换的公司债券和可转换公司债券。

（5）按公司债券能否在证券市场公开交易，可以将公司债券分成可上市的公司债券和非上市的公司债券。

（6）按照公司债券的存在形式，可以把公司债券分成实物债券、凭证式债券和记账式债券。

四、公司债券发行的条件

公司债券的发行主体为股份公司和有限责任公司。公司法对公司债券作了一些规定，但关于发行条件以及程序等内容则在证券法中专门规定。公司债券的发行条件因其属于首次发行和非首次发行而不同。

（一）公司债券首次发行的条件①

（1）股份公司的净资产额不低于人民币3 000万元，有限责任公司的净资产额不低于人民币6 000万元；

（2）累计债券总额不超过公司净资产的40%；

（3）最近三年平均可分配利润足以支付公司债券一年的利息；

（4）筹集资金的用途符合国家的产业政策；

（5）债券的利率不超过国务院限定的利率水平；

（6）国务院规定的其他条件。

如果公司发行可转换公司债，除了具备以上的条件而外，还应具备股票发行的条件。公司债所募集的资金必须用于核准的用途，不得用于弥补亏损和非生产性支出。

（二）公司债券非首次发行的条件②

公司非首次发行公司债券不得存在以下几种情况：

（1）前一次公开发行的公司债券尚未募足；

（2）对已公开发行的公司债券或其他债务有违约或者延迟支付本息的事实，且仍处于继续状态的。

（3）违反规定，改变公开发行公司债券所募集资金的用途。

五、公司债券发行的程序

公司债券的发行必须依照法定的程序进行：

（1）召开股东会，作出债券发行的决议。

（2）制定公司债券募集的办法。其主要内容包括有：公司的名称、住所、经营范围、法定代表人，公司近三年来的经营情况和有关业务发展的基本情况，公司的财务报告，公司的净资产，债券筹集的用途，公司的效益预测，公司债券的发行对象、发行方式、发行期限，债券的类型和期限，债券的利率，债券的总面值，债券的还本付息方式，公司的净资产，已发行的尚未到期公司债券的总额，公司债券的承销机构，以及其他要求的事项。

（3）对债券发行人的信用状况进行评级。信用等级的高低反映了公司信用程度和偿债能力的大小。我国信用评级级别一般采用10级制，即AAA、AA、A、BBB、BB、B、CCC、CC、C、D。具有债券发行资格的一般只限于A级或BBB级以上的信用等级。

（4）提出债券发行的申请。债券发行人应向国务院证券管理机构和计划单列市以上的金融管理机构提出发行申请。提出申请时应报送以下法律文件：公司债券发行申请书，公司登记证明或营业执照副本，公司债券募集办法或发行章程，资产评估报告和验资报告，资信评级报告等应报送的法律文件。

（5）公告。公司债券的发行申请经批准后发行人应进行公告。

（6）准备公司债券认购书。公司债券认购书应载明公司名称、债券的票面金额、利率、偿还期限等事项，并由董事长签名、公司盖章。

（7）发行公司债券，置备公司债券存根簿。发行记名债券的，应当在公司债券存根

---

① 参见《中华人民共和国证券法》第16条之规定。

② 参见《中华人民共和国证券法》第18条之规定。

簿上记载债券持有人的姓名及住所、取得债券的日期及债券的编号、债券的总额、债券的票面金额、债券的利率、债券的还本付息的方式、债券的发行日期。发行无记名债券的应当在债券存根上记载债券的总额、债券的票面金额、债券的利率、还本付息的方式和期限、债券的发行日期和编号。发行可转换公司债的，除应记载以上事项而外，还应在存根簿上记明可转换公司债券的数额。

（8）登记备案。公司债券发行结束之后，应在一定的期限内向主管机关申请登记备案。

六、公司债券的发行方式

公司债券的发行方式主要有直接发行和间接发行两种。直接发行是指公司直接从投资者那里募集资金。这种方式发行的成本低，但发行人要自己承担发行风险。间接发行是由金融机构或发行商代为进行的发行。间接发行又可分成代销和包销。代销是指公司委托代理发行机构以公司的名义发行债券，代理机构只对实际发行的数额承担责任，双方之间只是一种代理关系。其优点是代理费比较低，但缺点是发行的数量不稳定，发行人承担的风险较大。包销是指承销机构在结束发行后将未能售出的全部债券由自己购买的方式。这种方式的优点是资金筹措的数量比较稳定，但发行人需要支付较高的费用。

七、公司债券的转让

公司债券的转让应当在依法成立的证券交易场所进行。

公司债券的转让价格由双方根据公司的经营情况与市场的变动情况约定。决定公司债券转让价格的因素有：债券的到期日、公司的资信情况、银行的存款利率、供求关系、税收情况等。

公司债券的转让方式根据债券的形式不同而不同。记名债券以背书方式进行转让，并由公司将受让人的姓名或名称及住址记载与公司的存根簿上；无记名债券的转让通过交付即可。

第十节　公司财务、会计制度

一、公司法规定公司财务、会计的意义

我国公司属于企业的一种，其会计财务事项自然适用"会计法"、"企业会计通则"、"企业财务通则"的一般规定。然而公司与其他企业又有所不同，所以公司法中专门规定了"公司财务、会计"一章，要求公司的财务、会计制度必须健全和规范。法律作此规定的原因在于：

第一，为了保护股东利益。股东投资公司的主要目的是为了从公司获得利益，这就要求公司必须进行盈亏计算，而股东又不能直接参加公司的日常经营和公司财务、会计报告的制作。为了防止股东利益遭受侵害，必须要求公开和健全公司的财务、会计制度。

第二，为了保护公司债权人的利益。由于股份公司与有限责任公司的股东都只承担有限责任，公司财产就是债权人利益的唯一担保，其增减变化直接关系到债权人债权的实现。为了让债权人及时准确了解公司的实际情况，必须对公司的财务制度进行规范。

第三，为了保护社会公共利益。股份公司是一种开放性的公司，公司股东、债券持有人、潜在的投资人和其他有利害关系的人均依赖于公司披露的财务信息作出决定，因此公司法要求以募集设立的股份公司必须公告财务、会计报告。

本节主要介绍公司法中有关的财务、会计制度。

二、公司财务、会计报告

（一）资产负债表

1. 资产负债表的概念及其构成

资产负债表是表示一定时期内公司财产的总体构成状况。主要由资产、负债、股东权益等会计项目构成。

资产是指公司所拥有或控制的能以货币计量的财产资源。可分成流动资产、固定资产、长期投资、无形资产、递延资产等。

负债是指公司负担的能以货币计量的且需用公司资产或劳务加以偿付的债务。负债根据偿还的期限可以分成流动负债和长期负债。

股东权益。股东权益是指股东对公司的净资产所享有的权利。包括股东的出资、公积金、未分配利润。

资产负债表应当附有附属明细表，包括存货表、固定资产累计折旧表、在建工程表、无形资产与递延资产表等。

2. 资产负债表可以提供的信息

（1）反映公司资产的规模和资产构成情况。从资产负债表上可以看到公司的资产总额和资产的构成情况。

（2）反映公司的权益结构。通过资产负债表可以了解公司的自有资本和借入资本的情况，分析其在总资产中所占的比例，一般而言，如果公司的自有资产的比例高，表明公司的财务基础比较稳固，如果负债比例高，则公司的经营风险较大。

（3）通过资产构成和权益结构的分析，反映公司的短期偿债能力和支付能力；另外通过不同时期的资产负债表的比较，可以了解公司的财务状况的变化。

（二）损益表

损益表是反映公司一定期间内收益和亏损状况的动态会计报表。由收入、费用、利润三个会计要素为基础，分别列出营业收入、流转税、营业成本、营业费用、利润、所得税和税后利润，显示一定时期内公司的盈亏状况。

损益表可以提供有关方面的信息：反映公司在一定时期的经营结果；反映公司的偿债能力；反映公司所得税纳税的基础；反映公司的经营管理的水平。

（三）利润分配表

利润分配表是表示公司利润分配和年末未分配利润的节余情况的一种会计报表。其项目主要包括利润总额、税后利润、可分配利润、未分配利润等。

（四）财务状况变动表

财务状况变动表主要包括资金来源和资金用途，二者之差即为资金的增加或减少。财务状况变动表可以向公司管理者、股东、债权人、政府部门和潜在的投资者提供财务状况变动的全貌。包括公司有多少资金可供运用，营运资金的来源和用途，经过营运期初与期末的资金变动情况。资金来源可分为利润来源和其他来源，资金运用可分为利润分配和其他运用。通过财务状况变动表的分析，可以了解公司内部资金流转的情况。

（五）财务状况说明书

财务状况说明书是帮助理解会计报告而对报表中的有关内容所作的解释。其包括的内容主要有会计处理方法、会计处理方法的变更、变更原因对财务状况和经营结果的影响、非经营性项目的说明、其他有利于理解和分析财务报表的说明事项。

三、公司盈余的分配

（一）公司盈余分配的原则

公司盈余是指公司当年的盈利在扣除一切税额后所剩余的部分。公司盈余分配要遵循以下原则：

（1）公司必须以当年发生的实际盈余作为分配的依据，当年无盈余的原则上不能派发股息。

（2）公司盈余的分配必须按法律规定的顺序和比例进行。

（3）公司盈余分配必须经股东会或股东大会批准后由董事会执行。

（二）公司盈余分配的顺序

（1）弥补公司上一年度的亏损。

（2）提取法定公积金。提取的比例是公司盈余的 10％。当法定公积金累计的总额达到公司注册资本的 50％时，可以不再提取。

（3）提取任意公积金。对于公司是否提取该项公积金和提取比例由股东会决定。

（4）剩余利润分配股东。公司在完成上述分配后如还有剩余，即可按确定的分配方案向股东进行分配。有限责任公司按股东的出资比例分配，股份公司按股东持有的股份比例分配。

四、公积金

（一）公积金

1．公积金的概念

公积金又称为储备金，是指为了巩固公司的财务基础，依照法律和公司章程的规定或股东会的决议，按规定的比例从营业利润或其他收入中提取的，不作分配而留存于公司内部的具有特定用途的基金。

2．公积金的种类

公积金可按其提取的依据不同分成法定公积金和任意公积金。

（1）法定公积金。法定公积金是指依照法律必须强制提取的公积金。法定公积金提取的比例由法律直接规定，公司必须遵守，公司不能以章程或股东会的决议加以变通。依照法定公积金的来源不同还可以把其分成盈余公积金和资本公积金。盈余公积金是指公司在弥补亏损后从税后利润中按一定比例提取的公积金，我国公司法规定的法定盈余公积金的比例是公司税后利润的 10％。资本公积金是指由公司资本或资产以及其他原因所形成的公积金，其来源主要有：股票溢价发行的溢价款，资产评估增值部分，处分资产或出售资产的溢价收入，接受捐赠的财产等。

（2）任意公积金。任意公积金是指根据公司章程或股东会决议于法定公积金外提取的公积金。是否提取该公积金以及提取的比例均由公司自由选择，法律对此不作强制性的规定。

（3）公积金的用途。按照我国法律的规定公积金主要用于以下几个方面：

①弥补公司亏损。这是公积金的首要的用途，也是维持公司稳定发展和保护债权人利益的必然要求。

②转增公司资本。即将公司的部分公积金按股东的原有股份比例派送一定数量的新股或是增加每股的实际金额。但法定公积金转增资本时，所留存的该项公积金不得少于转增前公司注册资本的25％。

③扩大公司的经营。公司在经营过程中可以将公司提取的公积金用于扩大公司的生产经营。

第十一节　公司解散与清算

一、公司解散概述

（一）公司解散的概念

尽管在理论上对公司解散的概念有"公司消灭的原因"和"公司消灭的程序"之争。有学者认为"公司之解散，非公司法人人格之消灭，乃公司法人人格之消灭原因。详言之，即已成立之公司，发生法律上之原因，而丧失其营业上之能力"。[①] 还有学者认为"解散是从程序角度而言的，是确定法人将要终止，这种确定虽不会导致法人消灭，但它必将会导致法人消灭"。[②] 但是不管是原因还是程序，公司解散从顺序上讲都发生在公司清算之前，公司解散后就会进行公司清算，将会导致公司人格的消灭。为了便于理解，本书将公司解散界定为：公司解散是指以消灭公司法人资格为目的而进行的终止公司业务活动并对公司财产进行清算的行为。

（二）公司解散的原因

公司解散的原因主要有以下几种：

（1）公司章程规定的营业期限届满或公司章程规定的其他事由出现。

（2）股东会决议解散公司。

（3）公司合并或分立而需要解散公司。

（4）依法被吊销营业执照、责令关闭或者被撤销。

（5）公司经营管理发生严重困难，出现公司僵局。

（6）公司破产。

（三）公司解散后的法律地位

公司解散并不直接导致公司法人人格的消灭，但产生一系列的法律后果。包括公司的权利能力受到限制，即公司的存在不再以营利为目的，而完全是为了下一步清算，为了依程序消灭公司法人人格而继续存在；公司原来的代表机关和业务执行机关丧失其地位和职权，不得代表公司行使职权，公司将成立清算组。1966年法国的商事公司法第391条规定：解散后公司的字号或者名称应加上"清算中的公司"字样，公司的法人人

---

① 张国键：《商法概论》，三民书局1980年版，第186页。

② 江平：《法人制度论》，中国政法大学出版社1993年版，第154页。

格，因清算的需要，继续保留至清算结束时。① 美国示范公司法中也规定：一家解散的公司仍继续其公司的存在，但不能继续经营业务，除了是经营和其结业有关的以及和清算有关的业务和事务。② 由此可见法国和美国的公司法都对公司解散后的法律地位作了明确的规定。我国以前对公司解散后的法律地位规定不明确，导致现实中出现很多借此逃避债务的现象，我国现行《公司法》第 187 条第 3 款规定：清算期间，公司存续，但是不得开展与清算无关的经营活动。在此条规定中明确公司解散后其法律地位仍然存续。

二、公司清算

（一）公司清算的概念

公司清算是指公司解散后处分公司财产，终结其法律关系从而消灭公司法人资格的法律程序。根据我国公司法的规定，公司除合并与分立而解散外，其余原因引起的解散均需经过清算程序。因为公司是由股东投资组建的法人实体，而股东对公司的经营风险承担有限责任；公司在存续期间对内对外发生大量的法律关系，为了保护股东和债权人的利益必须依法将其资产向股东和债权人进行分配，终结其现存的全部法律关系，因此必须进行清算，此为各国的通例。

（二）清算组

公司进入清算程序之后由清算组取代公司机关的地位。清算组是公司解散之后依法组成的专门负责清算事务的机构。我国公司法规定在公司解散事由出现之日起 15 日内应成立清算组。有限责任公司的清算组由股东组成，股份公司的清算组由股东大会确定人选或者董事组成，逾期不成立清算组的债权人可以申请法院指定有关人员组成清算组。清算组在清算期间的职权主要有：清理公司财产并编制资产负债表和财产清单、通知公告债权人、处理清算公司未了的业务、清缴税款、清理债权债务、处理公司剩余财产、代表公司参与民事诉讼等。清算组成员应当忠于职守，依法履行清算义务。

（三）清算的程序

（1）组成清算组。

（2）公告和通知债权人。

（3）清理公司财产、编制公司资产负债表和财产清单。清算组在清理财产后发现公司财产不足以清偿债务的，应当立即向法院申请宣告破产。公司被法院裁定破产的，清算组应当将清算事务移交给法院。

（4）制订清算方案，并报股东（大）会或者人民法院确认。

（5）收取债权、清偿债务。清偿债务时应按下列顺序进行：（1）支付清算费用；（2）支付职工的工资、劳动保险费和法定补偿金；（3）缴纳所欠税款；（4）清偿公司的其他债务。

（6）分配剩余财产。公司财产在清偿公司债务之后按照股东的出资比例或持股比例分配给股东。

（7）制作公司清算报告。公司清算结束之后应当制作清算报告，报股东（大）会或

---

① 金帮贵：《法国商法典》，中国法制出版社 2000 年版，第 254 页。
② 卞耀武：《当代外国公司法》，法律出版社 1995 年版，第 94 页。

法院确认。

（8）申请公司注销登记。公司在结束清算后应报送公司登记机关申请注销公司登记，公告公司终止。

第八章 票据法

第一节 票据和票据法概述

一、票据的概念和特征

（一）票据的概念

对于票据一般有广义和狭义两种理解。广义的票据是指商业活动中所使用的各种凭证，比如汇票、本票、支票、提单、保险单、发票、机票、股票、债券等；狭义的票据仅指以无条件支付一定金额为内容且由票据法规范的有价证券。本章所指的票据仅指狭义的票据即汇票、本票以及支票这三种由票据法所调整的票据。

各国票据立法中一般没有界定票据的概念，票据法学者对票据概念的界定也不尽相同。一般认为：票据是出票人依票据法签发的，由本人或者委托他人在见票时或者在票载日期无条件支付确定的金额给收款人或者持票人的一种有价证券[①]

（二）票据的特征

票据作为商业活动中的一种特殊的有价证券，具有其区别于一般商业票证的独特的特征。

1. 票据是设权性证券

所谓设权性是指票据权利的产生必须首先做成证券。票据上所表示的权利是由票据的出票行为所创设的，没有出票行为创设票据，就没有票据权利。与设权性证券相对应的证券是证权性证券，证权性证券是用来证明已经存在的权利，比如公司股票就是一种证权性证券。

2. 票据是一种完全有价证券

所谓票据的完全有价性是指票据权利与票据证券在任何情况下都不分离，票据权利的产生、转让、行使等都必须以票据的存在为必要。

3. 票据是债权证券

票据的产生和存在都是以支付一定的金钱为目的，票据的持

---

① 王小能编著：《票据法教程》，北京大学出版社 2001 年版，第 14 页。

票人可以就票据上所载的金额向特定的债务人行使请求权。

4. 票据是文义性证券

票据上的一切权利义务必须以票据上的文义记载为准，票据记载而外的其他任何事项或者理由均不得改变票据权利义务。

5. 票据是无因性证券

所谓无因性是指票据虽因一定的原因而发生，但是票据一旦符合条件而成立，即与原因相分离，票据原因的无效、撤销和变更等对于票据不发生影响。

6. 票据是要式证券

为了保证票据的流通，票据记载的格式和内容都必须符合法律规定。

7. 票据是流通性证券

这里的流通性是指票据权利的转让比一般民商法上财产权利的转让更加方便灵活。一般财产权利的转让应当通知债务人，而票据权利的转让则依背书或者直接交付即可，不需要通知债务人；另外，一般财产权转让后，新的债权人通常要承受原权利人在权利上的瑕疵，而票据权利转让后，原则上新的持票人不承受前手在票据上的瑕疵。这样就使得票据转让更加灵活和便捷。

8. 票据是提示性证券

票据权利人享有权利以占有票据为前提，持票人为了证明占有的事实就必须提示票据。比如持票人请求付款时必须提示票据，请求承兑也必须提示票据。票据的提示性是由于票据是一种完全有价证券。

9. 票据是返还性证券

票据的返还性也称为缴回性。票据权利与票据证券不可分离，持票人在收到票据金额的同时也应当将票据交还给付款人或前手，以便使票据关系归于消灭或者使后手得以向前手行使再追索权。

二、票据的功能

经济的发展促使票据的产生和发展，反过来票据制度的建立和完善又促使经济的繁荣。票据已成为现代商业社会中必要的交易工具，发挥越来越重要的功能。票据具有以下的主要功能：

（一）支付功能

支付功能是票据最原始和最基本的功能。商业贸易需要支付货款，在贸易中大量使用货币既不方便也不安全，发明票据来代替现金可以避免危险的发生。同时由于票据具有流通性，一张票据可以实现多次支付。由于票据具有支付的功能，有些国家法律还规定，如果企业的员工众多，为避免拥挤、费时和不安全，可以改给付货币为给付票据。[①]

（二）汇兑功能

进行异地贸易时往往需要异地付款，现金支付往往风险太大，如果用票据来支付就会事半功倍，比如，甲国的一家公司准备向乙国的另一家公司付款，甲国的公司可以把

[①] 曾世雄、曾陈明汝、曾宛如：《票据法论》，中国人民大学出版社 2002 年版，第 15 页。转引自杨小强、孙晓萍：《票据法》，中山大学出版社 2003 年版，第 12 页。

现金交给甲国的银行，银行即可向它发给一张可以在乙国取款的汇票，甲国公司把这张汇票寄给乙国的公司，就可完成跨国间的支付。

（三）结算功能

结算功能又叫债务抵消功能，当事人之间互相持有对方签发的票据，当发生支付时，可以用票据抵消债务。以票据作为彼此之间债权债务的清偿工具，互为抵消，不仅结算方便，而且又保障了交易的安全。为了提高票据的结算功能，世界各国大多广泛设立了票据交换中心，同时票据买卖市场也纷纷建立。

（四）信用功能

票据当事人可以凭借信用，就未来可取得的金钱作为现在的金钱来使用。比如某甲应当向乙付款，于是甲利用自己的信用向乙签发了一张付款日期为3个月之后的远期汇票，以甲的开户银行作为付款人。事实上相当于甲从乙处获得了3个月的短期贷款。另外票据的持票人在票据到期之前如果急需现金，持票人可以把票据向银行进行贴现，也可以通过背书的方式把票据转让给其他人获得现金。

（五）融资功能

融资功能是指票据的持票人可以通过将未到期的票据以贴现的方式来获得现金，以解决资金流转的困难。票据的这一功能通常通过票据的贴现、转贴现和再贴现来实现，贴现业务已经成为现代商业银行中的一项重要的业务。

通过以上功能的介绍可以看出，票据不仅具有补充货币的作用，而且还能代替货币，甚至还能将未来的货币提前使用。通过建立健全票据法律制度，票据在现代商业社会中将会发挥越来越重要的作用。

三、票据的种类

（一）法律上的分类

1．我国票据法上的分类

根据我国票据法的规定，票据有汇票、本票和支票三种。

汇票是出票人签发的，委托付款人在见票时或者在指定日期无条件支付确定的金额给收款人或者持票人的票据。[①] 我国又将汇票分成商业汇票和银行汇票。中国人民银行颁布的《支付结算办法》对商业汇票和银行汇票分别作了规定，银行汇票是指出票银行签发的，由其在见票时按照实际结算金额无条件支付给收款人或者持票人的票据。[②] 而商业汇票与银行汇票的主要区别在于出票人是除银行之外的单位。商业汇票又分成银行承兑汇票和商业承兑汇票，前者由银行承兑，后者由银行以外的付款人承兑。

本票是出票人签发的，承诺自己在见票时无条件支付确定的金额给收款人或者持票人的票据。[③]

支票是出票人签发的，委托办理支票存款业务的银行或者其他金融机构在见票时无条件支付确定的金额给收款人或者持票人的票据。[④] 我国又将支票分成现金支票和转账

---

① 参见《中华人民共和国票据法》第19条第1款。
② 参见《银行支付结算办法》第53条第1款。
③ 参见《中华人民共和国票据法》第73条。
④ 参见《中华人民共和国票据法》第82条。

支票。现金支票只能支取现金，转账支票不能支取现金。

2. 国际和国外票据法上的分类

各国票据法都采用法定的方法规定票据的种类，不允许当事人自行创设票据类型。《日内瓦统一汇票本票法》、《海牙统一票据规则》以及德、法、日等国家将票据分成汇票和本票，不包括支票。英国票据法将票据分成汇票和本票，但是将支票包括在汇票中。① 《美国统一商法典》将票据分成汇票、支票、存款单和本票。②

（二）学理上的分类

1. 自付性票据和委托性票据

根据出票人是否直接付款，可以把票据分为自付性票据和委托性票据。自付性票据是出票人约定自己到期付款的票据，比如本票；委托性票据是指出票人委托他人向持票人支付票据金额，如汇票和支票。

2. 支付票据和信用票据

根据票据的功能不同，可以分成支付性票据和信用票据。支付票据是指见票即付并只能由银行或金融机构支付的票据，支票就属于这种；信用票据是指依靠出票人的信用签发的在出票后一定期限才付款的票据，比如汇票和本票。

3. 记名票据、无记名票据和指示性票据

根据票据上是否记载收款人姓名，可以把票据分成记名、无记名和指示性票据。记名票据是指明确记载收款人名称或姓名的票据。无记名票据是指没有记载收款人名称或姓名，或者仅记载付给来人或持票人的票据。指示性票据是指在票据上记载特定人或其指定之人为权利人的票据。这种分类方式下，不同票据的转让方式不同。我国票据法中仅规定了记名票据，没有规定无记名票据和指示性票据。

四、票据法的概念和特征

（一）票据法的概念

票据法是指调整票据关系以及与票据关系有关的其他社会关系的法律规范。票据关系是指票据当事人之间因票据行为而产生的票据权利义务关系。票据法有广义和狭义之分，广义是指一切有关票据的法律规范，即除以"票据法"命名外还包括其他法律、法规中有关票据的规定；狭义票据法是指主要规范票据关系并以"票据法"命名的法律。现行《中华人民共和国票据法》于1995年5月10日由第八届全国人大常委会第十三次会议通过，并于1996年1月1日起实施。

（二）票据法的特征

票据法是商品经济中重要的法律部门，票据法具有如下法律特征：

1. 票据法是具有公法因素的私法

票据法是调整平等主体之间因票据而产生的社会关系，属于私法的范畴。但是随着经济的发展，受"国家干预"和"社会利益"思想的影响，票据法中公法的内容逐渐增多，比如票据法中规定对违反票据法不仅要承担民事责任，还要承担刑事和行政责任。

---

① 参见《英国票据法》第73条规定：支票是以银行未付款人的即期付款的汇票。
② 杨小强、孙晓萍主编：《票据法》，中山大学出版社2003年版，第15页。

2. 票据法是具有国际因素的国内法

票据法属于各国国内法的范畴，但是票据的使用不仅限于国内，在国际贸易中普遍在使用，因此各国制定票据法时都必须考虑这一因素。1930 年的《日内瓦统一汇票本票法》和 1931 年的《日内瓦统一支票法》现在已被许多国家和地区不同程度的采纳或者参考。

3. 票据法具有技术性特点

票据法中的许多规定都是专业性的，比如规定票据的无因性、文义性以及票据的特殊抗辩等；票据法的内容往往出于方便交易和流通的技术上考虑，而较少受到民族传统文化或者伦理道德的影响。

4. 票据法具有强制性的特点

为了保障票据的流通性和提高效率，票据法中大量的规范属于强制性规范，比如对于票据的种类、票据的记载事项、票据行为的形式等规定，当事人自由选择的余地很小。

第二节　票据行为

一、票据行为的概念和特征

（一）票据行为的概念

票据行为是票据关系的基础，关于票据行为的概念有广义和狭义的两种。狭义的票据行为是指票据当事人以产生票据债权债务关系为目的而进行的要式法律行为，包括出票、背书、承兑和保证等。[①] 而广义的票据行为是指票据关系人依票据法所为的发生或变更票据上权利义务关系的法律行为，除了包括狭义的四种行为而外，还包括划线、付款、参加付款、涂销等。本节所指的票据行为是指狭义的票据行为。

（二）票据行为的特征

票据行为虽然是一种法律行为，但是这种法律行为有其特殊性。

1. 票据行为的要式性

一般的法律行为在形式上奉行自由原则，可以由当事人自由选择法律行为的形式。但是票据行为必须遵循法定的、严格的形式，不允许当事人自由变更，因而票据成为一种"要式证券"。其要式性的要求是为了保证票据的流通性和安全性。凡是违反票据行为的要式性，除票据法另有规定而外，票据行为一般无效。票据行为的要式性表现为：

（1）书面形式。每种票据行为都必须做成书面形式，比如出票、承兑一般都需要在票据的正面记载，而背书则在票据的背面或者粘单上记载。

（2）格式。各种票据行为都有一定的格式，包括记载的内容和记载的方式都有统一

---

① 对于狭义票据行为的种类目前有不同的看法，比如王小能认为有出票、背书、承兑、保证、参加承兑、保付等六种，参见王小能编著：《票据法教程》，北京大学出版社 2001 年版，第 33 页。而有的学者认为狭义票据行为仅包括出票、背书、承兑、保证四种，参见杨小强、孙晓萍主编：《票据法》，中山大学出版社 2003 年版，第 25 页。造成这种分歧的原因可能在于我国现行《票据法》中没有规定参加承兑和保付行为。

的规定。

（3）签章。任何票据行为，行为人都必须在完成行为之后进行签章，才能产生法律效力。票据上的签章有三种方式，一是签名，二是盖章，三是签名加盖章。但是对于单位签章，除需要有法人或者单位的印章而外，还需要法定代表人或者其授权的代理人签章，单有单位印章并不构成有效的签章。[①]

2．票据行为的无因性

票据行为的无因性又叫抽象性，是指票据行为的效力不受票据行为的原因的影响。任何票据行为的发生可存在一定的事实，或者是买卖、委托、赠与等，但是票据行为一旦成立，其效力就与票据行为的原因相互脱离，原因关系的无效或者变更等均不影响已经成立的票据行为的效力；即票据行为的效力独立于原因关系而存在，持票人无需证明票据的给付原因就可以行使票据权利。

3．票据行为的文义性

票据行为的文义性是指票据行为的内容仅以票据上的文字记载为准。即使票据上的记载与事实不符，也不允许当事人以票据之外的其他证明材料加以变更或补充，票据行为人仅对票据上的文义性记载承担责任。因此票据又被称为"文义证券"。票据行为的这个特点与民法中强调的民事法律行为必须是当事人的真实意思的表示恰恰相反，票据行为注重行为的外观性。

4．票据行为的独立性

票据行为的独立性是指在票据上可能存在多个票据行为，比如出票、背书、承兑等，每个票据行为依其文义记载分别独立存在，一个行为的无效或者被撤销不影响其他行为的效力。票据行为的独立性在于发生于同一张票据上的票据行为是由不同的当事人依据不同的原因所作出的，为保障票据交易的安全和流通，各票据行为人仅对其记载和签章负责。

5．票据行为的连带性

票据行为的连带性又叫协同性，是指票据上有多个当事人时，票据行为人相互之间要对票据债务承担一种连带责任。票据行为的连带性不同于票据行为的独立性，独立性强调票据行为效力的独立存在，效力之间互相不影响；而票据行为的连带性则是强调所有的票据行为人应当对持票人票据债权的实现共同负责，对于持票人而言，凡是在票据上进行过票据行为的人都是共同的债务人。比如我国《票据法》第68条规定："汇票的出票人、背书人、承兑人和保证人对持票人承担连带责任。持票人可以不按汇票债务的先后顺序，对其中任何一个、数人或者全体行使追索权。"

（三）票据行为的代理

票据行为也可以由他人代理。票据行为的代理是指代理人基于被代理人（本人）的授权，在票据上明示本人的名义，记明为本人代理的意思并签章的行为。票据代理在适用民法关于代理的一般原则的同时，也要遵从一些特别规定。首先，必须表明本人的名义，即代理人必须在票据上记载本人的名称；第二，代理人必须经本人授权，代理人如果在没有授权的情况下代本人为票据行为，本人对此不负责任，一切后果由代理人自

---

① 参见《中华人民共和国票据法》第7条。

负，我国《票据法》第 5 条第 2 款规定：没有代理权而以代理人名义在票据上签章，应当由签章人承担票据责任；第三，代理人必须表明为本人代理的意思，即代理人应当在票据上记载"代理"的字样；第四，代理人应当签章。

二、出票

（一）出票的概念

出票又称为票据的签发或者票据的发票等，它是指出票人签发票据并将其交付给收款人的票据行为。[1] 出票是一种创设票据的基础票据行为，在出票之前并没有票据存在，只有经过出票行为产生出票据之后才会有其他的票据行为。一个完整的出票行为包括做成票据并交付给收款人两个方面，而做成票据是指以书面方式完成票据记载。

（二）票据记载事项

以下以汇票为例来介绍如何做成票据。票据是一种要式有价证券，因此在进行出票时的票据记载从内容和形式上必须符合法定要求。

1. 绝对记载事项

绝对记载事项是指出票人在出票时必须记载的事项，否则票据无效。关于绝对记载事项各国规定并不一致，而我国票据法对汇票的绝对记载事项就规定为七项：（1）表明"汇票"的字样；（2）无条件付款的委托；（3）确定的金额；（4）付款人名称；（5）收款人名称；（6）出票日期；（7）出票人签章。在我国这七项事项中欠缺一项都会导致汇票无效。

关于票据金额的记载，我国现行票据法要求中文大写和阿拉伯数字同时记载并一致，否则无效。这与一些国家的做法不相同，依照票据文义性原则，各国票据法大都规定文字的效力优先于数字。[2]

关于出票的日期可能与实际的日期不一致，应当以记载的出票日期为准。在票据上记载出票日期有重要的作用。其一，它是确定某些法律事实的根据，比如确定在出票时出票人是否有民事行为能力；其二，它是确定某些期限的起点，比如它是判断出票后定期付款的付款日期的根据；其三，它是判断某些权利消灭时间的依据，比如持票人对于支票出票人的票据时效自出票之日起为 6 个月。

出票人签章，意味着出票人承担发行票据的责任，表示签章人对于出票时的文义性记载承担法律责任。

2. 相对记载事项

相对记载事项是指出票人应当在票据上记载，如果不记载并不影响票据的效力。根据我国票据法的规定，相对记载事项包括付款日期、出票地和付款地。

付款日期又叫到期日，是票据权利人行使票据权利的日期。根据付款日期不同可以把汇票分成即期汇票和远期汇票，即期汇票是指见票即付的汇票，远期汇票又分成定日付款的汇票、出票后定期付款的汇票和见票后定期付款的汇票三种。出票人可以在汇票上记载确定的付款日，或者记载见票后定日付款或者出票后定日付款或者记载见票即付的字样。但是如果付款日期欠缺并不影响汇票的效力。对于没有记载付款日期的视为见

---

① 李平主编：《商法学》，四川大学出版社 2003 年版，第 108 页。
② 李平主编：《商法学》，四川大学出版社 2003 年版，第 108 页。

票即付。

出票地是指汇票上记载的签发汇票的地点。汇票上记载的出票地并不必须与实际出票地一致，以记载的出票地作为汇票的出票地。出票地的确定对于涉外票据有十分重要的意义，它往往成为确定准据法的重要依据。比如我国《票据法》第98条规定："汇票、本票出票时的记载事项适用出票地法律。"因此出票人应当在票据上记载出票地，但是如果没有记载，并不影响票据的效力，推定出票人的营业场所、住所或者经常居住地为出票地。

付款地是指支付票据金额的地点。付款地的确定可以明确持票人行使票据权利的地点；也可以确定票据诉讼和公示催告的管辖法院。不记载付款地点不影响票据的效力，如果没有记载，推定付款人的营业场所、住所或者经常居住地为付款地。

3. 可以记载事项

可以记载事项是指是否记载由出票人决定，一旦记载即产生票据法上的效力的事项。根据我国票据法上的规定，可以记载的事项包括不得转让和约定支付货币种类这两种。而在其他国家为了尊重当事人的自由选择，出票人可以记载的事项比我国多。

4. 记载不产生票据法上效力的事项

汇票上除了可以记载绝对记载事项、相对记载事项以及可以记载事项而外，汇票当事人还可以记载其他事项，但该记载事项不产生票据法上的效力，比如记载延期付款要支付违约金。

5. 记载无效的事项

记载无效的事项是指当事人记载了票据法所禁止的有关事项，但是记载之后并不使整个票据无效，而仅仅使得记载本身归于无效。

6. 记载使票据无效的事项

当事人可能在票据上会记载某些事项，这些事项的记载会导致整个票据无效。比如汇票本是无条件支付的票据，当事人如果记载成了付条件支付，这就破坏了汇票的本质属性，因而会导致汇票归于无效。

（三）出票的效力

出票是创设票据关系的基本票据行为，它以产生票据上的权利义务为目的，当出票行为完成后就在出票人、收款人和付款人之间产生相应的法律效力。出票行为完成后出票人应当承担保证该汇票承兑或付款的责任，在汇票得不到承兑或者付款时，出票人应当承担向持票人清偿汇票金额和费用的责任。对于收款人而言，当出票行为完成后，收款人即得到了票据，取得了票据权利。对于付款人而言，出票行为是使其取得对汇票进行承兑和付款的资格，但是付款人没有义务必须承兑或付款，付款人是否承兑或付款由付款人自己决定；由于出票是一种单方法律行为，因此如果付款人不承兑，他并不负担任何票据责任，他仅仅是汇票的关系人而非票据债务人。

三、背书

（一）背书的概念

背书是持票人为将票据权利转让给他人或者将一定的票据权利授予他人行使，在票据的背面或者粘单上记载有关事项并签章，然后将票据交付给受让人的一种票据行为。背书的当事人称为背书人和被背书人或者背书的前手和后手。背书是票据流通的一种手段，票据转让的方式有交付和背书两种，由于我国仅承认记名汇票，因此背书就成为我国汇票转让的唯一的一种方式。

（二）背书的特征

1. 背书是一种附属票据行为

票据上的基础票据行为仅有出票，其余的均是在出票基础上的附属票据行为，出票行为的效力会影响到背书的效力，如果出票行为因为形式上的原因（如欠缺绝对记载事项）而归于无效，即使背书行为完全符合法律规定，也会因此无效。

2. 背书是持票人所为的票据行为

由于票据是一种完全有价证券，而背书的目的是将票据权利转让或者授权他人行使，因此背书必然是持票人所为的行为。但是如果票据上记载"禁止转让"的字样，则该票据不得背书。

3. 背书的目的是将票据权利转让给他人或者是授权他人行使

背书行为一旦完成，票据就从背书人持有变成了被背书人持有，被背书人即是新的票据债权人，票据权利也就由背书人享有转变成被背书人享有。

4. 背书必须符合要式性要求

首先背书人必须在票据的背面或者粘单上进行背书的记载，在我国允许背书的票据上都印有背书栏，持票人如果背书的话则需要在背书栏中进行记载。我国票据法规定背书必须记载被背书人的名称，同时背书人还要签章，这种背书被称为完全背书，有些国家也承认不记被背书人的空白背书。

（三）背书的效力

背书完成后对背书人和被背书人各自产生相应的法律效力。对于背书人而言在背书完成之后将票据交付给被背书人而自己变成了债务人，背书人应当对新的债权人承担一定的担保责任，担保转让的票据在将来能获得承兑或者付款。被背书人通过背书成为新的票据持有人，即新的票据权利人。

（四）背书连续

背书连续是指汇票上的背书，从收款人到最后被背书人，在形式上都连续和衔接，不发生任何间断。[①] 判断背书连续的标准是背书的签章是否依次相互衔接，对于背书连续的持票人推定其为真正的票据权利人，享有完全的票据权利。

四、承兑

（一）承兑的概念

承兑是指汇票的付款人接受出票人的委托，承诺到期支付票据金额给持票人，并将其意思记载于票据上的一种附属票据行为。承兑是票据中的汇票所特有的一种票据行为，在汇票中具有特殊的意义。

（二）承兑的特征

（1）承兑是一种附属票据行为，承兑也是在出票行为成立有效之后所进行的行为。

（2）承兑是汇票上所特有的票据行为。对于汇票而言，持票人不能随时请求付款，

---

① 郑洋一：《票据法之理论与实务》，三民书局 1997 年版，第 179 页。转引自杨小强、孙晓萍：《票据法》，中山大学出版社 2003 年版，第 109 页。

而汇票又是一种委托性证券，到了约定的付款期付款人愿不愿意付款不确定。为了将处于不确定的票据关系确定下来，就建立了汇票的承兑制度。而作为本票、支票都不需要承兑行为。

（3）承兑是汇票付款人的票据行为。承兑是付款人承诺到期付款的一种行为，作为出票人委托付款的付款人，与出票人之间存在原因关系，但是，付款人是否愿意对汇票承兑则取决于自己的意志。

（4）承兑是一种要式法律行为。付款人如果愿意承兑则需要在汇票的正面记载"承兑"字样和日期并签章。

（三）承兑的效力

付款人在汇票上完成承兑记载并将汇票返回给持票人即产生法律效力，对票据上的有关当事人均发生一定的效力。

1. 对付款人的效力

承兑使付款人从原来的汇票关系人变成了汇票的债务人，而且成为第一债务人，而原来的第一债务人出票人因为汇票的承兑变成了从债务人。

2. 对持票人的效力

在汇票承兑之前，持票人对付款人所享有的付款请求权仅为一种期待权，是一种不确定的权利。但是经过付款人承兑之后，则持票人对付款人就享有一种现实的权利。

3. 对出票人和背书人的权利

对出票人而言在承兑之前与持票人之间是主债权债务关系，经过承兑之后就变成了从债权债务关系，不承担票据的直接付款责任，只承担担保责任。[1] 对于出票人和背书人都免于受到由于票据被拒绝承兑而引起的期前追索。

（四）承兑的程序

承兑的程序主要包括提示承兑和承兑两个环节。提示承兑是指持票人向付款人出示汇票并请求付款人承诺付款，承兑则是在汇票上完成承兑记载并交付给持票人的行为。我国票据法对于提示承兑的期限作出了规定：对于定日付款或者出票后定期付款的汇票，持票人应当在汇票到期日前向付款人提示承兑；见票后定期付款的汇票，持票人应当自出票日起 1 个月内向付款人提示承兑。[2] 汇票为按照规定期限提示承兑的，持票人丧失对其前手的追索权，付款人收到提示承兑的请求后，我国票据法规定应当自收到提示承兑的汇票之日起 3 日内作出承兑或者拒绝承兑。经过承兑的汇票其信用得到增强，有利于汇票的进一步流通。

五、保证

（一）票据保证的概念

票据保证是指票据债务人以外的第三人，为了担保票据债务的履行，以负担同一内容的票据债务为目的，在票据上记载有关事项并签章，然后将票据交还给请求保证之人的一种附属票据行为。

---

① 张德荣：《票据诉讼》，法律出版社 1999 年版，第 91 页。
② 参见《中华人民共和国票据法》第 39 条和第 40 条。

（二）票据保证的特征

票据保证会产生票据上的债权债务关系，这种票据行为具有如下特征：

1．票据保证是一种附属票据行为

票据保证的作出是以被保证债务的存在为前提的，因此票据保证是建立在票据成立并有效基础上的一种附属票据行为。

2．票据保证是以担保票据债务履行为目的的票据行为

汇票上的债务人如果尚不能够保证到期支付票款，那么通过票据的保证可以进一步增加汇票的信用。因此票据保证是为了保证票据债务履行的一种票据行为。

3．票据保证是票据债务人之外的第三人所为的行为

票据保证的目的是为了增加票据到期付款的信用，原本票据上的债务人就要担保票据到期被付款，因此如果仍然由票据债务人来担任票据保证，对于增加票据的信用没有任何实质性的意义，因此，为了进一步增加汇票的信用则要求保证人为票据债务人之外的第三人。

4．票据保证是一种要式行为

票据是一种文义性证券，债务人仅依据票据上的记载承担票据责任，因此第三人如果要进行票据保证的话，必须在票据上进行记载。根据我国票据法的规定，票据保证的绝对记载事项包括：表明"保证"的字样、保证人的名称和住所、保证人签章。相对记载事项包括：被保证人的名称和保证日期两项，如果保证时没有记载保证日期的，视出票日期为保证日期；没有记载被保证人的，已承兑的汇票以承兑人为被保证人，未承兑的汇票以出票人为被保证人。关于保证记载的位置我国票据法上仅规定为汇票或者粘单上，即保证的记载可以在汇票的正面、背面或者粘单上；具体记载的位置要视被保证人的地位，如果被保证人是出票人、付款人，那么票据保证的记载应当在汇票的正面；如果被保证人为背书人，那么保证记载的位置应该是汇票的背面或者粘单。

（三）票据保证与民法上保证的区别

票据保证与民法上保证都属于人的担保，具有一些相同点，比如都是无偿行为，都以担保主债务的履行为目的。但是票据保证与民法上的保证也存在一些明显的区别：

（1）票据保证是一种要式行为，要求保证人在票据上记载的内容和款式都必须符合法律规定；而对于民法上的保证尽管也要求采用书面形式，但是在内容和格式上都不像票据保证那样严格。

（2）票据保证是一种单方法律行为，只需要保证人在票据上进行保证的记载并交付票据，票据保证就成立；而对于民法上的保证则要求保证人与主债务人之间要订立合同，这种保证是一种双方法律行为。

（3）票据保证具有一定的独立性，即使被保证人的债务无效，保证人可能仍然需要承担票据责任；是否承担保证责任要视导致债务无效的原因而定，如果被保证人无行为能力或者受欺诈、胁迫，或者被保证人的签章是伪造等原因而导致票据债务无效，则保证人仍然需要承担保证责任，如果被保证债务是因为欠缺形式要件而无效，则保证人不负保证责任。对于民法上的保证而言，当主债务无效或者被撤销，作为从债务的保证责任也因此无效或者可撤销。

（4）当票据上有多个保证时，所有的保证人都必须对债权人承担连带责任；而民法

上的保证有一般保证和连带责任保证两种。

（5）票据保证人在履行保证责任后，对承兑人、被保证人以及其前手享有追索权；而民法上的保证，保证人在向债权人清偿后，仅可对主债务人享有求偿权。

（6）票据保证是流动的保证，由于票据的流通性，保证人不仅为被保证人的直接后手保证，实际也为被保证人的所有后手提供保证；而民法上的保证是固定的，保证人仅为特定的对象提供保证。

（7）票据保证不得附加条件，附加任何条件的票据保证都无效，而民法上的保证如果保证人和债权人达成意思一致，可以附加条件。

（四）票据保证的效力

保证行为一旦成立有效后即对票据上的有关当事人产生相应的效力。对于保证人而言，当保证成立后，保证人就成为票据上的债务人，在上文与民法上保证的比较中可以看出票据保证人的保证责任具有从属性、独立性和连带性，当保证人履行保证责任后就会取得票据而转化为票据权利人。对于持票人而言，票据经过保证后持票人的权利又多了一重保障。

第三节 票据关系和非票据关系

一、票据关系

（一）票据关系的概念

票据关系是指票据法所调整的基于票据行为而产生的票据权利义务关系。票据关系的本质是一种票据债权债务关系，它由主体、客体和内容构成。票据关系的主体是票据的当事人，客体是一定数量的金钱，内容则是票据权利与票据义务。

（二）票据当事人

票据当事人是指享有票据权利承担票据义务以及与票据权利义务有密切关系的法律主体。对于票据当事人依据不同的标准会有不同的分类。

（1）根据当事人是否随出票行为而出现，可以分成基本当事人和非基本当事人。凡是随着出票行为的出现就一起出现的当事人，称为基本当事人，比如汇票的出票人、付款人和收款人；凡是不随出票行为而随着其他票据行为而出现的当事人，称为非基本当事人，比如背书人、被背书人、保证人等。与此对应也可以把票据关系分成基本票据关系和附属票据关系。

（2）根据当事人在票据上的地位不同，可以分成票据权利人和票据债务人以及关系人，通常情况下持有票据者为票据权利人；而在票据上进行了票据行为者为票据债务人，比如出票人、背书人、保证人等；而票据关系人是指在票据上有记载，但是其既不享有权利，也未在票据上进行票据行为，但是其又与票据权利义务密切相关者，比如出票时记载的付款人。由于票据是一种流通性证券，因此票据的债权人不是固定的，它会随着票据的流通而发生变化，比如持票人将票据转让给他人，则受让人成为票据的权利人而原来的债权人又转化成了背书人从而居于债务人的地位了。凡是在票据上进行了票据行为的主体都是票据的债务人，但是为了保障债权的实现，债务人往往又分成主债务人和从债务人；同样主债务人和从债务人的地位也会随着票据的流转而发生变化，比如汇票出票人在没有承兑之前是主债务人，但是经过承兑之后就变成了从债务人而承兑人则变成了主债务人。

（3）根据当事人出现于不同的票据种类，可以分成汇票的当事人、本票的当事人和支票的当事人。

（4）根据当事人出现于不同的票据行为中，可以分成出票的当事人、背书的当事人、保证的当事人以及承兑的当事人。出票的当事人为出票人和收款人；背书的当事人称为背书人和被背书人或者又叫背书的前手和后手；保证的当事人称为保证人和被保证人；承兑的当事人称为承兑人和持票人。

（三）票据权利义务

1．票据权利的概念

票据权利是指持票人以取得票据金额为目的的凭票据向票据行为人行使的权利。由于票据是一种完全有价证券，因此只有持票人才能行使票据权利，而权利行使的对象是所有的票据债务人。

2．票据权利的内容

票据是一种金钱之债，因此票据权利本质上就是一种债权，为了保障票据债权的实现，票据权利的内容包括付款请求权和追索权。付款请求权是指持票人向票据主债务人或者关系人请求按照票据上记载的金额予以付款的权利，这项权利也称为票据上的第一重权利。而追索权又叫偿还请求权，是指持票人行使付款请求权遭到拒绝或者出现其他法定原因时，持票人向其前手请求偿还被拒绝的票据金额以及其他法定款项的权利，这项权利又被称为票据上的第二重权利。追索权的行使以付款请求权不能实现为前提。票据权利尽管本质上是一种债权，但是这种债权不同于一般的债权，法律赋予了它两个请求权。

但是这两项请求权存在一些差异。首先，行使的次序不同。持票人必须先行使付款请求权，如果付款请求权实现了则追索权就消灭；只有当付款请求权不能实现时持票人才能行使追索权。第二，行使的条件不同。持票人依据票据上的记载就可以行使付款请求权，但是对于追索权的行使必须具备法定的条件，根据我国票据法的规定包括四种情况：票据到期被拒绝付款、票据到期被拒绝承兑、承兑人或付款人死亡逃匿、承兑人或付款人被依法宣告破产或因违法被责令终止业务活动。第三，权利行使的对象不同。付款请求权行使的对象只能是票据的第一债务人或者关系人，而追索权行使的对象包括所有的票据债务人。第四，请求支付的金额不同。付款请求权请求支付的金额为票据金额，而追索权请求的金额则包括票据金额、法定利息以及必要的费用。第五，权利的消灭时效不同。付款请求权自票据到期日或出票日起 2 年内不行使就消灭，而最后持票人对其前手的追索权自被拒绝承兑或被拒绝付款之日起 6 个月内不行使而消灭，被追索人对其前手的再追索权自清偿之日或被提起诉讼之日起 3 个月内不行使而消灭。

3．票据权利的取得

票据为完全有价证券，必须合法持有票据才能享有票据权利。实践中持票人取得票据的方式主要有两种，即原始取得和继受取得。原始取得是指依出票行为而取得票据。出票行为包括出票人在完成记载后将票据交付给收款人，收款人从出票人处得到票据就成为合法的持票人而享有票据权利。继受取得包括依转让、继承、企业合并等而取得。

4．票据权利的行使和保全

票据权利的行使是指票据权利人请求票据义务人履行票据债务的行为。而票据权利的保全是指票据权利人为了防止票据权利的丧失而为的行为。比如票据权利人通过向第一债务人主张票据权利或者通过诉讼而中断票据时效的行为就是保全行为。

5．票据权利的消灭

为了提高效率，促进权利人行使权利，一般对票据权利的消灭也作了规定。票据权利的消灭往往有以下的原因。第一，因为付款而消灭；第二，因为时效届满而归于消灭。

6．票据权利的直接实现——付款

付款是票据的债务人依据票据上的文义记载向持票人支付票据金额的行为。付款的程序包括提示付款和支付。

提示付款是指持票人向付款人因请求付款而出示票据，提示付款必须在法定的期间内进行，根据我国票据法的规定，见票即付的汇票，自出票起1个月内向付款人提示付款；定日付款和出票后定期付款或见票后定期付款的汇票，自到期日起10日内向承兑提示付款；本票付款期限自出票日起不得超过2个月；支票持票人应当自出票日起10日内提示付款。未按规定提示付款的，本票持票人丧失对出票人以外的前手的追索权，汇票的承兑人或付款人仍应对持票人承担付款责任，支票付款人可以不予付款，但出票人仍应对持票人承担票据责任。

支付是指付款人将票据上记载的金额交给持票人并收回票据的行为。在付款过程中付款人应当承担审查义务，审查的内容包括票据上的背书是否连续以及提示付款人的合法身份证明或者有效证件。付款人审查无误的，应于持票人提示付款的当日足额付款，持票人得到付款时应当在汇票上签收并将汇票交给付款人。经过付款，票据法律关系就归于消灭了。

7．票据义务

票据义务是与票据权利不可分离的一个概念，所谓票据义务是指在票据上签章的票据行为人向持票人支付一定金额的义务。由于票据权利有双重性，因而票据义务也有双重性，第一义务是向持票人支付票据金额，第二义务则是清偿义务，是指持票人行使追索权时票据上的债务人向其支付票据金额、利息以及法定费用的义务。

8．票据时效

所谓票据时效是指票据权利的消灭时效，即票据权利如果在一定的期间内不行使即归于消灭。票据时效较一般民法上的时效期间更短，其原因在于票据是一种流通性证券，而且票据法赋予持票人的票据权利是双重权利，票据上往往有多个债务人，因此票据法要求票据权利人应尽快行使权利，使债务人早日解脱责任。另外由于票据上的当事人比较复杂，持票人对不同的当事人的票据时效也有所区别。我国票据法规定持票人对票据的出票人和承兑人的权利，自票据到期日起2年。见票即付的汇票、本票，自出票日起2年；持票人对支票出票人的权利，自出票日起6个月；持票人对前手的追索权，自被拒绝承兑或者被拒绝付款之日起6个月；持票人对前手的再追索权，自清偿或者被提起诉讼之日起 3 个月。①

二、非票据关系

非票据关系是指不是基于票据行为而产生但是与票据密切相关的法律关系。包括票据法上的非票据关系和民法上的非票据关系。

（一）票据法上的非票据关系

票据法上的非票据关系是指由票据法直接规定的与票据行为有联系但不是由票据行为本身所发生的法律关系。票据关系是当事人之间基本的法律关系，票据法为了保护该基本的法律关系，又作了一系列特别的规定，当事人之间便产生了特定的权利义务关系，这些权利义务关系也就是票据法上的非票据关系。②

票据法上的非票据关系主要包括票据返还关系和利益返还关系。票据返还关系包括非法取得票据人与真正权利人之间的票据返还关系，以及已获得付款的持票人与付款人之间的票据返还关系。利益返还关系包括因为时效届满或者因为手续欠缺而丧失票据权利时，持票人与出票人或者承兑人之间的利益返还关系。

（二）民法上的非票据关系

民法上的非票据关系又叫票据基础关系，一般是指票据关系所赖以产生的民事基础法律关系。主要包括票据原因关系、票据资金关系和票据预约关系。

1. 票据原因关系

票据原因关系是指授受票据的直接当事人之间基于授受票据的理由而产生的法律关系。授受票据的直接当事人是指出票人与收款人、背书人和被背书人。出票人之所以向收款人签发票据，背书人之所以向被背书人转让票据，往往是因为他们之间有买卖、借贷或者赠与等关系，这些关系的存在是产生出票、背书票据行为的原因，因此把这些关系称为票据原因关系。票据原因关系与票据关系是相互分离的，票据原因关系是产生票据关系的基础，但是票据关系一旦产生彼此就相互独立，原因关系的无效、变更均不影响已经成立的票据关系。

2. 票据资金关系

票据资金关系是指汇票或者支票的付款人与出票人或者其他资金义务人之间所建立的委托付款法律关系。作为委托性付款的票据，汇票或支票的付款人之所以愿意承兑或付款，就是因为他们之间有资金的约定。比如出票人在付款人处存有资金、付款人对出票人欠有资金，或者付款人答应为出票人垫付资金。从本质上讲资金关系也是原因关系的一种，但是票据原因关系是出票人与收款人、背书人与被背书人之间的关系，而资金关系则是付款人与出票人之间的关系。

3. 票据预约关系

票据预约关系是指票据行为人与其相对人之间就票据行为，尤其是就票据的签发或者转让所达成的合意。票据预约关系是联系票据行为和票据原因的桥梁。如果在有关当事人之间存在票据原因关系的话，他们就会就授受票据进行约定，比如在出票人正式签发汇票之前，他会对汇票的金额、付款地、付款日期等内容与有关当事人进行约定，在

---

① 参见《中华人民共和国票据法》第 18 条。
② 王小能：《票据法教程》，北京大学出版社 2001 年版，第 71 页。

约定之后才进行具体的票据行为。票据原因是产生票据行为的基础，票据预约是为票据行为作准备，而具体的票据行为则是票据预约的实践。

第四节 票据瑕疵

一、票据瑕疵的概念和种类

（一）票据瑕疵的概念

票据瑕疵是指影响票据效力的行为，即由于票据当事人或者其他人进行的行为使得票据权利义务关系的实现受到一定的影响。

（二）票据瑕疵的种类

一般来讲，票据瑕疵包括票据伪造、票据变造和票据涂销。

二、票据伪造

（一）票据伪造的概念

票据伪造是指以行使票据权利义务为目的，假冒他人或虚构他人的名义在票据上签章的行为。票据伪造又称为票据主体上的瑕疵。

（二）票据伪造的构成

（1）伪造者必须假冒他人的名义在票据上签章。行为者无权进行票据行为，但是他通过一些方法假冒他人名义进行签章，假冒的方法可以是模仿他人的签名，也可以是伪刻他人的印章或者盗用他人的印章。伪造者既可以假冒出票人，也可以假冒票据上的其他主体。

（2）伪造者的行为在形式上符合票据行为的要件。伪造行为本是违法行为，但是这种行为从外观上看符合票据行为的要求，具备票据行为的形式要件。

（3）伪造者的目的是损人利己。票据行为人是要负担票据债务的，伪造人以他人的名义进行票据行为，以假充真，使接受票据的人也认为是真而愿意支付一定的对价，这样伪造人就获得了利益，而持票人或者对持票人承担了票据责任的人因此而受损。

（三）票据伪造的法律后果

票据伪造属于违法行为，票据伪造行为对于票据上不同的当事人会产生不同的后果。对于被伪造人而言，被伪造者由于没在票据上签章，因此不承担任何票据责任；对于伪造人而言，由于他没在票据上签自己的姓名，因此他也不负票据责任，但是由于伪造行为是违法行为，伪造人应当承担民法或者刑法上的责任；票据上的当事人除了被伪造人而外，还包括其他在票据上签章的人，票据的伪造行为不影响票据上真正签章人的票据行为的效力，这是由于票据行为具有独立性，一个行为的无效不影响其他票据行为的效力。

三、票据变造

（一）票据变造的概念

票据变造是指无权变更票据内容之人，对票据上签章之外的记载事项加以更改的行为。各国票据法都不允许票据的变造，但是原记载人可以对某些事项进行更改。比如我国票据法就规定票据金额、日期、收款人名称不得更改，更改的票据无效。而对于票据上的其他记载事项，原记载人可以更改，更改时应当由原记载人签章证明。[1] 票据变造又称为票据内容上的瑕疵。票据变造和票据伪造的主要区别在于票据变造修改的是内容和票据伪造是针对票据签章。

（二）票据变造的构成

（1）票据变造是没有变更权限的人所为的行为。我国票据法上规定对于票据金额、日期以及收款人名称不得变更，除此而外原记载人有权变更，变更时在原变更处签章。对于票据变更的这种规定说明：第一，票据的有权变更只能是自己变更自己记载的事项；第二，即使是自己记载的事项，如果属于法律规定的不得变更事项，原记载人也不得变更；第三，有权变更人变更时必须在变更处签章；第四，票据变更必须在票据交付之前进行。

（2）票据变造更改的是票据上除签章而外的其他事项。票据变造属于修改票据权利义务关系的行为，它的形式表现为更改票据上记载的除签章而外的其他事项。英美票据法认为如果对票据上无关紧要的事项加以变更或者变更后不会使票据权利义务发生变化，则不构成票据变造。比如《英国票据法》第 64 条第 2 款规定，所谓实质变更，特指下列各项：即日期的变更、应付金额的变更、付款时间的变更、付款地的变更，以及汇票经一般承兑者，未经承兑人同意加注付款地的变更均属之。《美国统一商法典》第 3-407 条将构成票据变造的变更规定为只要是从各方面改变了票据上任何当事人的合同，包括下列事项的更改，都属于实质性变更：（1）当事人的人数或者关系；（2）对空白票据，不是依授权将其补充记载完全的；（3）对签章字句进行添加，或删减其中任何部分。[2]

（3）票据变造是以行使票据为目的的行为。无权变更人在票据上进行更改的目的是为了行使票据。比如背书人更改金额其目的是为了在票据转让时得到与变更后票面金额相当的对价，持票人变更付款日期是为了提前得到付款等等。

（三）票据变造的法律后果

我国票据法规定，票据上有伪造、变造的签章的，不影响票据上其他真实签章的效力。[3] 票据上其他记载事项被变造的，在变造之前签章的人，对原记载事项负责；在变造之后签章的人，对变造之后的记载事项负责；不能辨别是在票据被变造之前或者之后签章的，视同在变造之前签章。根据这项规定，在变造前签章的出票人及其他前手，对于变造前的文义负责；在变造后签章的前手，对变造后的文义负责；如果无法辨别变造前还是变造后签章的，视为在变造前签章。

四、票据涂销

（一）票据涂销的概念

票据涂销是指将票据上的签名或者其他记载事项加以涂抹或消除的行为。比如持票人将前手的签名涂掉或者付款人将承兑字样涂掉等都属于票据的涂销。我国票据法上没有专门规定票据涂销，实践中常适用关于票据变造的规定。在票据上进行涂销的行为人

---

[1] 参见《中华人民共和国票据法》第 9 条。
[2] 王小能：《票据法教程》，北京大学出版社 2001 年版，第 94 页。
[3] 参见《中华人民共和国票据法》第 14 条第 2 款。

有权利人和非权利人两种，由不同行为人所为的涂销有不同的法律后果。

（二）票据涂销的法律后果

1. 由权利人故意所为的票据涂销的效力

《英国票据法》第 63 条第 1 款规定：持票人或其代理人有意涂销汇票，而在汇票上明确表示其涂销意图的，该汇票即告消灭。《美国统一商法典》第 3－605 条规定：持票人如有意涂销票据，或毁灭、毁损当事人的签名，或勾销当事人的签名的话，该当事人即可解除票据责任。这种规定说明如果票据权利人故意涂销票据记载事项的话，那么权利人就丧失其在该涂销部分的票据权利。

2. 由权利人非故意涂销的效力

如果票据权利人涂销票据并非出于故意，那么该涂销行为不影响票据。比如我国台湾地区票据法规定：票据上之签名或记载被涂销时，非由票据权利人故意为之者，不影响于票据上之效力。《英国票据法》第 63 条第 3 款规定：凡属无意或由于错误而为的票据涂销行为无效。

3. 由非权利人所为的票据涂销的效力

由非权利人所为的票据涂销行为，无论行为人的主观状态如何都不影响票据权利。

第五节 票据抗辩

一、票据抗辩的概念

票据抗辩是指票据债务人依据一些合法的事由对于票据债权人的请求予以拒绝。我国票据法第 13 条第 3 款规定：本法所称的抗辩，是指票据债务人根据本法规定对票据债权人拒绝履行义务的行为，票据债务人依法所享有的这项权利被称为票据抗辩权。票据法上赋予了票据权利人双重权利，为了平衡债权人与债务人之间的利益，票据法同时也赋予了票据债务人票据抗辩权。根据抗辩的事由不同可以把票据抗辩分成物的抗辩和人的抗辩两种。

二、票据抗辩与民法中抗辩的区别

票据抗辩制度虽然来源于民法上一般债权法中的抗辩，但是二者之间也存在很大的差异，其中最大的差别在于有无"抗辩切断制度"。在民法中发生债权转让时，债务人对债权人的抗辩会随着债权的转让而发生流转，即债务人对转让人的抗辩可对抗受让人，因此债权转让的次数越多，积累的抗辩事由越多，债务人的抗辩权就越大。但是票据作为流通性证券，如果债务人享有太多的抗辩权，则会影响票据的信用，从而妨碍票据的流通，因此在票据中就有"抗辩切断"。

抗辩切断是指善意、支付相当对价之票据受让人，不继受背书前手或者出票人与票据债务人之间存在的抗辩事由，原有的抗辩事由，被阻断于授受票据的直接当事人之间，对善意第三人没有效力。[①] 我国《票据法》第 13 条第 1 款规定：票据债务人不得以自己与出票人或者与持票人的前手之间的抗辩事由，对抗持票人。因此我们可以把抗

---

① 刘心稳：《票据法》，中国政法大学出版社 1997 年版，第 106 页。

辩切断分成两种：其一，票据债务人不得以自己与出票人之间的抗辩事由对抗持票人，即抗辩事由切断于债务人与出票人之间；其二，票据债务人不得以自己与持票人的前手之间的抗辩事由对抗持票人，即抗辩事由切断于债务人与持票人的前手之间，这里的前手是指在持票人之前在票据上签章的其他票据债务人。

三、物的抗辩

（一）物的抗辩的概念

物的抗辩又叫绝对抗辩，不同学者对此有不同的界定，比如有人称物的抗辩是指基于票据或者票据上记载的债务人而发生的抗辩，这种抗辩不因持票人的变更而受到影响。[①] 还有学者认为物的抗辩主要是因为票据本身或者票据行为有瑕疵而发生，抗辩事由具有客观性[②]。而谢怀栻先生则认为基于票据本身的内容发生的事由而为的抗辩为物的抗辩，这种抗辩既是来自票据本身，所以不论持票人为谁，也不论债务人为谁，都能成立，这种抗辩又称为绝对抗辩或客观抗辩。[③] 尽管概念本身不完全相同，但是都强调其客观性，它能对抗一切持票人。物的抗辩根据抗辩权人的范围又可以分成两种：任何票据债务人可以对任何持票人行使的抗辩和特定票据债务人可以对任何持票人行使的抗辩。

（二）任何票据债务人可以对任何持票人行使的抗辩

1. 以票据不符合法定形式要件而无效所主张的抗辩

票据法上规定了绝对记载事项，如果票据欠缺绝对记载事项则会导致票据无效，而如果票据上记载了一些不得记载的事项也可能使得票据无效。持票人如果持有这样的票据，任何票据债务人都可以行使抗辩权。我国票据法上规定的属于这类情形有：（1）票据上欠缺表明票据种类的记载；（2）票据上欠缺表明无条件支付的委托或者承诺和确定的金额的记载；（3）票据上欠缺有关当事人的名称、签章和出票日期，对于汇票而言必须记载的当事人包括付款人和收款人，对于本票而言需要记载收款人，对于支票而言则需要记载付款人。（4）票据上记载了某些不得记载的事项而导致票据无效。

2. 票据权利无法行使

票据权利无法行使的情况主要包括有：（1）票据上记载的到期日尚未届满；（2）票据上记载的付款地与持票人请求付款地不符；（3）票据已经得到全部付款或者票款被依法提存；（4）票据因法院作除权判决而失效；（4）票据因时效届满使得票据权利消灭。

（三）特定票据债务人可以对抗任何持票人的抗辩

这一类抗辩是属于特定的票据债务人所享有的权利，我国票据法所规定的属于这类抗辩的事由主要有：（1）票据上记载的债务人是欠缺民事行为能力的人；（2）票据上记载的人是被伪造人；（3）票据上记载的债务人是在变造前签章的人；（4）票据上记载的债务人是被他人无权代理或者越权代理的人；（5）票据上记载的债务人是被法院宣告破产之人；（6）票据上记载的债务人因持票人权利时效经过或者欠缺权利保全手续而解除了票据责任等。

---

① 王小能编著：《票据法教程》，北京大学出版社 2001 年版，第 101 页。
② 刘心稳：《票据法》，中国政法大学出版社 1997 年版，第 107 页。
③ 谢怀栻：《票据法概论》，法律出版社 1990 年版，第 69 页。

四、人的抗辩

(一) 人的抗辩的概念

人的抗辩又称为相对抗辩或主观抗辩，是基于持票人自身或者票据债务人与特定的持票人之间的关系而产生的抗辩。与物的抗辩相比较，人的抗辩是特定的当事人之间的抗辩，他与当事人之间的个人关系紧密相连，因此又叫主观抗辩。人的抗辩根据行使抗辩权的主体不同分成两种：任何票据债务人可以向特定持票人行使的抗辩和特定票据债务人可以向特定持票人行使的抗辩。

(二) 任何票据债务人可以向特定持票人行使的抗辩

属于任何票据债务人可以向特定持票人行使的抗辩主要有以下这些：

(1) 特定的持票人欠缺或者丧失受领票据金额的能力。比如持票人为无民事行为能力的人或者限制行为能力的人。

(2) 特定的持票人取得票据时不符合法律规定的条件。比如票据法规定取得票据必须支付一定的对价，手段要合法，且主观上应当具有善意。如果欠缺这些条件，持票人便不能享有票据权利，这种持票人向票据债务人主张权利都会遭到抗辩。

(3) 特定的持票人欠缺形式上的受领票据金额的资格。比如票据上的背书连续被认为是合法持有票据的表现，如果持票人持有背书不连续的票据而主张票据权利的话，票据债务人应当进行抗辩。

(4) 其他理由。我国《票据法》第11条规定因继承、税收、赠与等依法无偿取得票据的人，其所享有的票据权利不得优于其前手的权利，即符合上述情况的持票人，如果其前手的票据权利存在瑕疵，则票据债务人可以对该持票人所提出的优于其前手权利的请求行为进行抗辩。

(三) 特定票据债务人可以向特定持票人行使的抗辩

只能由特定票据债务人向特定持票人行使的抗辩原因主要是基于当事人之间的原因关系。属于这类抗辩具体事由的有：

(1) 以欠缺原因关系为由而主张的抗辩。在欠缺原因关系时，票据关系并不因此而当然消灭，但是这种情况下直接当事人之间发生的票据关系被认为是明显违背民法中的诚实信用原则，因而票据法一般都赋予票据债务人对其直接当事人以抗辩权。[1]

(2) 以原因关系非法为由而主张抗辩。直接当事人之间的原因关系非法时，持票人如向直接债务人主张票据权利，债务人可以原因关系非法而予以抗辩。但是由于票据行为的独立性，其他票据权利义务不受影响。

(3) 出票人在票据上记载了"不得转让"字样的抗辩。如票据上记载了"不得转让"字样，而收款人之外的其他持票人向出票人或承兑人主张票据权利，出票人或承兑人可以抗辩。

(4) 背书人在票据上记载了"不得转让"字样的抗辩。如果背书人在票据上记载了"不得转让"的字样，但是该票据又进行了转让，则记载字样的背书人可以对其直接后手之外的其他持票人进行抗辩。

---

[1] 王小能编著：《票据法教程》，北京大学出版社2001年版，第108页。

第九章　证券法

第一节　证券法概述

一、证券法的概念

证券法，是指调整证券发行与交易关系以及规定证券监管体制的法律规范的总称。某项法律或法规无论是否以"证券法"或者"证券交易法"命名，只要发生调整证券关系或者证券行为作用者，均属于证券法规范。

我国的《证券法》由九届全国人大常委会第六次会议于1998年12月29日通过，自1999年7月1日起施行。随着证券市场的发展与繁荣，为了更好地规范证券市场和证券行为，《证券法》先后于2004年8月28日和2005年10月27日作了两次修正。

二、证券的基本特征

在证券法上，证券除应具备有价证券的一般特征外，还应具有以下基本特点：

（一）证券是直接投资工具

证券发行人为了筹集资金，可以通过发行证券方式向投资者募集资金；证券发行人在获得投资者所缴纳资金后，即向投资者提供某种权利凭证。从证券发行人角度看，证券是证券发行人采取的融资工具；从证券投资者角度看，证券也是证券投资者的投资工具和手段。

（二）证券是证权证券

证权证券仅作为投资者权益的外部表现形式，其表现形式多种多样，证券权利可以与某种特定的证券形式相互脱离。投资者即使丧失证券券面，也不妨碍投资者拥有的证券权利。

（三）证券是标准化权利凭证

证券发行人为便于向社会公众投资者募集资金，会将募集资金总量划分为若干相等份额，并向投资者发行该种证券。证券发行人同次发行的同种证券，在每份证券权利证书的记载格式、内容和事项以及所代表权利等方面，应当整齐划一。证券标准化提高了证券和民事权利的流通性，实现了证券交易的快捷和便利。

（四）证券是流通证券

证券可采取背书方式转让，也可通过证券交易集中场所完成流通。就股票流通来说，参加股票交易的买方和卖方均呈现人数众多的特点，股票流通因此呈现出"众多买方与众多卖方"的竞价交易特征，股票的最终买受人是依照价格优先、时间优先原则确定的。

三、证券的种类

根据我国《证券法》第2条规定，证券包括股票、公司债券和国务院依法认定的其他证券。

（一）股票

股票是最基本和最重要的证券形式，是股份公司签发的证明股东所持股份的凭证。股票因其所表彰权利内容不同，可作出若干分类。如依照股票是否记载股东姓名和名称，分为记名股票和不记名股票；按照股东权利的性质，分为普通股股票和特别股股票；按照股票是否附有表决权，分为有表决权股股票和无表决权股股票；按照股票票面是否记载票面金额，分为额面股股票和无额面股股票。

（二）公司债券

公司债券是指股份有限公司、国有独资公司和两个以上国有企业或者国有投资主体投资设立的有限责任公司，为了筹集生产经营资金，依照法定程序发行的、约定在一定期限还本付息的有价证券。我国公司债券主要分为普通公司债券和可转换公司债券。前者是指债券发行人到期还本付息的公司债券，后者是指在约定期限内可以转换为股票的公司债券。

（三）认定证券

我国《证券法》调整的证券除包括股票和公司债券以外，还包括国务院依法认定的其他证券，也称为"衍生证券"。按照衍生证券的交易方式，可将衍生证券分为远期合约、期货合约、期权和其他衍生证券。依照衍生证券的实证形态，将衍生证券分为认股权证、存托凭证和可转换债券。

四、证券法的基本原则

证券法基本原则是贯彻于证券发行与交易的全过程，反映证券法宗旨的最一般规则，体现出证券法基本精神，对于证券发行与交易的各项具体规则具有指导意义和法律解释意义，并且对证券发行与交易实践具有概括性调整作用。

（一）公开原则

公开原则是现代证券法的基础原则之一。证券投资价值和风险主要取决于证券发行人的真实财务和经营状况，只有全面揭示与证券价值有关的各类信息，投资者才能够作出正确的投资判断。根据公开原则，任何证券的发行和交易都必须遵循公开原则，真实、准确和完整地披露与证券发行和交易有关的各种重要信息，避免任何信息披露中的虚假陈述、重大误导和遗漏，以保证证券投资者对所投资证券有充分、全面和准确的了解。公开原则主要包括信息的初期披露和信息的持续披露两个方面。

（二）公正原则

公正原则是对证券市场监管者的基本要求。实践经验说明，健康有序的证券市场有赖于来自政府和社会的监督管理，一旦失去监管，证券市场将成为无序、危险的赌博场所。根据公正原则，立法者应当综合考虑证券市场的实际状况，制定出兼顾各方当事人合理利益的法律规则，遏制过度投机；政府监管机构要依法实施监管，不得干预正常的市场行为；自律机构应约束自律机构成员的行为，鼓励成员单位合理竞争，公正评判成员单位正常经营行为。

（三）公平原则

在证券市场条件下，证券投资者情况千差万别，有机构投资者，也有个人投资者，有资金和信息上的强者，也有资金和信息上的弱者，公平是证券法追逐的目标。在证券法领域中，实现公平的途径是多方面的。首先，证券市场应当为各类投资者提供进行交易的同等机会。交易机会不能只提供给部分投资者，更不能无理地限制投资者进入交易市场，包括通过随意升高或降低开户标准的方式直接或间接地限制投资者的交易机会，也包括以不适当方式限制社会公众的证券认购机会。其次，证券市场应当为各类投资者提供接触信息的同等机会。第三，保证投资者按照已公布的相同规则进行交易。

（四）诚信原则

证券法是关于证券买卖的特别法，属于交易法范畴，故应遵循诚信原则。结合我国证券实践，诚信原则对证券行为至少应有如下具体要求：首先，证券发行人应当同等对待包括承销商在内的各中介机构。随着中介机构之间的竞争加剧，实践中开始逐渐采用以竞标方式确定中介机构，发行人应当以平等观念向各中介机构提供信息，避免竞标形式化；其次，各中介机构应当以公平竞争方式参加证券发行，不得采用非正常手段获得商业机会，也不得以诋毁他人形象和名誉的方式，进行不正当竞争活动；第三，证券发行人应以诚信为原则进行信息披露，中介机构应严格按照善意原则履行审慎调查义务，全面了解有关信息，站在对投资者负责的立场上处理业务活动；第四，证券市场参与人应善意从事证券市场活动，不能为谋取私利或损害他人利益，不得操纵市场、欺诈客户或者散布虚假信息。

（五）效率与安全的原则

证券发行与交易是以标准化资产为标的的特殊交易形式，它避免了实物资产交易上的品质识别障碍，也为证券市场的高效运行提供了基本条件。在证券市场上，决定效率的因素很多。首先，证券市场应当达到足够的公开程度，保证投资者可以无障碍、真实、准确和及时地获得有关信息。这种市场公开程度显然又与信息披露范围及执行程度有直接关系。其次，证券市场的发育程度决定了效率。市场的发育程度不仅表现为人们对证券市场的认知程度，更决定于市场的活跃程度。再次，科学的证券市场规则直接影响着效率。这不仅要求市场监管机构适时地制定相关规则，防止出现交易规则漏洞，而且要求交易规则能够为尽快完成交易提供条件。

对现代证券市场来说，交易安全仍然是重要目标。证券市场充满风险和投机因素，强调交易安全就显得尤其重要。单纯强调效率，或许会导致证券市场的无序化，更可能导致致命损害。从投资者来说，效率越高越好，但就市场整体而言，情况未必如此。正是在这种安全与效率关系的影响和支配下，证券制度越来越注重证券交易中的登记清算制度，并将清算登记制度视为消除交易风险、确保交易安全的基本手段。

五、证券法的地位

在采取民商分立体系的国家中，立法机关在颁布实施民法典同时，另行制定和实施商法典。商法包括商事登记法、公司法、票据法、海商法、保险法、破产法等。在商法发展初期，已经存在个别证券形态，但证券法尚未形成完整的法律制度，有关证券法规则在极大程度上依附于公司法，证券法规则主要包含在公司法关于股份和公司债的规定中，这种状况一直持续到 20 世纪初。

证券法为公司法的特别法。证券法规范的对象除政府债券外，全部为股份有限公司股票和公司债券的募集、发行和买卖，此原本应规定在公司法中，但证券法规则具有较强的技术性，若将此等规范一并规定在公司法中，难免有畸重畸轻之感。同时，公司法确立了公司一般规则，证券法侧重保护投资者利益，即使公司法与证券法在相关问题上均有规定，但侧重点应当不同。

第二节 证券发行

一、证券发行的概念

证券发行是指符合发行条件的商业组织或政府组织，以筹集资金为直接目的，依照法律规定的程序向社会投资人要约出售代表一定权利的资本证券的行为。在狭义上，证券发行指发行人以集资或调整股权结构为目的做成证券并交付相对人的单独法律行为。

二、证券发行的分类

（一）股票发行和公司债券发行

按照《证券法》规定的证券类型，证券发行主要分为股票发行和公司债券发行。股票发行是指股份公司以筹集资金为直接目的，依照法定程序向社会投资人要约出售代表一定股东权利的股票的行为。债券发行是指债券发行人发行普通公司债券和可转换公司债券的行为，一般不包括金融债券和政府债券的发行。

（二）面值发行、折扣发行、溢价发行和中间价发行

依证券发行价格与证券票面金额之间的关系，证券发行分为面值发行、折扣发行、溢价发行和中间价发行。面值发行是按照证券票面记载金额发行证券，也称平价发行。折扣发行系按照低于证券券面金额的发行价格发行证券。溢价发行是以超过证券券面金额的价格发行证券。中间价发行是按照证券券面金额和市场价格的中间价格发行证券，它通常适用于股票新股发行和配股发行。

（三）直接发行和间接发行

按照证券是否通过证券公司承销作为标准，证券发行分为直接发行和间接发行。直接发行指由证券发行人直接向投资者要约出售有价证券，而不借助证券公司代销或者包销证券。间接发行是指证券发行人委托证券公司承销所发行的有价证券，并由证券公司办理证券发行事宜并承担约定的发行风险。根据证券发行人与证券公司之间的约定，间接发行有证券包销和证券代销两种形式。

（四）设立发行与新股发行

按照证券发行时间，证券发行分为设立发行与新股发行，主要适用于股票发行。设立发行，指为设立股份公司而发行股票，股份公司因发行完成而设立。新股发行是指股份公司设立后发行股票的行为。新股发行通常是股份公司为增加公司股本总额，也可以

为了增资以外的其他特殊目的而发行新股。

（五）公开发行与非公开发行

按照证券投资者的身份，可将证券发行分为公开发行与非公开发行。公开发行指发行人通过证券经营机构向发行人以外的社会公众就发行人股票作出的要约邀请、要约或者销售行为。向不特定对象或者向特定对象发行证券累计超过200人的都属公开发行。除公开发行者外，其他方式都属于非公开发行。非公开发行证券，不得采用广告、公开劝诱和变相公开方式。

三、公开发行证券的核准

我国《证券法》第10条规定："公开发行证券，必须符合法律、行政法规规定的条件，并依法报经国务院证券监督管理机构或者国务院授权的部门核准；未经依法核准，任何单位和个人不得公开发行证券。"该条款确立了证券发行的核准制。

证券发行核准制，是指证券发行人在遵守信息披露义务的同时，证券发行必须符合证券法规定的证券发行条件并接受政府证券监管机构的监管，政府有权对证券发行人资格及其所发行证券作出审查和决定。

四、设立发行股票的条件

设立发行股票，是指发行人以筹集资金和设立股份公司为目的而发行股票。在我国，设立发行之主体应当是经批准拟设立的股份有限公司。设立发行不仅包括向社会投资者募集股份和发行股票，也包括向股份公司发起人分派股票的行为，如将发起人应获得股票分派至其名下或记入股东名册。

《证券法》第12条规定，设立股份有限公司公开发行股票，应当符合《公司法》规定的条件和经国务院批准的国务院证券监督管理机构规定的其他条件，向国务院证券监督管理机构报送募股申请和下列文件：（1）公司章程；（2）发起人协议；（3）发起人姓名或者名称，发起人认购的股份数、出资种类及验资证明；（4）招股说明书；（5）代收股款银行的名称及地址；（6）承销机构名称及有关的协议。

此外，依照证券法规定聘请保荐人的，还应当报送保荐人出具的发行保荐书。法律、行政法规规定设立公司必须报经批准的，还应当提交相应的批准文件。

五、公开发行新股的程序

新股发行指已设立的股份公司为了增加资本或者调整股本结构而发行股票。其中，旨在增加公司股本而发行新股，是典型的新股发行，也称增资发行；旨在调整股本结构而发行新股，主要表现为股票合并和股票拆细。股票合并及股票拆细没有改变公司的总股本，与增资发行不同。这里所称新股发行，限于增资发行新股。

（一）公司公开发行新股的一般条件

根据《证券法》第13条的规定，公司公开发行新股，应当符合下列条件：（1）具备健全且运行良好的组织机构；（2）具有持续盈利能力，财务状况良好；（3）最近三年财务会计文件无虚假记载，无其他重大违法行为；（4）经国务院批准的国务院证券监督管理机构规定的其他条件。

上市公司非公开发行新股，应当符合经国务院批准的国务院证券监督管理机构规定的条件，并报国务院证券监督管理机构核准。

（二）公司公开发行新股的报送文件

根据《证券法》第 14 条的规定，公司公开发行新股，应当向国务院证券监督管理机构报送募股申请和下列文件：（1）公司营业执照；（2）公司章程；（3）股东大会决议；（4）招股说明书；（5）财务会计报告；（6）代收股款银行的名称及地址；（7）承销机构名称及有关的协议。

依照本法规定聘请保荐人的，还应当报送保荐人出具的发行保荐书。

（三）募集资金的使用

根据我国《证券法》第 15 条的规定，公司对公开发行股票所募集资金，必须按照招股说明书所列资金用途使用。改变招股说明书所列资金用途，必须经股东大会作出决议。擅自改变用途而未作纠正的，或者未经股东大会认可的，不得公开发行新股。

六、公开发行公司债券的程序

（一）公开发行公司债券的条件

根据《证券法》第 16 条的规定，公开发行公司债券，应当符合下列条件：（1）股份有限公司的净资产不低于人民币三千万元，有限责任公司的净资产不低于人民币六千万元；（2）累计债券余额不超过公司净资产的百分之四十；（3）最近三年平均可分配利润足以支付公司债券一年的利息；（4）筹集的资金投向符合国家产业政策；（5）债券的利率不超过国务院限定的利率水平；（6）国务院规定的其他条件。

公开发行公司债券筹集的资金，必须用于核准的用途，不得用于弥补亏损和非生产性支出。

上市公司发行可转换为股票的公司债券，除应当符合上述规定的条件外，还应当符合《证券法》关于公开发行股票的条件，并报国务院证券监督管理机构核准。

（二）申请公开发行公司债券的报送文件

根据《证券法》第 17 条的规定，申请公开发行公司债券，应当向国务院授权的部门或者国务院证券监督管理机构报送下列文件：（1）公司营业执照；（2）公司章程；（3）公司债券募集办法；（4）资产评估报告和验资报告；（5）国务院授权的部门或者国务院证券监督管理机构规定的其他文件。

依照《证券法》规定聘请保荐人的，还应当报送保荐人出具的发行保荐书。

（三）再次发行的限制条件

根据《证券法》第 18 条的规定，有下列情形之一的，不得再次公开发行公司债券：（1）前一次公开发行的公司债券尚未募足；（2）对已公开发行的公司债券或者其他债务有违约或者延迟支付本息的事实，仍处于继续状态；（3）违反《证券法》规定，改变公开发行公司债券所募资金的用途。

七、公开发行证券的核准程序

根据《证券法》的有关规定，公开发行证券的核准主要包括以下几个方面的内容：

（一）核准机构

国务院证券监督管理机构设发行审核委员会，依法审核股票发行申请。发行审核委员会由国务院证券监督管理机构的专业人员和所聘请的该机构外的有关专家组成。参与审核和核准股票发行申请的人员，不得与发行申请人有利害关系，不得直接或者间接接受发行申请人的馈赠，不得持有所核准的发行申请的股票，不得私下与发行申请人进行接触。

（二）审核程序

证监会以往采取初审和复审二次核准程序。

初审是由证监会工作人员主持进行的初步审查。股票发行申请在获得省级人民政府或者中央主管机关审批和推荐后，应当首先报请证监会并由证监会发行部工作人员（预审人）进行初步审查。初审过程中，证监会发行部将就股票发行申请文件及相关事项提出反馈意见，包括对申请文件的完整性、真实性以及其他方面的问题进行调查、查询和对证。一般情况下，股票发行人将根据该反馈意见对其申请文件作出补充、修改和调整。经补充、修改和调整后的股票发行申请文件，应当通过省级人民政府或中央主管机关再次报送证监会。

复审是在证监会发行部初审通过后，由抽选专家组成的发行审查委员会（以下简称发审委）工作组以投票方式作出复审决定。发审委是证监会的内部工作机构，下设两个工作组。每个工作组由 10 名专家组成，以抽签方式决定对具体发行申请的复审权。发审委工作组按照少数服从多数原则和方式作出发行审核决议。

（三）审核期限

国务院证券监督管理机构或者国务院授权的部门应当自受理证券发行申请文件之日起三个月内，依照法定条件和法定程序作出予以核准或者不予核准的决定，发行人根据要求补充、修改发行申请文件的时间不计算在内；不予核准的，应当说明理由。

八、证券承销

（一）证券承销的概念

证券发行依照是否借助证券承销机构的协助为标准，分为直接发行与间接发行，间接发行即为借助证券承销机构发行证券的方式，此种发行方式从发行人角度看，即为间接发行，从证券承销公司角度看，即为证券承销。根据《证券法》第28条规定，发行人向不特定对象发行的证券，法律、行政法规规定应当由证券公司承销的，发行人应当同证券公司签订承销协议。据此，证券承销是指证券发行人委托具有证券承销资格的证券公司，代其向社会公众投资者募集资本并交付证券的行为和制度。证券承销业务采取代销或者包销方式。

证券承销制度主要调整着证券发行人与证券公司之间的关系。就证券发行人与证券公司之间的关系而言，属于以证券承销为内容的合同关系。依《证券法》规定，证券发行人有权依法自主选择承销的证券公司。证券发行人应当与证券公司签署证券承销协议，确定双方在证券承销关系中的具体权利义务。由于证券承销属于具有委托内容的特种合同关系，承销协议的签署和履行承销中，要同时遵守《证券法》和《合同法》的有关规定。

（二）证券承销协议

证券承销协议是证券承销制度的核心，是证券发行人与证券公司之间签署旨在规范和调整证券承销关系以及承销行为的合同文件。它具有以下特点：

（1）签署证券承销协议的证券公司必须具有证券监管机构特别许可和授予的承销业务资格。我国证券公司分为经纪类证券公司和综合类证券公司，经纪类证券公司只能从事证券经纪业务，不得从事自营、承销等业务。综合类证券公司经证券监管机构的特许授权，可以依法从事证券承销业务。

（2）证券承销协议是书面要式合同。

（3）证券承销协议是证券发行送审文件的组成部分。根据我国信息披露制度，证券承销协议是证券发行的法定送审文件。在实践中，证券公司在介入证券发行准备工作时，就处于与证券发行人协商承销协议的状态。证券发行人在向证券监管机构报送送审文件时，必须提供与承销机构草签的承销协议和证券承销方案。证券监管机构可对承销协议内容提出反馈意见，承销协议双方根据该反馈意见作出补充修改后，并在接近招股说明书公布时，最终正式签署承销协议。

股票承销协议是证券承销协议的主要形式。根据《证券法》第30条的规定，股票承销协议主要包括以下内容和条款：（一）当事人的名称、住所及法定代表人姓名；（二）代销、包销证券的种类、数量、金额及发行价格；（三）代销、包销的期限及起止日期；（四）代销、包销的付款方式及日期；（五）代销、包销的费用和结算办法；（六）违约责任；（七）国务院证券监督管理机构规定的其他事项。

（三）承销团

向不特定对象发行的证券票面总值超过人民币五千万元的，应当由承销团承销。承销团是由主承销和参与承销的证券公司组成的证券承销团体。承销团成员中，与证券发行人签署承销协议并承担承销风险的证券公司，称为主承销商；承销团其他成员必须是具有证券分销业务资格的证券公司，称为分销商。

承销团成员之间的权利义务关系，由分销协议加以约定。所谓分销协议是承销团各成员根据承销协议相关条款协商达成的，在承销团内部各证券公司间分配待发行股票或公司债券的协议。分销协议以承销协议为生效要件。承销团成员公司通常会在承销协议磋商期间准备分销协议，并在签署承销协议的同时，签署分销协议。这种特殊状况导致了分销协议对承销协议的效力依赖性。

分销协议主要条款与承销协议有相似之处，但特别应就各成员分销的股票种类、数量、协作条件、分销费用、分销保证等事项作出明确约定。

（四）证券承销方式

根据《证券法》的规定，证券承销分为证券代销和证券包销两种方式。

1. 证券代销

证券代销是指证券公司代发行人发售证券，在承销期结束时，将未售出的证券全部退还给发行人的承销方式。

在证券代销方式下，证券发行人承担证券未售出的全部责任，证券公司则无须承担发行失败的风险。以代销方式发行证券时，证券发行人通常是信誉很好或发行成功率较高的公司，或者证券公司拥有良好的客户群，按照证券发行人和证券公司的共同预期，几乎可以完全避免证券发行失败。否则，不宜采取证券代销方式。

2. 证券包销

证券包销是指证券公司将发行人的证券按照协议全部购入或者在承销期结束时将售后剩余证券全部自行购入的承销方式。证券包销分为全额包销和余额包销。

全额包销，是指证券公司以自有资金一次性全部买进证券发行人发行的证券，再以自己的名义和风险，向证券投资者出售所拥有的证券。证券公司接受证券全额包销方式，通常基于对证券成功发行有极好预期，并拥有较好的支付能力和风险承担能力。

余额包销，是指证券公司在承销期结束时，从证券发行人购买全部未售出证券的承销方式。在余额包销的承销期内，证券公司类似于代理人，应为发行人的利益尽力销售证券；承销期结束时，若存有未售出证券，证券公司则自动成为未售出证券的独立购买人。

无论是证券代销还是证券包销，最长期限均不得超过 90 日。

（五）证券承销商的义务

证券承销排斥了证券发行人自办发行的权利，并为证券公司提供了行业性独占市场。为平衡证券发行人与证券公司之间的关系，消除个别证券公司借此独占地位谋取不当利益的机会，《证券法》就证券承销商的义务作了特别规定。

1. 禁止违法招揽行为

实践中，有些证券公司借发行人急需资金之机，通过支付"过桥费"争取证券承销业务；有的借助各种形式的行政干预，逼迫证券发行人接受其进入承销团。这些情况严重影响着证券发行市场的正常发展，损害了投资者利益。为了建立公平的证券承销业务秩序，《证券法》禁止证券公司通过不正当手段招揽证券承销业务。

2. 发行文件核查义务

证券公司承销证券，应当对公开发行募集文件的真实性、准确性、完整性进行核查；发现有虚假记载、误导性陈述或者重大遗漏的，不得进行销售活动；已经销售的，必须立即停止销售活动，并采取纠正措施。

3. 禁止事先预留义务

证券发行多采取市盈率方法确定发行价格，远离市场供求关系，证券发行价格通常低于证券交易价格。如果允许预留证券，将为证券公司带来巨大利益，并使公众投资者利益受损。对此，《证券法》第 33 条第 2 款规定：证券公司在代销、包销期内，对所代销、包销的证券应当保证先行出售给认购人，证券公司不得为本公司预留所代销的证券和预先购入并留存所包销的证券。

4. 承销情况备案义务

公开发行股票，代销、包销期限届满，发行人应当在规定的期限内将股票发行情况报国务院证券监督管理机构备案。此处的"规定的期限内"，意指包销或者代销的证券公司应当在包销或者代销期满后的 15 日内向证监委备案。

九、证券发行失败的处理

股票发行采用代销方式，代销期限届满，向投资者出售的股票数量未达到拟公开发行股票数量 70% 的，视为发行失败。发行人应当按照发行价并加算银行同期存款利息返还股票认购人。

第三节　证券交易

一、证券交易的一般规定

证券交易是指证券持有人依照交易规则，将证券转让给其他投资者的行为，其基本形式是证券买卖。证券交易除应遵循《证券法》规定的证券交易规则，还应同时遵守《公司法》及《合同法》的规定。

（一）可以交易的证券类型

证券交易当事人依法买卖的证券，必须是依法发行并交付的证券。非依法发行的证券，不得买卖。依法发行的股票、公司债券及其他证券，法律对其转让期限有限制性规定的，在限定的期限内不得买卖。

（二）证券交易场所

证券交易市场即证券交易依赖的场所，它是投资者证券交易行为的媒介，提供证券交易所需的各项服务，保障证券交易的公开、公平、公正、安全和高效。证券市场分为证券交易所和场外交易场所。

1．场外交易场所

场外交易场所也称场外市场，它是证券交易场所的最早形式。在证券交易所出现之前，证券交易是通过证券经纪公司柜台进行和完成的。1992 年开始，我国陆续开设许多场外市场，除 STAQ 和 NET 交易系统外，还包括各地设立的证券交易中心和证券柜台交易。后来，场外交易的业务规模逐渐萎缩，各地证券交易中心逐渐并入证券交易所业务范围。目前，场外交易场所主要包括证券登记结算公司结算系统以及证券公司办理债券转让的交易柜台。

2．证券交易所

证券交易所是依法特许设立并依事先制订的交易规则，固定地进行证券交易的场所。1990 年 11 月 26 日，经过中国人民银行批准和国务院同意，新中国第一家证券交易所——上海证券交易所正式成立并于 1990 年 12 月 19 日正式营业。同年，深圳证券交易所开始试运行，它依托电脑网络进行场外集中交易，把分布在全国各地的证券机构联结起来。1991 年 7 月，深圳证券交易所开始正式营业。公司的股票从此开始在证券交易所挂牌上市。

（三）证券交易方式

根据《证券法》的规定，我国的证券交易主要是现货交易方式。现货交易是证券交易双方在成交后即时清算交割证券和价款的交易方式。现货交易双方，分别为持券待售者和持币待购者。持券待售者意欲将所持证券转变为现金，持币待购者则希望将所持货币转变为证券。现货交易最初是在成交后即时交割证券和钱款，为"一手交钱、一手交货"的典型形式。在现代现货交易中，证券成交与交割间通常都有一定时间间隔，时间间隔长短依证券交易所规定的交割日期确定。证券成交与交割日期可在同一日，也可不是同一日期。如依现行的 T＋1 交割规则，证券经纪机构与投资者之间应在成交后的下一个营业日办理完毕交割事宜，如果该下一营业日正逢法定休假日，则交割日期顺延至该法定休假日开始后的第一个营业日。

（四）证券交易的限制

上市公司董事、监事、高级管理人员、持有上市公司股份 5% 以上的股东，将其持有的该公司的股票在买入后 6 个月内卖出，或者在卖出后 6 个月内又买入，由此所得收益归该公司所有，公司董事会应当收回其所得收益。但是，证券公司因包销购入售后剩余股票而持有 5% 以上股份的，卖出该股票不受 6 个月时间限制。公司董事会不按照上述规定执行的，股东有权要求董事会在 30 日内执行。公司董事会未在上述期限内执行的，股东有权为了公司的利益以自己的名义直接向人民法院提起诉讼。负有责任的董事依法承担连带责任。

二、证券上市

(一) 证券上市概述

证券上市是指某种证券获准成为证券交易所交易对象的过程。证券一旦获准在证券交易所上市交易，即为上市证券。

《证券法》第 48 条规定：申请证券上市交易，应当向证券交易所提出申请，由证券交易所依法审核同意，并由双方签订上市协议。证券交易所根据国务院授权的部门的决定安排政府债券上市交易。由此可见，我国的证券上市均属核准上市，其审查权不仅来自于证券交易所，更来自于证券监管部门，审查权不仅及于形式审查，且更偏重于实质审查。对证券交易所作出的不予上市、暂停上市、终止上市决定不服的，可以向证券交易所设立的复核机构申请复核。

证券上市是已发行证券进入证券交易所进行交易的前提。证券发行与上市属于不同制度。证券发行旨在使发行人募集一定数量的社会资金，确立公司与投资者之间的股权或债权债务关系。证券发行成功后，证券须以适当形式进行流动，以实现投资流通性。对投资者而言，证券流通性意味着实现了投资者的投资变现能力；对证券发行人来说，于适当时机实现证券上市交易，也将激发投资者的投资热情，进而提高证券发行成功率。证券发行人在证券发行伊始，就希望未来将证券变成上市证券，并在发行过程中筹划上市方案。就国内情况而言，因具备上市可能而发行证券的情况更属常见，这也是国内证券发行认购率相对较高的原因之一。

(二) 股票上市

1. 股票上市的条件

股份有限公司申请股票上市，应当符合下列条件：

(1) 股票经国务院证券监督管理机构核准已公开发行；

(2) 公司股本总额不少于人民币 3000 万元；

(3) 公开发行的股份达到公司股份总数的 25% 以上；公司股本总额超过人民币 4 亿元的，公开发行股份的比例为 10% 以上；

(4) 公司最近 3 年无重大违法行为，财务会计报告无虚假记载。

证券交易所可以规定高于上述规定的上市条件，并报国务院证券监督管理机构批准。

2. 申请股票上市的报送文件

申请股票上市交易，应当向证券交易所报送下列文件：(1) 上市报告书；(2) 申请股票上市的股东大会决议；(3) 公司章程；(4) 公司营业执照；(5) 依法经会计师事务所审计的公司最近 3 年的财务会计报告；(6) 法律意见书和上市保荐书；(7) 最近一次的招股说明书；(8) 证券交易所上市规则规定的其他文件。

3. 股票上市的信息公开

股票上市交易申请经证券交易所审核同意后，签订上市协议的公司应当在规定的期限内公告股票上市的有关文件，并将该文件置备于指定场所供公众查阅。

签订上市协议的公司除公告前条规定的文件外，还应当公告下列事项：（1）股票获准在证券交易所交易的日期；（2）持有公司股份最多的前十名股东的名单和持股数额；（3）公司的实际控制人；（4）董事、监事、高级管理人员的姓名及其持有本公司股票和债券的情况。

4．暂停股票上市交易

上市公司有下列情形之一的，由证券交易所决定暂停其股票上市交易：（1）公司股本总额、股权分布等发生变化不再具备上市条件；（2）公司不按照规定公开其财务状况，或者对财务会计报告作虚假记载，可能误导投资者；（3）公司有重大违法行为；（4）公司最近三年连续亏损；（5）证券交易所上市规则规定的其他情形。

5．终止股票上市交易

上市公司有下列情形之一的，由证券交易所决定终止其股票上市交易：

（1）公司股本总额、股权分布等发生变化不再具备上市条件，在证券交易所规定的期限内仍不能达到上市条件；

（2）公司不按照规定公开其财务状况，或者对财务会计报告作虚假记载，且拒绝纠正；

（3）公司最近三年连续亏损，在其后一个年度内未能恢复盈利；

（4）公司解散或者被宣告破产；

（5）证券交易所上市规则规定的其他情形。

（三）债券上市

1．公司债券上市条件

公司申请公司债券上市交易，应当符合下列条件：

（1）公司债券的期限为1年以上；

（2）公司债券实际发行额不少于人民币5000万元；

（3）公司申请债券上市时仍符合法定的公司债券发行条件。

2．公司债券上市报送文件

申请公司债券上市交易，应当向证券交易所报送下列文件：（1）上市报告书；（2）申请公司债券上市的董事会决议；（3）公司章程；（4）公司营业执照；（5）公司债券募集办法；（6）公司债券的实际发行数额；（7）证券交易所上市规则规定的其他文件。申请可转换为股票的公司债券上市交易，还应当报送保荐人出具的上市保荐书。

3．暂停和终止公司债券上市交易

公司债券上市交易后，公司有下列情形之一的，由证券交易所决定暂停其公司债券上市交易：

（1）公司有重大违法行为；

（2）公司情况发生重大变化不符合公司债券上市条件；

（3）发行公司债券所募集的资金不按照核准的用途使用；

（4）未按照公司债券募集办法履行义务；

（5）公司最近2年连续亏损。

公司有上述第（1）项、第（4）项所列情形之一经查实后果严重的，或者有上述第（2）项、第（3）项、第（5）项所列情形之一，在限期内未能消除的，由证券交易所决定终止其公司债券上市交易。公司解散或者被宣告破产的，由证券交易所终止其公司债券上市交易。

三、持续信息公开

（一）持续信息公开概述

现代证券市场必须同时具备价格创造功能。证券价格始终与证券信息密切相连，充分公开证券信息将有助于实现公允的证券价格，并合理调整投资者收益与风险。上市公司作为股东创设出来的组织体，应最终反映股东利益；市场管理者的基本职责是迫使公司管理者公布与证券及投资价值有关的所有重要信息，以创造一个公开、公正和公平的市场环境。如果公司管理者不愿意公开证券信息，其上市资格将被取消；如果公司管理者违反诚信原则，未尽审慎义务，采取虚假、误导等手段欺骗投资者，将被追究相应的法律责任。

公司及管理者应承担持续性信息公开义务，是一次制度变革和质的飞跃，根据我国证券法发展趋势，持续性信息公开制度呈现以下特点：

（1）持续性信息公开义务是上市公司的法定义务。上市公司不履行持续性信息公开义务的，公司及其管理者应承担侵权民事责任。

（2）应公开的信息范围越来越广。随着证券市场管理的科学化，持续信息公开在内容上不断拓宽，深度不断加强，已成为含义丰富、包容性极强的制度体系。

（3）持续性信息公开逐渐成为独立的系统性制度。公司、公司董事等高级管理者、公司控股股东等，都负担着持续性信息公开义务，有义务真实、准确、完整和无误导地公开一切与上市证券有关的信息，有责任抑制和避免一切影响投资者重大利益的欺诈或误导行为、内幕交易行为、损害小股东利益行为、关联交易行为及其他利益冲突行为。任何违反持续性信息公开义务的人，将受到严格处罚。

（4）持续性信息公开制度逐渐精细化。证券法推崇公开、公正、公平与诚实信用原则，建立精细化的信息公开法规体系，目的在于实现证券法宗旨。我国证券法对信息公开的范围、类型、方式、格式、时机、程度乃至用语的规范性，都作出要求。这对于展现证券法原则的完整内涵，保证证券市场的健康发展，无疑具有积极意义。

（二）持续信息公开的形式

根据我国《证券法》的规定，持续信息公开有以下几种形式。

1. 证券发行的信息公开

发行人、上市公司依法公开的信息，必须真实、准确、完整，不得有虚假记载、误导性陈述或者重大遗漏。经国务院证券监督管理机构核准依法公开发行股票，或者经国务院授权的部门核准依法公开发行公司债券，应当公告招股说明书、公司债券募集办法。依法公开发行新股或者公司债券的，还应当公告财务会计报告。

2. 中期报告

中期报告是持续性信息公开的重要表现形式，它揭示了上市公司某一会计年度前六个月的营业与财务状况，并向投资者提供预测该营业年度业绩及状况的中期资料，以确保上市公司信息公开的最新性。

根据《证券法》第 65 条规定，上市公司和公司债券上市交易的公司，应当在每一会计年度的上半年结束之日起 2 个月内，向国务院证券监督管理机构和证券交易所报送记载以下内容的中期报告，并予公告：（1）公司财务会计报告和经营情况；（2）涉及公司的重大诉讼事项；（3）已发行的股票、公司债券变动情况；（4）提交股东大会审议的重要事项；（5）国务院证券监督管理机构规定的其他事项。

3. 年度报告

年度报告是由上市公司在每个会计年度结束时，依法制作并提交的，反映公司本会计年度基本经营状况、财务状况等重大信息的法律文件。年度报告是最重要的定期报告，是股东与经营者交流的最有效工具。与中期报告相比，其内容、格式和公开规则更为严格、细致。

根据《证券法》第66条规定，上市公司和公司债券上市交易的公司，应当在每一会计年度结束之日起4个月内，向国务院证券监督管理机构和证券交易所报送记载以下内容的年度报告，并予公告：（1）公司概况；（2）公司财务会计报告和经营情况；（3）董事、监事、高级管理人员简介及其持股情况；（4）已发行的股票、公司债券情况，包括持有公司股份最多的前10名股东的名单和持股数额；（5）公司的实际控制人；（6）国务院证券监督管理机构规定的其他事项

4. 临时报告

临时报告也称"重大事件临时报告"，是指上市公司就发生可能对上市公司股票交易价格产生较大影响，而投资者尚未得知的重大事件，为说明事件实质而出具的临时性报告。

根据《证券法》第67条规定，发生可能对上市公司股票交易价格产生较大影响的重大事件，投资者尚未得知时，上市公司应当立即将有关该重大事件的情况向国务院证券监督管理机构和证券交易所报送临时报告，并予公告，说明事件的起因、目前的状态和可能产生的法律后果。

下列情况为重大事件：（1）公司的经营方针和经营范围的重大变化；（2）公司的重大投资行为和重大的购置财产的决定；（3）公司订立重要合同，可能对公司的资产、负债、权益和经营成果产生重要影响；（4）公司发生重大债务和未能清偿到期重大债务的违约情况；（5）公司发生重大亏损或者重大损失；（6）公司生产经营的外部条件发生的重大变化；（7）公司的董事、1/3以上监事或者经理发生变动；（8）持有公司5%以上股份的股东或者实际控制人，其持有股份或者控制公司的情况发生较大变化；（9）公司减资、合并、分立、解散及申请破产的决定；（10）涉及公司的重大诉讼，股东大会、董事会决议被依法撤销或者宣告无效；（11）公司涉嫌犯罪被司法机关立案调查，公司董事、监事、高级管理人员涉嫌犯罪被司法机关采取强制措施；（12）国务院证券监督管理机构规定的其他事项。

（三）持续信息公开的方式

依照现行法规，持续信息公开的方式主要有以下几种：

（1）报刊登载。报刊登载是目前使用最普遍、投资者最容易接受的信息公开方式。《证券法》第70条规定，依法必须披露的信息，应当在国务院证券监督管理机构指定的媒体发布。上市公司与证券交易所的上市协议中，一般都包含选定或指定刊载报刊的规定，若无特殊理由，上市公司不得随意改变。

（2）备置文件。备置文件系将制作完成并进行报刊登载的公开文件，存放于公司所

在地和证券交易所，以备公众查阅的信息公开方式。根据现行规定，上市公司履行信息公开义务过程中，不能只采取备置文件方式进行公开，所有备置文件必须同时以报刊登载方式进行公开。

（3）文件备案。根据信息公开规则，对报刊登载公开的信息，上市公司应将公开文件或其副本报证监会和证券交易所备案。

（4）答复询问。上市公司应指定专人负责信息公开事务，包括与证监会、证券交易所、有关证券公司、新闻机构等的联系，并回答社会公众提出的问题。但站在平等保护投资者利益的角度，答复询问的内容不宜超过报刊登载的信息范围。

（四）持续信息公开的民事责任

发行人、上市公司公告的招股说明书、公司债券募集办法、财务会计报告、上市报告文件、年度报告、中期报告、临时报告以及其他信息披露资料，有虚假记载、误导性陈述或者重大遗漏，致使投资者在证券交易中遭受损失的，发行人、上市公司应当承担赔偿责任；发行人、上市公司的董事、监事、高级管理人员和其他直接责任人员以及保荐人、承销的证券公司，应当与发行人、上市公司承担连带赔偿责任，但是能够证明自己没有过错的除外；发行人、上市公司的控股股东、实际控制人有过错的，应当与发行人、上市公司承担连带赔偿责任。

四、禁止的交易行为

为维护证券市场秩序，保护投资者的合法权益和社会公共利益，《证券法》在证券交易一章中以专节的形式规定了禁止的交易行为，包括证券内幕交易、操纵市场、欺诈客户等。

（一）禁止内幕交易

内幕交易，也称为"知情者交易"，是指知情人员利用所掌握的内部证券信息进行证券交易，或者将所掌握的内部信息提供给他人进行证券交易的行为。可见，内幕交易主要由三个要素构成，即知情人员范围、内幕信息的范围以及内幕交易的行为类型。

证券交割始终处于涨跌之间，不存在始终走跌或始终涨幅的证券市场。证券价格的涨跌始终要受制于多种因素，如国家政策因素、行业政策及上市公司自身情况等。就一般情况而言，除非出现某些极端情况，任何影响证券价格的因素总是由某些特殊人士先予掌握的。就宏观角度，国家重大经济政策出台或行业规则的出现，必然为政策制定者和发布者事先掌握和控制；就微观角度，企业经营状况的好坏，也始终处于公司管理者的视野之内。如果容忍事先掌握信息者利用信息从事证券交易，先于他人借利好及时购买证券，或者在利空消息前抛售证券，无疑会损害其他投资者的利益。我国自证券市场开放之初，就非常注重对内幕交易行为的规制，《证券法》的历次修正，都将内幕交易作为禁止的交易行为。

1. 知情人员

内幕信息作为与证券价格密切牵连的因素，可作为判断证券价格未来走势的核心因素。若容忍知晓内幕信息者利用该等信息进行证券交易，就意味着将巨大利益拱手相送，也意味着容忍其他投资者丧失利益机会或遭受损失。确定知情人员的范围并予以规制，是基于证券市场公平原则的要求。根据《证券法》第74条规定，证券交易内幕信息的知情人包括：（1）发行人的董事、监事、高级管理人员；（2）持有公司5%以上股份的股东及其董事、监事、高级管理人员，公司的实际控制人及其董事、监事、高级管理人员；（3）发行人控股的公司及其董事、监事、高级管理人员；（4）由于所任公司职务可以获取公司有关内幕信息的人员；（5）证券监督管理机构工作人员以及由于法定职责对证券的发行、交易进行管理的其他人员；（6）保荐人、承销的证券公司、证券交易所、证券登记结算机构、证券服务机构的有关人员；（7）国务院证券监督管理机构规定的其他人。

2．内幕信息

内幕信息，是指证券交易活动中，涉及公司的经营、财务或者对该公司证券的市场价格有重大影响的尚未公开的信息。《证券法》第 67 条第 2 款和第 75 条第 2 款采取列举方式，分别规定了"具有重大事件性质的内幕信息"和"其他内幕信息"。

具有重大事件性质的内幕信息是发生可能对上市公司股票交易价格产生较大影响的信息。根据《证券法》第 67 条第 2 款的规定，下列情况为重大事件：（1）公司的经营方针和经营范围的重大变化；（2）公司的重大投资行为和重大的购置财产的决定；（3）公司订立重要合同，可能对公司的资产、负债、权益和经营成果产生重要影响；（4）公司发生重大债务和未能清偿到期重大债务的违约情况；（5）公司发生重大亏损或者重大损失；（6）公司生产经营的外部条件发生的重大变化；（7）公司的董事、1/3 以上监事或者经理发生变动；（8）持有公司 5％以上股份的股东或者实际控制人，其持有股份或者控制公司的情况发生较大变化；（9）公司减资、合并、分立、解散及申请破产的决定；（10）涉及公司的重大诉讼，股东大会、董事会决议被依法撤销或者宣告无效；（11）公司涉嫌犯罪被司法机关立案调查，公司董事、监事、高级管理人员涉嫌犯罪被司法机关采取强制措施；（12）国务院证券监督管理机构规定的其他事项

《证券法》第 75 条第 2 款规定的其他内幕信息包括：（1）公司分配股利或者增资的计划；（2）公司股权结构的重大变化；（3）公司债务担保的重大变更；（4）公司营业用主要资产的抵押、出售或者报废一次超过该资产的 30％；（5）公司的董事、监事、高级管理人员的行为可能依法承担重大损害赔偿责任；（6）上市公司收购的有关方案；（7）国务院证券监督管理机构认定的对证券交易价格有显著影响的其他重要信息。

3．禁止的内幕交易行为

（1）禁止买卖义务。即知情人员不得买进或卖出与所知悉内幕信息有关的证券。无论知情人员是否利用该内幕信息买卖证券，也无论其知悉证券内幕信息的时间，更无论买卖证券目的如何，均不免除此项禁止性义务。

（2）禁止泄露义务。即禁止知情人员不得将所知悉的内幕信息泄露给他人。泄露内幕信息的方式多种多样，如将内幕信息有意告知他人，或无意中将内幕信息泄露给他人，如将涉及内幕信息的文件交给他人保存。泄露信息包括知情人员与他人（如家人）讨论涉及内幕信息的公司方案等。

（3）禁止建议买卖义务。知情人员不得泄露、买卖证券，也不得建议他人买卖证券。

4．内幕交易的法律责任

证券交易内幕信息的知情人或者非法获取内幕信息的人，在涉及证券的发行、交易或者其他对证券的价格有重大影响的信息公开前，买卖该证券，或者泄露该信息，或者

建议他人买卖该证券的，责令依法处理非法持有的证券，没收违法所得，并处以违法所得一倍以上五倍以下的罚款；没有违法所得或者违法所得不足三万元的，处以三万元以上六十万元以下的罚款。单位从事内幕交易的，还应当对直接负责的主管人员和其他直接责任人员给予警告，并处以三万元以上三十万元以下的罚款。证券监督管理机构工作人员进行内幕交易的，从重处罚。

（二）禁止操纵证券市场

操纵市场行为，是指利用资金优势或信息优势或滥用职权，影响证券市场价格，诱使投资者买卖证券，扰乱证券市场秩序的行为。操纵市场行为属于法律禁止行为，《证券法》没有规定操纵市场行为须以欺诈或故意为构成要件，而仅列举操纵市场行为的类型。据此，凡符合《证券法》规定条件者，无论是否具有故意或欺诈，均构成操纵市场行为。

1. 操纵证券市场的行为

《证券法》第77条规定，禁止任何人以下列手段操纵证券市场：

（1）单独或者通过合谋，集中资金优势、持股优势或者利用信息优势联合或者连续买卖，操纵证券交易价格或者证券交易量；

（2）与他人串通，以事先约定的时间、价格和方式相互进行证券交易，影响证券交易价格或者证券交易量；

（3）在自己实际控制的账户之间进行证券交易，影响证券交易价格或者证券交易量；

（4）以其他手段操纵证券市场。

2. 操纵证券市场的法律责任

违反《证券法》规定，操纵证券市场的，责令依法处理非法持有的证券，没收违法所得，并处以违法所得一倍以上五倍以下的罚款；没有违法所得或者违法所得不足三十万元的，处以三十万元以上三百万元以下的罚款。单位操纵证券市场的，还应当对直接负责的主管人员和其他直接责任人员给予警告，并处以十万元以上六十万元以下的罚款。

（三）禁止虚假陈述

1. 虚假陈述的概念

虚假陈述，是指信息披露义务人违反信息披露义务，在提交或公布的信息披露文件中作出违背事实真相的陈述或者记载。

虚假陈述具有以下特征：

第一，虚假陈述是特定义务主体实施的行为。所谓特定义务主体，是指依照信息披露制度承担信息披露义务的机构和个人，包括发行股票或公司债券的公司、负责证券承销业务的证券公司以及为证券发行出具专业文件的中介机构。

第二，虚假陈述是一种特殊的行为状态。虚假陈述仅指行为人采取作为形式或积极方式，作出背离事实真相的陈述和记载，如捏造或虚构某种情形，将并不存在的情形称为客观存在；或如篡改行为，将具有特定性质的行为称为他种性质的行为。在广义上，虚假陈述也包括以不作为方式作出的虚假陈述，如遗漏行为，即对依法应作陈述和记载的事项，未作记载和陈述。因此，虚假陈述可分别表述为虚假记载、误导性陈述或者遗漏。

第三，虚假陈述存在于信息披露文件。对与证券发行交易有关的事实，信息披露义务人应及时地按规定的文件和格式向社会公众进行披露。无论是招股说明书或各专业机构出具的专业报告，还是年度报告、中期报告或临时报告，均属于信息披露的法定文件。在该等法定文件中作出虚假记载、误导性陈述或遗漏的，即构成虚假陈述。

第四，虚假陈述是违背信息披露义务的行为。如果信息披露义务人作出违反真实性、准确性和完整性的陈述，将构成虚假陈述。

2. 虚假陈述的类型

（1）按照行为主体分类。按照行为主体，可将虚假陈述分为以下几种类型：①证券发行人虚假陈述，是各种虚假陈述中最重要的类型；②证券公司虚假陈述，是证券公司在证券发行、上市过程中作出的虚假陈述，通常与证券交易无关；③中介机构的虚假陈述，主要是会计师事务所、律师事务所、资产评估机构等中介机构在履行职责过程中，通过其专业报告作出的虚假陈述；④其他机构的虚假陈述，主要指证券交易所、证券公司、证券登记结算机构、证券交易服务机构、社会中介机构及其从业人员、证券业协会、证券监督管理机构及其工作人员，在证券交易活动中作出的虚假陈述或者信息误导。

（2）按照行为阶段分类。按照虚假陈述发生的阶段，可将其分为证券发行虚假陈述和交易虚假陈述。证券发行虚假陈述，是信息披露义务人在证券发行过程中作出的虚假陈述，主要表现形式为在招股说明书或其他募集文件中作出有违真实、准确和完整性的陈述。证券交易中的虚假陈述，则为信息披露义务人在证券交易中作出的虚假陈述，典型情况是在年度报告、中期报告和临时报告等信息披露文件中作出的虚假陈述。

（3）按照行为性质分类。按照虚假陈述的行为性质，可分为虚假记载、误导性陈述和陈述遗漏。虚假记载是在信息披露文件中作出违背事实真相的记载和陈述。如前所述，虚假记载是行为人作出某种积极行为的方式，如将不存在的情形记载为客观存在。误导性陈述，则是使人发生错误判断的陈述，通常也属于作为形式，如将某种特定性质的行为表述为他种性质的行为。虽在许多场合下，虚假记载与误导性陈述难以清晰划分，但虚假记载更侧重事实上的虚假，误导性陈述偏重于使人发生误会的情况，而不论是否属于事实上的虚假。陈述上的遗漏是信息披露文件中未将应记载事项作出记载和反映，属于不作为的虚假陈述。

3. 虚假陈述的法律责任

发行人、上市公司或者其他信息披露义务人未按照规定披露信息，或者所披露的信息有虚假记载、误导性陈述或者重大遗漏的，责令改正，给予警告，并处以三十万元以上六十万元以下的罚款。对直接负责的主管人员和其他直接责任人员给予警告，并处以三万元以上三十万元以下的罚款。

发行人、上市公司或者其他信息披露义务人未按照规定报送有关报告，或者报送的报告有虚假记载、误导性陈述或者重大遗漏的，责令改正，给予警告，并处以三十万元以上六十万元以下的罚款。对直接负责的主管人员和其他直接责任人员给予警告，并处以三万元以上三十万元以下的罚款。

发行人、上市公司或者其他信息披露义务人的控股股东、实际控制人指使从事上述违法行为的，依照上述规定处罚。

（四）禁止欺诈客户

欺诈客户，是指证券公司及其从业人员在证券交易中违反客户真实意思，损害客户利益的行为。《证券法》第79条规定，禁止证券公司及其从业人员从事下列损害客户利益的欺诈行为：（1）违背客户的委托为其买卖证券；（2）不在规定时间内向客户提供交易的书面确认文件；（3）挪用客户所委托买卖的证券或者客户账户上的资金；（4）未经客户的委托，擅自为客户买卖证券，或者假借客户的名义买卖证券；（5）为牟取佣金收入，诱使客户进行不必要的证券买卖；（6）利用传播媒介或者通过其他方式提供、传播虚假或者误导投资者的信息；（7）其他违背客户真实意思表示，损害客户利益的行为。

欺诈客户行为给客户造成损失的，行为人应当依法承担赔偿责任。

第四节　上市公司收购

一、上市公司收购的概念

上市公司收购，是指投资者通过证券交易场所，单独或者共同购买某上市公司股份，以取得对该上市公司的管理权或者控制权，进而实现对上市公司的兼并或实现其他产权性交易的行为。股票是股份的表现形式，购买或拥有上市公司股票即意味着介入公司管理事务，甚至形成对公司事务的管理和控制，故称之为公司收购。

公司收购一旦演化为经济垄断，或者有可能消减市场竞争程度时，国家必然要借助行政手段予以干预和规范，从而形成了上市公司收购上的一系列特殊规则。上市公司收购制度是旨在保护社会公众投资者利益，规范大股东买卖上市公司股票的特殊规则体系。大股东买卖上市股票行为无论是否构成对上市公司的控制权，均受到这一规则体系的限制与规范。

二、一般收购

（一）一般收购的概念

一般收购，是指已持有公司发行在外5%以上股票的投资者，继续购买上市公司发行在外股票的行为。根据《证券法》第86条规定，通过证券交易所的证券交易，投资者持有一个上市公司已发行的股份的5%时，应当在该事实发生之日起3日内，向国务院证券监督管理机构、证券交易所作出书面报告，通知该上市公司，并予以公告；在上述规定的期限内，不得再行买卖该上市公司的股票。据此，一般收购具有以下特点：

（1）收购方是持有或潜在持有上市公司发行在外5%以上股份的投资者，无论所持有或潜在持有的股份是否为流通股，均构成收购方，应遵守一般收购规则的约束。

（2）一般收购无须发出收购要约。一般收购可依照证券交易所制订的一般交易规则实施和完成。

（3）一般收购以收购上市股票的5%～30%为界限。只有通过证券交易所持有上市股票5%以上的投资者，才受一般收购规则的约束。若投资者持有股票数量低于上市公司发行在外股票的5%者，则视为一般投资行为，不受收购规则的直接约束。如果投资者通过证券交易所持有上市公司30%股票后，继续购买股票的，则属于继续收购，应遵守关于继续收购的特殊规则。

（4）一般收购在本质上是受特别规则约束的股票交易行为。按照《证券法》一般收购的规定，大股东所持股份增减达到公司发行在外股票的5%时，均应履行相关披露义务。

（二）权益公开规则

任何人在其直接或间接持有某一上市公司发行股票达到某一法定比例，或者在其达到该法定比例后又发生一定比例的增减变化时，均必须依照法定程序公开披露其持股权益的制度。此即权益公开规则。

《证券法》第86条规定，通过证券交易所的证券交易，投资者持有或者通过协议、其他安排与他人共同持有一个上市公司已发行的股份达到5%时，或者其所持该上市公司已发行的股份比例每增加或者减少5%，应当在该事实发生之日起3日内，向国务院证券监督管理机构、证券交易所作出书面报告，通知该上市公司，并予公告。

根据权益公开规则，投资者在所持股票达到或者增减公司总股本的5%时，应自该事实发生之日起3日内：（1）向证券监督管理机构和证券交易所作出书面报告；（2）向上市公司发出通知；（3）在证监会指定报刊上刊登公告。上述报告和公告应包括以下内容：持股人的名称、住所；持有的股票的名称、数额；持股达到法定比例或者持股增减变化达到法定比例的日期。

（三）慢走规则

所谓收购慢走规则，指投资者在其所持股票超过公司总股本5%后，于法定期限内不得再行买卖该种股票。据《证券法》第86条规定，慢走规则适用于两种场合：

1. 投资者在通过证券交易所持有上市公司已发行股份的5%时，应在该事实发生之日起3日内作出报告、通知和公告，在该期限内不得再行买卖该种股票。该期限属于股票买卖禁止的法定期限，投资者可以在该法定期限结束后，买卖该种股票。

2. 投资者持有一家上市公司已发行股份的5%后，其所持股票通过证券交易所买卖每增减5%时，除应在该事实发生之日起3日内作出报告、通知和公告外，在此后2日内，不得买卖该种股票。

三、继续收购

（一）继续收购的概念

继续收购，是指通过证券交易所的证券交易，投资者持有或者通过协议、其他安排与他人共同持有一个上市公司已发行的股份30%以上股票的投资者，继续收购上市公司全部或者部分股份的行为。

继续收购具有以下特点：

（1）继续收购是特定投资者实施的股票收购行为。凡是通过拟实施之收购行为累计持有公司发行在外30%以上股份的投资者，无论是否已持有公司股票，也无论所持股票为流通股或非流通股，均受继续收购制度的约束。

（2）继续收购是收购人与上市公司股东之间的特殊交易行为。主要表现在两个方面：（1）继续收购应当遵守权益公开规则，但不受慢走规则约束。（2）继续收购依据收购人在收购要约中提出的收购价格和条件成交，不受集中竞价规则的约束。

（3）继续收购是采取收购要约形式进行的收购。继续收购应依法采取收购要约形式收购，收购要约是继续收购的核心和关键制度。因此，继续收购也称为要约收购。

（4）继续收购是在强行法约束下实施的收购。继续收购作为特殊交易形式，须受强行法约束，如继续收购须采取收购要约形式进行，被收购公司股东承诺出售的股份数额超过预定收购的股份数额的，收购人按比例进行收购。

（二）收购要约

1. 收购要约的概念

收购要约是收购人向上市公司股东发出的，向其购买所持上市公司股票的单方意思表示。收购要约是特殊民事要约，应遵守以下强制性规则：

（1）收购要约的生效时间。收购人应在向证监会报送公司收购报告书之日起 15 日后公布收购要约，具体时间由收购人自行决定。

（2）收购要约的有效期限。收购要约有效期限不得少于 30 日，但最长不得超过 60 日。

（3）收购要约的内容变更。在收购要约有效期限内，收购人需要变更收购要约中事项的，须事先向证监会及证券交易所提出报告，经批准后，予以公告。

（4）收购条件的适用范围。收购要约中提出的各项收购条件，适用于被收购上市公司的所有股东。收购人在收购股票时，无论其他股东所持股票属于上市股票，还是非上市股票，均应按照统一的收购价格、期限、支付形式等条件执行。

收购上市公司部分股份的收购要约应当约定，被收购公司股东承诺出售的股份数额超过预定收购的股份数额的，收购人按比例进行收购。

2. 收购要约的内容

发出收购要约，收购人必须事先向国务院证券监督管理机构报送上市公司收购报告书，并载明下列事项：（1）收购人的名称、住所；（2）收购人关于收购的决定；（3）被收购的上市公司名称；（4）收购目的；（5）收购股份的详细名称和预定收购的股份数额；（6）收购期限、收购价格；（7）收购所需资金额及资金保证；（8）报送上市公司收购报告书时持有被收购公司股份数占该公司已发行的股份总数的比例。收购人还应当将上市公司收购报告书同时提交证券交易所。

三、协议收购

协议收购是指持有上市公司股份 5% 以上但是不满 30% 的收购人，以协议方式收购该上市公司股份的行为。

采取协议收购方式的，收购人可以依照法律、行政法规的规定同被收购公司的股东以协议方式进行股份转让。以协议方式收购上市公司时，达成协议后，收购人必须在 3 日内将该收购协议向国务院证券监督管理机构及证券交易所作出书面报告，并予公告。在公告前不得履行收购协议。

采取协议收购方式的，协议双方可以临时委托证券登记结算机构保管协议转让的股票，并将资金存放于指定的银行。

四、收购人的义务

根据《证券法》的规定，收购人应当遵循以下义务：

1. 收购人的报告及公告义务

公司收购是一种特殊证券交易行为，要约收购始于收购要约的生效，止于收购要约期限的届满或预定收购目的的实现；协议收购始于收购协议的签署，止于所收购股票过户于收购人名下。为了向社会公众公开上市公司收购的实际状况，《证券法》第 100 条规定，收购行为完成后，收购人应当在 15 日内将收购情况报告国务院证券监督管理机构和证券交易所，并予公告。

2. 收购人限制转让的义务

上市公司收购目的必须反映在收购公告书或有关公告中。对已持有上市公司 30% 以上股份的大股东来说，采取要约收购或协议收购手段，无疑是为对上市公司进行兼并或者实现控股目的，而不应具有短期投资或者投机等目的。一旦容忍大股东采取短期投资或投机目的，不仅将违反公司收购之目的，更将误导被收购公司的其他股东，因此，《证券法》第 98 条规定，在上市公司收购中，收购人持有的被收购的上市公司的股票，在收购行为完成后的 12 个月内不得转让。

五、上市公司收购的法律后果

上市公司收购通常会影响上市公司的股本结构，提高收购人在上市公司中的持股比例，进而增强收购人对上市公司的实际控制能力，收购人可进而进行其他产权性交易，或者变更公司的组织及管理结构。

（一）维持上市资格

收购上市公司的目的通常不在于消灭其上市资格，而在于获得公司控制权。因此，收购人在预定其股份收购数量时，会充分考虑保持上市公司的资格，保持公司 25% 以上的股票仍属上市股票，从而避免因收购数量过大而影响上市公司资格。

（二）终止上市交易

《公司法》规定的上市公司条件，保有 25% 以上的社会公众股，是股份公司的上市条件，也是股份公司上市资格的维持条件。若股份公司的社会公众股低于该比例，应终止上市资格。

（三）强制受让

收购行为完成后，收购人持有的被收购公司的股份数达到该公司已发行的股份总数的 90% 以上的，其余仍持有被收购公司股票的股东，有权向收购人以收购要约的同等条件出售其股票，收购人应当收购，此即强制受让。

（四）变更企业形式

若因公司收购导致原上市公司失去上市公司条件，如被收购公司股东人数减少为 4 名，除收购人拥有 95% 股份外，其余 5% 股份由另外 3 名股东分别持有，应取消其上市公司资格，公司应当转变为有限公司或者其他企业类型。

（五）注销公司

收购行为完成后，收购人与被收购公司合并，并将该公司解散的，被解散公司的原有股票由收购人依法更换。

第五节 证券交易所

一、证券交易所的概念

证券交易所，也称场内交易场所，证券交易所是为证券集中交易提供场所和设施，组织和监督证券交易，实行自律管理的法人。证券交易所具有以下特点：

（1）证券交易所是证券交易的固定场所。证券交易必须依赖于一定市场条件才能完成。证券交易所是提供证券交易服务的固定场所，具有完善的交易设施、管理制度，制订有适合大规模证券交易需要的交易规则。

（2）证券交易所提供证券交易所需的集中竞价服务。集中竞价是证券交易所采取的基本交易规则，它依照时间优先、价格优先等方式，合理地确定证券交易价格，最大限度地实现着证券流通性。

（3）证券交易所具备法人资格。证券交易所具备法人资格，独立享有权利和承担义务。

（4）证券交易所是特许法人。证券交易所作为向社会投资者开放的证券交易场所，承担着维护交易安全、保护投资者利益的特殊职责，故应采取较严格的设立原则。根据《证券法》第102条第2款的规定，设立证券交易所必须由国务院决定。

我国证券市场是由一些企业通过直接发行股票和债券，进行社会集资而产生的。伴随着国库券、金融债券的转让与流通，国家体改委和中国人民银行总行于1985年12月联合在广州召开了五城市金融体制改革试点，提出要开放证券市场。经过数年试点，上海证券交易所于1990年11月26日宣布成立。该证券交易所是会员制的非营利性事业法人，也是改革开放以外最早成立的证券交易所。深圳证券交易所是继上海证券交易所后的第二家证券交易所，于1989年11月15日开始筹建，1990年12月1日开始集中交易，1991年4月11日经中国人民银行批准成立并于同年7月3日正式开始营业。

二、证券交易所的组织形式

根据《证券交易所管理办法》，会员制是我国证券交易所的唯一组织形式。会员制证券交易所是由证券公司依法自愿设立的，旨在提供证券集中交易服务的非营利法人。

进入证券交易所参与集中交易的，必须是证券交易所的会员。非会员若要买卖证券，必须委托作为会员的证券公司方能成行。具体而言，投资者应当与证券公司签订证券交易委托协议，并在证券公司开立证券交易账户，以书面、电话以及其他方式，委托该证券公司代其买卖证券。证券公司根据投资者的委托，按照证券交易规则提出交易申报，参与证券交易所场内的集中交易，并根据成交结果承担相应的清算交收责任；证券登记结算机构根据成交结果，按照清算交收规则，与证券公司进行证券和资金的清算交收，并为证券公司客户办理证券的登记过户手续。

在会员制证券交易所中，会员大会是证券交易所的最高权力机关，其职责类似于公司制证券交易所的股东大会；会员制证券交易所的常设机构是理事会，还会设立监事会及其他职能部门。证券交易所设总经理一人，处理证券交易所日常业务，由国务院证券监督管理机构任免。

三、证券交易所的法定义务

（一）不得分配共有积累

根据《证券法》第105条规定，证券交易所可以自行支配的各项费用收入，应当首先用于保证其证券交易场所和设施的正常运行并逐步改善。实行会员制的证券交易所的财产积累归会员所有，其权益由会员共同享有，在其存续期间，不得将其财产积累分配给会员。

（二）设立风险基金

证券交易所应当从其收取的交易费用和会员费、席位费中提取一定比例的金额设立风险基金。风险基金应存入开户银行专业账户，由证券交易所理事会管理，不得擅自使用。风险基金提取的具体比例和使用办法，由国务院证券监督管理机构会同国务院财政部门规定。证券交易收取的风险基金属于缴纳者的合法财产，而不属于证券交易所财产，证券交易应将其存入开户银行的专业账户，不得擅自使用。

（三）从业人员回避制度

证券交易所的负责人和其他从业人员在执行与证券交易有关的职务时，与其本人或者其亲属有利害关系的，应当回避。

（四）不得改变交易结果的义务

按照依法制定的交易规则进行的交易，不得改变其交易结果。对交易中违规交易者应负的民事责任不得免除；在违规交易中所获利益，依照有关规定处理。

（五）报告及报批义务

证券交易所对证券交易实行实时监控，并按照国务院证券监督管理机构的要求，对异常的交易情况提出报告。证券交易所应当对上市公司及相关信息披露义务人披露信息进行监督，督促其依法及时、准确地披露信息。证券交易所根据需要，可以对出现重大异常交易情况的证券账户限制交易，并报国务院证券监督管理机构备案。

第六节　证券公司

一、证券公司的概念

证券公司是指依照公司法和《证券法》规定设立的经营证券业务的有限责任公司或者股份有限公司。

证券公司作为特种公司，其设立、运行须同时符合《公司法》和《证券法》的规定。据此，可将证券公司特殊性概括如下：

（1）业务范围的特殊性。证券公司以证券经营为其业务范围，业务开展过程中，与证券交易和投资有关的所有风险都会显现出来，从而形成证券经营业务的高风险性。针对这种特殊性，必须通过加强法律监管，才会实现证券市场的安全运行。

（2）设立程序的特殊性。设立证券公司，必须经国务院证券监管机构审查批准。未经国务院证券监管机构批准，不得经营证券业务。也即设立证券公司，虽应获得公司登记管理机关签发的营业执照，但申请公司登记前，必须获得证券监管机构的事先审核。

（3）设立条件的特殊性。证券公司是从事特殊营业的公司组织，其设立条件应当同时符合《公司法》和《证券法》。《公司法》对有限公司及股份公司的一般设立条件已作出明确规定，《证券法》对证券公司设立条件又有特别规定。《证券法》所定设立条件比《公司法》条件更为严格，这可以增强证券公司抗风险能力，也有助于保护投资者利益。

（4）管理制度的特殊性。经纪类证券公司必须具有健全的管理制度，至少应包括以下方面：（1）公司必须有健全、完整和符合规定的业务规则，置备必要业务文件，聘有合格从业人员，建立必要、安全的风险控制系统；（2）公司须遵守特别法规定的强制性规则，如分开办理自营和经纪业务，分账管理客户资金和证券，不得提供信用交易服务等；（3）公司必须接受证券监管机构的监督管理，并向监管机构履行法定义务与责任。

二、证券公司的设立条件

根据《证券法》第 124 条规定，设立证券公司，应当具备下列条件：（1）有符合法律、行政法规规定的公司章程；（2）主要股东具有持续盈利能力，信誉良好，最近 3 年无重大违法违规记录，净资产不低于人民币 2 亿元；（3）有符合《证券法》规定的注册资本；（4）董事、监事、高级管理人员具备任职资格，从业人员具有证券从业资格；（5）有完善的风险管理与内部控制制度；（6）有合格的经营场所和业务设施；（7）法律、行政法规规定的和经国务院批准的国务院证券监督管理机构规定的其他条件。

三、证券公司的业务范围

证券业务范围既是划分证券公司类别的法定标准，也是认定证券公司行为合法性的依据。根据《证券法》第 125 条规定，经国务院证券监督管理机构批准，证券公司可以经营下列部分或者全部业务：证券经纪，证券投资咨询，与证券交易、证券投资活动有关的财务顾问，证券承销与保荐，证券自营，证券资产管理，其他证券业务。

四、证券公司的设立

根据《证券法》第 128 条的规定，国务院证券监督管理机构应当自受理证券公司设立申请之日起 6 个月内，依照法定条件和法定程序并根据审慎监管原则进行审查，作出批准或者不予批准的决定，并通知申请人；不予批准的，应当说明理由。

证券公司设立申请获得批准的，申请人应当在规定的期限内向公司登记机关申请设立登记，领取营业执照。

证券公司应当自领取营业执照之日起 15 日内，向国务院证券监督管理机构申请经营证券业务许可证。未取得经营证券业务许可证，证券公司不得经营证券业务。

证券公司设立、收购或者撤销分支机构，变更业务范围或者注册资本，变更持有 5% 以上股权的股东、实际控制人，变更公司章程中的重要条款，合并、分立、变更公司形式、停业、解散、破产，必须经国务院证券监督管理机构批准。

五、证券公司从业人员

证券公司的董事、监事、高级管理人员，应当正直诚实，品行良好，熟悉证券法律、行政法规，具有履行职责所需的经营管理能力，并在任职前取得国务院证券监督管理机构核准的任职资格。根据《公司法》第 147 条和《证券法》第 131 条第 2 款的规定，下列人员不得担任证券公司的董事、监事、高级管理人员：

（1）无民事行为能力或者限制民事行为能力；

（2）因贪污、贿赂、侵占财产、挪用财产或者破坏社会主义市场经济秩序，被判处刑罚，执行期满未逾五年，或者因犯罪被剥夺政治权利，执行期满未逾五年；

（3）担任破产清算的公司、企业的董事或者厂长、经理，对该公司、企业的破产负有个人责任的，自该公司、企业破产清算完结之日起未逾3年；

（4）担任因违法被吊销营业执照、责令关闭的公司、企业的法定代表人，并负有个人责任的，自该公司、企业被吊销营业执照之日起未逾3年；

（5）个人所负数额较大的债务到期未清偿；

（6）因违法行为或者违纪行为被解除职务的证券交易所、证券登记结算机构的负责人或者证券公司的董事、监事、高级管理人员，自被解除职务之日起未逾5年；

（7）因违法行为或者违纪行为被撤销资格的律师、注册会计师或者投资咨询机构、财务顾问机构、资信评级机构、资产评估机构、验证机构的专业人员，自被撤销资格之日起未逾5年。

此外，因违法行为或者违纪行为被开除的证券交易所、证券登记结算机构、证券服务机构、证券公司的从业人员和被开除的国家机关工作人员，不得招聘为证券公司的从业人员。国家机关工作人员和法律、行政法规规定的禁止在公司中兼职的其他人员，不得在证券公司中兼任职务。

六、证券公司营业规则

证券公司从事证券业务，直接涉足证券市场和金融市场，涉及广大投资者的切身利益，必须实现安全运行。《证券法》对证券公司的营业作了一系列的限制，以维护证券市场的安全和稳定，减弱或消除证券市场风险，保护投资者利益。

（一）偿债能力保障制度

证券公司作为金融机构，必须保持较好的资产流动性和债务偿还能力，这是确保证券公司处于稳定经营的基础和条件。我国《证券法》第130条规定，国务院证券监督管理机构应当对证券公司的净资本，净资本与负债的比例，净资本与净资产的比例，净资本与自营、承销、资产管理等业务规模的比例，负债与净资产的比例，以及流动资产与流动负债的比例等风险控制指标作出规定。证券公司不得为其股东或者股东的关联人提供融资或者担保。

（二）投资者保护基金制度

《证券法》第134条规定，国家设立证券投资者保护基金。证券投资者保护基金由证券公司缴纳的资金及其他依法筹集的资金组成，其筹集、管理和使用的具体办法由国务院规定。

（三）交易风险准备金制度

交易风险准备金也称"营业保证金"，是依照正常营业的风险程度和概率标准，由证券公司依法定标准或比例提取交纳的、以备其承担法律责任的准备金。《证券法》第135条规定，证券公司从每年的税后利润中提取交易风险准备金，用于弥补证券交易的损失，其提取的具体比例由国务院证券监督管理机构规定。

（四）分业操作规则

综合类证券公司可同时从事自营、承销业务和经纪业务，若管理规则不明确，出现混合操作，容易加大证券公司运营风险，危及客户资金安全。《证券法》第136条规定，证券公司应当建立健全内部控制制度，采取有效隔离措施，防范公司与客户之间、不同客户之间的利益冲突。证券公司必须将其证券经纪业务、证券承销业务、证券自营业务和证券资产管理业务分开办理，不得混合操作。

（五）实名制规则

实名制，是指证券公司在办理自营业务过程中，必须使用证券公司的真实名义，不得以虚拟名义或借用他人名义开立资金账户或证券账户。《证券法》第137条规定证券公司的自营业务必须以自己的名义进行，不得假借他人名义或者以个人名义进行，证券公司不得将其自营账户借给他人使用。采取实名制有助于加强证券监管机构对证券市场的监管，减少证券交易中的违法和违规现象。

（六）保证客户资金安全规则

证券公司客户的交易结算资金应当存放在商业银行，以每个客户的名义单独立户管理。证券公司不得将客户的交易结算资金和证券归入其自有财产。禁止任何单位或者个人以任何形式挪用客户的交易结算资金和证券。证券公司破产或者清算时，客户的交易结算资金和证券不属于其破产财产或者清算财产。非因客户本身的债务或者法律规定的其他情形，不得查封、冻结、扣划或者强制执行客户的交易结算资金和证券。

七、证券公司经纪业务营业规则

根据《证券法》的相关规定，证券公司经纪业务规则，大致分为义务性规则和禁止性规则两类。

（一）委托书置备和保存义务

证券买卖委托书，是投资者在委托证券公司代理买卖证券时须填写的书面格式文件。投资者填写的委托书是投资者作出具体委托的证明，也是确定证券公司职责范围的依据。《证券法》第140条规定，证券公司办理经纪业务，应当置备统一制定的证券买卖委托书，供委托人使用。采取其他委托方式的，必须作出委托记录。客户的证券买卖委托，不论是否成交，其委托记录应当按照规定的期限，保存于证券公司。

（二）委托指令执行和报告义务

《证券法》第141条规定，证券公司接受证券买卖的委托，应当根据委托书载明的证券名称、买卖数量、出价方式、价格幅度等，按照交易规则代理买卖证券，如实进行交易记录；买卖成交后，应当按照规定制作买卖成交报告单交付客户。证券交易中确认交易行为及其交易结果的对账单必须真实，并由交易经办人员以外的审核人员逐笔审核，保证账面证券余额与实际持有的证券相一致。

（三）禁止证券公司接受全权委托的买卖指令

所谓全权委托，是投资者向证券公司作出的、由证券公司决定证券买卖、选择证券品种、决定买卖数量或者买卖价格的委托指令。这种委托方式具有极大的风险和危害。证券公司可以通过收集众多全权委托，持有更大规模的资金或证券，或者将受托资金集中于某种股票，轮番炒作、操纵市场和证券价格；证券公司也可以利用所取得的全权委托，与自己持有的证券进行对冲，谋取私利，损害投资者利益。《证券法》第143条明确禁止证券公司办理经纪业务，不得接受客户的全权委托而决定证券买卖、选择证券种类、决定买卖数量或者买卖价格。

（四）禁止证券公司对投资者利益作出非法承诺

在证券经纪业务中，证券公司充当证券买卖的代理人，证券买卖风险及收益应归属于投资者，证券公司不得以任何方式对客户证券买卖的收益或者赔偿证券买卖的损失作出承诺。

（五）禁止证券公司及其从业人员接受投资者的私下委托

证券公司及其从业人员只能接受投资者作出的证券买卖的正式委托，在交易规则允许的期限内，依照交易规则许可的委托方式，在证券公司营业场所或通过证券公司许可的交易系统作出委托指令。证券公司及其从业人员不得未经过其依法设立的营业场所私下接受客户委托买卖证券。

第十章 保 险 法

第一节 保险与保险法概述

一、保险的概念及构成要素

（一）保险的概念

人类社会的进步和科学技术的提高，使人类的物质生活条件越来越好，但同时也为我们带来严峻的生存危机。地震、洪水、疾病、污染及各种各样的意外事故频频发生，为了分散危险事故造成的损失，人类发现了保险。

所谓保险就是将少数人不幸的意外损失分散于社会大众，使受到损失的人得到补偿，从而实现社会的安定。保险既是一种经济补偿制度，也是一种法律关系。保险可以定义为：受同类危险威胁之人为满足其成员损害补偿之需要，而组成之双务且具有独立之法律上请求权之共同体。[①]

保险包括商业保险和社会保险，在商法中所指的保险是指商业保险。商业保险活动由各国的商法或者保险法进行规范和调整。我国《保险法》第 2 条规定："本法所称保险，是指投保人根据合同的约定，向保险人支付保险费，保险人对于合同约定的可能发生的事故因其发生所造成的财产损失承担赔偿保险金的责任，或者当被保险人死亡、伤残、疾病或者达到合同约定的年龄、期限时承担给付保险金责任的商业保险行为。"

（二）保险的构成要素

现代保险是建立在"我为人人，人人为我"这一社会互助基础之上的。商业保险的原理就是将少数人不幸的意外损失分散于社会大众，使之消失于无形，从而实现社会的安定。保险的构成要素主要包括三方面，即前提要素、基础要素、功能要素。

1. 保险的前提要素是危险的存在

无危险则无保险，保险是相对于危险而存在的，保险产生的原因是由于客观上有危险的存在。特定的危险事故的存在是保险存在的前提要件，是第一要素。但世界上并非一切危险可以进行

---

① 江朝国：《保险法基础理论》，中国政法大学出版社 2002 年版，第 19 页。

保险，可以进行保险的危险主要包括人身危险、财产危险和法律责任的危险这三种。

危险是指不可预料或不可抗力之事故。危险事故具有以下特征：第一，发生或不发生不能确定。如果某种危险肯定不发生，必然就没有人愿意支付保险费去购买这种保险；反过来，如果某种危险必然会发生，则没有保险公司会愿意承担这种必然的责任。第二，发生的具体地点不能确定。比如驾驶机动车辆都有发生交通事故的危险存在，但交通事故究竟在哪里发生则无法预见。第三，发生的时间不能确定。比如人都可能生病，但何时生病则不能预见。第四，事故发生后带来的损失程度不能确定。有的事故的损失大而有的事故带来的损失小，对于事故的损失程度事前无法预见和估计。由于危险具有这样的特征因此人们需要保险。

2. 保险的基础要素是众人协力，即多数人参与

由于保险是建立在"我为人人，人人为我"的基础之上的，因此保险必须要有多数人的参与才能达到分散风险的目的。只有众多的人都参与了保险并缴纳了保费，才会形成巨额的保险基金，当特定的危险事故发生时所造成的损失才能得到足额的补偿。如果只有很少的人参加保险，当危险事故发生时，则没有足够的资金使受损失的人受到的损失得到补偿。因此，保险不仅与危险同在，也与大多数人的共同参与同在。保险需要多数人的参与，且人越多越好。

3. 保险的功能要素是损失补偿

危险客观上存在，我们不能有效地避免，即使我们参加了保险也不能避免危险的存在。但是在参加保险之后如果出现了危险事故，则可以对危险事故所造成的损失进行弥补。对保险事故的损失进行补偿是保险最主要的功能。为了实现保险的这种功能，通常需要投保人依保险合同向保险人缴纳保险费，保险人将众多投保人所缴纳的保险费集中管理建立保险基金，当投保人发生保险事故时用于对其损失进行补偿。

保险的功能要素在财产保险和人身保险中并不完全一致。财产保险的保险标的是财产或与财产有关的利益，能够用货币准确量化其价值。当危险事故发生时也能准确衡量其损失，根据其损失的大小进行补偿。保险人给予被保险人的经济补偿正好填补被保险人因保险事故所受到的损失。从理论上讲，补偿金如果高于损失则形成不当得利，如果低于损失则未完全填补被保险人的实际损失。而在人身保险中，保险标的是人的身体和寿命，人的身体、健康、生命无法用货币来衡量。当危险事故发生时，对被保险人所造成的损失也无法用货币来衡量。因此人身保险采取定额方式，一旦保险事故发生则按合同约定的金额来支付保险金。一般而言，人身保险事故对被保险人或投保人所造成的损失既有经济上的损失，同时又有无法用金钱弥补的心理和精神上的伤害，后者往往很难用保险金的方式来弥补，但对前者却仍然适用经济补偿原则。

二、保险的分类

根据不同的标准可对保险进行不同的分类。常见的分类主要有以下这些：

（一）根据保险标的不同可以把保险分成财产保险和人身保险

保险的标的不仅包括有形的财产和人身，同时还包括无形资产和责任。但由于无形资产和责任总是与财产和人身联系在一起。因此，总的来说可以把保险分成财产保险和人身保险。

（二）根据保险实施的形式不同可以把保险分成强制保险和自愿保险

强制保险又叫法定保险，这种保险是基于国家政策的需要而产生的，是否保险与当事人的意志无关。强制保险的实施有两种形式。一种是国家通过立法程序公布强制保险条例来实施，并授权保险公司为执行机构。这种保险其保险标的或对象直接由法律规定，例如在我国的航空、铁路、轮船旅客的意外伤害险就属于强制保险，自旅客买票开始旅行保险责任就开始，保险费已包括在票价内。有关保险金的支付，保险责任及除外责任等都依国家规定的条例来执行。另一种方法是规定一定范围内的人或物必须投保，否则就不能从事法律所许可的活动。这种方式对被保险人有约束力，但是保险关系的建立仍然需要双方签订保险合同。例如，许多国家规定雇主必须为其雇员投保意外伤害险，我国规定所有机动车辆必须投保否则不予年检等。法律的强制性是强制保险的最根本特征。

自愿保险是指保险双方当事人在平等互利、协商一致的基础上自愿订立保险合同，被保险人自由决定保险与否，保险人也有权决定承保与否的保险。自愿保险是一种普遍形式，绝大多数保险业务都是自愿保险形式。

（三）根据承担责任的次序和方式不同可以把保险分成原保险、再保险和共同保险

原保险也称为第一次保险，是指保险人对被保险人所受到的保险事故损失直接承担风险责任。

再保险又叫分保险或第二次保险，是指原保险人将其承担的保险责任的一部分或全部再进行投保。我国保险法第29条规定："保险人将其承担的保险业务，以分保形式，部分转移给其他保险人的，为再保险。"再保险以原保险为存在前提，它是国际保险市场上一种通行的作法，通过再保险可以使保险人避免危险过于集中，将其承保的风险进行分散，对保险经营起稳定的作用。随着经济的发展，保险的标的越来越大，风险越来越集中，为了让保险充分起到分散风险的作用，再保险成为保险业务中越来越重要的一环。

共同保险是指对于相同标的、相同利益，由多家保险人共同承担保险责任的保险方式。共同保险在原保险或者再保险中都存在。共同保险在发生保险事故时由多家保险人共同承担保险责任，这样在保险人之间也起到分散风险的作用。

（四）根据保险是否以营利为目的可以把保险分成商业保险和社会保险

凡是以营利为目的的保险称成为商业保险，几乎所有的保险公司所经营的保险都是商业保险。商业保险一般都建立在自愿的基础上。

社会保险是指国家为了保障社会成员生活福利而提供的各种物质帮助措施的总称，它具有非营利性和强制性。社会保险由国家成立专门的机构来管理。商法中的保险是指商业保险。

三、保险法及其发展

（一）保险法的概念

保险法是近代保险业发展的产物。保险法是指调整商法中商业保险关系的法律规范的总称，商业保险关系包括合同关系和组织关系，在我国保险法中既规定了保险合同的内容，也规定了保险业的内容。

（二）保险法的立法概况

各国保险法的立法体例大致有以下几种：

（1）单独制定各项保险法律法规。比如英国，分别制定了人寿保险法、海上保险法、简易保险法、保险公司法等。

（2）单独制定保险业法，而将保险合同法的内容列入合同法或者商法中。比如日本，陆上保险合同和海上保险合同分别规定在商法典中，而保险业则单独制定法律。

（3）合并制定保险法。我国及我国的台湾地区就采用这种方法，制定一部统一的保险法，包括保险合同法和保险业法的内容。

（三）我国保险法的概况

1．中华人民共和国成立以前的保险法

现代形式的保险在中国是伴随着帝国主义的入侵而出现的。1805 年英国商人在广州设立了第一家保险公司，随后又在上海、香港等地设立了保险公司。1865 年中国第一家民族保险公司义和保险公司在上海开业。1876 年仁和水险公司开业。1878 年济和船栈保险局成立。1912 年中华民国成立后设立了中国联保保险公司等民营保险公司，国民政府于 1918 年颁布了保险业法案，之后相继出台了保险法、保险业法等一系列的保险法规。

2．新中国的保险法

1949 年中国人民保险公司在北京成立。1949 年 12 月 23 日，政务院发出了"关于国营、公营企业必须向中国人民保险公司进行保险的指示"。1957 年财政部分别发布了"关于财产强制保险投保范围的通知"和"公民财产自愿保险办法"。

党的十一届三中全会后中国的保险业又恢复了生机。1981 年制定的《经济合同法》中规定了财产保险的内容。1983 年国务院发布了《财产保险合同条例》。1992 年通过的《海商法》对海上保险作了明确的规定。1995 年 6 月 30 日，第八届全国人民代表大会常务委员会第十四次会议通过了《中华人民共和国保险法》，它对规范保险活动，保护被保险人的合法权益，加强对保险业的监督管理，促进保险事业的健康发展产生了积极而深远的影响。该法于 2002 年 10 月 28 日由第九届全国人民代表大会常务委员会第三十次会议修改。我国《保险法》包括对保险合同以及保险业的规范和调整。

第二节　保险法的基本原则

一、保险利益原则

（一）保险利益的概念

保险利益又叫可保利益，是指投保人对保险标的具有的法律上承认的利益。[1] 各国的保险法都将保险利益作为保险合同生效和有效的重要条件，主要有两方面的含义：（1）对保险标的有保险利益的人才具有投保资格。（2）保险利益是认定保险合同有效的依据。保险利益强调的是保险人承保的保险标的一定要与投保人有利益关系。如果投保

---

[1]　赵万一：《商法学》，中国法制出版社 1999 年版，第 329 页。

人把与自己没有利益关系的财产或生命进行保险，那就等于把保险变成了赌博。许多国家的法律都规定无保险利益的合同是一种无效合同。比如英国 1745 年的海商法规定："没有可保利益的，或除保险单以外没有其他可保利益证明的，或通过赌博方式订立的海上保险合同无效。"我国①第 12 条规定："投保人对于保险标的应当有保险利益，投保人对于保险标的不具有保险利益的，保险合同无效。"因此保险利益原则是各国保险法的重要原则之一。

（二）保险利益原则的作用

保险利益原则在保险法中起着十分重要的作用。首先，可以防止赌博的发生；其次，可以防止道德风险的发生，投保人如果对保险标的无利害关系，那么他会期待保险事故的发生，甚至人为制造保险事故以达到获得赔款的目的，这就使保险失去了原来的意义，变成了危害社会的事物；最后，保险利益可以限制赔偿的程度，防止被保险人获得额外的利益，保险补偿的额度不能超过合同约定的保险金额，即不得超过合同确定的保险利益。

保险利益的构成要件有三项：第一是适法性，即保险利益必须是受法律保护的利益，不法利益不能成为保险利益。比如抢劫的财物和走私的财物均不能构成保险利益。第二是经济性，保险利益必须是经济利益，即可以用货币进行量化的利益。对于保险人政治上的损失和行政上的损失不能构成保险利益，因为这样的利益无法通过保险补偿的方式进行弥补。第三是确定性，保险利益必须是确定的利益，可以用货币形式进行估价，它是客观上存在的利益，既包括现有利益，也包括期待利益。

（三）保险利益原则的具体应用

1. 保险利益原则在财产保险中的应用

一般认为，在财产保险中享有保险利益的人员主要有：一是对该财产享有法律上权利的人，包括所有权人和留置权人。二是财产保管人。三是合法占有人，如承包人和承租人。以上这些主体具有财产保险的保险利益。

2. 保险利益原则在人身保险中的应用

关于哪些主体对被保险人具有保险利益，我国《保险法》第 53 条规定："投保人对下列人员具有保险利益：（一）本人；（二）配偶、子女、父母；（三）前项以外与投保人有抚养、赡养或者扶养关系的其他家庭成员、近亲属。除前款规定外，被保险人同意投保人为其订立合同的，视为投保人对被保险人具有保险利益。"因此在我国投保人对哪些人具有保险利益法律作出了明确的规定。

关于人身保险中保险利益存在的期间我国也作出了明确的规定，在人身保险中，在订立合同时，投保人就必须对保险标的的具有保险利益；而在保险事故发生时，投保人对保险标的的是否具有保险利益则无关紧要。人身保险的这一特殊性，主要是因为投保人投保之后，将来所应得的保险金是过去交纳的保险费及其利息的积存，具有储蓄性的特点。

二、最大诚实信用原则

所有的民事活动当事人都应当遵守诚实信用原则。所谓诚实信用是指任何一方当事

---

① 保险法

人对他方不得隐瞒欺诈，都须善意地全面地履行自己的义务。这项原则起源于罗马法。我国《民法通则》和《保险法》均对保险做了诚实信用的规定。由于保险活动的特殊性，保险的危险具有不确定性，且投保的人数特别多，保险人主要依据投保人对保险标的的告知和保证来决定是否承保和收取保费，因此法律对诚实信用的要求程度远远高于其他民事活动，保险合同被称为是最大的诚信合同。

保险中的诚信原则主要有下面这些方面的要求：

（一）投保人的忠实告知义务

投保人的忠实告知义务既包括狭义的方面，也包括广义的方面。狭义的方面是要求投保人在订立保险合同时应将与保险标的的有关的重要情况如实告知保险人。而广义的告知义务除了指在投保时应如实告知而外，还包括当保险标的的危险增加时的通知义务和保险事故发生时的通知义务。通常所指的忠实告知义务是指狭义的。这里所指的重要的情况是指凡是能够影响一个正常的谨慎的保险人决定其是否接受承保和据以决定费率的重要事实。

忠实告知的方式主要有两种，一种是询问回答式的告知，即保险人书面询问的问题是主要事实，投保人应当如实回答，除此而外的问题，投保人无回答的义务；目前大多数国家都采用这种告知方式，我国也采用这种告知方式，我国《保险法》第17条规定："订立保险合同，保险人应当向投保人说明保险合同的条款内容，并可以就保险标的或者被保险人的有关情况提出询问，投保人应当如实告知。"另一种告知方式是无限告知，即对告知的内容无明确的规定，只要与保险标的的有关的重要事实，投保人都有义务告知保险人。这种告知方式对投保人特别苛刻。目前，英国、美国、法国等国家仍然采用这种方式。

对于违反忠实告知义务的结果是保险人有权解除合同。我国《保险法》第17条规定："投保人故意隐瞒事实，不履行如实告知的义务的，或者因过失未履行如实告知的义务，足以影响保险人决定是否同意承保或者提高保险费率的，保险人有权解除保险合同。"由此看来，违反忠实告知的方式有所不同，有的是故意隐瞒，有的则是由于过失未履行告知。对于这两种情况，需要承担的法律后果不完全相同。我国《保险法》规定，对于第一种情况，保险人既不负赔偿责任，也不退还保险费。如果是第二种情况，保险人对于合同解除前发生的保险事故虽然不负赔偿责任，但可以退还保险费。

（二）保险人的说明义务

我国《保险法》第17条规定："订立保险合同，保险人应当向投保人说明保险合同的条款内容。"第18条又规定："保险合同中规定有关保险人责任免除条款的，保险人在订立保险合同时应当向投保人明确说明，未明确说明的，该条款不产生效力。"这说明在订立保险合同的过程中保险人具有说明的义务。其目的是防止保险宣传中的夸大其词引起不必要的纠纷，保险人的说明义务是一项法定义务。

（三）保证的义务

保证是指保险人和投保人在保险合同中约定投保人对某一事项作为或者不作为，或者担保某一事项的真实性。如人身保险中投保人保证在规定的时间内不出国，财产保险中投保人保证在保险标的中不存放危险品。除了这些明示的担保外，还包括一些默示的担保，比如在海上保险合同中，适航能力、不改变航道、具有合法性等都无需在合同中以成文方式表示但却必须做到。

（四）弃权与禁止反言

所谓弃权是指保险人放弃投保人或者被保险人违反告知义务或保证义务而产生的保险合同解除权。禁止反言是指保险人放弃自己的合同解除权，将来不得反悔再向对方主张已经放弃的权利。比如投保人明确告知保险人在其保险标的旁边存放了危险物品，保险人仍然愿意承保且未抬高保险费，则将来保险人不得解除合同，也不得拒赔。

三、损失补偿原则

（一）损失补偿原则的概念

损失补偿原则是指当保险事故的发生使被保险人遭受到损失时，保险人应在其责任范围内对被保险人所受到的损失进行赔偿。这是由保险的经济补偿性职能所决定的。

保险的目的在于通过弥补投保人和被保险人的损失使其尽快恢复生产和安定的生活。因此在财产保险中，损失补偿只限于损失财产的实际价值，如果是部分损失则部分赔偿，如果是全部损失则全部赔偿，但最高级赔偿金额不得超过保险金额。在人身保险中，保险人的补偿金额就是保险金额。

代位原则和重复保险分摊原则等就是从损失补偿原则中派生出来的。所谓重复保险分摊原则是指在财产保险中，如果投保人对同一保险标的、同一保险利益、同一保险事故分别向两个以上保险人订立保险合同，当发生保险事故时，除合同另有约定外，各保险人按照其保险金额与保险金额总和的比例承担赔偿责任，被保险人从各保险人那里所获得的赔偿不能超过保险价值。所谓代位原则是指在财产保险中，如果保险事故是由于第三人的责任造成的，那么被保险人从保险人处获得全部赔偿后，必须将其对第三人所享有的要求赔偿的权利转让给保险人，由保险人代位对第三人要求赔偿，被保险人不得再要求第三人赔偿。

（二）损失补偿的范围

1. 保险事故发生时，保险标的的实际损失

在财产保险中，最高赔偿额是以保险标的的保险金额为限，在保险金额以下根据保险标的的实际损失为保险的赔偿范围；在人身保险中以约定的保险金额为赔偿范围。

2. 合理费用

主要包括施救费用和诉讼费支出。保险事故发生后，被保险人为了防止或减少保险标的的损失所支付的必要的合理的费用，由保险人承担，保险人所承担的数额在保险标的的损失赔偿金以外计算，最高不得超过保险金额的数额。

3. 其他费用

其他费用是指为了确定保险责任范围内的损失所支付的受损标的的检验、估价、出售等费用。这些费用也应由保险人承担。

（三）赔偿的方式

保险人可以选择的赔偿方式有三种，第一种是货币赔偿，保险人通过审核被保险人的损失的价值，支付相应的货币作为补偿。第二种是恢复原状，当被保险人的财产受到了损失，保险人可以出资把损坏的部分修理好，使保险标的恢复到损坏前的状态。第三种是置换，如果被保险人受损坏的财产是实物，保险人可以赔偿与受损坏的财产相同的财产。

四、近因原则

（一）近因原则的概念

近因原则是指损坏结果的形成与危险事故的发生有直接的因果关系，保险人才负损坏赔偿的责任。因此近因原则又被称为因果关系原则。

保险事故与损坏结果之间必须有直接的原因关系，则保险人才承担保险责任，这种原因关系是指有支配力或者有效力的原因。我国法律将此称为因果关系，而英美法系称为近因原则。各国尽管都确立了近因原则为保险法的重要原则，但对它的解释却有分歧。英美法系的近因原则有直接结果的含义。而在我国则把直接促成结果的原因称为直接原因，直接原因对结果有着本质的必然的联系。

（二）近因原则的具体应用

1. 单一原因造成的损失

如果造成损失的原因只有一个，而这一原因又是保险人承担的风险，那么这一原因就是损失的近因，保险人应当承担保险责任。例如投保人为被保险人投保了意外伤害险，而被保险人在驾驶车辆的过程中发生了交通事故造成了伤害，则保险人应当承担保险责任。

2. 多种原因照造成的损失

在有多种原因造成保险标的损失的情况下，持续起决定作用和支配作用的原因是近因。

（1）原因同时发生。如果同时发生的原因都是保险事故，保险人应赔偿所有原因造成的损失。如多种原因既有保险危险，又有非保险危险，保险人则只负保险事故所造成的损失。如果无法分清保险事故和非保险事故，则由保险人与投保人协商。

（2）原因连续发生。有两个以上事故连续发生造成的损失，一般以最近的有效原因为近因。但以下三种情况除外：第一，后因是前因的直接必然结果；第二，后因是前因的合理连续；第三，属于前因自然延长的结果。

多种原因连续发生，保险人是否承担保险责任也有三种情况：第一，连续发生的原因都是保险危险的，保险人应当承担赔偿责任；第二，非保险危险先发生，保险危险后发生，如果保险危险是非保险危险的结果，则保险人不承担保险责任。例如英国有一个著名的判例，一艘船舶投保了水险，但敌对行为造成的损失除外。第一次世界大战期间，该船在英吉利海峡被鱼雷击中，但仍然驶抵目的港。因港口当局害怕船沉在码头，要求该船移到港口外，由于海浪冲击，船舶沉没海底。法院认为，船舶的损失原因是被鱼雷击中而非海浪的冲击，保险公司不予赔偿。第三，保险危险先发生，非保险危险后发生，如果非保险危险仅为因果连锁中的一环，则保险人仍然应负保险责任。

（3）多种原因间断发生。前因与后因之间不相关联，发生保险事故是由一个独立的原因引起的，就叫多种原因间断发生。多种原因间断发生，保险人是否承担保险责任有两种情况：（1）新的独立原因为保险危险，即使发生在不保危险之后，由保险危险造成的损失仍然由保险人赔偿。但由于连续中断，对前因不保危险造成的损失，保险人不负保险责任。（2）新的独立原因为不保险危险，即使发生在保险危险之后也不负赔偿责任，但对以前保险危险造成的损失应当赔偿。

近因原则强调在保险合同中保险人仅赔偿由保险人承保的、保险责任范围内的保险标的的损失。其目的是为了保障保险人的利益。

第三节　保险合同通则

一、保险合同的概念与特点

（一）保险合同的概念

保险合同是合同的一种，是投保人与保险人之间约定保险权利义务的协议。保险合同中约定的权利义务的实质内容是：投保人应当向保险人支付保险费用，而保险人则对合同约定的可能发生的事故造成的损失承担补偿责任，或者当指定的人死亡、伤残、疾病或者生存到合同约定的年龄、期限时承担给付保险金的责任。因此保险合同的定义可以表述为：保险合同是指投保人向保险人支付保费，保险人对于承保的在保险责任期间所保险事故所造成的损失承担补偿责任，或者在合同约定的期限届满时，承担给付保险金的责任的协议。

（二）保险合同的特点

保险合同除具有一般合同的特点而外，还具有自己的特点，保险合同的特点主要有以下几个方面：

1. 保险合同是特殊的双务合同

双务合同是指合同的双方当事人互负约定义务。保险合同的当事之间同样互负义务。但保险合同的互负义务与一般合同有所不同。保险合同中投保人的主要义务是向保险人支付约定的保险费，而且也只有在支付了保险费之后，保险合同才生效。保险人的主要义务是当被保险人发生了合同中约定的保险事故时向被保险人支付保险金或者进行赔偿，而这一义务并不一定会必然发生。所以保险合同是一种特殊的双务合同。

2. 保险合同是一种最大的诚信合同

诚信原则是民事活动的基本要求，任何合同的订立和履行都必须建立在诚信的基础之上，保险合同也不例外。但由于保险的特殊性对保险合同的当事人的诚信要求要比一般合同更高。这是保险法中的基本要求，当然也是保险合同的要求。

3. 保险合同是一种射幸合同

射幸合同是指合同当事人义务的履行有赖于偶然事件的发生的这种特殊的机会性合同。保险合同特别是财产保险合同具有射幸合同的特点。对于投保人而言通过向保险人支付保费获得了将来可能得到补偿的机会。如果在保险期间发生了保险事故，则保险人应当按合同约定进行赔偿，其赔偿的金额远远高于投保人所支付的保费。相反，如果在保险期间内不发生保险事故，投保人则不会获得任何赔偿。而对于保险人而言，当保险事故发生时，它赔偿的金额会大大高于其收到的保费，相反如果不发生保险事故，保险人只收取保费而不用支付赔偿金。

4. 保险合同是一种附合合同

附合合同是指合同的一方当事人只限于接受或者拒绝另一方提出的条件，对于合同的内容不是经过双方当事人充分协商而订立的。保险合同就具有这样的特点。由于保险的发展使保险手续快速简洁成为一种客观需要，保险合同出现了合同的技术化、定型化和标准化的趋势。即由保险人事先拟定保险合同的基本条款，投保人只能接受或者拒绝，而不能像一般合同订立那样经过反复协商的过程。

保险合同作为一种附合合同，多反映保险人的利益，难免发生投保人和保险人权利义务不公平的现象。为了保护投保人的合法权益，如果保险合同文义不清或者发生理解上的歧义，应当作出不利于保险人的解释。

5. 保险合同是一种以缴费为前提的要式合同

要式合同是指合同应当具备法定形式。保险合同的法定形式表现为保险单、书面保险合同或者其他保险凭证。

我国《保险法》第 13 条规定："投保人提出保险要求，经保险人同意承保，并就合同的条款达成协议，保险合同成立。保险人应当及时向投保人签发保险单或者其他保险凭证，并在保险单或者其他保险凭证中载明当事人双方约定的合同内容。经投保人和保险人协商同意，也可以采取前款规定以外的其他书面协议形式订立保险合同。"另外，我国《保险法》第 14 条中还规定了："保险合同成立后，投保人按照约定交付保险费，保险人按照约定的时间开始承担保险责任。"保险合同的成立与生效可能是两个阶段，如在人身保险合同成立之后，投保人不向保险人支付保险费则保险合同不生效，只有投保人向保险人支付了保费之后，保险人才承担保险责任。

二、保险合同的当事人与关系人

（一）保险合同的当事人

保险合同的当事人是指订立合同并在保险合同中承担保险权利义务的主体。它包括保险人和投保人。

1. 保险人

保险人又叫承保人或者保人，是指依法经营保险业务，与投保人订立保险合同并向投保人收取保费，建立保险基金，当保险事故发生时或者保险期限届满时向被保险人承担赔偿责任或者给付保险金的主体。

我国《保险法》第 10 条对保险人作了明确的规定："保险人是指与投保人订立保险合同，并承担赔偿或者给付保险金责任的保险公司。"

保险人应当具备下列四个条件：

（1）保险人是依法成立并可以经营保险业务的保险公司。

由于保险业涉及社会公众的利益，因此各国保险法对保险人的资格以及组织形式均有严格的规定，世界上除英国允许个人经营保险业务外，大多数国家都规定经营保险业务的主体应当是法人。我国保险人的组织形式应当是股份有限公司和国有独资公司。只有这两种形式的保险公司才有经营保险业务的资格。

（2）保险人在保险合同成立后有权要求投保人向其支付保费。

（3）保险人必须依法组织、管理和使用保费，其经营活动应当遵循保险业的规定和接受保监会的监管。

（4）保险事故发生时，保险人应当承担赔偿损失和给付保险金的义务。

2. 投保人

投保人又叫要保人，是指向保险人申请订立保险合同，对保险标的具有保险利益并负有缴纳保费义务的主体。投保人既可以是法人，也可以是自然人。

作为投保人必须具有以下条件：

（1）投保人必须具有权利能力和行为能力。

订立保险合同是一种民事法律行为，作为民事主体的投保人必须具有相应的权利能力和行为能力。无权利能力的法人，或者无行为能力以及限制行为能力的人与保险人订立的保险合同无效。依照我国《民法通则》的规定，18周岁以上的成年人以及16周岁以上不满18周岁但以自己的劳动收入作为主要的生活来源的人，是完全民事行为能力人，可以成为保险合同的投保人。16周岁以上不满18周岁的未成年人以及不能辨别自己行为和不能完全辨别自己行为的精神病人是限制民事行为能力或无民事行为能力的人，不能成为投保人。

（2）投保人对保险标的应当具有保险利益。

投保人如对保险标的无保险利益，则不能订立保险合同或者保险合同无效。

（3）投保人负有缴纳保费的义务。

保险合同在成立之后，投保人应当向保险人缴纳保费，否则保险合同不能生效。保险合同是以投保人缴纳保费作为生效要件的一种要式合同。

（二）保险合同的关系人

保险合同的关系人是指保险合同的当事人以外的与保险合同的成立和履行有重要利害关系的其他主体，既包括自然人，也包括法人和其他社会组织。保险合同的关系人具体包括被保险人和受益人。

1．被保险人

被保险人是指其财产或者人身受保险合同保障，享有保险金请求权的主体，被保险人也称为"保户"。无论在财产保险中还是在人身保险中，投保人和被保险人既可以是同一人，也可以是不同的主体。

被保险人必须具备以下条件：

（1）被保险人必须是在保险事故发生时其财产或生命、身体直接受到损害的人。

无论在财产保险中还是在人身保险中，被保险人都是保险标的的权利主体，对保险标的具有保险利益。当保险事故发生时，被保险人的财产生命和身体将受到损失或者损害，其保险利益应受到保险合同的保障。

（2）被保险人享有保险金请求权。

在保险合同中，被保险人由于保险事故的发生而受到损失，根据保险合同的约定，其受到的损失应当得到补偿，因此，被保险人享有保险金请求权。但是在人身保险中，如果是死亡保险，一旦保险事故发生，被保险人已无法行使自己的权利，在这种情况下，则由保险合同中指定的受益人享有对保险金的请求权。

为了保护被保险人的利益，在以人的生命为标的的死亡保险中，被保险人的同意权可以直接影响保险合同的效力。我国《保险法》明确规定，以死亡作为给付保险金条件的保险合同，未经被保险人的书面同意并认可保险金额，保险合同无效。依照以死亡为给付保险金条件的保险合同，未经被保险人的书面同意，不得转让或者质押。投保人不得以无民事行为能力人作为被保险人投保以死亡作为给付保险金条件的人身保险，保险人也不得承保。父母为其未成年子女投保的人身保险不受此限制。

2．受益人

受益人又称为保险金领受人，是指在人身保险中由投保人或者被保险人指定的享有保险金请求权的人。一般在财产保险中，被保险人就是受益人，而在人身保险中，受益人则很可能是独立于投保人和被保险人的另一主体。受益人应当在保险合同中载明，或者由投保人向保险人申明更换。当投保人与保险人是不同主体时，投保人变更受益人必须经过被保险人的同意并书面通知保险人。

受益人应当具备下列条件：

（1）受益人是投保人所指定的享有保险金领受权的人。

投保人与保险人在订立的保险合同中可以明确指定受益人，也可以在合同中明确指定受益人的方法。保险合同中指定的受益人也可以变更，对于变更受益人需要遵循这样的规定，通常而言变更受益人是投保人的权利，投保人可以自行撤销和变更受益人，无需征得保险人的同意，但必须通知保险人，由保险人在保险单上作出批注。如果投保人和被保险人是不同主体，则投保人撤销和变更受益人必须征得被保险人的同意。如果投保人在保险合同中未明确受益人，则由被保险人的法定继承人作为受益人。

（2）受益人享有对保险金的请求权。

在保险合同中，受益人享有保险金的领受权，他是保险利益的享有者，在保险合同中他无需承担保险义务。能否成为受益人由投保人指定。

三、保险合同的辅助人

由于保险合同较一般合同更为复杂，其内容往往涉及经济和法律等专门知识，因此在保险合同的订立和履行中除了保险当事人而外，还有保险代理人、保险经纪人、保险公证人和体检医师，这几种人被称为保险合同的辅助人。

1．保险代理人

保险代理人是保险人的代理人，是指根据保险人的委托，向保险人收取代理手续费，并在保险人授权范围内代为办理保险业务的单位和个人。

保险代理人一般具有以下特征：

（1）保险代理人必须以保险人的名义进行保险活动。

保险代理人的职责就是代为办理保险业务，如代为订立保险合同，代收保险费等。保险代理人只能以保险人的名义从事保险业务，并为保险人设定权利义务，而不能以自己的名义进行保险活动，否则产生的后果由自己承担。

（2）保险代理人必须在代理权限内进行保险活动。

保险代理人的代理行为是基于保险人的授权而产生的，因此其活动必须在保险人的授权范围内进行，保险代理人超越代理权限的行为对保险人没有约束力。

（3）保险代理行为的后果由保险人承担。

保险代理人以保险人的名义从事保险活动，以保险人的名义与投保人订立保险合同，产生的一切权利义务都由保险人承担。代理人在其业务范围内所从事的行为，其行为的后果对保险人有法律约束力。在保险中代理人所知道的事都假定保险人知道，保险人不得以投保人未履行忠实告知义务而拒绝承担保险责任。

保险代理人分成专业代理人、兼业代理人和个人代理人。专业代理人是指专门从事保险代理业务的保险代理公司，其形式是有限责任公司。保险代理公司的业务范围主要包括五个方面，即代理销售保险单，代理收取保险费，保险和风险管理咨询服务，代理保险人进行损失的勘查和理赔以及中国人民银行批准的其他业务。兼业代理人是指在从事自身业务的同时指定专人为保险人代办保险业务的单位。兼业代理人的业务范围只限于代理销售保险单和代理收取保险费。个人代理人是指根据保险人委托，向保险人收取代理手续费，并在保险人授权范围内代为办理保险业务的人。就持有保险代理人资格证书者，均可以申请保险代理业务，并由被代理的保险公司审核登记报中国人民银行当地分行备案。个人代理人的业务范围只限于代理销售保险单和代理收取保险费，不得办理企业财产保险和团体人身保险。个人代理人不得同时为两家以上的保险公司办理保险业务，转为其他保险公司代理人员时，应当重新办理登记手续，任何个人不得兼职从事保险代理业务。

2. 保险经纪人

保险经纪人是指基于投保人的利益，为投保人与保险人订立保险合同提供中介服务，并依法收取佣金的单位。其组织形式是有限责任公司。在我国保险经纪人主要分成保险经纪人和再保险经纪人。经中国人民银行的批准，保险经纪公司可以从事以下这些业务：以订立保险合同为目的，为投保人提供防灾防损或者风险评估风险管理咨询服务；以订立保险合同为目的，为投保人拟定投保方案，办理投保手续；为被保险人或者受益人代办检验和索赔；为被保险人或者受益人向保险人索赔等。

保险经纪人必须是依法设立的保险经纪公司。从事保险经纪业务的必须参加保险经纪人资格考试。保险经纪人员执业证书是保险经纪人员从事保险经纪活动的唯一执照，已取得保险经纪人员资格证书的个人，必须接受保险经纪公司的聘用，并由保险经纪公司代其向中国人民银行或其授权机构申领执业证书后方可从事保险经纪业务。

3. 保险公证人

保险公证人是指向保险人或者被保险人收取费用，为其办理保险标的的勘验、鉴定、评估的人。一般而言，保险的公证人是一种法人组织，它既是直接服务于保险活动的辅助机构，又是独立于保险业之外的营利性机构。其主要业务范围是接受保险人或者被保险人的委托，承办在保险合同有效期内保险标的遭受到损失后的出检原因、损坏程度、残值勘验、评估等事项，提供评估检验报告。保险公证人所提供的证明是处理理赔案的重要依据，其费用由委托人支付。

4. 体检医师

体检医师是指在人身保险中，保险人为了估计被保险人的危险，在订立合同的同时，委托对被保险人的身体健康情况进行检查的人。保险人根据体检医师的检查报告决定是否承保以及承保的方式和条件。

四、保险合同的订立与生效

（一）保险合同的形式

一般合同的形式有口头形式和书面形式。但由于保险合同的复杂性以及履行期限的长期性，大多数国家都不承认口头保险合同形式的效力。我国《保险法》第13条规定："投保人提出投保要求，经保险人同意承保，并就合同的条款达成协议。保险合同成立，保险人应当及时向投保人签发保险单或其他保险凭证，并在保险单或者其他保险凭证中载明当事双方约定的合同内容。经投保人和保险人的同意，也可以采用前款规定以外的其他协议形式订立保险合同。"因此在我国保险合同的形式为书面形式。其具体形式主要有投保单、保险单、暂保单和保险凭证。

1. 投保单

投保单是指投保人向保险人申请订立保险合同的书面要约。投保单通常由保险人制成统一格式，投保人依照要求逐一据实填写并交付保险人即完成投保。投保单上所需要填写的内容主要有：投保人和被保险人的名称、住所及其他自然情况，保险标的的名称及坐落地点，保险的险种，保险责任的起止，保险价值和保险金额等。在填写投保单时，投保人必须如实填写，否则可能会影响保险合同的效力。投保单本身不是保险合同，但是一经保险人接受之后，即成为保险合同的组成部分。

2. 暂保单

暂保单又叫临时保单，它是保险人或者其代理人在正式保单出具给被保险人之前签发给被保险人的保险凭证，它表明保险人已经接受了投保人的投保。暂保单的内容比较简单，只载明被保险人的姓名、险种、保险的标的等重要事项，未列明的事项，均以正式保单上的内容为准。暂保单的效力与正式保单的效力相同，但有效期较短，一般为30天。当正式保单签发之后，则暂保单失效。关于暂保单使用的范围主要有：当保险代理人在与投保人达成保险合同，但是未向保险人办理好保险单之前；保险公司分支机构在接受保险后还未获得总公司批准之前，先开出的保障证明；保险人与投保人就标准的保险单所记载事项之外的特定条款未完全协商一致，但保险人原则上先予以承保时，由保险人开出的保险证明。在人身保险中一般不使用暂保单。

3. 保险单

保险单简称保单，它是保险人与投保人之间订立的保险合同的正式书面形式，由保险人制作签章后交付投保人。保险单应将保险合同的全部内容包括在内。发生保险事故时，保险单是被保险人向保险人索赔的主要凭证，也是保险人向被保险人赔偿的最主要依据。由于财产保险的保险单在特定情况下具有类似证券的作用，可随保险标的的转移而转移，而人身保险的保险单可作为借款合同的质押物，故保险单又可称为保险证券。在我国保险单只是保险合同的书面存在形式，不作为保险合同成立的要件。如果投保人与保险人已就保险条件达成协议后，保险事故发生在保险单签发之前，保险合同仍然有效，保险人同样应承担保险责任，除非当事人对此有额外的规定。

4. 保险凭证

保险凭证又被称为小保单，是一种简化的保险单，它是保险人出具的证明保险合同已有效成立的另一种法律文件，与保险单具有相同的效力。凡保险凭证上未载明的情况以正式保险单为准。保险凭证通常在以下使用：保险人承揽团体保险业务时，一般对团体中的每一个成员签发保险凭证作为参加保险的证明；在货物运输保险中，投保人与保险人就保险的总的责任订立保险合同，然后再就每一笔运输货物单独出具保险凭证；在机动车辆及其第三者责任险中，为了便于被保险人随身携带，保险人通常出具保险凭证。

(二) 保险合同的订立

保险合同的订立是指投保人与保险人就保险合同的权利义务达成共同一致的意思表示的过程。这一过程主要可分成要约和承诺两个阶段。在保险合同的订立过程中，要约表现为投保，而承诺就是承保。

1. 投保

投保是指投保人向保险人提出订立保险合同的申请。投保是订立保险合同的必经过程，它是投保人向保险人提出订立保险合同的意思表示，其本质是合同要约。由于保险合同均表现为书面合同，因此投保通常由投保人在保险人所提供的格式化投保单上如实填写即完成，并产生合同要约的法律约束力。

2. 承保

承保是指保险人承诺投保人的保险要约的法律行为。承保是保险人针对投保人的要约所作出的回应行为，表示愿意接受其投保。保险人一经承保，则保险合同就成立。承保的表现形式是保险人在收到投保单后在投保单上签字盖章。保险合同自保险人在投保单上签字盖章时起成立。

（三）保险合同的主要内容

保险合同的主要内容是指保险合同所约定的权利义务。这些权利义务在保险合同中反映为具体的合同条款，可以分成基本条款和附加条款。基本条款是指依照法律规定在保险合同中必须包括的条款。

1. 保险合同的基本条款

（1）保险合同有关主体的情况。保险合同中必须将保险合同中的有关主体的自然情况进行记载，包括投保人、保险人以及被保险人和受益人的情况，记载的内容包括姓名、身份、年龄、住址等。在保险合同中记载这些情况的目的在于一方面判断主体是否符合法律的规定，另一方面便于合同义务的履行以及合同纠纷的解决。

（2）保险标的。保险标的是指保险所要保障的对象。在财产保险中，保险标的是指各种财产本身或者与财产有关的利益和责任；在人身保险中，保险标的是指人的生命或者身体。在订立保险合同时必须将保险标的明确，记载保险标的的目的在于决定保险的险种和判断有无保险利益存在。

（3）保险责任和除外责任。保险责任是指保险合同中载明的，当保险合同中所约定的危险事故发生时对被保险人造成的损失或者约定的期限届满时保险人所承担的赔偿或者给付责任。保险责任分成基本保险责任和特约保险责任，基本保险责任是针对基本险而言，包括单一险、综合险和一切险。特约保险责任是针对附加险和特保危险而言，指保险人承担的由双方当事人特别约定的保险责任，大多为单一险种。

除外责任是指保险合同所规定的保险人不负赔偿责任的范围。除外责任一般在保险合同中明确列明，最常见的除外责任有战争、核辐射、道德危险等。除外责任以保险合同中列明的范围为准。

（4）保险期间。保险期间是指保险人提供保险保障和承担保险责任的起止时间，只有在保险期间之内发生的保险危险造成的损失，保险人才承担保险责任，超过保险期间所发生的保险事故所造成的损失，保险人不再承担保险责任。保险期间的规定常有两种，一种是以一段时间范围作为保险期间，如1年，5年；另一种是以此作为保险期间，如运输保险以一次运输作为保险期间。通常而言人身保险合同的保险期间比财产保险合同的保险期间要长。

（5）保险价值。保险价值是指保险标的的价值，即对保险标的的保险利益在经济上用货币估计的价值额。确定保险标的的价值主要有三种方法：第一，由市场价值决定，保险价值由保险标的的市价来决定，保险事故发生时，保险人的赔偿金额不得超过保险标的在发生事故时市价的总额。第二，由当事人约定保险价值，在保险标的的价值无市价可参考时，可由当事人约定保险价值，保险事故发生时，保险人根据约定的保险价值来决定对其损失进行赔偿。第三，由法律规定保险价值，在有些国家中，由法律明确规定保险价值的计算标准，我国海商法规定，如投保人与保险人未约定保险价值，则保险价值依照海商法的规定计算。在保险合同中规定保险价值的意义在于判断和确定保险金额。在人身保险中则不存在保险价值，因为人的生命和身体无法用准确的货币来衡量。

（6）保险金额。保险金额简称保额，是保险合同的当事人约定的保险事故发生时或者保险期限届满时保险人所支付的最高金额。保险金额是保险合同中必不可少的条款，对于保险人而言，保险金额不仅是进行损失补偿的最高金额，而且也是收取保费的依据；对于投保人而言，保险金额是其获得保险赔偿的限额，也是其缴纳保费的依据，因此保险金额是保险合同中十分重要的条款。

在财产保险中，保险金额的确定应以保险价值为基础，保险价值决定保险金额的高低。如果保险金额与保险价值相等是足额保险；如果保险金额超过保险价值是超额保险，由于保险具有经济补偿性，因而超额保险会导致保险合同全部或者部分无效。当然对于保险金额低于保险价值这种情况各国法律都允许。在人身保险中，由于保险标的是人的身体和生命，所以不存在保险价值，因此在人身保险中，保险金额是由当事人约定的，但是其约定的金额要受到有关限制。

（7）保险费及其支付办法。保险费简称保费，它是投保人向保险人支付的费用，作为保险人承担赔偿和给付保险金的对价。保险是建立在"人人为我，我为人人"的基础上的，保险费是保险基金的来源。保险费的多少取决于保险金额和保险费率两个因素。保险费等于保险金额与保险费率的乘积。在保险合同中除了规定保险费而外，还应当对保险费的支付办法作出规定。

（8）保险金赔偿或者给付办法。保险金赔偿或者给付办法是指保险事故发生使被保险人遭受到损失或者在保险期限届满时保险人赔偿或者给付保险金的具体方法和标准。

（9）违约责任和争议的解决。违约责任是指保险合同的当事人因其过错使合同不能履行或者不能完全履行时法律或者合同中规定应当承担的法律后果。

争议的解决是指合同中约定的当发生保险纠纷时处理纠纷的办法，保险合同中可以对此作出具体的约定。

（10）保险合同订立的时间。保险合同中必需记载保险合同订立的时间。其主要意义在于：作为判断保险利益是否存在的时间标准；作为判断保险危险是否已经发生的时间标准；作为计算保费缴纳及保险合同是否生效的标准。

2. 保险合同的附加条款

除以上基本条款而外，保险合同中还包括附加条款，附加条款是指按照被保险人的需求，在保险基本条款的基础上附加的一些补充条款，以使基本条款所规定的权利义务得以限制或者扩张。

（四）保险合同的生效

1. 保险合同生效的概念

通常保险合同的成立与保险合同的生效并不一定同时发生。保险合同的生效是指已经成立的保险合同发生法律约束力。

2．保险合同生效的条件

（1）保险合同的主体合法。订立保险合同的保险人必须是依法设立的保险公司，其他组织不得订立保险合同；订立保险合同的投保人必须是合法且具有完整的民事行为能力的主体。

（2）投保人对保险标的具有保险利益。按照保险利益原则的要求投保人必须对保险标的具有保险利益，无保险利益则无权订立保险合同，即使订立了保险合同，其保险合同都无效。

（3）当事人意思表示一致。当事人意思表示一致是指合同应当反映当事人的真实意思，如果在订立合同的过程中一方采取欺诈、胁迫、乘人之危导致合同的订立违背当事人的真实意思表示，则合同可以撤销或者宣布合同无效。

（4）保险合同的内容合法。保险合同内容的合法性是指保险合同的内容不得违反法律的禁止性规定，不得违反社会公共利益和社会的公共道德。

（5）投保人缴纳了保险费。缴纳保险费是投保人应当履行的最主要的义务。在财产保险中保险费一般是一次付清；在人身保险中保险费一般是分期支付的。依照保险的惯例，人身保险合同成立之后，其效力并不立即发生，只有当投保人缴纳了第一期保险费时保险合同才生效。

五、保险合同的履行

保险合同是一种双务合同，合同成立后双方当事人应承担相应的义务。

（一）投保人的义务

1．缴纳保费的义务

向保险人缴纳保费是投保人最主要的义务。在财产保险中，保险费的缴纳一般是采用一次缴纳的方式，经双方约定也可以采用分期缴纳的方式，如果投保人未按规定缴纳保费，保险人可以要求其缴纳，也可以通知被保险人终止保险合同。在人身保险中，保险费的缴纳一般采用分期缴纳的方式，当投保人向保险人支付了第一期保险费时保险合同才生效，以后各期的保险费投保人应当按期缴纳，由于人身保险合同的期限长，投保人可以享有缴纳保费的宽限期，宽限期通常为 60 天，如超过宽限期后投保人仍未缴纳保险费，则保险合同中止或者保险人按约定的条件减少保险金额。保险人不得以诉讼的方式要求投保人支付保险费。

2．危险增加的通知义务

危险增加是指订立保险合同时所未预料或者估计到的危险可能性的增加。如果在订立合同时已经预料到的危险和危险程度及危险因素的不断增大不属于危险增加。

危险增加的通知义务是指在保险合同的有效期内，保险标的的危险程度增加，投保人或者被保险人应当按照保险合同的规定及时通知保险人，保险人有权要求增加保险费或者解除保险合同。投保人或者被保险人未履行危险增加的通知义务，则保险标的因危险增加而发生的保险事故造成的损失，保险人不承担赔偿责任。

投保人或者被保险人履行了危险增加的通知义务，保险人可以要求增加保费或者解除保险合同，如果投保人不愿意增加保费，合同自行解除。投保人或者被保险人履行了危险增加的通知义务，保险人未作任何表示，视为默视；如果投保人和被保险人未履行通知义务，但保险人已经知道但不作任何表示，也视为默视，以后不得主张增加保费或解除合同。

危险增加的通知义务可以在下列情况下免除：危险的增加不影响保险人的负担；为保护保险人的利益而导致的危险增加；履行道德上的义务而导致的危险增加；危险增加与保险人无关。

3．出险通知义务

出险通知义务是指保险事故发生时投保人、被保险人或受益人在知道保险事故发生后及时通知保险人。出险义务的规定在于能使保险人迅速调查取证，采取适当的方法防止损失进一步扩大，并为赔偿和给付作好准备。出险通知的方式有口头方式和书面方式，如果合同中约定应当采用书面方式的则必须采用书面方式。关于出险通知的期限各国法律规定不尽相同，有的规定为保险事故发生后 5 天内，有的规定为 10 天或两周内。我国保险法只规定应及时通知，而未明确规定具体的时间。关于出险通知的延误，一般有两种后果：一种是保险人有权对投保人或被保险人因出险通知延迟而扩大的损失拒赔，不能解除保险合同；另一种是出险通知未在规定的期限内作出，保险人可免除责任。我国保险法对出险通知义务延迟的结果未作规定。

4．出险施救义务

出险施救义务是指保险事故发生时，投保人或者被保险人有责任尽力采取必要的措施防止和减少损失。保险事故发生后被保险人和投保人为防止或减少损失所支付的必要的费用由保险人承担，保险人所承担的数额在保险标的的损失赔偿金外另行计算，最高不超过保险金额的数额。

（二）保险人的义务

1．赔偿或者给付保险金的义务

赔偿或给付保险金是保险人最主要的义务。它是指在保险事故发生后或在约定的给付保险金的条件具备时，由保险人按照约定向被保险人或者受益人支付保险金。保险人需要履行该义务一般要求符合下列条件：

（1）遭受损失的必须是保险标的。就财产保险而言必须是保险合同中列明的财产，就人身保险而言必须是保险合同中的被保险人。

（2）损失必须是由保险事故所引起的。造成保险标的的损失是由保险合同中所列的保险责任范围之内的事故。不是保险事故所造成的损失保险人不承担责任。

（3）保险金赔偿或者给付的标准必须在合同约定的保险金范围之内。保险具有经济补偿性决定了保险金的赔偿或者给付只能在保险金额的限额之内。保险赔偿的内容一般包括：保险的实际损失，投保人或者被保险人的诉讼费用，施救费用，其他合理费用。

2．及时签单的义务

保险合同成立后，保险人应及时向投保人签发保险单或其他保险凭证。及时向投保人或者被保险人签发保险单，是保险合同成立后保险人的法定义务。

3．保密义务

保险合同是最大的诚信合同，在保险合同的订立中，投保人应对保险人的询问忠实告知，为了保护投保人及被保险人的合法权益，要求保险人对在办理保险业务过程中知道的投保人、被保险人的业务和财务情况及其他秘密负有保密的义务。

六、保险合同的变更、解除与终止

(一) 保险合同的变更

保险合同的变更是指保险合同成立后，在没有履行或没有完全履行前，因合同所依据的主客观情况发生变化，由当事人依照法定的条件和程序对原有的合同条款进行补充和修改。保险合同的变更包括主体、内容和效力的变更。

1. 保险合同主体的变更

保险合同主体的变更是指合同当事人及关系人的变更。一般情况下保险合同主体的变更通常指投保人、被保险人的变更，不包括保险人的变更。

投保人的变更往往是由于保险标的的权益发生了变更。在财产保险中，投保人的变更大多是因为由于买卖、赠与、继承等法律行为而发生的保险标的的所有权转移而引起的。在人身保险中，往往由于投保人的死亡等原因引起投保人的变更。

保险合同主体变更的实质是保险合同的转让，在实践中表现为保险单的转让。对于保险合同主体的变更有两种做法：一种是允许保险单随保险标的的转让而转让，另一种是保险单的转让要征得保险人的同意。我国这两种情况都有规定，对于一般的财产保险，保险合同主体的变更不得随财产转移而自动转移，投保人必须在保险标的的权益转移时，书面通知保险人，经保险人同意，并由原保险人在原保险单或其他凭证上批注，或者由原保险人与投保人订立变更书面协议。而对于货物运输的保险，允许保险单随同货物所有权的转移而转移而不必征得保险人的同意。对于人身保险合同，由于人身保险合同的转让不发生被保险人的变更，则仅由受让人承担缴纳保费的义务，因此人身保险合同的转让不必征得保险人的同意，但应书面通知保险人。

2. 保险合同内容的变更

保险合同的变更是指保险合同中权利义务的变更。通常表现为保险标的的数量、价值、存放地点的变化，或者货物运输合同中航程航期的变化以及保险期限、保险金额的变化。各国保险法均规定保险合同订立后，投保人可以要求变更合同的内容，但必须与保险人另行协商。

3. 保险合同效力的变更

保险合同效力的变更主要指保险合同的中止与复效。

保险合同的中止是指保险合同生效后，由于某种原因使保险合同暂时失效。保险合同的复效则是指对于已经中止的保险合同使它重新开始生效。保险合同的中止并非合同完全无效或终止，而是指在一定的条件下，可以恢复保险合同的效力。恢复保险合同的效力一般由投保人提出申请，经保险人同意，已经中止的合同即可复效。但投保人申请复效应在一定的期间内，如果投保人在规定的复效期内不提出复效的申请则保险合同从中止时解除。在保险合同效力中止期间所发生的保险事故，保险人不承担赔偿保险金的责任。保险合同的中止与复效条款是保险合同的常见条款。

(二) 保险合同的解除

保险合同的解除是指在保险合同生效后，在有效期尚未届满之前，当事人依法提出终止保险合同的法律行为。保险合同的解除包括任意解除、法定解除、约定解除。

1. 任意解除

任意解除合同是指当事人根据自己的意思解除合同。各国保险法均规定投保人可随时解除保险合同。我国《保险法》15 条规定："除本法另有规定或者保险合同另有约定，保险合同成立后，投保人可以解除保险合同"。但是有些合同在保险责任开始后不得解除保险合同，也不得要求退还保费。我国《保险法》35 条规定："货物运输合同和运输工具航程保险合同，保险责任开始后，合同当事人不得解除合同"。

2. 法定解除

法定解除是指当法定原因出现时，保险合同的一方当事人可以解除保险合同。各国保险法一般规定在保险合同成立后保险人不得任意解除保险合同，但是在出现一些特定情况后保险人可以解除合同。我国保险法规定当投保人或者被保险人有下列行为之一者，保险人可以解除保险合同：（1）投保人故意隐瞒事实，不履行如实告知的义务；（2）保险人或被保险人在未发生保险事故情况下谎称发生了保险事故，伪造有关证据；（3）投保人被保险人未履行其对保险标的的安全应尽的义务；（4）在保险合同的有效期内，保险标的的危险增加，被保险人未尽及时通知的义务；（5）投保人申请的被保险人的年龄不真实并且其真实的年龄不符合合同约定的年龄限制，但合同成立后超过 2 年的除外；（6）投保人违反特约条款。

3. 约定解除

约定解除是指合同当事人约定合同解除的条件，当条件成立时，一方或者双方有权解除合同。当事人依照合同约定或者法律规定解除保险合同的，保险合同视为自始没有发生效力。

（三）保险合同的终止

保险合同的终止是指保险合同中的权利义务归于消灭。广义的保险合同的终止包括保险合同的解除，而狭义的保险合同的终止仅指保险合同因约定的期限届满而终止和因履行而终止或者因保险的标的归于消灭而终止。

第四节　保险合同分则

一、财产保险合同

（一）财产保险合同的概念

财产保险合同是指投保人与保险人之间所达成的，由投保人支付保费，保险人对于投保的物质财产及其有关利益因保险事故造成的损失承担赔偿责任的协议。

财产保险合同的目的主要是补偿财产的损失。我国保险法中规定财产保险合同是以财产及其有关利益为保险标的的保险合同，即财产保险合同的标的既包括有形的物质财富，也包括无形的经济利益。

（二）财产保险合同的类型

根据不同的分类标准，财产保险合同可以分成不同的类型。根据标的类别不同，可以把财产保险合同分成不动产保险、动产保险和无形资产的保险。传统保险合同一般分为（1）火灾保险合同，（2）海上保险合同，（3）运输保险合同，（4）汽车保险合同，（5）农业保险合同，（6）盗窃保险合同，（7）无形财产保险合同，（8）再保险合同。我国《保险法》规定："财产保险业务，包括财产损失保险、责任保险、信用保险等保险业务。"

（三）财产保险的特征

财产保险合同除具有一般保险合同的特征而外，还具有自己的特征：

（1）投保财产保险必须以财产的实际价值为基础。

财产保险具有经济补偿性，因此财产保险合同中保险金额的确定必须以财产的实际价值为基础，保险金额不得超过保险的实际价值，凡保险金额超过保险价值的保险，其超过部分无效。

（2）财产保险的保险标的必须能够用货币量化其价值。

财产保险的标的是指财产及有关利益，这里的财产及有关利益必须能够直接用货币量化其价值，如果不能用货币直接准确量化其价值，则不能进行财产保险。

（3）财产保险以赔偿被保险人的实际损失为目的。

保险中的损失补偿原则在财产保险合同中得到了明确的体现，财产保险是以财产的实际损失为目的的一种补偿性行为。只有被保险人的保险标的发生了保险合同中所约定的保险事故并造成实际损失时，保险人才承担赔偿的责任，赔偿以保险金额为限。

4. 保险人对由于第三人所引起的损害赔偿责任享有保险代位权。

（四）财产保险合同的主要条款

1. 保险标的

财产保险的标的主要有有形物和与之有关的经济利益。但并非一切有形物和有关利益都可以进行财产保险，比如对于一些不能准确估价的物品和一些不属于一般商品的财产，像货币、文件、有价证券和一些凭证等通常不能作为财产保险的标的。

2. 保险金额与保险价值

财产保险的补偿性决定了保险金额不得超过保险价值。保险价值是指保险标的在一定时期和一定地点的市场价值。而保险金额是指当保险事故发生时保险人应当向投保人或者被保险人赔偿的最高金额，保险金额是确定保险费的重要依据。保险价值是确定保险金额的基础，保险的补偿性决定了保险金额不能超过保险价值。如果保险金额超过保险价值是属于超额保险，超额的部分无效；如果保险金额等于保险价值则是等额保险；如果保险金额低于保险价值则是不足额保险。一般而言，保险金额越高则需支付的保费就越高。

关于保险价值的确定对于财产保险合同是一个十分重要的事项。财产保险有定值保险和不定值保险两种。凡是在保险合同中记载了保险标的的价值的是定值保险合同。对于定值保险，当保险事故发生时，无论当时保险标的的市价如何，保险人都应按保险合同中记载的保险价值来赔偿。一般对货物运输保险、船舶保险以及飞机保险等都采用定值保险。如果在保险合同中不记载保险标的的价值就是不定值保险。对不定值保险合同在合同中只记载保险金额，而保险标的的价值是随着市场的情况而变化，当发生保险事故时再确定其保险价值。

无论是定值保险还是不定值保险都需对保险标的的价值进行估计。确定保险标的的价值的方法主要有两种，一种是根据商品的市场价格来确定，另一种是对于不能以市价估计的由双方当事人约定其价值，而后者是属于少数情况。

确定了保险价值后就有了确定保险金额的依据。保险金额可以等于和低于保险价值。对于保险金额等于保险价值的是足额保险，对于保险金额低于保险价值是不足额保险。由于保险金额是计算保费的重要依据之一，因此，投保人在投保时可以选择不足额保险而少缴纳保费。一般情况下的不足额保险是由投保人所选择的，但客观上也有可能出现保险标的价值在保险期限内随市场而增值从而产生不足额保险这种情况。不管是由哪种原因造成的不足额保险，当保险事故发生时投保人或被保险人只能得到部分赔偿。

3. 保险责任和除外责任

保险责任是指保险合同中约定的保险事故造成损失时应当由保险人承担的赔偿责任或者给付责任。它是规定保险人应当承担的风险责任范围，是保险合同中重要的条款。对于不同的保险合同，其保险责任也不同，保险责任是以保险合同中所规定的为限，只有出现保险合同中约定的保险事故所造成的损失，保险人才承担保险责任。

保险合同中除了要明确保险人的责任范围而外，通常还要规定保险人不承担责任的例外情况，这种情况就叫除外责任。一般像战争、军事行动、暴力行动、核污染以及被保险人的故意行为都属于除外责任的范围。

4. 保险期限

财产保险合同中应当规定合同的生效和终止期限。在我国财产保险合同中有效期多为 1 年，但也可以由合同当事人就合同的期限自行协商，一般从起保日的零时到终保日的午夜 24 时止。保险期限届满后可以续保。另外对于一些财产保险合同是以一次作为期限，比如货物运输保险合同等。

（五）索赔与理赔

1. 索赔理赔的概念

财产保险合同的索赔与理赔是指财产保险合同的具体履行过程。索赔是指被保险人在发生保险事故后根据保险合同的约定向保险人申请赔偿的行为。理赔则是指保险人对于承保的保险标的在其发生保险事故后，根据被保险人的索赔申请按合同的规定进行赔偿的过程。索赔是被保险人主张权利，而理赔则是保险人履行自己的义务，索赔理赔是一个问题的两个方面。

被保险人行驶索赔的权利必须在法定的期限内进行，我国保险法规定财产保险的权利人申请赔偿的期限为知道保险事故发生之日起 2 年内。

2. 索赔理赔的原则

发生保险事故后进行索赔和理赔应当坚持以下原则：

（1）坚持保险利益原则。有无保险利益不仅关系到能否投保，而且也关系到保险的索赔。一般而言对保险标的无保险利益的主体不能进行索赔。在赔偿的金额上，赔偿的金额以保险金额为限。

（2）坚持主动、迅速、准确、合理的原则。财产保险具有经济补偿性，因此在财产保险中，如果发生了保险事故，保险人进行理赔应坚持：主动、迅速、准确、合理的原则。

3. 索赔理赔的程序

（1）立案。保险人在收到出险通知后应当立案，将被保险人的名称、保单号码、出险日期、出险地点、出险原因等事项进行记载，并请被保险人填写出险通知书。

（2）检验。检验是指出险之后由保险人对保险单据和出险地点的现场进行勘验。对于出险的案件首先查验其有无合法有效的保险合同及其保险单据。其次是对出险的现场进行勘验。

（3）责任审核。责任审核是指根据现场勘验的记录及保险的单据，审核保险事故产生的原因和保险赔偿的范围。要确定是否属于保险责任范围首先应清楚造成保险事故的原因。是否应承担保险责任主要看是否符合近因原则。其次是确定损失赔偿的范围，在确定赔偿范围时应当注意这些事项：保险财产的报价是否合理；赔偿的范围是否是合同中约定的范围；施救的费用由哪些；有无第三者责任。通过责任审核，保险人可以作出应当赔偿或者拒绝赔偿的结论和应当赔偿的数额结论。

（六）代位追偿和委付

代位追偿和委付是财产保险合同中的特殊情况。从本质上讲它们都是财产保险合同履行过程中债的转移制度。

1. 代位追偿

（1）代位追偿的概念。代位追偿是指在财产保险中，保险人在向被保险人进行赔偿之后，得以在其赔偿的范围之内要求被保险人转让其对造成损失的第三方要求赔偿的权利。代位追偿权是被保险人要求第三人赔偿其损失的请求权的转移。

（2）代位追偿权的产生。代位追偿制度的产生是基于如下的理论依据：一方面保险事故的发生是由于第三人的责任而造成，根据民法的规定，第三人应当承担违约责任或者侵权责任，则被保险人可以要求第三人承担赔偿的责任。但是另一方面，被保险人又与保险人之间存在财产保险合同关系，而第三人所造成的事故又正好属于保险合同中约定的保险事故，依照保险合同的约定，保险人应当承担赔偿责任。由此可见，由于第三人所造成的危险事故，被保险人可以通过请求保险人和第三人这两个方面获得赔偿。但这样的结果会造成被保险人得到超额赔偿，这就不符合财产保险的补偿性特征。因此，如果保险事故的发生是由于第三人的责任造成的，被保险人在获得了保险人的赔偿之后，必须将其拥有的对第三人的请求赔偿的权利让渡与保险人，由保险人取代被保险人的地位请求第三人赔偿。

（3）代位追偿权成立的条件。

1）发生的危险事故必须是保险责任范围之内的事故。

2）危险事故的发生是由第三方的责任所造成。

3）被保险人对第三方具有赔偿请求权。对于第三方责任所造成的损失，被保险人通常具有要求其赔偿的权利，但是如果被保险人放弃了该项权利，则保险人无法行使代位权。但是如果被保险人在保险人行使代位权之前损害保险人的代位追偿利益，则保险人可以拒绝赔偿。

4）代位追偿权产生在保险人向被保险人进行赔偿之后。由于第三方责任所造成的保险事故，被保险人既可以向第三方要求赔偿，也可向保险人要求赔偿，如果在事故发生之后被保险人先向第三方要求了赔偿，则不能再向保险人要求赔偿。只有被保险人先从保险人处获得赔偿，才会产生代位追偿权。

2. 委付

委付是指投保人将保险标的的一切权利转移给保险人，要求保险人向其支付全额保险金的制度。委付是海上保险中的特殊规定。按照委付制度，当保险标的虽未达到全部损失，但有全部损失的可能，或者其修复的费用将超过保险财产价值本身，被保险人或者投保人可以将保险标的上的一切权利转移给保险人，从而推定保险标的全损而予赔偿。依照国际惯例，委付应当符合一定的条件：

（1）委付必须经保险人的同意。

（2）必须就全部保险标的进行委付。

（3）委付时被保险人或者投保人必须向保险人提出书面通知。

二、人身保险合同

（一）人身保险合同的概念

人身保险合同是保险合同中的一种，它是指以人的寿命和身体作为保险标的的一种保险合同。在这类保险中，保险人根据被保险人的年龄及健康状况等向投保人收取保费，当被保险人死亡、伤残或者保险期限届满时，保险人向被保险人或者受益人支付保险金。

（二）人身保险合同的特征

1. 保险合同主体的特殊性

人身保险合同的主体包括投保人、被保险人、受益人及保险人。其中的被保险人必须是自然人，而且也是人身保险合同的标的；受益人是投保人或者被保险人，也可以是其指定的其他人。当被保险人死亡时，保险金的请求全由受益人或者被保险人的合法继承人行使。人身保险合同的保险人必须是专门经营人寿保险业务的保险公司。

2. 人身保险中投保人与被保险人关系的特殊性

保险必须强调保险利益，在人身保险中，保险标的是人的身体和寿命，与投保人之间毫无利害关系的人对投保人而言是不存在保险利益的，因此只有特定关系的投保人与被保险人之间才存在保险利益。这种特定关系的范围为：本人，配偶、子女、父母，与投保人由抚养、赡养关系的其他家庭成员和近亲属，除此而外，被保险人同意投保人为其投保的，也视为投保人对其有保险利益。

3. 人身保险合同是定额保险合同

人身保险合同不同于财产保险合同，人的身体和生命无法用金钱货币来量化，因此在人身保险合同中无保险价值，其保险金额是由投保人和保险人协商而定。当保险事故发生时，保险人按保险合同中约定的保险金额的全额或者一定的比例进行赔偿。

4. 人身保险期限的长期性

与财产保险合同的有效期相比，人身保险合同具有长期性。一般意外险为 1 年，其余大多为 5 年、10 年、20 年、30 年，甚至终生，因为人身保险是以人的身体和寿命为保险标的。

5. 人身保险的储蓄性

人身保险具有储蓄的特征，这与财产保险大为不同。在人身保险中，投保人一次或者分期向保险人缴纳保险费，不管是否发生保险事故，至少在保险期限届满保险人要向被保险人或者受益人支付保险金额，这与零存整取类似。而财产保险中，如果在保险期限内不发生保险事故，则保险人不用向被保险人或受益人进行赔偿。因此人身保险具有储蓄的特点。

（三）人身保险合同的主体

人身保险合同的主体包括投保人、被保险人、受益人、保险人。

1. 投保人

投保人是指与保险人订立保险合同并向保险人缴纳保费的当事人。投保人必须具有完整的民事行为能力。投保人只能对特定关系的主体进行投保。即投保人对以下人员具有保险利益：（1）本人；（2）配偶、子女、父母；（3）其他与投保人有抚养、赡养、扶养关系的家庭成员或者近亲属。另外如果以第三人的身体或者生命进行投保，则必须征得其同意，否则保险合同无效。

2. 被保险人

被保险人是指以自己的身体或生命成为保险标的的人，被保险人必须是自然人。无行为能力的自然人不能成为以死亡为给付条件的被保险人，但父母为其未成年子女投保的人身保险除外。

3. 受益人

受益人是指享有保险金请求权的人。对于受益人的资格法律上并无限制，既可以是自然人，也可以是法人；既可以是被保险人自己，也可以是其他人；既可以是有行为能力的人，也可以是无行为能力的人。

受益人受益权的行使以保险事故发生时，保险人尚生存为前提。如果受益人先于被保险人死亡，除另有规定外，保险金的请求权仍归于被保险人，被保险人可另行指定新的受益人。如果受益人与被保险人同时死亡而无法判断谁先死亡，习惯上推定投保人是为了自己的利益而订立保险合同，保险金应作为其遗产由继承人领取。受益权不同于继承权，受益权不能作为受益人的遗产而由受益人的继承人予以继承。受益人在被保险人死亡后领取的保险金不得作为被保险人的遗产，也不能用以抵偿被保险人生前的债务。

受益人由投保人指定，受益人的受益权也可以被撤销和变更。投保人撤销变更受益人时，如果被保险人是他人，则应当取得被保险人的同意，同时必须向保险人发出通知，并经保险人在保险合同上批准后才生效。

（四）人身保险合同的常见条款

人身保险合同除了包括保险标的、保险责任、除外责任、保险金额、保险期限、保险费及其缴纳办法、保险金的支付等这些主要条款而外，在人身保险合同中还有一些特殊的条款：

1. 不可争议条款

不可争议条款又叫不可抗辩条款，是指保险人对投保人违反告知义务的抗辩权于保险合同生效 2 年后不得行使。

保险合同是最大的诚信合同，在诚信原则的要求下，投保人在与保险人订立保险合同时应当履行忠实告知的义务，如果投保人不履行该义务，法律允许保险人有权解除保险合同的权利。这项权利是为了保障保险人的合法权益，但为了防止保险人滥用该项权利，这种权利也应受到一定的限制，否则反过来会损害投保人或者被保险人的权利。而且人身保险合同具有期限长的特点，为了保障投保人及被保险人的合法权益，保险人只能在 2 年之内主张由于投保人未履行忠实告知义务而解除保险合同，解除保险合同时应当扣除手续费后将已缴的保险费退还投保人。如果在 2 年之内保险人不主张这项权利，则以后保险人不得再以投保人违背忠实告知义务而要求合同无效。

2．年龄误告条款

被保险人的年龄是决定保险人承保风险高低和决定保险费率的一个重要依据。由于不同年龄的人的健康状况和死亡率不同，即使投保的险种和保险期限相同，他们缴纳的保费也不相同。而保险人是根据投保人告知的年龄来决定是否承保和计算保费，因此当告知的年龄与实际年龄有差别时，保险人有权就被保险人的真实年龄作出相应的调整。

如果发现被保险人的真实年龄不符合保险合同约定的年龄限制的，保险人可以解除保险合同，在扣除手续费后向投保人退还保费，但自合同成立之日起超过 2 年的例外。如果保险人发现年龄的误告使投保人少缴了保费，保险人有权更正保费并要求投保人补缴保费，或者按实际缴纳的保费的多少对应计算保险金。如果投保人年龄的误告造成了多缴保费，则保险人在发现之后应当退还多缴纳的保费。

3．不丧失价值条款

人身保险合同带有储蓄的特征，无论是否发生保险事故，至少都存在保险期限届满时保险人要向受益人支付保险金额。因此人身保险的保险费具有现金价值，即使这一现金价值由保险人管理，但最终都需向受益人支付。如果投保人不愿投保而要求退保，保险单所具有的现金价值并不因此而丧失，保险人仍然需要向投保人退还现金价值。保险人通常将现金价值列在保险单上，说明计算的方法和采用的利率，保单所有人可以随时掌握保单的现金价值。我国《保险法》对此作了明确的规定："投保人解除合同，已交足 2 年以上保险费的，保险人应当自接到解除合同通知之日起 30 日内，退还保险单的现金价值。未交足 2 年保险费的，保险人按照合同约定在扣除手续费后，退还保险费。"

4．宽限期条款

宽限期条款是指缴纳保费的宽限期规定。人身保险合同具有长期性的特点，投保人往往需要长年累月按照合同的约定缴纳保费，在如此长的期间内，投保人难免因疏忽或者其他原因不能按时缴纳保费，如果因此保险人就解除保险合同，则投保人或被保险人的利益会受到损害。因此在绝大多数的人身保险合同中都在合同到期续缴保费时间上给了一定期限的宽限期。在超过约定的时间后的宽限期内投保人缴纳了保费，则保险合同仍然有效。在这个宽限期内发生的保险事故保险人仍然应承担保险责任。我国《保险法》中规定人身保险合同的宽限期为 60 天。

5．复效条款

在保险合同规定的宽限期内投保人仍未缴纳保费，则保险合同的效力中止。保险合同中止后投保人可在一定的期限内申请恢复保险合同的效力，这个一定的期间就叫复效期间，我国的复效期间为 2 年。复效条款是一种使被保险人、受益人恢复保险保障的补救措施。复效是恢复原有的保险合同的效力，保留原来的保险合同的权利义务不变。

在保险合同的效力中止后 2 年之内，投保人如果愿意恢复保险合同的效力，经保险人同意，可以恢复保险合同的效力。

保险合同的复效必须具备以下条件：

（1）复效申请必须在复效期间内提出。我国规定的复效期间为 2 年，投保人必须在保险合同中止后 2 年之内提出复效的申请，超过这一期间，投保人就丧失了复效申请权。

（2）仍然具备保险合同订立时的可保条件。在保险合同中止后，当初投保的条件可能会发生变化，如果变化使得不再具有投保的条件，则投保人不能申请复效，即使申请，保险人也会不同意。因此保险合同的复效仍然要求具备可保条件。

（3）投保人必须补缴保险单失效期间的全部保费及利息。

（4）复效必须经保险人同意。在复效期间内，投保人有提出复效申请的权利，但需要经保险人同意，如果保险人不愿意则有权解除保险合同。

6. 自杀条款

为了防止道德危险的发生，人身保险合同一般都将自杀作为除外责任。一般人身保险合同都规定在保险单签发的一定期限内，被保险人由于自己的故意行为所造成的死亡，保险人只负责退还已缴纳的保费而不承担给付保险金的责任。

关于自杀条款的设定有一个变化的过程。过去不管被保险人在何时自杀都是属于除外责任，保险人一律不赔偿。后来这一情况发生了变化，大多规定了一定的期间，在一定期间内的自杀属于除外责任，超过一定的期间则保险人仍然需要承担给付保险金的责任。其理由在于：其一，保险公司在计算保险费时考虑的死亡因素包括各种原因造成的死亡，因此保险人将自杀造成的死亡作为除外责任不合理；其二，自杀行为大多发生在特定的情况下，属于长期蓄谋已久的自杀少见。因此将自杀作为除外责任必须限定一定的期间。我国《保险法》规定的期间为2年，即在保险合同成立之日起的2年之内发生的被保险人自杀，保险人不承担给付保险金的责任，而2年期限届满后发生的被保险人自杀，则保险人仍然应承担保险责任。

7. 战争条款

各国的保险法通常将战争所造成的死亡作为保险的除外责任。这是因为人身保险的费率是按照和平时期的死亡率来计算的，战争所造成的死亡和损失是难以预料的，因此通常的人身保险合同中都将战争作为除外责任。

8. 受益人条款

受益人是人身保险合同中的重要的关系人，因此绝大多数的人身保险合同都有受益人条款。受益人条款一般包括明确指定的受益人和变更受益人的方式两个方面。

第四节　保险业法

一、保险业法概述

（一）保险业法的概念

保险业法是指保险组织和保险监督法，是规定保险公司的成立和经营活动以及国家对保险公司的监督方面的法律。

（二）保险业法的内容

保险业法是国家对保险业进行监督管理的法律。其目的在于确保保险企业的偿付能力，充分发挥保险的经济补偿作用，保护被保险人的合法权益，保证公平交易，维护保险市场的正常秩序，制止保险市场中的非法行为和不正当竞争行为。因此保险业法的主要内容体现为对保险组织的管理和对保险业务活动的管理。

英国保险公司法的主要内容包括：（1）经营保险业的法定条件；（2）保险业的经营活动方式；（3）简易人寿保险及劳合社保险人的法律要件。美国各州关于管理和监督保险业的法律一般包括的主要内容为：保险公司的设立条件；对保险业的财务监督管理；保险投保人利益方面的规定。日本保险业法的主要内容有：保险业的设立；保险业的经营范围；经营保险的企业形式；保险的财务监督；保险公司的管理、解散、整顿、合并。我国保险法对保险公司的设立、变更、解散、破产等作了规定，同时也对保险业务的监督管理作了规定。因此我国的保险业法分成保险公司法和保险监管法两个方面。

（三）保险业法的作用

1．为了保护被保险人的合法权益

保险必须有大多数人的参与才能存在，因而保险是一项涉及社会公众的经济补偿制度。而保险人能否真正承担保险责任，则最终取决于保险人是否有足够的偿付能力。广大投保人向保险人缴纳了保险费，希望当保险事故出现时保险人有足够的能力向被保险人进行赔偿。如果保险人经营出现亏空或者在赔偿时出现差错而丧失偿付能力，将对整个社会经济秩序和社会安定造成严重的影响。因此各国保险业法对保险人的偿付能力作了明确的规定，包括保险人的资本金、保证金的提取、各项责任准备金的提存等方面都作了规定。这些规定的目的在于保护被保险人的合法权益得到切实的保障。

2．促使保险人合理合法经营

保险经营的好坏直接关系到广大投保人或者被保险人的合法权益，而保险公司毕竟也是公司，凡是公司总是以营利为目的，保险公司的目的性决定了保险公司的经营活动是为了追求利润，因此法律要求保险公司的经营必须合理合法。其经营活动既要以营利为目的，但其经营又必须保障公司资金的安全性。所以国家对保险公司的成立和监管方面都要比一般性质的公司要严格。

3．维护保险市场的竞争秩序

在保险经营中，保险人虽然有自有资金，但其经营的大部分资金是来源于收取的保险费。另外，如果保险人收取的保险费越高，其利润就越高，这就为投机经营提供了机会。如果不加强保险市场的规范性监管，就有可能出现资本雄厚的保险人采取各种手段从事不公平竞争，挤垮其他竞争对手，最终破坏保险竞争市场。因此为了维护被保险人的合法权益，保障公平竞争，必须要制定规范保险业的法律。

二、保险公司

（一）保险公司的组织形式

保险业发展到今天已经有几百年的历史，保险市场的经营主体业名目繁多。保险公司有公营保险公司，也有民营保险公司；有营利性保险公司，也有非营利性保险公司；有国有保险公司，也有股份保险公司，相互保险公司和个人保险公司。在我国保险公司的形式只有国有保险公司和股份保险公司这两种形式。

1．国有保险公司

国有保险公司是指国家授权投资的机构和授权投资的部门单独投资设立的保险有限责任公司。国有保险公司的特点为：（1）出资人的特殊性。国有保险公司的出资人是国家，无论是国家授权投资的机构，还是国家授权投资的部门均是代表国家在进行投资。（2）国有保险公司组织机构的特殊性。国有保险公司不设立股东会，其董事也是由国家授权投资的机构和部门委派和更换。(3) 国有保险公司财产权利的特殊性。国有保险公司的财产是属于国家的财产，因此，其转让财产必须经国家授权投资的机构和部门审批才能进行。

2. 股份保险公司

股份保险公司是指专门从事保险业务的股份公司。

3. 相互保险组织

相互保险组织是指由社会上需要保险的人或者单位共同组织起来采取相互合作的方式办理保险。相互保险组织是一种非营利性的保险组织。我国保险法未对相互保险作任何规定。

4. 个人保险组织

个人保险组织是指以个人作为主体承保保险业务的一种方式。保险业最初都是由个人经营的，随着经济的发展和保险金额的日益增大，个人保险组织的形式逐渐被淘汰，目前世界上个人保险组织唯有伦敦劳合社保险具有较强的实力。劳合社是一个由许多个人承保人组成的有法人资格的团体。其成员各自独立、自负盈亏进行单独承保，并以自己的个人财产对其承保的风险承担无限责任。除了各人名誉可靠而外，还需要符合下列条件：经一名成员推荐，5 名成员附议；个人财产不少于 7.5 万英镑；经劳合社委员会审查批准；向劳合社管理公司提供不少于 1 万英镑的保证金，具体数额由业务而定。劳合社承保人虽然以自己的名义接受保险业务，但并不直接与投保人打交道，其所有业务均由劳合社保险经纪人介绍，并通过承保组合进行。

(二) 保险公司的设立

1. 保险公司的设立条件

设立保险公司必须具备比其他公司更严格的条件。一般而言，设立保险公司应当具备以下条件：(1) 公司章程。保险公司的章程是指规定保险公司的组织机构、资本金、业务范围、管理制度等方面的法律文件。保险公司章程的内容和制定的程序必须符合保险法的规定，制定的保险公司章程须经保险监督部门的审查。(2) 注册资本的最低限额。为了保证保险公司的经营和偿付能力，各国对保险公司的资本金都规定了最低资本限额，并且其数额大大高于一般的公司。我国规定设立保险公司其最低注册资本应在 2 亿元以上，且必须是实缴资本。保险监管部门根据保险公司的业务范围和经营规模可以调整保险公司注册资金的最低限额，但最低不得低于 2 亿元。英国保险公司法规定保险股份公司最低实收资本金为 10 万英镑；美国纽约州保险法规定经营火险需资金 25 万美元；日本规定保险公司实收资本金至少 3000 万日元；法国规定最低资本金为 50 万法郎。(3) 具备规定的任职资格。由于保险公司的专业性强，技术复杂，因此保险法对保险公司中任职人员有资格要求。比如在学历上，在工作经历上，在专业上，在身份上均有明确的规定。另外对与保险公司的负责人或者法定代表人需经中国人民银行审查。(4) 健全的组织机构和管理机构。保险公司必须具有健全的权力、经营和监督机构。这些机构设置的目的是为了保证保险公司的正常经营以及对被保险人负责。(5) 有固定的保险经营场所和必要的经营保险业务的条件。经营保险业务必须具有与保险公司经营规模和经营业务相适应的场所和条件。

2. 保险公司设立的程序

保险公司的设立必须经过法定的程序，其设立过程一般可以按照下列步骤进行：（1）申请筹建。即申请人向金融监督部门提出要求设立保险公司的申请，申请应当向中国人民银行总行提出。在申请时需要提供的材料有：筹建申请书，筹建可行性研究报告，筹建方案，投资者的材料，筹建负责人的材料以及其他要求的材料。中国人民银行在收到申请后应在 3 个月内作出批准与否的决定，逾期未被批准者，申请人在 6 个月内不得再提出同样的申请。被批准筹建的保险公司应在 6 个月内完成筹建工作，逾期未完成筹建工作的，原批准筹建文件自动失效。（2）正式申请。保险公司经过筹建，具备保险法中规定的保险公司的设立条件的，应向金融监管部门提交正式申请表和有关资料，包括：保险公司章程，股东名册及其出资份额，持有保险公司股份 10% 以上的股东的资信证明和有关资料，法定机构的验资证明，拟任职的高级管理人员的简历和资格证明，经营方针和计划，营业的场所和其他设施的资料以及要求的其他资料。金融监管部门在收到设立的正式申请后，应在 6 个月内作出批准或不批准的决定。（3）申请开业。经金融管理部门批准可以成立保险公司后，申请人还需提出开业申请。申请开业时也需提交一些法律文件，金融管理部门收到保险公司的开业申请后，认为符合条件的，应当颁发经营保险业务的许可证。（4）登记。保险公司在获得保险经营许可证后，还应当办理公司的登记注册，领取营业执照，方可对外营业。我国保险法规定保险公司在获得经营保险业务许可证之日起 6 个月内无正当理由未办理公司设立登记的，其经营保险业务许可证自动失效。

（三）保险公司的分设、变更、终止

1. 保险公司的分设

保险公司的分设是指保险公司设立分支机构和代表机构的行为。

保险公司的分支机构是指保险公司依法定程序设立的，以本公司名义进行经营活动，其经营后果由保险公司承担的分公司或者其他分支机构。保险公司的分支机构不具有独立的法人资格，不能独立承担民事责任和义务，其民事责任由本公司承担；分支机构以本公司的名义从事保险活动，产生的法律后果也由本公司承担。保险公司设立分支机构必须经金融监管部门的批准，未经监管部门的批准，任何保险公司不得设立保险分支机构。

保险公司设立的另一种分支机构是代表处。保险公司的代表处是保险公司的派驻机构，主要从事咨询、联络、市场调查等非经营性活动。代表处的行为必须来源于保险公司的授权，代表处不得从事经营性的活动。设立代表处同样需要经金融监管部门的批准。

2. 保险公司的变更

保险公司的变更是指保险公司在存续期间内法定事项的变更。保险公司的变更必须经金融监管部门的批准，未经批准不得进行保险公司的变更。

3. 保险公司的终止

保险公司的终止是指依法设立的保险公司因为法定事项的出现或者经金融监管机构的批准，关闭其营业机构而停止从事保险业务。

保险公司终止的法定原因主要有：经金融监管部门的批准而解散，但经营人寿保险业务的保险公司除分立合并外，不得解散；因违法经营被吊销保险业务许可证；被依法宣告破产。

保险公司终止应当进行清算。清算应当按照一定的程序来进行。

三、保险业的监管

（一）保险业监管概述

保险业的监管是指国家相关机构通过法律、行政和经济手段对保险市场进行监督和管理。

各国对保险业的监管都在不断加强，对保险业强化监管的原因在于保险经营的特殊性：

（1）保险经营具有负债性的特点。所谓负债性是指保险公司通过收取保费建立起来的保险基金，是对投保人的负债，保险公司一旦出现经营不善或者亏损，不仅影响保险公司的利益，更主要是损害广大投保人的利益。

（2）保险经营具有保障性的特点。所谓保障性是指保险的宗旨是分散风险，当出现保险事故时对投保人或者被保险人进行赔偿或者支付保险金。通过赔偿或者给付来实现保险保障社会稳定的职能。

（3）保险经营的广泛性。所谓广泛性是指参加保险的投保人是各种各样的主体，保险的存在依赖于社会公众的参与。因此保险经营的好坏与社会公众的利益密切相关。

（4）保险经营具有专门性。保险经营具有很强的专门性特点，保险公司以专门的数理统计为基础，保险费率的计算涉及诸多方面。

由于保险经营具有以上的特点，因此应加强对保险公司的监管。目前对保险公司的监管主要有三种方式，即公告管理、规范管理和实体管理。

公告管理是指国家对保险业的经营管理不作直接的监督，仅规定保险公司必须按规定的格式和内容定期将经营的结果呈报主管机关并予以公告。根据呈报的情况，政府可以对保险公司的偿付能力作出评价。英国曾经采用这种方式。

规范管理是指国家制定指导保险业经营管理的一些基本准则，并监督执行。这种方式下只规定监督管理的准则，对保险经营中的重大事项，如最低资本限额、资产负债表的审查及违反法律规定的处罚都作了明确的规定，如果保险公司违反则依规定承担相应的法律责任。但政府对保险公司的业务经营、财务管理及人事等方面则不加以干预。荷兰曾经采用这种管理方式。

实体管理是1885年瑞士创立的，并为奥地利德国所效仿。这种方式除了规定应遵守准则而外，在保险公司创立时还必须经政府的许可。经营开始后，自始至终都要受政府的监管。实体管理是所有的保险监管中最严格的一种。目前世界上各国保险法大体都采用这种方式。

（二）保险业监督管理的机构和职责

在我国，国务院金融监督管理部门负责对保险业实施监督和管理。中国人民银行法规定国务院金融监督管理部门为中国人民银行。因此在我国，中国人民银行是保险业的监督管理机构。其主要职责是：依法制定和执行国家保险事业发展的方针政策；根据法律法规的规定拟定保险业管理的规章和实施办法；审查批准保险公司的设立并颁发经营保险业务的许可证；审查保险公司分支机构代表机构的设立并颁发许可证；审查批准保险代理人及保险经纪人的设立并颁发许可证；制定商业保险的主要险种的基本条款和保险费率；监督管理保险人、保险代理人、保险经纪人的保险业务活动，包括组织变更、财务管理及人员资格等，纠正制裁保险业务活动中的违法行为；纠正制裁非保险公司经营商业保险业务；对偿付能力有严重问题或者损害被保险人利益行为的保险公司有权决定进行整顿或者接管。

四、保险业监管的主要内容

（一）金融监管部门对保险业监管的主要内容

1. 组织方面的监管

金融监管机构对保险机构的监管主要有：保险公司设立的条件，保险公司的组织形式，保险公司的经营范围，保险公司的设立、变更、终止，保险代理人和保险经纪人资格，专业人才的配备等。

2. 财务方面的监管

财务监管的目的在于保障保险公司资本的充足性。主要是对保险公司的各项准备金、公积金的提存，保险保障基金的管理以及资金运用进行监督，其目的在于保障保险公司的偿付能力，保障被保险人的合法权益。对保险公司的偿付能力进行监督是保险业监督管理的核心。

3. 业务活动的监管

对保险活动的监管重点是对保险经营活动进行监督管理，主要监管的内容包括：商业保险的主要险种的基本保险条款和保险费率必须由金融监管部门制定，保险公司拟定的其他险种的保险条款和保险费率报金融监管部门备案；金融监管部门有权检查保险公司的财务状况、业务状况及资金运用状况，保险公司应当依法接受监督检查；保险公司应当按规定进行再保险；禁止保险公司及其工作人员在保险经营活动中进行不正当竞争；对保险代理人和保险经纪人的业务经营及收支情况进行监督检查。

4. 报表账簿方面的管理

对保险公司的报表账簿方面的管理主要包括：各保险公司和保险代理人、保险经纪人应当在规定的期限内向金融监管部门提供相应的业务情况、财务情况及资金运用情况的书面报告和资料；各保险公司、保险代理人、保险经纪人应当在一个会计年度终了后3个月内将上一年度的营业报告、财务会计报告及其他报表报送金融监管部门并依法进行公告；保险公司应当在每月月底之前将上一月营业统计报表报送金融监管部门；保险公司应当妥善保管有关业务经营活动的完整账簿、原始凭证及有关资料，其保管期限自保险合同终了之日起不得少于 10 年。

（二）金融监管部门对保险公司的整顿和接管

1. 整顿

整顿是指保险公司有违反保险法规定的行为时，在金融监管部门规定的期限内未进行改正，金融监管部门采取必要的措施对保险公司进行整治和监督的过程。如果保险公司未按规定提取或者接转各项准备金，或者未按规定办理再保险，或者违反保险法关于资金运用的规定，金融监管部门可以要求保险公司按照下列措施进行限期改正：依法提取或者接转各项准备金；依法办理再保险；纠正违法运用资金的行为；调整负责人和有关管理人员。保险公司如果在期限内不进行整改，则金融监管部门可以决定对其进行整顿。整顿决定应当载明被整顿的保险公司名称、整顿的事由、整顿组织和整顿的期限，并予以公告。对保险公司进行整顿的目的在于纠正被整顿的保险公司违反法律的行为。整顿组织的职责在于对保险公司的经营活动进行监督，它并不负责保险公司的日常经营事务。在保险公司的整顿期间，其经营业务可以照样进行，但是金融监管部门有权停止开展新的业务或者停止部分业务，调整资金的运用。被整顿的保险公司如果已经纠正了其违法行为，整顿组织可提出报告，经金融监管部门的批准可结束整顿。

2. 接管

接管是指保险公司有违法行为且造成了较为严重的后果，由金融监管部门采取必要的措施代为行使该保险公司的经营管理权，以保护被保险人的利益，恢复保险公司的正常经营。

保险公司的经营情况关系到广大投保人和被保险人的利益，如果保险公司违法经营往往会影响保险公司的偿付能力从而威胁到社会公共利益。如果出现这种情况，金融监管部门可以对保险公司实行接管。接管的目的是对保险公司采取必要的措施以保护被保险人的合法权益。金融监管部门如果要接管保险公司，保险公司应当向金融监管部门指定成立的接管组织办理财产和事务的移交手续，并协助接管组织清理保险公司的财产、账目和债权债务。接管组织在接管保险公司后，可以采取停止保险新业务、停止部分业务、改组保险公司的经营管理机构等多项措施以保证被接管的保险公司恢复正常的经营。接管保险公司后保险公司的原有债权债务不发生变化，但是保险公司的所有债权债务的清偿必须经接管组织的同意。接管期限最长不得超过 2 年，接管期限届满，被接管的保险公司恢复正常经营的，金融监管部门可以决定接管终止。接管组织认为被接管的保险公司的财产不足以清偿所负债务时，经金融监管部门的批准，依法向人民法院申请宣告该保险公司破产。

（三）保险业的自我监管

保险业的自我监管是指保险行业组织通过指定行业规章，对保险公司在保险市场中的行为规范进行自我监督与管理，这种监管是行业性的自律管理。国家监管与保险业的自我监管相辅相成、互为补充，共同构成完整的保险业监督管理体系。保险业自我监管是一种自我协调性的管理，组织形式一般为行业会员，它是保险业依自愿组织起来的管理形式。

第十一章　破　产　法

第一节　破产与破产法

一、破产的概念及意义

（一）破产的概念

"破产"一词，源于拉丁语"falletux"，即"失败"的意思。也有学者经考证认为"破产"最早萌芽于十四世纪的意大利语"banca rotta"，英语译为"broke bench"，即"摊位被毁"的意思。[①]英语的破产谓之"bankruptcy"，其原意指"银行垮了"。我国古代汉语释义"破产"为"倾家荡产"。可见，这个词语所描述的是事业失败的一种状态。一般而言，破产是指债务人不能清偿债务的事实状态。这种事实状态称之为事实上的破产，它主要用于描述债务人的经济状况。其表现形式多种多样，主要可以概括为两类：一类是指债务人丧失了继续经营事业的财产承受能力，另一类是指债务人发生了债务清偿不能的财务危机。

"破产"除了上述经济意义上的含义外，还具有法律意义上的含义。法律意义上的破产，指的是法院根据当事人的申请或依职权，对不能清偿到期债务的债务人所进行的一种特别程序，通过这种程序概括性地解决债务人和众多债权人之间的债权债务关系。[②]与之相关则产生了与破产不可分离的法律术语，诸如破产原因、破产程序、破产人、破产财产、破产债权以及破产别除权、破产撤销权等等。

具体分析，破产作为一种法律程序，具有以下几个特征：

（1）破产是一种法定偿债手段。当债务人不能清偿债务时，如何分配债务人的财产，如何满足多个债权人的清偿要求，必须用法律的强制性规定方能解决。

---

① 汤维建：《破产程序与破产立法研究》，人民法院出版社2001年版，第30页。

② 正如陈荣宗先生指出的：破产乃是债务人在经济上发生困难，无法以其清偿能力对全部债权人的债权为清偿时，为解决此种困难状态，利用法律上的方法，强制将全部财产依一定程序为变价及公平分配，使全部债权人满足其债权为目的的一般执行程序。参见陈荣宗：《企业破产法（试行）》，三民书局1982年版，第1页。

（2）破产以债务人不能清偿债务为前提。当债务人的生产经营状况发生恶化，信用能力崩溃，不能清偿到期债务时，债权人的债权即面临无法实现的危险。只有存在了此种事实，法院方可通过司法裁决对债务人的经济状态予以法律的承认。

（3）破产以公平清偿债务为宗旨。破产程序可以合理地协调多数债权人之间就债务人有限的财产如何受偿的利益冲突，防止因少数债权人优先受偿而损害其他同一顺位的债权人利益。

破产程序是特殊程序。破产程序由人民法院主持，由丧失了债务清偿能力的债务人及全体债权人共同组成。一旦选择了破产程序，债务人财产的管理、变价和分配事务均处于法院的严格控制之下。这种程序不能用起诉的方式，只能采取申请的方式开始；人民法院的审理结果只能采用裁定而非判决的形式作出。因此，破产程度不同于一般的民事诉讼程序。

（二）破产制度的意义

1. 使债权人公平受偿

公平是破产应当实现的最为重要的目标，同时也是破产程序应当贯穿始终的基本原则。破产制度的核心理念是在债务人丧失清偿能力时，使得全体债权人的债权最终公平实现。破产为债权人提供了保障债权债务关系公平、最终实现的途径。这种保障不在于满足个别债权人的利益，更不是要使债权人都获得全额的清偿，而是要做到对全体债权人公平和有序的清偿。这一理念体现在两个方面：（1）所有债权在破产程序开始时，视为到期；（2）所有债权按顺序和比例接受分配。

2. 使债务人获得拯救

现代破产制度的保障本位，由单纯的债权人利益向债务人利益方面倾斜，破产的功能也由消极走向积极，由一元走向多元。一方面，破产制度为债务人提供了免受讼累、一体解决债务清偿，乃至最后豁免未能偿还的债务的途径。按照传统的民事救济手段，各债权人个别诉讼，对于债务人的财产予以强制执行，当债务人的财产不足于清偿全部债务时，会导致债权人得不到公平清偿，从而导致信用危机，容易发生债权人过激的私力救济行为或者使得债务人陷入多重讼累，不利于市场经济的稳定和发展。因此，需要建立破产制度，通过特殊的强制性调整手段来解决债权人之间的矛盾，并对符合法定条件的诚实的债务人进行免责，以使其摆脱债务；另一方面，破产制度也为那些尚有挽救希望的企业提供了通过强制性和解或重整再振事业的机会，尽可能使那些有挽救可能的企业通过重整的机会获得新生。预防型破产这一现代意义上的破产制度即体现了挽救债务人的功能。传统破产制度自建立了和解与重整制度以后，便完成了具有深远意义的变革，通过积极的拯救达到扭转债务人不利局面，实现社会利益的价值目标。

3. 维护社会经济秩序稳定

现代交易是一个相互联系的锁链，各交易主体均是这条锁链上的一环。对不能清偿到期债务的债务人及时宣告破产，规范退出秩序，以防止其与更多的主体发生交易，切断其债务的膨胀，有利于保护经济秩序的良性运行。同时，由于破产制度使得那些经营能力弱、经济效益差的市场主体被优胜劣汰的竞争机制所淘汰，社会资源流向具有优势的竞争主体，社会产业与产品结构在市场的调节下进行优化调整，社会资源财富得到有序的重新配置。

二、破产法的概念和性质

（一）破产法的概念

破产法是破产制度的法律表现形式，是法院处理破产案件以及破产关系人行使权利的客观标准，它是关于债务人不能清偿债务而适用破产程序或重整程序处理债务关系的法律规范的总称。

广义上的破产法包括三种程序：破产清算程序、和解程序和重整程序。从这个意义上看，破产法是为使各债权人获得公平受偿而对不能清偿到期债务的债务人所进行的一种特别程序。狭义上的破产法仅仅指破产清算程序，即现代破产法上的清算型破产。[①]

从各国（地区）的立法来看，不同的立法体例采用了不同的破产法概念。比如，美国 1898 年破产法采用了广义的概念，其中包括破产清算程序、和解程序及重整程序；德国 1999 年生效的破产法将所有的程序纳入其中，同样采用了广义的概念；日本则将破产程序、和解程序及重整程序单独立法，分别为破产法、和解法、公司更生法；而英国和我国台湾破产法独具特色，破产法包括破产程序与和解程序，重整程序则规定于公司法中。我国 2007 年 6 月 1 日起施行的《中华人民共和国企业破产法》也采用了广义的破产法概念，规定了破产清算制度、和解制度及重整制度。

（二）破产法的性质

破产法应属何种性质的法律，有各种不同的学说。英美法系将破产法列为程序法；大陆法系的个别国家，如葡萄牙，将破产法列为民事诉讼法的范畴；在商人破产主义的国家，破产法为私法，属于大陆法系传统的商法范畴。破产法究竟为诉讼事件还是非诉讼事件，学理上存在争论。笔者认为应该为特殊事件，其理由为：

（1）在立法结构上，除少数国家将破产法置于民事诉讼法或商法典内，各国一般通过特别法全面规定破产程序的特有规范。所以，破产法在立法形式上表现为特别法。

（2）破产法可以准用民事诉讼法的有关规定，主要是出于破产立法的技术考虑，一方面可以减少立法上的重复，另一方面可以弥补破产法上的不足。这仅仅表现在破产程序在个别方面与民事诉讼程序或执行程序有雷同的结果，不能依此将破产程序归为诉讼程序的范畴。

（3）破产申请、破产案件的受理、破产宣告、债权申报、债权人自治、破产管理人、破产财产、破产债权、破产分配等破产法特有制度，决定着破产程序的实质，是民事诉讼程序、非诉讼程序、民事执行程序所不能包容的特别制度。[②]

三、我国破产法律制度现状及特点

（一）我国的破产法律制度

我国早在 1986 年 12 月 2 日即颁布了《中华人民共和国企业破产法（试行）》（以下简称《破产法（试行）》），该法是一部试行法，于 1988 年 11 月 1 日正式生效。为适应我国 20 世纪 90 年代以后逐量增多的破产案件的需要，最高人民法院于 1991 年 11 月对该法进行了第一次司法解释，即《最高人民法院关于贯彻执行〈中华人民共和国企业破

[①] 清算型破产和预防型破产是近现代之交才出现的对偶范畴。前者是指以破产清算为唯一目的的破产；后者则是指以破产预防如和解为主要目的的破产。

[②] 邹海林：《破产程序和破产法实体制度比较研究》，法律出版社 1995 年版，第 5 页。

产法（试行）若干问题的意见〉》（以下简称 1991 年《破产法意见》）。随着 1991 年 4 月《中华人民共和国民事诉讼法》（以下简称《民事诉讼法》）的颁布，实践中出现了两套破产规则，即《企业破产法（试行）》和《民事诉讼法》第 19 章"企业法人破产还债程序"。前者适用于全民所有制企业，后者适用于全民所有制企业以外的具备法人资格的其他企业。最高人民法院于 2002 年 7 月 18 日通过了《关于审理企业破产案件若干问题的规定》（以下简称 2002 年《破产若干规定》）的司法解释，并于 2002 年 9 月 1 日施行。

随着社会主义市场经济体制的逐步确立和国有企业改革的深化，原有的企业破产法律制度已经不能适应企业破产的实际需要，亟需一部适用于所有企业、操作性很强的企业破产法。2006 年 8 月 27 日，十届全国人大常委会第二十三次会议通过了新的《中华人民共和国企业破产法》，该法于 2007 年 6 月 1 日起施行，原有的《企业破产法（试行）》同时废止。

（二）我国破产法的特点

1. 我国破产法在适用范围上采用商人破产主义

我国《破产法》明确规定，该法的适用于企业法人，即只有具有商人资格的法人才适用破产程序。由于我国现行法律规定合伙企业的合伙人、个人独资企业的出资者对企业债务承当无限连带责任，如果这些企业破产，必然会连带牵涉到企业合伙人、出资人个人破产问题。而个人破产目前在我国现有客观条件下还不能实施，所以，我国破产法只规范企业的破产程序。

2. 我国破产法实行公力救济原则

对于债务人的破产宣告，唯有人民法院有权依法作出，在破产程序外，包括债权人在内的任何机关、组织或个人均不得以任何方式对债务人宣告破产。与之相对应，自力救济是指债权人依靠自己的力量占有、变卖债务人的财产而自我受偿的行为。

3. 我国破产法实行破产原因的概括主义

我国破产立法遵从大陆法系国家的传统，对破产原因作概括性和定义性的规定。而英美法系国家则采用列举主义，将破产原因一一列举。

4. 我国破产法实行破产程序的受理开始主义

受理开始主义是指破产程序以法院受理破产案件为标志，而不论是否对债务人宣告破产。大陆法系国家大多采取宣告开始主义，认为在没有对债务人进行破产宣告之前，破产程序并没有开始。英美法系国家则坚持破产受理开始主义，即破产程序开始于破产法院受理破产申请之时。我国实行受理开始主义，人民法院裁定受理破产申请时，即指定管理人接管债务人的财产，以防止债务人损害债权人。需注意的是，我国破产程序的开始并不注定债务人破产的命运，债务人是否应受到破产宣告，一般要经法院的审理程序。

第二节 破产程序的开始

一、破产能力与破产原因

（一）民事主体的破产能力

破产能力是破产法上的专门术语，它表示民事主体（债务人）依法能够适用破产程序被宣告破产的资格。破产能力的意义在于，它构成了法院宣告债务人破产的必要条件，没有破产能力的债务人，法院不得宣告其破产，正如没有民事诉讼能力的人不能提起或参加民事诉讼一样。依法取得破产能力的债务人，不仅自己可向法院申请宣告自己破产，其债权人也可以向法院宣告其破产。由于破产能力源于破产法的特别规定，各国立法对于不同的民事主体是否具有破产能力，有以下几种不同的规定。

1. 自然人的破产能力

自然人是否具有破产能力，因各国破产法或商法典的规定不同而有所区别。各国立法例对自然人的破产能力采取了两类态度：破产主义和商人破产主义。

（1）所有的自然人均具有破产能力，即所谓破产主义。采取一般破产主义的国家，破产能力与民事能力是一致的，凡具有民事权利能力的人均具有破产能力，如英、美、日、德等国。

（2）商自然人具有破产能力。商人破产主义主张，只有依据商法典规定而为商行为的自然人才有破产能力，其他的自然人不具有破产能力。

与民事权利能力的终止一样，破产能力因自然人的死亡而终止。但是，破产程序为财产性程序，目的在于分配债务人的财产，以实现债权人的利益，所以，破产程序进行中的破产人死亡或债务人死亡后其遗产不足以清偿其全部债务的，应对其遗产继续或开始破产程序，即为"遗产破产"。英、德、日等国破产法均对此有所规定。

2. 合伙的破产能力

对于合伙的破产能力，各国法及法理一般持肯定态度。合伙在法律上的地位视同自然人，其破产能力实际上是自然人的破产能力的变通适用。但是，合伙毕竟不同于单个自然人，各合伙人对合伙债务负无限连带责任。因此，在判断合伙的破产原因时，与其他民事主体有所不同，即只能当所有合伙人均不能清偿债务时，方可认为合伙企业"不能清偿"。

3. 法人的破产能力

法人是具有民事权利能力和民事行为能力的组织，以其全部财产承担民事责任，自从法人制度出现以来，其破产能力就备受重视。从公私法的角度划分，法人有公法人和私法人两类：公法人为机关法人，各国法及学理一般认为其不具有破产能力[①]。私法人又包括公益性法人和营利性法人，其中：（1）公益性法人的破产能力一般得到法律的认可，但是特别法可能会限制其适用破产程序；（2）营利性法人有破产能力毫无疑问，但

[①] 美国破产法却赋予了公法人以破产能力，其破产法典第9章就称为"市政债务调整"（Adjustment of debts of a municipality），规定有"市政破产"。

有的国家对特种行业的企业法人的破产能力予以限制，如银行、信托、证券交易、保险、铁路交通、邮政通信、城市公共交通、公用事业等企业，事关国计民生，故有的国家虽不排除其破产能力，却在破产程序的具体运用上有所限制。

关于外国法人的破产能力问题，原则上同内国法人。在实务上一般存在三种情形：其一，外国法人与内国法人具有相同的破产能力；其二，外国法人经内国主管机关认可，承认其法人地位的，内国法院可宣告其破产；其三，未经内国主管机关认可的外国法人，仅以其在内国有营业所或财产者为限，视其为非法人团体而宣告破产。

我国《企业破产法》第 2 条对破产能力有明确规定，仅赋予企业法人有破产能力；2002 年《破产若干规定》第 4 条也明确表明"不具备法人资格的企业、个体工商户、合伙组织、农村承包经营户不具备破产主体资格"。因此，我国破产法律制度在适用范围上基本采用商人破产主义，而不是一般破产主义。

（二）破产原因

破产原因又称破产界限，英美法系称为破产行为，是指认定债务人丧失债务清偿能力，法院据以启动破产程序、宣告债务人破产的法律标准。在世界范围内，关于破产原因的立法体例主要有两种：一是破产原因的列举主义，主要以英国破产法和美国 1978 年前的破产法为代表；二是破产原因的概括主义，被大陆法系国家采用。

1. 列举主义下的破产原因

英美法系破产法认为，具有破产能力的债务人只有在从事了破产行为的情况下才可能提起或被提起破产程序。可见，破产行为（Acts of Bankruptcy）是债务人构成开始破产程序先决条件的行为，是破产申请的原因。英国 1914 年《企业破产法》第 1 条列举了若干破产行为，如：债务人将与全体债权人的利益有关的财产交付或转让给一个或多个受托管理人；债务人将其在英国或其他地方的财产全部或一部分欺诈性地交付、赠与、让与或转移；债务人向个别债权人优惠地转让财产；债务人为了拒付或延付债权人利益而离开英国，或迟不回国，或逃离居所而隐匿，或居家不出；债务人（因其他债务）被提起强制执行程序，其财产已被扣押，或者其财产已被司法执行官变卖，或被司法执行官查封达 21 天以上；债务人按规定的格式提出申请说明其无力清偿，或者提出了对抗自己的破产申请的；债务人拒不或者无法履行破产公告所确定的义务；债务人已经通知任何债权人，他已经或者将要暂停清偿债务的。

美国 1898 年破产法第 3 条第 1 项也列举了六种破产行为，经修订后，1979 年破产法典采用了概括的方式规定破产原因。

2. 概括主义下的破产原因

大陆法系各国破产法以不能清偿（can not pay）、债务超过（insolvent）和停止支付（cease to pay）三种术语来概括破产原因。这种立法例有利于法院灵活处理各种复杂情形下的破产案件，赋予法院宣告债务人破产以较大的自由裁量权。我国破产法在破产原因上采取概括主义，《企业破产法》第 2 条规定："企业法人不能清偿到期债务，并且资产不足以清偿全部债务或者明显缺乏清偿能力的，依照本法规定清理债务。"可见，我国对于破产界限规定了可供选择的两个原因：一是企业法人不能清偿到期债务，并且资产不足以清偿全部债务，两个条件同时具备才构成企业破产原因；二是企业法人不能清偿到期债务，并且明显缺乏清偿能力的，也构成企业破产原因。

（1）不能清偿，或称之为清偿不能、支付不能，是指债务人以其现有的财产、信用以及技术手段等客观上不能偿付已届清偿期的债务。在判断"不能清偿"时，应构成以下三要件：

第一，债务人欠缺清偿能力。债务人在客观上没有清偿能力，而不是暂时停止清偿债务或拒绝清偿债务。不能仅仅凭债务人所拥有的财产数额来判断其是否欠缺清偿能力，而要结合债务人的可供抵偿债务的各种手段（如劳力、知识财产）、因素（如商业信用）予以综合评价。

第二，不能清偿的债务是到期债务。债务人所负债务未届清偿期，债务人只负有将来的清偿义务而没有即时清偿的责任。已到期的债务，经债权人提出清偿请求，债务人不能为即时清偿的，才会有不能清偿的情形。

第三，须是持续地不能清偿。债务人并非暂时地不能清偿到期债务，而是持续地、长期地不能清偿。受多种主客观因素的影响，如果债务人欠缺清偿手段只是由于暂时的财务困难，则只能说明发生了民法上的给付迟延或给付暂时不能，适用民法的相关规定而不能适用破产程序还债。

（2）停止支付，是指债务人明示或默示地表示其不能支付一般债务的行为。停止支付与清偿不能虽不是同一概念，却有着密切的联系。债务人欠缺清偿能力时，其外部特征即表现为停止支付，但是并非在任何情况下，债务人停止支付均表明其无清偿能力。对于债权人而言，只要债务人停止支付，便有理由认为其已无清偿能力，可据此向法院申请对债务人开始破产程序。但从另一方面说，债务人停止支付并不必然表明其丧失清偿能力，债务人可以举证进行抗辩。因此，停止支付只是破产的推定原因，是债务人可以用事实与证据推翻的原因。采用商人破产主义的国家通常以停止支付作为破产原因，如意大利、西班牙等国。我国《企业破产法》中未使用停止支付的概念，而采用了"明显缺乏清偿能力"的描述。

（3）债务超过，我国称之为"资不抵债"，是指法人的资产或遗产不够清偿其所负的全部债务。债务超过是一种特殊的破产原因，以适用于法人和遗产为限。这是因为，法人以其全部财产为债权人利益担保，法人承担债务的能力取决于其所拥有的资产，法人的信用也以其资产为基础。一旦法人的负债总额超过其资产额，法人承担责任的基础不可避免地发生动摇，随时都有因停止支付而严重危及债权人利益的不安因素存在。所以，法人不必构成清偿不能，法人的债务也不必届清偿期，只要有债务超过的情形，就构成宣告破产的当然原因。债务超过已成为各国立法的通例[①]。我国《企业破产法》中采用"资产不足以清偿全部债务"来描述"债务超过"这一概念的含义。在我国，不能单纯用债务超过的标准衡量一个企业法人是否真正具备破产原因，法律将"债务超过"与"不能清偿"情形并列规定为破产原因，二者缺一不可。值得注意的是，债权人对于债务人的资产与负债作出评价及发现其债务超过是有困难的。因此，对债权人来说，只要企业不能清偿到期债务，就可以向法院申请宣告债务人破产，没有必要去了解债务人是否资不抵债。而对于债务人来说，是否资不抵债自己心里最清楚，因此，债务超过这

[①]　邹海林：《破产程序和破产法实体制度比较研究》，法律出版社 1995 年版，第 61 页。

一破产原因要起到应有的作用,主要靠债务人自己申请破产①。《公司法》专门规定:"清算组在清理公司财产、编制资产负债表和财产清单后,发现公司财产不足清偿债务的,应当依法向人民法院申请宣告破产。"

很多立法例承认遗产有破产能力。被继承人生前所欠债务,以遗产价值为限接受清偿,当遗产不足以清偿债务时,为满足多个债权人公平受偿,只能适用破产程序。债务超过是判断遗产无清偿能力的唯一标准。

二、破产申请及申请的受理

(一)破产申请

同民事诉讼程序一样,破产程序的启动也受制于一定的程序契机。此程序契机有职权主义与申请主义之分。如前所述,现代各国破产法呈现的总体态势,乃是以申请主义为主,同时辅之以职权主义。因此,破产申请是破产程序开始的条件,但不是破产程序开始的唯一途径。

1. 破产申请人

破产申请人是有权向法院提出破产申请的人,一般包括债权人和债务人,但在特别法上,如公司法中,公司因解散而进行清算时,清算人发现公司财产不足以清偿债务的,也应向法院提出破产申请。破产申请人是否适格,直接关系到破产程序的合法性。

(1)债务人为破产申请人。当债务人具有法律规定的破产原因时,可以向法院申请宣告自己破产。这是债务人依破产法所享有的特权,即债务人处分其全部财产以及集中清理其债务而免受讼累的一种特别权利。从另一方面看,申请破产又是债务人的义务。这是因为债务人是社会经济联系中的一环,涉及了社会利益,故有的国家规定:其一,商人停止支付,应及时向法院申请破产;其二,当法人存在破产原因时,董事负有向法院申请破产的义务。例如,法国破产法规定,不得不停止支付的债务人应在15天内向法院申请开始破产程序。

(2)债权人为破产申请人。债权人是按照约定或法定对债务人享有财产请求权的人。破产法律的制度价值之一就是公平保护债权人利益,故债权人可以通过申请债务人破产的途径来保护其权利。一般来说,只有当债权人通过民事执行程序都无法满足其债权时,才通过破产程序来实现其不能得到的利益,破产申请往往是债权人不得已而为之的策略。

至于判断债权人是否享有破产申请权,有以下几条标准:

第一,债权人的破产债权必须属于无财产担保的普通债权和放弃了优先受偿权的有财产担保的债权。

第二,与破产债权相对应的破产债务已到履行期,债务人对此无力清偿。

第三,债务人不符合法律规定的可予免除的法定情形。

第四,提出破产申请的债权人的债权额必须达到一定标准。这种标准在国外通常有所规定,称之为"破产水平"(bankruptcy level)。例如,英国新破产法规定,只有债权额等于或者大于750英镑的债权人,才能享有破产申请权。

我国《企业破产法》及相关司法解释对债权人享有破产申请权的标准未作规定,认

---

① 参见(日)伊藤真:《企业破产法(试行)》,刘荣军等译,中国社会科学出版社1995年版,第40页。

为只要存在到期债权无法获偿的债权人均可提出申请。

（3）依法负有清算责任的人为破产申请人。依照我国《破产法》第7条第三款的规定，企业法人已解散但未清算或者未清算完毕，资产不足以清偿债务的，依法负有清算责任的人应当向人民法院申请破产清算。因为企业法人资不抵债，又不能继续经营挽回损失，实际上已经不能清偿到期债务，已达破产界限，故清算组应当向人民法院申请破产清算。

2．破产申请的提出

破产申请是债务人或债权人向法院请求宣告债务人破产的意思表示，各国破产法均对这种意思表示的表现形式有书面或口头的要求。

破产申请提出的期限，一般没有限制。只有特殊情形下，对破产申请的提出有限定，如英国破产法第4条1款规定：债务人的破产行为唯发生在破产申请前三个月内，债权人才有权据此提出破产申请。

3．破产申请的法律效力

破产申请无论是否被法院所受理，均发生债权时效中断的效力，从中断时起，诉讼时效期间重新计算。

而破产申请提出后，申请人请求撤回申请是否准许，各国法律规定有所不同。有的采用法院许可主义，是否撤回由法院决定；有的采用任意撤回主义，在法院受理破产案件前，申请人可以任意撤回申请；还有采用有限制的自由撤回主义，即在法律有特殊规定的事由时不得撤回。我国《破产法》规定，破产申请人在人民法院受理破产申请前，可以请求撤回破产申请。

（二）破产申请的受理

在实行破产程序受理开始主义的国家里，破产程序是以法院受理破产申请为开始标志的。在这种立法例中，破产程序一般包括受理程序、审理程序、宣告程序和分配清算程序。而在采用宣告开始主义的国家，破产程序的开始以对债务人宣告破产为标志，当法院对破产申请进行形式审查和实质审查后认为符合法律规定的，立即宣告债务人破产，从而开始破产程序。

我国目前的破产法采用破产程序受理开始主义。在受理开始主义的破产法中，破产申请的受理是指法院经审查认为破产申请符合法定立案条件而予以接受，并因此开始破产程序的司法上的审判行为。法院在接到破产申请后，应在法定期间内进行形式审查和实质审查，以作出受理或不受理的裁定。形式审查主要是审查法院对破产案件有无管辖权、破产申请人是否符合法律规定以及申请形式是否符合法律规定。实质审查主要是对被申请人是否具有破产能力、是否具有破产原因、债务人是否具有可分配的财产等进行审查。依照我国2002年《破产若干规定》第12条规定，实质审查阶段应对恶意破产[①]予以防止。恶意破产的情况包括：一是债务人有隐匿、转移财产等行为，为了逃避债务而申请破产的；二是债权人借破产申请毁损债务人商誉，意图损害公平竞争的。人民法

[①]　所谓申请人恶意申请破产，是指申请人意图通过申请破产的方式达到某种不正当或者非法的目的。参见李国光、奚晓明、曹士兵：《正确理解〈关于审理企业破产案件若干问题的规定〉》，中国法制出版社2002年版，第33页。

院对上述情形的破产申请不予受理。经审查认为合乎法律规定的，人民法院应作出受理的裁定。对于法院不予受理的裁定，申请人有权提起上诉。

三、破产宣告

破产宣告是法院依法定程序对已经具备破产条件的债务人所作出的宣告其为破产人并进行破产清算的司法裁定。破产宣告使债务人真正成为法律意义上的破产人。根据多数国家的破产法规定，破产程序的开始以破产宣告为标志，也是开始对债务人财产进行概括性强制清算的标志。我国破产法关于破产程序，采取的是受理开始主义，人民法院受理破产案件后，破产程序就开始，但这时人民法院并不一定马上就宣告债务人破产，进入破产清算程序，还有可能通过破产和解、破产重整程序，使债务人与债权人就债务清偿达成协议，避免债务人被宣告破产。因此，我国的破产宣告，既可能发生在破产案件受理的同时，即人民法院受理破产案件时就宣告债务人破产，直接开始破产清算程序；也可能发生在破产程序的进行过程中，即破产申请受理以后，在破产程序进行过程中，人民法院依照《破产法》规定宣告债务人破产。

对债务人进行破产宣告，有的是根据利害关系人的申请作出，有的则是法院依据职权而作出的。根据绝大多数国家破产法的规定，法院应以根据申请而宣告债务人破产为原则，体现私法"不告不理"的一般精神。而当出现某些特殊情况时，法律也例外地赋予法院依职权宣告债务人破产，如规定"在民事诉讼或者执行程序中，法院查悉债务人不能清偿债务时，得依职权宣告债务人破产"。

依据我国《破产法》的有关规定，人民法院宣告债务人破产的情形包括以下几种：

（1）债务人被申请破产，而且债务人具备《破产法》规定的破产原因；

（2）债务人进入了破产重整程序，但在重整期间出现了法定事由，而由人民法院宣告债务人破产；

（3）债务人进入了破产重整程序，但是债务人或者管理人未能在法定期限内提出重整计划草案；

（4）重整计划未获通过，并且人民法院没有强制批准重整计划；

（5）债务人不能执行或者不执行重整计划，人民法院经利害关系人申请，裁定终止重整计划的执行，并宣告债务人破产；

（6）和解协议草案经债权人会议表决没有通过或者债权人会议通过的和解协议未获得法院认可的，人民法院宣告债务人破产；

（7）和解协议是因为债务人的欺诈或者其他不法行为而成立的，该协议无效，人民法院应当宣告债务人破产；

（8）债务人不按或者不能按和解协议规定的条件清除债务，人民法院根据和解债权人的申请宣告债务人破产。

破产宣告，人民法院应当以裁定的形式作出。破产宣告标志着通过对债务人进行破产清算从而最终导致债务人消亡的程序开始了，因此，破产宣告不但对债权人而且对其他利害关系人乃至整个社会的交易秩序都有着重要影响。法院在进行破产宣告的同时，应为下列事项。

（一）将破产宣告的事实公告于众

法院在裁定债务人破产后，应将破产裁定的主要内容，如破产案件的受理法院、破产人、破产人的资产负债情况、破产宣告的理由和适用的法律、破产宣告的时间等，在法院的公告栏张贴、在专门的报刊上予以公告。对于人民法院已经知道的债权人，还应直接通知。

（二）对破产人的财产登记机关的通知

这主要是指对不动产登记机关的通知。如果不将债务人破产的事实通知有关的登记机关，则可能会发生债务人继续处分其不动产的情形，因信任登记而取得不动产的人，即使在破产宣告后，也会依善意取得制度取得该不动产，这显然不利于对破产财产的保护。因此，许多国家破产法均规定，在对债务人宣告破产以后，应通知其财产登记机关。

（三）指定破产管理人

法院在宣告债务人破产的同时，应指定破产管理人。剥夺破产人对其财产的管理处分权，将破产人的财产交由破产管理人统一管领，以防止出现损害债权人利益的行为。根据《企业破产法》第13条的规定，人民法院裁定受理破产申请的，应当同时指定管理人。

四、破产程序开始后的效力

不论是受理开始主义还是宣告开始主义，破产程序一旦开始，就会对债务人产生破产法上的法律约束力。为了防止债务人不当转让或非法处理财产，维护债权人的公平受偿利益，确保破产程序进行的严肃性，破产人在私法上的权利将受到限制。

（一）破产程序对破产人财产的影响

破产程序开始后，债务人被剥夺处分其财产的权利，其所拥有的一切财产构成破产财产，交由法院指定或债权人会议选定的破产管理人，破产人被禁止继续有关破产财产的法律行为。破产法对破产人财产的限制，其目的在于防止破产债务人对其财产进行恶意处分而损害债权人一般利益。

（二）破产程序优先于民事程序

破产程序是概括的债务清理程序，目的在于一次执行债务人的全部债务，从而防止对债务人的财产为个别的民事执行。由于所有的无财产担保的债权人均须通过破产程序行使权利，故破产程序开始后，必须中止或终结对债务人的民事诉讼程序。各国立法例对于破产程序开始后未执行完毕或者尚未开始执行的案件，均以中止执行来解决。我国《破产法》第19条规定，人民法院受理破产申请后，有关债务人财产的保全措施应当解除，执行程序应当中止。第20条规定，人民法院受理破产申请后，已经开始而尚未终结的有关债务人的民事诉讼或者仲裁应当中止；在管理人接管债务人的财产后，该诉讼或者仲裁继续进行。

第三节　破产债权

一、破产债权的含义及范围

（一）破产债权的含义

破产程序的目的之一是为了分配破产财产，满足破产债权。破产债权始终是破产法上的中心范畴。破产债权是指可以通过破产程序获得清偿的债权。由于破产法是实体法和程序法的统一，破产债权的内涵也应置于实体与程序两个层面加以分析。从程序的角度讲，破产债权是依破产程序申报并依破产程序受偿的财产请求权，即形式意义上的破产债权。从实体法的角度讲，破产债权是在破产程序开始前成立的对债务人享有的金钱债权或得以金钱评价的债权，即实质意义上的破产债权。实质破产债权是形式破产债权的基础权利，但是，实质破产债权若不依法转化为形式破产债权，在破产程度上则没有任何意义。只有形式破产债权才能依破产法接受破产分配。

破产债权具有以下四个特征。

1. 破产债权是财产请求权

破产债权人权利所指向的对象是金钱或可用金钱计算的标的。因为只有当债权是能够以债务人的财产为给付内容时，才能接受清偿。纯粹以不作为为内容的请求权，不能作为破产债权。但是因为债务人违反不作为给债权人造成损害的损害赔偿请求权，可以作为破产债权。

2. 破产债权应当是在法院受理破产案件时对债务人享有的债权

法院受理破产案件的时间，是决定某一债权是否属于破产债权的时间界限。只要债权的成立原因于破产程序开始前已有效存在，而不论该债权在破产程序开始时是否已发生效力，都应属于破产债权。

3. 破产债权必须是具有法律强制执行力的债权

破产程序在实质上是一种概括的强制执行程序，因此参加破产程序的债权必须是受法律保护且能够予以强制执行的债权。不能强制执行的债权如劳务之债、已超过诉讼时效而债务人仍表示愿意履行之债等，不属于破产债权。

4. 破产债权是必须依破产程序进行申报并行使的债权

破产债权必须在法律规定的期限内进行申报。若债权人未依法律规定申报债权，便不能行使表决权等程序上的权利，也不能依破产程序实现债权。但其实体法上的权利并不因未申报而消灭。

（二）破产债权的范围

对破产债权的范围，各国破产法通常有明文规定。我国最高人民法院的有关司法解释文件，对破产债权的范围作出了详细的规定。

1. 属于破产的债权

（1）破产宣告前成立的无财产担保的债权；

（2）破产宣告前成立的虽有财产担保的但是债权人放弃优先受偿的债权；

（3）破产宣告前成立的虽有财产担保的但是债权数额超过担保物价值部分的债权；

（4）票据出票人被宣告破产，付款人或者承兑人不知其事实而向持票人付款或者承兑所产生的债权；

（5）清算组解除合同，对方当事人依法或者依照合同约定产生的对债务人可以用货币计算的债权；

（6）债务人的受托人在债务人破产后，为债务人的利益处理委托事务所发生的债权；

（7）债务人发行债券形成的债权；

（8）债务人的保证人代替债务人偿清债务后依法可以向债务人追偿的债权；

（9）债务人的保证人按照《中华人民共和国担保法》第 32 条的规定预先行使追偿权而申报的债权；

（10）债务人为保证人的，在破产宣告前已经被生效的法律文书确定承担的保证责任；

（11）债务人在破产宣告前因侵权、违约给他人造成财产损失而产生的赔偿责任；

（12）人民法院认可的其他债权。

以上第（5）条债权以实际损失为计算原则。违约金不作为破产债权，定金不再适用定金法则。

2．不属于破产债权的情形

（1）行政、司法机关对破产企业的罚款，罚金以及其他有关费用；

（2）人民法院受理破产案件后债务人未支付应付款项的滞纳金，包括债务人未执行生效发文书应当加倍支付的迟延利息和劳动保险金的滞纳金；

（3）破产宣告后的债务利息；

（4）债权人参加破产程序所支出的费用；

（5）破产企业的股权、股票持有人在股权、股票上的权利；

（6）破产财产分配开始后向清算组申报的债权；

（7）超过诉讼时效的债权；

（8）债务人开办单位对债务人未收取的管理费、承包费。

上述不属于破产债权的权利，人民法院或者清算组也应当对当事人的申报进行登记。

二、破产债权的申报

债权申报是指债权人在破产程序开始后法律规定的期限内，向法院或法院指定的机关呈报债权，以明确其参与破产程序行使权利的活动。债权申报是破产程序中的一项重要制度，是债权人参加破产程序并行使权利的前提。

各国破产法对债权申报的期间均有规定，但期限的长短及决定期限的方式各有不同，有的直接由法律规定，有的则由法院依具体情况而定。我国《破产法》第 45 条规定：“人民法院受理破产申请后，应当确定债权人申报债权的期限。债权申报期限自人民法院发布受理破产申请公告之日起计算，最短不得少于三十日，最长不得超过三个月。”

债权人申报债权后，发生两方面的效力：一是取得参加破产程序并行使权利的资格；二是债权的诉讼时效因债权申报而中断。若债权人未依法律申报债权，其法律后果在不同立法例上有不同的表现：其一，债权人未申报债权，程序法与实体法上的权利均归于消灭，即债权不复存在；其二，债权申报期限只具有程序上的除斥效力，债权人逾期未申报债权的，只发生不能参加破产程序的结果，即诉权丧失，而民事实体法上的债权依然存在。我国《破产法》第 56 条明文规定：“在人民法院确定的债权申报期限内，债权人未申报债权的，可以在破产财产最后分配前补充申报；但是，此前已进行的分配，不再对其补充分配。为审查和确认补充申报债权的费用，由补充申报人承担。债权人未依照本法规定申报债权的，不得依照本法规定的程序行使权利。”

需注意的是，债权人申报的债权，是否为破产债权，其性质如何、数额多少、是否有表决权，均不以申报为准，必须经法律规定的机关调查确认后，该债权才可获得破产债权的地位。

三、破产债权的行使

破产债权行使的一般原则为：破产债权非依破产程序不得行使。其具体含义为：

第一，其债权经法院确认的破产债权人均应按破产分配方案确定的数额或比例接受清偿。

第二，破产债权人不得于破产程序之外执行债权。

第三，这一原则不影响债权人自破产人的保证人或连带债务人处获得清偿的权利。但若债权人已就全部债权额进行申报，则不得同时向其他连带债务人要求清偿。

第四，这一原则并不影响以物权为基础的取回权、别除权或抵消权的行使[①]。

四、债权人会议

（一）债权人会议的概念及组成

债权人会议是一个外来概念，英语通常表达为"the creditors meeting"和"the creditors'meeting"，分别是"债权人会议"和"债权人的会议"，正好体现了债权人会议的双层含义：其一，由债权人组成的程序组织，它伴随着破产程序的开始而产生，破产程序终结后，其使命也宣告终结；其二，指一种集合性的程序活动，债权人会议是破产程序中全体债权人的意思表示机构，通过会议的形式对破产程序中重大事项的进行决定，并对破产程序予以监督。

《破产法》第59条规定："依法申报债权的债权人为债权人会议的成员，有权参加债权人会议，享有表决权。"无论其债权的性质如何、数额多寡，所有申报了债权的债权人都是债权人会议的当然成员。债权人会议成员享有表决权，但是，对债务人的特定财产享有担保权的债权人，未放弃优先受偿权利的，对法律规定的某些事项不享有表决权。

（二）债权人会议的职权

债权人会议也是一种自治性机构，全体债权人在这一舞台上对破产程序发表意见、讨论有关事项，通过债权人会议对有关破产事务做出决议。因此，各国破产法对债权人会议的职权均有明确规定。根据大多数的立法例，其职权主要包括如下内容。

1. 选任和撤换监督机构

由于债权人会议不是常设性机构，不宜对破产程序的进行为有效的监督，因此各国破产法均规定在债权人会议闭会时，由债权人会议或法院决定设立专门的监督机构。

2. 讨论通过对债务人财产的管理、变价和分配方案

破产财产是债权人利益分配的基础，与每一个债权人利益息息相关，对破产财产的管理和变价及分配应有债权人自治决定。

3. 审查债权

在债权人会议上让每个债权人对已经申报的债权提出异议，这实际上是法院确认债权的一个步骤。对债权的确认权在法院而非债权人会议。

---

① 李永军：《破产法律制度》，中国法制出版社2001年版，第207~208页。

4．讨论和通过和解协议

因和解关系到每一个债权人的利益，且通常涉及与债务人的妥协和让步，故应由债权人会议作出决议①。

我国《破产法》第 61 条规定，债权人会议的职权是：（1）核查债权；（2）申请人民法院更换管理人，审查管理人的费用和报酬；（3）监督管理人；（4）选任和更换债权人委员会成员；（5）决定继续或者停止债务人的营业；（6）通过重整计划；（7）通过和解协议；（8）通过债务人财产的管理方案；（9）通过破产财产的变价方案；（10）通过破产财产的分配方案；（11）人民法院认为应当由债权人会议行使的其他职权。

（三）债权人会议的工作机制

1．债权人会议的召开

由于债权人会议是会议体机构，其工作通过召开会议的方式进行。债权人会议的召开分为法定召开与任意召开两种。第一次债权人会议是法定债权人会议，于破产程序开始后在法律规定的期限内必须召开，许多事项均在第一次债权人会议上产生，故各国破产法均规定第一次债权人会议是必须召开的会议，召集者为法院。根据我国《企业破产法》的规定，第一次债权人会议由人民法院召集，自债权申报期限届满之日起 15 日内召开。

除第一次债权人会议外，在破产程序的进行中，可根据实际需要，并应有关机构或人员的请求或法院依职权决定召开债权人会议。根据大多数国家破产法的规定，必要时有权请求召开债权人会议的机构或人员大致有以下几种：

（1）法院依职权决定召开；

（2）破产财产管理人、监督机构可申请召开；

（3）债权人会议主席决定召开；

（4）占一定比例的债权人可申请召开。

为保护多数债权人的利益，使债权人会议不为少数债权人所控制，有的国家立法特别规定出席债权人会议的债权人必须达到法定的人数，才可以召开。

我国《企业破产法》第 62 条规定，以后的债权人会议，在人民法院认为必要时，或者管理人、债权人委员会、占债权总额 1/4 以上的债权人向债权人会议主席提议时召开。

2．债权人会议的决议

债权人会议的决议，是指债权人会议在职权范围内，对会议议题进行讨论，由出席会议的有表决权的债权人通过表决，形成的一致意见或者决定。债权人会议的决议，不是某个或者某些债权人的利益体现，而是以表决实现多数或全体债权人的利益和愿望。

依债权人会议决议的不同事项，法律区别了一般决议的表决和特殊决议的表决。在通过采取双重标准，不仅有人数的要求，也有债权额的要求。我国《破产法》第 64 条规定："债权人会议的决议，由出席会议的有表决权的债权人过半数通过，并且其所代表的债权额占无财产担保债权总额的 1/2 以上。但是，本法另有规定的除外。"

债权人会议一旦依法定程序形成，对全体债权人均有约束力。不论债权人是否出席

---

① 李永军：《破产法律制度》，中国法制出版社 2001 年版，第 132～133 页。

会议，也不论债权人是否享有表决权，或者放弃表决权、或者表决时保留意见，更不论债权人是赞成决议还是反对决议，均受债权人会议决议的约束。如果债权人认为债权人会议的决议违反法律规定，损害其利益的，可以在债权人会议作出决议之日起 15 日内请求人民法院撤销该决议，责令债权人会议依法重新作出决议。

第四节　破产财产

一、破产财产的含义及构成

（一）破产财产的含义

破产人的财产是破产程序开始的基础，破产法上的许多制度均围绕着对债务人的财产分配而展开。从一般意义上说，破产财产是破产程序开始时由债务人所有的财产及财产权利所构成的财产性集合体。外国破产法尤其是大陆法系均使用"破产财团"（Bankrupt Estate）的概念[1] 来表述此处所指的"破产财产"。我国《破产法》采用"债务人财产"这一概念，第 30 条规定："破产申请受理时属于债务人的全部财产，以及破产申请受理后至破产程序终结前债务人取得的财产，为债务人财产。"债务人财产与破产财产有着直接关系，当债务人被宣告破产后，债务人财产即被称为破产财产。

破产财产有以下几个特征。

1. 破产财产必须是破产人的责任财产

所谓责任财产，指财产持有人或者占有人得以承担清偿债务责任的财产，原则上只限于破产人自己享有所有权的财产。

2. 破产财产是能够受破产分配的财产

不参加破产程序进行分配的破产人的责任财产，不是破产财产，如已作为抵押物的财产。

3. 破产财产受破产财产管理人的占有和支配

破产财产管理人对破产财产享有专属支配权，非经其同意，任何人都不得占有、使用和处分破产财产。因此，法定的不由破产财产管理人占有和支配的财产，不属于破产财产。

4. 破产财产是法律明文规定范围内的财产[2]

破产财产一般受法律的限定，不同的立法主义对破产财产在时间和空间上有不同的规定。例如，在固定主义下，破产财团仅仅以破产人在破产宣告时所拥有的财产为限；而在膨胀主义下，破产财产不仅包括债务人在破产宣告时所拥有的财产，还包括债务人在破产宣告后至破产程序终结时所取得的财产。

（二）破产财产的范围

破产财产的范围从时间标准和空间标准两方面结合确定。

---

[1] "破产财产"是我国破产法使用的概念，"破产财团"是德国、日本等使用的概念。二者不仅仅是术语上的差别，其所指的性质也并不相同："破产财团"被认为具有法人资格或者具有民事主体地位，而非单纯的权利客体。

[2] 邹海林：《破产程序和破产法实体制度比较研究》，法律出版社 1995 年版，第 247～248 页。

1. 空间限制

从空间上对破产财产进行限制，世界各国主要采取了三种立法原则：一是普及主义（universalism），二是属地主义（territorialism），三是折中主义。在属地主义原则下，在一国宣告的破产，在破产财产的构成上仅仅以破产人位于破产宣告法院所在地国的财产为破产财产，而对位于国外的财产并不当然具有效力。而在普及主义原则下，因实行"一人一破产"，在一国对债务人的破产宣告，对破产人位于其他国家的财产发生效力，即债务人在世界各国的财产均构成破产财产。折中主义认为应将破产人的财产按动产和不动产来区分，对破产人的动产适用普及主义，对破产人的不动产适用属地主义。无论是采取普及主义抑或属地主义，各国破产法大多对此作出明文规定。我国《企业破产法》基本上采用的是破产普及主义，破产效力及于债务人在中国境外的财产。

2. 时间限制

各国对于自然人破产的破产财产的时间范围主要采取两种标准：一是膨胀主义，二是固定主义。所谓膨胀主义，乃指破产财产的构成范围并不以破产申请或破产宣告为基准，而是突破此界限，不断向后"膨胀"，包括债务人在破产宣告后至破产程序终结时所取得的财产。此立法例以法国为典型，英国、意大利等国从之。与膨胀主义相对立，所谓固定主义，是指将构成破产财产的时间基准"固定"在破产申请或者破产宣告的时间点上，破产财产仅仅以破产人在此时拥有的财产为限。固定主义以德国为代表，日本、美国亦采之。

3. 我国破产财产的范围

我国《破产法》第30条对破产财产的范围有明文规定。破产财产由下列财产构成：债务人在破产宣告时所有的或者经营管理的全部财产；债务人在破产宣告后至破产程序终结前取得的财产。下列财产不属于破产财产：

（1）债务人基于仓储、保管、加工承揽、委托交易、代销、借用、寄存、租赁等法律关系占有、使用的他人财产；

（2）抵押物、留置物、出质物，但权利人放弃优先受偿的或者有限偿付被担保债权剩余的部分除外；

（3）担保物灭失后产生的保险金、补偿金、赔偿金等代位物；

（4）依照法律规定存在优先权的财产，但权利人放弃优先受偿权或者优先偿付特定债权剩余的部分除外；

（5）特定物买卖中，尚未转移占有但相对人已完全支付对价的特定物；

（6）尚未办理产权证或者产权过户手续但已向买方交付的财产；

（7）债务人在所有权保留买卖中尚未取得所有权的财产；

（8）所有权专属于国家且不得转让的财产；

（9）破产企业工会所有的财产。

二、破产财产管理人

（一）*破产财产管理人概述*

破产管理人制度是我国破产法从外国破产法律制度中引进的一种负责管理处分破产财产的制度。管理人是指破产程序开始后，为了加强对债务人财产的管理，防止债务人随意处分财产，保护债权人利益，专门设置的负责实施对债务人财产的管理、清理、处分、变价、分配等事项的机构①。这一专门机构在各国破产法上有不同的称谓，大陆法系一般称之为"破产管理人"或"破产财产管理人"，而英美法系则称为"破产信托人"（Bankruptcy Trustee），日本法称之为"破产管财人"，在我国破产法上称为"破产管理人"。

在实行破产程序宣告开始主义的国家，如法国、德国，法院宣告破产前，破产程序并未开始，债务人的民事主体地位未发生任何变化，其财产当然不受约束仍由债务人支配，法律没有理由设立专门的财产管理人接管债务人的财产。此时如有保护债务人财产的必要，则通过民事诉讼的财产保全措施，由法院来实现。只有当法院宣告债务人破产，破产程序开始时，破产人财产始受破产法约束，由破产财产管理人接管破产人的财产。

而在实行破产程序受理开始主义的国家，以英国、美国为代表，则建立了分阶段的财产管理人制度。法院受理破产案件后至破产宣告前，债务人虽然没有被宣告破产，但破产程序已经开始，债务人不得管理和处分其财产，应当依法移交给法定的临时财产管理人（Official Receive，Interim Trustee）。在破产宣告后，已由临时财产管理人接管的财产转变为破产财产，则应当移交破产信托人实施占有、支配，并予以分配。

破产财产管理人是破产法上的重要机构，具有两大特征：一是临时性，它随着破产清算的开始而成立，随着破产清算的结束而解散，并不与破产程序共始终。其二是中立性，它是破产程序中所有利益冲突的焦点，地位独特：既为债权人利益而工作但又不代表债权人；代表破产人起诉、应诉，但不代表破产人。即便对法院，也始终保持相当程度的独立性。

（二）破产财产管理人的选任

破产财产管理人的选任，依立法例有以下三种方式。

1. 法院指定

法院为体现在破产程序中的主导地位，独立行使对破产案件的审判权，便于对破产程序的控制，在裁定开始破产程序时，选任破产财产管理人。包括如何任命破产财产管理人、任命何人为破产财产管理人、任命多少人为破产财产管理人，均取决于法院的决定。由法院指定的破产财产管理人向法院负责，并接受其监督。目前，法国、意大利、日本、伊朗等国立法例实行这种制度，法院指定是选任破产财产管理人的唯一方式。

2. 债权人会议选任

实行此种立法例的国家认为，破产清算为债权人的共同利益而进行，负责破产清算事务的机构应当由债权人会议选任，才有助于保障债权人的利益，彻底贯彻债权人在破产程序中的自治精神。破产宣告后，召开债权人会议，由其选任破产财产管理人。在召开债权人会议或选出破产财产管理人前，破产清算程序不能因为尚未选出破产财产管理人而中止。为此，法院可以任命临时破产财产管理人负责破产清算事务。

3. 债权人会议选任与法院指定相结合

破产财产管理人既可以由债权人会议选任，也可以由破产法规定的权力机关（如特定的国家行政机关、法院）指定。英国和我国台湾地区实行这种制度。

---

① 安建、吴高盛主编：《企业破产法实用教程》，中国法制出版社 2006 年版，第 26 页。

我国破产法对管理人采用的是法院指定的立法模式，但又不是完全由法院决定，而赋予债权人会议有一定的否决权；法律还专门规定了管理人任职的积极资格和消极资格。

（三）破产财产管理人的职责

破产清算以破产财产管理人履行其职责为核心。原则上，破产财产管理人应当在其职责范围内进行活动，在职责范围以外的一切行为，不能对抗破产债权人、破产人等利害关系人，破产财产管理人超越职责范围所为管理和处分破产财产的行为后果，由破产财产管理人自己承担。如果破产财产管理人管理和处分破产财产的行为违反法律或债权人会议的决议，其行为本身还是有效的，只是破产财产管理人需对其侵权行为承担赔偿责任。

我国《破产法》第18条、23条、28条、31条、32条、34条和35条等条款，围绕破产财产的保管、清理、估价、处理和分配，对管理人的职责作了规定。第25条用列举的方式将管理人的职责规定如下：（1）接管债务人的财产、印章和账簿、文书等资料；（2）调查债务人财产状况，制作财产状况报告；（3）决定债务人的内部管理事务；（4）决定债务人的日常开支和其他必要开支；（5）在第一次债权人会议召开之前，决定继续或者停止债务人的营业；（6）管理和处分债务人的财产；（7）代表债务人参加诉讼、仲裁或者其他法律程序；（8）提议召开债权人会议；（9）人民法院认为管理人应当履行的其他职责。

三、破产财产的分配

（一）破产财产的变现

要分配破产财产，必须要实现破产财产的等质化和破产债权的等质化，即把二者依法变现为金钱，以保证破产分配的公正与合理。破产变现是破产分配的前提条件，各国破产法均对破产变现给予关注。

1. 变现的原则与方法

破产清算程序的基本目的在于将破产人的现有财产最大限度地对债权人作公平的清偿，所以破产财产变现的基本原则应是以最高的价格出售破产财产。为实现这一目的，在选择破产财产的具体出售方法上，破产财产管理人应作谨慎的考虑。拍卖方式具有公平公正性，但成本较高，并不是任何情况下的理想选择，故各国立法和司法并未将出售方法仅仅限于拍卖，而是对财产的处理采取灵活方式。

2. 对破产财产变现的限制

一般来说，在一般债权审查终结前，不能对破产财产进行变现；而且在提出和解协议时，也不得将破产财产变现。破产财产管理人处分财产应当征得债权人会议的同意，以最大限度地增加可分配的财产。

（二）破产财产的分配

破产分配是指对已经确认的债权，依照法定顺序和程序分配给债权人的过程。破产分配是破产清算程序的关键性阶段，是所有破产法上的制度终点和债权人的终极关怀。

1. 破产分配的特征

（1）破产分配以存在可供分配的破产财产为必要。若破产财产管理人发现经过破产取回权人、别除权人、抵消权人行使权利、并拨付了破产费用后，所确定的破产财产无剩余的，由于丧失了分配的基础，应提请法院终结破产程序。

（2）接受破产分配的债权人以破产债权人为限。有财产担保的债权人、有破产抵消权的债权人以及破产费用和共益债权的债权人均不通过破产分配而获偿。

（3）破产分配是依法定顺位进行的公平分配。破产分配必须依法律规定的受偿先后顺序，逐一清偿，唯有在满足上一顺位的请求权后，仍然存在可供分配的财产，才能清偿次一顺位的请求权；可供分配的财产不足清偿同一顺位的所有请求权时，在该顺位按比例进行分配。

（4）破产分配具有强制执行力。破产分配所依据的破产方案，除征得债权人会议同意外，还需经过法院的许可，具有强制执行力。这即是破产程序为一种强制执行程序的主要意义所在。

2．破产分配的内容

分配方案是破产分配的法律依据，其内容应当记载破产分配的主要事项，包括如下一些：

（1）可供分配的财产。不能用于破产分配的财产，不得计入分配方案。

（2）参加分配的债权人及其债权数额、分配顺位。各国破产法对债权分配的顺位有不同的规定。我国破产法规定，破产财产优先拨付破产费用和共益债务后，按照下列顺序清偿：破产企业所欠职工的工资和医疗、伤残补助、抚恤费用，拖欠的社会保险费用中应纳入职工个人账户的部分以及拖欠的部分以及拖欠的应当支付给职工的补偿金；破产企业欠缴的除前项规定以外的社会保险费用和破产企业所欠税款；一般破产债权。

（3）分配方式。这是指对于破产财产进行一次性分配或者多次性分配的问题。实际上，在破产程序的进行中，由于客观条件的制约，如财产变现困难，多次分配是不可避免的。在破产财产范围较大、不易一次性出售时，可采取多次分配的方式；而小额的破产案件，则宜采用一次性分配的方式。

分配方案由破产财产管理人制定，交债权人会议讨论通过。破产财产分配方案经债权人会议通过后，由管理人将该方案提请人民法院裁定认可；若债权人会议二次表决未通过，破产财产管理人应当将分配方案提交法院裁定。最后，破产财产分配方案由破产财产管理人予以执行。

第五节　破产程序中的其他财产权

一、破产程序中的取回权

（一）破产取回权的概念

破产宣告后，由破产财产管理人实际占有、管理的财产集合体并非破产财产，因为其中既有应作为担保物权的标的物，又有自始不属于破产人所有的标的物。对于属于他人所有的财产，权利人可不依破产程序而直接从破产财产管理人处取回，此乃破产程序中的取回权。不论在破产宣告前还是在破产宣告后，只要破产人或破产财产管理人占有权利人的财产，没有合法根据或丧失合法根据的，在破产宣告后，由破产财产管理人继续占有管理的属于他人的财产，构成无权占有，应当返还给权利人。可见，破产取回权是基于民法上的原因而享有的权利，只是因为物的权利人将其实体法上的权利行使于破产程序中，故称之为取回权。各国破产法对取回权均有规定。我国《破产法》第38条规定："人民法院受理破产申请后，债务人占有的不属于债务人的财产，该财产的权利人可以通过管理人取回。但是，本法另有规定的除外。"

取回权具有以下特征：

第一，取回权的标的物非属破产人所有。这是取回权的基本特征，使之与别除权区分开来。

第二，取回权据以存在的实体法上的权利，须于破产宣告前成立。

第三，取回权以所有权及其他物权为基础，具有物权特性。

第四，取回权是不依破产程序行使的权利。取回权只能向破产财产管理人主张。

破产取回权是为了消除或者纠正破产财产管理人占有管理的现实财产，同法定分配财产之间的不一致现象而设立的权利制度。其作用有二：一是有助于财产权利人回复对财产的权利；二是有助于破产财产管理人纠正占有他人的不能用于分配的财产现象，将他人财产剔除于破产财产之外。

（二）一般取回权

破产取回权按照成立的基础不同，可以分为一般取回权和特殊取回权。前者是指财产权利人依民法上物的返还请求权，从破产财产管理人处取回其财产的权利。可见，一般取回权的基础，是依民法所生物的返还请求权，主要包括以下内容。

1. 所有权

这是指取回权基础的基本形态，即对取回权标的物享有所有权。属于他人所有的财产，由于租赁、使用、借贷、寄托、承揽、设定动产质权等原因而被破产人所占有，所有权人于契约终止后或者对质权所担保的债权清偿后，请求其返还的情形，为最典型的取回权[1]。除此之外，还存在特殊形态的所有权，如所有权保留、让与担保等。

2. 担保物权

担保物权一般是别除权的基础，但在特定的情况下，也可以成为取回权的基础权利，主要是指债务人已经履行了债务，从而使担保物权消灭，但债权人尚未返还标的物而破产的情形。

3. 占有权

当破产财产管理人误将他人之物归于破产财产而管理时，不仅该物的所有权人有主张取回的权利，占有人也有权主张取回[2]。

取回权不依破产程序而为，权利人可直接向破产财产管理人主张取回权，并不以诉讼为必要。只有破产财产管理人否认其取回权，或者监查人有异议时，取回权人才以破产财产管理人为被告提起诉讼，请求法院确认其权利。与之相适应，破产财产管理人也得以诉讼的方式请求法院否认主张的取回权。

（三）特殊取回权

特殊取回权是相对于一般取回权而言的，前者以破产人实现占有标的物为基本特

---

① 参见陈荣宗：《企业破产法（试行）》，三民书局1982年版，第221页。

② 李永军：《破产法律制度》，中国法制出版社2001年版，第243页。

征，后者以破产人或破产财产管理人即将占有标的物为特征。依行使取回权的主体不同，特殊取回权具体又分为出卖人的取回权和行纪人的取回权两种。

1. 出卖人取回权

这是指异地买卖成立后，尚未收取全部价款的卖方，在发运货物后而买方尚未收到货物前即被宣告破产的，可以取回在运途中的货物的权利。这一制度起源于英国的中途停止发运权（Right of stoppage in transit），后被大陆法系国家广泛采用，称之为追及权（DenfoI－gungsrecht）。现今它已发展成为各国破产法上的通常制度。我国《破产法》第 39 条亦对出卖人取回权作出了特别规定，同时也赋予了管理人的对抗权——管理人可以全额支付价款，请求出卖人交付标的物。出卖人行使取回权并非适用于所有的买卖合同，其适用范围有限，必须同时满足下列四个要件：①适用于异地买卖；②出卖人已将货物发送而买受人尚未收到；③买受人在受领货物前被宣告破产；④买受人尚未付清全部货款。

2. 行纪人取回权

这是指行纪人为委托人的利益发送货物后，委托人在尚未收到货物时被宣告破产的，可以取回已发送的货物的权利。在行纪关系中，委托人如未付清托买的货物价金而被宣告破产，行纪人的地位和处境与买卖关系中的出卖人无异。所以，行纪人取回权实际是出卖人取回权的扩张适用。

二、破产程序中的撤销权

撤销权是指破产程序开始后，破产财产管理人请求法院对破产债务人在破产程序开始前法律规定的期限内实施的有害于破产关系人利益的行为予以撤销，并使因该行为转让的财产或利益回归破产债务人的权利。日本称为"否认权"，英美则称之为"否决权"（Avoiding Power）。我国破产法第 34 条对此统一称为"追回权"。

（一）与民法撤销权的区别

破产程序中的撤销权，是民法上撤销权制度在破产程序中的延伸，其内在的逻辑机理如出一辙，但二者在行使的程序和要求等方面，仍存在差异。

1. 行使权利的主体不同

民法撤销权一般由当事人或者利害关系人行使；破产法上的撤销权概由破产财产管理人行使，破产债权人不得自行主张撤销权。

2. 行为范围不同

前者是以无效民事行为和可撤销民事行为为对象的；后者不仅包括前述对象，还扩及破产法上特别规定的行为。

3. 主观状态的要求不同

前者一般强调主体的过错；后者所侧重的只是行为的客观有害性，非主观过错。

4. 可撤销行为产生的时间不同

前者的可撤销行为必须产生于债权成立之后，在债权成立之前减少债务人财产的行为，债权人无权提出撤销。后者的可撤销行为发生于破产程序开始前法律规定的期间内。

5. 行使权利的方式不同

前者既可在诉讼外行使，也可通过诉讼行使；后者必须采取诉讼的途径才能有效行使。

（二）撤销权的构成要件

1. 债务人在破产程序开始前有损害债权人利益的行为

这种有害的行为既包括有偿行为也包括无偿行为，前者如优惠转移财产、非正常压价出售财产；后者如放弃财产权利、赠与财产等。总之，这些行为导致债务人财产减少且影响了债权人按破产程序进行分配。各国破产法均对可撤销的行为有明文规定。我国《破产法》第31条、第32条列举规定了可撤销的六种行为，第33条规定了无效的两种行为。

2. 该行为发生于破产程序开始前法律规定的期间内

可撤销行为必然发生在破产程序开始之前，但并非程序开始前任何时间内所为的行为均是可撤销行为，各国均规定了一定期间对该行为进行限制。例如，我国分别规定了人民法院受理破产申请前一年内可撤销的行为，以及人民法院受理破产申请前六个月内可撤销的行为。

（三）撤销权的行使范围

根据各国立法对撤销权的规定，可将撤销权的范围分为对非正常交易的撤销、优惠的撤销和无偿撤销三种。

1. 对非正常交易的撤销

非正常交易即债务人在破产程序开始前法律规定的期间内，以明显低于市场价格的价格（under value）销售其财产，从而损害债权人的行为。在大陆法系破产法上，它被称为非正常价格出售财产的行为。这种行为损害了债权人的共同利益，违背了保障债权人利益的原则，因此属于可撤销的行为。我国《破产法》第31条所列举的前两种行为即属于此种类型：①无偿转让财产；②以明显不合理的价格进行交易的。

2. 对优惠行为的撤销

优惠行为是指，债务人在破产程序开始前法律规定的期间内，使个别债权人的地位得到了优于其他债权人的改善。这种行为是针对在破产程序开始之前成立的个别债权所为的特殊待遇，而非对全体债权人做出同等优惠。通过这种交易，个别债权人得到了比按照破产清算程序应当得到的更多的利益，获得了不公正的优待，由此破坏了"债权人地位平等"、"债权人公平受偿"的基本原则。我国《破产法》第31条所列举的第三、第四种行为以及第32条规定的行为即属于此种类型：（1）对没有财产担保的债务提供财产担保；（2）对未到期的债务提前清偿；（3）人民法院受理破产申请前六个月内，债务人有不能清偿到期债务，并且资产不足以清偿债务或者明显缺乏清偿能力的情形，仍对个别债权人进行清偿。

3. 对无偿行为的撤销

债务人在破产程序开始前法律规定的期限内所为的无对价的行为，足以使债务人财产减少而危及债权人利益，其危害性远远大于非正常交易和优惠行为。故各国破产法规定，只要客观上存在无偿行为，无论债务人主观上有无诈害债权人的意思，均得以撤销。我国《破产法》第31条所规定的"放弃债权"的行为即属此类。

此外，我国《破产法》第33条专门规定了涉及债务人财产的无效行为，也是管理人行使追回权的对象。根据规定，破产法中的无效行为主要包括：为逃避债务而隐匿、转移财产的行为；虚构债务或者承认不真实的债务的行为。

（四）撤销权的行使与效力

大多数国家的法律规定，撤销权由破产财产管理人以诉讼的方式请求法院为之。在撤销权诉讼中，破产财产管理人为原告，破产债务人为被告。破产财产管理人向法院起诉行使撤销权，一经法院确认，即发生与判决同等的效力。我国所规定的管理人追回权行使的方式很多，不仅包括第 31 条、第 32 条所规定的请求人民法院予以撤销损害债权人利益的行为，以及第 33 条规定的主张该行为无效，管理人还可以通过其他方式追回财产。例如，通过与债务人的财产受让人协商、谈判，从而要求受让人承担对等的给付；债务人无偿转让财产的，要求受让人予以返还①。

三、破产程序中的抵消权

抵消权是指破产债权人在法院裁定开始破产程序时，对破产债务人负有债务的，不论给付种类是否相同，也不论其债权是否到期，均有不依破产程序以其对债务人的债权抵消其对债务人所负债务的权利。所谓"不依破产程序"即指不受破产分配方案的影响。抵消权实际上是破产债权人以其债权与其对破产债务人所负的债务互为抵消的形成权，此种权利的行使，对债权人颇为有利，等于用属于破产企业的债权清偿自己的债权，而不必依破产分配方案受"损失清偿"。我国《破产法》第 40 条规定："债权人在破产申请受理前对债务人负有债务的，可以向管理人主张抵消"。

（一）与民法抵消权的区别

破产抵消权并非破产法新创的权利，其基本原理渊源于民法上的抵消权，是民法抵消权在债务人破产的情形下的扩张适用。民法抵消权的一般规定，在与破产抵消权不相冲突的前提下，有着通常的适用性。但后者毕竟根据需要予以了加工和改造，融进了破产程序的特殊因素，使二者之间产生了如下差异。

1. 目的不同

民法抵消权的设立目的，主要在于简化交易程序，节省当事人的时间、精力和耗费；后者的设立目的则主要在于维护特殊破产债权人的合法权益，贯彻公平原则。

2. 行使权利的主体不同

前者只要符合抵消条件，双方当事人均可行使，从而使其债权成为自动债权，对方的债权成为受动债权；后者即使全部条件具备，也只能由破产债权人主张行使，破产人、破产财产管理人以及其他任何人均不得行使。

3. 法律要求不同

前者必须具备的要件为三：互负给付、给付种类相同和清偿期届满；后者出于更周密保护债权人利益的考虑，突破了前者的一般规定，只要具备破产债权人对破产债务人同时负有债务这一条件，即可产生抵消权，不受债务种类和履行期限的限制。

4. 能否以合意排除

对于前者，双方当事人可以按照私权自治原则，特别地约定双方均不得行使；而对于后者，在破产宣告前双方当事人有排除行使的协议的，该协议无效。但在破产宣告后，破产债权人有权向破产债务人作出放弃抵消权的意思表示，该表示一经作出即生效

---

① 参见《〈中华人民共和国企业破产法〉释义及实用指南》，中国民主法制出版社 2006 年版，第 114 页。

力。

（二）抵消权成立的条件

我国《破产法》第40条从三个方面对破产抵消权的行使进行了限制，当出现下列情形时，不得抵消：

（1）债务人的债务人在破产申请受理后取得他人对债务人的债权的；

（2）债权人恶意对债务人负担债务的；

（3）债务人的债务人恶意取得对债务人的债权的。

（三）抵消权的行使

自罗马法以来，各国民法虽承认抵消为债之消灭的制度，但对抵消的方式却有不同的规定。有的国家民法典采取当然自动抵消主义，认为只要存在债务人双方互负债务的，无论当事人知晓与否，抵消均应依法发生，如法国民法典。有的国家采取单独行为说，认为抵消权经行使方可产生债之消灭的效果，反映在破产法上，应由有抵消权的债权人向破产人作出抵消的意思表示，如德国民法典、日本民法典。我国《破产法》规定，债权人行使抵消权的，应通过管理人进行。

债权人行使抵消权，存在一个颇有争议的问题：破产债权人行使抵消权，是否必须依破产程序申报债权？这个问题直接关系到破产债权人行使抵消权是否受破产程序的约束。在学理上存在以下三种学说。

1. 积极说

该学说认为债权申报是破产债权行使的前提，债权人欲行使抵消权，必须先经过破产程序申报债权并接受调查确认后，方可行使。这是因为，抵消权无非是债权的一种方式，破产程序一开始，所有债权人均应申报债权。

2. 消极说

破产债权人无须依破产程序申报债权即能有效行使抵消权。因为债权人是否参加破产程序，是债权人的权利并非义务，法律上无强制债权人参加债权申报的理由。

3. 折中说

债权人行使抵消权原则上无须申报债权，但是破产财产管理人对债权人的抵消权是否存在、债权数额的多少等问题有争议的，债权人有申报债权的必要。

破产债权人主张抵消权时，以等额抵消为原则，超出抵消债务额以外的债务，不因抵消行为而消灭。

四、破产程序中的别除权

别除权，是指债权人因债权设有担保物，而就破产人特定担保财产在破产程序中享有的优先受偿权利。破产程序开始后，破产债权人必须依破产程序由破产财产公平受偿，但是在破产债务人的财产上设置有担保物权的债权人，对担保标的物享有优先受偿的权利，因此已作为担保标的物的财产不属于破产财产。债权人的优先受偿权自然无须通过破产程序，直接将破产人的特定财产先行别除而行使，所以对破产人的特定财产享有的担保物权被称为别除权。

（一）别除权的法律特征

1. 别除权以担保物权为基础

债权人根据"物权优于债权"的法则，对设置担保的债权享有优先受偿的权利，在债务人破产的特殊情形下，仍为破产法所继续承认，演变为别除权。

2. 别除权的标的物是破产人的特定财产，该财产不属于破产财产

别除权的基础权利是设置在破产人的财产上的，这与取回权相区别。由于设置了担保物权的特定财产，不依破产程序进行分配，故不属于破产财产的范围。

3. 别除权是不依破产程序而行使的权利

基于别除权的物权性，其行使仍依民法一般法的程序为之，而不受破产程序开始后债权人不得个别行使权利的限制。

（二）别除权的基础权利

别除权在破产法上的形成，必须依赖于民事实体法上相关的基础权利，前者实际上是后者在特殊形态下的折射和反映。两大法系的破产法中有关别除权的基础权利规定的范围并不一致，大陆法系的基础权利一般包括：抵押权、质权、留置权以及其他法定担保物权或者特别优先权；英美法系能够成为别除权的主要是指担保物权。

概括地讲，别除权的基础权利主要有以下几种。

1. 抵押权

此为构成别除权的典型权利。根据担保制度的划分，抵押权分为意定抵押权、法定抵押权两种。无论何种抵押权，只要成立于破产程序开始之前，均可取得别除权的优越地位，个别地实现债权。

2. 质权

在现代各国法律上，质权与抵押权的划分开始走向融合，二者均可设定于动产与不动产之上。别除权的基础权利，应当包括质权在内。

3. 留置权

这是构成别除权的另一种典型的基础权利。留置权属于法定担保形式，对于其是否能够无条件成为别除权的基础，各国法的规定不尽相同。有的国家不承认民法上的留置权在破产法上成为别除权的基础权利，如德国、日本。我国破产法对此未做限制，但我国《海商法》第25条规定，当船舶留置权与船舶优先权、一般抵押权并存时，应当首先由船舶优先权人行使别除权，然后由留置权人行使别除权，最后由抵押权人行使别除权。

4. 特别优先权

这种优先权所以冠以"特别"二字，原因在于它是民事实体法特别明文规定的优先权，有学者也称之为"优先于抵押权的优先权"，如我国合同法第286条规定的建设工程价款优先受偿权。这种优先权在法律效力上强于担保物权，若二者相冲突，担保物权应让位于特别优先权，只有在特别优先权完全满足以后，担保物权的优先受偿性才能发挥作用。

5. 让与担保[①]

当让与担保人破产时，让与担保权人尽管对担保标的物不享有完全的所有权而不能

---

① 这是德、日等国动产担保交易法上使用的一种术语，我国民法未做如此规定。让与担保是指债务人为担保自己的债务，将债务人或第三人所有的财产之所有权转移给债权人，在债务人履行债务后，标的物的所有权复归设定人，如果债务人不履行债务，债权人以标的物受偿的担保。

行使取回权，但对该担保标的物可行使别除权。

（三）别除权的行使

别除权人行使别除权不受破产程序的约束，但因别除权与破产程序相关，同样应注意以下几点规则。

1. 经破产财产管理人承认

别除权应依照破产程序进行债权申报，倘若逾期未能申报，不仅丧失别除权的优先性，而且连普通债权的资格也得不到认可。申报债权后，该别除权的行使还要经破产管理人的承认，若破产财产管理人与债权人发生关于别除权的争议，应通过诉讼程序并经法院确认后，方可行使。

2. 别除权人依法律规定的程序处分标的物优先受偿

任何一项担保物权的行使，都必须具备法定的行使条件。以我国担保法为例，对于抵押权或质权的行使，别除权人应当与破产财产管理人协商，采取以担保物折价而归别除权人所有的方式，或拍卖、变卖担保物从价金中优先受偿的方式。

3. 别除权人没有就担保物优先受偿的债权部分，演化为普通债权

当有财产担保的债权，其数额超过担保物的价款的，未受清偿的部分作为破产债权受偿。如果担保物的价值大于其所担保的债权，剩余部分应当交回破产财产。

第六节　破产程序的终结

一、破产程序终结的事由及其法律后果

破产程序的终结，又称为破产程序的终止，是指在破产程序进行过程中发生法律规定的应当终止破产程序的原因时，由法院裁定结束破产程序。各国破产法对此均有规定。引起破产程序终结的法定事由主要有以下内容。

（一）破产程序因强制和解[①]而终结

各国破产法均承认和解协议的效力优于破产程序，但是，和解协议生效后如何终结破产程序，却有不同规定。

意大利破产法规定，法院裁定认可和解协议，破产程序并不终结；法院、破产财产管理人和债权人会议继续监督和解协议的执行，待和解协议完全执行后，经过法院确认并裁定终结破产程序。与之不同，德国新破产法规定，和解方案一经法院确定而生效，破产法院即决定撤销破产程序。根据我国破产法，债权人会议通过和解协议，且经法院认可后，和解程序终止。

破产程序因和解而终结，发生以下效力：

（1）破产人或债务人受破产程序的一切限制，自破产程序终结之日起解除，如恢复对其财产的占有管理；

（2）因破产宣告而对债务人发生的公法或私法上的限制，也因和解的成立而终结；

---

① 这里的强制和解，是指破产法或者和解法上的和解，因其成立需要债权人会议以多数决定，与民法上的一致同意的和解不同，故称为强制和解。

（3）和解债权人在破产程序终结后，只能取得和解协议规定的清偿利益。

（二）破产程序因财产不足支付破产费用而终结

当债务人的财产或破产财产不足以支付破产费用和共益债务时，经破产财产管理人或破产人的申请，或者依法院职权裁定终结破产程序。根据我国《破产法》第43条的规定，破产财产不足以清偿破产费用时，管理人应当提请人民法院终结破产程序，人民法院应当自收到请求之日起十五日裁定终结破产程序。

因财产不足而终结破产程序的，发生以下效力：

（1）当破产人是法人时，在破产程序终结之日即应解散法人；

（2）破产人是自然人的，自破产程序终结之日起免受破产程序的支配或限制，恢复到破产程序开始之前的地位；

（3）破产人是自然人的，不因破产程序的终结而免责；

（4）破产人因破产宣告受到的公私法上的限制，因各国破产法对免责和复权的规定条件不同，有的因破产程序的终结而当然结束，而有的国家则规定必须经过一定程序。

（三）破产程序因全体债权人同意废止而终结

破产程序开始后，债务人或破产人经全体债权人同意，可以申请法院终结破产程序。法院依当事人的申请而终结破产程序的，在立法例上被称之为"破产废止"。德国和日本破产法对此均有规定。我国《破产法》第105条规定，人民法院受理破产申请后，债务人与全体债权人就债权债务的处理自行达成协议的，可以请求人民法院裁定认可，并终结破产程序。

一般而言，因破产废止而终结破产程序，也产生债务人或破产人免受破产程序约束的效果。但其毕竟不同于破产程序因其他原因而终结，其效力存在如下特点：

（1）破产程序的终结不适用破产免责的规定；

（2）破产人因破产宣告所受公私法上的权利限制，因破产程序的终结而解除；

（3）恢复破产人对其财产的占有管理，但该恢复没有溯及力，破产财产管理人在此前所为的行为仍然有效。

（四）破产程序因没有财产可供分配或者破产分配完毕而终结

这是破产程序终结的最常见的原因。破产程序进行的主要目的，在于用破产财产清偿全体债权人的债权，当破产人没有财产可供分配或者破产财产分配完毕，程序进行的目的就不再存在，故应终结破产程序。我国《破产法》第120条规定："破产人无财产可供分配的，管理人应当请求人民法院裁定终结破产程序。管理人在最后分配完结后，应当及时向人民法院提交破产财产分配报告，并提请人民法院裁定终结破产程序。"

破产程序因破产分配而终结，必然对破产债务人、破产债权人产生一定影响：

（1）对于债务人而言，因破产程序的终结，恢复对其财产的占有管理，因破产分配尚剩余的财产应交还给破产人。至于剩余债务是否继续清偿，因不同的立法例有不同的规定。在免责主义①下，剩余债务因破产程序的终结而免除继续清偿的义务；在非免责主义下，对于破产程序中没有清偿的债务继续清偿。破产人因破产宣告而受的公私法

---

① 如前文所述，免责主义与非免责主义都是针对自然人破产而言，由于法人的主体资格因破产程序的终结而消灭，其所负担的尚未清偿的债务也随其主体的消灭而消灭，不存在是否免责的问题。

上的权利限制，不因破产程序的终结而解除，欲解除之，应经过复权程序。

（2）对于债权人而言，破产程序终结以后，在免责主义下，对于未依破产程序受偿的债权，不能请求债务人继续履行；在非免责主义下，则可继续向债务人追偿。

（五）破产程序因债权得到全部清偿而终结

根据我国《破产法》第108条的规定，破产宣告前，第三人为债务人提供足额担保或者为债务人清偿全部债务或者债务人已清偿全部到期债务的，人民法院应当裁定终结破产程序，并予以公告。债权人得到全部清偿或者足额担保，破产程序就没有必要再进行下去，人民法院应当依职权裁定终结破产程序。

二、追加分配

追加分配是指在破产财产的最后分配之后，又发现可供分配的财产时，经法院许可而实行的补充分配①。这种分配往往是在最后分配方案公告后而为，有的甚至是在破产程序终结后所为的。其价值在于保护债权人的利益，各国破产法均有关于追加分配的规定。我国2002年《破产若干规定》第98条亦对破产程序终结后追加分配财产的范围做出了规定。依照我国《破产法》的规定，在破产程序终结之日起2年内，如果有本应属于破产财产范围内的财产而应当分配给债权人的，应当进行追加分配。追加分配的财产，除由人民法院追回债务人隐匿、私分或者无偿转让财产、非正常压价出售财产、对原来没有财产担保的债务提供财产担保、对未到期的债务提前清偿以及放弃自己债权的财产外，还包括破产程序中因纠正错误支出收回的款项，因权利被承认追回的财产，债权人放弃的财产和破产程序终结后实现的财产权利等。

三、复权制度

复权是指依照法律规定的程序解除破产债务人因破产宣告而受到的公私法上的限制，从而恢复其固有权利的制度。

复权与失权是相对应的概念。出于对经济信用及品德方面的考虑，破产宣告后，破产人公私法上的某些权利受到不同程度的限制，如秘密通讯自由的限制；居住迁徙自由的限制；破产人不得担任公司经理、股份公司的董事、合伙人；破产人充当律师、会计师、公证人等资格也受到限制。如我国《公司法》第147条规定的失权制度。破产后的失权，某种意义上就是对破产人的人权的限制。但是，人权限制不应当是终生的，而应当有一个终止的时间。破产法所规定的终止破产人失权效果继续延续的制度，就是复权制度。复权，本质的看，可以视为失权与人权冲突后的平衡。它是失权的终点，又是人权的回归②。

复权制度存在三种不同的立法例。

1. 当然复权主义

破产程序终结后，只要破产人具备法定免责条件时，自动解除因破产宣告而带来的公私法上的限制，不必向法院申请许可。

2. 申请复权主义

破产程序终结后，用清偿或其他合法的方式免除了对破产债权人的全部债务后，就

---

① 邹海林：《破产程序和破产法实体制度比较研究》，法律出版社1995年版，第378页。
② 汤维建：《破产程序与破产立法研究》，人民法院出版社2001年版，第460页。

其复权向法院申请并经法院许可的制度。

3. 混合复权主义

破产法中既有当然复权的规定，又有申请复权的规定。

自复权之日起，债务人因破产宣告受到的公私法上的限制消灭，债务人的本来权利恢复。但复权不具有溯及力，即自复权之日向后发生效力。

由于复权重在回复自然人因破产而在公、私法上受到限制的权利资格，故复权仅对破产的自然人有法律上的意义。破产人为法人的情形，不发生复权问题①。我国破产法律制度仅适用于企业法人，因此立法上并没有对复权制度的相关规定。目前，我国《公司法》、《商业银行法》中对破产企业的主要负责人的任职资格予以相关限制。《破产法》第 125 条亦专门对于因违反忠实义务、勤勉义务，致使所在企业破产的企业董事、监事或者高级管理人员进行限制，规定其自破产程序终结之日起 3 年内不得担任任何企业的董事、监事或者高级管理人员。

第七节　和解与重整制度

一、和解制度

（一）和解制度的含义

破产和解制度首创于比利时，其标志是 1883 年颁行的《预防破产之和解制度》。随着欧陆国家的纷纷效法，立法例上出现了破产法与和解法并存的二元机制。而英美法系国家在接受破产和解的思想后，将和解与破产统一规定在一部法律中，实现了和解与重整的交融。据此，关于和解制度的立法形成了两大主义：大陆法系的和解分离主义，即将和解程序与破产程序分别独立，至于何时开始何种程序，债务人有选择的权利，此二者之间并无硬性的先行后继关系。我国《破产法》第 95 条规定："债务人可以依照本法规定，直接向人民法院申请和解；也可以在人民法院受理破产申请后、宣告债务人破产前，向人民法院申请和解。"英美法系实行和解前置主义。依此主义，法院在宣告债务人破产之前，应首先实行和解，和解是必经程序，和解不成的方能开始破产宣告程序。

无论何种主义，和解制度都是为了克服和避免破产制度所不能克服的弊端而创设的一项程序制度，也是一项债务清理制度。为避免破产清算，由债务人提出和解申请并提出和解协议草案，经债权人会议表决通过并经法院许可的关于解决债权债务问题的制度，即称为和解制度。和解制度具有以下特征：

（1）和解以债务人向法院提出和解申请为必要。是否开始和解程序取决于债务人的选择，这是和解制度与公司重整制度相区别的一个方面。

（2）和解的成立取决于债权人的双重多数表决同意。

（3）和解的成立必须经法院的许可。

（4）和解有优先于破产程序的效力。但是当和解协议不能执行时，法院应裁定宣告债务人破产。

---

① 陈荣宗：《企业破产法（试行）》，三民书局 1982 年版，第 388 页。

（5）和解协议无强制执行力。当债务人不履行和解协议时，法院不得强制其执行，而是依职权宣告债务人破产。

（二）和解的程序

1．和解申请的提出

和解的申请只能由债务人向法院提出，其他任何利害关系人均不得提出和解申请，法院也不得依职权开始和解程序。是我国破产法第95条对和解申请人的规定，也是各国破产法一致承认的规则。和解的关键在于债务人的诚意，只有债务人具有诚意，债权人才能同意和解，也才能保障债权人的权利。而债务人提出和解申请，正是表明其诚意及原动力之所在。

破产申请受理前的和解，只要债务人具备了破产原因，债务人可以在任何时候提出申请；而破产申请受理后的和解，债务人则必须在破产宣告之前提出。债务人向法院提出申请时，应同时递交和解协议草案，提出和解条件。和解条件是债权人所关注的实质性问题，一般包括：债务人的财产状况说明、债务承认、清偿债务的方式及期限、担保和解协议执行的措施等。和解的条件应当对所有债权人平等，除非债权人自愿接受不平等条件。而且，和解协议草案只是债务人申请和解时提交的供债权人会议讨论、评价的各项和解条件，并不妨碍债务人于债权人会议期间对和解协议草案予以适当变更。

2．法院对申请的审查

（1）对于破产申请受理前和解申请的审查。法院对这种和解申请的审查重点是债务人是否具备破产原因。当法院发现债务人存在法律规定应当驳回申请事由的情形时，应驳回申请。如，日本和解法规定的驳回事由有：申请和解的目的为避免破产宣告、认定有欺诈破产犯罪的行为的、和解条件违法的等等。我国目前没有对和解申请的驳回作出明确规定。

（2）对于破产申请受理后和解申请的许可。一般而言，这种情形下，法院不许可和解申请的理由要多于破产程序开始前的和解申请。各国对驳回事由的具体规定并不相同。例如日本破产法规定的驳回事由有：债务人去向不明的、债权人会议已经否决和解的、已经作出和解撤销决议的等等。

当法院经审查认为符合批准条件时，应裁定和解，并召集债权人会议讨论和解协议草案。

3．债权人会议对于和解协议草案的决议

债权人会议决议和解协议草案，应按照特殊决议的表决方式进行。各国法规定的具体条件并不一致，但基本上是采取双重标准：对于债权人的人数以及所代表的债权额，均要求有绝对半数通过。如我国《破产法》第97条规定：债权人会议通过和解协议的决议，由出席会议的有表决权的债权人过半数同意，并且其所代表的债权额占无财产担保债权总额的2/3以上。

4．法院对于和解协议的认可或者否定

债权人会议通过的和解协议并不当然具有法律约束力，还必须经过法院的认可。认可的实质是为了防止债权人的受偿利益因相关和解协议而受到损害、避免债权人与债务人之间以及不同的债权人之间再起争执。法院裁定认可和解协议前，应当先审查和解协议的必要条款是否具备，和解协议草案的决议程序是否合法，和解协议所定和解条件是否公平合理切实可行，和解协议的内容有没有违法现象等方面。法院经审查认为和解协议符合法律规定的，裁定认可和解协议，同时，法院应当一并裁定终止和解程序。自法院公告和解协议之日起，该和解协议对所有债权人具有约束力。若和解协议未获得人民法院认可，法院应裁定终止和解程序，并宣告债务人破产。

（三）和解协议的效力

和解协议是债务人与债权人会议所达成的，关于债务分期清偿或减少清偿以避免适用破产程序的书面协议。其生效后，发生一系列的法律效力，主要表现在以下方面。

1. 和解协议对于破产程序的优先效力

各国立法均承认和解协议优于破产程序：有破产申请与和解申请同时并存的，法院应首先审查和解申请；在破产程序开始后达成和解协议的，经法院认定后，应当中止或终止破产程序，优先适用和解协议规定的清偿债务的条件。

2. 和解协议对于债务人的效力

和解协议使债务人免受破产程序的约束。但是债务人由此受和解协议的约束，具体表现在：

（1）债务人应当无条件地执行和解协议。

（2）债务人未完成和解协议前，不得对个别债权人给予和解协议以外的特殊利益。

（3）债务人依和解协议相对的免责。如债务人将按照和解协议规定的清偿期还债，而不必即时清偿；和解协议免于清偿的部分不再清偿。

3. 和解协议对于债权人的效力

和解协议一经债权人会议通过并经法院许可，对全体和解债权人①都发生效力。但是，对和解债权人以外的债权人行使权利，不发生影响。和解债权人应当按照和解协议中规定的债权额、清偿期等接受清偿，不得于程序之外接受债务人的个别清偿。债务人依和解协议已免除的债务，和解债权人不得再为主张，除非债务人不能执行和解协议。同时，很多国家的破产法律都专门规定，虽然有和解协议存在，仍然保留债务人的保证人和其他连带债务人的责任，如日本等。我国《破产法》第101条也规定"和解债权人对债务人的保证人和其他连带债务人所享有的权利，不受和解协议的影响。"

4. 和解清偿对续行破产程序的对抗效力

和解成立后，债务人不执行或者不能执行和解协议，而受破产宣告或恢复进行破产程序的，债权人依和解协议已经受债务人清偿的部分，在续行的破产程序中得以对抗任何第三人。这种立法原则是对已受和解清偿的债权人，提供绝对的保护。

（四）和解的终止

和解程序的终止，又称之为和解废止、和解撤销，是指在和解协议生效后，由于出现了法律规定的事由，法院依债权人的申请或依职权，裁定废止和解程序。

1. 和解的终止可分为法院依职权终止和债权人申请的终止

法院依职权的终止是指法院发现债务人有违反协议的行为或者其他违反法定事由，直接依职权裁定废止和解；债权人申请的终止则是债权人发现债务人有违反和解协议的

---

① 我国《破产法》第100条规定，和解债权人是指人民法院受理破产申请时对债务人享有无财产担保债权的人。

行为，申请法院废止和解的情形。对于法院依职权终止和解，各国立法一般不提倡。日本、我国台湾破产法虽存在有关规定，也对其给了限制。我国《破产法》第 103 条制定了和解无效制度，即法院对因债务人的欺诈或者其他违法行为而成立的和解协议裁定其无效的制度。实践中，和解无效程序的启动，既有可能是债权人申请，也有可能是法院依职权发现。人民法院裁定和解无效的，宣告债务人破产。当债务人出现《破产法》第 104 条规定的"不能执行或者不执行和解协议"情形时，经和解债权人请求，人民法院应裁定终止和解协议的执行，并宣告债务人破产。

2. 和解终止的事由

（1）条件偏颇。对于没有参加债权人会议或在债权人会议上对和解协议提出反对意见的债权人而言，若认为和解条件偏向于其他债权人利益时，享有向法院提出终止和解的申请的权利。

（2）债务人有破产欺诈行为。各国破产法对债务人的欺诈行为均有详细规定，如果债务人在和解后被发现有欺诈行为的，构成债权人申请撤销和解的法定事由。

（3）债务人不履行和解协议。债务人应当严格按照和解协议履行义务，如果债务人违反协议的规定，债权人有权请求法院撤销和解协议。法院发现债务人存在不履行情形的，可依职权废止和解协议。根据传统破产法的观点，和解协议不具有强制执行力，当债务人不执行和解协议时，应对其恢复施加破产程序。

（4）和解因新的破产程序的开始而撤销。在和解程序中，由于债务人重新获得了对其财产的占有管理权，有可能产生新的债权，当债务人的新债权人因债务人具备破产原因而向法院申请其破产时，原来的和解协议已不可能履行，故应当撤销。①

3. 和解终止的法律后果

和解协议的终止对于债权人依照和解协议所受的清偿没有溯及力，即债权人依和解协议已经受偿的部分不因和解的终止而恢复原状。但是债权人在和解协议中所做的让步归于消灭，债权人的权利恢复到未做和解之前的状态。这样，人民法院废止和解协议的，和解债权人可以其原债权全额作为破产债权加入分配，但是应当扣除债权人依和解协议已受清偿的债权额。和解债权人加入继续进行的破产程序的分配，只有在其他债权人所受的分配同其所受的清偿达到同一比例时，才能继续接受分配。

二、重整制度

（一）重整制度的概念及特征

重整制度是一种新兴的破产制度，又名"重组"（reorganization）、"恢复"（rehabilitation）、"司法康复"（redressement juaiciaive）或者"更生"。该制度是指经由利害关系人申请，在法院的主持和利害关系人的参与下，对已具有破产原因或有破产原因之虞而又有再生希望的债务人，进行生产经营上的整顿和债权债务关系的清理，以挽救其生存的特殊法律程序。我国 1986 年制定的《破产法（试行）》第四章规定了"和解和整顿"制度，已经含有重整内容。但该制度不是现代意义上的重整制度。2006 年制定的新《破产法》在总结以前相关立法及实践经验的基础上，借鉴国外拯救濒临破产边缘企业的成功做法，专门设立了第八章"重整"，对企业重整制度做了具体明确的规定。

---

① 李永军：《破产法律制度》，中国法制出版社 2001 年版，第 382~384 页。

重整制度是一种积极的拯救程序，本质上属于破产预防程序体系的组成部分。其法律特征主要有以下一些。

1. 重整对象的特定化

因重整程序社会代价巨大、耗资惊人，多数国家将重整限定在较小的范围内。如日本更生法只适用于股份有限公司。

2. 程序启动的私权化

重整可由债权人提出，可由债务人提出，也可由公司的股东提出，但法院不能依职权启动。

3. 过程的公权化

重整程序较之任何破产程序都更多的贯彻了国家干预主义。

4. 程序的优先化

重整程序不仅优于一般民事执行程序，而且优于破产程序与和解程序。

5. 目标的多元化

重整程序不仅要清偿债务人的对外负债，更要从根本上恢复其生产经营能力。

（二）重整制度的立法例

由于重整制度产生的历史背景不同，加上立法者对其法律性质的认识不同，各国由此形成了不同的立法体例，大致可以分为下列几种。

1. 公司法

公司重整制度首创于英国，1925 年的《公司法》规定了"管理人"（receiver）制度，被认为是公司重整制度的最早形态。但 1986 年英国新破产法将公司法的破产内容移至破产法中加以规定。此外，我国台湾"公司法"中专章规定了"公司重整制度"。

2. 破产法

在统一的破产法中确立重整制度是美国首创的立法方式。起源于美国衡平法上的"管理人制度"（equity receivership），经过逐步的完善，形成了现行《美国联邦破产法典》（bankruptcy code）中系统的破产重整制度。该制度被认为是迄今为止世界上最先进、最发达、最科学、最完备的破产重整制度，对各国立法影响较大。

3. 单独制定重整法

此立法例以日本为代表，日本于 1952 年制定的《会社更生法》，以独立成法，不依附于任何传统法律部门为基本特色。加拿大也采用此立法例。

（三）重整制度与相关制度的比较分析

1. 重整制度与破产清算制度

作为债权债务的清理制度，重整程序与破产清算程序有许多相同之处：

（1）二者性质相同，都是特别程序而非一般民事诉讼程序，但在有关程序方面未规定的事项，均准用民事诉讼的相关法律。

（2）无论破产程序还是重整程序，均体现了债权人待遇公平的原则，不允许给予个别债权人以额外的利益。

（3）程序开始的法律效果是一致的，即与债务人财产有关的一切民事诉讼程序及执行程序中止，债务人均丧失对其财产的管理处分权。

正是基于上述相同点，美国等国立法将破产与重整放在同一部法律中加以规定。但破产与重整毕竟是两种各具独立价值的程序，二者之间更多的是相异点：

（1）宗旨不同。重整在于挽救处于困境的债务人，而破产则旨在公平的将债务人的财产分配给债权人。

（2）程序开始的原因不同。重整的原因各国规定不尽相同，但较之破产原因宽泛，当债务人有不能支付之虞时，即可开始重整；破产程序的开始须以债务人不能清偿到期债务为限。

（3）程序启动的因素不同。破产程序以当事人申请为原则，以法院职权宣告为例外；重整程序的启动实行完全的当事人申请主义。

（4）自治机关不同。破产的自治机关是债权人会议，而重整的自治机关是关系人会议。

（5）效力不同。重整程序一经开始，一般民事执行程序、破产程序或和解程序必须中止，即重整的效力大于破产清算。

2．重整制度与和解制度

重整与和解都是清理债权债务关系的制度，具有以下相同之处：

（1）程序目的相同。均为避免债务人受破产宣告或破产分配而设，属于破产预防法的组成部分。

（2）程序性质相同。二者均为强制性的集体程序，不论和解协议还是重整计划均采用少数服从多数的表决原则，一经通过，对全体债权人有约束力。

（3）程序开始的原因相同。债务人不能履行到期债务。

作为两个相互独立的程序，二者仍然存在较大的差异：

（1）目标不同。尽管预防破产是二者共同的终极目的，但和解重在清偿，只能消极的避免而不能积极的预防债务人受破产宣告或受破产分配；重整的目的则在于拯救企业，是积极的挽救而非消极的防止和避免。

（2）适用对象不同。和解的适用对象与破产的适用对象相同，既适用于自然人，也适用于法人及合伙，较之重整的范围宽泛。多数国家的重整制度均以公司为特定的对象，严格限制其适用范围。

（3）申请人不同。和解只能由债务人提出申请，而重整的申请人包括债务人、债权人、公司股东和公司董事会。

（4）效力不同。重整的法律效力高于和解。和解协议生效后，对债务人的特定财产享有担保权的债权人不受其约束；而重整程序一经开始，对所有的债权人包括有财产担保的债权人都产生效力，担保权人也必须参加重整程序。

（5）措施不同。和解的措施较为单调，主要靠债权人的让步，给债务人以喘息的机会而获得清偿手段。重整措施则更丰富，除债权人的减免债务或延展偿付期限外，还可以将企业整体或部分转让、租赁经营等。

（6）自治机关不同。破产程序和清算程序的自治机关都是债权人会议，而重整程序的自治机关为关系人会议，其组成人员除债权人外，还有股东。在工作程序上，债权人会议决议采用少数服从多数的原则，而关系人会议决议问题是采用分组表决的方法。

（四）重整的程序

1. 重整程序的开始

重整程序的开始涉及如下方面的问题。

（1）重整开始的条件：

第一，债务人必须具有重整原因，即债务人不能支付到期债务或有不能支付之虞的事实。根据我国《破产法》第 2 条规定，重整原因为：债务人不能清偿到期债务，并且资产不足以清偿全部债务或者明显缺乏清偿能力，或者明显丧失清偿能力可能。

第二，债务人有重建的希望。如果债务人无挽救的希望而开始重整程序，最终也难免破产，因此只有具备再建可能的企业才能获得重整机会。

第三，存在重整前提，即债务人所处的法律状态要符合法律规定。若债务人已被宣告破产或正在公司解散后的清算中，则不可再行开始重整程序。

（2）重整的申请。从各国立法来看，重整的申请是债务人、债权人、公司股东或董事会请求法院对债务人开始重整程序的意思表示，是法院裁定对债务人适用重整程序的重要依据。根据我国破产法第 70 条的规定，重整的申请主体包括：债务人、债权人、债务人的出资人。

申请人一般应以书面形式表达，而不能口头申请。法院接到重整申请后，应在法定的期间内对重整申请进行审查，以作出受理或不受理的决定。

人民法院经审查认为重整申请符合破产法规定的，应裁定债务人重整，并予以公告，重整程序由此开始。至于法院是否任命重整人，不同国家有不同的规定。如日本规定应任命管理人（即重整人），美国则以债务人自我重整为常规，只有在个别情况下才任命受托人。在我国，债务人可以作为重整人在管理人的监督下自行管理财产和营业事务，但是当法院认为债务人自行管理有可能存在弊端时，由管理人担任重整人负责管理债务人财产和营业事务。

2. 重整计划

重整程序中存在两种计划，一为重整计划，二为清算计划。重整计划是指以旨在维持债务人的继续营业，谋求债务人的再生并清理债权债务关系为内容的协议①。类似于和解程序中的和解协议。清算计划则是以偿债为唯一目的的计划，一旦重整计划不能通过或不能执行、甚至重整程序被废止，清算计划即可实施。因此，只有重整计划在重整程序中才具有实质意义。

（1）重整计划的制订及提交。关于重整计划的制订，各国法有不同的规定。有的法律授权重整人制定，有的则由债务人制定。也有学者认为，重整计划应由重整人在债务人的协助下制定，当法院尚未任命重整人时由债务人制订。我国破产法规定，重整计划草案的制定者和提交者为自行管理财产和营业事务的债务人或管理人。

（2）重整计划的内容。根据《破产法》第 81 条的规定，重整计划草案应包括以下事项：①债务人的经营方案；②债权分类；③债权调整方案；④债权受偿方案；⑤重整计划的执行期限；⑥重整计划执行的监督期限；⑦有利于债务人重整的其他方案。

（3）重整计划草案的通过和批准。重整计划的草案制定后，应同时向人民法院和债

---

① 李永军：《破产法律制度》，中国法制出版社 2001 年版，第 441 页。

权人会议提交。债权人会议讨论同意重整计划，这是债权人自治的体现，是重整程序的核心阶段。债权人会议的表决方式颇具特色，根据我国《破产法》第 82 条规定，将各类债权人按不同标准分为若干小组，再以小组为单位进行分别表决，若重整计划草案涉及债务人的出资人权益调整事项的，还应设出资人组对该事项进行表决。各组均通过重整计划草案时，重整计划即为通过。至于具体分组的标准、表决条件的宽严，各国法律的规定有所不同。比如我国台湾公司法将其分为：优先债权人、有担保债权人、无担保债权人及股东四组，并规定各组须有表决权的 2/3 以上同意方可通过重整计划。我国《破产法》的分组标准为：①对债务人的特定财产享有担保权的债权；②债务人所欠职工的工资和医疗、伤残补助、抚恤费用，所欠的应当划入职工个人账户的基本养老保险、基本医疗保险费用，以及法律、行政法规规定应当支付给职工的补偿金；③债务人所欠税款；④普通债权。人民法院在必要时可以决定在普通债权组中设小额债权组对重整计划草案进行表决。

部分表决组未通过重整计划草案的，债务人或者管理人可以同未通过重整计划草案的表决组协商。双方协商的结果不得损害其他表决组的利益。若重整计划草案经再次协商仍不能通过表决，人民法院经债务人或管理人申请，审查认为草案符合法律相关规定的，可强制批准重整计划。若最终重整计划草案未经表决通过或未获得批准，法院将裁定终止重整程序，并宣告债务人破产。

（4）重整计划的效力。经人民法院裁定批准的重整计划，对债务人和全体债权人均有约束力。对于债务人而言，除重整计划规定的或法律承认的债权、担保权或股权外，免除其对其他债务的清偿责任；对于债权人和债务人的出资人而言，其权利仅以计划规定为限，非为计划所承认的权利，不得再向债务人主张；另外，诸如破产清算、强制执行、临时冻结、拍卖等程序，失去效力。

3. 重整程序的终结和完成

（1）重整程序的终结。重整程序未能达到其预期目的而提前结束，即重整程序的终结，又称重整失败。重整终止的原因多种多样，如在法院规定的期间或延长的期间内未提出重整计划草案；重整计划未被决议通过；重整计划在执行过程中，产生不正义或不合理的迟延或债务人犯有不正行为或犯罪行为的；债务人不能执行或者不执行重整计划的。

法院裁定终止重整计划执行的，债权人在重整计划中作出的债权调整的承诺便失去效力，债权人因执行重整计划所受的清偿仍然有效，债权未受清偿的部分作为破产债权。

（2）重整程序的完成。重整计划的执行人按计划的规定完成了重整工作，达到了维持公司事业、恢复公司清偿能力的重整目的，称之为重整的完成。这是重整程序的圆满结局，自重整计划执行完毕时起，按照重整计划减免的债务，债务人不再承担清偿责任。对于重整计划执行完毕后免除债务人的清偿责任，是世界上现行重整法律制度的通例，也是债务人再生的必要条件。

第十二章　消费者权益保护法

第一节　消费者权益保护法概述

一、消费者的概念和特征

（一）消费者的定义

消费是社会再生产的重要环节之一，是生产、交换、分配的目的与归宿。它包括生产消费和生活消费两大方面。其中，生活消费是人类的基本需要，与基本人权密切相关，在提倡"消费者主权"和基本人权的今天，生活消费关系是法律必须加以调整的领域。消费者权益保护法中的消费，指的是生活消费。

在经济学上，消费者是与政府、企业相并列的参与市场经济运行的三大主体之一，是与企业相对应的市场主体；在法学上，消费者是各国消费者权益保护法的最重要的主体，也是经济法的重要主体。尽管不同学科对于消费者研究的角度不同，但是，无论是在经济学上还是在法学上，无论是立法规定还是法律实践，一般都认为消费者是指从事生活消费的主体。消费者首先是与制造者相区别的，而在商品交易领域，消费者则是与商人相区别的。消费者购买或者接受某种商品或服务不是为了交易，而是为了自己利用。例如，英国 1977 年《货物买卖法》第 12 条就规定，作为消费者是指一方当事人在与另一方当事人交易时不是专门从事商业，也不能使人认为其是专门从事商业的人。美国权威的《布莱克法律词典》对消费者的定义是："所谓消费者，是区别于制造商、批发商或零售商而言的，是指从事消费之人，亦即购买、使用、持有以及处理物品或服务之人。"国际标准化组织（ISO）认为，消费者是以个人消费为目的而购买或使用商品和服务的个体社会成员。因此，消费者的地位有别于生产者、批发商、零售商。我国《消费者权益保护法》没有直接规定消费者的定义，但对消费者权益保护法的调整范围作出了界定，第 2 条规定："消费者为生活消费需要购买、使用商品或者接受服务，其权益受本法保护；本法未做规定的，受其他法律、法规保护。"据此，《消费者权益保护法》主要调整的是为生活消费需要购买、使用商品或者接受服务而产生的关系，或者说是一种生活消费关系。

综合上述各方面的观点，我们认为，所谓消费者，是指为了满足个人生活消费的需要而购买、使用商品或接受服务的自然人。

（二）消费者的特征

1. 消费者是购买、使用商品或接受服务的人

消费者是在市场上购买商品或接受服务，以及实际使用商品的人。这就是说，消费者既可能是亲自购买商品的人，也可能是使用或消费他人购买的商品的人，也可能是有关服务合同中接受服务的一方当事人，也可能是接受服务的非合同当事人。可见，消费者的范围比《合同法》所规定的买受人的范围更为宽泛，消费者不仅限于亲自缔约购买商品的人，还包括他人购买商品后，实际使用该商品的人。消费者购买使用商品或接受服务不一定必须支付一定的对价，交易形式上的有偿、无偿不是决定消费者构成要件的标准。

2. 消费者消费的客体包括商品和服务

我国《消费者权益保护法》所规定的消费行为的客体是指用于生活消费的那部分商品和服务。这里应当指出两点：一是商品和服务必须是合法的经营者在法律规定的商品和服务范围之内，法律禁止购买、使用的商品和禁止接受的服务，不属于《消费者权益保护法》规定的商品和服务；二是必须是消费者通过公开的市场交易而购买、使用的商品或接受的服务，如果是私下的交易，不能作为"消费者"而受到《消费者权益保护法》的保护。我国《工商行政管理机关受理消费者申诉暂行办法》和消费者协会《受理消费者投诉暂行规定》就将"消费者无法证实自己权益受到侵害的申诉"和"个人之间私下交易商品的投诉"排除在受理申诉和投诉的范围之外。

3. 消费者购买商品或者接受服务时以生活消费为目的

消费者购买商品或接受服务，并不是为了将这些商品转让给他人从而盈利，消费者购买使用商品或接受服务的目的主要是用于个人与家庭的消费。也就是说，消费者是为了满足自己的各种需要，而不是为了将商品或服务再次转手或为了专门从事商品交易活动。若购买者购买生活消费品以后，再将该商品投入经营领域，本质上已属于经营活动，只能接受《合同法》的调整，而不应受到《消费者权益保护法》的调整。

判断购买者是否为消费者的难点在于，如何理解"为了生活消费需要"这个限定词的含义和作用。这个问题所带来的直接现实争议就是："知假买假者"是不是消费者？[①]本文认为，"生活消费"是与"生产消费"相区别的，"知假买假者"只要不是一个商人或者为交易而购买的人，就应当认为其为消费者，受到《消费者权益保护法》第49条的保护。这是因为，个人是否具有生活消费的主观目的是通过"购买、使用商品或者接受服务"的客观行为表现出来的，只要此种商品或服务没有被购买人当作生产资料使用，即可推定其具有生活消费的目的。至于"知假买假者"的购买动机是否以索赔获偿

---

① 2002年7月25日《南方周末》刊登了梁慧星《知假买假打假者不受〈消法〉保护》一文，指出：由于知假买假者的购买动机不符"为了生活消费需要"而不是消费者，因此不能适用《消费者权益保护法》第49条惩罚性赔偿制度。而另外一些学者（如董承孝《〈消法〉理论与适用的误区》、王利明《消费者的概念及消费者权益保护法的调整范围》等）则认为：不应当以购买行为的动机和目的作为判断"生活消费"的标准，因为判断购买者的主观想法存在举证的困难，在商业活动中也难以操作。

为目的、购买商品时是否明知商品有"假",都是难以证明的问题,不应作为判断"消费者"的依据。

4. 消费者是指购买、使用商品或接受服务的个人,而非单位

在我国,关于消费者是仅限于自然人还是包括单位的问题,理论界与地方性消费者权益保护立法存在重大的差异。理论界大多数学者认为,消费者是指为生活消费的需要而购买商品或者接受服务的自然人①。这是因为,单位并非终极消费的主体。而我国各地的地方性消费者权益保护立法却几乎一致认为单位也属于消费者的范畴②。我们认为,单位购买商品交单位职工使用,或由单位职工直接接受服务,这是个人通过单位媒介表现的购买、使用商品和接受服务的形式。这种单位对生活资料的消费,本质上还是个人消费。因此,单位因消费而购买商品或接受服务,应当受合同法调整,而不应当受消费者权益保护法的调整。

二、消费者权益保护法的概念

消费者权益保护法,是调整在保护消费者权益的过程中发生的经济关系的法律规范的总称。它是经济法的重要部门法,在经济法的市场规制法中尤其占有重要地位。

消费者权益保护法的调整对象是消费过程中发生的社会关系,包括:

(1) 国家机关与经营者之间的关系,主要是指国家有关管理部门在对经营者的生产、销售、服务活动进行监督管理、维护消费者合法权益中发生的关系;

(2) 国家机关与消费者之间的关系,主要是指国家有关管理部门在为消费者提供指导、服务与保护过程中所发生的关系;

(3) 经营者与消费者之间的关系,主要是指经营者因进行违法经营给消费者造成损害,消费者请求赔偿,以及消费者对经营者进行监督而发生的关系。

三、消费者权益保护法的历史沿革

(一) 消费者权益保护法的产生

消费者权益保护方面的专门立法,是随着现代市场经济的发展及消费者问题的日益尖锐而出现的,是与垄断、不正当竞争、信息偏在等导致"市场失灵"的原因密切相关的。

近代市场经济实行的是自由竞争,国家对经济生活不加干预。由于此时市场经济不甚发达,企业的社会化、专业化程度不高,消费者与经营者之间的地位较为平等,消费者与生产者之间是普通的合同关系,因而仅依合同自由原则和民事责任方面的法律就能使消费者所受损害得到救济。在这一时期,消费者问题并不突出,依靠传统民商法加以规制仍是适宜的。然而,随着近代市场经济发展为现代市场经济,在竞争的过程中不仅产生了垄断、不正当竞争等侵害消费者利益的问题,最为重要的是在企业与消费者之间出现"信息偏在"或称"信息不对称"的问题,进一步导致"市场失灵",从而带来一

---

① 参见梁慧星:《关于消法四十九条的解释适用》,《人民法院报》2001年3月29日第3版;陈运雄:《论消费者的概念》,《求索》1998年第4期。

② 《上海市保护消费者合法权益条例》第2条第1款规定:"本条例所称的消费者,是指为物质、文化生活需要购买、使用商品或者接受服务的单位和个人,其权益受国家法律、法规和本条例的保护。"《深圳经济特区实施〈中华人民共和国消费者权益保护法〉办法》第2条第1款规定:"本办法所称的消费者,是指为生活消费购买、使用商品或者接受服务的个人和单位。"

系列的新型经济关系的产生。由于强调形式平等的民商法难以对处于弱势地位的消费者给予倾斜性的保护，以求得实质上的平等，从而也不能有效解决"信息偏在"等问题，因此，必须由经济法来弥补传统民商法的不足，通过国家进行法律规制和市场的不断完善来全面解决问题。消费者权益保护法的专门立法，正是对传统民商法的突破性发展。

（二）消费者权益保护法的历史沿革

消费者权利作为一项基本人权，是生存权的重要组成部分。因此消费者权益保护法律制度的历史演进同法律保护人权的历史进程是同步的。早期的消费者权益方面的法律规范主要体现在饮食与服装方面。在13世纪，法国巴黎的面包师在出售面包时，有专人检查其所售面包的重量是否足额，这被认为是现代消费者权益保护立法的先驱。到了19世纪，消费者权利受到侵害的情况日益严重，迫使消费者寻找立法上的支持。20世纪初期，一些国家就开始制定相关的单行法规，尤其是在20世纪50、60年代，西方国家爆发的"消费者权利运动"，对消费者权益保护法律制度的发展起了巨大的推动作用，从而使各国在消费者权益保护方面的专门立法得以产生，国际性合作也得以加强。

我国在加快建成社会主义市场经济体制的过程中，依法保护消费者的合法权益，这对于加速商品流转，促进生产和消费，维护市场秩序都是必不可少的；对于提高整个社会经济效益和扩大对外经济联系也有着积极意义。1993年10月31日，第八届全国人大常委会第四次会议通过了《中华人民共和国消费者权益保护法》，自1994年1月1日起施行，这是我国制定的第一部保护消费者权益的专门法律，也是我国消费者保护立法方面的基本法。

四、消费者权益保护法的特征

与传统的民商法相比，消费者权益保护法具有突出的社会性，即对特定社会群体之间的权益分配更多考虑社会公正和实质公正。

（一）权益保护的倾向性

消费者权益保护法特别保护消费者权益，而给予经营者一定限制，这是消费者权益保护法的最基本特征。在消费关系中，消费者客观上处于弱者地位，这是因为：首先，消费者是分散的无组织的个人，而经营者大多是有组织的法人，有些经营者还拥有专营权，有的消费合同是由经营者确定合同条件的标准合同，对此消费者别无选择；其次，具体的消费者受到专业知识、消费经验和时间、精力、财力、场合等限制，较难主张和实现自己的消费权利，易受到经营者不法行为的侵害。因此，消费者权益保护法界定了消费者阶层，以消费者权益为保护对象，在立法中侧重伸张消费者权利，而对经营者则侧重强调其义务。当消费者的权利保护与其他权利（如经营者的民事权利）保护发生冲突时，应当优先保护消费者的权利。同一纠纷有多种法律可适用时，应当优先适用消费者权益保护法，当然也不排斥其他法律（如合同法）对消费者的共同保护。

（二）消费者权益保护法多为强制性、禁止性规范

传统民商法倡导"契约自由"、"意思自治"，并以任意性规范为主。而消费者权益保护法的原则体现了国家对市场经济进行规制的特点，这种规制的典型表现是对"契约自由"进行限制，因此多为强制性、禁止性规范。许多国家规定生产经营者的义务，以及对标准合同条款的限制。这类规定多为禁止性的，如有违反，则对其追究法律责任，甚至包括行政责任、刑事责任。同时，为加强经营者的自觉性、严格其责任，当经营者

以不法行为侵害消费者权益时，国家以补偿性与惩罚性结合的方式予以制裁，如我国《消费者权益保护法》第49条所确立的双倍赔偿制度。

（三）确立了无过错责任原则

消费者权益保护法的重要突破在于无过错责任的确定。民商法一般实行过错责任，而消费者权益保护法则更多采取严格的无过错责任，即产品如有缺陷并使消费者的人身和财产受到损失时，即使生产者在制造或销售过程中已经尽到了一切可能的注意，仍需对消费者承担责任，而消费者无须承担举证责任。此外，这种归责原则还扩大了合同效力的所及范围，即承担责任的卖方不仅包括零售商，还包括批发商、制造商及为制造该产品提供零部件的供应商等；而作为消费者的买方不仅包括直接购买者，还包括其亲属、亲友以及受到该产品伤害的其他人。

五、消费者权益保护法基本原则

（一）自愿、平等、公平、诚实信用的原则

我国《消费者权益保护法》第4条规定："经营者与消费者进行交易，应当遵循自愿、平等、公平、诚实信用原则。"经营者与消费者进行交易，应在自觉自愿的基础上进行，不可强买强卖、欺行霸市、硬性搭配而应坚持当事人地位平等；不可以大欺小、以强凌弱，而应公平交易、等价交换；任何人不得无偿占有他人财产，不得哄抬物价或压级压价；平等协商，讲诚实、守信用，遵守法律法规、职业道德和社会公德，文明经商，文明消费。

（二）经营者应当依法提供商品或者服务的原则

我国《消费者权益保护法》第3条规定："经营者为消费者提供其生产、销售的商品或者提供服务，应当遵守本法；本法未作规定的，应当遵守其他有关法律、法规。"由于消费者处于弱势地位，消法侧重对消费者权利和经营者义务的强调。经营者应当在按照消法及其他相关法律的规定从事生产经营活动，否则将承担民事责任、行政责任甚至刑事责任。

（三）国家保护消费者的合法权益不受侵害的原则

我国《消费者权益保护法》第5条规定："国家保护消费者的合法权益不受侵害。国家采取措施，保障消费者依法行使权利，维护消费者的合法权益。"这是国家对市场运行进行干预的体现，也是消费者权利实现的切实保障。国家采取措施，保障消费者依法行使权利，其目的在于维护消费者的合法权益。因此，国家要根据经济、文化发展的水平，不断完善消费者的权利并促成其实现；帮助、指导和教育消费者提高自我保护意识；加强对经营者的监督管理，督促经营者依法文明经营；在消费者受到侵害时，提供必要法律帮助，在消费纠纷处理中保障消费者的利益。

（四）一切组织和个人对损害消费者合法权益的行为进行社会监督的原则

我国《消费者权益保护法》第6条规定："保护消费者的合法权益是全社会的共同责任。"强有力的行政监督是保护消费者利益的重要环节，因此，国家行政管理机关要加强对经营者的监督。同时，保护消费者合法权益是全社会的共同责任，光有行政监督还是不够的，国家鼓励、支持一切组织和个人对损害消费者合法权益的行为进行社会监督。各个政党、社会团体、武装力量、企业事业单位、新闻舆论工具及城乡基层群众性消费自治组织，都应依法积极履行监督职能，广大人民群众也应积极开展监督，相互配

合，形成保护消费者利益的网络体系。

第二节　消费者的权利和经营者的义务

一、消费者的权利和经营者的义务概述

（一）消费者权利的概念及特征

消费者权益可理解为消费者的权利与利益的合称。按照传统法学概念，"权利"概念中也包含着"利"字，其中也有"利是实质内容，权是表现和存在形式"的意思。实际上，权利和义务都是一定利益（物质利益和精神利益）的体现。消费者权利的核心仍是消费者的利益。

消费者权利，是指由国家通过制定消费者权益基本法所确认的，对在消费领域中消费者能够作出或不作出一定行为，以及其要求经营者相应作出或不作出一定行为的许可和保障。消费者权利不是一种简单的民法上规定的权利，民法上规定的民事权利是平等主体之间基于法定或约定而产生的，而消费者权益保护法中的消费者权利则具有如下特征。

1. 消费者权利是以消费者特定的身份为基础

消费者权利是与消费者的人身密切联系的。一方面，只有在以消费者的身份购买、使用商品或接受服务时，才享有这些权利，即消费者权利是以消费者资格的存在为必要条件的；另一方面，凡消费者在购买、使用商品或接受服务时，都享有这种权利，即消费者权利又是以消费者身份的存在为充分条件的。

2. 消费者权利具有法律规定性

消费者权利是法律直接规定的权利，具有强制性，任何人不得剥夺，经营者以任何方式剥夺消费者权利的行为无效。

3. 消费者权利是特别赋予处于弱者地位的消费者的权利

基于消费者的弱势地位，法律在规定消费者权利时给予了特别的倾斜，将在传统民商法中属于当事人意思自治的一些权利，专门赋予给了消费者，通过权利的法定化来体现法律对消费者特殊保护的立场。消费者权益保护法即以消费者为本位，以保护消费者利益为核心。我国消费者权益保护法只规定了消费者的权利，而未规定消费者的义务。

（二）经营者、经营者义务的概念

经营者是向消费者提供其生产、销售的商品或者提供服务的法人、其他经济组织和个人，他们是以营利为目的从事生产经营活动并与消费者相对应的一方当事人。根据我国《消费者权益保护法》的规定，经营者包括生产者、销售者和服务者。

在保护消费者权利方面，经营者、国家、社会均负有相应的义务，其中，经营者义务是更为直接、更为具体的。要有效的保护消费者的权利，就必须使经营者能够全面的履行其相应的义务，并且，经营者义务的履行对于确保消费者权利的实现具有重要的作用。正因如此，有关消费者权利和经营者义务的内容，历来是消费者权益保护法的核心内容，消费者享有的权利相应的就是经营者的权利。经营者的义务，是指法律规定或消费者与经营者约定的，在消费过程中经营者必须对消费者作出一定行为或者不为一定行

为的约束。

经营者的义务可以从以下几个方面来理解：

（1）义务主体是经营者，具体包括生产者、销售者和提供服务者；

（2）义务可以表现为消费者要求经营者作出一定行为，也可以表现为要求经营者必须抑制一定行为；

（3）经营者的义务是由法律规定的或是与消费者约定的；

（4）经营者义务的履行是由国家强制力保障的。

二、消费者的权利

我国现行《消费者权益保护法》的第二章专门具体规定了消费者的权利。这些权利对于消费者来说是至为重要的，主要包括如下九大权利。

（一）安全权

安全权是消费者最基本的权利。《消费者权益保护法》第 7 条规定："消费者在购买、使用商品和接受服务时所享有的保障其人身、财产安全不受损害的权利。消费者有权要求经营者提供的商品和服务，符合保障人身、财产安全的权利。"

安全权包括人身安全和财产安全。人身权的范围广泛，这里的人身安全，仅指生命和健康安全。人身安全权是位阶最高的权利，是不可放弃的权利。财产安全不仅指交易标的财产的安全，也包括消费者其他财产的安全。安全权表明消费者在消费商品和接受服务时，有权要求经营者提供的商品和服务，符合保障人身、财产安全的要求；消费者在有偿取得商品时，有权要求其符合国家的安全、卫生标准，不致因此而受伤害；在有偿取得服务时，有权要求其设施、用品、用料等安全、卫生，并有相应保护措施，不危及人身、财产安全。

（二）知情权

知情权，或称获取信息权、了解权、知悉真情权，是消费者享有的知悉其购买、使用的商品或接受的服务的真实情况的权利。知情，是消费决策的前提。知情权是法律赋予消费者的一种基本权利，也是消费者购买、使用商品或接受服务的前提，应当得到经营者的尊重。根据我国《消费者权益保护法》第 8 条的规定，消费者有权根据商品或服务的不同情况，要求经营者提供商品的价格、产地、生产者、用途、性能、规格、等级、主要成分、生产日期、有效期限、检验合格证明、使用方法说明书、售后服务，或者服务的内容、规格、费用等有关情况。

消费者有权要求得到商品和服务的全面、真实信息，有权要求国家规定附具合格证、说明书和标志，有权要求经营者明确回答关于商品和服务的质量、数量、价格等问题。为保障消费者全面了解情况，经营者应提供相应的方便，如成列样品、印刷目录、明码标价、示范操作、出示说明等，在消费者就其提供的商品或服务的质量和使用方法等提出询问时，应作出真实、明确的答复，便于消费者认识商品和服务。经营者不应拒绝消费者了解商品和服务的要求，或对这一要求采取不合作态度。

（三）自主选择权

自主选择权，简称选择权，《消费者权益保护法》第 9 条规定："消费者享有自主选择商品或服务的权利。消费者有权自主选择提供商品或服务的经营者，自主选择商品品种或服务方式，自主决定购买或者不购买任何一种商品、接受或者不接受任何一项服务。消费者在自主选择商品或服务时，有权进行比较、鉴别和挑选。"消费者的自主决定不受任何人强制。

为保护消费者的选择权，《反不正当竞争法》还从规范经营者行为的角度对消费者进行保护，规定经营者销售商品，不得违背购买者的意愿搭售商品或其他不合理的条件，不得进行欺骗性的有奖销售或以有奖销售为手段推销质次价高的商品或进行巨奖销售；政府及其部门不得滥用权力限定他人购买其指定的经营者的商品，限制外地商品进入本地或本地产品流向外地。

在消费者行使选择权时，应注意两个问题：第一，必须合法行使，不得滥用选择权；第二，消费者的选择权并不排除经营者向消费者进行商品、服务的介绍和推荐。

（四）公平交易权

公平交易权，是指消费者在与经营者之间进行的消费交易中享有的获得公平的交易条件的权利。我国《消费者权益保护法》第 10 条规定："消费者享有公平交易的权利。消费者在购买商品或接受服务时，有权获得质量保障、价格合理、计量正确等公平交易条件，有权拒绝经营者的强制交易行为。"

公平交易权说明消费者与经营者的法律地位平等。但从消费活动的全过程看，消费者往往处于弱者的地位，因此，法律特别强调公平交易权，以加强对经营者的制约，切实保障消费者的权益。公平交易的核心是消费者以一定数量的货币可换得同等价值得商品或服务。这是衡量消费者的利益是否得到保护的重要标志。此外，衡量是否公平交易，还包括：在交易过程中，当事人是否处于自愿，有无强制性交易或歧视性交易的行为，消费者是否得到实际上的满足或心理的满足等。

（五）依法求偿权

依法求偿权，也称索赔权，《消费者权益保护法》第 11 条规定："消费者因购买、使用商品或接受服务受到人身、财产损害的，享有依法获得赔偿的权利。"依法求偿权是弥补消费者所受到损害的必不可少的救济性权利。

消费者的求偿权实质上是一种民事索赔权，但其除具有一般民事索赔权的特征外，还有其自身的经济法特点：第一，消费者的求偿权仅仅存在于消费领域，其只发生于消费者与经营者之间，即消费者只可向经营者主张这一权利；第二，消费者的求偿权中有惩罚性赔偿的规定，从保护社会弱者的宗旨出发，规定了对不法经营者的惩罚性赔偿。

求偿权的范围包括人身损害和财产损害两个方面，人身损害包括生命健康权、姓名权、名誉权、荣誉权等受到损害；财产损害包括财物灭失、毁损等，以及因受害人伤、残、死亡所支付的费用等。

（六）依法结社权

《消费者权益保护法》第 12 条规定："消费者享有依法成立维护自身合法权益的社会团体的权利。"这是宪法规定的结社权在消费领域的具体体现。

结社权是随着消费者运动的兴起而在法律上的必然表现。与经营者相比，消费者大多是分散、无序的个人，且消费者购买、使用商品或接受服务，在很大程度上受经营者的介绍、推荐的引导和影响。因此，面对具有强大经济实力的经营者，消费者要实现实质上的平等，就需要组织起来，通过集体的力量来改变自己的弱小地位，实现自我救济、自我教育。我国各级消费者协会，是保护消费者权益的社会团体，但具有行政色彩。消费者依法定程序自发、自主结社，政府对合法的消费者团体不应加以限制，并且，在制定有关消费者方面的政策和法律时，还应向消费者团体征求意见，以求更好的保护消费者的权利。

（七）接受教育权

接受教育权，也称获取知识权，《消费者权益保护法》第13条规定："消费者享有获得有关消费和消费者权益保护方面的知识的权利。消费者应当努力掌握所需商品或服务的知识和使用技能，正确使用商品，提高自我保护意识。"与其他消费者权利不同的是，消费者的接受交易权既是消费者的权利，又是消费者的义务，具有权利与义务的双重属性。

接受教育权的内容主要包括两方面：其一，获得有关消费方面的知识，如有关商品和服务、市场、消费心理等方面的知识等；其二，获得消费者权益保护方面的知识，如有关消费者的权利和经营者的义务，有关索赔的法律知识等。另外，国家有关机关、大众传播媒介、教育机构以及经营者，都有宣传相关知识的义务。作为消费者，应当提高自我保护意识，更好的掌握所需商品或服务的知识和使用技能，以更好的实现消费目标。

（八）获得尊重权

《消费者权益保护法》第14条规定："消费者在购买、使用商品和接受服务时，享有其人格尊严、民族风俗习惯得到尊重的权利。"尊重消费者的人格尊严和民族习俗，是社会文明进步的表现，也是尊重和保障人权的重要内容。

消费者的受尊重权分为消费者的人格尊严受尊重和民族风俗习惯受尊重两部分。人格尊严是消费者人身权的重要组成部分，包括姓名权、名誉权、荣誉权和肖像权等。人格尊严是消费者精神上的利益，其本身没有财产内容。在消费领域，消费者的人格尊严受到经营者的侵犯的现象并不少见，如非法搜身等违法行为时有发生。消费者权益保护法将人格尊严作为保护客体是非常必要的。民族习俗获得尊重，是指在消费时其民族风俗习惯不受歧视、不受侵犯，并且经营者应当对其民族习俗予以充分的尊重和理解，在可能的情况下，应尽量满足其带有民族意蕴的特殊要求。规定消费者的民族风俗习惯受尊重权，是党和国家民族政策在法律上的反映。当经营者侵犯消费者上述权利时，经营者应当承担怎样的责任，《消费者权益保护法》仅在第50条规定了行政处罚，缺乏对消费者精神损害赔偿的明文规定，是我国《消费者权益保护法》的一大漏洞。[①]

（九）监督批评权

《消费者权益保护法》第15条规定："消费者享有对商品和服务以及保护消费者权益工作进行监督的权利。消费者有权检举、控告侵害消费者权益的行为和国家机关及其工作人员在保护消费者权益工作中的违法失职行为，有权对保护消费者权益工作提出批评、建议。"监督权是为加强消费者自我保护能力而设定的权利。该项权利使经营者的行为受到消费者的制约，对提高消费者的法律意识，促进国家保护消费者权益整体工作的开展，具有很现实的作用。在实践中可以建立社会监督举报机制实行举报奖励制度，

---

① 广东省1994年《消费者权益保护法实施办法》规定：凡经营者搜查消费者人身及携带物品的，应向受害者给予5万元以上的精神损害赔偿。这是完善我国精神损害赔偿立法的有益探索。

消费者在维护自己合法利益的同时又能获得一定的利益补偿，这将大大提高消费者行使监督批评权的积极性。

三、经营者的义务

（一）依照法定或约定提供商品和服务的义务

《消费者权益保护法》第16条规定："经营者向消费者提供商品或服务，应当依照《中华人民共和国产品质量法》和其他有关法律、法规的规定履行义务。经营者和消费者有约定的，应当按照约定履行义务，但双方的约定不得违背法律、法规的规定。"

据此，可将经营者的义务划分为法律规定的义务和当事人双方约定的义务两类。其中，法定义务是对经营者最基本的要求，是经营者应当履行的最低标准，具有概括性、原则性、不可抛弃性和不可更改性，如《产品质量法》、《食品卫生法》、《药品管理法》、《商标法》、《反不正当竞争法》、《广告法》等相关法律法规对经营者义务的规定。因此，经营者与消费者的约定义务，不得减轻或免除经营者的法定义务。在市场交易中，经营者与消费者之间的关系实质上是一种合同关系，如买卖合同、承揽合同、委托合同等。依据合同约定的义务一旦依法成立，就对经营者产生法律约束力，经营者必须依约履行。消费者对经营者的违约责任的追究，适用《合同法》的一般规定，如果该违约行为侵犯了消费者的权利，则可选择优先适用《消费者权益保护法》。

（二）听取意见和接受监督的义务

《消费者权益保护法》第17条规定："经营者应当听取消费者对其提供的商品或者服务的意见，接受消费者的监督。"经营者接受监督的义务，是与消费者的监督批评权相对应的。要确保消费者监督权的实现，就应把经营者提供商品和服务的经营活动置于消费者的有效监督之下。

经营者听取消费者的意见，主要通过与消费者面对面的交流，书面征询消费者的意见，从新闻媒介了解消费者对商品和服务的看法与反映等方式来进行。经营者接受消费者监督，主要是通过设立意见箱、意见簿、投诉电话，及时处理消费者的投诉、自觉接受消费者的批评等方式进行。

（三）保证商品和服务安全的义务

《消费者权益保护法》第18条规定："经营者应当保证其提供的商品或者服务符合保障人身、财产安全的要求。对可能危及人身、财产安全的商品和服务，应当向消费者作出真实的说明和明确的警示，并说明和标明正确使用商品或者接受服务的方法以及防止危害发生的方法。经营者发现其提供的商品或者服务存在严重缺陷，即使正确使用商品或者接受服务仍然可能对人身、财产安全造成危害的，应当立即向有关行政部门报告和告知消费者，并采取防止危害发生的措施。"

该义务包括三方面内容：（1）提供符合保障人身安全的商品和服务的义务。即经营者提供的商品和服务应当具有人们合理期待的安全性；（2）说明义务、警示义务、提供防止危害发生方法的义务，未尽该义务，提供的商品和服务便存在指示上的瑕疵；（3）及时采取补救措施的义务，商品已经提供给消费者或者消费者正在接受服务，而商品、服务有严重缺陷，即使正确使用商品或者接受服务仍然可能对人身财产造成危害的，经营者应当立即采取合理的补救措施，防止损害的发生或扩大。

（四）提供真实信息的义务

《消费者权益保护法》第19条规定了经营者的提供真实信息的义务。该义务是与消费者的知情权相对应的。商品经济中信息失真现象是引起消费者问题的原因之一。消费者对商品或服务正确的判断、评价、选择、使用，均有赖于经营者提供必要的真实信息。

提供真实信息的义务包括三方面内容：（1）经营者应当向消费者提供有关商品和服务的真实信息，不得做引人误解的虚假宣传。引人误解的宣传，是对消费者合法权益的侵犯，也是一种不正当竞争行为。（2）对消费者就其提供的商品或者服务的质量和使用方法等问题提出的询问，应当作出真实、明确的答复。这是提供商品和服务真实信息的一个方面的内容，也是保障消费者知情权实现的一个途径。（3）商店提供商品应当明码实价，价格信息是商品信息的一项重要内容，也是影响消费者购买决策的一项重要条件，经营者应当按规定标价。

（五）标明真实名称和标记的义务

《消费者权益保护法》第20条规定："经营者应当标明其真实名称和标记。租赁柜台或者场地的经营者应当标明其真实名称和标记。"

企业名称和营业标记的主要功能，是区别商品或服务的来源，同时也代表着一定的商业信誉。法律规定经营者的此项义务，保障消费者的知情权和选择权，有利于消费者作出正确的判断、选择，避免上当受骗，能准确确定索赔对象，同时制止经营者的不正当竞争行为。

（六）出具购货凭证或服务单据的义务

《消费者权益保护法》第21条规定："经营者提供商品或者服务，应当按照国家有关规定或者商业惯例向消费者出具购货凭证或服务单据；消费者索要购货凭证或者服务单据的，经营者必须出具。"购货凭证、服务单据实际上是证明经营者与消费者之间合同履行的书面凭证，通常表现为发票、收据、保修单等形式。有了这种书面凭证，可以证明经营者与消费者之间法律关系的存在以及法律关系的内容，便于消费者维护自己的合法权益，当经营者未主动出具购货凭证或服务单据时，消费者可以索要，经营者必须出具，不得拒绝。

（七）保证商品和服务质量的义务

《消费者权益保护法》第22条规定了经营者保证商品和服务质量的义务。该项义务也称为品质担保义务，主要包括以下含义：（1）经营者的质量义务以消费者正常使用商品或接受服务为前提。正常使用一般为消费者按照正常的理解和商品或服务的说明而使用，而不是出于主观想象。（2）经营者应当保证在正常使用商品或接受服务的情况下其提供的商品或服务应当具有的质量、性能和用途，亦即商品或服务应当具有适用性，能满足消费者的消费需求。（3）消费者在购买该商品或接受该服务前已经知道其存在瑕疵的，经营者不受上述质量义务的约束。（4）经营者以广告、产品说明、实物样品或者其他方式标明商品或者服务的质量状况的，应当保证其提供的商品或者服务的实际质量与标明的质量状况相符。

（八）履行"三包"或相应责任的义务

"三包"是指包修、包换、包退。"相应责任"是指"三包"以外的民事责任，如某些售后服务义务。《消费者权益保护法》第 23 条规定："经营者提供商品或者服务，按照国家规定或者与消费者的约定，承担包修、包换、包退或者其他责任的，应当按照国家规定或者约定履行，不得故意拖延或者无理拒绝。"设定"三包"和相应责任，是针对经营者提供的商品或服务不符合法定或约定时的补救措施，是为了使消费者的利益得到合理的满足。

（九）不得从事不公平、不合理的交易的义务

《消费者权益保护法》第 24 条规定："经营者不得以格式合同、通知、声明、店堂告示等方式作出对消费者不公平、不合理的规定，或者减轻、免除其损害消费者合法权益应当承担的民事责任。格式合同、通知、声明、店堂告示等含有前款所列内容的，其内容无效。"

格式合同又称标准化合同、定型合同，这里是指经营者事先制定好的对于经营者与消费者的权利与义务作出完整规定的合同，此种合同于消费者购买商品或接受服务时成立。由于格式合同的制作人即经营者预先拟定合同条款，消费者只有是否接受合同的自由，而没有协商并改变合同条款的机会。因此，格式合同多是反映经营者利益，忽视或否认消费者利益的规定。当格式合同中存在对消费者不公平、不合理的条款，或者有减轻、免除经营者损害消费者合法权益应当承担的民事责任的条款，这种条款在法律上均属于无效。应当指出，虽然消费者在格式合同上签字或接受履行，但这种明示同意也不能改变这类条款无效的必然性质。

店堂告示是指经营者在其经营场所内悬挂、张贴的带有警示性的标语、标牌，其内容主要是以经营者的口吻告诫消费者在购买商品或接受服务时应注意的事项或者是一些商业上的惯常用语。通知、声明，也是经营者的一种单方行为，是经营者单方面作出的合乎其主观意志的意思表示。以上行为都是经营者的单方行为，衡量其是否有效，按照第 24 条的规定有两个标准：一是内容是否对消费者公平合理；二是是否单方面减轻或免除了经营者应承担的责任。诸如一些商店所声明的"商品售出概不退换"，"本店有权检查包裹"等，都是排除和限制消费者权利的行为，这是法律所不允许的。

（十）不得侵犯消费者人格尊严和人身自由的义务

这项义务是与消费者的人格尊严受尊重权相对应的，根据《消费者权益保护法》第 25 条的规定，经营者的这一义务包括以下几方面：（1）经营者不得对消费者进行侮辱、诽谤；（2）不得搜查消费者的身体及其携带的物品；（3）不得侵犯消费者的人身自由。

第三节　消费者权益的国家保护和社会保护

一、消费者权益的国家保护

在消费者权益的保护方面，不仅经营者负有直接的义务，而且国家、社会也都负有相应的义务。只有各类主体都有效地承担起相应的保护消费者权益的义务，消费者的各项权利才能得到有效的保障。为此，我国《消费者权益保护法》对于国家和社会在保护消费者权益方面的义务也都作出了规定。依据我国《消费者权益保护法》第四章的规定，国家对消费者合法权益的保护主要体现在以下几个方面。

（一）立法保护、政策保护

保护消费者合法权益，立法是基础。国家通过宪法对基本人权保护的规定及消费者权益保护法的规定体现了国家对消费者群体的立法保护，此外，我国制定颁布的《产品质量法》、《反不正当竞争法》、《广告法》、《食品卫生法》等众多法律、法规都体现了对消费者合法权益的保护，形成了一个保护消费者合法权益的法律群体。除立法之外，国家有关机关还可以制定、发布有关命令、规章等，对消费者合法权益进行政策调整。为充分体现和保护消费者合法权益，国家在制定有关消费者权益的法律、法规和政策时，应当听取消费者的意见和要求。

（二）行政保护

行政保护是各级人民政府及其行政部门，采取行政措施对消费者合法权益的保护。包括行政管理、行政监督，以及对违法、违纪行为的处理等。根据《消费者权益保护法》第 27 条规定，各级人民政府应当加强领导，组织、协调、督促有关行政部门做好保护消费者合法权益的工作。各级人民政府应当加强监督，预防危害消费者人身、财产安全行为的发生，及时制止危害消费者人身、财产安全的行为。第 28 条规定，各级人民政府工商行政管理部门和其他有关行政部门应当依照法律、法规的规定，在各自的职责范围内，采取措施，保护消费者的合法权益。有关行政部门应当听取消费者及其社会团体对经营者交易行为、商品和服务质量的意见，及时调查处理。这里的有关行政部门主要有技术监督部门、卫生监督部门、物价管理监督部门、进出口商品检验部门等。公用事业及国营专营的商品和服务业的主管部门，应特别注意有关经营者的经营行为，防止偏袒经营者利益的倾向。

（三）司法保护

司法保护是国家公安机关、检察机关和审判机关通过司法程序，对消费者合法权益进行保护，包括依法惩处侵害消费者合法权益的违法犯罪行为，采取措施方便消费者提起诉讼，并依法及时审理消费者权益争议案件等。根据《消费者权益保护法》第 29 条、第 30 条规定，对违法犯罪行为有惩处权力的有关国家机关，应当依照法律、法规的规定，惩处经营者在提供商品和服务中侵害消费者合法权益的违法犯罪行为，以切实保护消费者合法权益。为方便消费者提起诉讼，人民法院对于符合我国《民事诉讼法》起诉条件的消费者权益争议，必须受理，及时审理。

二、消费者权益的社会保护

《消费者权益保护法》第 6 条规定："保护消费者的合法权益是全社会的共同责任。国家鼓励、支持一切组织和个人对损害消费者合法权益的行为进行社会监督。"社会监督是国家保护的必要补充，只有建立起全社会共同保护消费者权益的机制，才能使消费者的合法权益得到最充分、最有效的保护。

（一）消费者保护运动

消费者保护运动是以保护消费者合法利益为目的，从消费者的立场出发，向经营者提出要求和进行批评，并采取相应措施与行动的社会运动。消费者权利的概念，即是随着消费者保护运动的发展而逐步得到确认和发展的。在我国，在中国消费者协会的统一部署下，全国 3000 多个县以上消费者协会及一些乡镇消协分会都组织了大规模的宣传咨询服务活动，通过纪念"315 国际消费者权益日"、假冒商品展览、真假商品识别、消费知识竞赛、文艺演出等丰富的活动形式，大力宣传消费者权益，培养消费者的维权意识，影响十分广泛。这些都是我国弘扬消费者运动理念，推动消费者运动开展的具体体现。

（二）消费者组织

《消费者权益保护法》第 31 条规定："消费者协会和其他消费者组织是依法成立的对商品和服务进行社会监督的保护消费者合法权益的社会团体。"消费者组织是保护消费者合法权益体系中的一个重要组成部分，它们作为非营利的、公益性的社团，不得从事商品经营和营利性服务，不得以牟利为目的来向社会推荐商品和服务。

我国的消费者组织分为两种：一是消费者协会，包括中国消费者协会和各地设立的消费者协会；二是其他消费者组织。在消费者组织中，消费者协会是最普遍、最重要的。它是依法成立的对商品和服务进行社会监督的保护消费者合法权益的自治组织。其基本任务是对市场商品和服务进行监督，指导公众消费，帮助或代表消费者调查、处理消费争议，维护广大消费者的权益。

1. 消费者组织的性质

根据我国《消费者权益保护法》及其他有关法律、法规的规定，可以从三方面来理解消费者组织的性质：（1）消费者组织属社会团体的范畴。社会团体是指由一定数量的自然人或法人，按照一定的宗旨和原则自愿组成的，不以营利为目的，并依法予以登记的社会组织。《消费者权益保护法》明确规定，消费者组织属于社会团体。（2）消费者组织应依法成立。我国消费者组织的成立应当依照国务院发布的《社会团体登记管理条例》的有关规定，履行登记手续；否则，不能取得合法地位，不能从事有关活动。（3）消费者组织以消费者合法权益为宗旨。

2. 消费者组织的职能

根据《消费者权益保护法》第 32 条的规定，消费者协会履行如下职能：（1）向消费者提供消费信息和咨询服务；（2）参与有关行政部门对商品和服务的监督、检查；（3）就有关消费者合法权益问题，向有关行政部门反映、查询、提出建议；（4）受理消费者投诉，并对投诉事项进行调查、调解；（5）对商品和服务的质量问题提请鉴定部门鉴定；（6）支持受损害的消费者起诉；（7）通过大众传播媒介对损害消费者合法权益的行为予以揭露、批评。

3. 消费者协会实现其职能的保障

《消费者权益保护法》第 32 条第 2 款规定："各级人民政府对消费者协会履行职能应当予以支持。"各级政府应支持消费者协会的工作并酌情给予资助，以保持其独立性和公正性。一些地方立法规定，政府财政直接拨款建立消费者协会的工作资金，以确保其工作的顺利开展。第 33 条规定："消费者组织不得从事商品经营和营利性服务，不得以牟利为目的向社会推荐商品和服务。"消费者协会为消费者提供的服务一般免费。

（三）舆论监督

大众传播媒介负有对损害消费者合法权益的行为进行舆论监督的职责。舆论监督具有揭露、警示和教育的作用。通过媒介对经营者侵犯消费者合法权益、进行不正当竞争行为的揭露，是对违法经营者的打击，对其他经营者的教育和警示，同时，也是广大消费者提高警惕、提高自我保护能力的一个重要手段。因此，广播、电视、报刊等大众传播媒介，应当做好维护消费者合法权益的宣传，在积极宣传消费者利益保护法律和消费知识的同时，对侵害消费者合法权益的行为也有责任予以批评、披露，任何单位和个人不得干涉新闻机构对消费者利益保护的舆论监督活动。

第四节　消费者权益争议解决和法律责任

一、争议解决方式和承担责任原则

（一）消费争议的处理

根据我国《消费者权益保护法》的规定，消费者与经营者发生消费争议的，可以通过如下途径解决。

1. 与经营者协商和解

消费者直接向销售者、服务者或生产者交涉、索赔。这种解决方式一般适用于纠纷数额较小，消费者权益受到轻微侵害的情形。其特点是速度快、简便易行，但其很大不足就是协商和解的结果对双方缺乏强制性约束，即经营者往往不履行对协商解决所作的承诺，甚至推诿和减轻责任，从而使消费者对解决结果不满意。

2. 请求消费者协会调解

消费者向消费者协会投诉，由消费者协会调解解决。根据中国消费者协会于1988年5月制定的《受理消费者投诉暂行规定》，各级消费者协会受理投诉的范围是：（1）消费者对购买的生活消费品的质量、价格、安全、卫生、计量等方面的投诉；（2）消费者对服务质量、价格等方面的投诉。消费者向消费者协会投诉要有书面材料，要提出并写清楚投诉人即消费者本人的姓名、住址、被投诉单位的名称、地址、购买商品的日期、品名、牌号、规格、数量、价格、受损害的具体情况和必要的证明材料。消费者协会进行调解所必须坚持的两项原则：一是自愿，二是合法。自愿原则是指调解的进行要有双方当事人的明确同意，不能强迫任何一方当事人进行调解，经调解双方能否达成协议也取决于双方的自愿。合法原则是指调解必须以事实为根据，以法律为准绳。消费者协会主持下进行的调解，这种解决纠纷的方式的特点是对纠纷双方来说省时经济、但经调解所达成的协议不具有强制执行力。

3. 向有关部门申诉

消费者与经营者发生消费争议后，如协调或调解不成的，或消费者不愿协商，调解的可直接向有关行政部门申诉。在我国具有保护消费者职能的行政机关主要有工商、物价、技术监督、商检、医药、卫生、食品监督等机关。消费者因自己的权益受到损害向行政部门申诉时，应依照所购商品或接受服务的性质向相关政府部门申诉。如农民购买了不合质量标准的农用机械，就应向县级以上技术监督部门申诉。相关机关在接到材料后，应当迅速进行调查，对经营者的违法行为，除责令其赔偿有关的消费者外，还要给予相应的行政处罚。这种解决方式具有一定的强制性，并侧重于对违法经营者追究行政责任和行政处罚，而对经营者的民事责任追究则往往因其职责范围的限制而不够有力。

4. 提请仲裁机构仲裁

仲裁，是指双方当事人在争议发生之前或者发生之后达成协议，自愿将争议交给仲裁机构作出裁决，争议双方有义务执行该裁决，从而解决争议的法律制度。其具有以下特点：第一，灵活性与便利性。当事人有权选择是否仲裁，有权选择仲裁员，有权协议选择仲裁程序。通过仲裁解决争议可以避免经历诉讼中的程序。可以不公开审理从而保守商业秘密，处理问题及时且费用低。第二，自主性，仲裁属于国家的司法活动，它以实现当事人自治为特色，当事人对仲裁组织、仲裁程序等问题享有充分的自主权，争议双方可通过仲裁协议进行约定，但这种约定不能违背仲裁法。第三，裁决具有强制性。当事人一旦选择仲裁解决争议，仲裁者所作出的裁决即具有法律效力，对双方当事人都有约束力，当事人应当履行；否则，权利人可以向法院申请强制执行。

5. 向人民法院提起诉讼

当经营者侵害了消费者的权益或因消费关系发生争议后，当事人可以直接向人民法院起诉，人民法院代表国家对案件行使审判权，依法对消费纠纷案件作出裁决，以解决双方当事人的纠纷，追究侵权者或违约者的法委责任，从而达到维护当事人合法权益的目的。这种通过国家司法机关解决争议的方式是最具权威和最具强制力的解决方式，消费者的权益当受到经营者的不法侵害后，可以直接向法院提起民事诉讼或刑事附带民事诉讼。

（二）经营者承担责任的原则

经营者侵犯消费者利益承担责任，一般以过错责任为原则，但法律、法规另有规定的除外。消费者对侵权的发生亦有过错的，可减轻经营者的责任。经营者因不可抗力而侵犯消费者利益的，不承担责任。

《消费者权益保护法》第 35 条对在一般情况下，消费者权益受到损害时应向谁要求赔偿以及销售者和生产者或其他销售者之间相互追偿责任，分别作了如下规定：

（1）消费者在购买、使用商品时，其合法权益受到侵害的，可以向销售者索赔；若确属生产者或其他销售者责任的，销售者在承担责任后有权向生产者或其他销售者追偿。就销售者而言，有先行赔偿的法律义务。

（2）消费者或其他受害人因商品缺陷造成人身、财产损害的，可以向销售者要求赔偿，也可以向生产者要求赔偿。被求偿的对象有先行赔偿的义务，也就是说，属于生产者责任的，销售者赔偿后有权向生产者追偿，属于销售者责任的，生产者赔偿后有权向销售者追偿。

（3）消费者在接受服务时，其合法权益受到侵害的，可以向服务者要求赔偿。

《消费者权益保护法》第 36 条对原企业侵害了消费者合法权益的情况进一步明确规定，原企业分立或合并的，消费者应向变更后承担原企业权利、义务的企业要求赔偿。现实情况复杂多变，一些企业在侵害了消费者的合法权益后，可能会出现分立或合并情况。分立、合并后，原企业的权利和义务由变更后的法人享有和承担。

《消费者权益保护法》第 37 条规定，使用他人营业执照的违法经营者提供商品或服务，损害消费者合法权益的，消费者可向其要求赔偿，也可向提供营业执照的持有人要求赔偿。根据我国企业登记管理法规的规定，营业执照只能由营业执照的持有人持有和使用，不能出租、出借或转让他人使用，否则即构成违法，对于违法出租、出借或转让营业执照让别人进行营业活动，或者违法使用他人营业执照从事经营活动而给消费者造成损害的，营业执照持有人和违法经营者都负有责任。

《消费者权益保护法》第 38 条规定，消费者在展销会、租赁柜台购买商品或接受服务，其合法权益受到损害的，可以向销售者或者服务者要求赔偿，展销会结束或者柜台租赁期满后，也可以向展销会的举办者、柜台的出租者要求赔偿。展销会的举办者、柜台的出租者赔偿后，有权向销售者或者服务者追偿。在市场经济迅猛发展的今天，越来越多的经营者为了开拓市场，走出家门，利用参加展销会、租赁柜台等方式，开展经营活动，由此，也就出现了一些在展销会、租赁柜台经销商品或提供有偿服务期间侵害消费者合法权益的行为。在展销会结束或租赁柜台期满后，受害的消费者要找到经营者并不容易。鉴于展销会的举办者、柜台的出租者与参展的经营者、柜台承租者相对于消费者一方来说，有共同的利益关系，且联系密切，消费者权益保护法就作了上述方便消费者求偿的规定。

《消费者权益保护法》第 39 条规定，消费者因经营者利用虚假广告提供商品或服务，其合法权益受到损害的，可以向经营者要求赔偿。广告经营者不能提供经营者的真实名称、地址的，应当承担赔偿责任。广告的经营者发布虚假广告的，消费者可以请求行政主管部门予以惩处。

二、违反消费者权益保护法的法律责任

（一）民事责任

根据《消费者权益保护法》第 40 条规定，经营者提供商品或服务有下列情形之一的，除本法另有规定外，应当依照《产品质量法》和其他有关法律、法规的规定，承担民事责任：（1）商品存在缺陷的；（2）不具备商品应具有的使用性能而出售时未作说明的；（3）不符合在商品上或者其包装上注明采用的商品标准的；（4）不符合商品说明、实物样品等方式表明的质量状况的；（5）生产国家明令淘汰的商品或销售失效、变质的商品的；（6）销售的商品数量不足的；（7）服务的内容和费用违反约定的；（8）对消费者提出的修理、重作等要求，故意拖延或者无理拒绝的；（9）商品或服务造成消费者或其他人财产损害、人身伤害或死亡的；（10）以邮购、预售方式收取款项后未按约定提供商品或服务的；（11）法律、法规规定的其他损害消费者权益的情形。

1. 侵犯人身权的民事责任

（1）致人伤害的民事责任。经营者提供商品或服务，造成消费者或者其他受害人人身伤害的，应当支付医疗费、治疗期间的护理费、因误工减少的收入等费用，造成残疾的，还应当支付残疾者的生活自助用具费、生活补助费、残疾赔偿金以及由死者生前扶养的人所必需的生活费等费用。

（2）致人死亡的民事责任。经营者提供商品或服务，造成消费者或者其他受害人死亡的，应当支付丧葬费、死亡赔偿金以及由死者生前扶养的人所必需的生活费等费用。

（3）侵害人格尊严或侵犯人身自由的民事责任。经营者侵害消费者的人格尊严或者侵犯消费者人身自由的，应当停止侵害、恢复名誉、消除影响、赔礼道歉，并赔偿损失。

2. 侵犯财产权的民事责任

按照《消费者权益保护法》的规定，侵犯财产权的民事责任主要包括：

（1）经营者提供商品或者服务，造成消费者财产损害的，应当按照消费者的要求，以修理、重作、更换、退货、补足商品数量、退还货款和服务费用或者赔偿损失等方式

承担民事责任。消费者与经营者另有约定的，按照约定履行。

（2）对国家规定或者经营者与消费者约定包修、包换、包退的商品，经营者应当负责修理、更换或者退货。在保修期内两次修理仍不能正常使用的，经营者应当负责更换或者退货。对"三包"的大件商品，消费者要求经营者修理、更换或退货的，经营者应当承担运输费等合理费用；应退预付款的，应承担预付款的利息、消费者必须支付的合理费用。

（3）因欺诈产生的加倍赔偿。《消费者权益保护法》第 49 条规定："经营者提供商品或者服务有欺诈行为的，应当按照消费者的要求增加赔偿其受到的损失，增加赔偿的金额为消费者购买商品的价款或者接受服务费用的 1 倍。"该条规定了加倍赔偿的惩罚性民事责任。

根据国家工商总局 1996 年 3 月 15 日发布的《欺诈消费者处罚办法》第 3 条的规定，经营者的下列行为属于欺诈消费者的行为：销售掺杂、掺假，以假充真，以次充好的商品的；采取虚假或者其他不正当手段使销售的商品分量不足的；销售"处理品"、"残次品"、"等外品"等商品而谎称是正品的；以虚假的"清仓价"、"甩卖价"、"最低价"、"优惠价"或者其他欺骗性价格标示销售商品的；以虚假的商品说明、商品标准、实物样品等方式销售商品的；不以自己的真实名称和标记销售商品的；采取雇佣他人等方式进行欺骗性的销售诱导的；作虚假的现场演示和说明的；利用广播、电视、电影、报刊等大众传播媒介对商品作虚假宣传的；骗取消费者预付款的；利用邮购销售骗取价款而不提供或者不按照约定条件提供商品的；以虚假的"有奖销售"、"还本虚假"等方式销售商品的；以其他虚假或者不正当手段欺诈消费者的行为。依据《欺诈消费者处罚办法》第 4 条的规定，经营者在向消费者提供商品时，有下列五种情形的，且不能证明自己确非欺骗、误导消费者的，应当承担欺诈消费者的法律责任：销售失效、变质商品的；销售侵犯他人注册商标权的商品的；销售伪造产地、伪造或者冒用他人的企业名称或者姓名的商品的；销售伪造或者冒用他人商品特有的名称或者姓名的商品的；销售伪造或者冒用认证标志、名优标志等质量标志的商品的。

（二）行政责任

经营者侵害消费者合法权益的行为在损害消费者的同时，往往也触犯了国家行政管理法规，扰乱了社会经济秩序。因此，《消费者权益保护法》规定了经营者应承担的行政责任。根据《消费者权益保护法》第 50 条的规定，经营者应承担的行政责任有责令改正、警告、没收非法所得、处以罚款、责令停业整顿、吊销营业执照等。上述行政措施和行政处罚由工商行政管理机关作出决定并予以执行。对阻碍有关行政管理机关依法执行公务尚未构成犯罪的，由公安机关依照《治安管理条例》的规定处罚。

经营者应承担行政责任的情形包括：（1）生产、销售的商品不符合保障人身、财产安全要求的；（2）在商品中掺杂、掺假，以假充真，以次充好，或者以不合格商品冒充合格商品的；（3）生产国家明令淘汰的商品或者销售失效、变质的商品的；（4）伪造商品的产地，伪造或者冒用他人的厂名、厂址，伪造或者冒用认证标志、名优标志等质量标志的；（5）销售的商品应当检验、检疫而未检验、检疫或者伪造检验、检疫结果的；（6）对商品或者服务作引人误解的虚假宣传的；（7）对消费者提出的修理、重作、更换、退货、补足商品数量、退还货款和服务费用或者赔偿损失的要求，故意拖延或者无理拒绝的；(8) 侵害消费者人格尊严或者侵犯消费者人身自由的；(9) 法律、法规规定的对损害消费者权益应当予以处罚的其他情形。

(三) 刑事责任

经营者造成消费者人身伤害、死亡构成犯罪的；实施欺诈等违法行为构成犯罪的；非法限制人身自由构成犯罪的应当依法追究刑事责任。经营者或其他人员以暴力、威胁等方法阻碍有关行政部门人员依法执行公务的，应当追究刑事责任。国家工作人员玩忽职守或者包庇侵害消费者合法权益行为构成犯罪的，应当依法追究刑事责任。

第十三章　知识产权法

第一节　知识产权法概论

一、知识产权的概念

（一）定义

传统的民法上的定义多采用概括式，即对定义的对象进行抽象的描述，而对于知识产权概括式的定义在理论界并没有形成共识，多数国家的立法和国际公约都是从知识产权的范围出发列举式的界定知识产权。对知识产权的定义有代表性的是："人们就其智力创造的成果依法享有的专有权利"。①

（二）知识产权的范围

传统的知识产权分为工业产权和版权，主要包括商标权、专利权和著作权。根据《建立世界知识产权组织公约》第 2 条，对知识产权的范围定义为：（1）与文学、艺术及科学作品有关的权利；（2）与表演艺术家的表演活动、与录音制品及广播有关的权利；（3）与人类创造性活动的一切领域内的发明有关的权利；（4）与科学发现有关的权利；（5）与工业外观设计有关的权利；（6）与商品商标、服务商标、商号及其他商业标记有关的权利；（7）与防止不正当竞争有关的权利；（8）一切其他来自工业、科学及文学艺术领域的智力创作活动所产生的权利。目前，世界知识产权组织有 183 个国家加入，已为世界多数国家接受。《与贸易有关的知识产权协定》（TRIPS）把商业秘密和集成电路布图设计权列入知识产权范围，其对知识产权的范围定义为：（1）版权与邻接权；（2）商标权；（3）地理标志权；（4）工业外观设计权；（5）专利权；（6）集成电路布图设计权；（7）未披露过的信息专有权。该协定目前共有 150 个成员。

（三）知识产权的特点

1. 无形性

无形性是从知识产权的客体的角度进行的认识，知识产权与其他有形财产权利的最大区别就在于其客体具有无形性的特征。

---

① 郑成思：《知识产权法教程》，法律出版社 1993 年版，第 1 页。

无形财产权的权利和权利的载体之间具有分离性，而有形财产权依赖于权利载体的存在和归属。知识产权在一定条件下，可以由权利人许可多个独立的主体以相同的方式使用，而不发生权利的冲突。

2. 专有性

专有性，也称排他性、垄断性、独占性，概括来讲，知识产权和物权皆具有专有性特点，即具有排他性和绝对性，所不同的是知识产权是"无形财产权"，而物权是"有形财产权"，因此二者在专有性的表现上是不同的。知识产权的专有性主要表现以下两个方面：第一，知识产权的客体是智力成果，具有无形性特征，不能形成事实上的占有，因此其专有性的实现不是通过对物的控制、使用，而是依赖于法律的直接规定。第二，知识产权客体的无形性，也使得其客体不会出现被侵占、毁损等情形，因此侵犯知识产权的行为表现也不同于物权。侵犯物权的行为通常会表现为偷窃、抢夺、非法侵占他人之物等行为，而知识产权的侵权行为主要表现为未经权利人的许可，擅自利用他人的智力成果。

知识产权的专有性也表现为与公有领域的智力成果相区分，知识产权是属于专有领域的智力成果。并非一切智力成果都有专有性，公有领域的智力成果不具有专有性，任何人都可以自由的使用，而无须征得智力成果创造者的同意。

3. 地域性

知识产权作为一种民事权利，其效力在空间上受到限制，即通常情况下一项知识产权的效力仅限于本国或本地区领域内，除签有国际公约或双边协定的以外。依照一国法律规定而授予的知识产权，只能在该国领域内发生法律效力，受该国法律的保护。如果所有人希望其权利在其他国家获得保护，就必须向其他国家的知识产权管理部门另行提出申请，或者基于国际公约或双边协定获得保护。

4. 时间性

知识产权也受到时间的限制，即权利的法定保护期限，一旦超过法律规定的有效期限，其权利就丧失，任何人可以自由使用。特别强调知识产权的时间性在于："知识产权的标的即知识产品，作为一种非物质形态的智力产物则不可能发生毁损、灭失，即具有事实意义上的'永续性'，但法律却断然限定该类权利只在一定期间内有效"。[①]

5. 可复制性

"知识产权之所以能成为某种财产权，是因为这些权利被利用后，能够体现在一定产品、作品或者其他物品的复制活动上。也就是说，这种权利的客体一般可由一定的有形物去复制"。[②]

二、知识产权的保护

（一）我国知识产权法律体系的构成

我国知识产权法律体系大致由法律法规、我国所缔结的国际公约、我国与有关国家签订的双边协议构成。我国有关知识产权的主要法律法规有：

（1）《民法通则》第五章第三节，概括规定了民事主体依法取得的知识产权受法律

---

① 吴汉东：《知识产权法论》，法律出版社 2004 年版，第 15 页。
② 郑成思：《知识产权论》，法律出版社 1998 年版，第 89 页。

保护。

（2）规范著作权的主要是《著作权法》及其实施条例、《计算机保护条例》、《信息网络传播权保护条例》。

（3）《商标法》及其实施条例。

（4）规范专利权的主要是《专利法》及其实施条例和《植物新品种保护条例》。

（5）《集成电路布图设计保护条例》。

（6）《反不正当竞争法》。

（7）《知识产权海关保护条例》及其实施条例。

（8）《合同法》第十八章，有关技术合同的规定。

（9）《刑法》第三章第七节规定了侵犯知识产权罪。

（10）相关司法解释。

（二）我国的知识产权保护体系

利益平衡原则是知识产权立法和司法的一项基本原则。目前，我国知识产权保护实行双轨制，即行政执法和司法保护。知识产权保护的双轨制，是中国知识产权制度的一大特色。

1. 行政执法

根据我国相关法律法规的规定，行政执法介入的范围大致如下：（1）行政调解。除著作权纠纷外，其他的知识产权侵权纠纷均可应当事人请求对侵权纠纷进行调解。① （2）依职权主动查处。对于侵犯著作权的行为，只有同时涉及公共利益的，行政机关可依职权主动查处。对于侵犯注册商标专用权的行为，行政机关可依职权主动查处。对于侵犯专利权的行为，行政机关可依职权主动查处。

行政执法的优点有三：第一，适合我国目前的知识产权保护现状，即侵犯知识产权的行为比较严重的状况，在行政执法时可以由多个行政部门共同参与，组织专项行动或者统一行动，对于侵害知识产权的行为打击有力。第二，行政执法具有便捷性，与司法审判相比时间相对较短。第三，对于权利人而言，其救济的成本相对较低。但是这样的制度也存在一定的问题：首先，通过行政执法无法最终解决纠纷。对于知识产权管理部门认定侵权成立，责令停止侵权不服的，当事人可以提起行政诉讼；侵权人期满不起诉又不提起诉讼的，管理部门可以申请人民法院强制执行。对于侵犯专利权、商标权的赔偿数额进行调解，调解不成的，当事人可以向人民法院提起民事诉讼。其次，行政执法是对公共资源的浪费。知识产权在本质上是私权，用行政资源对私权进行救济是对公共资源的浪费。

2. 司法保护

司法保护包括民事司法保护、刑事司法保护和行政司法保护。民事司法保护在知识产权保护中居于基础地位，权利人通过民事诉讼而获得赔偿。知识产权是私权，其基本原则即是私法自治，其权利应当应当事人的请求而获得法律上的救济。知识产权民事诉

---

① 参见《中华人民共和国商标法》第53条的规定，对于侵犯商标专用权纠纷可以进行行政调解。《中华人民共和国专利法》第57条规定，对于侵犯专利权纠纷可以进行行政调解；《专利法实施细则》第79条还将行政调解扩展到专利权属纠纷，发明人、设计人资格纠纷，职务发明的发明人、设计人的奖酬纠纷，专利人临时保护。

讼的类型主要是侵权诉讼和违约诉讼。同时为了使权利获得充分的保护，我国法律规定了诉前临时禁令、诉前财产保全、诉前证据保全等临时措施。

刑事司法保护主要目的在于依法打击侵犯知识产权的犯罪，惩罚、威慑犯罪。《刑法》第三章第七节专门规定了七种侵犯知识产权的犯罪，包括假冒注册商标罪，销售假冒注册商标的商品罪，非法制造、销售非法制造的注册商标标示罪、假冒专利罪、侵犯著作权罪、销售侵权复制品罪、侵犯商业秘密罪。2004 年 12 月最高人民法院、最高人民检察院联合出台《关于办理侵犯知识产权刑事案件具体应用法律若干问题的解释》，该《解释》降低侵犯知识产权犯罪的定罪量刑标准，明确了"相同的商标"、"使用"和"销售金额"等专业术语的含义。该解释的出台，有利于加大知识产权的刑事保护力度。

行政司法保护的主要目的在于对行政机关履行行政授权和行政执法进行司法复审。对行政机关履行行政授权的司法复审职能主要体现在，申请人对知识产权管理机关作出的驳回申请、异议审查的复审决定不服，可以向人民法院提起行政诉讼。对行政执法的司法复审职能在上文"行政执法"中已有论述，此处不再赘述。

（三）知识产权的国际保护

随着科学技术和经济的发展，知识产权已经成为国际贸易的三大支柱之一，知识产权在世界范围内的交流已成为趋势，然而知识产权具有地域性特点，使得在本国取得的知识产权并不会当然的受到他国法律的保护，因此，协调知识产权保护的国际性就日显重要。

知识产权国际保护的途径主要是参加或缔结知识产权国际公约或双边条约，我国已加入的知识产权国际公约主要包括：《建立世界知识产权组织公约》、《保护工业产权巴黎公约》、《商标国际注册马德里协定》、《保护文学艺术作品伯尔尼公约》、《专利合作条约》、《保护唱片制作者防止唱片被擅自复制公约》、《关于集成电路知识产权条约》、《世界版权公约》和《与贸易有关的知识产权协议》等。

1. 保护工业产权巴黎公约

《保护工业产权巴黎公约》，简称《巴黎公约》，是保护工业产权的一项重要的国际公约，确立了工业产权国际保护的总体框架。该公约于 1883 年 3 月 20 日缔结，1884 年 7 月 7 日生效，我国于 1985 年 3 月 19 日加入。《巴黎公约》确立了国民待遇原则、优先权原则和专利商标独立原则以及对成员国的最低保护要求。

（1）国民待遇原则。该公约第 2 条规定了成员国国民的国民待遇原则，即任何成员国的国民，在工业产权保护方面，在其他成员国享有各该国法律现在授予或今后可能授予国民的各种利益。第 3 条规定了非成员国国民但在成员国领土内设有住所或有真实有效的工商业营业所的，享有国民待遇。

（2）优先权原则。该公约第 4 条确立了优先权原则，即任何享有国民待遇的人在任何一个成员国正式提出专利、实用新型、外观设计或商标注册申请后，就同样的主题在其他成员国提出申请的，享有优先权。优先权的期限对于专利和实用新型为 12 个月，外观设计和商标为 6 个月。

（3）专利、商标独立原则。该公约第 4 条第 2 款规定了专利的独立原则，即在不同国家就同一发明创造取得的专利权是相互独立的。由于各国专利制度不同，其授予专利的条件、程序和权利消灭的事由也不尽相同，因此相同的申请可能在一国会被授予专利权，而在他国会被驳回申请，各国的决定相互独立，互不影响。对于商标的独立原则是在该条约第 6 条确认的，该规定与专利的独立原则相似，同一商标在不同国家所受保护是独立的。

2. 保护文学艺术作品伯尔尼公约

《保护文学艺术作品伯尔尼公约》，简称《伯尔尼公约》，是保护版权的一项重要的国际公约，该公约于 1886 年 9 月 9 日缔结，1887 年 12 月 5 日生效，我国于 1992 年 10 月 15 日加入。《伯尔尼公约》确立了国民待遇原则、自动保护原则和著作权独立原则，其主要内容为：

（1）国民待遇原则。该公约第 3 条、第 4 条、第 5 条确定了国民待遇原则，即享有国民待遇的作者在成员国中享有各该国法律现在给予和今后可能给予其国民的权利。对于成员国国民，其作品无论是否已经出版，都受到保护。对于非成员国国民，其作品首次在任何一个成员国出版，或在一个非成员国和一个成员国同时出版的都受到保护。非成员国国民但在一个成员国有惯常住所的，享有国民待遇。

（2）自动保护原则。该公约第 5 条第 2 款确立了自动保护原则，即权利人享有和行使其著作权不需要履行任何的手续，作品一经完成便自动享有著作权。

（3）著作权独立原则。该公约第 5 条规定了著作权独立原则，即著作权在不同国家所受保护是相互独立的，不受起源国保护状态的影响。该公约同时规定为救济权利而采取的补救方法由被要求给予保护的国家的法律规定。

（4）受《伯尔尼公约》保护的权利。受《伯尔尼公约》保护的人身权利有表明作者身份权、保护作品完整权。作者的人身权不受作者经济权利的影响，即使在经济权利转让后，作者仍享有人身权。该公约所保护的经济权利包括：翻译权、复制权、表演权、广播权、朗诵权、改编权、录制权、制片权。

（5）权利保护期限。《伯尔尼公约》所确定的最低保护期限为作者有生之年及其死后五十年。电影作品经作者同意的其保护期限为作品公之于众后五十年，自作品完成后五十年内尚未公之于众的，则自作品完成之日起五十年；匿名作品的，其保护期为作品合法公之于众之日起五十年；摄影作品和实用艺术作品的保护期限为作品完成之后算起的二十五年；合作作品从最后死亡的作者的死亡时算起。人身权利的保护期限不得低于经济权利的保护期限。

3. 与贸易有关的知识产权协定

《与贸易有关的知识产权协定》，简称"TRIPS"，该协定是一项综合性国际条约，从实体上和程序上较为全面的对知识产权的国际保护作出规定。该协定于 1993 年 12 月 15 日通过，1995 年 1 月 1 日生效，我国于 2001 年 12 月 11 日加入。其主要内容为：

（1）国民待遇原则和最惠国待遇原则。TRIPS 再次确认了国民待遇原则，此外，增加了最惠国待遇条款，即在知识产权保护上，某一成员提供给其他成员的国民的任何利益、优惠、特权或豁免，均应立即无条件地适用于全体其他成员之国民。

（2）知识产权执法。TRIPS 规定了对各成员知识产权执法的最低要求，要求成员保证执法程序的行之有效，采用有效措施制止侵犯知识产权的行为；具体规定了民事程序及救济、行政程序及救济、临时措施、有关边境措施的专门要求及刑事程序。

（3）知识产权的获得与维持的程序。各成员可以规定获得与维持知识产权的程序及形式，但该程序及形式应当公平合理，不得过于复杂或花费过高，或包含不合理的失效或无保障的拖延。对于诸如对异议、无效和撤销作出的终局行政决定，均应接受司法或准司法部门的审查。

（4）争端解决机制。TRIPS 确立了透明度原则，要求各成员实施的与 TRIPS 有关的法律、条例，以及普遍适用的终审司法判决和终局行政裁决，均应以该国文字颁布或使公众能够获得，以使各成员政府及权利持有人知悉。一方成员的政府或政府代理机构与任何地方政府或政府代理机构之间生效的与 TRIPS 有关的各种协议也应公开。TRIPS 也引入"关税与贸易总协定"关于解决争端的规范和程序。

（5）过渡协议。该部分规定了 TRIPS 的效力及其条款的延期适用、最不发达国家成员的特殊保护和技术合作的事项。

三、知识产权战略

2005 年 6 月，国家知识产权战略制定正式启动，国家知识产权战略包括一个总纲和 20 个专题。2005 年 10 月，党的十六届五中全会通过了《中共中央关于制定国民经济和社会发展第十一个五年规划的建议》，提出了创新型国家的建设。在创新型国家评价体系中，自主知识产权是核心。知识产权制度以保护为中心，以创新为目的，知识产权战略的启动与创新型国家的建设紧密结合。

知识产权战略的主体可分为四级：政府、地区、行业、企业。企业知识产权战略是国家知识产权战略的 20 个专题之一。美国波士顿咨询公司高级副总裁麦维德认为，"最成功的企业将是那些有能力创造并管理知识产权宝库的企业"。① 对于企业而言，知识产权战略包括知识产权的研发、保护、管理与人才四大方面，是企业经营战略的重要组成部分。不同企业知识产权战略的地位和侧重点不同，如技术领先型的企业，知识产权处于核心地位，并侧重于专利战略；而对于商业企业而言，知识产权处于次要地位，并侧重于品牌战略。对于知识产权处于核心地位的企业应当有专门的管理人员，对知识产权的取得、估价、管理等实施管理，充分实现知识产权的经济价值。

在知识产权战略中，我国企业还应注意技术标准中的知识产权，将标准化管理与知识产权管理密切结合起来。知识产权进入技术标准已成大势所趋，最典型的例子如 DVD 生产企业所遭遇的专利联盟。2006 年 11 月美国联邦通信委员会对外宣称，自 2007 年 3 月 1 日起，在美国国内销售的所有电视必须是数字电视，符合 ATSC，即美国先进电视系统委员会数字电视标准的技术规范，其背后捆绑着专利，进口彩电要符合标准，就必须向那些拥有专利的企业缴纳专利费，每台彩电约 10 美元。②

第二节 著作权法

一、著作权的概念

著作权是基于作品而产生的权利，包括文学、艺术和科学作品的著作权以及与著作

---

① 陈颐：《企业如何实施知识产权战略——访波士顿咨询公司副总裁麦维德》，载《经济日报》2006 年 4 月 27 日。

② 张韬：《国外专利费大棒打压我彩电》，载《上海证券报》2007 年 1 月 8 日。

权有关的权益。学术界对"著作权"和"版权"这两个概念曾作过长期讨论，现在通说认为著作权也称为版权，该观点得到著作权法的肯定。著作权和版权可以替代使用，但立法重心不同。著作权的英文为"author's right"，版权的英文为"copyright"，前者强调对作者精神权利的保护，后者强调对作者财产权利的保护。

二、著作权的客体

（一）作品及其受保护的条件

作品，是指文学、艺术和科学领域内具有独创性并能以某种有形形式复制的智力成果。一部作品要得到法律的保护，需满足以下两个条件：

1．独创性

独创性也称为原创性，强调作品是由作者独立完成，而对于创造性的要求并不高，并不以思想上的创新和科学领域的先进性为衡量标准，而是对作品的表达形式的要求。

2．可复制性

作品只有以一定的载体加以复制，才能够得以再现和传播。任何作品只有以某种物质方式固定下来才能受到法律的保护。作品的表达形式可以有很多种，只要是能够被人类感知的表达都构成作品。作品的表达和载体有时是同时产生的，有时却不一定。

（二）作品的种类

根据不同的标准作品可以分为不同的种类，我国著作权法对作品的类型进行了规定，著作权法实施条例对各类型的含义进行了解释。主要包括以下内容：

1．文字作品

用文字形式表达的作品，包括小说、诗歌、散文、论文、报告、著作等。

2．口述作品

即兴以口头语言表达的作品，包括演讲、授课、法庭辩论等。口述作品是即兴创作的作品，如果是对已有讲稿的宣读，不构成口述作品，而是用语言对文字作品的再现。

3．音乐、戏剧、曲艺、舞蹈、杂技艺术作品

音乐作品是指能够演唱或者演奏的带词或者不带词的作品，是声音的组合，包括歌曲、交响乐、进行曲等。戏剧作品是指供舞台演出的作品，保护的是剧本，而不是台上的表演，包括话剧、歌剧、地方戏等。曲艺作品是指以带有表演动作的口语说唱为主要表现形式的作品，如弹词、相声、快板、大鼓、评书等。舞蹈作品，是指通过连续的动作、姿势、表情等表现思想情感的作品。杂技艺术作品，是指以形体动作和技巧为表现形式的作品。

4．美术、建筑作品

具有审美意义的平面的或者立体的作品，包括绘画、书法、篆刻、雕塑、建筑等。

5．摄影作品

这是指借助器械在感光材料或者其他介质上记录客观物体形象的艺术作品。

6．电影作品和以类似摄制电影的方法创作的作品

这是指摄制在一定介质上，由一系列有伴音或者无伴音的画面组成，并且借助适当装置放映或者以其他方式传播的作品。包括电影、电视、DV短句等。

7．图形作品和模型作品

图形作品是指为施工、生产绘制的工程设计图、产品设计图，以及反映地理现象、

说明事物原理或者结构的地图、示意图等作品，包括工程设计图、产品设计图、地图、示意图等。模型作品，是指为展示、试验或者观测等用途，根据物体的形状和结构，按照一定比例制成的立体作品。

8.计算机软件

我国著作权法规定，计算机软件的保护办法由国务院另行规定。2001年12月20日国务院发布《计算机软件保护条例》，自2002年1月1日开始实施。该条例对计算机软件作出了定义，计算机软件是指计算机程序及其有关文档。同时明确了"计算机程序"和"文档"术语的含义。计算机程序是指为了得到某种结果而可以由计算机等具有信息处理能力的装置的代码化指令序列，或者可以被自动转化成代码化指令序列的符号化指令序列或者符号化语句序列。文档，是指用来描述程序的内容、组成、设计、功能规格、开发情况、测试结果及使用方法的文字资料和图标等，如程序设计说明书、流程图、用户手册等。

9.法律、行政法规规定的其他作品

其他作品主要是指民间文学艺术。我国有着悠久的历史，民间文学艺术非常丰富，因此，民间文学艺术的保护对我国来讲非常重要。著作权法第六条规定民间文学艺术作品的著作权保护办法由国务院另行规定。

（三）不受法律保护的作品

（1）法律、法规，国家机关的决议、决定、命令和其他具有立法、行政、司法性质的文件，及其官方正式译文。

（2）时事新闻。

（3）历法、通用数表、通用表格和公式。

三、著作权的归属

（一）著作权归属的一般原则

著作权归属的一般原则，即著作权属于作者。作者，即创作作品的人，包括自然人、法人和其他组织，在特定情形下，国家也可以成为著作权主体。自然人包括中国公民和外国人。根据著作权法的规定，创作作品的公民是作者，由法人或者其他组织主持，代表法人或者其他组织意志创作，并由法人或者其他组织承担责任的作品，法人或者其他组织视为作者。对于作者身份的判断，一个外在的标志就是署名，法律规定在作品上署名的公民、法人或者其他组织就是作者，有相反证明的除外。

（二）继受主体

继受主体，是指通过著作权的转让、许可或继承而取得著作权的人。著作权属于公民的，在公民死亡后，著作权的财产权利可以依照继承法的规定发生转移。著作权属于法人或者其他组织的，该主体变更、终止后，著作权的财产权利在保护期内可以由承受其权利义务的主体享有。

（三）有关著作权归属的特别规定

1.演绎作品

演绎作品，是指对已有作品进行改编、翻译、注释、整理而产生的新的作品。演绎作品的著作权由改编、翻译、注释、整理人享有，但该权利人行使其著作权时不得侵犯原作品的著作权。

2. 合作作品

合作作品，即两人以上合作创作的作品。合作作者应当是共同参加创作的人，有共同创作某一作品的合意，并且为作品的完成作出实质性的贡献。

合作作品的著作权归属的一般规则为合作作者共同享有。合作作品分为可分割使用的作品和不可分割使用的作品。对于不可分割的作品而言，著作权只能由合作作者共同享有；而对于可分割的作品，作者在不侵害整体著作权的前提下，对自己创作的部分单独享有著作权。

3. 职务作品

职务作品，是指公民为完成法人或者其他组织的工作任务而创作的作品。工作任务是指公民在该法人或者其他组织中应当履行的职责。著作权法对于职务作品的著作权区分了两种情形，作出不同规定。

一是著作权由作者享有，法人或者其他组织在其业务范围内有优先使用该职务作品的权利。作品完成两年内，未经单位同意，作者不得许可第三人以与单位使用的相同方式使用该作品；经单位同意，作者许可第三人以与单位使用的相同方式使用该作品所获报酬，由作者与单位按约定的比例分配。

二是著作权中的署名权由作者享有，其他权利由法人或者其他组织享有。这位类作主要是利用法人或者其他组织的物质技术条件创作，并由法人或者其他组织承担责任的作品。"物质技术条件"是指作者为完成创作而利用的该法人或者该组织的资金、设备或者资料。此外，还有法律、行政法规规定或者合同约定著作权由法人或者其他组织享有的职务作品。

4. 委托作品

委托作品，是指受他人委托创作的作品。委托作品著作权的归属可以由委托人和受托人约定确定，当事人无约定或约定不明的，归受托人所有。

5. 汇编作品

汇编作品，是指选择若干作品、作品的片段或者不构成作品的数据或者其他材料，对其进行具有独创性的编排的作品。汇编作品的独创性体现在对材料内容取舍和编排方法上，使汇编作品具有新的体例和表现形式。汇编作品的著作权由汇编人享有，但行使著作权时，不得侵犯原作品的著作权。

6. 影视作品

影视作品，是指电影作品或者以类似电影的摄制方法创作的作品。一部影视作品涉及众多的主体，如编剧、导演、摄影、词曲作者和制片人等，那么，著作权究竟归属于谁？我国著作权法第15条对影视作品的著作权归属问题作出了规定，影视作品的著作权由制片人享有，但是编剧、导演、摄影、作词、作曲等作者享有署名权，并有权按照合同从制片人处获得报酬。影视作品中的剧本、音乐等可以单独使用的作品的作者有权单独行使其著作权。

四、著作权的内容

著作权既体现著作权人的精神利益，又体现其财产利益，由人身权和财产权两部分组成。

（一）著作人身权

著作人身权，是指著作权人因其创作作品所享有的以人身利益为内容的权利。著作人身权，反映的是对作者身份的尊重，在于著作人身权利是因作者创作出作品而产生的，是与财产权相对应的概念，本身不具有财产性质。著作人身权包括以下四个方面的权利。

1. 发表权

发表权，即决定作品是否公之于众的权利。公之于众是指向社会上大多数人公开，也就是说使作品从作者私的领域进入到社会公的领域。作品在发表之前处于私人领域，作者对是否公开，以怎样的方式，在什么时候公开有选择的权利。发表权是作者首位的权利，是作者实现其他精神权利和财产权利的前提。

一件作品只有一项发表权，只能行使一次。发表实际上是指作品的首次公开，一件作品只能公开一次，作品一经公开，发表权也就用尽，因此不能多次行使。

发表权通常只能由作者本人行使，但在特殊情况下，可以由他人行使。作者身份不明的作品，由作品原件所有人行使。作者生前未发表的作品，如果作者未明确表示不发表，作者死后 50 年内，其发表权可由继承人或者受遗赠人行使；没有继承人又无受遗赠人的，由作品原件的所有人行使。发表权的保护期限为作者有生之年及其死亡后 50 年，因此作者死亡 50 年后，任何人都可以发表。

2. 署名权

署名权，即表明作者身份，在作品上署名的权利。作者有在作品上署名或者不署名的权利，有署真名、假名、笔名的权利。对于冒名的问题，即将本人的作品冠以他人的名义发表的行为不属于侵害署名权的行为，而是侵犯他人姓名权的行为，被冒名者可以根据姓名权的规定请求保护。

3. 修改权

修改权，是对作品内容和形式进行改动的权利，作者可以自己修改，也可以授权他人修改。

4. 保护作品完整权

保护作品完整权，即保护作品不受歪曲、篡改的权利。由于作品是作者思想观点的反映，因而作品的完整性与作者的精神利益密切相关。保护作品的完整性，本质上是要求他人尊重作者的思想观点，是为了维护作者创作的自由。作品的完整性包括内容完整和表现形式完整，作品标题和作品之间的联系。

（二）著作财产权

著作财产权是指作者因对作品的利用或处分而实现经济利益的权利。我国著作权法第 10 条规定的财产权包括：

1. 复制权

复制权，即以印刷、复印、拓印、录音、录像、翻录、翻拍等方式将作品制作成一份或者多份的权利。作者可以自己复制，也可以许可他人复制，并通过许可他人复制获得报酬。复制是作品的再现，广义上包括不改变体现方式的复制，改变载体的复制，从平面到立体和从立体到平面的复制。

2．发行权

发行权，即以出售或者赠与方式向公众提供作品的原件或者复制件的权利。发行权受到权利耗尽原则（又称为"首次销售原则"）的限制，即权利人售出或者经其许可售出作品的原件或者复制件之后便失去了对这些原件或复制件的支配权，他人得自由地进行再次销售。[①]

3．出租权

出租权，即有偿许可他人临时使用影视作品和计算机软件的权利，计算机软件应当是出租的主要标的方可以行使出租权。

4．展览权

展览权，即将美术作品、摄影作品的原件或者复制件公开陈列的权利。作品原件所有权发生转移的，展览权随之转移。

5．表演权

表演权，即公开表演作品，以及用各种手段公开播送作品的表演的权利。包括现场表演和机械表演两种方式。现场表演是指在表演现场运用表演手法向现场观众再现作品，如唱歌、跳舞、诗朗诵等。机械表演则是指借助一定的载体和技术将记录下来的表演再现，如唱片、胶片等。

6．放映权

放映权，即通过放映机、幻灯机等技术设备公开再现美术、摄影、电影和以类似摄制电影的方法创作的作品等的权利。这种放映是公开的放映，也即应当是面向公众的放映。

7．广播权

广播权，即以无线方式、有线传播、直接广播等方式向公众传播广播的作品的权利。该权利所指的广播既包括无线广播，也包括有限传播，既包括对声音的广播，也包括对图像的传播。

8．信息网络传播权

信息网络传播权，即以有限或者无限的方式向公众提供作品，使公众可以在其选定的时间和地点获得其作品的权利。该规定是针对计算机互联网中的作品传播行为。对于信息网络传播权的内容由 2006 年 7 月 1 日开始实施的《信息网络传播权保护条例》规范。

9．摄制权

摄制权，即以摄制电影或者类似摄制电影的方法将作品固定在载体上的权利。

10．改编权

改编权，即改变作品，创作出具有独创性的新作品的权利，比如将小说改编为剧本，将小说改编为话剧，将长篇小说改编为简本等。

11．翻译权

翻译权，即将作品从一种语言文字转换成另一种语言文字的权利。

---

① 吴汉东：《知识产权法论》，法律出版社 2004 年版，第 76 页。

12. 汇编权

汇编权，即将作品或者作品的片段通过选择或者编排，汇集成新作品的权利。

五、著作权的取得和保护期限

（一）著作权的取得

我国著作权是自动取得原则，自作者的作品创作完成之日起产生，不论发表与否，也不必履行其他手续。著作权法对外国人和无国籍人作出了不同规定，外国人和无国籍人的作品首先在中国境内出版的，其著作权自首次出版之日起受到保护。我国也设立登记制度，实行自愿登记，登记不是产生著作权的必要条件。

（二）著作权的保护期限

知识产权具有时间性，法律把对知识产权的保护限定在一定时间内，著作权的保护亦是如此。由于著作权既有人身权又有财产权，法律在时间的限定上作出了不同的规定。

1. 著作人身权的保护期限

在人身权中，作者的署名权、修改权、保护作品完整权的保护期限不受限制，即这三项权利受法律的永久保护。但是，人身权中的发表权的保护期限有一定的限制，与财产权的保护期限相同。

2. 著作财产权的保护期限

我国著作权法对财产权利的保护期限分别就公民作品、法人作品和电影作品作了不同规定。公民的作品，其发表权和财产权利的保护期为作者终生及其死亡后五十年，截止于作者死亡后第五十年的 12 月 31 日；如果是合作作品，截止于作者死亡后第五十年的 12 月 31 日。

法人或者其他组织的作品，著作权（署名权除外）由法人或其他组织享有的职务作品，其发表权和财产权利的保护期为五十年，截止于作品首次发表后第五十年的 12 月 31 日。但作品自创作完成后五十年内未发表的，不再保护。

电影作品和以类似摄制电影的方法创作的作品、摄影作品，其发表权和财产权利的保护期为五十年，截止于作品首次发表后第五十年的 12 月 31 日。但是作品自创作完成后五十年内未发表的，不再保护。

六、著作权的限制

著作权本身为私权，但其也涉及社会公共利益，因此为了实现著作权人利益和公众的利益关系之间的平衡，有必要对著作权人的权利进行适当的限制。我国著作权法规定的这种限制主要有合理使用和法定许可两种制度。

（一）合理使用

1. 概念

合理使用是指依法不经著作权人的许可、无偿的使用他人已经发表的作品，但应当指明作者姓名、作品名称，并不得侵犯著作权人的其他权利。

2. 适用范围

《著作权法》第 22 条规定了合理使用的范围：

（1）为个人学习、研究或者欣赏，使用他人已经发表的作品。该条限制了著作权使用的目的，即仅仅是本人的学习、研究或者欣赏，而不能用于商业目的。

（2）为介绍、评论某一作品或者说明某一问题，在作品中适当引用他人已经发表的作品。对作品的引用有最基本的要求，即指明出处，按照著作权法的要求指明作者姓名、作品名称，按照发表的习惯，还应当指明出版社或报刊名、出版时间和页码。所谓适当，是指引用应该限定在合理的比例之内。

（3）为报道时事新闻，在报纸、期刊、广播电台、电视台等媒体中不可避免地再现或者引用已经发表的作品。对于这种引用，仅限于报道时事新闻。

（4）报纸、期刊、广播电台、电视台等媒体刊登或者播放其他报纸、期刊、广播电台、电视台已经发表的关于政治、经济、宗教问题的时事性文章，但作者声明不许刊登、播放的除外。

（5）报纸、期刊、广播电台、电视台等媒体刊登或者播放在公众集会上发表的讲话，但作者声明不许刊登、播放的除外。

（6）为学校课堂教学或者科学研究，翻译或者少量复制已经发表的作品，供教学或者科研人员使用，但不得出版发行。课堂教学仅限于面授、函授、电大、远程网络教学不属于此列。

（7）国家机关为执行公务在合理范围内使用已经发表的作品。国家机关包括立法机关、司法机关和行政机关。

（8）图书馆、档案馆、纪念馆、博物馆、美术馆等为陈列或者保存版本的需要，复制本馆收藏的作品。复制的目的仅限于本馆陈列或者保存版本的需要。对于这种复制并不要求"已经发表"，没有的发表的作品也可以复制。

（9）免费表演已经发表的作品，该表演未向公众收取费用，也未向表演者支付报酬。对于为公益事业筹集捐款而收取门票的演出，及通常所说的"义演"，不属于合理使用的范围。

（10）对设置或者陈列在室外公共场所的艺术作品进行临摹、绘画、摄影、录像。

（11）将中国公民、法人或者其他组织已经发表的以汉语言文字创作的作品翻译成少数民族语言文字作品在国内出版发行。

（12）将已经发表的作品改成盲文出版。

以上规定使用于对出版者、表演者、录音录像制作者、广播电台、电视台的权利的限制。

（二）法定许可

1. 概念

法定许可，是指依照法律规定的方式不经著作权人许可而使用他人已经发表的作品，但应当支付报酬，并指明作者姓名、作品名称。

2. 适用范围

（1）特定教科书的编写。根据著作权法第23条的规定，该教科书限于为实施九年制义务教育和国家教育规划而编写的教科书，在教科书中汇编已经发表的作品片段或者短小的文字作品、音乐作品或者单幅的美术作品、摄影作品，但应当按照规定支付报酬，并且指明作者姓名和作品名称。

（2）报刊作品的转载或摘编。根据著作权法第32条第2款的规定，著作权人向报社、期刊社投稿的，在作品刊登后，除著作权人声明不得转载、摘编的以外，其他报刊可以转载或者作为文摘、资料刊登，但应当按照规定向著作权人支付报酬。

（3）音乐作品的许可录音。根据著作权法第 39 条第 3 款的规定，录音制作者使用他人已经合法录制为录音制品的音乐作品制作录音制品，可以不经著作权人许可，但应当按照规定支付报酬；著作权人声明不许使用的不得使用。

（4）已发表作品的播放。根据著作权法第 42 条第 2 款的规定，广播电台、电视台播放他人已经发表的作品，可以不经著作权人许可，但应当支付报酬。

（5）录音制品的播放。根据著作权法第 43 条的规定，广播电台、电视台播放已经出版的录音制品，可以不经著作权人许可，但应当支付报酬。当事人另有约定的除外。这种使用的主体只能是广播电台、电视台。

七、邻接权

邻接权是作品传播者的权利，主要包括表演者的权利、录音录像制品制作者的权利、广播组织的权利和出版者的权利。

（一）表演者权

1. 表演者

表演者，是指演员、演出单位或者其他表演文学、艺术作品的人。

2. 表演者权利

（1）表明表演者身份；

（2）保护表演形象不受歪曲；

（3）许可他人从现场直播和公开传送其现场表演，并获得报酬；

（4）许可他人录音录像，并获得报酬；

（5）许可他人复制、发行录有其表演的录音录像制品，并获得报酬；

（6）许可他人通过信息网络向公众传播其表演，并获得报酬。

被许可人以上述第（3）项至第（6）项规定的方式使用作品，还应当取得著作权人许可，并支付报酬。

其中第（1）（2）项权利是表演者的人身权利，其保护期不受限制。其中第（3）项至第（6）项是表演者的财产权利，规定的权利的保护期为五十年，截止于该表演发生后第五十年的 12 月 31 日。

（二）录音录像制作者权

1. 相关概念

《著作权法实施条例》第 5 条第 2 项规定："录音制品，是指任何对表演的声音和其他声音的录制品"；第 3 项规定：录像制品，是指影视作品以外的任何有伴音或者无伴音的连续相关形象、图像的录制品。该条第 4 项和第 5 项规定，录音录像制作者是指录音录像制品的首次制作人。

2. 录制者的权利

根据《著作权法》第 41 条第 1 款，录制者对其录制品享有许可他人复制、发行、出租、通过信息网络向公众传播并获得报酬的权利。权利的保护期限为五十年，截止于该制品首次制作完成后第五十年的 12 月 31 日。

3. 相关权利人之间的关系

（1）录制者与相关著作权人的关系。录制者使用他人作品制作录音录像制品应当取得著作权人许可，并支付报酬；录制者使用演绎作品时，应当分别取得演绎作品著作权人和原作品著作权人许可，并支付报酬。

（2）录制者与表演者的关系。录制者制作录音录像制品，如涉及表演者的表演的，还应当同表演者订立合同，并支付报酬。

（3）被许可人与著作权人、表演者的关系。经录制者的许可，被许可人可以复制、发行、通过信息网络传播利用录音录像制品，应同时征得著作权人和表演者的许可，并支付报酬。

（三）广播组织者权

1. 广播组织

广播组织，是指向公众提供可供接收的声音或有伴音的图像的组织。

2. 广播组织者权利

广播组织对其播放的广播（包括电视）节目享有的权利。根据《著作权法》第44条的规定，广播组织可以授权也可以禁止他人转播其广播节目、录制其广播节目和复制其广播节目。权利的保护期限为五十年，截止于该广播、电视首次播放后第五十年的12月31日。

3. 相关权利人之间的关系

广播组织与著作权人的关系表现为：

（1）广播组织播放他人未发表的作品，应取得著作权人的许可，并支付报酬；播放他人已发表的作品，可以不经著作权人许可，但应支付报酬。

（2）除当事人另有约定的外，广播组织播放他人已经出版的录音制品，可以不经著作权人许可，但应支付报酬。

（3）电视台播放他人的电影作品、录像制品应当取得制片人或者录像制作者的许可，并支付报酬；播放他人的录像制品，还应当取得著作权人的许可，并支付报酬。

（四）出版者权

出版者权是指出版者对其出版物的版式设计享有的权利。根据《著作权法》第35条的规定，出版者有权许可或禁止他人使用其出版的图书、期刊的版式设计。权利的保护期限为十年，截止于使用该版式设计的出版物首次出版后第十年的12月31日。

此处要注意专有出版权和出版者权之间的关系。专有出版权是著作权人通过合同约定的方式授予出版者的，是作者行使其著作权的后果。而出版者权即版式设计权是一项独立的权利，是出版者自己的权利。

第三节 专 利 法

一、专利的种类

专利法的保护对象为发明创造，包括发明、实用新型和外观设计。

（一）发明

发明，是指对产品、方法或者其改进所提出的新的技术方案。发明具有以下特点：

第一，发明是一种技术性方案。专利法上的发明应当是已经完成的、具体的技术方案。所谓"具体"是指发明能够在生产中实施，并且可以通过工业化生产重复再现。

第二，发明是一种新的技术性方案。发明与现有技术相比应当是前所未有的，具有进步性，并有所创新。

第三，发明是利用自然规律、符合自然法则的技术方案。技术方案是在利用自然规律或符合自然法则的基础上改造自然界的结果。违背自然规律和自然法则的技术不构成发明。

（二）实用新型

实用新型是指对产品的形状、构造、或者其结合所提出的适于实用的新的技术方案。发明与实用新型都属于技术方案，但二者之间存在区别：

第一，二者的保护对象不同。发明专利的保护对象既可以是产品，也可以是方法；而实用新型专利的保护对象只能是产品，而且是具有三维构造的产品。

第二，二者的创造性要求不同。发明专利的创造性要求高于实用新型专利的创造性要求。

第三，二者的审查程序不同。发明专利的审查包括形式审查和实质审查。对实用新型专利申请，不需要进行实质审查，经过初步审查认为符合条件的，便可授予专利。

第四，二者的保护期限不同。从各国专利法所规定的保护期限来看，一般发明专利的保护期限较长，而实用新型专利的保护期限相对较短。我国专利法对发明专利的保护期限为 20 年，对实用新型专利的保护为 10 年。

（三）外观设计

外观设计，也称为工业品外观设计，根据我国《专利法实施细则》的规定，外观设计是指对产品的形状、图案或者其结合以及色彩与形状、图案的结合所作出的富有美感并适于工业应用的新设计。从这一定义可以看出其特点：

第一，外观设计必须以产品为依托，外观设计是针对产品而设计。

第二，外观设计以产品的形状、图案和色彩等作为元素。

第三，外观设计以满足美感需要为目的。对于美感的判断，从广义进行理解，只要这种"美"是不违背公序良俗的，便可以认为这种外观设计是富有美感的。

第四，外观设计须能适于工业应用。工业应用，是指外观设计可以通过工业化生产重复再现。

世界各国对外观设计的保护的模式有两种，一种是制订专门的外观设计保护法；另一种是在专利法中规定对外观设计的保护。我国采用的是后者。

二、授予专利的条件

授予专利的条件可分为积极条件和消极条件。积极条件，即专利"三性"，是对新颖性、创造性和实用性的要求。消极条件，是指法律明确规定不授予专利的领域。

（一）消极条件

（1）违反法律、社会公德和侵害公共利益的发明创造不授予专利权。

（2）科学发现不授予专利权。

（3）智力活动的规则和方法不授予专利权。

（4）疾病的诊断和治疗方法不授予专利权。

（5）动物和植物不授予专利权。动物和植物品种本身不能被授予专利，但对动物和植物的生产方法，可以授予专利权。在专利法之外，国务院于1997年3月20日批准，同年10月1日开始实施了我国的《植物新品种保护条例》，对于植物新品种的保护作出了规定。

（6）用原子核变换方法获得的物质不授予专利权。

（二）积极条件

1．新颖性

新颖性是授予专利的基础性条件，也是必要条件，不具备新颖性的发明创造是不能被授予专利的。我国《专利法》第22条规定了发明和实用新型的新颖性，是指在申请日以前没有相同的发明或者实用新型在国内外出版物上公开发表过、在国内公开使用过或者以其他方式为公众所知，也没有同样的发明或者实用新型由他人向国务院专利行政部门提出过申请并且记载在申请日以后公布的专利申请文件中。《专利法》第23条规定了外观设计的新颖性，是指授予专利权的外观设计，应当同申请日以前在国内外出版物上公开发表过或者国内公开使用过的外观设计不相同和不相近似，并不得与他人在先取得的合法权利相冲突。

判断一项专利申请是否具有新颖性，主要有以下3项参照标准：

（1）现有技术是判断新颖性的参照系。"新"是不同于现有技术而言，现有技术是指在申请日之前，在特定技术领域内的已有的公开的技术。现有技术的公开的方式有三种：即以出版物方式公开、以使用方式公开和以其他方式公开。

（2）地域标准。对一项技术的新颖性的判断是以本国领域内公开的现有技术为参照，或者以国际范围内公开的现有技术为参照，前者称为"相对新颖性"或"国内新颖性"，后者称为"绝对新颖性"或"国际新颖性"。我国专利法根据不同的公开方式采用了不同的标准。对于以出版物方式公开的采用的是绝对新颖性标准，即无论在国内或是国外的出版物上公开的，均丧失新颖性。对于以使用和以其他方式公开的采用的是相对新颖性标准，即只有在我国国内公开使用过或者以其他方式为公众所知，才丧失新颖性。

（3）时间标准。这是指确定现有技术的时间界限，何时公开的技术可以作为现有技术。我国是以专利申请日为确定现有技术的时间界限，享有优先权的，以优先权日为时间界限。在申请日以前公开的技术为现有技术。

同多数国家一样，我国专利法还规定了新颖性丧失的例外，即在特殊情形下申请专利的发明创造虽然公开，但在公开后6个月内提出专利申请的，不丧失新颖性。根据专利第24条的规定，包括以下情形：①在中国政府主办或承认的国际展览会上首次展出的；②在规定的学术会议或技术会议上首次发表的；③他人未经申请人同意而泄漏其内容的。

2．创造性

创造性，是指同申请日以前已有的技术相比，申请专利的发明有突出的实质性特点和显著的进步，申请专利的实用新型有实质性特点和进步。如果说新颖性是指发明创造不同于现有技术，那么创造性则是强调发明创造相对于现有技术具有进步性。

判断一项发明创造是否具有创造性，要从两个方面来把握：第一，正确理解"实质性特点和进步"。能够获得专利的发明创造与现有技术相比应有本质性的区别，并且相对现有技术的水平有所提高。第二，以该领域普通技术人员的水平为判断标准。发明专利的创造性要求高于实用新型专利的要求，实用新型只要求具有"实质性特点和进步"即可，而发明专利要求具有"突出的实质性特点和显著的进步"。

3. 实用性

实用性，是指一项发明或者实用新型能够在工业上制造或者使用，并且能够产生积极效果。判断一项发明创造是否具有实用性，要把握住以下两点：第一，可实施性。首先申请专利的发明创造应当是完整、详细的技术方案，有实施的可能性。其次申请专利的发明创造可以通过工业化生产重复再现。第二，有益性。即申请专利的发明创造必须能够带来积极的效果，包括社会和经济效果。

三、专利权的归属

专利权的归属，也就是确定专利权人，即专利权由谁取得。专利权的取得有原始取得和继受取得两种。原始取得即通过专利申请取得，在专利申请被批准后申请人成为专利权人。继受取得即通过专利权的让渡成为专利权人，包括转让、继承、接受赠与等方式。

（一）发明人

通常，发明人都有权对其发明创造申请专利，在此情形下发明人与申请人是同一人。在一些特殊情形下会发生发明人与申请人分离的状态。

在专利法中区分了发明人与设计人，发明人是针对发明和实用新型而言，设计人是针对外观设计而言，在本书中统称为发明人。发明人是指对完成发明创造做出创造性贡献的人。专利法上的发明人必须是直接参加发明创造活动的人并对发明创造的实质性特点有创造性贡献的人。在完成发明创造过程中，只负责组织工作、为物质技术条件的获得提供了方便的人或者从事其他辅助工作的人，不能被认为是发明人。发明人只能是自然人，因为只有自然人才能进行智力劳动。

（二）有关专利权归属的特别规定

1. 职务发明

职务发明创造，是指职工在执行本单位的任务或者主要是利用本单位的物质技术条件所完成的发明创造。职务发明创造申请专利的权利属于该单位；申请被批准后，该单位为专利权人。"执行本单位任务所完成的发明创造"，是指在本职工作中作出的发明创造；履行本单位交付的本职工作之外的任务所作出的发明创造；退休、离休或者调动工作后1年内作出的，与其在原单位承担的本职工作或者原单位分配的任务有关的发明创造。"本单位物质条件"，是指本单位的资金、设备、零部件、原材料或不向外公开的技术资料等。对于利用本单位的物质技术条件所完成的发明创造，单位与发明人可以就专利申请权和专利权进行约定，有约定的，从约定。

2. 合作发明

合作发明，也称共同发明，是指由两个或两个以上的人合作完成的发明创造。对于合作发明，当事人可以就专利申请权进行约定，没有约定的，属于当事人共有。合作发明在申请专利时必须取得当事人一致同意，只要有一方不同意申请专利，其他共有人不得申请专利。当事人一方声明放弃其专利申请权的，可以由他方申请，申请人取得专利权的，放弃申请权的一方可以免费实施该项专利。共有人转让其共有的专利申请权的，其他各方享有在同等条件下的优先购买权。

3. 委托发明

委托发明，是指受托人接受他人委托所完成的发明创造。对于委托发明，当事人可以就专利申请权进行约定，如果没有约定的或约定不明的，专利申请权属于完成发明创造的人，即受托方。受托方取得专利权的，委托方可以免费实施该项专利。受托方转让其专利申请权的，委托人享有以同等条件优先购买的权利。

（三）继受主体

继受主体即通过专利申请权和专利权的移转而成为专利权人，包括转让、继承、接受赠与等方式。继受取得是要式行为，必须具备相关的法律文书，并经专利局批准和公告，方产生对抗第三人的效力。

四、专利权的取得

（一）专利的申请

专利权的产生不同于著作权的自动产生，必须由申请人向专利主管机关申请，经审查合格方可授予专利权。

1. 专利申请的原则

（1）书面原则。专利申请的书面原则，是指专利申请人在专利申请过程中，履行各种法定手续都必须依法以书面形式办理的原则。

专利申请中的书面原则具体表现在专利申请文件上。专利申请人在申请专利时应向专利局递交规定的书面文件，主要包括专利申请的请求书、说明书（实用新型必须包括附图）、权利要求书、图片或照片等。专利申请文件应当按照规定的格式、方式、顺序撰写，书写应当用词规范，语句清楚。

（2）先申请原则。先申请原则，是指两个以上的申请人分别就同样的发明创造提出申请专利的，专利权授予最先提出申请的人。我国专利法规定以申请日作为判断申请时间先后的标准。两个以上的申请人分别就同样的发明创造在同一日提出申请时，应在接到专利局通知后自行协商解决专利申请权问题。

（3）单一性原则。单一性原则是指一件专利申请仅限于一项发明创造，具体表现在我国专利法第 31 条的规定："一件发明或者实用新型专利申请应当限于一项发明或者实用新型"，"一件外观设计专利申请应当限于一种产品所使用的外观设计"。单一性原则有利于专利审查员找出所属技术领域的专利文献，也便于公众检索专利技术。

如果专利申请不符合单一性，即一件专利申请包括两项以上发明创造的，专利局可以要求申请人提出分案申请。对于一些特殊情况，法律也允许申请人合案申请。属于一个总的发明构思的两项以上的发明或者实用新型，用于同一类别并且成套出售或者使用的产品的两项以上的外观设计，可以作为一件申请提出。可以合案申请的发明或者实用新型，应当在技术上相互关联，包含一个或多个相同或相应的特定技术特征。可以合案申请的两项以上外观设计中的"同一类别"，是指产品属于分类表中同一小类；"成套出售或使用"是指各产品的设计构思相同，并且习惯上是同时出售、同时使用。

（4）优先权原则。优先权原则是《保护工业产权巴黎公约》的一项基本原则，按照《巴黎公约》，专利申请人在任何一个成员国首次提出正式专利申请后的一定期限内，就同一内容的发明创造又在其他成员国提出专利申请的，成员国承认首次申请日为本国申请日。

我国专利法确认了优先权原则，根据专利法第 29 条的规定，发明专利和实用新型专利的优先权期为 12 个月，外观设计专利的优先权期为 6 个月，均从首次提出专利申请之日起计算。我国专利法同时规定了国内优先权，是指申请人自发明或者实用新型在中国第一次提出专利申请之日起 12 个月内，又向专利局就相同主题提出专利申请的，可以享有优先权。

2．专利申请文件

（1）发明或实用新型专利申请文件。

①请求书。请求书是申请人向专利局作出的请求对其发明创造授予专利权的书面文件。我国专利局印制了表格制式的专利请求书，表格可在国家知识产权局网站下载。申请人应当仔细阅读"填表注意事项"，严格按照规定的要求填写。申请书还应当附申请文件清单和附加文件清单。

②说明书。说明书是完整阐述发明创造的技术信息的书面文件。说明书应按照以下方式和顺序撰写：发明或者实用新型的名称、所属技术领域、背景技术、发明内容、附图说明、具体实施方式；但是依照发明创造的性质用其他方式或者顺序撰写能节约说明书的篇幅并使他人更能准确理解的除外。

③权利要求书。权利要求书是说明申请专利的发明创造请求保护的范围的书面文件。在专利申请被批准后，权利要求书即成为具体说明专利权保护范围的书面文件。权利要求书应当通过对发明创造的技术特征清楚、简要地加以描述，限定发明创造要求保护的范围。一份权利要求书应当只包含一个独立权利要求，也可以有从属权利要求。独立权利要求记载必要技术特征，从属权利要求记载附加技术特征。

④说明书摘要。说明书摘要是介绍专利申请所公开内容的概要的书面文件。说明书摘要应当简明并清晰地写明专利技术的名称和所属技术领域，介绍专利技术所要解决的技术问题、技术方案的要点和主要问题。说明书摘要可以是文字，也可以是附图，对于说明书摘要的撰写不得使用商业性宣传用语，文字部分不得超过 300 字。

（2）外观设计专利申请文件。

①外观设计专利请求书。请求书的内容大体与发明专利请求书相同，但应当写明使用该外观设计的产品及其所属的类别。

②外观设计图片或照片。外观设计不同于发明和实用新型专利，它不是技术方案，而是富有美感的造型设计，因此图片或照片是表现外观设计特点的最直接的方式。外观设计专利申请被批准后，以表示在图片或照片上的该外观设计专利产品为专利权保护范围，因此外观设计图片或照片应当能够清楚地显示请求保护的对象。同时申请保护色彩的外观设计专利申请，应当提交彩色图片或者照片。外观设计的图片或照片如同发明或实用新型专利申请中说明书和权利要求书，是阐述专利内容和确定专利权保护范围的书面文件。

③外观设计的简要说明。不是每一件外观设计专利申请都必须提交简要说明，而是在有必要时才提交。外观设计的简要说明用以说明使用该外观设计的产品的设计要点、请求保护色彩、省略视图等情况，但不得用以说明产品的性能，也不得使用商业宣传用语。专利局认为必要的，还可以要求申请人提交使用该外观设计的产品样本或者模型。

3. 专利申请的提出

发明创造完成后，发明人可以决定是否申请专利，如决定申请专利，其步骤大致如下：第一，判断该发明创造是否属于专利法的保护范围，即该发明创造是否属于不授予专利权的情形。第二，考虑是自行申请还是委托专利代理人申请。如果发明人本人既懂技术又懂专利法，便可自行办理申请事宜；如果发明人不了解专利法的具体规定，可以委托专利代理人办理申请事宜。第三，是否按照专利法的规定准备好申请文件和申请费用。

（二）专利审查和批准

各国规定的专利审查制度可以分作不审查制和审查制，其中不审查制可以分为登记制和文献报告制，审查制可分为即时审查制（完全审查制）和早期公开延迟审查制。我国专利法对于发明专利采用了早期公开延迟审查制，实行实质审查；对于实用新型和外观设计专利采用了登记制，实行形式审查。

1. 发明专利的审查和批准

发明专利的审批程序大致可分为申请、受理、初步审查、公开、申请实质审查、实质审查、驳回申请或授予专利权几个步骤。初步审查的内容包括专利申请文件是否齐全、是否符合规定的格式，是否属于不授予专利权的情形，是否符合专利申请的单一性原则。初步审查符合专利法要求的专利申请自申请日起满18个月后被公开。申请人可自申请日起3年内的随时向专利局提出实质审查的请求。专利主管部门认为必要时，可自行对发明专利申请进行实质审查。实质审查是指对专利三性的审查，即对新颖性、创造性和实用性审查。审查后不符合专利授予条件的申请案将被驳回；符合要求的申请案将被授予专利权，并予以公告。

2. 实用新型专利和外观设计专利的审查和批准

实用新型专利和外观设计专利的审批大致包括申请、受理、初步审查、驳回申请或授予专利权几个步骤。实用新型专利和外观设计专利不需要进行实质审查，其初步审查的内容与发明专利基本相同。

五、专利申请的复审与专利权的无效宣告

（一）专利申请的复审

专利申请的复审由专利复审委员会作出。根据专利法第41条的规定，专利申请人对专利局驳回申请的决定不服的，可以自收到通知之日起3个月内，向专利复审委员会请求复审。专利复审委员复审后，将复审决定通知专利申请人。专利申请人对专利复审委员会的复审决定不服的，可以自收到通知之日起3个月内，向人民法院提起行政诉讼。

（二）专利权的无效宣告

自专利申请被公告授予专利权之日起，任何人认为该专利权的授予不符合专利法规定的，可以向专利复审委员会请求宣告该专利权无效。专利复审委员会对宣告专利无效的请求及时审查和作出决定，并通知请求人和专利权人。对专利复审委员会宣告专利权无效或者维持专利权的决定不服的，可以自收到通知之日起3个月内向人民法院提起诉讼。人民法院应当通知无效宣告请求程序的对方当事人作为第三人参加诉讼。

被宣告无效的专利权视为自始即不存在。宣告专利权无效的决定，对在宣告专利权无效前人民法院作出并已执行的专利侵权的判决、裁定，已经履行或者强制执行的专利侵权纠纷处理决定，以及已经履行的专利实施许可合同和专利权转让合同，不具有追溯力。但是因专利权人的恶意给他人造成的损失，应当给予赔偿。但是，专利权人或者专利权转让人不向被许可实施专利人或者专利权受让人返还专利使用费或者专利权转让费，明显违反公平原则的，专利权人或者专利权转让人应当向被许可实施专利人或者专利权受让人返还全部或者部分专利使用费或者专利权转让费。

六、专利权的内容

专利权的内容包括专利权人的权利和义务。专利权人的权利包括人身权和财产权。专利权人的主要义务是按时向专利局缴纳年费，专利权人应当自被授予专利权的当年开始缴纳年费，没有按规定缴纳年费的，专利权将会终止。本书将主要介绍专利权人的权利。

（一）实施权

专利权人对专利技术有垄断实施的权利，通过对专利技术的实施可以给专利权人带来相应的财产利益。为了保障权利人的专有实施权，法律赋予专利权的排他性，任何人未经专利权人的许可，都不得实施其专利技术，即任何人不得为生产经营目的制造、使用、许诺销售、销售、进口其专利产品，或者为生产经营目的使用其专利方法以及使用、许诺销售、销售、进口依照该专利方法直接获得的产品。

（二）许可权

专利权人可以许可他人实施专利，实施行为必须以要式方式为之，即当事人应当签订书面实施许可合同，该合同应当自生效之日起3个月内向专利局备案。

专利许可按照许可的排他性范围不同可分为独占许可、独家许可和普通许可。独占许可的排他性最强，在许可的时间和地域内排除了被许可人之外的任何人（包括专利权人）实施该项专利。独家许可的排他性次之，排除了被许可人之外的第三人实施该项专利，但专利权人本人仍然可自行实施。普通许可的排他性最弱，专利权人可以自己实施，也可以许可第三人实施专利。

专利许可按照许可的主体不同，可分为主许可和分许可。主许可是指专利权人作出的实施专利的许可。分许可是指在专利权人明确授权的情况下，由被许可人作出的实施专利的许可。

（三）转让权

专利权人有将其专利权转让给他人的权利，专利权的转让是主体的变更。专利权的转让应当签订书面合同，并经专利局登记和公告后方发生对抗第三人的效力。

（四）标记权

专利权人有在其专利产品或包装上标明专利标记和专利号的权利。

七、专利权的限制

（一）时间上的限制

在专利保护期内，专利权人的权利受法律的保护，保护期届满后，任何人都可以不经专利权人的许可而实施专利技术，该实施行为不构成侵权。发明专利权的保护期为20年，实用新型和外观设计专利保护期为10年，均自专利申请之日起计算。

（二）专利侵权的例外

根据我国专利法第 63 条的规定，下列情形不视为侵犯专利权：第一，权利用尽后的实施。当专利权人自己制造、进口或者经专利权人许可他人制造、进口的专利产品或者依照专利方法直接获得的产品销售后，使用、许诺销售或者销售该专利产品的，不视为侵权。这种情况也称为"权利穷竭原则"或者"权利用尽原则"。第二，在先实施，也称"先用权"，是指在专利申请日前已经开始制造与专利产品相同的产品或者使用与专利方法相同的方法，或者已经作好制造、使用的必要准备，并且仅在原有范围内继续制造该产品或者使用该方法的，不视为侵权。第三，临时过境的外国交通工具的使用。临时通过中国领域的外国交通工具，为运输工具自身需要而在其装置和设备中使用有关专利的，不视为侵权。第四，科学研究和实验的使用。专为科学研究和实验而使用有关专利的行为，不视为侵权。

（三）强制许可

强制许可，是指在法定的特殊条件发生时，不经专利权人许可，由专利局许可他人实施专利的法律制度。法定的特殊条件主要有三个，满足其中之一即可采用强制许可制度：第一，具备实施条件的单位以合理的条件请求专利权人许可实施其专利，而未能在合理长的时间内获得这种许可。第二，在国家出现紧急状态或者非常情况时，或者为了公共利益的目的。第三，一项取得专利权的发明创造比前一已经取得专利权的发明创造具有显著经济意义的重大技术进步，其实施又有赖于前一专利实施的。

第四节 商标法

一、商标概述

（一）商标的概念

商标（Trademark），是指由文字、图形、字母、数字、三维标志、颜色或者其组合图案构成的，区别不同经营者的商品或者服务的可视性标记。

（二）商标的作用

1. 识别作用

商标的基本作用就是区别不同经营者的商品或者服务。不同经营者会在其提供的商品或服务项目上标注不同的标记，可以让消费者与特定的经营者联系起来。

2. 品质保证的作用

"商标的主要功能，是使公众识别那些他们有所经验而对其品质特征有所了解的产品，它保证下次购买带有同样商标的商品时，也会具有同样的特征。这叫做商标的保证作用。这意味着商标的拥有人不一定实际参加商品的生产，而只需对商品的质量加以控制"[1]。同一商标，标志着相同品质的商品或者服务，即便是在商标许可使用的情形下，亦是如此。对于消费者而言，可以通过商标判断商品或服务的品质，据此作出自己的选

---

[1] 参见《简明不列颠百科全书》（中文卷卷 7），中国大百科全书出版社，1986 年版，第 91 页。转引自刘春田主编：《知识产权法》，中国人民大学出版社 2002 年版，第 257 页。

择。

3. 宣传的作用

商标的宣传作用表现在两个方面，一个是对已有的消费者的宣传作用；另一个是对潜在的消费者的宣传作用。商标是具有可识别性和显著性的标记，消费者可以通过商标确定商品或服务的提供者和特定品质，引导消费者购买相同的商品或服务。商标还可以通过广告等方式向潜在的消费者进行宣传，使消费者知道这一商标并尝试这一商标所标示的商品或服务。随着传媒的发达，"商标有时又被称为无声的推销员和商战利器。"[①]

（三）商标的种类

1. 商品商标和服务商标

根据商标使用对象的不同，商标划分为商品商标和服务商标。商品商标是使用于商品上的商标，是指自然人、法人或者其他组织对其生产、制造、加工、拣选或者经销的商品申请的注册商标。服务商标是标示于服务项目上的商标，是服务的提供者对其向社会提供的服务项目上申请的注册商标。我国在1993年修订《商标法》后，增加了服务商标的规定，该法第4条第3款规定，本法有关商品商标的规定，适用于服务商标。

2. 集体商标和证明商标

根据商标的特殊性质，商标可分为集体商标和证明商标。集体商标是指以团体、协会或者其他组织名义注册，供该组织成员在商事活动中使用，以表明使用者在该组织中的成员资格的标志。集体商标在于表明使用该商标的成员所提供的商品或服务具备某些相同的品质，如相同的技术标准。

证明商标是指由对某种商品或者服务具有监督能力的组织所注册，而由该组织以外的人使用于其商品或者服务，用于证明该商品或者服务的原产地、原料、制造方法、质量或者其他特定品质的标志。证明商标的"专用性"不同于一般的商标，该商标不是由注册人专用，而是由经过注册人认证许可的经营者使用，且符合证明商标使用条件的经营者都可以申请使用，未获认证许可的经营者不得使用该商标。证明商标的注册人负责商标的管理，如"纯羊毛标志"就是证明商标，其由国际羊毛局注册并负责管理。

二、商标的构成要件

（一）可视性

商标具有区别不同经营者的商品或者服务的作用，人们可以借助商标识别商品或者服务。商标要能够被识别首先应该被感知，这种感知是指视觉上的感知。商标可以是平面的，也可以是立体的，是文字、字母、数字、图形要素、三维标志、色彩等的组合以及上述要素的任何组合，应具有视觉上的可感知性。我国商标法第8条规定了商标可视性的要求。根据《与贸易有关的知识产权协定》第15条，在商标注册时，成员可以将视觉上可感知作为注册条件。

（二）显著性

申请注册的商标，应当具有显著特征，便于识别。显著性是对商标创造性的要求。商标具有识别作用和宣传作用，因此，一个标记能否注册为商标，一个基本的条件是是否具有显著性。我国商标法第9条规定了商标显著性的要求。

---

① 吴汉东：《知识产权法论》，法律出版社2004年版，第182页。

（三）不可作为商标使用的标志

商标法第 10 条、第 11 条对商标标志作出了禁止性规定。根据商标法第 10 条下列标志不得作为商标使用：

（1）同中华人民共和国的国家名称、国旗、国徽、军旗、勋章相同或者近似的，以及同中央国家机关所在地特定地点的名称或者标志性建筑物的名称、图形相同的；

（2）同外国的国家名称、国旗、国徽、军旗相同或者近似的，但该国政府同意的除外；

（3）同政府间国际组织的名称、旗帜、徽记相同或者近似的，但经该组织同意或者不易误导公众的除外；

（4）与表明实施控制、予以保证的官方标志、检验印记相同或者近似的，但经授权的除外；

（5）同"红十字"、"红新月"的名称、标志相同或者近似的；

（6）带有民族歧视性的；

（7）夸大宣传并带有欺骗性的；

（8）有害于社会主义道德风尚或者有其他不良影响的。

县级以上行政区划的地名或者公众知晓的外国地名，不得作为商标。但是，地名具有其他含义或者作为集体商标、证明商标组成部分的除外；已经注册的使用地名的商标继续有效。

根据《商标法》第 11 条的规定，下列标志不得作为商标注册：

（1）仅有本商品的通用名称、图形、型号的；

（2）仅仅直接表示商品的质量、主要原料、功能、用途、重量、数量及其他特点的；

（3）缺乏显著特征的。

以上所列标志经过使用取得显著特征，并便于识别的，可以作为商标注册。

三、商标权的取得

（一）商标权的产生依据

1. 使用取得

使用取得，是最早出现的商标权取得制度，目前仅有极少数的国家仍然保留，如美国、菲律宾。在 19 世纪之前，商标的使用人在贸易活动中就一种或多种商品建立起了自己的信誉，用户一见到有关商标，就会凭经验识别出自己所满意的商品；如果其他经销人在相同或类似的商品上使用同样的商标，则必然在市场上引起混淆的，因此被禁止随便使用它。这样，商标通过使用，自然地产生了专有性质。那时并不需要履行什么手续，不需要通过一定管理机关审查、批准这种专有权。[①] 目前虽然只有极少数国家采用这一制度，但该制度仍然被《巴黎公约》第 6 条和《与贸易有关的知识产权协定》第 16 条第 1 款的肯定。

2. 注册取得

注册取得制度的出现晚于使用取得制度，1857 年法国颁布第一部注册商标法，创

---

① 郑成思：《知识产权法》，法律出版社 1998 年版，第 174 页。

设了注册制度，此后逐渐为其他国家所采用，目前世界上多数国家都采用此制度。注册取得制度为大多数国家采用的原因主要有二：一是随着商品经济的发展，市场不断扩大，通过贸易建立信誉的方式太慢，而且也难以证明。二是难以排除他人在相同或类似的商品上使用同样的商标。我国也采用注册取得制度，在我国，要取得商标专用权，必须向商标局申请注册，经商标局核准注册的商标为注册商标，商标注册人享有商标专用权，受法律保护。

（二）商标注册的原则

1．申请在先的原则

申请在先原则，指两个或两个以上的商标注册申请人，在相同或类似的商品上申请注册相同或者近似的商标的，初步审定并公告申请在先的商标。申请在先原则以商标注册申请时间的先后确定商标权的归属，不考虑商标使用时间的先后。

我国实行申请在先为主，使用在先为辅的商标注册原则。我国《商标法》第 29 条规定，"两个或者两个以上的商标注册申请人，在同一种商品或者类似商品上，以相同或者近似的商标申请注册的，初步审定并公告申请在先的商标；同一天申请的，初步审定并公告使用在先的商标，驳回其他人的申请，不予公告"。申请日不同的，受理、审查并注册申请在先的商标，驳回在后申请人的申请。申请日为同一天的，适用使用在先原则，审定并公告使用在先的商标，驳回其他人的申请。

2．自愿注册原则

我国在商标的注册上采取自愿注册原则，即商标使用人是否注册取决于使用人的意愿。经商标局核准注册的商标为注册商标，商标注册人享有商标专用权；未注册的商标不享有专有权。我国对极少数商品要求强制注册，根据《商标法》第 6 条规定，国家规定必须使用注册商标的商品，必须申请商标注册，未经核准注册的，不得在市场上销售。根据行政法规，目前要求强制使用注册商标的商品是烟草制品和人用药品。

（三）商标注册的申请

1．注册商标申请的提出

申请商标注册的，应当按类申请，即应当按规定的商品分类表填报使用商标的商品类别和商品名称。商品分类表是划分商品及服务类别以及确定相同商品和类似商品的重要依据。我国采用的是《商标注册用商品和服务国际分类表》，即尼斯分类。最新的尼斯分类共 45 类，包括 34 类商品和 11 类服务。

2．商标注册文件

每一件商标注册申请，申请人应当提交《商标注册申请书》1 份、商标图样 5 份、申请人身份的证明文件。

（1）商标注册申请书。每一件商标注册申请应当向商标局提交《商标注册申请书》1 份，应当列明当事人的基本情况，加盖申请人的章戳，自然人必须签字。

（2）商标图样。《商标法实施条例》规定，商标图样必须清晰、便于粘贴，用光洁耐用的纸张印刷或者用照片代替，长或者宽应当不大于 10 厘米，不小于 5 厘米。以三维标志申请注册商标的，应当在申请书中予以声明，并提交能够确定三维形状的图样。以颜色组合申请注册商标，应当在申请书中予以声明，并提交文字说明。申请注册集体商标的、证明商标的，应当在申请书中予以声明，并提交主体资格证明文件和使用管理规则。商标为外文或者包含外文的，应当说明含义。

（3）申请人身份的证明文件。申请商标注册的，申请人应当提交能够证明其身份的有效证件的复印件，包括自然人的身份证、法人的《营业执照》副本或者其他主体资格证明。

3. 优先权

《巴黎公约》第 4 条的规定，任何享有国民待遇的人在任何一个成员国正式提出商标注册申请后，就同样的商标在其他成员国提出申请的，享有优先权。《商标法》第 24 条规定，商标注册申请人自其商标在外国第一次提出商标注册申请的之日起 6 个月内，又在中国就相同商品以同一商标提出商标注册申请的，依照该外国同中国签订的协议或者共同参加的国际条约，或者按照相互承认优先权的原则，可以享有优先权。《商标法》第 25 条规定，商标在中国政府主办或者承认的国际展览会展出的商品上首次使用的，自该商品展出之日起 6 个月内，该商标的注册申请人可以享有优先权。优先权的期限为6 个月。优先权的适用应当由当事人在提出商标注册申请时提出书面声明，并且在 3 个月之内提交第一次提出的商标注册申请文件的副本或者展出其商品的展览会名称、在展出商品上使用该商标的证据、展出日期等证明文件，未提出书面声明或者逾期未提交副本或证明文件的，视为未要求优先权。[①]

（四）商标注册的审查与核准

1. 形式审查

形式审查是对商标申请的手续和申请人提交的申请文件进行审查，包括注册申请日、申请文件的填写是否规范、手续是否齐备、是否缴纳规定的费用等。商标注册的申请日期，以商标局收到申请文件的日期为准。在形式审查中，商标局发现需要补正的，须向申请人发出通知，申请人接到商标局的补正通知之日起 30 日内，应在规定时间内进行补正，并将补正后的文件交回商标局。对申请手续不齐备或者未按规定填写申请文件的，商标局不予受理。

2. 实质审查

实质审查是对商标注册条件的审查，是否具有可识别性、显著性，是否使用了禁止性的标记，是否与在先注册的商标相同或相近似。

3. 初步审定和公告

商标局对申请注册的商标经过审查，对符合规定的，予以初步审定，并予以公告。对初步审定的商标，在《商标公告》上予以公布，这一公布称为初步审定公告。自公告之日起 3 个月内，任何人均可以提出异议。

4. 异议

异议人对商标局初步审定予以公告的商标提出异议的，应当提交商标异议书，写明刊登被异议商标的《商标公告》的期号和初步审定号，有明确的请求和事实依据，并附送有关证明材料。异议申请由商标局受理。商标局应当听取异议人和被异议人陈述事实

[①]　吴汉东：《知识产权法论》，法律出版社 2004 年版，第 208 页。根据《商标法》第 24 条提出优先权要求的，须提交商标注册申请文件的副本；根据《商标法》第 25 条提出优先权要求的，须提交展览会名称、在展出商品上使用商标的证据、展出日期等证明文件。

和理由，经调查核实后做出裁定。当事人不服的，可以自收到通知之日起 15 日内向商标评审委员会申请复审。当事人对商标评审委员会的裁定不服的，可以自收到通知之日起 30 日内向人民法院起诉。

5. 核准注册

初步审定公告期满无人提出异议或者经裁定异议不成立的，商标局予以核准注册，发给商标注册证，并在《商标公告》上予以公告，这一公告称为注册公告。申请人自核准注册之日取得商标权。经裁定异议不能成立而核准注册的，商标注册申请人取得商标专用权的时间自初审公告 3 个月期满之日起计算。

四、商标权的内容

（一）商标权的概念

商标权，是指商标所有人依照法律的规定对其注册商标进行支配的权利。

（二）商标权人的权利

1. 专用权

专用权是指商标权人对其核准注册的商标在核定的商品上专有使用的权利。专用权是商标权的核心内容，商标权人通过使用其注册商标，实现商标权利益。我国商标法对商标专用权的范围作出了限定，即注册商标的专用权，以核准注册的商标和核定使用的商品为限。这表明，专用权以注册登记的标志样态为准，以核定使用的商品为界，不涉及类似商品和近似商标。[①] 注册商标需要在同一类的其他商品上使用的，应当重新提出注册申请。

2. 禁止权

禁止权即指商标权人有权禁止他人未经许可在相同或类似的商品上使用与其注册商标相同或者近似的商标。专用权和禁止权都是商标权的重要内容，专用权是从正面规定商标权人对其注册商标的专有使用的权利，禁止权是从排他性角度规定商标权人对其注册商标有排除他人非法使用的权利。根据商标法的规定，禁止权的效力范围大于专用权的范围。专用权的范围限定在核准注册的商标和核定使用的商品上，而禁止权的效力范围包括与核准注册的商标相同或相近似商标和与核定使用的商品相同或相类似商品。

3. 使用许可权

使用许可权，是指商标所有人许可他人使用其注册商标的权利。通常商标所有人可以通过签订商标使用许可合同，许可他人使用其注册商标。商标权人负有监督被许可人商品质量的责任。

4. 转让权

转让权，是指商标权人将其注册商标的所有权转移给他人的权利。转让是商标权人对其商标权的处分权能的表现，转让后，权利主体发生变更。

五、商标权的期限与续展

商标权的期限，即商标权的有效期，在有效期内法律给予商标权专有保护，有效期届满，权利即告终止。根据我国商标法，注册商标的有效期为 10 年，自核准之日起计算。

---

① 吴汉东：《知识产权法论》，法律出版社 2004 年版，第 292 页。

商标权的续展，是指在商标有效期届满前，商标权人依照法定程序延展其注册商标的有效期限的权利。商标续展制度使商标权这一有期限的权利可以得到无限期的保护。根据商标法的规定，商标的续展注册有 6 个月的续展期，即应当在注册商标有效期届满前 6 个月内申请续展注册。如果在续展期未能提出申请的，可以给予 6 个月的宽限期。如果宽限期满仍未提出续展注册申请的，注销该注册商标。每次续展注册的有效期为 10 年。

六、商标的撤销与无效

（一）商标的撤销

商标的撤销，是指当商标所有人未按照法律的规定使用注册商标，由商标局撤销其注册商标的行为，根据商标法的规定包括以下三种情形：（1）不履行法定手续而擅自改变注册商标的。包括：自行改变注册商标的，这是对商标样态的改变；自行改变注册商标的注册名义人、地址、或者其他注册事项的；自行转让注册商标的，这是对权利主体的变更。（2）连续 3 年停止使用该注册商标的。（3）使用注册商标的商品粗制滥造、以次充好、欺骗消费者的。被撤销的注册商标的专用权自撤销决定作出之日起终止。

（二）商标的无效

商标的无效，是指不具备注册条件的商标被获准注册后，通过法定程序使商标权归于消灭的制度。根据商标法第 41 条，商标无效的原因主要包括：（1）违反商标的构成特殊要件的，是指违反商标法第 10 条、第 11 条、第 12 条关于商标的禁止性规定的商标。（2）基于对驰名商标的特殊保护而导致的无效。（3）未经授权，代理人或者代表人以自己的名义将被代理人或者被代表人的商标进行注册的。（4）违反地理标志注册规定，误导公众的。（5）与他人在先权利冲突的商标和恶意强注的商标。（6）以欺骗手段或者其他不正当手段取得注册的。对于商标无效的裁定由商标评审委员会作出。对于作出无效裁定的商标，其商标权自始就不存在。

七、驰名商标的特殊保护

（一）驰名商标的概念

2003 年 4 月 17 日国家工商总局发布《驰名商标认定和保护规定》，根据该规定第 2 条，驰名商标，是指在中国为相关公众广为知晓，并享有较高声誉的商标。

（二）驰名商标的认定

驰名商标的认定机关是商标局、商标评审委员会和人民法院。驰名商标的认定方式为被动认定，即应申请人的请求而认定，当事人未主张的，认定机关不予主动认定。根据《商标法》第 14 条，认定驰名商标应当考虑下列因素：（1）相关公众对该商标的知晓程度；（2）该商标使用的持续时间；（3）该商标的任何宣传工作的持续时间、程度和地理范围；（4）该商标作为驰名商标受保护的记录；（5）该商标驰名的其他因素。

（三）驰名商标的保护

对驰名商标的保护在《巴黎公约》中最早提出来，该公约第 6 条之二对驰名商标的保护作出规定，在 TRIPS 中作出更高水平的保护要求，我国商标法对驰名商标的保护内容主要有如下一些。

1. 实行跨类保护

对于普通注册商标而言，其保护范围限定在核定使用的商品，不涉及类似商品，而对驰名商标的保护扩大到类似商品，甚至不相同或者不相类似的商品。根据《商标法》第13条，对于未在中国注册的驰名商标，其保护范围限定在相同或者类似商品；对于已经在中国注册的驰名商标，其保护范围及于不相同或者不相类似的商品。

2．对未注册驰名商标的保护

商标的保护采用注册原则，只有经过注册的商标才享有专有权，但是未经注册的驰名商标同样受到法律的保护。我国《商标法》第13条规定：就相同或者类似商品申请注册的商标是复制、摹仿、翻译他人未在中国注册的驰名商标，容易导致混淆的，不予注册并禁止使用。

3．违法注册的撤销

对于已经注册的商标，违反《商标法》第13条关于驰名商标保护规定的，自商标注册5年内，驰名商标所有人可以请求商标评审委员会裁定撤销该注册商标；对于恶意注册的，驰名商标所有人不受5年的时间限制。

第十四章　婚姻家庭法

第一节　婚姻家庭法的基本原则

婚姻法基本原则是指《婚姻法》总则所规定的对我国婚姻家庭制度所作的概括性、原则性规定。

一、婚姻自由原则

（一）婚姻自由的概念和内涵

1. 婚姻自由的概念

婚姻自由是指公民有在法律的范围内，自主决定婚姻的权利，不受任何人的强制和干涉。它既是国家的一项基本制度，又是公民个人的一项基本权利。

2. 婚姻自由的内容

婚姻自由包括结婚自由和离婚自由两个方面。结婚自由是指公民有缔结婚姻关系的自主权。离婚自由是指公民有权依法解除婚姻关系。结婚自由是婚姻自由的主要方面，离婚自由是婚姻自由的必要补充，二者相辅相成，构成婚姻自由的完整内容。

3. 婚姻自由的行使

婚姻自由和其他自由权一样，不是绝对的自由权，行使婚姻自由权，必须在法律规定的范围内进行，必须符合法律的规定和要求。

（二）保障婚姻自由原则实施的禁止性规定

婚姻法在规定了实行婚姻自由的同时，为保障其贯彻落实，针对我国的实际情况，作了相应的禁止性规定，主要有以下两个方面。

1. 禁止包办、买卖婚姻和其他干涉婚姻自由的行为

包办婚姻是指婚姻当事人以外的第三者违背当事人的意愿，强迫包办他人婚姻的行为。买卖婚姻是指婚姻当事人以外的第三者以索取大量财物为目的，强迫包办他人婚姻的行为。包办和买卖婚姻都是严重的违法行为，两者的共同特征是强迫包办，不同之处在于是否以索取大量财物为目的。

其他干涉婚姻自由的行为是指除包办、买卖婚姻以外的干涉婚姻自由的行为，当前主要反映在如父母强行阻挠子女婚姻、子

女干涉父母再婚、干涉男到女家落户、反对丧偶妇女带子女改嫁等。

包办、买卖和其他干涉婚姻自由的行为，如果情节严重，构成犯罪的，还应追究刑事责任。① 买卖婚姻中所涉财物，原则上应予以收缴。

2. 禁止借婚姻索取财物

借婚姻索取财物是指婚姻当事人一方或其父母向对方索取财物以作为结婚的前提条件的行为。在借婚姻索取财物的行为当中，当事人对婚姻本身是自愿的，不存在强迫包办的情形，这是与买卖婚姻的根本区别点。但由于借婚姻索取财物行为也通过结婚获取了一定的财产，这又和买卖婚姻具有一定的相似性。借婚姻索取财物败坏社会风气，引发众多纠纷，因而应予以禁止。

在现实中还要注意区分借婚姻索取财物与自愿赠与之间的界限。赠与是男女双方在交往的过程中发自内心的表达感情的方式，是基于自愿而给予的，并且不附条件；而借婚姻索取财物，是一方主动索要，而且要以此作为结婚的先决条件。两者在性质上是不同的：前者是合法的民事行为，后者是违反国家法律禁止性规定的违法行为。

对于赠与的财物，如果是以结婚为条件，未能结婚的，赠与方可要求返还。对于借婚姻索取的财物，如果以后离婚，索取的财物一般不予返还；但如果结婚时间不长，或一方由于被索取的财物较多而引起生活困难，则应考虑返还。

根据当地习俗所给付的彩礼，如果双方未办结婚登记手续的，则应予以返还。如果已经办理结婚登记手续但确未共同生活或婚前给付并导致给付人生活困难的，离婚时给付方也可请求予以返还。②

二、一夫一妻制原则

（一）一夫一妻制的基本内涵和法律要求

一夫一妻制是指一男一女结为夫妻的婚姻制度，是适用于我国一切公民的基本法律制度，具有强制性。它的具体要求是：任何公民均不能同时拥有两个或两个以上的配偶，公民在配偶死亡或离婚发生效力之前均不得再行结婚，否则构成重婚，将受到法律的制裁。

（二）夫妻应当互相忠实、互相尊重

为保障一夫一妻制原则的实施，旗帜鲜明地反对婚外性行为。我国《婚姻法》第4条规定了"夫妻应当互相忠实，互相尊重"，确定了夫妻的忠实义务。夫妻之间信守忠实和相互尊重，这是婚姻幸福的基础和家庭和睦的前提，它既是道德标准又是法律要求。在法律中增设这个条款，有利于指导公民尊重夫妻感情、珍惜婚姻、爱护家庭，有利于抵制西方资产阶级腐朽思想，推动社会主义精神文明的发展。

（三）禁止重婚

1. 重婚的概念和形式

重婚是指有配偶者再行结婚所形成的婚姻，在构成重婚的婚姻中，必然有一方或双方同时存在两个或两个以上的婚姻关系。重婚违背了我国的一夫一妻制原则，是一种严重的违法行为，甚至构成犯罪。

---

① 我国《刑法》第 257 条规定："以暴力干涉他人婚姻自由的，处二年以下有期徒刑或者拘役。"
② 最高人民法院《关于适用〈中华人民共和国婚姻法〉若干问题的解释（二）》第 10 条。

根据我国法律和司法解释的有关规定，重婚有以下两种形式：

（1）登记重婚。有配偶者（已登记结婚或已与他人形成事实婚姻者）又与他人登记结婚的，构成登记重婚。

（2）事实重婚。有配偶者（已登记结婚或已与他人形成事实婚姻者）又与他人公开以夫妻名义同居生活，虽未正式进行登记，但仍构成重婚。事实重婚与登记重婚虽然表现形式有所不同，但与登记重婚一样产生相同的法律责任。

2．重婚的法律后果

（1）重婚是无效婚姻。我国《婚姻法》第10条明确规定重婚为婚姻无效的情形之一，并且自始无效。对重婚，婚姻当事人或近亲属及基层组织都有权向人民法院申请宣告该婚姻无效。

（2）重婚造成夫妻间感情破裂的，还构成离婚的法定理由和赔偿要件。我国《婚姻法》第32条规定，有重婚情形的，调解无效，应准予离婚。第46条规定，因重婚造成夫妻离婚的，无过错方有权请求损害赔偿。

（3）重婚不仅在民事法律上承担无效的后果，构成犯罪的，还要受到刑事制裁。我国《刑法》第258条规定："有配偶而重婚的，或者明知他人有配偶而与之结婚的，处二年以下有期徒刑或者拘役。"

（四）禁止有配偶者与他人同居

1．有配偶者与他人同居的概念

有配偶者与他人同居，是指有配偶者与婚外异性，不以夫妻名义，持续、稳定地共同居住。[①] 可见其构成要件有三：一是在主体上必须是有配偶者与婚外异性之间的同居，这是与未婚同居的区别点；二是名分上不以夫妻名义，这是与事实重婚的主要界限；三是持续、稳定地共同居住，这是与通奸、一夜情等行为的重要区分。

2．有配偶者与他人同居的法律后果

（1）构成离婚的法定理由。我国《婚姻法》第32条第3款规定，有配偶者与他人同居的，调解无效，应准予离婚。

（2）离婚时，无过错方有权请求损害赔偿。我国《婚姻法》第46条规定，有配偶者与他人同居，导致离婚的，无过错方有权请求损害赔偿。

（3）为保护军人的婚姻，我国《刑法》第259条规定："明知是现役军人的配偶而与之同居或者结婚的，处三年以下有期徒刑或者拘役。"

三、男女平等原则

（一）男女平等原则的概念和意义

1．男女平等原则的概念

婚姻法中的男女平等原则是指男女两性在婚姻关系和家庭关系中处于平等地位，依法享有平等的权利，负担平等的义务。

2．男女平等原则的意义

在婚姻家庭领域确立男女平等的原则，有利于维护平等、和睦、文明的婚姻家庭关系，男女平等在社会主义婚姻家庭制度中处于核心地位，是保障婚姻自由、一夫一妻，

---

① 最高人民法院《关于适用〈中华人民共和国婚姻法〉若干问题的解释（一）》第2条。

保护妇女、儿童和老人合法权益及实行计划生育等原则贯彻实施的重要前提和基础。

（二）男女平等在婚姻法中的具体表现

我国《婚姻法》规定的男女平等原则，贯穿在婚姻家庭的各个方面。

1. 婚姻

在婚姻方面，男女有同等的缔结婚姻和解除婚姻的权利和自由；结婚后，男方可以成为女方的家庭成员，女方也可以成为男方的家庭成员；子女可以随父姓也可以随母姓；离婚时，男女双方都有权依照法律规定合理地分割夫妻共同财产；一方生活困难都可以要求对方给予经济帮助；因对方过错造成离婚的，都可以依法请求离婚损害赔偿等。

2. 家庭

在家庭关系方面，男女各自享有独立人格，夫妻都有独立的姓名权、人身自由权、财产权等。不同性别的家庭成员之间在法律地位上也是完全平等的。家庭成员不分男女，依法平等地享有权利、平等地履行义务。例如，在受抚养教育的问题上，子和女享受同等的权利；在赡养扶助父母的问题上，子和女尽相同的义务；在继承父母遗产问题上，子和女的权利也是平等的。

四、保护妇女、儿童和老人的合法权益

（一）保护妇女的合法权益

1. 婚姻

在婚姻问题上，国家保护妇女的婚姻自主权，禁止干涉妇女的结婚、离婚自由；女方在怀孕期间、分娩后一年内或中止妊娠后六个月内，男方不得提出离婚。

2. 家庭

在家庭财产上，妇女依法对夫妻共同财产享有与其配偶平等的占有、使用、收益和处分的权利，不受双方收入状况的影响；离婚时，夫妻的共同财产协议不成时，由人民法院根据财产的具体情况，照顾子女和女方权益的原则判决。

3. 住房

在住房问题上，国家保护离婚妇女的房屋所有权。夫妻共有的房屋，离婚时协议不成的，由人民法院根据双方的具体情况，照顾女方和子女权益的原则判决。夫妻共同租用的房屋，离婚时，女方的住房应当按照女方和子女权益的原则协议解决。

4. 子女

在子女问题上。妇女有按照国家有关规定生育子女的权利，也有不生育的自由。父母双方对未成年子女享有平等的监护权。母亲的监护权任何人不得干涉。

（二）保护儿童的合法权益

父母对子女有抚养教育的义务，父母或者其他监护人应当依法履行对未成年人的监护职责和抚养义务，不得虐待、遗弃未成年人；不得歧视女性未成年人或者有残疾的未成年人；禁止溺婴、弃婴。

父母或者其他监护人应当尊重未成年人接受教育的权利，必须使适龄未成年人按照规定接受义务教育，不得使在校接受义务教育的未成年人辍学。

父母或者其他监护人应当以健康的思想、品行和适当的方法教育未成年人，引导未成年人进行有益身心健康的活动，预防和制止未成年人吸烟、酗酒、流浪以及聚赌、吸

毒、卖淫。

（三）保护老人的合法权益

1. 婚姻

在婚姻上，老年人的婚姻自由受法律保护。子女或者其他亲属不得干涉老年人离婚、再婚及婚后的生活。赡养人的赡养义务不因老年人的婚姻关系变化而消除。

2. 家庭生活

在家庭生活上，家庭成员应当关心和照料老年人。赡养人应当履行对老年人经济上供养、生活上照料和精神上慰藉的义务，照顾老年人的特殊需要。赡养人对患病的老年人应当提供医疗费用和护理。

3. 赡养

在赡养上，赡养人不得以放弃继承权或者其他理由，拒绝履行赡养义务。赡养人不得要求老年人承担力不能及的劳动。

五、计划生育的原则

（一）计划生育的概念和意义

计划生育是指公民按照国家的计划生育政策，有计划地安排生育。我国人口严重超载，已成为制约经济发展的瓶颈。在这种情况下，只有坚持不懈地控制人口的增长，降低生育率，使之与社会发展相适应。从家庭利益来看，实行计划生育可以减轻家庭的经济负担，提高家庭生活质量，保护妇女和儿童的身体健康。

（二）计划生育的要求

《中华人民共和国人口与计划生育法》于 2002 年 9 月 1 日起施行。该法从国家及各级政府的人口规划、生育调节、奖励与社会保障、计划生育技术服务、法律责任等各个方面详细规范了我国的计划生育，使之更加法制化。该法首次在国家基本法律中明确了公民的生育权，同时也规定了公民依法实行计划生育的义务。对于公民生育的具体要求，该法第 18 条规定："国家稳定现行生育政策，鼓励公民晚婚晚育，提倡一对夫妻生育一个子女；符合法律、法规条件的，可以要求安排生育第二个子女。"第 23 条规定："国家对实行计划生育的夫妻，按照规定给予奖励。"

六、家庭成员互相扶助的原则

（一）家庭成员互相扶助的概念和内容

《婚姻法》第 4 条规定："家庭成员间应当敬老爱幼、互相帮助，维护平等、和睦、文明的婚姻家庭关系。"

家庭成员的互相扶助的主要内容就是敬老爱幼、互相帮助，维护平等、和睦、文明的婚姻家庭关系。所有家庭成员之间都应该平等以待、和睦相处，在思想、生活和经济上互相关心和互相帮助，出现危难或紧迫需要时都要尽力救助，从而增强家庭生活质量和安全系数，不断提高家庭的物质文明和精神文明程度。

（二）禁止家庭暴力和禁止家庭成员间的虐待和遗弃

1. 禁止家庭暴力

家庭暴力是指行为人以殴打、捆绑、残害、强行限制人身自由或者其他手段，给家庭成员的身体、精神等方面造成一定伤害后果的行为。① 家庭暴力的受害者主要是家庭的妇女儿童和老人弱势人群。我国虽然在立法上历来比较注重保护妇女、儿童和老人的合法权益，但实际可操作性的保护措施较少。近年来，反家庭暴力已成为世界性的课题，我国 2001 年修正后的《婚姻法》顺应国际立法潮流，增加了反家庭暴力的内容，并规定了较为可行的救助措施，是值得肯定的。

2. 禁止家庭成员间的虐待与遗弃

虐待是指对家庭成员的歧视、折磨、摧残，使其在精神、身体上遭受损害的违法行为，在表现形式上，有作为的行为如打骂、恐吓等；也有不作为的行为如不予衣食、令其冻饿，有病不予治疗等。它和家庭暴力既有相同又有区别。相同之处在于都是家庭成员间的施暴行为，表现形式也有重合的地方，如残害、捆绑等。不同之处主要在于，家庭暴力既可能是偶发性的也可能是经常性的，只要实施了打骂、残害等行为就可构成家庭暴力。但虐待往往是较长时间的，需要一定的连续性行为，经常性、持续性的家庭暴力即构成虐待。

遗弃是指家庭成员中负有抚养、扶养、赡养义务的一方，对需要抚养、扶养、赡养的一方，不履行义务的违法行为。如父母不履行对子女的抚养义务，夫妻之间不履行扶养义务，子女对年老的父母不尽赡养义务等。表现形式是应为而不作为。

3. 救助措施与法律责任

除了在总则中规定了禁止家庭暴力和家庭成员间的虐待与遗弃，《婚姻法》在救助措施与法律责任一章，还专门对反家庭暴力和虐待遗弃作了具体规定：实施家庭暴力或虐待遗弃家庭成员，受害人有权提出请求，居民委员会、村民委员会以及所在单位应当予以劝阻、调解。对正在实施的家庭暴力，受害人有权提出请求，居民委员会、村民委员会应当予以劝阻；公安机关应当予以制止。对遗弃家庭成员，受害人提出请求的，人民法院应当依法作出支付扶养费、抚养费、赡养费的判决。对实施家庭暴力或虐待、遗弃家庭成员构成犯罪的，依法追究刑事责任。如导致离婚的，无过错方有权请求损害赔偿。

对虐待、遗弃家庭成员构成犯罪的，应追究刑事责任。我国《刑法》第 260 条规定："虐待家庭成员，情节恶劣的，处 2 年以下有期徒刑、拘役或者管制。犯前款罪，致使被害人重伤、死亡的，处 2 年以上 7 年以下有期徒刑。"第 261 条规定："对于年老、年幼、患病或者其他没有独立生活能力的人，负有扶养义务而拒绝扶养，情节恶劣的，处 5 年以下有期徒刑、拘役或者管制。"

第二节　婚姻成立及效力

一、婚姻的成立

（一）婚姻成立的条件

婚姻的成立，即结婚。它是男女双方依法确立夫妻关系的民事法律行为。从法理上

---

① 最高人民法院《关于适用〈中华人民共和国婚姻法〉若干问题的解释》第 1 条。

看，婚姻成立的条件可分为实质要件和形式要件两大类：实质要件，指婚姻当事人自身必须符合的条件。实质要件又可以分为积极要件与消极要件。"积极要件"是指结婚当事人必须具备的条件；"消极条件"是指结婚当事人必须排除的条件。婚姻成立的形式要件是指法律规定的结婚的程序。男女结婚除自身的条件须符合法律规定的实质要件之外，还必须符合法律规定的结婚程序。我国《婚姻法》将结婚的实质要件称为结婚条件，将结婚的形式要件称为结婚的程序。结婚条件分为必备条件和禁止条件两类。

1. 结婚的必备条件

结婚的必备条件是指当事人结婚时必须具备的法定条件，主要有如下一些：

（1）男女双方完全自愿。此条件是关于结婚合意的规定，即当事人双方建立夫妻关系的意思表示必须真实一致。《婚姻法》第 5 条规定："结婚必须男女双方完全自愿，不许任何一方对他方加以强迫或任何第三者加以干涉。"

（2）必须达到法定婚龄。法定婚龄是指法律规定的结婚的最低年龄。《婚姻法》第 6 条规定："结婚年龄，男不得早于 22 周岁，女不得早于 20 周岁。晚婚晚育应予鼓励。"

2. 结婚的禁止条件

结婚的禁止条件，即结婚当事人不允许具有的情况，又称结婚的消极条件、排除条件等，主要有如下一些：

（1）禁止有配偶者再行结婚。我国《婚姻法》第 2 条规定，实行一夫一妻制。第 3 条第 2 款规定，禁止重婚。因此，有配偶者构成婚姻的障碍，属于结婚的排除条件。基于此点，申请结婚的当事人双方均必须是单身，包括未婚、丧偶、离婚者。[①]

（2）禁止有近血亲关系的亲属间结婚。禁止近亲结婚是世界各国立法的通例。我国《婚姻法》第 7 条第 1 款规定，"直系血亲和三代以内旁系血亲"禁止结婚。所有的直系血亲均不得结婚，没有世代的限制。三代以内的旁系血亲，指同源于祖父母、外祖父母的亲属，包括兄弟姐妹、伯、叔、姑、侄、舅、姨、甥、堂兄弟姐妹、表兄弟姐妹等。

对于法律拟制的近血亲关系能否结婚，我国《婚姻法》没有明确规定。但从立法精神和伦理要求看，拟制直系血亲还是应该属于禁婚亲的范围。因为根据《婚姻法》的规定，养父母和养子女、继父或继母与受其抚养教育的继子女间的权利和义务，适用父母子女关系的规定。至于拟制旁系血亲关系能否结婚，学术界有争议。笔者认为只要没有自然血亲关系，是可以结婚的，如养兄弟姐妹、继兄弟姐妹等。

（3）禁止患有一定疾病的人结婚。法律禁止患有一定疾病的人结婚，是为了保护结婚当事人的利益和社会的利益。我国《婚姻法》对禁止结婚的疾病，采用的是概括性规定，即第 7 条第 2 款的规定："患有医学上认为不应当结婚的疾病的"，禁止结婚。

（二）婚姻成立的程序

婚姻成立的程序即结婚的形式要件，指法律规定的婚姻成立的法定方式。我国《婚姻法》对结婚的程序采登记制。《婚姻法》第 8 条规定："要求结婚的男女双方必须亲自到婚姻登记机关进行结婚登记。符合本法规定的，予以登记，发给结婚证。取得结婚

---

① 我国《婚姻登记条例》第 6 条规定："办理结婚登记的当事人有下列情形之一的，婚姻登记机关不予登记……（三）一方或者双方已有配偶的"。

证，即确立夫妻关系。"

1. 结婚登记机关

《婚姻登记条例》第2条规定："内地居民办理婚姻登记的机关是县级人民政府民政部门或者乡（镇）人民政府，省、自治区、直辖市人民政府可以按照便民原则确定农村居民办理婚姻登记的具体机关。"婚姻登记机关的管辖范围，原则上以当事人的户籍为依据。要结婚的男女，可以到任何一方的户口所在地的婚姻登记机关办理结婚登记。

中国公民同外国人，内地居民同香港居民、澳门居民、台湾居民、华侨办理婚姻登记的机关是省、自治区、直辖市人民政府民政部门或者省、自治区、直辖市人民政府民政部门确定的机关。

2. 结婚登记的程序

结婚登记的程序分为申请、审查和登记三个环节。

（1）申请。要求结婚的男女，应当向有管辖权的婚姻登记管理机关提出结婚申请。申请时，内地居民应当出具下列证件和证明材料：①本人的户口簿、身份证；②本人无配偶以及与对方当事人没有直系血亲和三代以内旁系血亲关系的签字声明。

办理结婚登记的香港居民、澳门居民、台湾居民应当出具的证件和证明材料有：①本人的有效通行证、身份证；②经居住地公证机构公证的本人无配偶以及与对方当事人没有直系血亲和三代以内旁系血亲关系的声明。

办理结婚登记的华侨应当出具的证件和证明材料有：①本人的有效护照；②居住国公证机构或者有权机关出具的、经中华人民共和国驻该国使（领）馆认证的本人无配偶以及与对方当事人没有直系血亲和三代以内旁系血亲关系的证明，或者中华人民共和国驻该国使（领）馆出具的本人无配偶以及与对方当事人没有直系血亲和三代以内旁系血亲关系的证明。

办理结婚登记的外国人应当出具的证件和证明材料有：①本人的有效护照或者其他有效的国际旅行证件；②所有国公证机构或者有权机关出具的、经中华人民共和国驻该国使（领）馆认证的本人无配偶的证明，或者所在国驻华使（领）馆出具的本人无配偶的证明。

（2）审查。《婚姻登记条例》第7条规定："婚姻登记机关应当对当事人出具的证件、证明材料进行审查并询问相关情况。"审查时，应查验当事人提交的证件和证明材料是否齐全、是否符合法律规定；并审核当事人证明材料上所证明的基本情况是否符合婚姻法所规定的结婚条件。同时婚姻登记员应当向结婚当事人询问相关情况，特别是双方是否完全自愿。

经审查，办理结婚登记的当事人有下列情形之一的，婚姻登记机关不予登记：①未到法定婚龄的；②非双方自愿的；③一方或者双方已有配偶的；④属于直系血亲或者三代以内旁系血亲的；⑤患有医学上认为不应当结婚的疾病的。对当事人不符合结婚条件不予登记的，应当向当事人说明理由。

（3）登记。婚姻登记机关对当事人办理结婚登记的证件和证明材料进行审查，并询问相关情况后，符合结婚条件的，应当当场予以登记，发给结婚证。当事人自取得结婚证时起，确立夫妻关系。

结婚证是证明当事人婚姻关系的法律文书。结婚证遗失或损毁的，当事人可以持户口簿、身份证向原办理婚姻登记的机关或者一方当事人常住户口所在地的婚姻登记机关申请补领。

（三）事实婚姻

1. 事实婚姻的概念和特征

事实婚姻是指符合结婚条件的男女，未进行结婚登记，以夫妻名义同居生活，群众也认为是夫妻关系的。事实婚姻的构成要件主要有以下四个方面：

（1）主体。事实婚姻的主体须为没有配偶的男女双方。有配偶者与他人以夫妻名义同居生活的为事实重婚，而不是事实婚姻。

（2）内容。事实婚姻的当事人具有婚姻的目的和同居生活的形式，男女双方以配偶相称。这是事实婚姻与其他非婚两性关系的主要区别。

（3）公示性。事实婚姻的男女公开以夫妻名义生活，同时为群众所公认。这种公开性与公认性是事实婚姻的重要的外部特征。

（4）形式瑕疵。事实婚姻的当事人未履行结婚登记手续，不具备国家法律所要求的婚姻形式要件。这是事实婚姻与法律婚姻相区别的重要标志。

2. 我国法律对事实婚姻的态度

对于事实婚姻，新中国成立后的两部婚姻法均没有进行正面规定，但由于传统婚姻习俗的影响，结婚不登记的现象仍较为普遍。最高人民法院在司法解释中，对事实婚姻的认定和处理进行了规定，其态度演变经历了以下四个阶段：

（1）承认阶段（1950年至1989年11月21日）。最高人民法院多次司法解释均承认事实婚姻的法律效力，并规定事实婚姻纠纷按照离婚案件处理。[①]

（2）限制承认阶段（1989年11月21日至1994年2月1日）。最高人民法院1989年11月21日《关于人民法院审理未办理结婚登记而以夫妻名义同居生活案件的若干意见》明确规定了"在一定时期内有条件的承认事实婚姻关系"的原则，并明确规定自民政部新的《婚姻登记管理条例》施行之日起，未办理结婚登记即以夫妻名义同居生活，按非法同居对待。

（3）不承认阶段（1994年2月1日至2001年4月28日）。1994年2月1日民政部《婚姻登记管理条例》颁布，该条例第24条规定："未到结婚年龄的公民以夫妻名义同居的，或符合结婚条件的当事人未经登记以夫妻名义同居的，其婚姻关系无效，不受法律保护。"[②]

（4）有条件转化阶段（2001年4月28日以后）。由于学界及社会各界对是否一律不承认事实婚姻的效力，有不同意见，2001年修改后的《婚姻法》采取了折衷的办法，在第8条关于结婚登记条款中增加了"未办理结婚登记的，应当补办登记"的规定，改变了对事实婚姻一律按非法同居关系处理的态度，而采取了补办登记即转化为合法婚姻

---

① 最高人民法院1957年3月6日《关于男女双方已达婚龄未进行登记而结婚的一方提出离婚时应如何处理问题的批复》；1958年3月3日《关于事实上的婚姻关系应如何予以保护和一方提出离婚应如何处理等问题的复函》。

② 最高人民法院在关于适用该条例的《通知》中，明确规定："自1994年2月1日起，没有配偶的男女，未经结婚登记即以夫妻名义同居生活的，其婚姻关系无效，不受法律保护。对于起诉到人民法院的，应按非法同居关系处理"。

的原则。最高人民法院 2001 年 12 月 24 日《关于适用婚姻法若干问题的解释（一）》进一步对于事实婚姻的效力作出了以下规定：

第一，男女双方根据《婚姻法》第 8 条规定补办结婚登记的，婚姻关系的效力从双方均符合婚姻法所规定的实质要件时起算。即补办登记具有溯及力，对自符合实质要件到补办登记这时期的事实婚姻赋予法律效力。

第二，未按《婚姻法》第 8 条办理结婚登记而以夫妻名义共同生活的男女，起诉到人民法院要求离婚的，应当区别对待：①1994 年 2 月 1 日民政部《婚姻登记管理条例》公布实施以前，男女双方已经符合结婚实质要件的，按事实婚姻处理；②1994 年 2 月 1 日民政部《婚姻登记管理条例》公布实施以后，男女双方符合结婚实质要件的，人民法院应当告知其在案件受理前补办结婚登记；未补办结婚的，按解除同居关系处理。

二、婚姻的无效与撤销

婚姻无效，也称无效婚姻，是指违反法律规定的结婚条件而不发生法律效力的两性结合。婚姻撤销，也称可撤销婚姻，是指缺乏结婚的合意，受胁迫而成立的婚姻，受胁迫方可通过法定程序予以撤销的制度。被撤销的婚姻自始无效。

（一）婚姻的无效

1. 婚姻无效的法定原因

根据《婚姻法》第 10 条的规定，构成婚姻无效的情形有以下四种：（1）重婚的；（2）有禁止结婚的亲属关系的；（3）婚前患有医学上认为不应当结婚的疾病，婚后尚未治愈的；（4）未到法定婚龄的。

如无效原因已消失，婚姻自然转化为有效，此时申请宣告婚姻无效的，不能获得人民法院的支持。[①]

2. 婚姻无效的请求权主体

有权依据《婚姻法》第 10 条向人民法院就已办理结婚登记的婚姻申请宣告婚姻无效的主体有两类人，一是婚姻当事人本人，二是利害关系人。根据不同的婚姻无效的原因，利害关系人有所不同：（1）以重婚为由申请宣告婚姻无效的，为当事人的近亲属及基层组织；（2）以未到法定婚龄为由申请宣告婚姻无效的，为未达法定婚龄者的近亲属；（3）以有禁止结婚的亲属关系为由申请宣告婚姻无效的，为当事人的近亲属；（4）以婚前患有医学上认为不应当结婚的疾病，婚后尚未治愈为由宣告婚姻无效的，为与患病者共同生活的近亲属。[②]

3. 宣告婚姻无效的机关和程序

我国受理婚姻无效申请的机关只能是人民法院。[③] 人民法院审理宣告婚姻无效案件，不适用调解，采用一审终审制，有关婚姻效力的判决一经作出，即发生法律效力。涉及财产分割和子女抚养的，可以调解。调解达成协议的，另行制作调解书。对财产分割和子女抚养问题的判决不服的，当事人可以上诉。

---

① 最高人民法院《关于适用〈中华人民共和国婚姻法〉若干问题的解释（一）》第 8 条。
② 最高人民法院《关于适用〈中华人民共和国婚姻法〉若干问题的解释（一）》第 7 条。
③ 1994 年的《婚姻登记管理条例》规定婚姻登记管理机关可以对违法婚姻宣布婚姻无效，但 2003 年 8 月新颁布的《婚姻登记条例》取消了相应规定，因此，申请宣告婚姻无效只能向人民法院提出。

（二）婚姻的撤销

1．婚姻撤销的法定理由

我国《婚姻法》第11条规定："因胁迫结婚的，受胁迫一方可以向婚姻登记机关或人民法院请求撤销该婚姻。"可见，我国婚姻撤销的法定理由只有"胁迫"一种情形。

"胁迫"是指行为人以给另一方当事人或者其近亲属的生命、身体健康、名誉、财产等方面造成损害为要挟，迫使另一方当事人违背真实意愿结婚的情况。[①]

2．婚姻撤销的请求权主体

对于请求权主体，只能是受胁迫一方的婚姻当事人本人，以保证其撤销请求确系本人的真实意思。

3．婚姻撤销的时效

我国《婚姻法》第11条规定："受胁迫的一方撤销婚姻的请求，应当自结婚登记之日起一年内提出。被非法限制人身自由的当事人请求撤销婚姻的，应当自恢复人身自由之日起一年内提出。"这里规定的"一年"，为除斥期间，不适用诉讼时效中止、中断或者延长的规定。

4．婚姻撤销的程序

人民法院审理婚姻当事人因受胁迫而请求撤销婚姻的案件，应当适用简易程序或者普通程序。依法撤销婚姻的，应当收缴双方的结婚证书并将生效的判决寄送当地的婚姻登记机关。

（三）婚姻无效和撤销的法律后果

1．婚姻自始无效

《婚姻法》第12条规定："无效或撤销的婚姻，自始无效。"应特别注意的是，我国的婚姻无效和撤销，未采用当然无效制度，而采纳的是宣告无效制，即无效或者可撤销婚姻在依法被宣告无效或被撤销时，才确定该婚姻自始不受法律保护。

2．财产的处理

由于婚姻自始无效，当事人不具有夫妻的权利和义务，同居期间所得财产按一般共同共有处理（有证据证明为当事人一方所有的除外）。分割时首先由当事人协议，协议不成时，由人民法院根据照顾无过错方的原则判决。对重婚导致的婚姻无效的财产处理，不得侵害合法婚姻当事人的财产权益。

3．子女的抚养

婚姻被宣告无效和被撤销后，当事人所生的子女，应为非婚生子女，但享有与婚生子女同等的权利，任何人不得加以危害和歧视。不直接抚养非婚生子女的生父或生母，应当负担子女的生活费和教育费，直至子女能独立生活为止。

三、婚姻的效力

婚姻的效力是指婚姻成立后在当事人之间所产生的法律后果，主要分为夫妻人身关系和夫妻财产关系。

（一）夫妻人身关系

夫妻人身关系是指夫妻间的没有直接财产内容的与人身不可分的夫妻人格、身份方

---

① 最高人民法院《关于适用〈中华人民共和国婚姻法〉若干问题的解释（一）》第10条。

面的权利和义务关系，它是婚姻成立在夫妻身份上的效力。

1. 独立姓名权

姓名权是一项重要的人身权利，也是夫妻人身法律关系的重要内容之一，它的法律规定表明了夫妻之间在人格上是否平等和独立。已婚妇女享有独立的姓名权成为社会进步的表现。新中国成立后两部婚姻法都明确规定："夫妻双方都有各用自己姓名的权利。"此外，夫妻平等姓名权还反映在子女姓氏的确定上。《婚姻法》第22条规定："子女可以随父姓，也可以随母姓。"

2. 同居权利义务

同居是指夫妻共同居住、共同生活。同居权即是夫妻一方要求与另一方共同生活的权利。同居义务是指夫妻任何一方都有与对方共同生活的义务。同居是夫妻间的本质性权利义务，是婚姻的外在表现形式。

《婚姻法》虽然没有在法律中正面规定夫妻的同居权利和义务，但第3条有："禁止有配偶者与他人同居"，第32条有"因感情不和分居满二年"的可准予离婚，第46条有一方与他人同居导致离婚的，"无过错方有权请求损害赔偿"的规定，都从反面肯定了夫妻同居的权利和义务。

3. 互相忠实

互相忠实，指性生活的忠实，即不为婚外性行为。这种义务是由一夫一妻婚姻制度所要求的，夫妻任何一方都对另一方负有贞操义务。我国《婚姻法》第4条规定了夫妻应当互相忠实，但对违反忠实义务的制裁还限于比较严重的重婚、与配偶以外的人同居等严重行为。因上述行为造成离婚的，无过错方有权请求损害赔偿。除此以外，不能就一般的违反夫妻忠实的行为，提起诉讼。①

4. 住所协定

这里的住所专指夫妻共同居住的场所，即婚姻住所。我国《婚姻法》第9条规定："登记结婚后，根据男女双方约定，女方可以成为男方家庭的成员，男方可以成为女方家庭的成员。"这表明在我国男女双方都有平等决定夫妻住所的权利，实质是协商决定的原则。

5. 人身自由权

夫妻的人身自由权是指男女结婚后，仍享有按本人意愿参加社会活动、从事社会职业的自由。我国《婚姻法》第15条规定："夫妻双方都有参加生产、工作、学习和社会活动的自由。一方不得对他方加以限制或干涉。"

6. 计划生育权利义务

在夫妻人身关系上，计划生育权利应包括以下三方面：其一，夫妻婚后有依照法律规定生育子女的权利。其二，夫妻有不生育的自由。夫妻在是否生育子女的问题上应协商一致，任何一方无权强行要求生育。其三，夫妻有响应国家号召，行使计划生育的权利。

---

① 对此，最高人民法院《关于适用〈中华人民共和国婚姻法〉若干问题的解释（一）》第3条明确规定："当事人仅以婚姻法第四条为依据规定提起诉讼的，人民法院不受理"。

（二）夫妻财产制

夫妻财产制又称婚姻财产制，是关于夫妻婚前婚后财产的归属、管理、使用、收益、处分的法律制度。

1. 我国法定夫妻财产制

法定夫妻财产制是指国家法律明确规定的在婚姻当事人没有订立财产契约或约定无效的情况下，当然适用的处理夫妻财产关系的具体制度。我国的法定夫妻财产制是由夫妻共同财产制和个人特有财产制共同组成。

（1）夫妻共同财产制的概念和内容。夫妻共同财产是指夫妻在婚姻关系存续期间一方或双方所得的财产，除特有财产以外，均属夫妻共同所有。主要包括：第一，工资、奖金；第二，生产、经营的收益；第三，知识产权的收益；第四，继承或赠与所得的财产，但遗嘱或赠与合同明确指明归一方的除外；第五，一方以个人财产投资所得的收益；第六，男女双方实际取得或者应当取得的住房补贴、住房公积金；第七，男女双方实际取得或者应当取得的养老保险金、破产安置补偿费。[①]

（2）夫妻对共同财产的处理。夫妻对共同财产有平等的处理权，因日常生活需要而处理夫妻共同财产的，任何一方均有权决定；非因日常生活需要对共同财产做重要处理决定的，双方应当平等协商，取得一致意见。他人有理由相信其为夫妻双方共同意见表示的，另一方不得以不同意或不知道为由对抗善意第三人。[②]

（3）夫妻个人特有财产。夫妻个人特有财产是指在夫妻共同财产制下，依法属于夫妻个人所有的财产。根据《婚姻法》第18条的规定，夫妻个人特有财产主要包括：第一，一方的婚前财产；第二，一方因身体受到伤害获得的医疗费、残疾人生活补助费等费用；第三，遗嘱或赠与合同中确定只归夫或妻一方的财产；第四，一方专用的生活用品；第五，其他应当归一方的财产。

此外，军人的伤亡保险金、伤残补助金、医药生活补助费属于个人财产。[③]

2. 约定夫妻财产制

这是指法律允许婚姻当事人以契约形式确定夫妻财产制形式的法律制度。根据《婚姻法》的相关规定和法理，夫妻约定财产制内容如下。

（1）约定的条件。

第一，约定时夫妻双方均应具有完全民事行为能力，如果一方或双方系限制或无行为能力人，不能订立约定，即使订立了，约定也无效，适用法定的夫妻财产制。但如果订立约定时夫妻双方均具有完全民事行为能力，约定后一方丧失民事行为能力则不影响约定的效力。

第二，约定须建立在双方完全自愿的基础上，一方以欺诈、胁迫的手段，或乘人之危，使另一方在违背真实意思的情况下所订立的约定，另一方可以在一定期限内申请撤销。

---

① 见《婚姻法》第17条和最高人民法院《关于适用〈中华人民共和国婚姻法〉若干问题的解释（二）》第11条。
② 最高人民法院《关于适用〈中华人民共和国婚姻法〉若干问题的解释（一）》第17条。
③ 最高人民法院《关于适用〈中华人民共和国婚姻法〉若干问题的解释（二）》第13条。

第三，约定的内容须合法。比如夫妻对财产的约定不能损害国家、集体和他人的利益，不能把家庭其他成员的财产约定为夫妻共同所有或一方所有，不能借夫妻财产约定逃避债务，不能约定免除法定抚养、扶养和赡养义务等。

（2）约定的方式和内容。夫妻对财产的约定应当采用书面形式。约定的范围可以只涉及婚后所得财产，也可以既包括婚后财产也包括婚前财产。约定的类型，可以在一般共同、部分共同、分别所有三种方式中选择一种类型作为双方约定的夫妻财产制。一般共同制是双方的全部财产，包括婚前财产和婚后财产均归夫妻双方共同所有。部分共同制是只将部分财产设为夫妻共同所有的制度。分别所有制是不设夫妻共同财产的制度，即夫妻各人无论是婚前财产还是婚后所得财产均归各人各自所有。

（3）约定的效力。

第一，约定财产制在效力上优于法定财产制适用。夫妻之间有财产约定的，依约定处理；无约定或约定不明的，适用法定财产制。

第二，约定对夫妻双方具有约束力，离婚时有约定的按约定处理夫妻财产。

第三，在对外效力上，不当然及于第三人。夫妻约定采取分别所有制时，夫或妻一方对外所负的债务，第三人知道该约定的，以夫或妻一方的财产清偿。债权人不知道该约定的，任何一方所负的债务，均由夫妻双方共同偿还。①

（三）夫妻扶养和继承权

1. 夫妻扶养

夫妻负有互相扶养的权利与义务，是基于婚姻的效力而产生的。婚姻的目的是要建立夫妻共同生活体，要共同生活，夫妻之间的相互扶养就必不可少。

我国《婚姻法》第20条规定："夫妻有互相扶养的义务。一方不履行扶养义务时，需要扶养的一方，有要求对方付给扶养费的权利。"一方不履行扶养义务时，生活困难的一方享有诉讼请求权即向人民法院起诉要求对方付给。如果义务方仍拒绝履行法院判决，情节恶劣构成遗弃罪的，权利方可要求追究对方的刑事责任。

2. 夫妻有相互继承遗产的权利

亲属身份是确定继承权的主要依据，男女一旦结为夫妻，相互之间就形成近亲属关系，因此各国法律都将夫妻作为法定继承人之一。我国《婚姻法》第24条规定："夫妻有互相继承遗产的权利。"夫妻一方死亡时，留有合法有效的遗嘱，应按遗嘱的内容处理遗产。死者在遗嘱中指明由配偶继承遗产的，他方才能继承；如果遗嘱中没有将遗产留给配偶，生存方则不能依据本条强行要求继承。死者没有留下遗嘱时，则按法定继承办理，生存方就享有继承权，并与死者的父母和子女同为第一顺序继承人。

夫妻之间的继承权，因结婚而发生，因离婚而消灭。即只要在婚姻关系存续期间一方死亡的，他方就享有继承权。夫妻登记结婚后尚未共同生活一方就死亡的，他方仍享有继承权。但在遗产份额的划分上，应根据尽义务的多少，酌情处理。一方在分居期间或离婚诉讼中死亡的，另一方仍有继承权。

夫妻互相继承遗产的权利不因共同财产的分割而消灭。夫妻一方死亡时，应先对夫

---

① 对于"第三人知道该约定"的举证问题，最高人民法院《关于适用〈中华人民共和国婚姻法〉若干问题的解释（一）》第18条明确规定，"夫妻一方对此负有举证责任"。

妻共同财产进行分割，属于死者一方的财产即共同财产的一半再加上死者个人特有财产才能作为遗产进行继承。要防止将夫妻共同财产作为遗产继承，侵犯生存一方的合法权益的行为。对夫妻共同财产进行分割，生存配偶拥有属于自己的一半财产后，对死亡一方的一半仍享有继承权。

第三节　家庭关系

一、父母子女关系

父母子女关系又称亲子关系，根据产生的原因，可以分为自然血亲的父母子女关系和拟制血亲的父母子女关系。

（一）父母子女的权利和义务

1. 父母对子女有抚养教育的义务

抚养义务，是指父母具有在物质上对子女供养和生活上对子女照料，从而使子女能健康成长的法定义务。父母对未成年子女的抚养义务是无条件的，不因父母的情况改变而免除或减轻。父母对成年子女的抚养是有条件的，对尚在校接受高中及以下学历教育，或者丧失或未完全丧失劳动能力等非主观原因而无法维持正常生活的成年子女，父母有能力的，仍须负担必要的抚育费。[①] 父母不尽抚养义务的，应受抚养的子女有权向父母追索。无故拒不履行抚养义务，情节恶劣的，构成遗弃罪，应承担刑事责任。

教育义务，是指父母具有对子女进行学业培养、让子女接受义务教育，以健康方式引导未成年子女成长的法定义务。父母应按时送子女到学校接受教育，并为其提供所需的费用。父母要以健康的思想、品行和适当的方法教育未成年子女，要预防和制止未成年人吸烟、酗酒、流浪以及聚赌、吸毒、卖淫等。[②]

2. 父母对未成年子女有保护和管教的权利义务

保护，是指父母应认真履行监护职责，防范和排除来自自然界或社会对未成年子女人身或财产权益的非法侵害。首先，父母不得危害子女的权益，不得溺婴和残害子女，不得对子女实施家庭暴力。其次，当未成年子女的人身和财产权益受到他人侵害时，父母作为法定代理人，应积极维护子女利益，必要时应提起诉讼，请求排除侵害、赔偿损失。

管教指的是管理和教育，就是要求父母按照法律和道德的规范，对子女给以必要的管理、约束。对子女的不良行为，父母应对其进行批评和教育，并设法制止和纠正。在管教子女的时候，父母要注意使用正确的方式、方法，切忌简单粗暴，要尊重子女的人格尊严，并加强心理辅导。

2. 子女对父母有赡养扶助的义务

父母抚养教育子女是法定的义务，同样，子女对父母的赡养扶助，也是法定的义务。根据《婚姻法》和《老年人权益保障法》的规定，子女对父母的赡养扶助义务，主

---

① 最高人民法院《关于适用〈中华人民共和国婚姻法〉若干问题的解释（一）》第20条。
② 见我国《未成年人保护法》相关规定。

要有以下内容：

赡养，指子女在物质上、经济上为父母提供必要的生活费用和条件；对患病的父母应提供必要的医疗和护理费用；应妥善安排父母的住房，提供必要的维修费用；有义务耕种父母承包的土地，照顾父母的林木和牲畜等。如果子女有能力而不履行赡养义务时，无劳动能力的或生活困难的父母，有要求子女付给赡养费的权利。子女有能力赡养而拒绝赡养，情节严重的，构成遗弃罪，应依法承担刑事责任。

扶助，指子女在生活上、精神上给予父母照料和慰藉的义务。子女应善待老人，使老年父母愉快地度过晚年；应尊重父母的婚姻权利，不得干涉父母再婚以及婚后的生活；应积极支持老年父母参加社区活动，开展娱乐健身运动等；对患病父母要尽心照顾，给予必要的医治。

3. 父母子女有相互继承遗产的权利

按照《继承法》的规定，子女和父母互为第一顺序继承人。父母死亡，子女有继承他们遗产的权利；子女死亡时，父母有继承他们遗产的权利。

（二）婚生子女和非婚生子女

1. 婚生子女

婚生子女是指在婚姻关系存续期间受胎所生的子女，父母和子女间应有直接的血缘联系。夫对婚生子女有依诉讼程序否认其为亲生子女的权利。丈夫如果有充分证据证明在该子女的受胎期内未有同居行为，或夫无生育能力或经亲子鉴定证明无血亲关系，经法院判决确定该否认成立时，该子女即丧失婚生子女资格，为非婚生子女。我国司法实践中已出现婚生子女的否认案例，如被法院确认子女非亲生，离婚时丈夫对该子女不承担抚养费用。[①]

2. 人工授精子女

现代科技的发展，人类社会可以采取人工授精的方法进行生育，为患有不育症的夫妇带来子女。针对现实中所出现的此类纠纷，最高人民法院在司法解释中已有明确规定："在夫妻关系存续期间，双方一致同意进行人工授精，所生子女应视为夫妻双方的婚生子女，父母子女之间的权利义务关系适用婚姻法的有关规定。"[②]

3. 非婚生子女

非婚生子女是指没有婚姻关系的男女所生的子女，包括没有婚姻关系男女所生的子女、夫或妻与第三人发生性行为所生子女、无效或撤销婚姻男女所生子女、妇女被强奸后所生子女。

（1）关于非婚生子女的法律地位。我国《婚姻法》第25条专门规定："非婚生子女享有与婚生子女同等的权利，任何人不得加以危害和歧视。"

（2）非婚生子女的准正和认领。在外国亲属法中，为非婚生子女设立了准正和认领的法律制度，以保护其合法权益。我国《婚姻法》虽未规定相应的制度，但在司法实践和民间习惯中，生父母在子女出生后办理结婚登记的，该子女为婚生子女。生父承认该

---

① 最高人民法院《关于夫妻存续期间男方受欺骗抚养非亲生子女离婚后可否向女方追索抚育费的复函》，1992年4月2日。

② 最高人民法院《关于夫妻关系存续期间以人工受精所生子女的法律地位的复函》，1991年7月8日。

子女为自己亲生并自愿尽抚养义务的，法律予以认可。对没有生父承认的，亦允许生母向法院提起确认子女生父之诉。法院通过生母提供的证据和必要时委托有关部门进行的亲子鉴定，确定孩子的生父。一旦生父被确认，法院将判决其负担子女必要的生活费和教育费，直至子女能独立生活为止。

（三）继子女

继子女是指夫妻一方对另一方与前配偶所生的子女的称谓，继父（继母）是指子女对父或母的再婚配偶的称谓。

1. 继父母子女关系的类型

（1）一般姻亲关系。再婚时，夫妻一方或双方与前配偶所生子女已成人或跟随对方生活，继父或继母没有对其进行抚养教育，继子女也未对继父或继母尽赡养义务。双方之间为一般的直系姻亲关系，不产生法律上的权利和义务。

（2）拟制直系血亲关系。再婚时，夫妻一方或双方与前配偶所生子女还未成年，继父或继母对继子女尽了抚养教育义务。这里又分两种情况：一是继子女随生父或生母与继母或继父共同生活，继父或继母对其进行了抚养、教育及生活上的照料；二是继子女虽然未和继父或继母共同生活，但继父或继母对其承担了部分或全部抚育费的。无论哪种情况，继父母子女之间都形成拟制的直系血亲关系，产生父母子女间的权利和义务。

（3）收养关系。继父或继母经继子女的生父母的同意，正式收养继子女为养子女。继子女和共同生活的生父或生母保持直系血亲关系，与不共同生活的生母或生父消灭权利义务关系。继子女和对其收养的继父或继母之间的关系适用收养的有关规定。

2. 继父母子女的法律地位

我国《婚姻法》第27条规定："继父母与继子女间，不得虐待或歧视。继父或继母和受其抚养教育的继子女间的权利和义务，适用本法对父母子女关系的有关规定。"就是说，无论哪种类型的继父母子女之间，都不得虐待和歧视，形成抚养教育关系的继父母子女之间，产生与亲生父母子女间相同的权利和义务。继子女和亲生父母之间、形成抚养教育关系的继父母之间产生双重的权利义务关系。

3. 继父母子女关系的终止

已形成抚养教育关系的继父母子女之间的权利义务的解除问题，《婚姻法》未作明确规定，最高人民法院的相关司法解释所规定的原则是：当再婚婚姻关系存续期间，对于尚未成年的继子女与继父母的关系，原则上不能解除；生父与继母或生母与继父离婚时，对受其抚养教育的继子女，继父或继母不同意继续抚养的，仍应由生父母抚养；受继父或继母抚养成人并独立生活的继子女，双方关系不能自然终止，如关系恶化，可由双方协商或由人民法院判决解除其权利义务关系，但成年继子女仍须承担丧失劳动能力生活困难的继父母晚年生活费用。

二、收养

（一）收养概述

1. 收养的概念和特征

收养是公民按照法律的规定，领养他人子女为自己子女的民事法律行为。收养具有以下法律特征：

（1）收养是创设和变更亲属身份关系的民事法律行为。收养是确立民事法律关系的行为，它是依照法律的规定并基于当事人的法律行为而创设的。收养的成立使被收养人与其生父母及近亲属间的权利义务消灭，实质上是一种身份关系的变更和移转。

（2）收养是发生在特定主体之间的要式法律行为。收养由于是创设亲子关系的身份行为，不能由公民任意为之，收养人、被收养人和送养人都必须符合法律规定的资格和条件，否则不能收养。收养成立也必须采取法定形式。

（3）收养的法律效果是产生拟制血亲关系。收养创设的亲子关系被称为"法亲"，它使被收养人与收养人及其近亲属间产生与自然血亲相同的权利义务关系。它与自然血亲不同的是：既是人为创设，也可人为消灭；可依法产生，也可依法解除。

2. 收养法的基本原则

（1）有利于被收养人成长原则。以被收养人的最大利益为首要考虑，已为国际公约所确认。① 我国《收养法》第 2 条也规定："收养应当有利于被收养的未成年人的抚养、成长"，明确将有利于被收养人成长的原则作为收养的首要基本原则。

（2）保障被收养人和收养人的合法权益的原则。被收养人和收养人是收养关系中双方的当事人，他们的合法权益都应当得到法律的保护。《收养法》除在第 2 条明确规定了保障被收养人和收养人的合法权益原则外，还在第 22 条专门规定："收养人、送养人要求保守收养秘密的，其他人应当尊重其意愿，不得泄露。"

（3）平等自愿的原则。《收养法》不仅在第 2 条明确规定了平等自愿的原则，也在第 11 条规定："收养人收养与送养人送养，须双方自愿。收养年满 10 周岁以上未成年人的，应当征得被收养人的同意。"

（4）遵守法律、不违背社会公德的原则。《收养法》第 2 条明确规定了收养："不得违背社会公德"。同时，收养当事人在收养活动中还要严格遵守法律规范，不得借收养名义实施犯罪行为。《收养法》第 20 条规定："严禁买卖儿童或者借收养名义买卖儿童。"第 31 条规定："借收养名义拐卖儿童的，依法追究刑事责任。"这些措施以保障收养制度的健康发展。

（5）不违背计划生育法律法规的原则。计划生育是我国婚姻法的一项基本原则。收养作为生育制度的补充，与计划生育有直接的关系。因此，《收养法》第 3 条专门规定："收养不得违背计划生育的法律、法规。"第 19 条规定："送养人不得以送养子女理由违反计划生育的规定再生育子女。"

（二）收养的成立

1. 一般收养成立的实质要件

一般收养条件是指《收养法》针对一般情况所规定的收养成立的实质要件，具体涉及收养人、被收养人和送养人三方。

（1）收养人的条件。根据《收养法》的规定，收养子女应具备以下条件：第一，无子女。第二，有抚养教育被收养人的能力。第三，未患有在医学上认为不应当收养子女的疾病。第四，年满 30 周岁。如果收养人是有配偶者，需夫妻双方均年满 30 周岁。第五，有配偶者收养子女的，须夫妻双方同意方能收养。无配偶者收养子女的，如果是男

---

① 联合国大会通过的《儿童权利公约》第 21 条规定："凡承认和（或）许可收养制度的国家应确保以儿童的最大利益为首要考虑。"我国于 1991 年 12 月 29 日经第七届全国人大常委会第 23 次会议批准加入该公约。

性收养女性，收养人与被收养人之间的年龄应相差 40 周岁以上。

（2）被收养人的条件。《收养法》第 4、11 条规定了未满 14 周岁的以下情况之一的未成年人可以被收养：第一，生父母双亡的孤儿；第二，查找不到生父母的弃婴和弃儿；第三，生父母有特殊困难无力抚养的子女。

被收养人年满 10 周岁的，须本人同意被收养。

3. 送养人的条件

《收养法》第 5 条规定，孤儿的监护人、社会福利机构和有特殊困难无力抚养子女的生父母，可以作为送养人。

第一，有特殊困难无力抚养子女的生父母作为送养人的条件：生父母双方均有特殊困难，双方均无力抚养子女；生父母双方均同意送养；配偶一方死亡，另一方欲送养子女的，必须征得死亡一方的父母的同意。死亡一方父母有抚养教育未成年人能力的，有优先抚养的权利。

第二，监护人作为送养人的条件：征得抚养义务人的同意。有抚养义务的祖父母、外祖父母或成年兄姊不同意送养，监护人又不愿意继续履行监护职责时，可要求变更监护人。未成年人的父母均不具备完全行为能力时，该未成年人的监护人不得将其送养。但父母对该未成年人有严重危害的除外。

第三，社会福利机构作为送养人的条件：作为送养人的社会福利机构必须是由民政部门设立或批准设立的专门收容、抚养暂时无法查明生父母或监护人的弃儿或孤儿的社会监护机关。公民自愿收养社会福利机构养育的弃婴、儿童和孤儿的，应由社会福利机构为送养人。

（二）特殊收养成立的实质要件

1. 近亲属间的收养

收养三代以内同辈旁系血亲的子女，可以适用以下放宽条件：（1）不受被收养人不满 14 周岁的限制，即超过 14 周岁甚至成年人也可以被收养；（2）不受被收养人必须是生父母有特殊困难无力抚养的子女的限制，即被收养人的生父母有抚养能力，也可以被收养；（3）不受送养人必须是有特殊困难无力抚养的生父母的限制，送养人有抚养能力，但也可以把子女送养给三代以内同辈旁系血亲；（4）不受无配偶的男性收养女性的年龄相差 40 周岁的限制；（5）华侨收养三代以内同辈旁系血亲的子女，还可以不受收养人须无子女的限制。

2. 继父母子女间的收养

继父母收养继子女，除必须征得继子女的生父母的同意外，在收养条件上给予了以下放宽：（1）不受被收养人不满 14 周岁的限制；（2）不受被收养人必须是生父母有特殊困难无力抚养的子女的限制；（3）不受送养人必须是有特殊困难无力抚养的生父母的限制；（4）不受收养人的条件限制，如抚养能力、健康状况、年龄限制等；（5）不受只收养一名养子女的限制。

3. 对孤儿、弃儿或残疾儿的收养

公民收养孤儿、弃儿或残疾儿是基于爱心和人道主义精神而进行的特别收养。为鼓励此类收养，《收养法》特别规定了以下两种情况的放宽：（1）不受收养人须无子女的限制；（2）不受收养人只能收养一名子女的限制。

（三）收养成立的形式要件

1．收养登记机关

《收养法》规定的收养登记机关是县级以上人民政府民政部门，民政部颁布的《中国公民收养子女登记办法》作了以下具体划分：

（1）收养社会福利机构抚养的查找不到生父母的弃婴、儿童和孤儿的，在社会福利机构所在地的收养登记机关办理登记。（2）收养非社会福利机构抚养的查找不到生父母的弃婴和儿童的，在弃婴和儿童发现地的收养登记机关办理登记。（3）收养生父母有特殊困难无力抚养的子女或由监护人监护的孤儿的，在被收养人生父母或者监护人常住户口所在地（组织作监护人的，在该组织所在地）的收养登记机关办理登记。（4）收养三代以内同辈旁系血亲的子女，以及继父或继母收养继子女的，在被收养人生父或生母常住户口所在地的收养登记机关办理登记。

2．收养登记程序

收养当事人应当亲自到收养登记机关申请办理收养登记手续。收养登记机关收到收养登记申请书及有关材料后，应当自次日起 30 日内进行审查。对符合收养法规定条件的，为当事人办理收养登记，发给收养登记证，收养关系自登记之日起成立；对不符合收养法规定条件的，不予登记，并对当事人说明理由。

收养查找不到生父母的弃婴、儿童的，收养登记机关应当在登记前公告查找其生父母；自公告之日起满 60 日，弃婴、儿童的生父母或者其他监护人未认领的，视为查找不到生父母的弃婴、儿童。公告期间不计算在登记办理期限内。

《收养法》第 15 条第 4 款规定："收养关系当事人各方或者一方要求办理收养公证的，应当办理收养公证。"公证不是收养的必经程序，是否公证由当事人自己选择。

（四）收养的效力

收养的效力是指收养关系成立后所产生的法律后果。收养关系一旦成立，将产生以下法律效力。

1．收养人与被收养人之间产生法律拟制的父母子女关系

《收养法》第 23 条第 1 款规定："自收养关系成立之日起，养父母与养子女间的权利义务关系，适用法律关于父母子女关系的规定。"养子女可以随养父或者养母的姓，经当事人协商一致，也可以保留原姓。

2．养子女与养父母的近亲属之间产生法律拟制的血亲关系

《收养法》第 23 条第 1 款规定："养子女与养父母的近亲属间的权利义务关系，适用法律关于子女与父母的近亲属关系的规定。"

3．养子女与生父母及其他近亲属间的权利义务关系消除

我国《收养法》采取完全收养制，收养关系一旦成立，法律上就不再承认被收养人和送养人之间的权利义务关系。因此，《收养法》第 23 条第 2 款明确规定："养子女与生父母及其他近亲属间的权利义务，因收养关系成立而消除。"养子女和生父母及其他近亲属之间不再具有抚养和赡养的权利义务，也无遗产继承权。

但是，养子女和生父母及其他近亲属间的自然血缘关系并不因法律上的权利义务关系消除而消灭。在结婚时，养子女仍然不得与有自然血缘关系的直系血亲和三代以内旁系血亲结婚。

（五）收养关系的解除

1．收养解除的条件

根据《收养法》的规定，有下列情形之一的，收养关系可以解除：（1）收养人与送养人及年满 10 周岁以上的被收养人均同意解除，且达成解除协议的；（2）收养人不履行抚养义务，有虐待、遗弃等侵害未成年养子女合法权益行为的；（3）养父母与成年养子女关系恶化，无法共同生活的。

2．收养解除的程序

收养关系的解除有登记程序和诉讼程序两种方式。

（1）登记解除程序。凡当事人一致同意解除收养关系，且达成书面协议的，可按照《收养法》第 28 条的规定，到民政部门办理解除收养关系的登记。

（2）诉讼解除程序。凡当事人一方要求解除收养关系的，或虽双方同意解除收养关系但对财产及补偿等问题达不成协议的，均可通过诉讼程序解除收养关系。人民法院审理此类案件时，可以进行调解，促进当事人达成解除收养的协议；如调解不成，将本着维护各方当事人合法权益和有利于未成年人健康成长的原则进行判决。

3．收养解除的后果

按照《收养法》第 29 条的规定，收养关系解除后将在收养当事人身上产生如下后果：

（1）养子女与养父母及其他近亲属间的权利义务关系即行消除。养子女与养父母及其他近亲属不再具有拟制血亲关系，相互之间不再有抚养赡养义务和继承遗产的权利。

（2）未成年养子女和生父母及其他近亲属间的权利义务关系自行恢复。成年养子女与生父母及其他近亲属间的权利义务关系是否恢复，可以协商确定。

（3）经养父母抚养的成年养子女，对缺乏劳动能力又缺乏生活来源的养父母，应当给付生活费。

（4）因养子女成年后虐待、遗弃养父母而解除收养关系的，养父母可以要求养子女补偿收养期间支出的生活费和教育费。

（5）生父母要求解除收养关系的，养父母可以要求生父母补偿收养期间支出的生活费和教育费，但因养父母虐待、遗弃养子女而解除收养关系的除外。

三、其他家庭成员关系

其他家庭成员关系主要指祖孙之间和兄弟姐妹之间关系，他们之间是有条件的抚养关系。

（一）祖孙关系

根据《婚姻法》第 28 条的规定，祖孙之间的抚养条件如下。

1．祖辈对孙辈尽抚养义务的条件

下述三个条件须同时具备，才产生祖辈对孙辈的抚养义务：

（1）祖父母、外祖父母有抚养能力；（2）孙子女、外孙子女的父母死亡或无力抚养；（3）孙子女、外孙子女尚未成年。

2．孙辈对祖辈尽赡养义务的条件

下述三个条件须同时具备，才产生孙辈对祖辈的赡养义务：

（1）孙子女、外孙子女有赡养能力；（2）祖父母、外祖父母的子女死亡或无力赡养；（3）祖父母、外祖父母需要被赡养。

（二）兄弟姐妹关系

根据《婚姻法》第 29 条的规定，兄弟姐妹间的扶养条件如下：

1. 兄、姐对弟、妹的扶养条件：（1）父母死亡或无力抚养；（2）兄、姐已成年并且有负担能力；（3）弟、妹尚未成年。以上三个条件须同时具备，才产生兄、姐对弟、妹的扶养义务。

2. 弟、妹对兄、姐的扶养条件

下述三个条件须同时具备，才产生弟、妹对兄、姐的扶养义务：

（1）弟、妹是由兄、姐扶养成人的；（2）弟、妹有负担能力；（3）兄、姐缺乏劳动能力又缺乏生活来源。

第四节　婚姻终止

婚姻终止有当事人死亡和离婚两种原因。离婚主要有登记离婚和诉讼离婚两大类。登记离婚是通过行政机关办理的离婚，适用于双方自愿且无争议的离婚。诉讼离婚是一方提出的离婚或虽然双方自愿离婚但在子女和财产等问题上达不成一致意见须通过诉讼途径予以解决的离婚方式。

一、登记离婚

（一）登记离婚的条件

1. 夫妻双方均具有完全民事行为能力

登记离婚是双方协议的离婚，必须当事人亲自到场表达意愿，而不能代理。因此，无行为能力人或限制行为能力人不能适用登记离婚程序，只能采取诉讼程序处理离婚问题。

2. 有合法、有效的婚姻关系

申请登记离婚的当事人必须是依法办理了结婚登记的。事实婚姻当事人不能申请登记离婚，只能通过诉讼办理。

3. 结婚登记是在中国内地办理的

《婚姻登记条例》第 12 条第（三）项明确规定："其结婚登记不是在中国内地办理的"，婚姻登记机关不予受理。

4. 双方对离婚及后果已达成协议

离婚必须是夫妻双方的共同意思表示，不存在有任何强制、胁迫或乘人之危等违背当事人自愿的情形。双方对离婚所涉的问题均具备合意性，尚有争议的，不能进行登记离婚。

（二）登记离婚的机关和程序

1. 登记机关

内地公民自愿离婚的，男女双方应当共同到一方当事人常住户口所在地的婚姻登记机关办理离婚登记。中国公民同外国人在中国内地自愿离婚的，内地居民同香港居民、澳门居民、台湾居民、华侨在中国内地自愿离婚的，男女双方应当共同到内地居民常住户口所在地的婚姻登记机关办理离婚登记。

2．提交材料

在办理离婚登记时，内地居民应当出具的证件和证明材料有：本人的户口簿、身份证；本人的结婚证；双方当事人共同签署的离婚协议书。香港居民、澳门居民、台湾居民、华侨、外国人应出具的证件和证明材料有：本人的有效通行证、身份证（华侨、外国人还应当出具本人的有效护照或者其他有效国际旅行证件）；本人的结婚证；双方当事人共同签署的离婚协议书。离婚协议书应载明双方当事人自愿离婚的意思表示以及对子女抚养、财产及债务处理等事项协商一致的意见。

3．审查和登记

婚姻登记机关应当对离婚登记当事人出具的证件、证明材料进行审查并询问有关情况。对当事人确属自愿离婚，并已对子女抚养、财产、债务等问题达成一致处理意见的，应当当场予以登记，发给离婚证。领取离婚证，婚姻关系即告终止。

（三）离婚协议的履行

1．离婚协议能否反悔

男女双方协议离婚后一年内就财产分割问题反悔，请求变更或撤销财产分割协议的，可以向人民法院提起诉讼。但人民法院审理后，未发现订立财产分割协议时存在欺诈、胁迫等情形的，应当依法驳回当事人的诉讼请求。[①]

2．不履行离婚协议的处理

离婚协议中关于财产分割的条款或者当事人因离婚就财产分割达成的协议，对双方具有法律约束力。登记离婚后，一方不按协议履行义务，另一方可以向人民法院提起民事诉讼。

3．对子女抚养问题的变更

双方离婚后，在按原协议履行一段时间后，一方对子女的抚养提出新的要求，如改变抚养方、要求增加或减少抚养费等，对方不同意的，要求变更的一方可以向人民法院起诉，请求变更对子女的抚养方或代理子女提起增加抚养费诉讼。

二、诉讼离婚

（一）诉讼外调解和诉讼内调解

1．诉讼外调解

《婚姻法》第32条第1款规定："男女一方要求离婚的，可由有关部门进行调解或直接向人民法院提出离婚诉讼。"本条规定中的"有关部门调解"即为诉讼外调解。有关部门是指当事人住所地居民委员会、村民委员会、基层人民调解委员会或所在单位、社会团体等。

需注意的是，诉讼外调解不是解决离婚纠纷的必经程序，当事人可以不经调解，直接向人民法院起诉。诉讼外调解必须建立在双方自愿的基础上，在调解中能否达成协议，也必须完全由当事人自己作主，有关部门不得强制。如果经诉讼外调解达成离婚协议，则需到婚姻登记机关办理离婚登记手续。如调解无效，要求离婚的一方应向人民法院提起离婚诉讼。

---

① 最高人民法院《关于适用〈中华人民共和国婚姻法〉若干问题的解释（二）》第9条。

2. 诉讼内调解

诉讼内调解是在人民法院的主持下，由当事人自愿协商，达成解决离婚纠纷协议的方式。它是人民法院在审理离婚案件中依职权行使的程序，是与审判相结合的。它与诉讼外调解和其他民事案件在审理中的调解均不同的在于并不以当事人自愿为前提，即使当事人不愿意调解，人民法院也应当依职权进行调解。

人民法院主持调解后若双方和好，当事人撤诉；若双方达成离婚的协议，由法院制作民事调解书，调解书经双方当事人签收后，即产生婚姻终止的法律效力；若调解无效，由人民法院依法判决。人民法院制作的调解书与生效判决书一样具有同等法律效力，当事人必须按调解书的内容执行。签收调解书后有异议的不能上诉，符合再审条件的可以申请再审。

（二）诉讼离婚的特别规定

1. 对现役军人的配偶要求离婚的特别规定

《婚姻法》第 33 条规定："现役军人的配偶要求离婚，须得军人同意，但军人一方有重大过错的除外。"这是在离婚问题上通过限制非军人一方离婚胜诉权的方式对军人婚姻的一条特别保护规定。从法律规定上来看，这是一条强制性规定，即在军人无重大过错的情况下，军人的配偶提出的离婚，必须征得军人同意后方能判决准予。在适用此条时应注意以下问题：

（1）适用对象。本条仅适用军人的配偶是非军人的情况，即人民法院在审理非军人一方向军人一方提出离婚诉讼的案件时，方需遵循本条规定进行判决。如果军人的配偶也是军人，或是军人一方提出的离婚，则不适用这条规定，而按一般离婚纠纷处理。

（2）现役军人的范围。所谓现役军人，是指正在人民解放军和人民武装警察部队服现役、具有军籍的干部和战士，既包括武职人员，也包括文职人员。但退伍军人、复员军人、转业军人、离休军人和军事单位内没有取得军籍的职工，不属于现役军人的范围。

（3）"重大过错"的确定。根据最高人民法院《关于贯彻执行婚姻法若干问题的解释（一）》第 23 条的规定："军人一方有重大过错，可以依据婚姻法第 32 条第 3 款前 3 项规定及军人有其他重大过错导致夫妻感情破裂的情形予以判断。"[1]

（4）夫妻感情确已破裂，但军人仍不同意离婚，且无重大过错的处理。对夫妻感情已经破裂，经过做和好工作无效，确实不能继续维持夫妻关系的，应通过军人所在部队团以上的政治机关，做好军人的思想工作，准予离婚。[2]

2. 对男方起诉离婚的特别规定

《婚姻法》第 34 条规定："女方在怀孕期间、分娩后一年内或中止妊娠后六个月内，男方不得提出离婚。女方提出离婚的，或人民法院认为确有必要受理男方离婚请求的，不在此限。"这是从保护妇女和儿童的合法权益的需要出发而对男方提出离婚的请求权做出的时间限制。在适用此规定时，要注意以下问题：

---

① 即：（1）重婚或与他人同居的；（2）实施家庭暴力或虐待、遗弃家庭成员的；（3）有赌博、吸毒等恶习屡教不改的；（4）有其他重大过错行为的。

② 最高人民法院 1984 年《关于贯彻执行民事政策法律若干问题的意见》第 8 条。

（1）本条限制的是男方在一定期限内的离婚请求权。即在女方怀孕期间、分娩后 1 年内或中止妊娠后 6 个月内，男方不得提出离婚。这只是时间限制，而非剥夺请求权。上述法定期间经过，男方仍可请求离婚。

（2）女方在此期间提出离婚，不受此限。就是说，女方在此期间要提出离婚，人民法院应当受理。这是因为，女方在此期间提出离婚，往往都是出于某些紧迫的原因，如不及时受理，可能更加不利保护妇女、胎儿和婴儿的利益，所以不应受限制。

（3）人民法院认为确有必要受理男方离婚请求的，也不受此限制。就是说，对男方来说，也并不是绝对不能起诉，只不过起诉后受理的决定权掌握在法院手里，即法院认为确有必要受理男方离婚诉讼的，也可以受理。

（三）判决离婚的法定条件

判决离婚的法定条件，即准予离婚的法律标准。《婚姻法》以概括主义与列举主义相结合的例示主义立法模式对此进行了规定。

1. 离婚条件的概括规定

婚姻法第 32 条第 2 款规定，"人民法院审理离婚案件，应当进行调解；如感情确已破裂，调解无效，应准予离婚"。这是我国法律对离婚条件的概括规定。在此规定中，调解无效是程序要件，感情破裂是实质要件。因此，感情破裂是我国法律规定的准予离婚的法定条件。

2. 离婚条件的列举规定

《婚姻法》第 32 条第 3 款规定："有下列情形之一，调解无效，应准予离婚：（1）重婚或有配偶者与他人同居的；（2）实施家庭暴力或虐待、遗弃家庭成员的；（3）有赌博、吸毒等恶习屡教不改的；（4）因感情不和分居满两年的；（5）其他导致夫妻感情破裂的情形。"

3. 判决离婚的客观条件

《婚姻法》第 32 条第 4 款规定："一方被宣告失踪，另一方提出离婚诉讼的，应准予离婚。"此款规定的判决准予离婚的依据，不是夫妻感情确已破裂，而是以婚姻目的不能实现而规定的客观标准。即一方下落不明满二年，对方起诉离婚，经公告查找确无下落的，可判决准予离婚。

三、离婚对当事人的法律后果

（一）离婚对当事人的人身后果

离婚对当事人人身的直接法律后果是夫妻身份关系的消灭，即彼此不得以夫妻相称；双方同居义务解除；相互抚养义务的解除；法定继承人资格丧失。

（二）离婚对当事人的财产后果

1. 夫妻共同财产的分割原则及方法

《婚姻法》第 39 条规定："离婚时，夫妻的共同财产由双方协议处理；协议不成时，由人民法院根据财产的具体情况，照顾子女和女方权益的原则判决。"此外，根据最高人民法院《关于审理离婚案件处理财产分割问题的若干意见》的指导性意见，人民法院判决分割时需遵循男女平等原则；照顾子女和女方权益的原则；照顾无过错方原则；有利生产、方便生活的原则予以处理。

判决分割的方法主要有：

（1）原则上均等分割，根据生产、生活的需要和财产的来源等情况，具体处理时也可以有所差别。

（2）夫妻分居两地分别管理、使用的婚后所得财产，应认定为夫妻共同财产。在分割财产时，各自分别管理、使用的财产归各自所有。双方所分财产相差悬殊的，差额部分，由多得财产的一方以与差额相当的财产抵偿另一方。

（3）已登记结婚，尚未共同生活，一方或双方受赠的礼金、礼物应认定为夫妻共同财产，具体处理时应考虑财产来源、数量等情况合理分割。各自出资购置、各自使用的财物，原则上归各自所有。

（4）一方以夫妻共同财产与他人合伙经营的，入伙的财产可分给一方所有，分得入伙财产的一方对另一方应给予相当于入伙财产一半价值的补偿。

（5）属于夫妻共同财产的生产资料，可分给有经营条件和能力的一方。分得该生产资料的一方对另一方应给予相当于该财产一半价值的补偿。

（6）对夫妻共同经营的当年无收益的养殖、种植业等，离婚时应从有利于发展生产、有利于经营管理考虑，予以合理分割或折价处理。

2. 离婚时夫妻房屋的处理

（1）婚后双方对婚前一方所有的房屋进行过修缮、装修、原拆原建，离婚时未变更产权的，房屋仍归产权人所有，增值部分中属于另一方应得的份额，由房屋所有权人折价补偿另一方；进行过扩建的，扩建部分的房屋应按夫妻共同财产处理。

（2）对不宜分割使用的夫妻共有的房屋，应根据双方住房情况和照顾抚养子女或无过错方等原则分给一方所有。分得房屋的一方对另一方应给予相当于该房屋一半价值的补偿。在双方条件等同的情况下，应照顾女方。

（3）婚姻存续期间居住的房屋属于一方所有，另一方以离婚后无房屋居住为由，要求暂住的，经查实可据情予以支持，但一般不超过两年。无房一方租房居住经济上确有困难的，享有房屋产权的一方可给予一次性经济帮助。[1]

（4）双方对夫妻共同财产中的房屋价值及归属无法达成协议时，如均主张房屋所有权并且同意竞价取得的，可以竞价处理；一方主张房屋所有权的，由评估机构按市场价格对房屋作出评估，取得房屋所有权的一方应当给予另一方相应的补偿；双方均不主张房屋所有权的，根据当事人的申请拍卖房屋，就所得价款进行分割。[2]

3. 关于有价证券及股权的分割[3]

（1）夫妻双方分割共同财产中的股票、债券、投资基金份额等有价证券以及上市公司股份时，协商不成或者按市价分配有困难的，可以根据数量按比例分配。

（2）分割夫妻共同财产中以一方名义在有限责任公司的出资额，另一方不是该公司股东的，夫妻双方协商一致将出资额部分或者全部转让给该股东的配偶，过半数股东同意、其他股东明确表示放弃优先购买权的，该股东的配偶可以成为该公司股东；夫妻双方就出资额转让份额和转让价格等事项协商一致后，过半数股东不同意转让，但愿意以

---

[1] 最高人民法院《关于人民法院审理离婚案件处理财产分割问题的若干具体意见》第12～14条。
[2] 最高人民法院《关于适用〈中华人民共和国婚姻法〉若干问题的解释（二）》第20条。
[3] 最高人民法院《关于适用〈中华人民共和国婚姻法〉若干问题的解释（二）》第15～18条。

同等价格购买该出资额的，可以对转让出资所得财产进行分割；夫妻双方就出资额转让份额和转让价格等事项协商一致，但过半数股东不同意转让，也不愿意以同等价格购买该出资额的，视为同意转让，该股东的配偶可以成为该公司股东。

（3）分割夫妻共同财产中以一方名义在合伙企业中的出资，另一方不是该企业合伙人的，当夫妻协商一致，将其合伙企业中的财产份额全部或者部分转让给对方时，其他合伙人一致同意的，该配偶依法取得合伙人地位；其他合伙人不同意转让，在同等条件下行使优先受让权的，可以对转让所得的财产进行分割；其他合伙人不同意转让，也不行使优先受让权，但同意该合伙人退伙或者退还部分财产份额的，可以对退还的财产进行分割；其他合伙人既不同意转让，也不行使优先受让权，又不同意该合伙人退伙或者退还部分财产份额的，视为全体合伙人同意转让，该配偶依法取得合伙人地位。

（4）分割夫妻以一方名义投资设立独资企业中的共同财产的，一方主张经营该企业的，对企业资产进行评估后，由取得企业一方给予另一方相应的补偿；双方均主张经营该企业的，在双方竞价基础上，由取得企业的一方给予另一方相应的补偿；双方均不愿意经营该企业的，按照《中华人民共和国个人独资企业法》等有关规定办理，即依法解散个人独资企业。解散时，投资人要对企业财产进行清算，并以企业财产清偿所欠职工工资、社会保险费、税款等债务。不足清偿的，投资人应当以夫妻共有的其他财产承担无限责任。企业债务清偿完毕后的剩余财产，才能作为夫妻共同财产进行分割。

4．夫妻债务的清偿

《婚姻法》第41条规定："离婚时，原为夫妻共同生活所负的债务，应共同偿还。共同财产不足清偿的，或财产归各自所有的，由双方协议清偿；协议不成时，由人民法院判决。"

（1）夫妻共同债务的清偿。夫妻共同债务，是指夫妻为共同生活或为履行抚养、赡养义务等所负的债务。离婚时，对共同债务的清偿，有共同财产的，首先以共同财产进行清偿；夫妻共同财产不足清偿的或财产归各自所有、无共同财产的，由双方协议各自清偿的份额；协议不成的，由人民法院判决。

（2）夫妻个人债务的清偿。夫妻个人债务，是指夫妻一方在婚前所负债务（如所负债务用于婚后家庭共同生活的除外）、婚后所负与共同生活无关的债务或分别财产制下一方所负债务。婚后所负与共同生活无关的债务主要应包括以下：第一，夫妻双方约定由个人负担的债务，但以逃避债务为目的的除外。第二，一方未经对方同意，擅自资助与其没有抚养义务的亲朋所负的债务。第三，一方未经对方同意，独自筹资从事经营活动，其收入确未用于共同生活所负的债务。第四，其他应由个人承担的债务。[①] 夫妻个人债务应由举债方以个人财产负责清偿。

（3）夫妻债务的对外效力。上述夫妻共同债务和个人债务的划分及清偿责任，只在夫妻之间产生约束力，不能用于对抗夫妻以外的第三人。在对外效力上，夫妻婚后无论是以一方名义所负的债务还是以夫妻共同名义所负的债务都在原则上认定为夫妻共同债务。因此，债权人就夫妻一方在婚姻关系存续期间以个人名义所负债务主张权利的，一般情况下应当按夫妻共同债务处理。

---

① 最高人民法院《关于人民法院审理离婚案件处理财产分割问题的若干具体意见》第17条。

　　根据最高人民法院《关于适用中华人民共和国婚姻法若干问题的解释（二）》第24条的规定，以下两种情况可以认定为夫妻婚后一方的个人债务，由举债方承担清偿责任，债务人的配偶不承担连带清偿责任：

　　第一，债权人与债务人明确约定为个人债务的。即夫妻一方在婚姻关系存续期间向外借债时，在其与债权人的协议中明确约定了该债务系个人债务，与夫妻另一方无关。

　　第二，第三人知道夫妻双方在婚姻关系存续期间的所得财产为各自所有的。《婚姻法》第19条第3款规定：夫妻对婚姻关系存续期间所得的财产约定归各自所有的，夫或妻一方对外所负的债务，第三人知道该约定的，以夫或妻一方所有的财产清偿。

　　（4）夫妻对债务的连带清偿责任及追偿权。夫妻婚后一方或双方所负债务，除上述可对债权人产生对抗的两种情况以外，其余都在夫妻之间产生连带责任，任何一方都有向债权人清偿全部债务的义务。夫妻的连带清偿责任不因离婚而消灭。连带责任也不因离婚协议或法院裁判文书已对夫妻财产做出分割和夫妻债务做出处理而移转或变更。夫妻连带清偿责任也不因一方死亡而消灭。夫或妻一方死亡的，生存一方应当对婚姻关系存续期间的共同债务承担连带清偿责任。[①]

　　夫妻中的一方向债权人履行了全部给付义务后，有权就超出其应当分担债务的额度向另一方予以追偿。

　　5. 离婚时一方擅自处置财产或伪造债务的处理

　　在现实生活中，有些人在离婚时，为达到独占或多占财产的目的，不择手段地采取隐匿、转移、变卖、伪造债务等种种非法手段，侵害对方的财产权益，同时干扰司法活动。《婚姻法》在第47条对此明确规定了相应的救助措施和法律责任：

　　（1）对违法方少分或不分财产。离婚时，凡出现一方有隐藏、转移、变卖、毁损夫妻共同财产或伪造债务行为时，分割夫妻共同财产时，对该违法方可以少分或者不分。

　　（2）离婚后一方才发现的，可以另行提起诉讼，请求再次分割共同财产。请求再次分割夫妻共同财产的诉讼时效为两年，从当事人发现之次日起计算。[②]

　　（3）对构成妨害民事诉讼的行为，人民法院可以根据情节轻重予以罚款、拘留。构成犯罪的，可依照《刑法》的规定追究刑事责任。

　　（三）离婚对当事人的其他经济后果

　　1. 离婚时夫妻土地承包经营权的保护

　　土地承包经营权是我国改革开放后农村实行联产承包责任制所创设的一项重要民事权利。土地承包经营权受国家法律的保护，夫妻作为土地承包经营权的主体或组成人员，其权利不因离婚而丧失。《婚姻法》因而专门在第39条第2款规定："夫或妻在家庭土地承包经营中享有的权益等，应当依法予以保护。"

　　2. 离婚时分别财产制的家务补偿

　　《婚姻法》第40条规定："夫妻书面约定婚姻关系存续期间所得的财产归各自所有，一方因抚育子女、照料老人、协助另一方工作等付出较多义务的，离婚时有权向另一方请求补偿，另一方应当予以补偿。"家务补偿的适用应注意以下：

---

① 最高人民法院《关于适用〈中华人民共和国婚姻法〉若干问题的解释（二）》第25、26条。
② 最高人民法院《关于适用〈中华人民共和国婚姻法若〉干问题的解释（一）》第31条。

（1）适用主体。家务补偿并不适用所有要求离婚的夫妻，只能适用约定婚姻存续期间所得财产归各自所有的离婚夫妻。采用法定财产制、一般共同财产制、部分共同制的夫妻在离婚时不能适用家务补偿。

（2）适用前提。并不是所有采用分别财产制的夫妻都要适用家务补偿，而是一方因抚育子女、照料老人，协助另一方工作等付出了较多义务的才适用。如果双方都分担了家务，双方都协助了对方，则不符合补偿的法定条件。

（3）本人请求。即付出较多义务的一方提出了补偿请求。离婚时是否实行经济补偿，取决于离婚当事人自己的请求。行使权利必须在离婚时提出，离婚时未提出补偿请求权的，离婚后不能再主张。

3．离婚时对困难方的经济帮助

《婚姻法》第42条规定："离婚时，如一方生活困难，另一方应从其住房等个人财产中给予适当帮助。具体办法由双方协议；协议不成时，由人民法院判决。"

经济帮助的适用条件有：

（1）一方生活困难。所谓生活困难，一是指依靠个人财产和离婚时分得的财产无法维持当地基本生活水平。二是指一方离婚后没有住处的。[1]

（2）另一方有帮助能力。离婚时一方生活困难，另一方应给予经济帮助，前提是另一方生活不困难，即有帮助能力。如果另一方也存在生活困难，或者住房狭小，无法提供帮助，也不能强行要求其帮助。

四、离婚损害赔偿

（一）离婚损害赔偿的条件

1．一方具有法定过错行为

《婚姻法》将导致离婚损害赔偿的过错行为严格限定在四种情形之内，即重婚、与他人同居、实施家庭暴力和虐待、遗弃家庭成员。

2．另一方无法定过错行为

就是说，另一方没有实施重婚、与他人同居、实施家庭暴力或虐待、遗弃家庭成员等行为。

3．过错行为导致离婚

这是指过错行为是导致感情破裂的原因。

（二）损害赔偿请求权的行使

根据最高人民法院《关于适用婚姻法若干问题的解释（一）》的规定，离婚损害赔偿请求权的行使应遵循以下要求进行。

1．只能在离婚时行使

在婚姻关系承续期间，当事人不起诉离婚而单独依第46条提起损害赔偿的诉讼请求，法院不予支持。登记离婚后当事人可以向法院提出损害赔偿请求，但在协议离婚时已经明确放弃该项请求，或者在办理离婚登记手续一年后提出的，不予支持。[2]

---

[1]　最高人民法院《关于适用〈中华人民共和国婚姻法〉若干问题的解释（一）》第27条。
[2]　最高人民法院《关于适用〈中华人民共和国婚姻法〉若干问题的解释（二）》第27条。

2．无过错方作为原告向人民法院提起损害赔偿请求的，必须在提起诉讼的同时提出

无过错方作为被告的离婚诉讼案件，如果被告不同意离婚也不基于该条规定提起损害赔偿请求的，可以在离婚后一年内就此单独提起诉讼。

3．赔偿责任只能由有过错配偶一方来承担，而不能将第三者列为赔偿责任人

损害赔偿的范围包括物质损害赔偿和精神损害赔偿两部分。涉及精神损害赔偿的适用最高人民法院《关于确定民事侵权精神损害赔偿责任若干问题的解释》的有关规定。至于物质损害赔偿，应当按照赔偿实际损失的原则，损失多少赔偿多少。

五、离婚后对子女的抚养与探视

（一）离婚后子女直接抚养权的确定

1．哺乳期内子女的直接抚养

哺乳期内子女原则上由哺乳的母亲抚养。哺乳期主要掌握在两年，即两周岁以下的子女，一般随母方生活。母方有下列情形之一的，可随父方生活：第一，患有久治不愈的传染性疾病或其他严重疾病，子女不宜与其共同生活的；第二，有抚养条件不尽抚养义务，而父方要求子女随其生活的；第三，因其他原因，子女确无法随母方生活的；第四，父母双方协议随父方生活，并对子女健康成长无不利影响的。[①]

2．哺乳期后子女的直接抚养

对于两周岁以上未成年子女的抚养问题，从有利于子女的健康成长出发，一般应由双方协商确定，达成抚养协议。在有利于保护子女利益的前提下，父母双方协议轮流抚养子女的，可予准许。如果父方和母方均要求子女随自己生活，一方有下列情形之一的，可享有优先权：第一，已做绝育手术或因其他原因丧失生育能力的；第二，子女随其生活时间较长，改变生活环境对子女健康成长明显不利的；第三，无其他子女，而另一方有其他子女的；第四，子女随其生活，对子女成长有利，而另一方患有久治不愈的传染性疾病或其他严重疾病，或者有其他不利于子女身心健康的情形，不宜与子女共同生活的；第五，父方与母方抚养子女的条件基本相同，但子女单独随祖父母或外祖父母共同生活多年，且祖父母或外祖父母要求并且有能力帮助子女照顾孙子子或外孙子女的，可作为父或母的优先条件予以考虑。[②]

如果子女已满10周岁，父母双方对其直接抚养权发生争执的，应考虑该子女的意见。

3．直接抚养权的变更

离婚时对子女抚养权的确定，是根据当时的情况来处理的，如果以后父母任何一方及子女的情况有所改变，可以要求予以变更。一方要求变更子女抚养关系有下列情形之一的，应予支持：第一，与子女共同生活的一方因患严重疾病或因伤残无力继续抚养子女的；第二，与子女共同生活的一方不尽抚养义务或有虐待子女行为，或其与子女共同生活对子女身心健康确有不利影响的；第三，十周岁以上未成年子女，愿随另一方生

---

① 最高人民法院《关于人民法院审理离婚案件处理子女抚养问题的若干具体意见》第1条。
② 最高人民法院《关于人民法院审理离婚案件处理子女抚养问题的若干具体意见》第3条。

活，该方又有抚养能力的；第四，有其他正当理由需要变更的。①

（二）子女抚养费的负担

1．抚养费数额的确定

子女抚养费一般根据子女的实际需要、父母双方的负担能力和当地的实际生活水平确定。有固定收入的，抚养费一般可按月总收入的 20％～30％ 的比例给付。负担两个以上子女抚养费的，比例可适当提高。但一般不得超过月总收入的 50％。无固定收入的，抚养费的数额可依据当年总收入或同行业平均收入，参照上述比例确定。有特殊情况的，可适当提高或降低上述比例。②

2．抚养费给付的方式

抚养费应定期给付，有条件的可一次性给付。对一方无经济收入或者下落不明的，可用其财物折抵子女抚养费。父母双方可以协议子女随一方生活并由抚养方负担子女全部抚养费。但经查实，抚养方的抚养能力明显不能保障子女所需费用，影响子女健康成长的，不予准许。③

3．抚养费给付的期限

抚养费的给付期限，一般至子女 18 周岁为止。16 周岁以上不满 18 周岁，以其劳动收入为主要生活来源，并能维持当地一般生活水平的，父母可停止给付抚养费。对尚在校接受高中及其以下学历教育，或者丧失或未完全丧失劳动能力等非因主观原因而无法维持正常生活的成年子女，父母又有给付能力的，仍应负担必要的抚育费。④

4．抚养费的变更

《婚姻法》第 37 条第 2 款规定："关于子女生活费和教育费的协议或判决，不妨碍子女在必要时向父母任何一方提出超过协议或判决原定数额的合理要求。"因此，离婚后，子女要求增加抚养费的，可以向父或母提出，如果得不到同意，可直接起诉要求增加。

（三）离婚后对子女的探望权

探望权，也称探视权，是指父母离婚后，不直接抚养子女的一方依法享有的对子女进行探望、交往的权利。其享有权利的为不直接抚养子女的父或母一方。负有协助义务的为直接抚养子女的一方。

1．探望权的行使

探望权的内容主要是会面和交往，也包括通信、通话等。以何种方式进行探望，须根据子女和父及母的具体情况而定。无论采取何种方式，都要以不影响子女的学习、生活为前提。

2．探望权的强制执行

对于人民法院关于探望权的判决或裁定，义务方不履行的，人民法院依法强制执行。对义务方或协助另一方行使探望权的有关个人和单位可采取拘留、罚款等强制措

---

① 最高人民法院《关于人民法院审理离婚案件处理子女抚养问题的若干具体意见》第 15 条。
② 最高人民法院《关于人民法院审理离婚案件处理子女抚养问题的若干具体意见》第 7 条。
③ 最高人民法院《关于人民法院审理离婚案件处理子女抚养问题的若干具体意见》第 8、9、10 条。
④ 同上第 11 条及最高人民法院《关于适用〈中华人民共和国婚姻法〉若干问题的解释（一）》第 20 条。

施，但不能对子女的人身、探望行为进行强制执行。①

3．探望权的中止和恢复

探望权的行使不能有损子女的利益，因此，当探望的一方有不利于子女身心健康的情形如患传染病、精神病、染上吸毒等严重恶习或对子女有暴力倾向或教唆子女实施犯罪行为等时，应中止其行使探望权。中止请求权人包括未成年子女、直接抚养子女的父或母及其他对未成年子女负担抚养、教育义务的法定监护人等。中止探望的情形消失后，人民法院应当根据当事人的申请通知其恢复探望权的行使。

---

① 最高人民法院《关于适用〈中华人民共和国婚姻法〉若干问题的解释（一）》第32条。

第十五章　继承法

第一节　遗产与继承权

一、遗产的概念和特征

我国《继承法》第3条规定："遗产是公民死亡时遗留的个人合法财产。"学界一般概述为，遗产是公民死亡时遗留的、可以依法转移给他人的个人合法财产。可见，遗产具有以下特征：

（一）时间的限定性

遗产在时间上的限定性是指遗产是被继承人死亡时所遗留。被继承人死亡这一法律事实，是区分被继承人的个人财产与遗产的法律上的时间界限。公民生存时拥有的财产不是遗产，只有在他死亡之后，遗留下来的财产才能成为遗产。

（二）权属的确定性

遗产在权属上必须是确定属于被继承人个人的合法财产。被继承人生前租贷、借用、代为保管的财产，虽然被其占有但因不享有所有权因而不能成为其遗产。

（三）可转移性

遗产的可转移性是指能够依法转移给他人的个人合法财产，不能转移给他人的财产不能成为遗产。如保险费、救济金等不能作为遗产看待。

（四）范围的整体性

遗产范围的整体性是指作为遗产的财产是一个整体，既包括财产权利也包括财产义务，也即通常所称的债务。

二、遗产的范围

我国《继承法》第3条在概括遗产是公民死亡时遗留的个人合法财产后，还具体列举了以下七项具体财产：（1）公民的收入；（2）公民的房屋、储蓄和生活用品；（3）公民的林木、牲畜和家禽；（4）公民的文物、图书资料；（5）法律允许公民所有的生产资料；（6）公民的著作权、专利权中的财产权利；（7）公民的其他合法财产。

根据财产的性质，可以将上述七项财产归纳为以下三个大的类别。

（一）公民个人的财产所有权

关于财产所有权，我国《民法通则》第 71 条规定，"是指所有人依法对自己的财产享有的占有、使用、收益和处分的权利。"其范畴主要包括《继承法》第 3 条所规定的遗产范围的前五项财产，即公民合法享有的收入、房屋、储蓄、生活用品、林木、牲畜、家禽、文物、图书资料、生产资料等。此外，《民法通则》第 75 条也规定："公民的个人财产，包括公民的合法收入、房屋、储蓄、生活用品、文物、图书资料、林木、牲畜和法律允许公民所有的生产资料以及其他合法财产。"

（二）公民知识产权中的财产权

知识产权是指人们对于自己的智力成果和经营管理活动中的标记、信誉等依法享有的权利。[①] 知识产权具有双重性，既有人身权，又有财产权，但可作为遗产继承的只能是其中的财产权。

（三）公民的其他合法财产

可作为遗产的公民的其他合法财产主要是指：有价证券和履行标的物为财物的债权[②]；承包人应得的个人收益[③]；他物权中依法可以继承的权利[④] 等。

根据有关法律的规定，国有资源使用权、承包经营权、自留山或自留地及宅基地使用权不能作为遗产。应该说，我国《继承法》关于遗产范围的规定还比较局限，随着法律对公民私有财产保护的加强，遗产范围还应进一步扩大。

三、继承权的概念和内容

（一）继承权的概念

继承权是继承人依法享有的继承被继承人遗产的民事权利。继承权可分为客观意义上的继承权和主观意义上的继承权。客观意义的继承权，又叫继承期待权，是继承人所具有的继承遗产的权利能力。主观意义的继承权，又叫继承既得权。指继承人在继承开始后得依自己的意志而决定继承被继承人遗产的具体权利。客观意义上的继承权是主观意义上的继承权的前提，主观意义上的继承权是客观意义上的继承权的实现。

（二）继承权的内容

1. 接受、放弃继承的权利

（1）继承权的接受。继承权的接受，又称为继承的接受，是指继承人参与继承、接受被继承人遗产的意思表示。[⑤] 继承人接受继承权的意思表示可以明示也可以默示，依我国《继承法》第 25 条的规定，"继承开始后，继承人放弃继承的，应当在遗产处理前，作出放弃继承的表示。没有表示的，视为接受继承。"

（2）继承权的放弃。继承权的放弃，又称为继承的放弃，是指继承人作出放弃继承被继承人遗产的权利的意思表示。[⑥] 继承权放弃的时间应当在继承开始后，遗产分割

---

① 王建平：《民法学》，四川大学出版社 2005 年版，第 455 页。

② 见最高人民法院《关于贯彻执行〈继承法〉若干问题的意见》第 3 条。

③ 见最高人民法院《关于贯彻执行〈继承法〉若干问题的意见》第 4 条。

④ 如《中华人民共和国城镇国有土地使用权出让和转让暂行条例》第 48 条规定："依照本条例的规定取得土地使用权的个人，其土地使用权可以继承。"

⑤ 王利明：《民法》，中国人民大学出版社 2005 年版，第 704 页。

⑥ 王利明：《民法》，中国人民大学出版社 2005 年版，第 705 页。

前。放弃的方式应为明示，一般应以书面形式向其他继承人表示。用口头方式表示放弃的，本人承认，或有其他充分证据证明的，也可认定其有效。放弃继承权的主体应当是继承人本人。法定代理人一般不能代理被代理人放弃继承权。放弃继承权不能附加条件。继承权放弃的效力追溯到继承开始的时间。继承人因放弃继承权，致其不能履行法定义务的，放弃继承权的行为无效。

放弃继承权是单方民事行为，其意思表示一经作出，即发生相应的法律效力。但放弃后能否翻悔，最高人民法院《关于贯彻执行〈中华人民共和国继承法〉若干问题的意见》第 50 条规定，遗产处理前或在诉讼进行中，继承人对放弃继承翻悔的，由人民法院根据其提出的具体理由，决定是否承认。遗产处理后，继承人对放弃继承翻悔的，不予承认。

2．继承权回复请求权

继承权的回复请求权，是指继承人享有的当继承权受到侵害时请求人民法院给予保护的权利。在行使该权时，应特别注意其诉讼时效。我国《继承法》第 8 条规定："继承权纠纷提起诉讼的期限为 2 年，自继承人知道或应当知道其权利被侵犯之日起计算。但是，自继承开始之日起超过 20 年的，不得再提起诉讼。"依此规定，继承权的回复请求权的诉讼时效期间为 2 年。20 年的期间则为除斥期间，不适用诉讼时效中止、中断的规定。

四、继承权的丧失

继承权的丧失，又称为继承权的剥夺，是指依照法律的规定在发生法定事由时取消继承人继承被继承人遗产的权利的法律制度。

我国《继承法》第 7 条规定，继承权人有下列行为之一的，丧失继承权：（1）故意杀害被继承人的；（2）为争夺遗产而杀害其他继承人的；（3）遗弃被继承人的，或者虐待被继承人情节严重的；（4）伪造、篡改或者销毁遗嘱，情节严重的。

（一）故意杀害被继承人

继承人故意杀害被继承人，是一种严重的犯罪行为，因此不论是基于何种动机，采用何种手段，不论是直接杀害还是间接杀害，是亲手杀害还是教唆杀害，也不论既遂还是未遂，也不论是否被追究刑事责任，均永久地丧失继承权。即使被继承人遗嘱指定其继承，该遗嘱也应被确认无效。但若继承人因正当防卫或过失而杀害被继承人的，不丧失继承权。

（二）为争夺遗产而杀害其他继承人

构成这一行为，从主观上看，其杀害的目的必须是争夺遗产，如果是基于其他原因而杀害的，则不构成。从客观上看，只要实施了杀害行为，不论是既遂还是未遂，均构成。此外，杀害的对象是其他继承人。其他继承人既包括第一顺序继承人，也包括第二顺序继承人。

（三）遗弃被继承人或者虐待被继承人情节严重

该种情形包括两种行为：其一是遗弃被继承人，指继承人有能力和条件却拒不履行对没有独立生活能力需要被扶养的被继承人的扶养义务。只要构成遗弃，即丧失继承权。其二是虐待被继承人情节严重，指继承人以各种手段对被继承人进行精神折磨或身体上的摧残。需注意的是，虐待必须是情节严重才丧失继承权。如何判断情节的严重与否，应从实施虐待行为的时间、手段、后果和社会影响力等方面确定。[①]

根据最高人民法院《关于贯彻执行〈中华人民共和国继承法〉若干问题的意见》第13条的规定，继承人虐待被继承人情节严重的，或者遗弃被继承人的，如以后确有悔改表现，而且被虐待人、被遗弃人生前又表示宽恕，可不确认其丧失继承权。

（四）伪造、篡改或者销毁遗嘱，情节严重

伪造遗嘱，是以被继承人的名义制作假遗嘱。篡改遗嘱，是指故意改变被继承人所立遗嘱的内容。销毁遗嘱，是指故意将被继承人所立的遗嘱毁灭。[②] 情节严重按照最高人民法院《关于贯彻执行〈中华人民共和国继承法〉若干问题的意见》第14条的规定，继承人伪造、篡改或者销毁遗嘱，侵害了缺乏劳动能力又无生活来源的继承人的利益，并造成生活困难的，应认定其行为情节严重。

上述四项法定情形中，其中的一、二、四项为继承权的绝对丧失，即一旦因上述三项法定事由的发生而丧失继承权时，该继承人的继承权便终局的丧失，该继承人再不得也不能享有对特定被继承人已丧失的继承权。继承权的绝对丧失，是不可改变的，不依被继承人或其他人的意志而变化。第三项则为继承权的相对丧失。法律规定继承权的相对丧失，并不是为了继承人的利益，而是为了促使继承人改恶从善，尊重被继承人的意愿，贯彻养老育幼的原则。[③]

继承权的丧失不能由继承人或任何组织及个人决定，只能由人民法院根据法律和事实予以确认。继承权丧失的时间效力应追溯至继承开始之时。如果在确认继承权丧失之前，继承人已经占有遗产，应予以返还。

第二节　法定继承

一、法定继承的概念和特征

法定继承又称无遗嘱继承，是由法律直接规定继承人的范围、继承的顺序、继承份额以及遗产分配原则的继承制度。

法定继承具有以下特征。

（一）法定性

法定继承就是由法律直接规定继承人的范围，继承的原则、顺序、份额等。在适用法定继承的情形下，只能按照法律的规定进行，不依被继承人、继承人或其他任何单位及人的意思进行。

（二）强制性

法定继承是国家法律明确规定的，它具有强行法的特征。法定继承中有关继承人、继承的顺序以及遗产的分配原则的规定具有强行性。在适用法定继承时，必须按照法律的规定进行，否则其民事行为将为无效。

[①] 见最高人民法院《关于贯彻执行〈中华人民共和国继承法〉若干问题的意见》第10条。
[②] 王利明：《民法》，中国人民大学出版社2005年版，第703页。
[③] 杨遂全：《亲属与继承法论》，四川大学出版社2005年版，第194页。

（三）补充性

在法律效力上，遗嘱继承优先于法定继承执行。通常将法定继承称为无遗嘱继承就是强调它的补充性。法定继承的适用只能是在被继承人无遗嘱或遗嘱无效或遗嘱未处分完遗产的情形下，因而被视为遗嘱继承的补充。

（四）限制性

法定继承也体现国家法律对遗嘱继承的限制。各国法律虽都承认遗嘱继承的优先效力，但同时也以公序良俗为理由对其加以了不同程度的限制。我国《继承法》第 19 条规定遗嘱应当对缺乏劳动能力又没有生活来源的继承人保留必要的遗产份额。违反该规定，会导致遗嘱的无效。

二、法定继承的适用范围

法定继承的适用范围，是指在哪些情形下应适用法定继承。我国《继承法》第五条规定："继承开始后，按照法定继承办理；有遗嘱的，按照遗嘱继承或者遗赠办理；有遗赠扶养协议的，按照协议办理。"可见，在继承开始后，应当首先适用遗嘱继承，不能适用遗嘱继承方式时，才按法定继承方式继承。更确切地说，是当被继承人生前未与他人订立遗赠扶养协议，又没有立遗嘱的，或者遗赠扶养协议无效或不能执行，被继承人的遗嘱又全部或部分无效时，就适用法定继承。

根据我国《继承法》第二十七条之规定，有下列情形之一的，遗产中的有关部分按照法定继承办理。

（一）遗嘱继承人放弃继承或者受遗赠人放弃受遗赠

遗嘱继承人放弃继承或受遗赠人放弃受遗赠后，视为被继承人未立遗嘱，其遗产按法定继承处理。但要说明的是，如果继承人或受遗赠人放弃的只是部分遗产，则只能以其放弃的那一部分遗产适用法定继承。

（二）遗嘱继承人丧失继承权

当继承人出现了继承法第七条所规定的丧失继承权的情形的，遗嘱中指定由该继承人继承的遗产部分，适用法定继承。我国《继承法》没有涉及受遗赠人是否丧失受遗赠权的问题，我们认为，继承人的失权事由也可适用于受遗赠人。

（三）遗嘱继承人、受遗赠人先于遗嘱人死亡

遗嘱继承人和受遗赠人先于被继承人死亡，其遗嘱中指定其继承和受遗赠的财产适用法定继承。因为遗嘱于立遗嘱人死亡时生效，遗嘱要生效还需继承人或受遗赠人存在，因此当继承人或受遗赠人死亡，因其缺乏继承能力或是受遗赠能力而只能适用法定继承。

（四）遗嘱无效部分所涉及的遗产

遗嘱必须符合法律规定的实质要件和形式要件才能为合法遗嘱。遗嘱因违反法律规定无效即丧失了可执行性，此时应适用法定继承。遗嘱无效可分为全部无效和部分无效，全部无效则全部适用法定继承，部分无效则部分适用法定继承。

（五）遗嘱未处分的遗产

由于遗产的范围广泛，被继承人有可能没有在遗嘱中处分完自己的遗产。在这种情况下，未处分的这部分财产适用法定继承。

三、法定继承人的范围和顺序

（一）法定继承人的概念及范围

法定继承人是指由法律直接规定的能够依法继承死者遗产的人。法定继承人的范围，是指按照法律规定哪些人可以作为死者遗产继承人。确定法定继承人的根据一般是以亲属关系的亲疏远近而定的。根据我国《继承法》的规定，法定继承人为：配偶、子女、父母；兄弟姐妹、祖父母、外祖父母；对公、婆或者岳父、岳母尽了主要赡养义务的丧偶儿媳或丧偶女婿。

1. 配偶

配偶作为法定继承人是基于合法的婚姻关系，其确定配偶的法定继承人的身份必须以被继承人死亡时的婚姻状况为依据。凡被继承人死亡时与其保持着合法婚姻关系者，即取得法定继承人的资格。被继承人死亡前已经与其解除婚姻关系者不为死者的配偶，不能作为法定继承人。夫妻一方在离婚诉讼中死亡，凡死亡时间在人民法院生效判决前的，不影响另一方法定继承人的身份。男女双方未经登记即以夫妻名义共同生活，一方死亡，如果是在 1994 年 2 月 1 日民政部《婚姻登记管理条例》公布实施以前，男女双方已经符合结婚实质要件的，按事实婚姻处理，他方享有继承权；如果是在该条例公布实施以后双方才符合结婚实质要件的，则不能继承遗产。1950 年婚姻法实施以前已经形成的一夫多妻，夫与妻、妾间相互作为法定继承人。

2. 子女

子女包括婚生子女、非婚生子女、养子女和有扶养关系的继子女。非婚生子女主张其法定继承人身份时，应首先证明其与被继承人之间有亲子关系。养子女只能作为养父母的法定继承人，不能作为生父母的法定继承人。继子女只有和继父（母）之间形成扶养教育关系，才能作为继父（母）的法定继承人；同时仍然享有生父母法定继承人的资格。

3. 父母

父母包括生父母、养父母和有扶养关系的继父母。生父母是亲生子女的法定继承人，不论该子女为婚生还是非婚生。但若亲生子女为他人收养，则生父母不再作为其法定继承人。养父母作为养子女合法继承人的条件是双方有着合法的收养关系的存在，并且在养子女死亡前，这种关系依然存在。与继子女间形成了扶养教育关系的继父（母）是继子女的法定继承人。

4. 兄弟姐妹

兄弟姐妹包括同胞兄弟姐妹、同父异母或者同母异父的兄弟姐妹、养兄弟姐妹、有扶养关系的继兄弟姐妹。兄弟姐妹间互为法定继承人。兄弟姐妹的继承地位完全平等，无论是全血缘还是半血缘，无论是亲生的还是收养或继养的，均相互享有平等的继承权。被收养人与亲生兄弟姐妹间不为法定继承人，继兄弟姐妹相互继承了遗产的，不影响其继承亲兄弟姐妹的遗产。[①]

5. 祖父母、外祖父母

祖父母、外祖父母为孙子女、外孙子女的法定继承人。我国《继承法》上的祖父

---

① 见最高人民法院《关于贯彻执行〈中华人民共和国继承法〉若干问题的意见》第 23、24 条。

母、外祖父母，包括亲祖父母、亲外祖父母，养祖父母、养外祖父母，有扶养关系的继祖父母、继外祖父母。

（二）法定继承人的继承顺序

1. 继承顺序的概念

继承顺序又称法定继承人的顺位，是指法律规定的在法定继承中继承人继承遗产的先后次序。

继承顺序是继承法中最为重要的问题之一。在法定继承中，并非全部继承人都同时参加继承，是按照法律规定的顺序进行的。同一顺序的继承人同时继承。上一顺序的继承人全部不能继承时，才由下一顺序的继承人继承。

继承顺序是由法律直接规定，不由当事人自行决定。继承人只要同意接受遗产，就必须遵守继承顺序。继承顺序只适用于法定继承，而不能适用遗嘱继承。

2. 我国《继承法》的继承顺序

我国《继承法》第十条规定，遗产按照下列顺序继承：第一顺序：配偶、子女、父母。第二顺序：兄弟姐妹、祖父母、外祖父母。继承开始后，由第一顺序继承人继承，第二顺序继承人不继承。没有第一顺序继承人继承的，由第二顺序继承人继承。

同时，《继承法》第十二条还规定，丧偶儿媳对公、婆，丧偶女婿对岳父、岳母，尽了主要赡养义务的，作为第一顺序继承人。关于如何界定"尽了主要赡养义务"，最高人民法院《关于贯彻执行〈中华人民共和国继承法〉若干问题的意见》第30条规定，对被继承人生活提供了主要经济来源，或在劳务等方面给予了主要扶助的，应当认定其尽了主要赡养义务或主要扶养义务。

丧偶儿媳和女婿作为姻亲享有继承权，这是我国《继承法》的特别规定，但笔者认为，应将此类情形全部归为《继承法》第十四条即继承人之外的遗产取得人的适用中，而不宜单独对丧偶儿媳和女婿作此规定。

四、代位继承与转继承

（一）代位继承

1. 代位继承的概念和性质

代位继承，即间接继承，是指被继承人的子女先于被继承人死亡时，由被继承人子女的晚辈直系代替其继承被继承人遗产的一种方式。

对于代位继承的性质，理论上有"固有说"和"代表说"两种学说。我国《继承法》未作明确规定，但根据最高人民法院的相关司法解释，我国采用的为"代表说"。[①]

2. 代位继承的条件

（1）被代位人先于被继承人死亡。

（2）被代位人是被继承人的子女。

（3）被代位人没有丧失继承权。

（4）代位人为被代位人的晚辈直系血亲。

---

① 最高人民法院《关于贯彻执行〈中华人民共和国继承法〉若干问题的意见》第28条规定："继承人丧失继承权的，其晚辈直系血亲不得代位继承。如该代位继承人缺乏劳动能力又没有生活来源，或对被继承人尽赡养义务较多的，可适当分给遗产。"

被代位人可以是被继承人的亲生子女、养子女、已形成扶养教育关系的继子女。代位人可以是生子女和养子女。①代位继承人不受辈数的限制。

丧偶儿媳对公婆、丧偶女婿对岳父、岳母尽了主要的赡养义务的，无论其是否再婚，依继承法作为第一顺序继承人时，不影响其子女的代位继承。②

3. 代位继承人的继承份额

代位继承人作为第一顺序继承人参加继承，但代位继承人一般只能继承他的父亲或者母亲有权继承的遗产份额。

（二）转继承

1. 转继承的概念

转继承，又称为转归继承，连续继承，再继承，是指继承人在继承开始后实际接受遗产前死亡的，继承人有权实际接受的遗产归由其法定继承人继承的一项法律制度。继承人的法定继承人称为转继承人，于继承开始后遗产分割前死亡的继承人称为被转继承人。③

2. 代位继承与转继承的区别

（1）法律性质不同。代位继承是一次继承，是继承开始后代位继承人即直接参与继承；转继承是二次继承，是在继承开始后继承人参与继承后又转由转继承人继承。代位继承具有替补继承的性质，转继承具有连续继承的性质。

（2）发生的条件不同。代位继承所基于的法律事实是继承人在被继承人死亡之前就已经死亡，而转继承所基于的法律事实是继承人在被继承人死亡后遗产分割前死亡。

（3）继承人范围不同。代位继承的主体只能是被代位继承人的晚辈直系血亲。在转继承中，转继承人是被转继承人的法定继承人。

（4）适用范围不同。代位继承只能发生在法定继承中，不能适用遗嘱继承和遗赠。而转继承不仅可以适用法定继承，也可以适用遗嘱继承和遗赠。

五、法定继承中的遗产分配

（一）遗产分配原则

法定继承方式中的遗产分配原则，是指在按照法定继承方式继承被继承人的遗产时，应当如何确定各参加继承的法定继承人应继承的遗产份额。

我国《继承法》第13条和最高人民法院《关于贯彻执行〈中华人民共和国继承法〉若干问题的意见》第27、33、34条规定了以下遗产分配的原则：

第一，同一顺序继承人继承遗产的份额，一般应当均等。继承人协商同意的，也可以不均等。

第二，对生活有特殊困难的缺乏劳动能力的继承人，分配遗产时，应当予以照顾。

第三，对被继承人尽了主要扶养义务或者与被继承人共同生活的继承人，分配遗产时，可以多分。但有扶养能力和扶养条件的继承人虽然与被继承人共同生活，但对需要

---

① 最高人民法院关于贯彻执行《中华人民共和国继承法》若干问题的意见第26条规定"被继承人的养子女、已形成扶养关系的继子女的生子女可代位继承；被继承人亲生子女的养子女可代位继承；被继承人养子女的养子女可代位继承；与被继承人已形成扶养关系的继子女的养子女也可以代位继承。"。

② 见最高人民法院《关于贯彻执行〈中华人民共和国继承法〉若干问题的意见》第29条规定。

③ 杨遂全：《亲属与继承法论》，四川大学出版社2005年版，第204页。

扶养的被继承人不尽扶养义务，分配遗产时，可以少分或者不分。

第四，有扶养能力和有扶养条件的继承人，不尽扶养义务的，分配遗产时，应当不分或者少分。继承人有扶养能力和扶养条件，愿意尽扶养义务，但被继承人因有固定收入和劳动能力，明确表示不要求扶养的，分配遗产时，一般不应因此而影响其继承份额。

第五，代位继承人缺乏劳动能力又没有生活来源，或者对被继承人尽过主要赡养义务的，分配遗产时，可以多分。

（二）胎儿的特留份

我国民法通则规定，民事权利能力始于出生，终于死亡。由于胎儿尚未出生，不具有民事权利能力，因而不享有继承权。

为维护胎儿的特殊利益，我国《继承法》第 28 条规定"遗产分割时，应当保留胎儿的继承份额。"最高人民法院《关于贯彻执行中华人民共和国继承法若干问题的意见》第 45 条规定："为胎儿保留的遗产份额，如胎儿出生后死亡的，由其继承人继承；如胎儿出生时就是死体的，由被继承人的继承人继承。"

（三）继承人以外有权分得遗产的人

继承人以外有权分得遗产的人，简称为得遗产人，是指在法定继承中，继承人以外的具备法定条件，依法享有遗产分得权的人。依据《继承法》第 14 条规定"对继承人以外的依靠被继承人扶养的缺乏劳动能力又没有生活来源的人，或者继承人以外的对被继承人扶养较多的人，可以分给他们适当的遗产。分给他们遗产时，按具体情况可多于或少于继承人"。

可见，继承人以外有权分得遗产的人主要是两类人：

第一，继承人以外的依靠被继承人扶养的缺乏劳动能力又没有生活来源的人。成为此类人，必须同时满足三个条件：（1）非继承人；（2）缺乏劳动能力和生活来源；（3）依靠被继承人扶养。

第二，继承人以外的对被继承人扶养较多的人。成为此类人，也必须同时满足三个条件：（1）非继承人；（2）对被继承人给予了扶养；（3）扶养较多，偶尔的经济帮助或生活照顾不在此列。

需要探讨的是，如果是有第一顺序继承人继承，第二顺序继承人存在以上两种情形时，能否作为得遗产人分得一定遗产？[1]

有权分得遗产的人的遗产份额，按具体情况，可多于或少于继承人。其权利受到侵犯时，本人有权以独立的诉讼主体的资格向人民法院提起诉讼。但在遗产分割时，明知而未提出请求的，一般不予受理；不知而未提出请求，在二年以内起诉的，应予受理。[2]

---

[1] 1984 年最高人民法院《关于贯彻执行民事政策法律若干问题的意见》第 40 条曾规定："在有第一顺序继承人继承的情况下，如果第二顺序继承人对被继承人尽过较多的扶养义务，或不能独立生活、依靠被继承人扶养的，在分割遗产时应给予照顾。"但 1985 年最高人民法院对继承法的司法解释却没有规定。

[2] 最高人民法院《关于贯彻执行〈中华人民共和国继承法〉若干问题的意见》第 31、32 条。

第三节 遗嘱继承

一、遗嘱与遗嘱继承

（一）遗嘱的概念和法律特征

遗嘱是公民生前按照法律规定的方式对自己的财产或与财产有关的其他事务作出处分并在其死亡时发生执行效力的一种法律行为。立遗嘱的公民称为遗嘱人，接受遗嘱指定继承遗产的人为遗嘱继承人。[①]

遗嘱有广义和狭义之分，广义的遗嘱包括死者对其死后一切事务作出安排的行为。狭义的遗嘱仅指遗嘱人对其财产和与财产相关的事务的处理。《继承法》上的遗嘱指的是狭义的遗嘱。

遗嘱具有以下法律特征。

1. 遗嘱是单方法律行为

遗嘱是遗嘱人的单方法律行为，只要有遗嘱人的意思表示就可以成立，不必征得其他任何人的同意或任可。遗嘱的内容由遗嘱人自行决定，此后也可变更或撤销。

2. 遗嘱是不能代理的法律行为

遗嘱是遗嘱人生前对自己的财产所做出的处分行为，只能由遗嘱人亲自作出，不得由他人代理。遗嘱由他人代为订立的，不产生法律效力。

3. 遗嘱是要式法律行为

遗嘱必须严格按照《继承法》规定的要求和方式订立。凡不具备法定形式的，不能发生法律效力。即使遗嘱是死者的真实意思表示，但形式有瑕疵，在审判实践中也往往会被判为无效。

4. 遗嘱是遗嘱人死亡时生效的法律行为

遗嘱成立后并不立即发生法律效力，只有当遗嘱人死亡时，遗嘱才能生效。遗嘱人生存时，遗嘱指定的继承人不得要求按照遗嘱继承遗产。遗嘱人死亡前可以随时修改或废除遗嘱。

（二）遗嘱继承的概念和法律特征

遗嘱继承是继承人按照被继承人的遗嘱，继承被继承人遗产的继承方式。遗嘱继承是和法定继承相对应的一种继承方式，两者共同构成我国遗产转移的基本法律制度。

遗嘱继承具有以下法律特征。

1. 遗嘱继承能够充分体现被继承人的生前意志

遗嘱继承是按照被继承人所立遗嘱来继承遗产的，因此能充分实现被继承人对自己生前财产的处分遗愿，这体现了法律对公民意思自治的一种尊重。通过遗嘱继承方式，被继承人可以任意确定自己的遗产继承人，而不受法定继承关于继承人范围、顺序、份额等的约束。

---

① 巫昌祯：《婚姻与继承法学》（修订本），中国政法大学出版社 1999 年版，第 325 页。

2. 遗嘱继承的效力优先于法定继承

继承开始后，有遗嘱的，首先按照遗嘱进行继承。因此，遗嘱继承实际上是对法定继承的排斥。只有当无遗嘱或遗嘱无效时，才适用法定继承。

3. 遗嘱继承的适用取决于遗嘱的合法有效性

遗嘱继承的发生除了和法定继承一样，必须具有被继承人死亡这个法律事实以外，还必须以遗嘱的合法有效存在为前提。如果遗嘱的内容或形式违背了法律的强行性规定，则不能达到以其所载继承遗产的法律效力。遗嘱部分无效的，无效部分按照法定继承办理；遗嘱全部无效的，按照法定继承办理。

（三）遗嘱继承人

遗嘱继承人是遗嘱人在法定继承人中任意指定一个或多个的继承人，因此遗嘱继承人的范围和法定继承人的范围基本相同。但是遗嘱继承人可以不受法定继承人的顺序和应继份额的约束。

依我国《继承法》对继承人的规定，继承人的范围是：配偶、子女、父母、兄弟姐妹、祖父母外祖父母。遗嘱继承人也应在此范围内。

我国《继承法》将孙子女、外孙子女作为代位继承人来规定其继承地位的，从立法的本意来看，是为了保护其继承权利，因此代位继承人也可以作为遗嘱继承人。再者，我国《婚姻法》中规定了祖孙之间有条件的扶养关系，其继承权也应该是对等的。

二、遗嘱继承的适用

（一）遗嘱继承的前提

依照我国《继承法》及司法解释的相关规定，被继承人死亡后，有下列情形的，遗产按遗嘱继承办理。

1. 不存在执行效力优先于遗嘱继承的遗产转移方式

依《继承法》第5条规定，遗赠扶养协议在执行效力上优于遗嘱继承，因此在被继承人生前与他人订立有遗赠扶养协议时，遗嘱继承不能适用。只有在遗赠扶养协议中未处分完全部遗产或涉及的遗产和遗嘱的内容并不矛盾时，才能就不冲突的遗产按遗嘱继承处理。

2. 被继承人立有合法有效的遗嘱

遗嘱是一种法律行为，只有符合法律的规定才能产生当事人预期的法律后果，所以遗嘱必须合法有效才具有执行力。继承人未立遗嘱，自然无遗嘱继承之前提。遗嘱人所立遗嘱无效，如果全部无效，则全部不适用遗嘱继承；如果部分无效，则有效部分适用遗嘱继承，无效部分适用法定继承。如果继承人先于被继承人死亡或者遗产于被继承人死亡前耗尽或毁损、灭失等导致遗嘱不生效的，也不能适用遗嘱继承。

3. 遗嘱指定的继承人未放弃继承权或丧失继承权

遗嘱继承人对其继承权可以接受也可放弃，如果其于继承开始后、遗产分割前以书面的方式向其他继承人作出放弃继承的意思表示，或者用口头方式表示放弃继承，本人承认，或有其他充分证据证明的，不能适用遗嘱继承。遗嘱中指定由该继承人继承的遗产，按法定继承办理。

遗嘱中指定的继承人如因具有丧失继承权的法定事由而丧失继承权的，不得参加遗嘱继承。依据《继承法》第7条规定如果遗嘱继承人有下列行为之一的，丧失继承权：

（1）故意杀害被继承人的；（2）为争夺遗产而杀害其他继承人的；（3）遗弃被继承人的，或者虐待被继承人情节严重的；（4）伪造、篡改或者销毁遗嘱，情节严重的。

（二）代位继承不能在遗嘱继承中适用

代位继承是指被继承人的子女先于被继承人死亡的，由被继承人的子女的晚辈直系血亲代位继承其应继份额的法律制度，是法定继承中的特殊情况。代位继承之所以规定在法定继承中，是因为法定继承适用于遗嘱未处分到的财产部分，此时法律推定被继承人愿意把其财产授予他最亲近的人，也就是法律规定的两个顺序里的继承人。而当被继承人的子女先于被继承人死亡时，法律从人之常情进行推定，被继承人关心其孙辈的生活，愿意让其继承财产。因此其子女的晚辈直系血亲可以进行代位继承。

而在遗嘱继承中，遗嘱人已经明确指定了继承人，因此不能适用法律的推定。当遗嘱继承人先于被继承人死亡时，这部分遗嘱应不发生效力，遗嘱中所处分的这部分遗产应归于法定继承的范围。①

（三）遗嘱继承人与法定继承

遗产继承中，往往存在遗嘱继承和法定继承并存的情况，根据《继承法》第 27 条的规定：有下列情形之一的，遗产中的有关部分按照法定继承办理：（1）遗嘱继承人放弃继承或者受遗赠人放弃受遗赠的；（2）遗嘱继承人丧失继承权的；（3）遗嘱继承人、受遗赠人先于遗嘱人死亡的；（4）遗嘱无效部分所涉及的遗产；（5）遗嘱未处分的遗产。

由于遗嘱继承人本身属于《继承法》所规定的法定继承人范畴，其法定继承人的资格不因作为遗嘱继承人而丧失。因此，在遗嘱继承人进行了遗嘱继承后，仍享有对被继承人未处分的或是遗嘱无效部分涉及的遗产的继承权；同时，遗嘱继承人也不因继承了遗嘱指定的遗产而减少法定继承中的应继承份额。

但是，由于遗嘱继承人在遗嘱继承中可以不受法定的继承顺序和继承份额的限制，而完全按照遗嘱中的指定来继承，这种继承方式当然不能适用到法定继承中来。在按照法定继承方式继承时，如果遗嘱继承人是第二顺序继承人，在有第一顺序继承人参加继承的情况下，其不得参加法定继承。

如果遗嘱继承人是因法定的原因丧失继承权而使遗产发生法定继承的，那么在法定继承中遗嘱继承人也丧失继承权，不能继承。但如果是遗嘱继承人放弃遗嘱继承而使遗产发生法定继承的，遗嘱继承人仍然可以进行法定继承。如果遗嘱继承人先于被继承人死亡，此时不能发生遗嘱继承。但如果其为被继承人的子女，可以由他的晚辈直系血亲在法定继承中进行代位继承。

三、遗嘱的设立

（一）遗嘱人的主体资格

1. 遗嘱能力

遗嘱的实质是财产处分行为，因而属于重大的民事法律行为，必须有相应的民事行为能力才能实施。我国《继承法》中虽未明确规定公民的遗嘱能力，但该法第 22 条第 1 款规定："无民事行为能力或限制民事行为能力人订立的遗嘱无效"，这实际上从反面

---

① 杨遂全：《亲属与继承法论》，四川大学出版社 2005 年版，第 223 页。

规定了无完全民事行为能力人和限制民事行为能力人不具有遗嘱能力，只有完全民事行为能力的人才有遗嘱能力。这说明在遗嘱人主体上只存在有遗嘱能力和无遗嘱能力两类，与《民法通则》关于公民民事行为能力划分为完全民事行为能力、限制民事行为能力和无民事行为能力三类的一般规定不同。

确立遗嘱能力的标准是有无完全民事行为能力。依照我国《民法通则》的规定，年满十八周岁的公民为成年人，成年人是完全民事行为能力人；十六周岁以上不满十八周岁的未成年人，以自己的劳动收入为主要生活来源的，视为完全民事行为能力人。因此，在一般情况下，精神正常的成年人和十六周岁以上的，以自己的劳动收入为主要生活来源的精神正常的未成年人具有遗嘱能力人，可以设立遗嘱处分自己的财产。

2. 认定的时间标准

对于遗嘱人的遗嘱能力，其认定的时间标准是按照立遗嘱时来确定的。就是说，遗嘱人立遗嘱时必须有行为能力。无行为能力人所立的遗嘱，即使其本人后来有了行为能力，仍属无效遗嘱。遗嘱人立遗嘱时有行为能力，后来丧失了行为能力，不影响遗嘱的效力。[①]

（二）遗嘱的形式

遗嘱的形式是遗嘱人处分自己的财产以及有关事务为内容的意思表示的方式。遗嘱是要式法律行为，其设立必须符合法律规定的形式要件。遗嘱的形式是否符合法律的规定，将直接影响到对遗嘱人意思表示的确认，从而决定遗嘱继承人能否按照遗嘱继承遗产。

根据《继承法》第17条的规定，我国遗嘱的法定形式有以下五种。[②]

1. 公证遗嘱

公证遗嘱是指经公证机关按照公证程序订立的遗嘱。公证是由公证机关对法律事实的真实性、合法性予以的确认的行为。根据我国《公证法》第36条的规定，经公证的民事法律行为，应当作为认定事实的根据。可见，经过公证的遗嘱在继承纠纷中无疑具有较高的法律效力和证明效力。

依据司法部颁布2000年7月1日起施行的《遗嘱公证细则》的规定，公证遗嘱的办理必须经过以下程序：

（1）遗嘱人申办遗嘱公证应当亲自到公证处提出申请。遗嘱人亲自到公证处有困难的，可以书面或者口头形式请求有管辖权的公证处指派公证人员到其住所或者临时处所办理。申办遗嘱公证，遗嘱人应当填写公证申请表，并提交下列证件和材料：1. 居民身份证或者其他身份证件；2. 遗嘱涉及的不动产、交通工具或者其他有产权凭证的财产的产权证明；3. 公证人员认为应当提交的其他材料。遗嘱人填写申请表确有困难的，可由公证人员代为填写，遗嘱人应当在申请表上签名。

（2）公证人员询问遗嘱人，并制作谈话笔录。公证处应当着重审查遗嘱人的身份及意思表示是否真实、有无受胁迫或者受欺骗等情况。公证人员询问遗嘱人，除见证人、翻译人员外，其他人员一般不得在场。公证人员应当按照规定制作谈话笔录，谈话笔录

① 最高人民法院《关于贯彻执行〈中华人民共和国继承法〉若干问题的意见》第41条。
② 以下参见杨遂全：《亲属与继承法论》，四川大学出版社2005年版，第213～215页。

应当着重记录下列内容：①遗嘱人的身体状况、精神状况；遗嘱人系老年人、间歇性精神病人、危重伤病人的，还应当记录其对事物的识别、反应能力。②遗嘱人家庭成员情况，包括其配偶、子女、父母及与其共同生活人员的基本情况。③遗嘱所处分财产的情况，是否属于遗嘱人个人所有，以前是否曾以遗嘱或者赠扶养协议等方式进行过处分，有无已设立担保、已被查封、扣押等限制所有权的情况。④遗嘱人所提供的遗嘱或者遗嘱草稿的形成时间、地点和过程，是自书还是代书，是否本人的真实意愿，有无修改、补充，对遗产的处分是否附有条件；代书人的情况，遗嘱或者遗嘱草稿上的签名、盖章或者手印是否其本人所为。⑤遗嘱人未提供遗嘱或者遗嘱草稿的，应当详细记录其处分遗产的意思表示。⑥是否指定遗嘱执行人及遗嘱执行人的基本情况。⑦公证人员认为应当询问的其他内容。

谈话笔录应当当场向遗嘱人宣读或者遗嘱人阅读，遗嘱人无异议后，遗嘱人、公证人员、见证人应当在笔录上签名。

（3）公证人员依法作出公证。公证机关经审查认为遗嘱人有遗嘱能力，遗嘱确属遗嘱人的真实意思表示，遗嘱的内容并不违反法律规定后，由公证员出具《遗嘱公证书》。公证遗嘱采用打印形式。遗嘱人根据遗嘱原稿核对后，应当在打印的公证遗嘱上签名。遗嘱人不会签名或者签名有困难的，可以盖章方式代替在申请表、笔录和遗嘱上签名；遗嘱人既不能签字又无印章的，应当以按手印方式代替签名或者盖章。有上述情形的，公证人员应当在笔录中注明。以按手印代替签名或者盖章的，公证人员应当取遗嘱人全部的指纹存档。在遗嘱生效前，公证机关和公证人员负有保密的义务。

如遗嘱不符合法律规定，公证机关应当拒绝公证，遗嘱人对公证机关拒绝公证不服的，可以向司法行政机关申诉，由申诉受理机关作出是否准予公证的决定。

2. 自书遗嘱

自书遗嘱，是由立遗嘱人亲笔书写的遗嘱。自书遗嘱因是遗嘱人亲自将自己处分财产的意思用文字表示出来的遗嘱方式，不仅简便易行，而且还可以保证内容真实，便于保密。因此，自书遗嘱在现实中适用广泛。《继承法》第 17 条第 2 款规定："自书遗嘱由遗嘱人亲笔书写，签名，注明年、月、日。"由此规定可见，自书遗嘱应当符合以下要求：

（1）须由遗嘱人亲笔书写遗嘱的全部内容。自书遗嘱既不能由他人代笔，也不能打印，只能有遗嘱人自己用笔将意思记录下来。

（2）自书遗嘱须是遗嘱人关于其死后财产处置的正式意思表示。如果遗嘱人不是正式制作自书遗嘱，只是在日记或有关的信件中提到准备在其死亡后对遗产作如何处理，则不应认为该内容为自书遗嘱。但是自书遗嘱也不要求须有遗嘱的字样，如果遗嘱人在有关的文书中对其死亡后的事务作出安排，也包括对其死亡后的财产处理作出安排，而又无相反证明时，应当认定该文书为遗嘱人的自书遗嘱。最高人民法院《意见》第 40 条规定公民在遗书中涉及死后个人财产处分的内容，确为死者真实意思的表示，有本人签名并注明了年、月、日，又无相反证据的，可按自书遗嘱对待。

（3）须由遗嘱人签名。遗嘱人签名是自书遗嘱的基本要求，它既证明着遗嘱确系遗嘱人亲自书写的，也证明着遗嘱是遗嘱人的真实意思表示。遗嘱人的签名须由遗嘱人亲笔书写上自己的名字，而不能以盖章的方式代替。无遗嘱人签名的自书遗嘱，应为无效。

(4) 须注明年、月、日。遗嘱人在自书中须注明立遗嘱的时间。遗嘱中的时间记载是确定遗嘱人的遗嘱能力和确定遗嘱效力的依据，因此，自书遗嘱中也应当注明设立遗嘱的时间。[①]

3. 代书遗嘱

代书遗嘱，又称代笔遗嘱，是由遗嘱人口述内容，他人代为书写的遗嘱。[②] 在遗嘱人没有文字能力或其他原因不能亲笔书写遗嘱的情况下，请人代书是实现遗嘱人立遗嘱愿望的重要途径。《继承法》第 17 条第 3 款规定"代书遗嘱应当有两个以上见证人在场见证，由其中一人代书，注明年、月、日，并由代书人、其他见证人和遗嘱人签名。"因此，代书遗嘱须符合以下要求：

(1) 代书遗嘱须由遗嘱人口授遗嘱内容，而由代书人代书。代书遗嘱不是由代书人代理设立的遗嘱，因此，遗嘱人必须亲自表述自己处分财产的意思，而由他人代笔书写下来。代书人只是遗嘱人口授遗嘱的文字记录者，而不能就遗嘱内容提出任何意见。代书人须忠实的记载遗嘱人的意思表示，而不得对遗嘱人的意思表示作篡改或修正。

(2) 代书遗嘱须有两人以上在场见证。见证人中的一人可为代书人。对见证人人数的要求，是为了保证代书的遗嘱确为遗嘱人的真实意思表示。因此，没有两人以上的见证人在场见证，而只有代书人的一人在场代书的代书遗嘱，不具有遗嘱的效力。遗嘱见证人必须具有完全的民事行为能力，并且与继承人、遗嘱人没有利害关系。下列人不得作为见证人：无行为能力人、限制行为能力人；继承人、受遗赠人；与继承人、受遗赠人有利害关系的人。

(3) 代书人、其他见证人和遗嘱人须在遗嘱上签名，并注明年、月、日。代书人在书写完遗嘱后，应向遗嘱人宣读遗嘱，在其他见证人和遗嘱人确认无误后，在场的见证人和遗嘱人都必须在遗嘱上签名。代书遗嘱也须注明立遗嘱的具体日期。遗嘱的日期也为见证人见证的事项。

4. 录音遗嘱

录音遗嘱是遗嘱人口述遗嘱内容，以录音带录制来表达遗嘱人意愿的遗嘱形式。以录音带、录像带记录遗嘱的内容，是现代科技的产物。这种形式的遗嘱较之口头遗嘱更直接，而且取证方便，不需有他人的复述。但是，录音带、录像带也容易被他人剪辑、伪造。所以，我国在承认录音遗嘱的同时，又对录音遗嘱规定了严格的条件。

制作录音应由遗嘱人亲自叙述遗嘱的内容，要有两个以上见证人在场见证，说明制作的地址、制作的时间。《继承法》第 17 条第 4 款规定"以录音形式立的遗嘱，应当有两个以上见证人在场见证。"见证人在场的目的，是保证录制遗嘱的确为遗嘱人的真实意思。遗嘱人在录制完遗嘱后，应将记载遗嘱的磁带封存，并由见证人共同签名，注明年、月、日，然后交遗嘱人或者见证人保管。

5. 口头遗嘱

口头遗嘱是由遗嘱人口头表述的而不以任何方式记载的遗嘱。口头遗嘱简便易行，

[①] 郭明瑞、房绍坤：《继承法》，法律出版社 1996 年版，第 149 页。

[②] 巫昌祯：《婚姻与继承法学》，中国政法大学出版社 2001 年版，第 325 页。

但是遗嘱的内容完全靠见证人表述证明，容易发生纠纷。所以，在各国法上如承认口头遗嘱，均对口头遗嘱的适用予以严格的限制。依我国《继承法》的规定，口头遗嘱需具备以下两个条件：

（1）遗嘱人在危急情况下，不能以其他方式订立遗嘱。所谓的危急情况，一般是指遗嘱人生命垂危，在战争中或者发生意外灾害，随时都有生命危险，来不及或无条件设立其他形式遗嘱的状况。在危急情况解除后，遗嘱人能够用书面或者录音形式立遗嘱的，所立的口头遗嘱无效。如果当事人对口头遗嘱没有争议，不发生继承纠纷，法律没有必要追究口头遗嘱的效力，如果发生纠纷，应由主张遗嘱无效的人提出遗嘱人于危急情况解除后死亡的证据，而由主张遗嘱有效的人证明遗嘱人不能另立遗嘱。人民法院确认遗嘱人应当并能够以其他方式另立遗嘱未另立遗嘱而死亡的，应视为被继承人未立遗嘱，裁决口头遗嘱无效。

（2）应当有两个以上的见证人在场见证。遗嘱人于危急情况下设立口头遗嘱的，应当有两个或两个以上的具有完全行为能力且与继承无利害关系的见证人在场见证。见证人应将遗嘱人口授的遗嘱记录下来，并由记录人、其他见证人签名，注明年、月、日；见证人无法当场记录的，应当牢记口述遗嘱的具体时间和地点，并于事后及时补记遗嘱人口授的遗嘱内容，并于记录上共同签名，并注明年、月、日，以保证见证内容的真实、可靠。[①]

（三）遗嘱的内容

遗嘱的内容，是遗嘱人在遗嘱中表示的对其财产处分及相关事宜安排的意思。[②] 遗嘱内容应当具体明确，一般应包括以下内容。

1. 遗嘱处分的遗产范围

遗嘱人可以将自己财产的全部或部分列为遗嘱继承的范围。如果是全部作为遗嘱继承的范围，可概括地表示；如果是部分作为遗嘱继承，则应在遗嘱中写明遗嘱处分财产的名称、数量等。遗嘱不得处分他人的财产，如有则作无效处理。遗嘱还应当为缺乏劳动能力又没有生活来源的继承人保留必要的遗产份额。

2. 指明遗嘱继承人

遗嘱人在遗嘱中要明确指定遗嘱继承人。《继承法》第16条第2款规定："公民可以立遗嘱将个人财产指定由法定继承人的一人或数人继承"。遗嘱继承人只能在法定继承人的范围内选定，但可不受继承顺序的约束。同时遗嘱人还可指定候补继承人，说明在遗嘱继承人不能继承时由候补继承人继承。

3. 遗产的分配

遗嘱人指定数人为遗嘱继承人时，如继承的财产或数量不同，需将其遗嘱继承人各自继承的财产、份额或数量等表述清楚，尽量避免出现矛盾或歧义，以影响遗嘱的效力。遗产的分配不受法定继承的顺序和数额的性质。未指明的财产视为遗嘱未处分的财产。遗嘱中对财产的处置前后相互矛盾的，应推定为遗嘱对该财产未作处分。

---

① 郭明瑞、房绍坤：《继承法》，法律出版社1996年版，第152～153页。
② 王利明：《民法》，中国人民大学出版社2005年版，第728页。

4．附加义务

遗嘱人可以对遗嘱继承人附加一定义务，但其义务必须是能够履行和不违反法律法规的强行性规定及社会公德，否则将作为无效处理。

5．指定遗嘱执行人

我国《继承法》第16条第1款规定："公民可以按照本法规定立遗嘱处分个人财产，并可以指定遗嘱执行人。"因此，遗嘱人可以在遗嘱中指定自己所依赖的公民或组织作为遗嘱执行人。但需注意的是，遗嘱执行也是一种民事法律行为，遗嘱执行人必须具有完全民事行为能力。

四、遗嘱的效力

（一）遗嘱的有效

遗嘱的有效是指遗嘱具备法律规定的实质要件和形式要件，能够发生法律效力。

1．遗嘱人主体适格

遗嘱人主体适格指遗嘱人立遗嘱时必须具有遗嘱能力，即是否具有完全民事行为能力。无民事行为能力和限制民事行为能力人所立遗嘱无效。

2．遗嘱人意思表示真实

遗嘱应当是遗嘱人自己的真实意思表示，和其他民事行为一样，受胁迫、受欺诈所立的遗嘱为无效；遗嘱被伪造或篡改的，伪造或篡改的遗嘱无效。为确保遗嘱人的意思表示真实，遗嘱不得代理；遗嘱见证人不得为不完全民事行为能力人和利害关系人。

3．遗嘱内容合法

遗嘱不得违反我国宪法及法律的强行性规定，也不应违背社会公共利益和社会公德。遗嘱未保留缺乏劳动能力又没有生活来源的继承人的遗产份额，遗嘱将部分或全部无效。遗嘱还必须要为可能成为第一顺序法定继承人或者代位继承人的胎儿保留继承份额。

4．遗嘱形式完整

遗嘱作为要式法律行为，形式必须符合法律要求，否则将作无效处理。唯一的例外是最高人民法院《关于贯彻执行〈继承法〉若干问题的意见》第35条规定，在继承法实施前订立的，形式上稍有欠缺的遗嘱，如内容合法，又有充分证据证明确为遗嘱人真实意思表示的，可以认定遗嘱有效。

（二）遗嘱的无效

遗嘱的无效是指遗嘱因不符合法律规定的实质要件或形式要件，不能发生遗嘱人预期的法律效力。遗嘱无效的情形，依照我国《继承法》第17条、第19条、第22条的规定，主要有以下几种。

1．无行为能力人或者限制民事行为能力人所立的遗嘱无效

无行为能力人、限制行为能力人属于无遗嘱能力的人，不具有以遗嘱处分其财产的主体资格，因而他们设立的遗嘱是无效的。

2．受胁迫、欺骗所立的遗嘱无效

被胁迫、受欺诈所立的遗嘱是当事人在违背真实意思下作出的，因而是无效的民事行为。

3．伪造的遗嘱和被篡改的遗嘱无效

伪造的遗嘱不是被继承人的意思表示，所以，不管遗嘱的内容如何，也不论遗嘱是否损害了继承人的利益，当然无效。被篡改的遗嘱，是指遗嘱的内容被遗嘱人以外的其他人作了更改的遗嘱，如对遗嘱进行修改、删节、补充等。篡改只能是对遗嘱的部分内容的更改，如对遗嘱的全部内容更改，则为伪造遗嘱。被篡改的遗嘱，篡改的部分无效，未篡改的部分，如仍能表达遗嘱人的真实意思表示则应继续有效。

4．应该保留而未保留应继份的部分无效

按照《继承法》第 19 条的规定："遗嘱应当对缺乏劳动能力又没有生活来源的继承人保留必要继承份额的。"如果没有依法保留的，对应当保留的必要继承份额范围内的遗产的处分无效。此外，应当为胎儿保留的遗产份额没有保留的，应保留范围内的处分无效。

5．遗嘱处分他人财产的部分无效

根据最高人民法院《关于贯彻执行〈继承法〉若干问题的意见》第 38 条规定，遗嘱人以遗嘱处分了属于国家、集体或他人所有的财产，遗嘱的这部分，应认定无效。

（三）遗嘱的不生效

遗嘱的不生效，是指遗嘱虽有效成立，但因不具备生效要件而在继承开始后不能作为继承的依据。

遗嘱不生效的情形主要有以下几种：

第一，遗嘱继承人先于遗嘱人死亡的，遗嘱不生效。我国《民法通则》对民事主体的权利能力的规定是始于出生，终于死亡。在被继承人死亡，继承开始时，由于遗嘱继承人死亡已丧失了继承的权利能力和主体资格，因而无从继承。同时我国《继承法》又规定，代位继承只能适用于法定继承，不能适用于遗嘱继承。因此关于指定该继承人继承的部分遗嘱不能达到预期的法律效力，所以不生效。

第二，继承开始时，遗嘱处分标的灭失的，遗嘱不生效。由于遗嘱继承标的的毁损、灭失，使得遗嘱继承在客观上履行不能，因此遗嘱不发生效力。而又因为遗嘱是单方的、无偿的法律行为，并且只有在遗嘱人死亡后才发生效力。因此，遗嘱人对遗嘱继承人不承担财产瑕疵担保的义务，遗嘱人不就该标的的毁损、灭失向遗嘱继承人承担责任。[1]

第三，附解除条件的遗嘱，在继承开始前解除条件已成就的，遗嘱不生效。

第四，遗嘱继承人在遗嘱设立后，出现失权事由，丧失继承权时，遗嘱不生效。

遗嘱的无效和不生效都是遗嘱没有法律效力，但无效是基于主观原因所致，如遗嘱违法或因不当行为、违法行为导致违背遗嘱人的真实意思等。不生效则是在于客观原因所致。[2]

五、遗嘱的变更和撤销

我国《继承法》第 20 条第 1 款明确规定："遗嘱人可以撤销、变更自己所立的遗嘱"。遗嘱是遗嘱人死亡，继承开始之时才发生法律效力的法律行为，同时遗嘱又是遗

---

[1] 杨遂全：《亲属与继承法论》，四川大学出版社 2005 年版，第 218 页。

[2] 秦伟：《继承法》，上海人民出版社 2001 年版，第 192 页。

嘱人单方的意思表示，因此，在遗嘱发生效力前，遗嘱人可以随时变更或撤销自己所立的遗嘱。

（一）遗嘱变更和撤销的概念

遗嘱的变更，是遗嘱人在遗嘱设立后对遗嘱内容的部分改变。遗嘱的撤销是遗嘱人在设立遗嘱后又予以废止。可见，遗嘱的变更与撤销的区别在于遗嘱人对原立遗嘱的内容改变程度不同。遗嘱变更仅是遗嘱人改变了原遗嘱的部分内容；而撤销则是遗嘱人对遗嘱内容的全部取消。

（二）遗嘱变更和撤销的要件

遗嘱人虽然可以在遗嘱设立后随时行使对遗嘱的变更或撤销，但撤销或变更遗嘱也是重要的民事法律行为，须符合法律规定的要件，才能使遗嘱变更或撤销发生法律效力。

第一，遗嘱人于遗嘱变更、撤销时，须具备遗嘱能力。遗嘱人设立遗嘱后丧失遗嘱能力的，于丧失遗嘱能力后对遗嘱的变更、撤销不发生变更、撤销的效力，原来的遗嘱继续有效。

第二，遗嘱的变更、撤销须为遗嘱人的真实意思表示，遗嘱人因受胁迫、欺诈而变更、撤销遗嘱的，不发生遗嘱变更、撤销的法律后果，原遗嘱仍有效。

第三，遗嘱的变更、撤销须由遗嘱人亲自依法定的方式和程序为之。遗嘱的变更、撤销同样不适用代理，只能由遗嘱人亲自为之。

（三）遗嘱变更和撤销的方式

1. 明示的方式

明示的方式就是明确表示对原遗嘱的变更或撤销。遗嘱人变更、撤销遗嘱的，可以对原遗嘱的部分内容进行修改或在原遗嘱上注明撤销；也可以以立新遗嘱的方式，明确声明变更或撤销。但要注意的是，依《继承法》第20条第3款的规定，"自书、代书、录音、口头遗嘱，不得撤销、变更公证遗嘱"。因此，对公证遗嘱的变更、撤销都必须采用公证的方式。

2. 默示推定的方式

默示推定方式，是指遗嘱人虽然没有以明确的意思表示变更、撤销所设立的遗嘱，但法律根据遗嘱人的行为推定遗嘱人变更、撤销了遗嘱。推定遗嘱人变更、撤销遗嘱的情形主要有以下几种：

（1）遗嘱人立有数份遗嘱，内容相抵触的，以最后的遗嘱为准。《继承法》第20条第2款规定："立有数份遗嘱，内容相抵触的，以最后的遗嘱为准。"第3款规定："自书、代书、录音、口头遗嘱，不得撤销变更公证遗嘱。"就是说，遗嘱人立有不同形式的遗嘱，只要其中有公证遗嘱的，就以最后所立公证遗嘱为准；没有公证遗嘱的，以最后所立的遗嘱为准。对公证遗嘱的变更和撤销必须通过另立公证遗嘱的方式完成。

（2）遗嘱人生前的行为与遗嘱的内容相抵触的，推定遗嘱变更、撤销。遗嘱人生前的行为指遗嘱人生前对遗嘱中涉及的财产所进行的处分。其处分行为与遗嘱的意思表示相反，而使遗嘱处分的财产在继承开始前灭失，部分灭失或所有权转移、部分转移的，遗嘱视为被撤销或部分被撤销。^① 例如，遗嘱人生前将遗嘱指定继承的财产又转让或赠与他人，即视为遗嘱人对遗嘱的内容进行了变更或者撤销。

（3）遗嘱人故意销毁遗嘱的，推定遗嘱人撤销原遗嘱。遗嘱人在立遗嘱后并未另立遗嘱撤销原遗嘱，而只是将原遗嘱销毁，这种行为实际上表示了遗嘱人对自己原立遗嘱的废除。但是遗嘱不是由遗嘱人自己销毁的，而是由他人毁坏的，不能视为遗嘱人撤销遗嘱；遗嘱因意外的原因毁损、丢失而遗嘱人又不知道的，也不能推定遗嘱人撤销该遗嘱。

（四）遗嘱变更和撤销的效力

遗嘱的变更、撤销的效力在于使原遗嘱的内容不能生效。遗嘱变更的，应以变更后的遗嘱来确定遗嘱的有效、无效，依变更后的遗嘱执行财产的分配。遗嘱撤销的，被撤销的原遗嘱作废，以新设立的遗嘱来确定遗嘱的效力和执行。遗嘱撤销后，又未设立新遗嘱的，视为被继承人未立遗嘱。

第四节　遗赠与遗赠扶养协议

一、遗赠

（一）遗赠的概念和法律特征

我国《继承法》第 16 条第 3 款规定："公民可以立遗嘱将个人财产赠给国家、集体或者法定继承人以外的人。"可见，遗赠是公民以遗嘱的方式将其个人财产的一部分或全部赠送给国家、集体组织或者法定继承人以外的公民，并于遗赠人死亡后才发生法律效力的单方法律行为。立遗嘱的公民为遗赠人，被指定接受赠与财产的人为受遗赠人，遗嘱中指定赠与的财产为遗赠财产或遗赠物。

遗赠具有以下法律特征。

1. 遗赠是单方法律行为

遗赠的订立不需要任何相对人的同意，它随着遗嘱的生效而生效。只要遗赠人在遗嘱中将赠与财产的意思表示清晰的表达出来，遗赠就成立。正因为它是单方法律行为，所以在遗嘱生效前遗赠人可以随时改变自己的赠与的意思，任何人不得干涉。

2. 遗赠是无偿行为

遗赠是遗赠人给予他人财产利益的行为，这种财产利益是直接的财产利益，而不能是间接的财产利益（如免除债务）。在国外法律上，遗赠可以是概括遗赠，即受遗赠人既接受赠与的财产，又承受遗赠人的债务。在我国的法律上，遗赠只能是将财产利益赠与法定继承人以外的人，虽然遗赠人可以对遗赠附加某种负担，但所附加的负担并不是遗赠的对价。^②

3. 遗赠在遗赠人死亡时发生效力

遗赠是通过遗嘱的意思表示处分财产，遗赠的生效也就是遗嘱的生效，因此只能在

---

① 最高人民法院《关于贯彻执行〈继承法〉若干问题的意见》第 39 条。
② 郭明瑞、房绍坤：《继承法》，法律出版社 1996 年版，第 176 页。

遗赠人死亡后才能发生法律效力，生存期间，遗赠人可以随时变更、撤销遗嘱。

4. 遗赠必须由受遗赠人亲自接受

受遗赠人应当是接受遗赠时存在的人，但是为了保护胎儿的利益，在遗赠人死亡时已经受孕的胎儿可以作为受遗赠人。受遗赠的公民先于遗赠人死亡或者受遗赠的单位于遗赠人死亡前撤销的，遗赠即不能发生法律效力；受遗赠人在作出接受遗赠的意思表示前死亡的，不能发生遗赠。受遗赠人为无完全民事行为能力人，其受赠权的行使可以由其法定代理人代理。

（二）遗赠与遗嘱继承的区别

遗赠与遗嘱继承，都是被继承人以遗嘱处分个人财产的行为，根据我国《继承法》的规定，遗赠与遗嘱继承主要有以下区别。

1. 范围不同

受遗赠人可以是法定继承人以外的任何公民，也可以是国家和集体，但不能是法定继承人。如果遗嘱指定由法定继承人接受遗产，则为遗嘱继承，不为遗赠。

2. 接受方式不同

遗嘱继承人接受继承可以是明示也可以是默示，只要自继承开始到遗产分割前未明确表示放弃继承的，即视为接受继承。受遗赠人接受遗赠的则只能是明示的方式，即必须在知道受遗赠后的两个月内作出接受遗赠的明确的意思表示。到期没有表示的，视为放弃受遗赠。[①]

（三）受遗赠人的法律地位

1. 受遗赠人为法定继承人以外的公民或者组织

受遗赠人为非法定继承人，是法定继承人以外的由被继承人指定的公民或者组织，因此他不能与遗嘱继承人一样对遗嘱未处分的遗产享有法定继承权。

2. 受遗赠人享有优先于法定继承人取得遗产的权利

在遗产的分割上，根据《继承法》第 5 条规定"继承开始后，按照法定继承办理；有遗嘱的，按照遗嘱继承或者遗赠办理；有遗赠扶养协议的，按照协议办理。"遗嘱继承和遗赠都优先于法定继承。

3. 受遗赠人应当在受遗赠范围内承担被继承人的债务和所欠的税款

对受遗赠人是否应当在受遗赠范围内承担被继承人的债务和所欠的税款，理论上存在争议。有的学者认为，"受遗赠的客体只能是遗产中的财产权利，而不是财产义务；因此受遗赠人不承担遗产中的债务。"[②] 但是依据我国《继承法》第 34 条规定"执行遗赠不得妨碍清偿遗赠人依法应当缴纳的税款和债务"，以及最高人民法院《关于贯彻执行继承法若干问题的意见》第 62 条的规定，"遗产已被分割而未清偿债务时，如有法定继承又有遗嘱继承和遗赠的，首先由法定继承人用其所得遗产清偿债务；不足清偿时，剩余的债务由遗嘱继承人和受遗赠人按比例用所得遗产偿还；如果只有遗嘱继承和遗赠的，由遗嘱继承人和受遗赠人按比例用所得遗产偿还。"意味着在我国现行法律中，遗

---

① 我国《继承法》第 25 条第 2 款。

② 魏振瀛：《民法》，北京大学高等教育出版社 2000 年版，第 618 页。

赠人也同样承担被继承人的债务和所欠税款。[1]

二、遗赠扶养协议

（一）遗赠扶养协议的概念和特征

我国《继承法》第 31 条规定"公民可以与扶养人签订遗赠扶养协议。按照协议，扶养人承担该公民生养死葬的义务，享有受遗赠的权利。公民可以与集体所有制组织签订遗赠扶养协议。按照协议，集体所有制组织承担该公民生养死葬的义务，享有受遗赠的权利。"可见，遗赠扶养协议是公民与扶养人或者集体所有制组织签订的进行扶养和给予遗赠的协议。

遗赠扶养协议具有以下的法律特征。

1. 遗赠扶养协议是双方法律行为

遗赠扶养协议是双方法律行为，须有双方的意思表示一致才能成立。遗嘱因其为单方法律行为，所以在没有生效前遗嘱人可以行使任意撤销权；而遗赠扶养协议是双方法律行为，在适用继承法的同时应适用合同法，因此其变更和解除都必须依照当事人协议，或者法定的变更和解除事由才能进行。

2. 遗赠扶养协议是诺成法律行为

遗赠扶养协议是诺成性的法律行为，因而自双方意思表示达成一致时起就可以发生效力。但双方义务发生效力的时间不同。扶养人的义务是自协议签订之日起即生效，受扶养人的主要义务应在死亡后才发生效力，但生前负有保持遗赠财产完整性的义务，不能毁损、处分该财产。

3. 遗赠扶养协议是双务法律行为

遗赠扶养协议中双方当事人双方都负有一定的义务。扶养人负有对受扶养人的生养死葬的义务，受扶养人也有将自己的财产在死后转移给扶养人的义务。这与遗赠不同，遗赠中的受遗赠人并不承担对遗赠人的生养死葬的义务。

4. 遗赠扶养协议是有偿的法律行为

遗赠是无偿的，受遗赠人接受遗赠的权利并不以履行一定义务为对价。而遗赠扶养协议是一种有偿的法律行为，任何一方享受权利都要履行一定的义务。扶养人不履行对受扶养人的生养死葬的义务，就不能享有受遗赠的权利；受扶养人不将自己的财产遗赠给扶养人，也不享有要求扶养人扶养的权利。

5. 遗赠扶养协议中的扶养人没有法定的扶养义务

遗赠扶养协议中遗赠人只能是公民；而扶养方，可以是公民，也可以为集体经济组织，但作为扶养人的公民不能与被继承人间具有法定的扶养义务。具有法定扶养义务的人应无条件的履行义务，不得以扶养人给予财产为条件。

6. 遗赠扶养协议不因受扶养人死亡而终止

遗赠扶养协议是公民生前对自己死亡后遗留下的遗产的一种处分。遗赠扶养协议中有关遗赠的内容只能于受扶养人死亡后才生效。这也是遗赠扶养协议与一般合同的重要区别。

---

[1] 杨遂全：《亲属与继承法论》，四川大学出版社 2005 年版，第 226 页。

（二）遗赠扶养协议的履行和执行

1．遗赠扶养协议的履行

遗赠扶养协议签订后双方应全面履行。扶养人无正当理由不履行扶养义务的，受扶养人可以请求解除协议或经受扶养人的亲属或者有关单位的请求，人民法院可以剥夺扶养人的受遗赠权，其支付的供养费用一般不予补偿。

受扶养人应当履行将其财产遗赠给扶养人的义务，协议签订后虽然可以继续行使对财产的占有、使用、收益权利，但不得处分遗赠财产，如因受扶养人的擅自处分使扶养人无法实现其受遗赠权利的，扶养人有权解除遗赠扶养协议，并可以要求受扶养人偿还已经支付的扶养费用。

2．遗赠扶养协议的优先执行

遗赠扶养协议是处理遗产的依据，遗赠扶养协议在处理遗产上处于最优先的地位。《继承法》第5条规定："继承开始后，按照法定继承办理；有遗嘱的，按照遗嘱继承或者遗赠办理；有遗赠扶养协议的，按照协议办理。"由此可见，遗赠扶养协议的适用优先于遗赠、遗嘱继承和法定继承。

第五节　遗产的处理[①]

一、继承的开始

（一）继承开始的时间

我国《继承法》第2条规定："继承从被继承人死亡时开始"。自然人的死亡包括自然死亡和宣告死亡。自然死亡，又称生理死亡。对于生理死亡的时间确定通常是以医院出具的死亡证书记载的死亡时间或户籍登记簿记载的死亡时间为准。医院死亡证书记载的死亡时间与户籍登记的死亡时间不一致的，应当以死亡证书记载的死亡时间为准，或根据有关死亡的证据材料来认定。宣告死亡与自然死亡一样，均能引起继承的开始。被撤销死亡宣告的人有权请求依照继承法取得其财产的人返还财产，或返还原物或给予适当补偿。根据最高人民法院《关于贯彻执行〈继承法〉若干问题的意见》第1条第2项的规定，失踪人被宣告死亡的，以法院判决中确定的失踪人的死亡日期，为继承开始的时间。

相互有继承关系的人在同一事件中死亡时，其死亡的先后时间如不能确定的，实行法律推定。即推定没有继承人的人先死亡；死亡人各自都有继承人的，如几个死亡人辈分不同，推定为长辈先死亡；几个死亡人辈分相同，推定同时死亡，彼此不发生继承，由他们各自的继承人分别继承。[②]

（二）继承开始的地点

继承开始的地点，是指继承人参与继承法律关系，行使继承权，接受遗产的场所。继承开始地点的确定，有利于继承人参加继承，接受遗产；有利于遗产的清点和保管；

---

① 本节参考杨遂全：《亲属与继承法论》，四川大学出版社2005年版，第十六章。

② 最高人民法院《关于贯彻执行〈继承法〉若干问题的意见》第2条。

有利于确定遗产纠纷诉讼管辖地。

我国继承法对继承开始的地点没有明确规定，司法实践中，通常以被继承人生前的最后住所地为继承开始的地点。如果主要遗产所在地与被继承人生前最后住所地不一致的或被继承人最后住所地不明的，则以被继承人主要遗产所在地为继承开始的地点。如遗产中有不动产的，以不动产所在地为继承开始地。

（三）继承开始的通知

继承开始的通知，是指将被继承人死亡和继承开始的法律事实告知所有的合法继承人、受遗赠人及遗嘱执行人，以保证继承人、受遗赠人依法行使继承权。现实生活中，被继承人死亡后，因种种原因，继承开始的事实并不为所有的继承人或遗嘱执行人所知晓。因此，有必要在继承开始后进行继承开始的通知。我国《继承法》第23条规定："继承开始后，知道被继承人死亡的继承人应当及时通知其他继承人和遗嘱执行人。继承人中无人知道被继承人死亡或知道被继承人死亡而不能通知的，由被继承人生前所在单位或者住所地的居民委员会、村民委员会负责通知。"通知的方法可以是口头或书面形式，也可以采用公告方式或电子邮件等其他形式。

二、被继承人生前债务的清偿与遗产分割

（一）被继承人生前债务的清偿

我国采用概括继承制度，被继承人的遗产是财产权利和财产义务的统一体，继承人在继受被继承人财产权利的同时，也应清偿被继承人生前所负的债务。

1. 被继承人债务范围的确定

（1）被继承人债务是被继承人生前所欠的债务，形成于被继承人死亡之前。继承费用和丧葬费用不属于被继承人债务的范围。继承费用是继承开始后处理继承事务所发生的费用，如因遗产的管理、遗产的分割及执行遗嘱等活动而支出的必要费用，这些费用应直接从遗产中扣除。丧葬费用是处理被继承人后事所支付的必要费用，安葬被继承人是继承人应尽的义务，其费用应由继承人以其个人财产分担，而不能作为被继承人的债务用其遗产清偿。

（2）被继承人债务是被继承人个人所应负担的债务，既包括因个人生活需要而以被继承人个人名义发生的债务，也包括共同债务中，应由被继承人个人承担的债务份额。以被继承人个人名义发生的债务并非都是其个人债务，如继承人不履行赡养、抚养义务，被继承人因生活需要而以个人名义所欠的债务，应为继承人的债务；被继承人以个人名义所欠的用于夫妻共同生活或家庭共同生活的债务，应属共同债务。对于共同债务中，被继承人应该承担的债务份额，属被继承人个人债务的范围。

2. 被继承人债务的清偿原则

（1）清偿债务与接受继承相统一原则。我国《继承法》第33条第2款规定："继承人放弃继承权的，对被继承人依法应当缴纳的税款和债务可以不负清偿责任。"据此，继承人接受继承是继承人清偿被继承人债务的前提条件，只有继承人接受继承，才依法承担清偿被继承人债务的义务。继承人放弃继承的，则无须承担被继承人的债务。

（2）限定继承原则。限定继承，是指继承人在其接受遗产的实际价值范围内承担清偿被继承人债务的责任。即继承人对被继承人的债务只承担有限责任。我国《继承法》第33条第1款规定："继承遗产应当清偿被继承人依法应当缴纳的税款和债务，缴纳税

款和清偿债务以他的遗产实际价值为限。超过遗产实际价值部分，继承人自愿偿还的不在此限。"

（3）保留必要的遗产份额原则。清偿被继承人债务时，不得取消继承人中缺乏劳动能力又没有生活来源的人的必要的遗产份额，应为其保留遗产。这是我国养老育幼、照顾病残者原则的体现。最高人民法院《关于贯彻执行〈继承法〉若干问题的意见》第61条规定："继承人中有缺乏劳动能力又没有生活来源的人，即使遗产不足清偿债务，也应为其保留适当遗产，然后按继承法第33条和民事诉讼法第180条的规定清偿债务。"

（4）清偿债务优于执行遗嘱的原则。我国《继承法》第34条规定："执行遗赠不得妨碍清偿遗赠人依法应当缴纳的税款和债务。"从而确立了清偿债务优先于执行遗赠的原则，体现了对被继承人的债权人利益的保护。在处理遗产时，应首先清偿被继承人的债务，只有在清偿债务之后，尚有剩余遗产的，才能执行遗赠。

3. 被继承人债务的清偿方式

继承开始后，若继承人为一人，除放弃继承外，继承人应在其继承的遗产价值范围内清偿被继承人的生前债务。若继承人为多人，各继承人应以其继承遗产的份额比例负担被继承人债务。实践中，具体的清偿方式主要有两种：一是先清偿债务，然后再分割遗产，即在遗产总额中清偿被继承人债务，将剩余的遗产再在继承人之间进行分配；二是先分割遗产后清偿债务。继承人分得遗产后按比例分担被继承人的债务，但债权人有权要求各继承人承担连带清偿责任。若遗产已被分割而未清偿债务时，有法定继承又有遗嘱继承的，首先由法定继承人用其所得遗产清偿债务；不足清偿时，剩余的债务由遗嘱继承人和受遗赠人按比例用所得遗产偿还；如果只有遗嘱继承和遗赠的，由遗嘱继承人和受遗赠人按比例用所得遗产偿还。

（二）遗产的分割

遗产分割是指各共同继承人按其应继份额对遗产进行分配，以消灭遗产共有关系的法律行为。遗产分割只发生于共同继承的场合，当继承人为一人时，不发生遗产分割问题。遗产作为共同继承人的共有财产，在共同共有关系存续期间，各共同继承人的地位及应继份额确定后，各继承人均可以单独请求分割，这与其他共有财产不同。目的是为了结束遗产的共有状态，使各继承人对遗产的权利得以真正的实现。

1. 遗产范围的确定

妥善分割遗产的前提是明确遗产的具体范围，将遗产与其他财产区分开来。首先，应将被继承人的个人财产从夫妻共同财产中分离出来。我国《继承法》第26条第1款规定："夫妻在婚姻关系存续期间所得的共同所有的财产，除有约定的以外，如果分割遗产，应当先将共同所有的财产的一半分出为配偶所有，其余的为被继承人的遗产。"其次，应将被继承人的个人财产从家庭共有财产中区分出来。家庭共有财产是家庭成员在共同生活中形成的财产，包含了被继承人的个人财产。我国《继承法》第26条第2款规定："遗产在家庭共有财产中的，遗产分割时，应当先分出他人的财产。"最后，应将被继承人的个人财产从其他共有财产中分出，如被继承人与他人合伙所形成的共有财产，则按出资比例或合伙协议的约定，将被继承人应得的份额从合伙财产中分出，列入遗产范围。

2. 遗产分割的原则

（1）遗嘱继承优先于法定继承原则。我国《继承法》第5条规定："继承开始后，按照法定继承办理；有遗嘱的。按照遗嘱继承或遗赠办理。"即被继承人留有有效遗嘱的，按遗嘱执行，在没有遗嘱的情况下，按法定继承分割遗产，遗嘱继承优先于法定继承。但有下列情形之一的，遗产中的有关部分按照法定继承办理：遗嘱继承人放弃继承或受遗赠人放弃受遗赠的；遗嘱继承人丧失继承权的；遗嘱继承人、受遗赠人先于遗嘱人死亡的；遗嘱无效部分所涉及的遗产；遗嘱未处分的遗产。

（2）互谅互让、协商分割原则。我国《继承法》第15条规定："继承人应当本着互谅互让、和睦团结的精神，协商处理继承问题。遗产分割的时间、方法和份额，由继承人协商确定。协商不成的，可以由人民调解委员会调解或者向人民法院提起诉讼。"通过各继承人之间互谅互让的协商，公平合理地分割遗产，减少和避免继承纠纷，达到和睦团结的目的。

（3）保留胎儿继承份额原则。胎儿虽不具有民事权利能力，但胎儿迟早要出生并成为民事主体。因此，应对胎儿进行特殊保护，保留其应继份额。我国《继承法》第28条规定："遗产分割时，应当保留胎儿的继承份额，胎儿出生时是死体的，保留的份额按照法定继承办理。"最高人民法院《关于贯彻执行〈继承法〉若干问题的意见》第45条规定："应当为胎儿保留的遗产份额没有保留的，应从继承人所继承的遗产中扣回。为胎儿保留的遗产份额，如胎儿出生后死亡的，由其继承人继承；如胎儿出生时就是死体的，由被继承人的继承人继承。"

（4）发挥遗产效用原则。分割遗产应根据遗产的性质和用途，充分发挥遗产的实际效用。我国《继承法》第29条规定："遗产分割应当有利于生产和生活需要，不损害遗产的效用，不宜分割的遗产，可以采取折价、适当补偿或共有等方法处理。"最高人民法院《关于贯彻执行〈继承法〉若干问题的意见》第58条规定："人民法院在分割遗产中的房屋、生产资料和特定职业所需要的财产时，应依据有利于发挥其使用效益和继承人的实际需要，兼顾各继承人的利益进行处理。"

三、无人继受遗产的处理

（一）无人继受遗产的概念

无人继受遗产，是指没有继承人或受遗赠人承受的遗产。即没有继承人也没有受遗赠人的遗产；虽有继承人或受遗赠人，但他们全部放弃或者依法丧失承受权利的遗产；以及没有继承人，遗嘱指定受遗赠人承受部分遗产后所剩余的遗产等均属于无人继受的遗产。

（二）无人继受遗产的处理

我国《继承法》第32条规定："无人继承又无人受遗赠的遗产，归国家所有；死者生前是集体所有制组织成员的，归所在集体所有制组织所有。"据此，我国根据死者生前的身份，决定无人继受遗产的归属：被继承人如属农村或城镇集体所有制组织成员，其无人继受的遗产，则归其生前所在的集体所有制组织所有；被继承人为集体所有制组织以外的人员时，其无人继受的遗产，归国家所有。

无论国家或集体所有制组织取得无人继受的遗产，均应在取得遗产实际价值范围内清偿被继承人生前所欠债务，清偿债务后剩余的财产，才归国家或集体所有制组织所有。另外，在处理无人继受遗产时，若继承人以外的依靠被继承人扶养的缺乏劳动能力又没有生活来源的人，或者继承人以外的对被继承人扶养较多的人，无论是否是近亲属，提出取得遗产要求的，人民法院应视情况适当分给遗产。

第十六章　民事诉讼与仲裁

第一节　民事纠纷与民事纠纷的解决机制

一、民事纠纷的概念

民事纠纷，又称民事争议，是法律纠纷和社会纠纷的一种。所谓民事纠纷是指平等主体之间发生的，以民事权利义务为内容的社会纠纷。一般来说，民事纠纷是因为违反了民事法律规范而引起的。民事主体违反民事法律义务规范而侵害了他人的民事权利，由此产生以民事权利义务为内容的民事争议。

根据民事纠纷的内容和特点，可将民事纠纷分为两大类，一类是财产关系方面的民事纠纷，包括财产所有关系的民事纠纷和财产流转关系的民事纠纷；另一类是人身关系方面的民事纠纷，包括人格权关系的民事纠纷和身份关系的民事纠纷。

二、民事纠纷的解决机制

民事纠纷的处理机制，是指缓解和消除民事纠纷的方法和制度。

（一）自力救济

自力救济，包括自决和和解，是指纠纷主体依靠自身力量解决纠纷，以维护自己的权益。自决是指纠纷主体一方强调凭借自己的力量使对方服从，和解是指双方相互妥协和让步。两者的共同点是：纠纷主体都是依靠自我的力量来解决争议，无需第三者参与，也不受任何规范制约。自力救济是最原始、最简单的民事纠纷处理机制，这与生产力低下、文明程度不高的人类早期社会密切联系。

（二）社会救济

社会救济，包括调解（诉讼外调解）和仲裁，是指依靠社会力量处理民事纠纷的一种机制。调解是指第三者依据一定的道德和法律规范，对发生纠纷的当事人摆事实、讲道理，促使双方在相互谅解和让步的基础上，最终解决纠纷的一种活动。仲裁是指纠纷主体根据有关规定或者双方协议，将争议提交一定的机构，由第三者居中裁决的一种方式。调解和仲裁的共同点是：第三者对争议的处理起着重要作用。不同之处在于：调解的结果更多地体现了主体的意愿；而仲裁的结果则是更多地体现了仲裁者的意愿。

（三）公力救济

公力救济，是指诉讼。诉讼的实质是由特定国家机关，在纠纷主体参加下，处理特定的社会纠纷的一种最有权威、最有效的机制。诉讼的特点：一是国家强制性。诉讼是法院凭借国家审判权确定纠纷主体双方之间的民事权利义务关系，并以国家强制执行权迫使纠纷主体履行生效的判决和裁定。二是严格的规范性。诉讼必须严格按照法律规范进行。

我国现行的民事纠纷处理机制：一是和解，二是调解，三是仲裁，四是诉讼。上述四种处理机制中，仲裁是最近几年来当事人选择较多的一种非诉讼解决机制，而诉讼则是最终的、具有权威性的处理民事纠纷的机制。

三、民事诉讼与其他纠纷解决机构的关系

（一）民事诉讼与人民调解委员会调解的关系——人民调解不影响诉讼

人民调解委员会的调解不具有法律上的执行力，人民调解委员会调解不成或者达成协议后反悔的，当事人可以依照民事诉讼法的规定向人民法院起诉。

（二）民事诉讼与劳动仲裁的关系——劳动争议仲裁前置

因劳动关系发生纠纷，协商、调解不成，可以向劳动争议仲裁委员会申请仲裁，对于仲裁裁决不服的，当事人可以依照民事诉讼法的规定向人民法院起诉。劳动争议案件，不经过劳动仲裁委员会的仲裁，人民法院不予受理。

（三）民事诉讼与仲裁的关系——有效仲裁排斥诉讼

对于属于仲裁范围的民事纠纷，当事人可以协议选择仲裁，一旦选择仲裁，当事人应当将纠纷提交选定的仲裁委员会申请仲裁，仲裁裁决作出即生效。除非仲裁裁决被不予执行或撤销，当事人不得再行起诉。

需要注意的是，当事人达成仲裁协议后，不应当起诉。如果当事人起诉后，人民法院审查后发现有仲裁协议，将不予受理；人民法院受理后，发现有仲裁协议，或被告在首次开庭前提交仲裁协议，人民法院将驳回起诉，但仲裁协议无效的除外。如果人民法院没有发现有仲裁协议，被告在首次开庭前也没有提交仲裁协议的，人民法院可以继续审理。

第二节　民事诉讼与民事诉讼法概述

一、民事诉讼

（一）民事诉讼的概念

民事诉讼是指法院、当事人和其他诉讼参与人，在审理民事案件的过程中所进行的各种诉讼活动，以及由这些活动所产生的各种诉讼关系的总和。

诉讼活动，既包括法院的审判活动，如案件受理，调查取证，作出裁判等；又包括诉讼参与人的诉讼活动，如原告起诉，被告提出答辩或反诉，证人出庭作证等。但是法院的活动不都是诉讼活动，如合议庭评议案件的活动、审判委员会讨论案件的活动就不是诉讼活动，而是法院内部的一种活动，这种活动是由法院组织法所调整的。诉讼活动必须是法院和诉讼参与人在诉讼过程中所进行的能够发生诉讼关系的活动。

诉讼关系，是指法院和一切诉讼参与人之间，在诉讼过程中所形成的诉讼权利义务关系。法院始终是诉讼关系中的一方，与作为诉讼关系中另一方的诉讼参与人之间发生关系。如原告起诉后，法院经审查，认为符合法定起诉条件，裁定予以受理，并在法定期限内将原告起诉状副本送达被告，这样法院就同原告和被告分别发生了诉讼关系。

（二）民事诉讼的特点

民事诉讼作为解决民事纠纷的一种独特的形式，主要具有以下特点。

1. 诉讼标的特定性

诉讼标的是双方当事人发生争议，要求法院作出裁判的法律关系。民事诉讼的诉讼标的只能是民事主体之间发生争议，要求法院作出裁判的民事法律关系。

2. 双方当事人在诉讼上对抗的特殊性

民事诉讼是以依法协调民事权利义务关系为基础的，双方当事人在实体和程序上的地位是平等的，诉讼的目的是维护自己的民事权益，这就决定了民事诉讼当事人在诉讼上对抗的特殊性。比如，一方当事人提起了诉讼；而另一方当事人可以提出反诉与之对抗。

3. 当事人处分权利的自由性

民事诉讼反映民事主体权益之争，而民事主体不论在实体上还是在程序上，都有依法处分其权利的自由。民事诉讼中的原告有权依法处分其诉讼权利和实体权利，被告也有权依法处分其诉讼权利和实体权利。

4. 解决纠纷的强制性与最终性

民事诉讼是解决民事纠纷的司法手段，这就决定了它具有强制性和最终性。民事诉讼与诉讼外调解、仲裁等解决纠纷的手段不同，无需双方当事人自愿，只要一方起诉，另一方当事人就只能被动地参加诉讼，而且诉讼的结果是由法院作出裁判，最终的生效裁判当事人必须服从并履行，否则就会受到法律上的强制执行，当事人不能因为不服而采取进一步的解决方法。

（三）民事诉讼法律关系

民事诉讼法律关系，是指人民法院和一切诉讼参与人之间在民事诉讼过程中发生的，由民事诉讼法所调整的诉讼上的权利义务关系。民事诉讼法律关系由审判法律关系和争讼法律关系构成。审判法律关系是指法院同当事人及其他诉讼参与人之间的诉讼权利义务关系；争讼法律关系是指当事人之间、当事人与其他诉讼参与人之间形成的诉讼权利和义务关系。

与其他法律关系一样，民事诉讼法律关系也是由主体、客体和内容三个要素组成。

1. 民事诉讼法律关系主体

民事诉讼法律关系主体，是指能够在民事诉讼程序中依法享有诉讼权利和承担诉讼义务者。根据我国民事诉讼法的规定，能够成为民事诉讼法律关系的主体有各级人民法院、人民检察院、当事人、诉讼代理人、其他诉讼参与人。

2. 民事诉讼法律关系的内容

民事诉讼法律关系的内容是指民事诉讼法律关系的主体在诉讼中享有的诉讼权利和应承担的诉讼义务。

3．民事诉讼法律关系的客体

民事诉讼法律关系的客体，是指民事诉讼法律关系主体之间的诉讼权利和义务所指向的对象，是诉讼法律关系主体通过行使诉讼权利、承担诉讼义务所欲实现的目标。就审判法律关系而言，参与者的权利义务所指向的对象是审判的公正，也就是程序保障的公开、裁判的合法。而参与争讼法律关系的主体权利义务指向的对象是案件真实和当事人的实体权利请求。

二、民事诉讼法

（一）民事诉讼法的概念和特点

民事诉讼法，就是国家制定或者认可的，调整法院和其他诉讼参与人在审理民事案件过程中所进行的各种诉讼活动以及由此而产生的各种诉讼关系的法律规范的总和。

民事诉讼法有狭义和广义之分。狭义的民事诉讼法是指民事诉讼法典，即国家最高权力机关制定颁行的关于民事诉讼的专门法律。我国于1991年4月9日第七届全国人民代表大会第四次会议通过公布施行的《民事诉讼法》，就是狭义的民事诉讼法。广义的民事诉讼法，是指除了民事诉讼法典之外，其他法律中有关民事诉讼程序的规定。例如，《民法通则》、《婚姻法》、《合同法》等法律中有关民事诉讼的法律规范。最高人民法院发布的指导民事诉讼的司法解释，其形式分为"解释"、"规范"、"批复"三种，都具有法律效力。例如，《关于适用〈中华人民共和国民事诉讼法〉若干问题的意见》，《最高人民法院关于在经济审判工作中严格执行〈中华人民共和国民事诉讼法〉的若干规定》等。

我国民事诉讼法的特点主要表现在以下方面：（1）体现了社会主义民主原则和社会主义法制原则；（2）便利群众进行诉讼，便利人民法院办案；（3）用调解的方式解决民事纠纷；（4）原则性规定与灵活性规定相结合。

（二）民事诉讼法的性质和任务

1．民事诉讼法的性质

民事诉讼法就其社会性质来说，是社会主义法。就其法律属性而言，可从以下三方面理解：

第一，民事诉讼法是基本法。它由国家最高权力机关制定与修改，是一切民事程序法的基本法，与其他民事程序法共同构成我国预防和解决民事纠纷的民事程序法律体系。

第二，民事诉讼法是部门法。部门法之间是根据所调整的对象而区别的。民事诉讼法的调整对象是民事诉讼活动和民事诉讼关系，这种特定的调整对象是与其他法律部门相区别的根本标志。

第三，民事诉讼法是程序法。程序法是相对于实体法而言的，实体法是规定人们实体权利义务的法律。民事诉讼法是民事程序法的主要组成部分，在民事程序法中起主导作用。

2．民事诉讼法的任务

根据我国《民事诉讼法》第2条规定，民事诉讼法的任务，有下列四项：（1）保护当事人行使诉讼权利；（2）保证人民法院查明事实，分清是非，正确适用法律，及时审理民事案件；（3）确认民事权利义务关系，制裁民事违法行为，保护当事人的合法权益；（4）教育公民自觉遵守法律。

（三）民事诉讼法的效力

民事诉讼法的效力，是指民事诉讼法的适用范围，即对什么人、对什么事、在什么空间和时间适用和发生作用。具体包括对人的效力，对事的效力，空间的效力，时间的效力。

1. 对人的效力

民事诉讼法对在我国人民法院进行诉讼活动的一切人有效。不论是中国的当事人还是外国或无国籍的当事人，只要在我国领域内进行民事诉讼，都必须受我国民事诉讼法的约束，遵守我国民事诉讼法的规定。具体讲，民事诉讼法对下列人有效：中国公民、法人和其他组织；居住在中国领域内的外国人、无国籍人，以及在中国的外国企业和组织（享有司法豁免权者除外）；申请在中国进行民事诉讼的外国人、无国籍人，以及外国企业和组织。

2. 对事的效力

民事诉讼法对事的效力，是指法院依照民事诉讼法审理民事案件的范围，即哪些案件应当依照民事诉讼法规定进行审理。这实际上是一个法院主管的问题。根据《民事诉讼法》第3条和其他有关法律、法规的规定，主要有以下两类案件：一是平等主体之间因民事法律关系发生的争议，如民法、婚姻法、经济法等调整的财产关系、人身关系发生的争议；二是法律规定适用民事诉讼法审理的其他案件，如选民资格案件。

3. 空间效力

民事诉讼法的空间效力，是指适用民事诉讼法的空间范围。在中华人民共和国领域内进行民事诉讼，适用民事诉讼法。这里的领域，包括：领土、领海、领空以及领土的延伸部分。

4. 时间效力

民事诉讼法的时间效力，就是指民事诉讼法发生法律约束力的时间。

第三节　民事诉讼法的基本理论和基本制度

一、基本原则和基本制度

（一）基本原则

民事诉讼法的基本原则是指在整个民事诉讼过程中，或者在诉讼的重要阶段起着指导作用的准则。它包括三大诉讼法的共有原则和民事诉讼法的特有原则。民事诉讼法的特有原则包括如下一些。

1. 诉讼权利平等原则

民事诉讼当事人有平等的诉讼权利。人民法院审理民事案件，应当保障和便利当事人行使诉讼权利，对当事人在适用法律上一律平等。首先，双方当事人的诉讼地位平等；其次，双方当事人行使诉讼权利的手段和机会是同等的。

2. 法院调解原则

人民法院审理民事案件，应当根据自愿和合法的原则进行调解；调解不成的，应当及时判决。

3. 辩论原则

人民法院审理民事案件时，当事人有权进行辩论。辩论权的行使贯穿诉讼的整个过程；其内容既可以是实体方面的问题，也可以是程序方面的问题；辩论的方式既可以是口头的，也可以是书面的。

4. 处分原则

当事人有权在法律规定的范围内处分自己的民事权利和诉讼权利。

5. 检察监督原则

人民检察院有权对民事审判活动实行法律监督。主要表现在两个方面：一是对审判人员贪赃枉法、徇私舞弊、枉法裁判等行为进行监督；二是对人民法院作出的生效判决、裁定是否正确、合法进行监督。

（二）基本制度

民事诉讼法的基本制度是人民法院进行民事审判活动的基本规则，是具有关键性作用的审判制度，因此也称民事审判的基本制度。具体包括以下内容。

1. 合议制度

由三名以上的审判人员或者由审判人员和人民陪审员组成合议庭审理民事纠纷案件的审判制度和组织形式。这是相对于独任制而言的，独任制只需要一名审判员。除了按照简易程序和特别程序（选民资格案件或重大、疑难案件除外）审理的案件，民事诉讼案件应当适用合议制度。

2. 回避制度

人民法院审判民事案件的审判人员或其他有关人员，遇有法律规定的情形，与案件具有一定利害关系的，主动退出该案件的审判，或由当事人及其代理人请求而退出审判的制度。

3. 公开审判制度

人民法院审判民事案件，除法律规定的情况外审理过程应当公开，而且判决宣判一律公开的制度。

4. 两审终审制度

一个民事案件经过两级法院审理就告终结的制度。需要注意的是，民事案件不是必须经过两级法院的审理，是否经过两级法院的审理由当事人决定（是否上诉）。

二、诉权和诉

（一）诉权

民事诉讼中的诉权，是指当事人请求法院依法保护其民事权益的权利。这一定义包括以下三层含义：第一，诉权的主体为当事人；第二，诉权主体行使诉权的目的在于请求法院保护自己的民事权益，而不是其他权益；第三，法院保护诉权主体民事权益的方式是作出有利于诉权主体的判决。

（二）诉

1. 诉的概念

民事诉讼中的诉，是指当事人因民事权利义务关系发生争议，而向法院提出予以司法保护的请求。诉的基本特征是：第一，它只能向法院提出；第二，它的内容仅限于请求保护民事权益；第三，它的主体包括当事人各方；第四，它以当事人之间的民事权利义务关系发生争议为提起原因。

2．诉的要素

诉的要素，是指构成一个独立之诉的基本因素，它是诉的不可缺少的组成部分。诉的要素决定诉的内容，是使诉特定化的根据和区别各种不同诉的标志。诉的要素不仅包括诉的标的和诉的理由，还包括当事人。

3．诉的分类

根据诉的目的和内容不同，可以把诉分为确认之诉、给付之诉和变更之诉三类。

确认之诉，是指一方当事人请求法院确认其与对方当事人之间争议的民事法律关系是否存在或者存在的具体状态之诉。给付之诉，是指一方当事人请求法院判令对方当事人履行一定民事义务之诉。变更之诉，是指一方当事人请求法院通过判决，改变或者消灭其与对方当事人之间现存的某种民事法律关系之诉。

（三）反诉

1．概念和特征

反诉是指在已经开始尚未结束的本诉诉讼中，本诉的被告针对本诉原告的诉求向法院提出的反请求。反诉具有以下四个基本特征：第一，当事人的特定性；第二，诉讼请求的独立性和关联性；第三，诉讼目的的对抗性；第四，诉讼时间的限制性。

2．提起反诉的条件

被告提起反诉，除必须具备诉的要素外，还必须具备以下条件：（1）反诉与本诉须有牵连关系；（2）反诉须在诉讼中于举证期限届满前提出；（3）反诉须向受理本诉的法院提起，反诉不属于其他法院专属管辖；（4）反诉须与本诉为同一诉讼程序。

三、主管和管辖

（一）主管

民事案件的主管，是指人民法院依法受理和解决一定范围内民事纠纷的权限，也即明确人民法院与其他国家机关、社会组织之间解决民事纠纷的分工，其实质是确定人民法院行使民事审判权的范围和权限。

我国《民事诉讼法》第3条规定："人民法院受理公民之间、法人之间、其他组织之间以及他们相互之间因财产关系和人身关系提起的民事诉讼，适用本法的规定。"除此之外，其他有关法律、法规也对民事诉讼主管范围作了相应的规定。

总体来讲，人民法院主管的民事案件主要有以下几类：一是由民法调整的平等权利主体之间因财产关系和人身关系发生纠纷而引起的案件；二是由婚姻法调整的平等权利主体之间因婚姻家庭关系发生纠纷而引起的案件；三是由经济法调整的平等权利主体之间因经济关系发生纠纷而引起的案件；四是由劳动法调整的用人单位与劳动者之间因劳动关系发生纠纷而引起的案件；五是由其他法律调整的社会关系发生争议，法律明确规定依照民事诉讼程序审理的案件；六是由海商法调整的海上运输关系和船舶关系发生纠纷而引起的海事案件；七是适用民事诉讼法中特别程序、督促程序、公示催告程序、企业法人破产还债程序审理的几类非民事权益争议案件。

（二）管辖

民事案件的管辖，是指确定各级人民法院之间和同级人民法院之间受理第一审民事案件的分工和权限。按不同的标准，可以对民事案件的管辖作如下分类：法定管辖和裁定管辖；专属管辖和协议管辖；共同管辖、选择管辖与合并管辖。

我国民事诉讼法规定的民事案件的管辖，包括级别管辖、地域管辖、移送管辖、指定管辖和管辖权的转移。

1. 级别管辖

级别管辖，是指上、下级人民法院之间受理第一审民事案件的分工和权限。确定不同级别的人民法院管辖第一审民事案件的主要依据在于"三结合"：案件的性质、案件的繁简程度和案件的影响范围。

在级别管辖中，中级人民法院的管辖是重点和难点。中级人民法院管辖的第一审民事案件有三类：

（1）重大涉外案件。涉外民事案件，是指民事法律关系的主体、内容、客体三者之一含有涉外因素的民事案件；重大涉外案件，是指居住在国外的当事人人数众多或者当事人分属多国国籍，或者案情复杂，或者争议标的额较大的涉外民事案件。这类案件由中级人民法院作为一审法院。

（2）在本辖区有重大影响的案件。中级人民法院的辖区有重大影响的案件，是指案情复杂、涉及范围广、诉讼标的金额较大，案发后案件处理结果的影响超出了基层人民法院的辖区范围，基层人民法院已不便行使管辖权，而由中级人民法院作为第一审管辖法院比较适宜。

（3）最高人民法院确定由中级人民法院管辖的案件。除涉外案件外，基于某些案件的特殊性，最高人民法院指定由中级人民法院管辖的案件还有两类：第一，海事、海商案件。主要包括海事侵权纠纷案件、海商合同纠纷案件、其他海事、海商案件、海事执行案件以及请求海事保全案件等。第二，除专利行政案件外的其他专利纠纷案件。

除了中级法院外，我国还有最高人民法院、高级人民法院和基层人民法院。最高人民法院管辖的第一审民事案件主要是：（1）在全国有重大影响的案件；（2）认为应当由本院审理的案件。高级人民法院管辖在本辖区有重大影响的第一审民事案件。基层人民法院管辖上级法院管辖的案件以外的所有案件。

2. 地域管辖

地域管辖，是指同级人民法院之间受理第一审民事案件的分工和权限。地域管辖主要根据当事人住所地、诉讼标的物所在地或者法律事实所在地来确定。即当事人住所地、诉讼标的或者法律事实的发生地、结果地在哪个法院辖区，案件就由该地人民法院管辖。

（1）一般地域管辖。

①原则规定：原告就被告。一般地域管辖，又称普通管辖，是指以当事人住所地与法院辖区的关系来确定管辖法院。

一般地域管辖的原则是"原告就被告"，即民事诉讼由被告所在地人民法院管辖。《民事诉讼法》第22条第1款规定，对公民提起的民事诉讼，由被告住所地人民法院管辖；被告住所地与经常居住地不一致的，由经常居住地人民法院管辖。这里所说的住所地，是指公民的户籍所在地；经常居住地，是指公民离开住所地至起诉时连续居住一年以上的地方，但公民住院就医的地方除外。在司法实践中，公民在其户籍迁出后，迁入异地之前，如果没有经常居住地的，仍然以其原户籍所在地为其住所地。

《民事诉讼法》第22条第2款规定，对法人或者其他组织提起的民事诉讼，由被告住所地人民法院管辖。这里所说的法人或者其他组织的住所地，是指其主要营业地或者主要办事机构所在地。如果被告是不具有法人资格的其他组织形式，又没有办事机构，则应由被告注册登记地人民法院管辖。

此外，按照司法解释，下列诉讼也根据"原告就被告"原则确定管辖法院：A. 双方当事人都是现役军人的离婚诉讼，由被告住所地或者被告所在的团级以上单位驻地的人民法院管辖。B. 双方当事人都被监禁或劳动教养的，由被告原住所地人民法院管辖；被告被监禁或被劳动教养一年以上的，由被告被监禁地、被劳动教养地的人民法院管辖。C. 夫妻双方离开住所地超过一年，一方起诉的离婚案件，由被告经常居住地人民法院管辖。D. 不服指定监护或变更监护关系的案件，由被监护人住所地人民法院管辖。

②例外规定：被告就原告。《民事诉讼法》第23条规定了几种例外的情况由原告住所地人民法院管辖；原告的住所地与经常居住地不一致的，由经常居住地人民法院管辖。这些例外情况是：A. 对不在中华人民共和国领域内居住的人提起的有关身份关系的诉讼。B. 对下落不明或者宣告失踪的人提起的有关身份关系的诉讼。C. 对正在被劳动教养的人提起的诉讼。D. 对正在被监禁的人提起的诉讼。

除上述四种情况外，最高人民法院进行了以下补充规定：A. 追索赡养费案件的几个被告住所地不在同一辖区的，可以由原告住所地人民法院管辖。B. 夫妻一方离开住所地超过一年，另一方起诉离婚的案件，由原告住所地法院管辖。C. 非军人对军人提出的离婚诉讼，如果军人一方为非文职军人，由原告住所地或经常居住地人民法院管辖。

涉及国外华侨的离婚案件的管辖有特殊性，应当根据具体情况确定由原告住所地或者被告住所地法院管辖：A. 在国内结婚后定居国外的华侨，如定居国法院规定离婚诉讼必须由婚姻缔结地法院管辖，当事人向人民法院提出离婚诉讼的，由婚姻缔结地或一方在国内的最后居住地法院管辖。B. 在国外结婚并定居国外的华侨，如定居国法院以离婚诉讼须由国籍所属国法院管辖为由不予受理，当事人向人民法院提出离婚诉讼的，由一方原住所地或在国内的最后居住地法院管辖。C. 中国公民一方居住在国外，一方居住在国内，不论哪一方向人民法院提起离婚诉讼，国内一方住所地的法院都有管辖权。如国外一方在居住国法院起诉，国内一方向人民法院起诉的，受诉人民法院有权管辖。D. 中国公民双方在国外但未定居，一方向人民法院起诉离婚的，应由原告或者被告原住所地的法院管辖。

（2）特殊地域管辖。特殊地域管辖，是指以诉讼标的所在地或者引起民事法律关系发生、变更、消灭的法律事实所在地为标准确定的管辖。《民事诉讼法》第24条至第33条，规定了特殊地域管辖的九种情形，同时这些特殊地域管辖的情形并不排斥一般地域管辖的适用。

①因合同纠纷提起的诉讼，由被告住所地或者合同履行地人民法院管辖。司法实践中，如何确认合同履行地是比较复杂的问题。根据最高人民法院的司法解释，主要有以下几种情况：

A. 因合同纠纷提起的诉讼，如果合同没有实际履行，当事人双方住所地又都不在合同约定的履行地的，应由被告住所地人民法院管辖。

B. 确定购销合同的履行地，应依照下列规定：

第一，当事人在合同中明确约定履行地点的，以约定的履行地点为合同履行地。当事人在合同中未明确约定履行地点的，以约定的交货地点为合同履行地。合同中约定的货物到达地、到站地、验收地、安装调试地等，均不应视为合同履行地。

第二，当事人在合同中明确约定了履行地点或交货地点，但在实际履行中以书面方式或双方当事人一致认可的其他方式变更约定的，以变更后的约定确定合同履行地。当事人未以上述方式变更原约定，或者变更原合同而未涉及履行地问题的，仍以原合同的约定确定履行地。

第三，当事人在合同中对履行地点、交货地点未作约定或约定不明确的，或者虽有约定但未实际交付货物，且当事人双方住所地均不在合同约定的履行地，以及口头购销合同纠纷案件，均不依履行地确定案件的管辖。

C. 加工承揽合同，以加工地为合同履行地，但合同中对履行地有约定的除外。

D. 财产租赁合同、融资租赁合同以租赁物使用地为合同履行地，但合同中对履行地有约定的除外。

E. 补偿贸易合同，以接受投资一方主要义务履行地为合同履行地。

②因保险合同纠纷提起的诉讼，由被告住所地或者保险标的物所在地人民法院管辖。保险合同，是指投保人支付保险费给保险人，保险人对于投保人因自然灾害或意外事故所致的损害或责任，承担赔偿责任或支付一定金额的合同。保险标的物，是投保人与保险人订立的保险合同所指向的对象，如财产、人身健康或生命等。如果保险标的物是运输工具或者运输中的货物，则可由运输工具登记注册地、运输目的地、保险事故发生地的人民法院管辖。

③因票据纠纷提起的诉讼，由票据支付地或者被告住所地人民法院管辖。所谓票据纠纷，是指出票人或付款人与执票人之间因票据承兑等发生的争议。票据支付地，即票据上载明的付款地。如果票据未载明付款地的，则票据付款人的住所地或主要营业所所在地为票据付款地，原告可以任选其中一个人民法院起诉。

④因铁路、公路、水上、航空运输和联合运输合同纠纷提起的诉讼，由运输始发地、目的地或者被告住所地人民法院管辖。运输合同纠纷，是指承运人与托运人双方在履行运输合同中发生的权利义务争议。对这类纠纷，运输始发地（即客运或货运合同规定的出发地点）、目的地（合同约定的客运、货运最终到达地）、被告住所地等三地人民法院都有管辖权。

根据最高人民法院的有关规定，铁路运输合同纠纷及与铁路运输有关的侵权纠纷，由铁路运输法院管辖。

⑤因侵权行为提起的诉讼，由侵权行为地或者被告住所地人民法院管辖。侵权行为地，包括侵害行为实施地和侵权结果发生地。根据最高人民法院的司法解释，因产品质量不合格造成他人财产、人身损害提起诉讼的，产品制造地、产品销售地、侵权行为地和被告住所地人民法院都有管辖权。在涉外民事诉讼中，只要侵权行为发生地或者侵权结果地在中国领域内的，人民法院依法享有诉讼管辖权。

⑥因铁路、公路、水上和航空事故请求损害赔偿提起的诉讼，由事故发生地或者车辆船舶最先到达地、航空器最先降落地或者被告住所地人民法院管辖。铁路、公路、水上、航空事故是车辆、船舶或者航空器的所有人或管理人的侵权行为造成的，因这些事故引起的损害赔偿纠纷，法律规定事故发生地、车辆最先到达地（即事故发生后，车辆第一个停靠站）、船舶最先到达地（事故发生后，船舶第一个停靠港或者沉没地）、航空器最先降落地（即飞机、飞艇、卫星等最先降落地或者因事故而坠落地）、被告住所地人民法院都有权管辖。

⑦因船舶碰撞或者其他海事损害事故请求损害赔偿提起的诉讼，由碰撞发生地、碰撞船舶最先到达地、加害船舶被扣留地或者被告住所地人民法院管辖。其他海损事故，是指船舶在航行过程中，除碰撞以外发生的触礁、触岸、搁浅、浪损、失火、爆炸、沉没、失踪等事故。

因船舶碰撞或者其他海损事故造成财产、人身损害，原告追索损害赔偿的诉讼，以下四个地方的人民法院都有管辖权：其一，碰撞发生地，即船舶碰撞的侵权行为发生的具体地点。其二，碰撞船舶最初到达地，即船舶碰撞事故发生后，受害船舶最先到达的港口所在地。其三，加害船舶被扣留地，即加害船舶实施侵权行为后继续航行，后被有关机关扣留的具体地点。其四，被告住所地，一般是加害船舶的船籍港所在地，即该船舶进行登记，获得航行权的具体港口。

⑧因海难救助费用提起的诉讼，由救助地或者被救助船舶最先到达地人民法院管辖。海难救助，是指对海上遇难的船舶及所载的货物或者人员给予援救。实施救助的可能是从事救助的专业单位，也可能是邻近或者经过的船舶。救助活动完成后，实施救助的一方有权要求被救助的一方给付一定报酬，这就是海难救助费用。法律规定，因追索海难救助费用提起的诉讼，救助地（即实施救助行为或者救助结果发生地）、被救助船舶最先到达地（即被救助船舶经营救脱离险情后，最初到达地）人民法院都有管辖权。

⑨因共同海损提起的诉讼，由船舶最先到达地、共同海损理算地或者航程终止地人民法院管辖。共同海损，是指海上运输中，船舶以及所载的货物遭遇海难等意外事故时，为了避免共同危险而有意地、合理地作出特殊的物质牺牲和支付的特殊费用。

因共同海损提起的诉讼，船舶最先到达地、共同海损理算地或者航程终止地人民法院都有管辖权。船舶最先到达地，是对遇难船舶采取挽救措施，继续航行后最初到达的港口所在地。航程终止地，是发生共同海损船舶的航程终点。共同海损理算地，是处理共同海损损失，理算共同海损费用的工作机构所在地。我国共同海损理算机构是中国国际贸易促进委员会，地点在北京，理算适用的规则是1975年1月1日公布的《中国国际贸易促进委员会海损理算暂行规则》（简称《北京理算规则》）。目前，国际上通用的理算规则是1974年的《约克－安特卫普规则》。

3. 专属管辖

专属管辖，是指对某些特定类型的案件，法律强制规定只能由特定的人民法院行使管辖权。凡是专属管辖的案件，只能由法律明文规定的人民法院管辖，其他人民法院均无管辖权，从而排除了一般地域管辖和特殊地域管辖的适用。对于专属管辖的案件，当事人双方无权以协议或约定的方式变更管辖法院，从而排除协议管辖的适用。外国的法院更没有管辖权，所以排除了外国法院行使管辖权的可能性。

根据《民事诉讼法》第 34 条的规定，有三种诉讼适用专属管辖：

（1）因不动产纠纷提起的诉讼，由不动产所在地人民法院管辖。不动产一般是指不能移动或者移动后会引起性质、状态的改变，从而损失其经济价值的财产，如土地及土地上的建筑物、山林、草原等。

（2）因港口作业中发生纠纷提起的诉讼，由港口所在地人民法院管辖。港口作业中发生的纠纷主要有两类：一是在港口进行货物装卸、驳运、保管等作业中发生的纠纷；二是船舶在港口作业中，由于违章操作造成他人人身或财产损害的侵权纠纷。

（3）因继承遗产纠纷提起的诉讼，由被继承人死亡时住所地或者主要遗产所在地人民法院管辖。被继承人死亡时住所地与主要遗产所在地是一致的，则该地人民法院具有管辖权。二者不一致的，则这两个地方的人民法院都有管辖权，当事人可以任选其中一个人民法院提起诉讼。如果被继承人的遗产分散在几个人民法院辖区，应以遗产的数量和价值来确定主要遗产所在地。遗产既有动产又有不动产的，一般以不动产所在地作为主要遗产地；动产有多项的，则以价值高的动产所在地作为主要遗产地。

4．共同管辖

共同管辖，是指依照法律规定两个或两个以上的人民法院对同一诉讼案件都有管辖权。这种情况既可以因诉讼主体或诉讼客体的原因发生，也可以因法律的直接规定而发生。

在几个人民法院对同一案件都有管辖权的情况下，就形成了管辖权的积极冲突。解决管辖权冲突的最主要的办法，是赋予原告选择权，原告可以向其中任一法院起诉。如果原告向两个以上有管辖权的人民法院起诉，由最先立案的人民法院管辖。

5．协议管辖

协议管辖，又称合意管辖或者约定管辖，是指双方当事人在纠纷发生之前或发生之后，以合意方式约定解决他们之间纠纷的管辖法院。

《民事诉讼法》第 25 条规定："合同的双方当事人可以在书面合同中协议选择被告住所地、合同履行地、合同签订地、原告住所地、标的物所在地人民法院管辖，但不得违反本法对级别管辖和专属管辖的规定。"协议管辖必须符合以下几个条件：

（1）当事人协议管辖的案件，只限于合同案件，并且只限于第一审民事经济纠纷案件中的合同案件。

（2）当事人协议选择管辖法院的范围，只限于被告住所地、合同履行地、合同签订地、原告住所地、标的物所在地人民法院。如果当事人选择了与合同没有实际联系地点的人民法院，该协议无效。

（3）必须以书面合同的形式选择管辖，包括书面合同中的协议管辖条款或者是诉讼前双方当事人达成的管辖协议，口头协议无效。

（4）当事人必须进行确定的、单一的选择。当事人必须在上述五个法院中选择其一，如果选择的法院在两个或两个以上，约定管辖的协议或有关条款无效。

（5）协议管辖不得违反民事诉讼法关于级别管辖和专属管辖的规定。协议管辖有明示协议管辖和默示协议管辖之分。前者必须有当事人约定管辖的书面协议；后者则指从原告向无管辖权的人民法院起诉，法院受理后被告不对管辖权异议并应诉答辩，推断双方当事人均同意由该法院管辖。我国民事诉讼法没有普遍地承认默示协议管辖，只是在涉外民事诉讼程序特别规定了默示协议管辖。不具有涉外因素的民事案件，当事人故意向无管辖权的人民法院起诉的，人民法院应当根据民事诉讼法的规定，将案件移送给有管辖权的人民法院管辖。

6. 裁定管辖

人民法院以裁定的方式确定案件的管辖，称为裁定管辖。民事诉讼法规定的移送管辖、指定管辖、管辖权的转移，都是通过裁定的方式来确定管辖法院的，都属于裁定管辖的范畴。

（1）移送管辖。移送管辖，是指已经受理案件的人民法院，因发现本法院对该案件没有管辖权，而将案件移送给有管辖权的人民法院审理。移送管辖是案件从无管辖权的法院向有管辖权法院的移送。移送管辖必须符合以下条件：第一，移送法院已经受理了案件；第二，移送法院经审查，发现对该案件确无管辖权；第三，受移送的人民法院依法对该案具有管辖权。

适用移送管辖应当遵守的两条要求是：①受移送的法院对所移送的案件应当受理，不得再自行移送；②受移送的法院如果认为受移送的案件依法不属本法院管辖的，应当报请上级法院指定管辖。

（2）指定管辖。指定管辖，是指上级人民法院根据法律规定，以裁定的方式，指定其辖区内的下级人民法院对某一民事案件行使管辖权。

根据我国民事诉讼法的规定，下列三种情况需要上级人民法院指定管辖：第一，受移送的人民法院认为自己对移送来的案件无管辖权；第二，有管辖权的人民法院由于特殊原因，不能行使管辖权的，由上级人民法院指定管辖；第三，人民法院之间因管辖权发生争议，由争议双方协商解决；协商解决不了的，报请它们的共同上级人民法院指定管辖。

（3）管辖权的转移。管辖权的转移，是指经上级人民法院的决定或者同意，将某一案件的诉讼管辖权由下级人民法院转移给上级人民法院，或者由上级人民法院转移给下级人民法院。管辖权的转移，是对级别管辖的补充和变通。

7. 管辖权异议

管辖权异议，是指当事人认为受诉法院对案件无管辖权，而向其提出的不服管辖的意见和主张。《民事诉讼法》第38条规定："人民法院受理案件后，当事人对管辖权有异议的，应当在提交答辩状期间提出。人民法院对当事人提出的异议应当进行审查。异议成立的，裁定将案件移送有管辖权的人民法院；异议不成立的，裁定驳回。"

根据民事诉讼法的规定，提起管辖权异议必须符合以下条件：（1）提出管辖权异议的主体必须是本案的当事人，而且一般是被告。原告只有在特定情形下才有权提出管辖权异议，如起诉后案件被移送或指定管辖。有独立请求权的第三人由于其不是本诉的当事人，因而无权对本诉的管辖权提出异议。无独立请求权第三人，无论法院是否判决其承担责任，都无权提出管辖权异议。（2）管辖权异议必须在法定的答辩期间提出。其内容包括：①只能是对第一审案件的管辖权提出异议，包括级别管辖和地域管辖。②被告收到起诉状副本之日起15日内提出。逾期未提出，视为无异议，法院开始进入实体审查。

人民法院对当事人提出的异议，应当审查，并在15日内作出异议是否成立的书面裁定。异议成立的，裁定将案件移送有管辖权的人民法院；异议不成立的，裁定驳回。法院对管辖权异议未作处理的，不得进入实体审理。而且由于对管辖权异议可以上诉，并非作出即生效，在裁定未生效之前，法院不应当对案件进行实体审查。当事人对管辖权异议裁定不服可以在裁定送达后 10 日内提出上诉，当事人提出上诉的，第二审人民法院应当依法作出书面裁定。其中，对被告管辖权异议成立的，原告可以提起上诉。管辖权异议裁定生效后，当事人申请对该裁定再审的，不影响法院对案件的审理。

四、当事人及诉讼代理人

（一）当事人的概念和特征

民事诉讼当事人，是以自己的名义要求人民法院保护民事权利或者法律关系、受人民法院裁判约束的起诉方和被诉方。一般来说，只要同时符合以下三个要求的主体就可成为民事诉讼当事人：（1）以自己的名义起诉或者应诉，实施诉讼行为。（2）向法院请求解决争议、保护民事权益。（3）接受法院裁判的约束。

当事人有狭义当事人和广义当事人之分，狭义当事人仅包括原告和被告。从诉讼中直接对抗的当事人结构来讲，当事人也只包括原告和被告。所谓原告，是指以自己的名义起诉，向法院请求保护权利或者解决其他争议，并受法院裁判约束的一方当事人，而被告则系被原告声称侵犯其权利或者与之发生其他争议，从而以自己的名义应诉，并受法院裁判约束的对方当事人。广义的当事人除原告和被告外，还包括共同诉讼人、诉讼代表人、第三人。

（二）共同诉讼人

共同诉讼是指当事人一方或双方为两人（含两人）以上的诉讼。共同诉讼属于诉的主体合并，即诉讼当事人的合并。一般将共同诉讼分为必要共同诉讼和普通共同诉讼两种类型。其中争议的诉讼标的是同一的共同诉讼，是必要共同诉讼；争议的诉讼标的是同种类的共同诉讼，是普通共同诉讼。

必要共同诉讼，是指当事人一方或者双方为两人以上，诉讼标的是同一的，法院必须合一审理并合一判决的共同诉讼。其构成条件为：

（1）当事人一方或双方为两人以上。

（2）当事人之间的诉讼标的是共同的，或者是因为共同诉讼人对于诉讼标的原先就有共同的权利或义务，或者因为同一事实或法律上的原因，共同诉讼人之间产生了共同的权利和义务。

（3）法院必须合并审理、合一判决。

由此可见，必要共同诉讼是一种不可分之诉，因此共同诉讼人必须一同起诉或者一同应诉，法院必须合并审理并作出合一判决，且判决内容不得相违背。

普通的共同诉讼，是指当事人的一方或双方是二人以上，其诉讼标的同种类，当事人同意合并诉讼，法院认为可以合并审理的诉讼。其构成条件为：

（1）当事人一方或双方为两人以上。

（2）诉讼标的是同一种类的，主要是指同一类型的民事法律关系，即各个共同诉讼人与对方当事人争议的法律关系的性质是相同的。

（3）法院认为可以合并审理。

（4）当事人同意合并审理。

由此可见，普通共同诉讼是一种可分之诉，共同诉讼人的诉讼行为具有独立性。因此普通共同诉讼，既可以单独起诉，也可以共同起诉。共同起诉的，法院认为可以合并审理，而当事人又同意合并审理的，就形成了普通共同诉讼。

（三）代表人诉讼

代表人诉讼是指一方或者双方当事人人数众多时，由众多的当事人推选出代表人代表本方全体当事人进行诉讼，维护本方全体当事人的利益，代表人所为诉讼行为对本方全体当事人发生效力的诉讼制度。

我国法律将代表人诉讼分为两类。一类是起诉时当事人人数就可以确定的代表人诉讼，称为"人数确定的代表人诉讼"，另一类是起诉时当事人人数不能确定，需要法院受理案件后公告告知多数人全体进行登记并选定代表人进行诉讼，称为"人数不确定的代表人诉讼"。这两类代表人诉讼的人数下限，一般为十人以上。当事人的人数越多，越有必要适用代表人诉讼。

（四）第三人诉讼

民事诉讼第三人，是指对他人之间的诉讼标的有独立的请求权或虽无独立的请求权，但是与案件的处理结果具有法律上的利害关系，而参加他人之间正在进行的诉讼的人。根据对诉讼标的是否有独立的请求权，第三人分为有独立请求权第三人和无独立请求权第三人。

有独立请求权的第三人是指对他人之间正在争议的诉讼标的有独立的请求权，或者他人之间的诉讼可能给自己的利益带来损失，以本诉中的原告和被告为被告提出独立的诉讼请求，以加入到已经开始的诉讼中来的、除本诉原告和被告以外的第三方面的当事人。有独立请求权的第三人参加诉讼的条件和方式：（1）本诉正在进行。（2）对本诉的诉讼标的有独立的请求权。（3）以提起诉讼的方式参加诉讼。

有独立请求权的第三人的诉讼地位相当于原告。但是由于第三人是参加到正在进行的本诉中，不可能完全享有原告的诉讼权利，如无权提起管辖权异议，如果其对管辖权有异议，完全可以另行起诉而不参加到本诉中来。

无独立请求权的第三人是指对当事人双方的诉讼标的的没有独立请求权，但是案件处理结果同他有法律上的利害关系，申请参加诉讼或者由人民法院通知他参加诉讼的人。可见，无独立请求权参加诉讼的方式有两种：（1）第三人主动申请参加。（2）法院通知其参加。

无独立请求权第三人的诉讼地位与有独立请求权第三人不同，一般不享有与当事人相等的诉讼权利，只是辅助一方进行诉讼。无权提出管辖权异议，无权放弃、变更诉讼请求或者申请撤诉，也无权提起反诉。如果法院判决承担民事责任的无独立请求权第三人，那么该第三人享有当事人的部分诉讼权利，如可以提起上诉。

（五）民事诉讼代理人

诉讼代理人，是指以当事人的名义，在一定权限范围内，为当事人的利益进行诉讼活动的人。被代理的一方当事人称为被代理人。诉讼代理人代理当事人进行诉讼活动的权限，称为诉讼代理权。诉讼代理的内容，包括代为诉讼行为和代受诉讼行为。前者如代为起诉，代为提供证据、陈述事实，代为变更或者放弃诉讼请求等；后者如代为应诉，代为答辩，代为接受对方当事人的给付等。

诉讼代理人有以下特征：

（1）有诉讼行为能力。诉讼代理人的职责，是在代理权限范围内代理当事人实施诉讼行为和接受诉讼行为，维护当事人的合法权益，这就要求诉讼代理人必须有诉讼行为能力。

（2）以被代理人的名义，并且为了维护被代理人的利益进行诉讼活动。

（3）在代理权限范围内实施诉讼行为。诉讼代理人在代理权限范围内实施的诉讼行为才是诉讼代理行为，才产生诉讼代理的法律后果。诉讼代理人超越代理权实施的诉讼行为不是诉讼代理行为，不产生诉讼代理的法律后果。

（4）诉讼代理的法律后果由被代理人承担。

（5）在同一案件中只能代理一方当事人进行诉讼。民事案件中双方当事人利益相冲突的特点和设立诉讼代理制度的目的，决定了诉讼代理人在同一案件中只能代理一方当事人，而不能同时代理双方当事人。

根据我国民事诉讼法规定，诉讼代理人分为法定诉讼代理人和委托诉讼代理人两种。

1. 法定诉讼代理人

根据法律的直接规定而发生的诉讼代理，称为法定诉讼代理。依照法律规定取得并行使诉讼代理权的人，称为法定诉讼代理人，它具有以下几个特点：（1）代理权产生基于法律的规定。法定诉讼代理权以民事实体法规定的亲权和监护权为基础，也即法定诉讼代理权产生的根据是民事实体法规定的亲权和监护权。（2）法定诉讼代理是专门为无诉讼行为能力的人设立的一种诉讼代理制度，因此，法定诉讼代理人只能代理无诉讼行为能力人进行诉讼。（3）法定诉讼代理人的范围只限于对被代理人享有亲权和监护权的人，其他人不能担任法定诉讼代理人。

法定诉讼代理人的代理权限和诉讼地位表现为：（1）法定代理人是代理无诉讼行为能力人进行诉讼，相当于当事人的诉讼地位，享有当事人的所有诉讼权利，也应当履行当事人的诉讼义务。（2）法定代理人不是当事人，当事人仍然是无诉讼行为能力人本人。

法定诉讼代理权限的取得和消灭：（1）法定诉讼代理权的取得与监护权的取得同步。监护权的取得一般有三种情况：①因某种身份关系的存在；②基于自愿而发生某种扶养义务；③基于人道主义而产生的社会保障措施。（2）法定代理权的消灭与监护权的丧失同步。法定诉讼代理消灭的情形包括：①被代理人具有或者恢复了民事行为能力；②法定诉讼代理人丧失或者被依法撤销了监护人的资格；③法定诉讼代理人死亡或者丧失诉讼行为能力；④被代理的当事人死亡。

2. 委托诉讼代理人

根据被代理人的授权委托而发生的诉讼代理，称为委托诉讼代理。接受被代理人的授权委托代为进行诉讼活动的人，称为委托诉讼代理人。主要有以下特点：（1）诉讼代理权基于委托人的授权而产生。（2）诉讼代理事项和诉讼代理权限，除法律有特别规定外由委托人决定。（3）代理人和被代理人均有诉讼行为能力。委托诉讼代理则是建立在被代理人的授权委托的基础之上的，因此，被代理人必须具有诉讼行为能力。

在我国，可以充当委托诉讼代理人的范围包括：（1）律师。（2）当事人的近亲属。

（3）社会团体推荐的人。（4）当事人所在单位推荐的人。（5）经人民法院许可的其他公民。

当事人、法定代理人委托诉讼代理人的人数，以2人为限。如委托2人代理诉讼，授权委托书应分别记明代理诉讼事项和权限。

委托诉讼代理人的代理权限取决于委托人的授权。根据委托诉讼代理人的诉讼代理行为对委托人利益影响的程度不同，委托人对诉讼代理人的授权分为一般授权和特别授权两种。委托人只作一般授权的，诉讼代理人只能代理一般的诉讼行为，如起诉、应诉，提出证据，进行辩论等等，而无权处分委托人的实体权利。凡是诉讼代理人代为实施对委托人的实体权利有重大影响的诉讼行为，必须有委托人的特别授权。根据我国《民事诉讼法》第59条第2款规定，诉讼代理人代为承认、放弃、变更诉讼请求，进行和解，提起反诉或者上诉，必须有委托人的特别授权。也就是说，诉讼代理人要实施上述几项代理行为，必须由委托人在授权委托书中特别写明。未特别写明的，只能视为一般授权，诉讼代理人无权代为实施这些诉讼行为。根据最高人民法院的有关规定，授权委托书仅写明"全权代理"而无具体授权的，仍属于一般授权，诉讼代理人无权代为承认、放弃、变更诉讼请求，进行和解，提起反诉或者上诉。

委托诉讼代理人在诉讼中的地位与法定诉讼代理人不同，它不相当于当事人的诉讼地位，而只是具有独立诉讼地位的诉讼参加人。这种独立性主要体现在：第一，可以在委托人的授权范围内独立地发表自己的意见，而不是机械地转达委托人的意见；第二，有权拒绝委托人无理的要求，甚至辞去委托；第三，法律赋予了包括委托诉讼代理人在内的诉讼代理人某些独立的诉讼权利；第四，法院在审理案件的过程中，必须向诉讼代理人通知一定的事项和送达某些法律文书。

委托诉讼代理权的取得、变更、解除和消灭：（1）委托诉讼代理权是基于委托人的授权而发生的。授权委托以书面方式进行。（2）一般情况下不允许转委托，因为委托诉讼代理人转委托他人代为诉讼时，必须事先征得原委托人认可，所以，事实上是委托人已经解除原委托关系，建立了新的委托关系。在紧急情况下的转委托，事后得经委托人追认才发生效力。（3）委托代理人权限因下列情况而消灭：①诉讼结束，代理人已经履行完毕诉讼代理职责；②代理人死亡或者丧失诉讼行为能力；③被代理人死亡；④被代理人和代理人双方自动解除委托诉讼代理关系。

五、民事诉讼证据

（一）证据的概念和特征

民事诉讼证据是指能够证明民事案件真实情况的一切事实，也是法院认定有争议的案件事实的根据。一般认为，民事诉讼证据具有客观性、关联性和合法性等三个特征。

1. 客观性

民事诉讼证据本身必须是客观存在的材料，而不是任何人的猜测或主观臆造的产物。正是因为证据具有客观性，才能使不同的裁判者可以借助司法途径对同一案件事实的认识有大体相同的结论，公正地作出裁判。

2. 关联性

证据必须与案件事实有内在的联系。这种内在的联系表现为，由于证据的存在，使得待证事实的真实或虚假变得更为清晰，从而有助于证明待证事实的真伪。确定某一证据与案件事实是否有关联性，往往取决于人们有关的生活经验和科学发展水平。如根据DNA技术进行亲子关系鉴定，是以前所不能想象的，正是科学技术的发展提高了人们认识案件事实的能力。

3．合法性

证据必须按照法定的程序收集和提供，必须符合法律规定的条件。包括以下三方面的内容：（1）证据必须具有合法的形式。（2）提供、收集证据的主体必须合法。（3）证据的内容必须合法。（4）证据必须依照法定程序收集，违反法定程序收集的证据不具有合法性。

（二）证据的分类

根据不同的标准，学理上对民事诉讼证据进行了不同的分类：本证与反证、直接证据与间接证据、原始证据与传来证据、言词证据与实物证据等。

1．本证与反证

根据证据与证明责任承担者的关系，可以将证据分为本证与反证。本证，是负有证明责任的一方当事人，依照证明责任提出的证明自己主张的事实的证据。反证，是不负证明责任的当事人提出的证明对方主张的事实不真实的证据。反证一般是为否定对方当事人所主张并已有证据进行证明的事实提出的，或者为抵消本证的证据力而提出的，提出反证的当事人证明的事实往往与对方当事人主张的事实相反。反证不同于抗辩。反证必须提出与本证相反的新事实，而抗辩则否认本证本身的证据力即可，不必另行提出新的事实。

本证的目的在于使法院对待证事实的存在与否予以确信，并加以认定，而反证的作用则在于使法官对本证的真实性产生怀疑，对其证明力的认识产生动摇。反证一般都是在本证对待事实进行证明之后才有提出的必要。

理论上区分本证与反证的意义是：本证必须完成对案件真相的证明才算尽到举证责任；如果本证仅使案件事实处于真伪不明的状态，那么法院仍应认定该事实不存在，不利诉讼后果由应负举证责任的当事人承担。而反证的目的在于推翻或者削弱本证的证据力，使本证的待证事实陷于真伪不明的状态，即可达到提出反证的目的。在这种情况下，法院如果依职权不能调查收集到必要的证据查明案件真相，应依举证责任的分配原则，判定待证事实真伪不明，其不利后果仍应当由提出本证的一方当事人承担。

2．直接证据与间接证据

按照民事诉讼证据与案件事实的关系，证据可以分为直接证据与间接证据。直接证据是指能够单独证明案件事实的证据，间接证据是间接证明案件事实的证据。

直接证据能够单独证明案件事实，其证明力一般强于间接证据，运用它来认定案件事实较为便捷，但是由于案件的复杂性，有些当事人为了避免法院认定不利于自己往往把案件的真实情况和直接证据隐藏起来，使对方当事人和办案人员不易一下找到直接证据。间接证据虽然不能直接用来证明案件事实，但也具有重要的证明作用，一方面可以用来补充直接证据的效力，对案件事实起辅助性的证明作用；另一方面可以在缺乏直接证据的情况下，运用多个间接证据，形成证据链条，证明案件事实。

运用间接证据认定案件事实须遵循以下证明规则：首先，各个间接证据本身必须真实可靠；其次，间接证据必须具备一定的数量，使证据形成一个完整的、严密的证明锁链；第三，间接证据本身须具有一致性，相互之间不存在矛盾。

3. 原始证据与传来证据

按照民事诉讼证据的来源，可以将证据分为原始证据和传来证据。原始证据是直接与待证事实有原始的关系，它直接来源于案件事实，也叫第一手证据。例如，证人、当事人关于案件事实的亲自所为、亲身感受、亲眼所见的陈述，都是原始证据。物证、书证、视听资料、勘验笔录的原件也是原始证据。

凡是间接来源于案件事实的证据，也即经过转、述、传抄、复制的第二手以及第二手以下的证据，是传来证据，也叫"派生证据"或"衍生证据"。如证人从他人处得知案件事实的证言、书证的副本、音像资料的复制品等。

区分原始证据与传来证据的意义主要在于：（1）确立原始证据的证明力优先于传来证据的证据规则，使人们尽可能收集和提供原始证据。（2）确立使用传来证据须极为谨慎的证据规则。传来证据经过转述、传抄、复制的次数越多，出现差错的可能性就越大。因此对传来证据应格外慎重，须将它与原始证据核对无误后才能使用。

4. 言词证据与实物证据

根据证据的表现形式，证据可以分为言词证据与实物证据。所谓言词证据，是以人的陈述形式表现证据事实的各种证据，包括证人证言、当事人的陈述等。鉴定结论虽然具有书面形式，但其实质是鉴定人就案件中某些专门问题进行鉴定后所作的判断。在法庭审理时，当事人有权就鉴定结论发问，鉴定人有义务对这种发问作出口头回答，以阐明或补充其鉴定结论。所以鉴定结论也是言词证据。

实物证据，是指以客观存在的物体为证据事实表现形式的证据。这类证据，或者以物体的外部特征、性质、位置等证明案情，或者以其记载的内容对查明案件具有意义。书证、物证、勘验笔录等都是实物证据。

（三）证据的种类

我国民事诉讼法将证据分为书证、物证、证人证言、当事人陈述、视听资料、鉴定结论和勘验笔录等七种形式。

1. 书证

这是指以文字、符号、图画等所表达的思想内容来证明案件事实的书面文件。它表现为文字或者其他能表达人的思想或者意思的有形物。书证具有以下三个特征：（1）书证并不是一般的物品，而是用文字符号记载和表达一定思想内容的物品；（2）书证把一定的思想内容固定下来，以此表达人们的思想，并能为一般人所认知或了解，证明有关的案件事实；（3）书证是固定在一定的物体上的思想内容，所以有较强的客观性和真实性。但它易丢失和被伪造。

2. 物证

这是指以物品的外部形状、质量、数量、特征、规格、痕迹等来证明案件真实情况的证据。物证有如下特征：（1）稳定性。物证是客观存在的物品或痕迹，所以只要及时收集，用科学的方法提取和固定，就具有较强的稳定性。（2）可靠性。物证是以其自身的客观存在的形状、规格、痕迹等证明案件事实，不受人们主观因素的影响和制约，只要判明物证是真实的，就具有很大的可靠性和较强的证明力。

3．证人证言

这是指证人以口头或书面形式，就他所了解的案件情况向人民法院所作的陈述。证人的陈述，一般是陈述自己感知的事实，如果陈述从他人处听来的事实，必须说明出处或来源，否则不能作为证据使用。证人和证人证言有如下特点：（1）证人与客观存在的案件事实形成的联系是特定的，是他人不可替代的。（2）证人只是了解案件的某些情况，他与该案的审理结果无法律上的利害关系。（3）出庭作证的证人应当客观陈述其亲身感知的事实，作证时不得使用猜测、推断或者评论性的语言。

《民事诉讼法》第 70 条规定，凡是知道案件情况的单位和个人，都有义务出庭作证。由此可见，凡是知道案件情况和能够正确表达意志的人都可以有证人资格。根据最高人民法院《关于民事诉讼证据的若干规定》第 53 条第 2 款规定，待证事实与其年龄、智力状况或者精神健康状况相适应的无民事行为能力人和限制民事行为能力人，可以作为证人。

4．当事人陈述

这是指当事人在诉讼中就有关案件的事实情况向法院所作的陈述。当事人就案件有关的事实向人民法院所作陈述，有两种情况：（1）对案件事实的陈述，是当事人就争议的民事法律关系发生、变更或者消灭的事实的说明。（2）当对案件事实的承认，即当事人自认，是一方当事人对对方当事人陈述的事实作相同的陈述或者肯定或者认可对方陈述的事实。应当注意，当事人对事实的承认与对诉讼请求的承认是不同的。对诉讼请求的承认是当事人的一项诉讼权利。对对方的诉讼请求予以承认，也叫诉讼上的认诺，就是当事人越过了对对方当事人主张的事实的承认，直接承认对方当事人的权利请求。人民法院如果查明这种承认是当事人的真实意思表示，即可以判决作出这种承认的一方当事人败诉。

当事人陈述作为证据形式最显著的特点就是具有"两重性"，即真实性与虚假性并存。要正确运用当事人陈述，必须结合其他证据进行综合分析。诉讼中，如果当事人拒绝陈述案情，不影响人民法院根据其他证据认定案件事实。

5．鉴定结论

（1）鉴定结论的概念和特点。鉴定结论是指鉴定人运用专门知识或技能，对案件的专门性问题进行检测、分析、鉴别后所作的结论性意见。

鉴定结论的特点是：一方面，它是鉴定人按照案件的事实材料，按科学技术要求，以自己的专门知识，进行鉴定后提出的结论性意见；另一方面，它是鉴定人对案件中应予查明的案件事实中的一些专门性问题所作结论，而不是就法律问题提供意见。

（2）申请鉴定和重新鉴定。申请鉴定是当事人的诉讼权利，也是鉴定程序的一般启动方式。最高人民法院《关于民事诉讼证据若干规定》第 25 条规定："当事人申请鉴定，应当在举证期限内提出。符合本规定第 27 条规定的情形，当事人申请重新鉴定的除外。对需要鉴定的事项负有举证责任的当事人，在人民法院指定的期限内无正当理由不提出鉴定申请或者不预交鉴定费用或者拒不提供相关材料，致使对案件争议的事实无法通过鉴定结论予以认定的，应当对该事实承担举证不能的法律后果。"

当事人对人民法院委托的鉴定结论有提出异议权。对于确有理由的异议，人民法院应当准许重新鉴定。重新鉴定，是在人民法院对鉴定结论进行审查后，对其可采信度存有疑虑，另行委托新的鉴定人进行的鉴定。重新鉴定应当附送历次鉴定所需的鉴定资料，新鉴定人应独立进行鉴定，不受以前鉴定的影响。最高人民法院《关于民事诉讼证据若干规定》第27条规定："当事人对人民法院委托的鉴定机构作出的鉴定结论有异议申请重新鉴定，提出证据证明存在下列情形之一的，人民法院应予准许：第一，鉴定机构或者鉴定人员不具备相关的鉴定资格的；第二，鉴定程序严重违法的；第三，鉴定结论明显依据不足的；第四，经过质证认定不能作为证据使用的其他情形。对有缺陷的鉴定结论，可以通过补充鉴定、重新质证或者补充质证等方法解决的，不予重新鉴定。"

补充鉴定是在原鉴定的基础上，针对原鉴定中的个别问题，由原鉴定人进行再次修正和补充，以完善原鉴定结论的鉴定。它只是对通常鉴定的补救手段。需补充鉴定的，有以下几种情形：第一，原鉴定结论措辞有错误，或者表述不确切；第二，原鉴定书对鉴定要求的答复不完备；第三，原鉴定结论作出后，委托机关又获得了新的可能影响原鉴定结论的鉴定资料；第四，初次鉴定时提出的鉴定要求有疏漏。

6．勘验笔录

这是指人民法院审判人员为查明案件事实，对于解决民事纠纷有关的现场、物证进行勘察、测量、拍照、绘图、检验、分析之后制作的笔录。

勘验笔录以文字、图表等记载的内容来说明一定案件事实，与书证的区别是：第一，书证是制作人主观意志的反映，而勘验笔录的文字与图片记载的内容，是对现场和物品的客观描绘；第二，书证有公文书和私文书等形式，并不一定是诉讼文书，而勘验笔录则是勘验人依法制作的诉讼文书；第三，书证一般在案件发生前或者发生过程中制作，在诉讼中不得涂改或者重新制作，而勘验笔录则是案件发生后在诉讼中制作的，若记载有漏误，可以重新勘验。

7．视听资料

这是指利用录音、录像以及电子计算机储存的资料来证明待证事实的证据。大致有录音资料、录像资料、电脑贮存资料等表现形式。主要有以下几个特点：第一，较大的客观性和可靠性。它是通过科技手段，反映案件真实情况的原始证据，可以使案件真实得到再现，它一般不受主观因素的影响，能客观地反映案件事实，具有较大的真实性和可靠性。第二，由于视听资料具有技术先进、体积小、重量轻等特点，易于收集、保管和使用。第三，视听资料具有物证所不具备的动态连续性。物证只能反映案件的片断情况，而视听资料可连续地反映案件的动态过程。第四，视听资料具有各种言词证据所不具有的直感性。它能通过再现案件当事人的意思表示、思想感情以及民事法律行为和法律事实的发生、发展变化的过程，含有丰富的信息量。除涉及个人隐私或者商业秘密外，在法庭上，应当庭播放视听资料，质证比较方便。第五，视听资料容易被裁剪或伪造。遇有疑点时，需要通过鉴定或者勘验等方式确定其是否被裁剪或者伪造。

（四）证明对象

证明对象是指诉讼参加人和人民法院运用证据加以证明的对案件的解决有法律意义的事实。

1．证明对象的条件

成为证明对象的三个条件：（1）该事实对于正确处理案件有法律意义；（2）双方当事人对该事实存在争议；（3）该事实不属于诉讼上的免证事实。

2．证明对象的内容

在民事诉讼中，不是所有与案件有关的社会生活事实都可以作为证明对象。民事诉讼中的证明对象主要包括：（1）当事人主张的有关实体权益的法律事实。（2）当事人主张的程序法律事实。（3）证据材料。（4）习惯、地方性法规（主要指非法院本地区的）和外国法。（5）特别经验规则：主要指专门性的特殊行业的经验规则。

3．无需证明的事实

根据最高人民法院《关于适用〈中华人民共和国民事诉讼法〉若干问题的意见》第75条、最高人民法院《关于民事诉讼证据若干规定》第9条的规定，无需证明的事实包括：（1）众所周知的事实，是指在一定范围内为普通知识经验的人所知晓的事实。（2）自然规律及定理。（3）根据法律规定或已知事实和日常生活经验法则，能推定出的另一事实。（4）已为人民法院发生法律效力的裁判所确认的事实。（5）已为仲裁机构的生效裁决所确认的事实。（6）已为有效公证文书所证明的事实。（7）自认的事实：一般是一方当事人对另一方当事人主张的案件事实予以承认。对事实的自认可分为诉讼上的自认和诉讼外的自认、明示自认和拟制自认、当事人的自认和代理人的自认等。

上述前六类无需证明的事实，除自然规律及定理外，其余五类事实：众所周知的事实、根据法律规定或者已知事实和日常生活经验法则能推定出的另一事实、已为人民法院发生法律效力的裁判所确认的事实、已为仲裁机构的生效裁决所确认的事实、已为有效公证文书所证明的事实，都可以以反证推翻。

（五）证明责任

证明责任，也称举证责任，是指诉讼当事人通过提出证据证明自己主张的有利于自己的事实，避免因待证事实处于真伪不明状态而承担不利诉讼后果。

我国《民事诉讼法》第64条第1款规定，当事人对自己提出的主张，有责任提供证据。简言之，就是"谁主张，谁举证"。虽然该规范过于含糊和笼统，没有明确以哪一种证明责任分配学说来指导司法实践。最高人民法院《关于民事诉讼证据若干规定》第2条规定："当事人对自己提出的诉讼请求所依据的事实或者反驳对方诉讼请求所依据的事实有责任提供证据加以证明。没有证据或者证据不足以证明当事人的事实主张的，由负有举证责任的当事人承担不利后果。"该规定和其他相关规定一起，明确了我国以法律要件分类说为基础来确定证明责任分配的思路。

按照法律要件分类说，最高人民法院《关于民事诉讼证据若干规定》第2条、第5条、第6条的规定，根据待证事实与法律规范之间的关系，确定了合同、侵权等民事案件中一般证明责任分配的规则。

第一，合同纠纷诉讼中，主张合同关系成立并生效的一方当事人对合同订立和生效的事实承担证明责任；主张合同关系变更、解除、终止、撤销的一方当事人对引起合同关系变动的事实承担证明责任。对合同是否履行发生争议的，由负有履行义务的当事人承担证明责任。

第二，代理权发生争议的，由主张有代理权的一方当事人承担证明责任。

第三，一般侵权诉讼案件中，主张损害赔偿的权利人应当对损害赔偿请求权产生的事实加以证明。损害赔偿法律关系产生的法律要件事实，包括侵害事实、侵害行为与侵害事实之间的因果关系、行为具有违法性以及行为人的过错等。

第四，劳动争议纠纷案件中，因用人单位作出开除、除名、辞退解除劳动合同、减少劳动报酬、计算劳动者工作年限等劳动争议的，由用人单位负证明责任。

（六）证明标准

证明标准，是指法官在诉讼中认定案件事实所要达到的证明程度。证明标准确定以后，一旦证据的证明力达到这一标准，待证事实的真实就算已得到证明，法官就可以据此作出裁判。民事诉讼中的证明标准应是法官从证据中得到待证事实很可能像一方当事人主张的那样的心证时，就可以认定该事实。

民事诉讼的证明标准具体分为两个层次——高度盖然性和较高程度的盖然性。高度盖然性，是指法官从证据中虽然尚未形成事实必定如此的确信，但在内心中形成了事实极有可能或非常可能如此的判断。较高程度的盖然性是指证明已达到了事实可能如此的程度。如果法官从证据中获得的心证为事实存在的可能性大于不存在的可能性，该心证就满足了较高程度盖然性的要求。

高度盖然性的证明要求适用于民事诉讼的一般情形。只有少数例外情形，才能够适当降低证明要求，适应较高程度盖然性的证明要求，主要是指举证特别困难的案件。

（七）证据调查、收集、审查、判断

1. 法院调查收集证据

人民法院调查收集证据包括下面两种情形。

（1）依职权主动调查收集证据。包括以下情形：第一，当事人及其诉讼代理人因客观原因不能自行收集并已经提出调取证据的申请和该证据的线索的；第二，应当由人民法院委托鉴定或勘验的；第三，当事人双方提出的影响查明案件主要事实的证据互相矛盾，经过庭审质证无法认定的；第四，人民法院认为应当由自己收集的其他证据。

（2）根据当事人的申请调查收集证据。包括以下情形：第一，申请调查收集的证据属于国家有关部门保存并须人民法院依职权调取的档案材料；第二，涉及国家秘密、商业秘密、个人隐私的材料；第三，当事人及其诉讼代理人确因客观原因不能自行收集的其他材料。

2. 法院对证据的保全

证据保全，是指在证据有可能毁损、灭失或以后难以取得的情况下，人民法院对证据进行固定和保护的制度。证据保全要符合以下条件：

第一，待保全的事实材料应当与案件所涉及的法律关系有关，即应当是能够证明案件有关事实的材料；

第二，待保全的事实材料存在毁损、灭失或者以后难以取得的可能性；

第三，待保全的证据还没有提交到法院，或当事人无法将该证据提交法院；

第四，证据保全主要由当事人申请，法院也可以主动采取保全措施。根据司法解释，当事人申请保全证据，不得迟于举证期限届满前七日。

第五，法院可以要求当事人就证据保全申请提供担保。

3. 法院对证据的审核判断

审核判断证据就是审判人员围绕当事人主张的案件事实和当事人在庭审中争议的焦点问题，对证据材料进行审查核实、鉴别真伪，分析证据之间的关联以及证据与案件事实的关系，确定其真实性和证明力，从而正确认定案件事实的活动。

审核判断证据作为认识案件事实的过程，包括审查核实证据和判断证据两个方面的内容。审查核实证据主要是通过庭审或勘验活动确认证据的合法性和真实性，决定证据的取舍；判断证据主要认识证据与待证事实的关联性问题，确定证据证明力的大小。

第四节　审判程序

审判程序是确认当事人之间民事权利义务关系的程序，根据所审理案件性质的不同，分为民事争议案件的审判程序和民事非争议案件的审判程序。民事争议案件的审判程序，分为一审程序和二审程序。此外，为了纠正已经发生法律效力的裁判中的错误，在审级制度之外又设立了特殊的救济程序，即再审程序。其中第一审程序根据所审理的案件的类型不同，分为普通程序和简易程序。民事非争议案件的审判程序，包括特别程序、督促程序、公示催告程序和企业法人破产还债程序。

一、第一审普通程序

第一审普通程序是人民法院审理民事案件时适用的基础程序。在第一审民事争议案件中，除了简单的民事案件外，其他案件都要依照普通程序进行审理。

（一）起诉与受理

起诉是指公民、法人或者其他组织认为其民事权益受到侵害或者与他人发生民事争议时，请求人民法院通过审判方式予以司法保护的诉讼行为。

根据《民事诉讼法》第108条规定，当事人起诉必须具备以下条件：（1）原告是与本案有直接利害关系的公民、法人和其他组织。（2）有明确的被告。（3）有具体的诉讼请求和事实、理由。（4）属于人民法院受理民事诉讼的范围和受诉人民法院管辖。

人民法院收到原告的起诉状或口头起诉后，应当对起诉进行审查，查明是否符合法律的规定，以便确定是否立案受理。根据《民事诉讼法》第112条的规定，人民法院对起诉的审查期限为7日。经审查，认为符合起诉条件的，应当在7日内立案，并通知当事人；认为不符合起诉条件的，应当在7日内裁定不予受理。立案后才发现起诉不符合受理条件的，裁定驳回起诉。原告对不予受理、驳回起诉的裁定不服的，可以在10日内向上一级法院提起上诉。

根据《民事诉讼法》及最高人民法院《关于适用〈中华人民共和国民事诉讼法〉若干问题的意见》的规定，人民法院审查起诉时，发现有下列情况之一的，不予受理，并根据不同情况作相应处理：

第一，依照行政诉讼法的规定，属于行政诉讼受案范围的，告知原告提起行政诉讼。

第二，依照法律规定，双方当事人自愿达成书面仲裁协议，以仲裁方式排除了人民法院管辖权的，告知原告向仲裁机构申请仲裁。

第三，依照法律规定，应当由其他机关处理的争议，告知原告向有关机关申请解决。

第四，对本院没有管辖权的案件，告知原告向有管辖权的人民法院起诉；原告坚持起诉的，裁定不予受理；立案后发现本院没有管辖权的，应当将案件移送有管辖权的人民法院。

第五，对判决、裁定已经发生法律效力的案件，当事人又起诉的，告知原告按照申诉处理，但人民法院准许撤诉的裁定除外。

第六，依照法律规定，在一定期限内不得起诉的案件，在不得起诉的期限内起诉的，不予受理。例如，我国《婚姻法》第34条规定："女方在怀孕期间、分娩后1年内或中止妊娠后6个月内，男方不得提出离婚。"体现了对妇女和儿童的特殊保护。但是，女方提出离婚的，或人民法院认为确有必要受理男方离婚请求的，不在此限。

第七，判决不准离婚和调解和好的离婚案件、原告撤诉或者人民法院按撤诉处理的离婚案件、判决或调解维持收养关系的案件，没有新情况、新理由，原告在6个月内又起诉的，不予受理。

（二）审理前的准备

审理前的准备，是指人民法院受理案件后至开庭审理之前为开庭审理所进行的一系列诉讼活动。

第一，人民法院受理案件后，应当分别向原、被告发送案件受理通知书和应诉通知书，并在立案之日起5日内将起诉状副本送达被告。

第二，告知当事人的诉讼权利（在受理案件通知书和应诉通知书中）和合议庭的组成人员（组成后3日内）。

第三，追加当事人。对于必须共同进行诉讼的当事人没有参加诉讼的，人民法院应当通知其参加诉讼。

第四，组织当事人双方交换证据，调查和收集必要的证据。

第五，公开审理的，应当在3日前公告当事人姓名、案由和开庭的时间、地点。

（三）开庭审理

开庭审理，是指人民法院在当事人和其他诉讼参与人的参加下，按照法定的方式和程序对案件进行全面审查并作出裁判的诉讼活动。开庭审理的程序，顺序分为以下几个阶段：庭审准备、法庭调查、法庭辩论、合议庭评议和宣告判决。

1. 开庭准备

（1）查明当事人及其他诉讼参与人是否到庭，宣布法庭纪律。正式开庭审理之前，由书记员查明原告、被告、第三人、诉讼代理人、证人、鉴定人、翻译人员等是否到庭，并向审判长报告。同时宣布法庭纪律，告知全体诉讼参与人和旁听人员必须遵守。

（2）开庭审理时，由审判长核对当事人，核对的顺序是原告、被告、第三人，核对的内容包括姓名、性别、年龄、民族、籍贯、工作单位、职业和住所。当事人是法人和其他组织的，核对其法定代表人和主要行政负责人的姓名、职务。对于诉讼代理人应当查明其代理资格和代理权限。核对完毕由审判长宣布案由，宣布审判人员、书记员名单，告知当事人有关的诉讼权利义务，询问当事人是否提出回避申请。

2. 法庭调查

法庭调查的主要任务是，审判人员在法庭上全面调查案件事实，审查和核实各种证据，为正确认定案件事实和适用法律奠定基础。依照民事诉讼法和最高人民法院《关于民事诉讼证据的若干规定》，法庭调查主要包括两个内容：一是当事人陈述；二是出示证据和质证。

3．法庭辩论

法庭辩论是当事人及其诉讼代理人在合议庭的主持下，根据法庭调查阶段查明的事实和证据，阐明自己的观点和意见，相互进行言词辩驳的诉讼活动。根据《民事诉讼法》第127条的规定，法庭辩论按照下列顺序进行：（1）原告及其诉讼代理人发言；（2）被告及其诉讼代理人答辩；（3）第三人及其诉讼代理人发言或者答辩；（4）互相辩论。

法庭辩论终结后，由审判长按照原告、被告、第三人的先后顺序征询各方最后意见。法庭辩论结束后，如果案件事实清楚的，审判长应当询问当事人是否愿意调解。当事人愿意调解的，可以当庭或者休庭后进行。经过调解，双方当事人达成协议的，应当在调解协议上签字盖章。人民法院应当根据双方当事人达成的调解协议制作调解书送达当事人。双方当事人达成协议后当即履行完毕，不要求发给调解书的，应当记入笔录，在双方当事人、合议庭成员、书记员签名或盖章后，即具有法律效力。如果调解不成的，合议庭应当及时判决。

4．案件评议和宣告判决

法庭辩论结束后，调解不成的，合议庭应当休庭，进入评议室进行评议。合议庭评议案件，由审判长主持，秘密进行，合议庭有不同意见时，实行少数服从多数的原则，但少数意见要如实记入笔录。评议笔录由书记员制作，经合议庭成员和书记员签名或盖章，归档备查，不得对外公开。评议结束后，应制作判决书，并由合议庭成员签名。

宣告判决的内容包括：认定的事实、适用的法律、判决的结果和理由、诉讼费用的负担、当事人的上诉权利、上诉期限和上诉法院。

宣告判决有两种方式：一种是当庭宣判。即在合议庭评议后，由审判长宣布继续开庭并宣读裁判。宣判后，10日内向有关人员发送判决书。另一种是定期宣判。即不能当庭宣判的，另定日期宣判。定期宣判后，应立即发给判决书。

无论是公开审理还是不公开审理的案件，宣告判决一律公开。宣告离婚判决时，应告知当事人在判决未生效前，不得另行结婚。

（四）撤诉、缺席判决和延期审理

1．撤诉

撤诉是指在人民法院受理案件后到判决宣告前，原告撤回其起诉的行为。我国民事诉讼法规定的撤诉包括两种情形：申请撤诉和按撤诉处理。

申请撤诉是指在一审判决宣告前，原告向人民法院申请撤回其起诉的一种诉讼行为。《民事诉讼法》第131条第1款规定："宣判前，原告申请撤诉的，是否准许，由人民法院裁定。"据此规定，原告申请撤诉必须符合以下条件：（1）撤诉的主体只能是原告。（2）要有申请撤诉的具体行为，即必须向人民法院明确提出撤诉的请求。（3）申请撤诉必须是原告的自愿行为。（4）申请撤诉的目的必须正当、合法。（5）原告的撤诉申请必须在受诉人民法院宣判前提出。

按撤诉处理是指人民法院依照法律的明确规定，对于原告的某些行为裁定按照申请撤诉处理。《民事诉讼法》第129条规定："原告经传票传唤，无正当理由拒不到庭的，或者未经法庭许可中途退庭的，可以按撤诉处理。"根据此规定和最高人民法院《关于适用〈中华人民共和国民事诉讼法〉若干问题的意见》，有下列情形之一的，按撤诉处理：

（1）原告经传票传唤，无正当理由拒不到庭的；

（2）在法庭审理过程中，原告未经法庭许可中途退庭的；

（3）原告为无诉讼行为能力人的，其法定代理人经传票传唤，无正当理由拒不到庭，又不委托诉讼代理人到庭的。

（4）原告未按规定预交案件受理费，经法院通知后仍不预交的，又没有申请免交或者缓交理由的。

有独立请求权的第三人有上述情形的，也按撤诉处理。

人民法院裁定撤诉后，诉讼即告终结，当事人可以在诉讼时效内再行起诉。

2. 缺席判决

缺席判决是指人民法院在一方当事人无故拒不到庭或者未经法庭许可中途退庭的情况下依法审理后所作出的判决。根据民事诉讼法和最高人民法院《关于适用〈中华人民共和国民事诉讼法〉若干问题的意见》，有下列情形之一的，可以缺席判决：

（1）被告经人民法院传票传唤，无正当事由拒不到庭，或者未经法庭许可中途退庭的；

（2）被告反诉，原告经人民法院传票传唤，无正当事由拒不到庭，或者未经法庭许可中途退庭的；

（3）无民事行为能力的被告的法定代理人经传票传唤，无正当理由拒不到庭，又不委托诉讼代理人的；

（4）人民法院裁定不准许原告撤诉的，原告经法院传票传唤，无正当理由拒不到庭的；

（5）无独立请求权的第三人经法院传票传唤，无正当理由拒不到庭，或者未经法庭许可中途退庭的。

3. 延期审理

延期审理是指人民法院确定了案件的审理期日后或者在开庭审理过程中，由于出现了法律规定的特殊情况使开庭审理无法如期或继续进行，而将开庭审理期日推延的制度。根据《民事诉讼法》第132条的规定，有下列情形之一的，可以延期审理：（1）必须到庭的当事人和其他诉讼参与人有正当理由没有到庭的。（2）当事人临时提出回避申请的。（3）需要通知新的证人到庭，调取新的证据，重新鉴定、勘验，或者需要补充调查的。（4）其他应当延期的情形。

（五）诉讼中止和诉讼终结

1. 诉讼中止

诉讼中止是指在诉讼过程中，因出现法定事由而使本案诉讼活动难以继续进行，受诉法院裁定暂时停止本案诉讼程序的制度。

《民事诉讼法》第136条对中止诉讼的原因作了规定，即有下列情形之一的，人民法院裁定中止诉讼：（1）一方当事人死亡，需要等待继承人表明是否参加诉讼的。（2）一方当事人丧失诉讼行为能力，尚未确定法定代理人的。（3）作为一方当事人的法人或者其他组织终止，尚未确定权利义务承受人的。（4）一方当事人因不可抗拒的事由，不能参加诉讼的。（5）本案必须以另一案的审理结果为依据，而另一案尚未审结的。（6）其他应当中止诉讼的情形。

出现诉讼中止的法定事由后，人民法院应当作出中止诉讼的裁定。裁定一经宣布，立即生效，当事人不得上诉，也不得申请复议。中止诉讼的原因消除后，由当事人申请或人民法院依职权恢复诉讼程序。

2．诉讼终结

诉讼终结是指在诉讼过程中，由于法定的原因使诉讼无法继续进行或进行下去没有意义，从而结束诉讼程序的一种法律制度。

《民事诉讼法》第137条对诉讼终结的原因作了规定，即有下列情形之一的，人民法院裁定终结诉讼：（1）原告死亡，没有继承人，或者继承人放弃诉讼权利的。（2）被告死亡，没有遗产，也没有应当承担义务的人的。（3）离婚案件一方当事人死亡的。（4）追索赡养费、扶养费、抚育费以及解除收养关系案件的一方当事人死亡的。

诉讼终结的原因出现时，人民法院应当作出终结诉讼的裁定。诉讼终结的裁定一经送达当事人，即发生法律效力，当事人既不得上诉，也不得申请复议。诉讼终结的法律后果，一是人民法院不再对案件进行审理；二是当事人不能基于同一事实、同一理由就同一诉讼标的再行起诉。

二、简易程序

我国民事诉讼中的简易程序，是指基层人民法院和它的派出法庭审理事实清楚、权利义务关系明确、争议不大的简单民事案件所适用的审判程序。

（一）简易程序的特点

根据我国民事诉讼法规定，与普通程序相比，简易程序具有以下几个方面的特点。

1．起诉方式简便

对简单的民事案件，原告本人不能书写起诉状，委托他人代写起诉状确有困难的，可以口头起诉。

2．受理案件的程序简便

当事人双方可以同时到基层人民法院或者派出法庭请求解决纠纷。基层人民法院和它派出的法庭可以当即审理，也可以另定日期审理。

3．传唤当事人和通知其他诉讼参与人的方式简便

既可以口头传唤和通知，也可以采取捎口信、电话、传真、电子邮件等简便方式随时传唤双方当事人、证人。但是以捎口信、电话、传真、电子邮件等形式发送的开庭通知，未经当事人确认或者没有其他证据足以证明当事人已经收到的，人民法院不得将其作为按撤诉处理和缺席判决的根据。

4．实行独任制审判

由审判员一人独任审理，书记员担任记录。但是不能由审判员一人自审自记。

5．开庭审理的程序简便

不必按照普通程序那样严格按照程序进行法庭调查、辩论等。

6．审限短

从立案之日起三个月内审结，并且不得延长。

（二）简易程序的适用范围

1．适用法院范围

基层法院和它的派出法庭。

2．适用案件范围

事实清楚、权利义务关系明确、争议不大的简单的民事案件。

3．适用审级范围

第一审。

根据最高人民法院《关于适用简易程序审理民事案件的若干规定》，下列案件不得适用简易程序：（1）起诉时被告下落不明的案件；（2）发回重审的案件；（3）共同诉讼中一方或者双方当事人人数众多的案件；（4）法律规定应当适用特别程序、审判监督程序、督促程序、公示催告程序和企业法人破产还债程序的案件；（5）人民法院认为不宜适用简易程序进行审理的案件。

三、第二审程序

第二审程序也称上诉审程序，是指当事人不服第一审人民法院作出的尚未生效的判决或裁定，依法向上一级人民法院提起上诉，要求撤销或变更原判决或裁定，上一级人民法院据此对案件进行审理和作出裁判所适用的诉讼程序。我国民事诉讼实行两审终审制，因此，第二审程序也称为终审程序。

（一）上诉的提起和审理

上诉是指当事人不服第一审人民法院作出的尚未生效的裁判，在法定期间内，请求上一级人民法院对上诉请求的有关事实和法律适用进行审理并撤销或者变更第一审裁判的诉讼行为。

当事人提起上诉必须同时符合以下几个条件：

第一，上诉必须针对依法可以上诉的裁判提出。（1）除了最高人民法院作出的第一审判决，最高人民法院和地方各级人民法院作出的第二审判决，基层人民法院依照特别程序、公示催告程序、督促程序作出的判决不能上诉外，其他判决可以上诉。（2）可以上诉的裁定有：不予受理、驳回起诉、管辖权异议、驳回破产申请的裁定。

第二，上诉必须有合格的上诉人与被上诉人。上诉人与被上诉人必须是第一审程序中的当事人、当事人的继承人或者诉讼承担人，具体包括第一审程序中的原告、被告、共同诉讼人、诉讼代表人、有独立请求权的第三人、判决承担民事责任的无独立请求权的第三人，以及上述当事人的继承人或者诉讼承担人。

第三，上诉必须在法定期间内提出。对裁定不服的上诉期间为 10 日，对判决不服的上诉期间为 15 日。

第四，上诉必须递交上诉状。当事人口头表示上诉的，人民法院应当告知其必须在法定上诉期间内提出上诉状，未在法定上诉期间内递交上诉状的，视为未提出上诉。

第五，当事人只能向原审人民法院的上一级人民法院提出上诉，不得越级上诉。

第二审人民法院经审查，认为上诉符合法定条件的，应当决定立案审理。认为不符合法定条件的，应当裁定不予受理，已经受理的，应当裁定驳回上诉。

上诉人提起上诉后，在第二审人民法院宣告判决前，可以请求撤回上诉。对于上诉人撤回上诉的申请，第二审人民法院应当进行审查并作出是否准许的裁定。

（二）审理范围

民事诉讼第二审审理范围仅限于对上诉请求和适用法律进行审查。但应注意，对上诉人上诉请求的有关事实和适用法律进行审查时，如果发现在上诉请求以外原判决违反法律禁止性规定、侵害社会公共利益或者他人利益的，应当予以纠正。

（三）审理方式

第二审程序应当组成合议庭审理，审理方式有两种，即开庭审理和径行裁判，而且在具体适用上，应当以开庭审理为原则，以径行裁判为例外。根据最高人民法院《民诉法适用意见》第188条规定，下列案件可以径行裁判：一是一审就不予受理、驳回起诉和管辖权异议作出裁定的案件；二是当事人提出的上诉请求明显不能成立的案件；三是原审裁判认定事实清楚，但适用法律错误的案件；四是原判决违反法定程序，可能影响案件正确判决，需要发回重审的案件。

（四）审理地点

根据《民事诉讼法》第152条第2款的规定，第二审人民法院审理上诉案件，可以在本院进行，也可以到案件发生地或者原审人民法院所在地进行。

（五）上诉案件的调解

调解原则是我国民事诉讼法的一项基本原则，它贯穿民事诉讼程序的始终，其中包括第二审程序。上诉案件调解的范围不受上诉请求范围的限制，也不受第一审诉讼请求范围的限制，第二审人民法院可以对当事人在第一审程序中的全部诉讼请求以及在第二审程序中提出的新请求一并进行调解。

第一，在第二审程序中，原审原告增加独立的诉讼请求或者原审被告提出反诉的，第二审人民法院可以根据当事人自愿的原则就新增加的诉讼请求或者反诉进行调解，调解不成的，告知当事人另行起诉。

第二，在下列三种情况下，第二审人民法院可以根据自愿的原则进行调解，调解不成的，发回重审：第一，对当事人在第一审程序中已经提出的诉讼请求，原审人民法院未作审理、判决的；第二，必须参加诉讼的当事人在一审中未参加诉讼的；第三，一审判决不准离婚的案件，上诉后，第二审人民法院认为应当判决离婚的。

（六）二审裁判

第二审人民法院对上诉案件进行审理后，应当视不同情况作出裁判：

第一，原判决认定事实清楚，适用法律正确的，判决驳回上诉，维持原判决。

第二，原判决适用法律错误的，依法改判。

第三，原判决认定事实错误，或者原判决认定事实不清，证据不足，裁定撤销原判，发回重审；或者查清事实后改判。

第四，原判决违反法定程序，可能影响案件正确判决的，裁定撤销原判，发回重审。具体情形包括：（1）审理本案的审判人员、书记员应当回避而未回避的。（2）未经开庭审理而作出判决的。（3）适用普通程序审理的案件当事人未经传票传唤而缺席判决的。（4）其他严重违反法定程序的。

第五，前面提到的二审调解中，调解不成发回重审的三种情形。

（七）上诉案件的审结期限

根据《民事诉讼法》第159条的规定，人民法院审理对判决的上诉案件，应当在第二审立案之日起3个月内审结，有特殊情况需要延长的，由本院院长批准。人民法院审理对裁定的上诉案件，应当在第二审立案之日起30日内作出终审裁定。

四、再审程序

再审程序是指对已经发生法律效力的判决、裁定、调解书，人民法院认为确有错误，对案件再行审理的程序。

（一）再审程序的启动

在我国，再审程序的启动分为当事人申请、人民法院依职权决定、人民检察院抗诉三种方式。

1. 当事人申请再审

当事人申请再审，是指当事人认为人民法院作出的已经发生法律效力的判决、裁定有错误，或者提出证据证明人民法院作出的已经发生法律效力的调解书在调解时违反自愿原则或者调解协议的内容违反法律规定，依照法定程序提出申请，请求人民法院对已经审结的民事案件进行再次审理和重新裁判的诉讼行为。

根据民事诉讼法的规定，当事人申请再审必须符合下列条件：

（1）认为人民法院已经发生法律效力的判决、裁定、调解书有错误。

（2）具有法定的申请事由。《民事诉讼法》第179条规定了当事人对以判决和裁定方式结案的案件申请再审的法定事由。根据该条规定，对于以法院判决和裁定方式结案的案件，只要当事人的申请符合下列情形之一，人民法院就应当对案件进行再审：第一，有新的证据，足以推翻原判决、裁定的；第二，原判决、裁定认定事实的主要证据不足的；第三，原判决、裁定适用法律确有错误的；第四，人民法院违反法定程序，可能影响案件正确判决、裁定的；第五，审判人员在审理该案件时有贪污受贿、徇私舞弊、枉法裁判行为的。

《民事诉讼法》第180条规定了当事人对以调解方式结案的民事案件申请再审的事由。当事人只要提出证据证明调解结案的案件具有下列情形之一的，就可以申请再审；经查证属实的，人民法院就应当再审：第一，有证据证明调解违反自愿原则的；第二，有证据证明调解协议的内容违反法律规定的。

（3）必须在法定期限内提出申请。根据《民事诉讼法》第182条及最高人民法院《关于适用〈中华人民共和国民事诉讼法〉若干问题的意见》第204条的规定，当事人申请再审，应当在判决、裁定、调解书发生法律效力后两年内提出。

（4）必须向有管辖权的人民法院提出申请。根据《民事诉讼法》第178条的规定，当事人申请再审，应向原审人民法院或者上一级人民法院提出。

2. 人民法院决定再审

人民法院决定再审，是指人民法院发现本院或者下级人民法院已经发生法律效力的判决、裁定确有错误，根据法律规定，决定对案件进行再次审理的诉讼行为。

人民法院启动再审程序又有三个主体和途径，分为自行再审、上级提审、指令再审。各级人民法院院长发现本院已经发生法律效力的判决、裁定确有错误，认为需要对案件进行再审的，应当提交审判委员会讨论决定是否再审。经审判委员会讨论决定再审的，应当作出再审决定。最高人民法院发现地方各级人民法院、上级人民法院发现下级人民法院已经发生法律效力的判决、裁定确有错误的，最高人民法院、上级人民法院应当作出提审或者指令再审的裁定。总之，再审决定、提审裁定、指令再审裁定的作出是人民法院依职权提起再审的标志。

3．人民检察院抗诉启动再审

人民检察院抗诉，是指人民检察院对人民法院已经发生法律效力的民事判决、裁定，发现确有错误，依照法定程序要求人民法院对案件进行再次审理的诉讼行为，也称民事抗诉。

根据《民事诉讼法》第185条的规定，人民检察院抗诉有两种类型，即最高人民检察院抗诉和上级人民检察院抗诉。对于人民法院的裁判和诉讼行为，必须具有下列事由之一，人民检察院才能提出抗诉：（1）原判决、裁定认定事实的主要证据不足。（2）原判决、裁定适用法律确有错误。（3）人民法院违反法定程序，可能影响案件正确判决、裁定。（4）审判人员在审理该案时有贪污受贿，徇私舞弊，枉法裁判行为。

（二）再审案件的审理

第一，裁定中止原判决或者调解书的执行。之所以要裁定中止原判决的执行，主要是为了防止继续执行有错误的判决，给国家、集体、社会公共利益或者他人的合法权益造成更大的损害。

第二，人民法院再审案件应当另行组成合议庭。原来参加本案审理的审判人员不得参加合议庭；必须组成合议庭，不得适用简易程序。

第三，审判程序与裁判效力主要因案件的原审程序不同而不同，分别适用第一、第二审程序审理。

（1）人民法院决定再审的案件，发生法律效力的判决、裁定是由第一审法院作出的，按照第一审程序审理，所作的裁判仍然是第一审裁判，当事人不服的，可以上诉。

（2）发生法律效力的判决、裁定是由第二审人民法院作出的，按照第二审程序对案件进行再审，所作的裁判是终审裁判，当事人不得提起上诉。

（3）最高人民法院、上级人民法院提审或者最高人民法院指令上级人民法院再审的，适用第二审程序进行再审。

第四，再审中可以调解，达成调解协议的，调解书送达后，原判决、裁定即视为撤销。

（三）再审案件的裁判

再审案件的裁判分为判决与裁定两种，从具体内容来看，可以分为以下几种。

1．维持原判决、裁定的判决、裁定

经过再审，认为原判决、裁定认定事实清楚，适用法律正确，审判程序合法的，再审法院应当作出维持原判决、裁定的判决、裁定。

2．变更原判决、裁定的判决、裁定

经过再审，认为原判决、裁定在认定事实、适用法律或者审判程序方面存在错误的，再审法院可以根据不同情况，全部或者部分撤销原判决、裁定，并依据认定的事实正确适用法律对案件作出新的判决、裁定。

3．撤销原一、二审判决，驳回起诉的裁定

人民法院提审或者按照第二审程序审理的再审案件，在审理中认为该案不符合民事诉讼法规定的受理条件的，应当裁定撤销一、二审判决，驳回起诉。

4．撤销原一、二审判决，发回原审人民法院重审的裁定

这种裁定主要适用于以下两种情况：第一，人民法院提审或者按第二审程序审理的

再审案件，在审理中发现原一、二审违反法定程序，可能影响公正裁判的，应当裁定撤销原一、二审判决，发回原审人民法院重审。这些具体事由包括：审理本案的审判人员、书记员应当回避未回避的；未经开庭审理而作出裁判的；适用普通程序审理的案件当事人未经传票传唤而缺席判决的；其他严重违反法定程序的。第二，人民法院在再审中发现原一、二审判决遗漏了应当参加诉讼的当事人，经调解不成的，裁定撤销原一、二审判决，发回原审人民法院重审。

对于当事人申请再审的以调解方式结案的案件，再审法院的裁判在形式和内容上与对法院裁判的案件基本相同，可以分为判决维持、判决变更、裁定撤销并驳回起诉、裁定发回重审等四种。

五、非诉讼程序

由法院行使审判权处理的民事案件，在性质上可以分为诉讼案件和非讼案件两种基本类型，此两种类型的案件应当分别适用诉讼程序和非讼程序予以审理。传统的非诉讼程序主要指特别程序，现代的非诉讼程序主要指督促程序、公示催告程序、企业法人破产还债程序。

（一）特别程序

特别程序，是指人民法院审理某些非民事权益争议案件所适用的特殊审判程序。按照我国民事诉讼法的规定，特别程序包括四类案件：选民资格案件、宣告失踪或宣告死亡案件、认定公民无民事行为能力或者限制民事行为能力案件和认定财产无主案件。

与通常诉讼程序相比较，特别程序具有以下特点：

（1）只确认某种法律事实或者某种权利的实际状况，并不解决民事权利义务关系争议。

（2）没有利害关系相冲突的双方当事人。特别程序的发动，除了选民资格案件由起诉人起诉外，其他案件均由申请人提出申请而开始。申请人或者起诉人不一定与本案有直接的利害关系，而且没有对方当事人。

（3）实行一审终审。

（4）审判组织特别。特别程序的审判组织除选民资格案件或者重大、疑难的非讼案件由审判员组成合议庭审理外，均由审判员一人独任审理，选民资格案件的合议庭也不适用陪审制，只能由审判员组成。

（5）审结期限较短。依特别程序审理的案件，审结期限一般较短，且没有统一规定。根据民事诉讼法的规定，选民资格案件必须在选举日前审结；非讼案件必须在立案之日起 30 日内或者公告期满 30 日内审结，特殊情况需要延长的，由本院院长批准。

（6）不适用审判监督程序对案件进行再审，但可以作出新判决、撤销原判决。

（7）免交案件受理费。依特别程序审理案件，申请人或者起诉人免交案件受理费，只需交纳实际支出的费用。

（8）管辖法院为对象所在地人民法院，如选区所在地，下落不明人住所地，认定公民无民事行为能力或者限制民事行为能力案件的被认定人住所地，财产所在地人民法院。

（二）督促程序

督促程序，是指人民法院根据债权人的申请，以支付令的方式，催促债务人在法定期间内向债权人履行给付金钱和有价证券义务，如果债务人在法定期间内未履行义务又不提出书面异议，债权人可以根据支付令向人民法院申请强制执行的程序。

督促程序与其他民事审判程序相比较，具有以下特点。

1．督促程序的非讼性

督促程序因债权人的申请而开始，没有对立双方当事人参加诉讼。因此，督促程序并不解决当事人之间的民事权益争议，具有非讼的特点。

2．督促程序适用范围的特定性

督促程序仅适用于请求给付金钱和有价证券的案件，并附有一定条件限制，如债权人没有对待给付义务、支付令能送达债务人等。所谓金钱，是指作为流通手段和支付手段的货币，通常是指人民币，在特定的情况下也包括外国货币。所谓有价证券，是指汇票、本票、支票、股票、债券、国库券以及可以转让的存单。

3．督促程序的可选择性

债权人请求债务人给付金钱、有价证券，符合条件的，可以适用督促程序。但是，法律并没有强制规定这类案件必须适用督促程序，当事人可以选择诉讼程序或督促程序来解决，只是选择诉讼程序时间更长，不利于问题的快捷简便解决。如果当事人选择了诉讼程序的，就不能再选择督促程序。

4．督促程序审理的简捷性

人民法院适用督促程序审理案件，仅对债权人提出的申请和债权债务关系的事实和证据进行书面审查，不传唤债务人，也无须开庭审理。对符合条件的，人民法院直接发出支付令；不符合条件的，人民法院驳回债权人的申请，并且不能提出上诉。审判组织采用独任制的形式。

5．支付令生效的附条件性

人民法院向债务人发出的支付令只有符合一定的条件才能生效。这些条件包括两个方面：一是期限上的要求，即债务人自收到支付令之日起15日届满支付令才能生效；二是行为上的要求，即债务人在上述期限届满前不清偿债务，也不提出书面异议的，支付令才能生效。

（三）公示催告程序

公示催告程序，是指人民法院根据申请人的申请，以公示的方法，告知并催促不明确的利害关系人在一定期限内申报权利，到期无人申报权利的，则根据申请人的申请依法作出除权判决的程序。

1．适用范围

我国《民事诉讼法》第193条对公示催告程序的适用范围作出了规定。我国公示催告程序的适用范围包括票据和其他事项两个方面：（1）可以背书转让的票据，包括汇票、本票和可以背书转让的支票；（2）依法可以申请公示催告的其他事项，主要有股票和提单。

2．公示催告的申请

（1）申请主体：必须是按照规定可以背书转让的票据持有人或法律规定可以申请公示催告的其他事项的拥有人。

（2）申请的原因：票据被盗、遗失或者灭失。

（3）申请公示催告的方式

申请公示催告应当采取书面方式，并载明下列内容：申请人的基本情况，票据的种类、票面金额、发票人、持票人、背书人等票据主要内容，申请的事实和理由，受申请的法院。

（4）案件管辖：由票据支付地的基层人民法院管辖。

3. 对公示催告申请的审查与受理

人民法院对申请人提出的公示催告申请，应当立即进行审查并决定是否受理。人民法院只进行程序性审查，而不是实质性审查。经审查，认为申请人的公示催告申请符合法定的条件和程序，即符合受理条件的，应当立即通知受理，并同时通知付款人停止支付；认为不符合受理条件的，应当在 7 日内裁定驳回申请。

4. 申报权利

申报权利，是指受公示催告的利害关系人，在公示催告期间内向人民法院主张票据权利的行为。

申报权利的主体，必须同时具备两个条件：（1）必须与票据存在利害关系。（2）必须是持票人。利害关系人向人民法院申报权利，应当采取书面形式，即应当向人民法院提交票据权利申报书。利害关系人申报权利产生的法律后果分为两种情况。一是驳回申报。即利害关系人出示的票据与公示催告申请人申请公示催告的票据不一致的，表明申报人的申报与公示催告的票据无关而不能成立，人民法院应当裁定驳回利害关系人的申报。二是终结公示催告程序。即利害关系人出示的票据就是公示催告申请人申请公示催告的票据，人民法院应当裁定公示催告程序终结，并通知申请人和付款人。

5. 除权判决

公示催告期间届满后，无利害关系人申报权利，或者申报被依法驳回的，人民法院应根据申请人的申请，作出宣告票据无效的判决，这种判决称为除权判决。

申请除权判决，应当符合以下条件：第一，申请人必须在法定期间内提出申请，即必须在申报权利期间届满的次日起 1 个月内提出申请。第二，在公示催告期间无人申报权利，或者申报被依法驳回。第三，申请人必须向原受理公示催告申请的人民法院提出。对于符合上述条件的申请，人民法院应当受理，并组成合议庭进行审理。

除权判决具有以下法律效力：（1）原票据作废；（2）申请人可以依据除权判决，向票据义务人主张权利。

6. 公示催告程序终结和对利害关系人权利的救济

人民法院作出并公告除权判决后，公示催告程序终结。此后，利害关系人主张票据权利的，只能向人民法院起诉，而不能以申报权利的方式主张权利，也不能请求通过审判监督或再审的方式寻求救济。但应注意，利害关系人在除权判决作出后起诉的应符合两个条件：（1）因正当理由不能在判决前向人民法院申报权利的。（2）期间：自知道或者应当知道判决公告之日起 1 年内。

（四）企业法人破产还债程序

企业法人破产还债程序是指企业法人因严重亏损，无力清偿到期债务，人民法院根据债权人或债务人的申请，宣告债务人破产，并将债务人的破产财产依法在全体债权人中按比例进行分配的特定程序。

1．适用范围

（1）具有法人资格的集体企业、联营企业、私人企业以及设在中国领域内的中外合资经营企业、中外合作企业和外资企业等，适用企业法人破产还债程序。（2）不应当适用本法的有：全民所有制企业、不是法人的企业、个体工商户、农村承包经营户、个人合伙。

2．申请人

债权人、债务人均可提出申请。

3．实质条件

严重亏损，无力清偿到期债务。

4．管辖

被申请破产的企业法人住所地的人民法院管辖。

5．合议庭

人民法院受理破产案件后，应当组成合议庭进行审理。

6．破产还债程序启动的效力

人民法院受理破产申请后，对债务人的其他民事执行程序、财产保全程序必须中止。

第五节　仲　裁

仲裁是指发生争议的双方当事人，根据其在争议发生之前或争议发生之后所达成的协议，自愿将他们之间的纠纷提交仲裁机关，由仲裁机关以第三者的身份进行裁决。仲裁并不是一种法定的诉讼程序，仲裁机构也不是国家机关，但仲裁裁决具有法律效力，当事人必须执行。

仲裁与诉讼有很大的不同。仲裁只适用于民事纠纷，行政案件特别是刑事案件不适用仲裁方式。进入仲裁程序必须以双方当事人自愿为前提。一般来说，进入仲裁程序的双方当事人都是事先在合同中订立了仲裁条款，或者是在争议发生后，经双方协商同意以仲裁方式解决纠纷。如果只是一方当事人单方面提起仲裁，仲裁机构不能受理。此外，仲裁机构专业性强，仲裁程序比较简单，不像审判程序那么严格复杂，而且我国民事仲裁采取"一裁终局"制，解决争议比较迅速。不过，仲裁机构对自己作出的裁决，无权强制执行，若当事人不履行，另一方当事人只能请求人民法院强制执行。根据仲裁的这些特点，当事人可以选择以何种方式解决争议。

仲裁与劳动争议仲裁是不相同的，两者的主要区别表现为：

（1）适用的法律依据不同。仲裁适用的是《中华人民共和国仲裁法》，是我国按照国际通行惯例在民商事领域内统一建立的法律制度；劳动争议仲裁适用的是《企业劳动争议处理条例》，是国家针对劳动争议的特殊性，在该领域设立的处理劳动争议的专门制度。

（2）受案范围不同。仲裁涵盖民事、经济的绝大多数领域，包括各类合同纠纷和其他财产权益纠纷；而劳动争议仲裁仅限于劳动争议。

（3）机构设置不同。仲裁委员会不按行政区划层层设立，可以在直辖市和省、自治区人民政府所在地的市设立，也可以根据需要在其他设区的市设立；而劳动争议仲裁委员会是按行政区划分别在县、市和市辖区等设立的处理劳动争议的特别机构，其常设办事机构设于各同级劳动行政主管部门内。

（4）管辖方式不同。仲裁实行协议管辖，当事人可自主选择诉讼或者仲裁，也可自主选定仲裁委员会；而劳动争议仲裁实行地域管辖和级别管辖，当事人之间发生劳动争议后不得直接向人民法院起诉，而必须先申请劳动争议仲裁且当事人之间无需订有仲裁协议。

（5）裁决效力不同。仲裁实行一裁终局制度，裁决一经作出，即发生法律效力；而劳动争议仲裁实行一裁两审制，其裁决是非终局性的，当事人不服还可以向人民法院起诉。

一、仲裁范围

在我国并不是所有的民事案件都可以仲裁，只有平等主体的公民、法人和其他组织之间发生的合同纠纷和其他财产权益纠纷，才可以仲裁。

《仲裁法》第 3 条特别规定了以下两类事项不得仲裁：

（1）婚姻、收养、监护、抚养、继承纠纷；

（2）依法应当由行政机关处理的行政争议。

二、仲裁协议

属于仲裁范围的纠纷，不一定必然能够提交仲裁，必须要有双方当事人的仲裁协议。

1. 仲裁协议的形式

（1）仲裁协议必须是书面形式。

（2）仲裁协议可以是当事人在合同中订立的仲裁条款，也可以是以其他书面方式在纠纷发生前或纠纷发生后达成的请求仲裁的协议。

2. 仲裁协议的内容

仲裁协议应当具有下列内容：（1）请求仲裁的双方共同意思表示。（2）仲裁事项。（3）选定的仲裁委员会，即约定要明确具体：①根据司法解释的规定，如果当事人约定了两个以上的仲裁委员会，而且这个约定是明确的，也是可以执行的，那么当事人可以选择约定的仲裁机构之一申请仲裁。②如果选定的仲裁委员会不存在，人民法院可以受理。

如果仲裁协议对仲裁事项或者仲裁委员会没有约定或者约定不明确的，当事人可以补充协议；达不成补充协议的，仲裁协议无效。

3. 仲裁协议的效力

有效的仲裁协议可以排除人民法院的主管，而使约定的仲裁机构取得处理民事纠纷的权利。仲裁协议的效力主要表现在以下的几个方面。

（1）仲裁协议独立存在。合同的变更、解除、终止或者无效，不影响仲裁协议的效力。但应注意，如果双方达成仲裁协议后，又协议解除了仲裁协议，则该仲裁协议不再存在。

（2）仲裁协议效力的异议。当事人对仲裁协议的效力有异议，应当在仲裁庭首次开庭前提出。当事人对仲裁协议的效力有异议的，可以请求仲裁委员会作出决定或者请求人民法院作出裁定。一方请求仲裁委员会作出决定；另一方请求法院作出裁定的，由人民法院裁定。

（3）仲裁协议无效的情形。

①口头形式的仲裁协议。

②约定的仲裁事项越出法律规定的仲裁范围的。

③无民事行为能力人或者限制民事行为能力人订立仲裁协议的。

④一方采取胁迫手段，迫使对方订立的仲裁协议的。

⑤仲裁协议对仲裁事项或者仲裁委员会没有约定或者约定不明确的，当事人又达不成补充协议的。

（4）仲裁协议无效的法律后果。当事人不受仲裁协议的约束，可以向人民法院起诉；如果属于仲裁事项范围，仍可以达成仲裁协议申请仲裁。

三、仲裁程序

仲裁程序，是指由法律规定仲裁机构处理争议所需经过的步骤，一般包括申请、受理、组成仲裁庭、开庭和裁决等几个主要的必经环节。在整个仲裁过程中，从一开始，当事人既可以亲自参加仲裁活动，也可以委托他人代自己进行仲裁活动。根据《仲裁法》第29条规定，当事人、法定代理人可以委托律师和其他代理人进行仲裁活动，委托律师和其他代理人进行仲裁活动的，应当向仲裁委员会提交授权委托书。

（一）当事人申请

这里所说的申请，是指合同一方当事人依据双方达成的仲裁协议（含合同中的仲裁条款），向选定的仲裁委员会提交仲裁申请书。双方当事人有仲裁协议的，当发生合同争议时，要处理该争议，一方当事人必须向仲裁机构提出仲裁申请。该方当事人为申请人，对方为被申请人。当事人申请，是仲裁程序的第一个法定环节。

1. 管辖：协议自由选择

对于当事人之间的争议，由哪个仲裁委员会管辖是实行意思自治的，《仲裁法》第6条规定："仲裁委员会应当由当事人协议选定。仲裁不实行级别管辖和地域管辖。"

2. 一裁终局

仲裁案件，经过一次仲裁作出仲裁裁决，即告终结；除非仲裁裁决依法被撤销或不予执行，当事人不能申请再次仲裁，也不能起诉、上诉。

3. 条件

当事人申请仲裁应当符合下列条件：（1）有仲裁协议；（2）有具体的仲裁请求和事实、理由；（3）属于仲裁委员会的受理范围。

（二）仲裁庭的组成

1. 仲裁庭的组成，应该由当事人双方约定

《仲裁法》第30条规定，仲裁庭可以由3名仲裁员或者1名仲裁员组成。仲裁庭的人数，一般由当事人约定，没有约定的，由仲裁委员会主任来指定。

2. 仲裁庭的产生

根据《仲裁法》第31条第1款的规定，当事人约定由3名仲裁员组成仲裁庭的，应当各自选定或者各自委托仲裁委员会主任指定1名仲裁员，第三名仲裁员由双方当事

人共同选定或者共同委托仲裁委员会主任指定。第三名仲裁员是首席仲裁员。

如果当事人没有选择仲裁员，也没有委托仲裁委员会主任选择，那么超过选择期限后，就由仲裁委员会主任指定。

（三）回避制度

1. 回避的适用范围

依照《仲裁法》第 34 条的规定，仲裁程序中的回避制适用于仲裁员。仲裁员回避的法定情形有：（1）仲裁员是本案的当事人或者当事人、代理人的近亲属；（2）仲裁员与本案有利害关系；（3）仲裁员与本案当事人、代理人有其他关系，可能影响公正仲裁的；（4）仲裁员私自会见当事人、代理人，或者接受当事人、代理人的请客送礼的。

2. 回避的形式

与民事诉讼相同，有两种：（1）自行回避。（2）申请回避：回避事由在首次开庭后知道的，可以在最后一次开庭终结前提出。如果当事人在最后一次开庭终结前未能提出回避申请，可以在仲裁裁决作出后申请撤销或申请不予执行。

3. 申请仲裁员回避

仲裁员的回避由仲裁委员会主任决定，如果主任就是仲裁员，其是否回避，由仲裁委员会集体决定。

4. 回避的法律后果

当事人要求仲裁员回避，主任也决定他回避，在这种情形下，仲裁庭中少了仲裁员。需要重新产生仲裁员。如果是首席仲裁员缺了，按照首席仲裁员产生方式产生。如果申请人选的仲裁员缺了，就由申请人再选一个仲裁员。

重新选定或者指定仲裁员后，当事人可以请求已进行的仲裁程序重新进行，但是否准许，由新仲裁庭决定。仲裁庭也可以自行决定已进行的仲裁程序是否重新进行。

（四）仲裁案件中的证据保全

1. 适用条件

在证据可能灭失或者以后难以取得的情况下。

2. 启动方式

当事人提出申请，仲裁委员会将当事人申请提交人民法院。

3. 管辖

因国内仲裁和涉外仲裁而不同。

（1）国内仲裁：证据所在地的基层人民法院。

（2）涉外仲裁：证据所在地的中级人民法院。

（五）仲裁程序中的财产保全

1. 适用条件

一方当事人因另一方当事人的行为或者其他原因，可能使裁决不能执行或者难以执行的，可以申请财产保全。

2. 法院作仲裁保全的程序

先由当事人写申请书，交给仲裁委员会，仲裁委员会再提交给人民法院保全。

3. 管辖

（1）国内仲裁：被申请人住所地或财产所在地的基层人民法院。

（2）涉外仲裁：被申请人住所地或财产所在地的中级人民法院。

（六）公开与开庭

1．仲裁程序的公开

对于仲裁案件，不公开进行为原则，公开进行为例外；只有当事人协议公开的，才可以公开进行，但涉及国家秘密的除外。

2．开庭

仲裁应当开庭进行。当事人协议不开庭的，仲裁庭可以根据仲裁申请书、答辩书以及其他材料作出裁决。

（七）仲裁中的和解、调解

1．和解

当事人申请仲裁后，可以自行和解。达成和解协议的，可以请求仲裁庭根据和解协议作出裁决书，也可以撤回仲裁申请。当事人达成和解协议，撤回仲裁申请后反悔的，可以根据仲裁协议申请仲裁。

2．调解

（1）调解的适用。仲裁程序中，也应当执行调解原则。仲裁庭在作出裁决前，可以先行调解。当事人自愿调解的，仲裁庭应当调解。

（2）调解的结果。调解不成的，应当及时作出裁决。调解达成协议的，仲裁庭应当制作调解书或者根据协议的结果制作裁决书。调解书与裁决书具有同等法律效力。调解书应当写明仲裁请求和当事人协议的结果。调解书由仲裁员签名，加盖仲裁委员会印章，送达双方当事人。

（3）调解书的生效。调解书经双方当事人签收后，即发生法律效力。在调解书签收前当事人反悔的，仲裁庭应当及时作出裁决。

（八）裁决

1．评议

裁决应当按照多数仲裁员的意见作出，少数仲裁员的不同意见可以记入笔录。仲裁庭不能形成多数意见时，裁决应当按照首席仲裁员的意见作出。

2．仲裁裁决书

裁决书应当写明仲裁请求、争议事实、裁决理由、裁决结果、仲裁费用的负担和裁决日期。当事人协议不愿写明争议事实和裁决理由的，可以不写。裁决书由仲裁员签名，加盖仲裁委员会印章。对裁决持不同意见的仲裁员，可以签名，也可不签名。

对裁决书中的文字、计算错误或者仲裁庭已经裁决但在裁决书中遗漏的事项，仲裁庭应当补正；当事人自收到裁决书之日起 30 日内，可以请求仲裁补正。

3．先行裁决

仲裁庭仲裁纠纷时，其中一部分事实已经清楚，可以就该部分先行裁决。

4．裁决书的生效

裁决书自作出之日起发生法律效力。

（九）法院对仲裁的监督

1．撤销仲裁裁决

（1）撤销仲裁裁决的形式要件：①必须由当事人提出申请，法院不能主动撤销；②仲裁委员会所在地的中级法院管辖;③有时间限制,接到裁决书以后6个月内提出申请。

(2)撤销仲裁裁决的实质要件。根据《仲裁法》第58条的规定,有下列情形之一的,裁定撤销仲裁裁决:①当事人没有仲裁协议;②裁决的事项不属于仲裁协议的范围或者仲裁机构根本无权仲裁的;③仲裁庭的组成或者仲裁程序违反法定程序;④仲裁裁决依据的证据是伪造的;⑤对方当事人隐瞒了足以影响公正裁决的证据;⑥仲裁员在仲裁该案时有索贿、受贿、徇私舞弊、枉法裁决行为的。

如果法院经过审理,认定该仲裁裁决违背了社会公共利益,也可以撤销。

(3)人民法院对申请的处理:

①人民法院受理撤销裁决的申请后,认为可以由仲裁庭重新仲裁的,通知仲裁庭在一定期限内重新仲裁,并裁定中止撤销程序。仲裁庭拒绝重新仲裁的,人民法院应当裁定恢复撤销程序。

②人民法院应当在受理撤销裁决申请之日起两个月内作出撤销裁决或者驳回申请的裁定。

(4)部分撤销。根据最高人民法院的相关司法解释,如果裁决事项超出当事人仲裁协议约定的范围,并且上述事项与仲裁机构作出裁决的事项是可分的,人民法院可以基于当事人的申请,在查清事实后裁定撤销该超裁部分。

2.不予执行仲裁裁决

(1)仲裁裁决适用强制执行。仲裁裁决作出后,当事人应自动履行。如果一方当事人不履行,胜诉方(权利人)只能申请法院强制执行。一般是向被执行人住所地或财产所在地的法院提出执行申请,如果是涉外案件,向中级法院申请。

当事人申请执行仲裁裁决,法院不需要对案件进行实体审查,直接进入执行程序。

(2)人民法院可以不予执行。进入执行程序后,如果被申请人提出裁决有《民事诉讼法》第217条所规定的情形之一的,法院应当组成合议庭进行审查,经过审查,如果认定确实有《民事诉讼法》第217条规定的情形之一的,法院应当裁定不予执行。

(3)不予执行的法定事由。

①国内仲裁裁决。《民事诉讼法》第217条规定的不予执行的法定事由:A.当事人在合同中没有订有仲裁条款或者事后没有达成书面仲裁协议的;B.裁决的事项不属于仲裁协议的范围或者仲裁机构无权仲裁;C.仲裁庭的组成或者仲裁程序违法;D.裁决认定事由的主要证据不足;E.适用法律错误;F.仲裁员在审查案件时索贿、受贿、徇私舞弊、枉法裁决。

法院裁定不予执行后,当事人之间的争议可以向法院起诉,也可以达成新的仲裁协议申请仲裁。

②涉外仲裁裁决。涉外仲裁裁决可以不予执行,也可以撤销。但是在程序上要求很严格。根据《民事诉讼法》第260条规定,有下列情形之一,应不予执行:A.当事人在合同中没有订有仲裁条款或者事后没有达成书面仲裁协议的;B.被申请人没有得到指定仲裁员或者进行仲裁程序的通知,或者由于其他不属于被申请人负责的原因未能陈述意见的;C.仲裁庭的组成或者仲裁的程序与仲裁规则不符的;D.裁决的事项不属于仲裁协议的范围或者仲裁机构无权仲裁的。除以上情形外,人民法院认定执行该裁决违背社会公共利益的,裁定不予执行。

参考书目

[1] 王利明. 民法总则. 北京：中国法制出版社，2006

[2] 申卫星. 民法学. 北京：北京大学出版社，2003

[3] 江平. 民法学. 北京：中国政法大学出版社，2000

[4] 王利明，崔建远. 合同法新论·总则. 北京：中国政法大学出版社，2000

[5] 郭明瑞，房绍坤. 新合同法原理. 北京：中国人民大学出版社，2000

[6] 隋彭生. 合同法要义. 北京：中国人民大学出版社，2003

[7] 崔建远. 合同法. 北京：法律出版社，2003

[8] 翟云岭. 合同法总论. 北京：中国人民公安大学出版社，2003

[9] 赵旭东. 公司法学. 北京：高等教育出版社，2003

[10] 江平. 新编公司法教程. 北京：法律出版社，1994

[11] 石少侠. 公司法教程. 北京：中国政法大学出版社，1997

[12] 吴建斌. 最新日本公司法. 北京：中国人民大学出版社，2003

[13] 姜一春，张学生. 公司法案例教程. 北京：北京大学出版社，2004

[14] 郑玉波. 公司法. 台北：三民书局，1980

[15] 王保树，崔勤之. 中国公司法原理. 北京：社会科学文献出版社，2000

[16] 赵旭东. 新公司法条文释解. 北京：人民法院出版社，2005

[17] 柯枝芳. 公司法论. 台北：三民书局，1985

[18] 张国键. 商法概论. 台北：三民书局，1980

[19] 江平. 法人制度论. 北京：中国政法大学出版社，1993

[20] 卞耀武. 当代外国公司法. 北京：法律出版社，1995

[21] 江朝国. 保险法基础理论. 北京：中国政法大学出版社，2002

[22] 赵万一. 商法学. 北京：中国法制出版社，1999

[23] 王小能. 票据法教程. 北京：北京大学出版社，2001

[24] 曾世雄等著. 票据法论. 北京：中国人民大学出版社，2002

[25] 杨小强，孙晓萍. 票据法. 北京：中山大学出版社，2003

[26] 李平. 商法学. 成都：四川大学出版社，2003

[27] 张德荣. 票据诉讼. 北京：法律出版社，1999

[28] 刘心稳. 票据法. 北京：中国政法大学出版社，1997

[29] 谢怀栻. 票据法概论. 北京：法律出版社，1990

[30] 梁慧星，陈华彬. 物权法. 北京：法律出版社，2005

[31] 屈茂辉. 物权法·总则. 北京：法制出版社，2005

[32] 孙宪忠. 物权法. 北京：社会科学文献出版社，2005

[33] 崔建远. 物权：生长与成型. 北京：中国人民大学出版社，2004

[34] 苏永钦. 民法物权争议问题研究. 北京：清华大学出版社，2004

[35] 江平. 中美物权法的现状与发展. 北京：清华大学出版社，2003

[36] 王利明. 物权法论（修订版）. 北京：中国政法大学出版社，2003

[37] 王泽鉴. 民法物权通则·所有权. 北京：中国政法大学出版社，2001

[38] 王泽鉴. 用益物权·占有. 北京：中国政法大学出版社，2001

[39] 陈华彬. 物权法研究. 北京：金桥文化出版（香港）有限公司，2001

[40] 王利明. 中国物权法草案建议稿及说明. 北京：中国法制出版社，2001

[41] 万鄂湘. 物权法典型判例研究. 北京：人民法院出版社，2002

[42] [德] 曼弗雷德·沃尔夫. 物权法. 吴越，李大雪译. 北京：法律出版社，2004

[43] 马特. 物权法案例选评. 北京：对外经济贸易大学出版社，2006

[44] 郭明瑞. 担保法. 北京：法律出版社，2006

[45] 曹士兵. 中国担保诸问题的解决与展望——基于担保法及其司法解释. 北京：中国法制出版社，2001

[46] 罗培新. 最新证券法解读. 北京：北京大学出版社，2006

[47] 顾肖荣. 证券法教程. 北京：法律出版社，1999

[48] 叶林. 证券法教程. 北京：中国人民大学出版社，2000

[49] 郭锋. 证券法律评论（第四卷）. 北京：法律出版社，2005

[50] 唐丽子. 美国证券法. 北京：对外经贸大学 2005

[51] 李明良. 证券市场热点法律问题研究. 北京：商务出版社，2004

[52] 陈耀先. 中国证券市场的规范与发展. 北京：中国金融出版社，2001

[53] [美] 戴维·G·爱泼斯坦等. 消费者保护法概要. 北京：中国社会科学出版社，1998

[54] 张为华. 美国消费者保护法. 北京：中国法制出版社，2000

[55] 邵建东. 德国反不正当竞争法研究. 北京：中国人民大学出版社，2001

[56] 宋维义. 外国经济法理论资料类编. 北京：群众出版社，1986

[57] 漆多俊. 经济法基础理论. 武汉：武汉大学出版社，2000

[58] 李昌麒. 经济法——国家干预经济的基本法律形式. 成都：四川人民出版社，1995

[59] 王保树. 经济法原理. 北京：社会科学文献出版社，1999

[60] 张文显. 法学基本范畴研究. 北京：中国政法大学出版社，1993

[61] 刘世锦. 经济体制效益分析导论. 上海：上海三联书店 1994

[62] 葛洪义. 法理学. 北京：中国政法大学出版社，1999

[63] 许明月. 经济法学论点要览. 北京：法律出版社，2000

[64] 杨紫烜. 经济法. 北京：北京大学出版社，2001

[65] 李昌麒. 经济法学. 北京：中国政法大学出版社，2002

[66] 李文良. WTO 与中国政府管理. 北京：吉林人民出版社，2003

[67] 王全兴. 经济法基础理论专题研究. 北京：中国检察出版社，2002

[68] 李永军. 破产法律制度. 北京：法律出版社，2000

[69] 王保树. 中国商事法. 北京：人民法院出版社，2001

［70］赵万一．商法学．北京：法律出版社，2001

［71］徐学鹿．商法总论．北京：人民法院出版社，1998

［72］赵中孚．商法总论．北京：中国人民大学出版社，2000

［73］苏惠祥．中国商法概论．北京：吉林人民出版社，1996年修订版。

［74］李玉泉．中国商事法．北京：武汉大学出版社，1996

［75］王书江．中国商法．北京：中国经济出版社，1994

［76］董安生．中国商法总论．北京：吉林人民出版社，1994

［77］吴汉东．知识产权法论．北京：法律出版社，2004

［78］刘春田．知识产权法论．北京：中国人民大学出版社，2004

［79］郑成思．知识产权论．北京：法律出版社，1998

［80］沈仁干，钟颖科．著作权法概论．北京：商务印书馆2003

［81］孙新强等译．美国版权法．北京：中国人民大学出版社，2002

［82］陈明汝．商标法原理．北京：中国人民大学出版社，，2003

［83］汤宗舜．专利法教程．北京：法律出版社，1996

［84］杨遂全．亲属与继承法论．成都：四川大学出版社，2005

［85］杨遂全，陈红莹，赵小平，张晓远等．婚姻家庭法新论．北京：法律出版社，2003

［86］史尚宽．亲属法论．北京：中国政法大学出版社，2000

［87］杨大文．亲属法．北京：法律出版社，2003

［88］巫昌祯．婚姻与继承法学．北京：中国政法大学出版社，2001

［89］史尚宽．继承法论．北京：中国政法大学出版社，2000

［90］王建平．民法学．成都：四川大学出版社，2005

［91］郭明瑞，房绍坤．继承法．北京：法律出版社，1996

［92］巫昌祯．婚姻与继承法学．北京：中国政法大学出版社，2001

［93］杨遂全．亲属与继承法论．成都：四川大学出版社，2005

［94］秦伟．继承法．上海：上海人民出版社，2001

［95］江伟．民事诉讼法．北京：高等教育出版社，北京大学出版社，2000

［96］陈永革．民事诉讼法学．成都：四川大学出版社，2003

后　记

　　本书是专为工商管理硕士（MBA）或经济类专业学生编写的教材，也可作为有关业务人员的培训教材或自学读物。全书系统阐述了民商法的基本理论和基本制度，同时尽可能广泛吸收、借鉴民事立法、民事司法和民法研究的最新成果。

　　本书的整体框架共分 16 章，第一章至第四章为民法的基础理论，第五章至第十五章为民商法范畴的各个主要部门法，除了与企业经营管理有关的法律如合同法、物权法、公司法、证券法、破产法、票据法、保险法、知识产权法之外，还增加了与个人生活密切相关的法律如消费者权益保护法、婚姻法、继承法等；第十六章为民事诉讼与仲裁。

　　张晓远任本书主编，拟订编写大纲，组织编写，并负责统稿和定稿。赵小平、徐蓉为副主编。本书的编写人员和具体分工如下（依写作章节的先后为序）：

　　张晓远撰写第一章、第二章、第三章、第四章、第六章；

　　韩玉斌撰写第五章、第九章；

　　徐蓉撰写第七章、第八章、第十章；

　　刘畅撰写第十一章、第十二章；

　　李旭撰写第十三章；

　　赵小平撰写第十四章、第十五章；

　　刘海蓉撰写第十六章。

　　本书在编写过程中，参考了大量的文献资料，并汲取了近年来出版的同类书籍的精华，在此向文献的作者表示感谢！四川大学出版社对本书的出版给予了大力支持，在此表示感谢！限于编者的经验与水平，书中难免存在疏漏和错误，殷切希望广大读者不吝指正。

张晓远

2007 年 2 月于川大